*ein Ullstein Buch*

# PROPYLÄEN WELT GESCHICHTE

Eine Universalgeschichte
Herausgegeben von
**GOLO MANN**
unter Mitwirkung von
**ALFRED HEUSS**
und
**AUGUST NITSCHKE**

Band I
**Vorgeschichte · Frühe Hochkulturen**
Band II
**Hochkulturen des mittleren und östlichen Asiens**
Band III
**Griechenland · Die hellenistische Welt**
Band IV
**Rom · Die römische Welt**
Band V
**Islam · Die Entstehung Europas**
Band VI
**Weltkulturen · Renaissance in Europa**
Band VII
**Von der Reformation zur Revolution**
Band VIII
**Das neunzehnte Jahrhundert**
Band IX
**Das zwanzigste Jahrhundert**
Band X
**Die Welt von heute**
Band XI
**Summa Historica**

*Elf Bände in zweiundzwanzig Halbbänden*

**Zehnter Band**
*1. Halbband*

# Die Welt von heute

**WOLFGANG FRANKE**
**JACQUES FREYMOND**
**HUBERT HERRING**
**GOLO MANN**
**KAVALAM MADHAVA PANIKKAR**
**HUGH SETON-WATSON**

*Karten und graphische Darstellungen im Text von Uli Huber.*

*Die Beiträge von Kavalam Madhava Panikkar, Hugh Seton-Watson, Jacques Freymond und Hubert Herring sind von Dr. A. R. L. Gurland in die deutsche Sprache übertragen worden.*

*Das Namen- und Sachregister befindet sich im 2. Halbband und verweist auf die zwei Halbbände des 10. Bandes.*

---

CIP-Kurztitelaufnahme der Deutschen Bibliothek

**Propyläen-Weltgeschichte:**
e. Universalgeschichte; 11 Bd. in 22 Halbbd. / hrsg. von Golo Mann unter Mitw. von Alfred Heuss u. August Nitschke. – Frankfurt/M, Berlin, Wien: Ullstein.
([Ullstein-Bücher] Ullstein-Buch; Nr. 4720)
ISBN 3-548-04720-3

NE: Mann, Golo [Hrsg.]

Bd. 10. → Die Welt von heute

**Die Welt von heute.** –
Frankfurt/M, Berlin, Wien: Ullstein.

Halbbd. 1. Wolfgang Franke ... – 1976.
(Propyläen-Weltgeschichte; Bd. 10)
([Ullstein-Bücher] Ullstein-Buch; Nr. 4739)
ISBN 3-548-04739-4

NE: Franke, Wolfgang [Mitarb.]

---

*Ullstein Buch Nr. 4739
im Verlag Ullstein GmbH,
Frankfurt/M – Berlin – Wien*

*Der Text der Taschenbuchausgabe
ist identisch mit dem der
Propyläen Weltgeschichte*

*Umschlag: Hansbernd Lindemann
Alle Rechte vorbehalten
© 1961 by Verlag Ullstein GmbH,
Frankfurt a. M./Berlin
Printed in Germany 1976
Gesamtherstellung: Ebner, Ulm
ISBN 3 548 04739 4*

# INHALTSVERZEICHNIS

*Golo Mann*

11 EINLEITUNG

*Golo Mann*

21 NEUNZEHNHUNDERTFÜNFUNDVIERZIG
Elemente des Alten *(25)* Weitergehen der Revolution *(27)* Die Anfänge des »Kalten Krieges« und das Schicksal Deutschlands *(33)*

*Wolfgang Franke*

41 CHINESISCHE REVOLUTION
Die Vorstufen zur Revolution des 20. Jahrhunderts *(44)* Die Revolution der Staatsverfassung von 1911 *(52)* Die kulturelle Revolution von 1919 *(58)* Die Nationale Revolution von 1926/27 *(73)* Die soziale Revolution der Kommunisten *(83)* Tendenzen der Entwicklung seit 1949 *(95)*

*Kavalam Madhava Panikkar*

103 NEUE STAATEN IN ASIEN UND AFRIKA
Nationales Erwachen *(105)* Staatenbildung 1919–1945 *(111)* Demokratischer Aufbau in Indien *(121)* Indien und die Außenwelt *(132)* Südostasien im Umbruch *(136)* Pakistan und die mohammedanische Welt *(143)* Arabische Welt im Werden *(147)* Die neuen Staaten und der Kalte Krieg *(156)* Freiheit und wissenschaftlicher Fortschritt *(162)*

*Hugh Seton-Watson*

165 RUSSLAND UND OSTEUROPA
Sowjetunion 1945–1953 *(167)* Osteuropa 1945–1953 *(184)* Sowjetunion 1953–1960 *(198)* Osteuropa 1953–1960 *(208)* Die Sowjetunion in der Weltpolitik *(217)*

## INHALTSVERZEICHNIS

*Jacques Freymond*

221 DIE ATLANTISCHE WELT

Versuch einer Begriffsbestimmung *(223)* Vom Mythos der einen Welt zu den ersten Zusammenschlußversuchen *(226)* Vom Marshall-Plan zum Atlantikpakt *(234)* Die Krise von 1950/51 *(247)* Über die EVG-Schlacht zu den Pariser Verträgen *(256)* Zwischen Suez und Budapest *(267)* Sputnik und – doch wieder Europa (1957–1959) *(276)* Atlantische Welt 1960 *(293)*

*Hubert Herring*

301 LATEINAMERIKA HEUTE

Staatliches und gesellschaftliches Dasein *(303)* Mexico *(314)* Mittelamerika *(321)* Länder des »Spanischen Kontinents« *(333)* Indianische Andenregion *(339)* Chile *(350)* La-Plata-Republiken *(356)* Brasilien *(367)*

*Golo Mann*

EINLEITUNG

Mit dem Band über »Die Welt von heute« schließt der moderne Teil der Propyläen-Weltgeschichte ab; über die Welt von morgen kann kein Historiker schreiben. Er kann es, im genauen Sinn des Wortes, auch über das Heute nicht. Dies muß er seinem Halbbruder, dem Journalisten, überlassen, der davon den Namen hat. Selbst ihm, dem »Heutigen«, mag es im Drang der sich jagenden Fernschreibmeldungen geschehen, daß das, was er schrieb, sich als von gestern, als drastisch veraltet erweist, indem noch die Zeitungsverkäufer es ausrufen. Dem Journalisten mag es vorkommen; nicht aber einem Werk wie dem unseren, das eben darum mit Zeitungen oder Zeitschriften zu wetteifern gar nicht versuchen darf.

Wenn aber die Autoren unseres Bandes dem unglaublich schnell Gleitenden, Hastenden, hier und da Explodierenden nicht befehlen konnten, stille zu stehen, wenn sie nicht Propheten spielen wollten, so konnten sie doch die großen Linien aufzuzeigen versuchen, auf denen sich die Zeitgeschichte bewegt; so konnten sie doch Bedingungen analysieren, Alternativen aufzeigen, das Mögliche, Wahrscheinliche unterscheiden vom Unmöglichen. So konnten sie doch das Gegenwärtige verbinden mit dem Vergangenen und damit auch die Zukunft, nicht bestimmen, das kann und soll niemand, wohl aber sie umschränken und die nächsten, dringendsten Aufgaben, welche sie lösen oder nicht lösen wird, bei ihrem Namen nennen. Wie schnell und tief auch das Leben des Menschen sich verändert, Bedingtheit des Neuen durch das Alte, will sagen: Kontinuität ist doch in der Wirklichkeit da, und der Historiker hat sie bewußt zu machen.

Das erste Kapitel gibt eine kurze Darstellung der Weltsituation im Jahre 1945, unmittelbar nach dem Zusammenbruch jener Staaten, die bis dahin so machtvoll mitgewirkt hatten, um nun plötzlich gar nicht mehr mitzuwirken, nur zu leiden und zu gehorchen. Es ist, als ob alle Fäden der Geschichte des Jahrhunderts sich zu einem einzigen Knoten verdichtet hätten. »Potsdam« ist ein Name dafür. Ein paar Regierungen, ein paar Männer glaubten diese Zusammenballung kontrollieren zu können. Aber die hielt nicht, hielt ihr Versprechen nicht, das am Ende auch kein gutes Versprechen war. Von der einen Konzentration des Augenblicks gingen neue Entwicklungen aus, die nun wieder, wie eh und je, in besonderen Kapiteln nachzuzeichnen waren. Da es sich um wesentlich gleichzeitige Entwicklungen handelt, so war ihre Anordnung willkürlich. Es verschlug nichts, ob man »Rußland und Osteuropa« vor der »Atlantischen Welt« betrachtete oder danach. Wesentlich gleichzeitige Entwicklungen. Dennoch konnten die Verfasser einiger Kapitel nicht umhin, tief ins 19. Jahrhundert zurückzugehen. Dies nicht nur aus Gründen, die in unserem Plane liegen: von China, von Lateinamerika in modernen Zeiten ist erst in diesem letzten Band ausführlich die Rede. Auch in einem inneren Zusammenhang. Unter der »Chinesischen Revolution« versteht Wolfgang Franke nicht ein vergleichsweise kurzes Drama nach dem Vorbild der russischen »Zehn Tage, die die Welt erschütterten«, vielmehr einen säkularen Prozeß der Aufwühlung von außen und von innen, der Anpassung, der »Modernisierung«. Er schildert diesen Prozeß mit der ruhigen Sachlichkeit des Kenners. Er zeigt die Kontinuität, in welcher der Sieg und das aufbauende Werk der Kommunisten zu einer von den Taiping-Unruhen der achtzehnhundertfünfziger Jahre über die Reformbewegung von 1898 und den Umsturz von 1911 zur Kuo-min-tang-Periode führenden Revolutionsgeschichte stehen. Immer deutlicher werden im Lauf der Zeit die Mittel und Ziele: der Bruch mit der eigenen Lebens- und Geistestradition, die Wiedergewinnung souveräner Macht gegen außen, und das eine zum Zweck des anderen: China muß »westlich«, das heißt wissenschaftlich und industriell werden, um gegenüber dem Westen die Herrschaft über das eigene Schicksal zurückzugewinnen. Uralte Vorstellungen von Gerechtigkeit, uralte Sehnsüchte und Gewohnheiten verbinden sich mit Fragmenten westlichen Denkens und Glaubens: mit christlichen im 19. Jahrhundert, mit marxistischen im 20. In den Anfängen des chinesischen Kommunismus sieht Franke eine Bauernbewegung, wie es vor ihr andere gab: die typische Verbindung von Agrar-Reformismus und religiösem Fanatismus oder Aberglauben. So meint er, daß vieles, was seither getan wurde, sich in alte Traditionen fügt. Freilich: daß all dies Grade der Intensität erreicht hat wie nie zuvor, muß der Historiker zugeben. Manches erscheint auch ihm im Lichte der besten Traditionen Chinas als beklagenswerte Verwirrung, zumal die Erstickung aller Geistesfreiheit.

Wäre selbst China unvermeidlich und auf lange Sicht der Feind, so wäre es doch immer besser, den Feind zu kennen, als sich Illusionen über ihn zu machen; Illusionen, wie sie so lange in den Vereinigten Staaten umgingen und wonach die Eroberung Chinas durch die Kommunisten ein bloßer Zufall, eine Art von Betrug gewesen sein soll. Darin, daß Wolfgang Franke diese bequeme Legende zerstört, erblicken wir eines der Verdienste, und nicht das am wenigsten bedeutende, seines inhaltsreichen Berichtes. Trotzdem mag es manchmal so scheinen, als ob der Gelehrte das irrationale Element in der jüngsten chinesischen Geschichte, das Fanatische, Bösartige, Verrückte, ein wenig unterschätzte. Es läge dies in seiner Methode, die eben eine eminent historische Methode ist. Der Historiker, sagten wir, sucht Kontinuität. Aber damit sucht er auch Identität, setzt er das Neue dem Alten gleich, oder findet er es doch in diesem schon angelegt und vorgebildet. Eben damit geht leicht auch eine gewisse Verharmlosung des Neuen Hand in Hand. Es ist nicht so neu, wie es scheint, und damit auch nicht so einzigartig und bösartig, wie es scheint. »Alles verstehen heißt alles verzeihen.« Immer gibt es die beiden Elemente, Kontinuität und Spontaneität, einsehbaren Zusammenhang und schuldhaftes Handeln aus der Freiheit der Gegenwart. Was man dem einen, was dem anderen zuweist, wie man die Akzente setzt, das wird, innerhalb eines gewissen Spielraums, vom Geist des einzelnen Schriftstellers abhängen. Offenbar gäbe es keinen solchen Spielraum, wenn unser Werk in einem Lande totalitärer Herrschaft erschiene. Dann wäre es aus einem Guß, dann wäre der Herausgeber ein Befehlsempfänger und selber ein diktatorischer Befehlsweitergeber. Er ist sehr froh, dies nicht zu sein.

So hat er denn auch das folgende Kapitel, »Neue Staaten in Asien und Afrika«, mit soviel Interesse wie Gewinn gelesen, ohne deswegen mit allen Einzelheiten, welche dieser gewichtige Beitrag enthält, übereinzustimmen. Es schien angezeigt, gerade zu diesem Thema einen Nicht-Europäer sprechen zu lassen: den Inder Kavalam Madhava Panikkar, Historiker und Diplomaten, Verfasser eines berühmten Buches über »Asien und die Herrschaft des Westens«. Er macht uns mit Perspektiven vertraut, die sich von den uns gewohnten vielfach unterscheiden – die Wahrheit hat viele Seiten; die wir aber schon darum kennen sollten, weil sie eben Millionen von Asiaten und Afrikanern längst vertraut sind. Übrigens wird der Leser bemerken, daß die Bildung des indischen Gelehrten europäischer, genauer gesagt, englischer Züge nicht ermangelt, daß er kosmopolitische mit nationalen Gefühlen verbindet und daß er sich um Gerechtigkeit müht. Etwa dort, wo er den Einfluß europäischer Sanskritstudien auf das Erwachen eines neuen indischen Kulturbewußtseins beschreibt oder die Schaffung einer Schicht von Gebildeten durch das französische Kolonialsystem wertend anerkennt. Andere Thesen Panikkars müssen wir als Feststellungen wirklicher Sachverhalte zur Kenntnis nehmen: so die, wonach unter den Intellektuellen Asiens und Afrikas die Furcht vor einer Rückkehr des Kolonialsystems größer ist als die vor dem Kommunismus. (Ob sie es sein sollte, wäre eine andere Frage.) Ein rationaler, im Grunde optimistischer, man könnte nicht eben sagen, ein religiöser Geist spricht aus diesen Seiten, nahe verwandt jenem, der in der Gestalt des Premierministers Nehru historisch geworden ist. Und das, wovon sie handeln, Nationalismus, Neutralismus, Überwindung der kapitalistischen und kommunistischen Alternative durch ein Drittes, wird, aller menschlichen Voraussicht nach, in kommenden Jahren eine laute Rolle spielen; eine jederzeit so klare, feste und ordnungstiftende, wollen wir hoffen, wie Professor Panikkar erwartet.

Warum wir für die Staaten des »afro-asiatischen Blockes« einem Asiaten das Wort gaben, für die Staaten jenseits des »Eisernen Vorhangs« aber keinem Kommunisten? Die Antwort ist einfach. Professor Panikkar, wie alle Autoren dieses Werkes, sucht die Wahrheit, auch wenn er sie von einem anderen Aussichtspunkt aus sieht; sein Geist ist fremden Argumenten offen. Der Geist des ausgelernten Marxisten kümmert sich um Wahrheit nicht. Ihm Gastfreundschaft zu gewähren – so weit durfte unsere Liberalität nicht gehen.

Statt seiner hat ein Schriftsteller, der nun allerdings nichts weniger als Marxist ist, ein kompetenter Erforscher und Kritiker des Sowjet-Systems, das Kapitel über »Rußland und Osteuropa« übernommen: Professor Hugh Seton-Watson, dem man ein klassisches Buch über die »Volksdemokratien« verdankt. Es weht in diesem Kapitel ein scharfer, ironischer Geist. Was ist die Doktrin der russischen Machthaber? Der Sozialismus muß die Erde erobern. Was ist Sozialismus? Das, was in Rußland ist. Folglich zu verschiedenen Zeiten Verschiedenes, da in Rußland seit 1917 die verschiedensten Herrschafts- und Besitzverhältnisse einander abgelöst haben. Das aber, was in Rußland nicht ist, was sich nicht dem russischen Befehl und Vorbild fügt, kann nicht Sozialismus sein. Es ist dann entweder eine von der Geschichte verurteilte, frühere Stufe der gesellschaftlichen Entwicklung, Feudalismus, Kapitalismus; oder eine, gleichfalls verurteilte, Abirrung von der einzigen und wahren Straße zum sozialistischen Ziel... Die Folgen aus diesem Grundsatz sind ebenso dürftig wie logisch klar. Es besteht ein dauernder Konflikt zwischen den sozialistischen und den nichtsozialistischen Ländern. Nicht, jedenfalls nicht notwendigerweise, Krieg im herkömmlichen Sinn des Wortes; aber Konflikt. Er schließt die »Koexistenz« beider Lager nicht aus, er schließt sie ein; er wäre gar nicht, wenn die beiden Lager nicht »zusammen existierten«. Aber Koexistenz ist vorläufig, sie aufzuheben ist eben das Ziel des mit jedem tauglichen Mittel durchzuführenden Konfliktes. Er wird, logisch, erst dann aufhören, wenn es kein Land mehr gibt, das nicht »sozialistisch« ist, das heißt, sich dem russischen Herrschaftssystem nicht eingefügt hat.

Professor Seton-Watson weiß, daß eine so dummdreiste Glaubensformel uns, leider, viel über den Geist der russischen Außenpolitik, aber wenig über die Wirklichkeit des russischen und osteuropäischen Lebens sagt. Er zeigt uns die tiefen, auf Grund keiner Formel vorhersagbaren Veränderungen, die seit dem Verschwinden Stalins in Rußland stattgefunden haben. Vielleicht sogar hätte er uns gewisse Aspekte dieses Regimewechsels noch deutlicher zeigen können: das Gefühl der Erlösung, welches die breiten Massen nach dem Tod des alten Tyrannen empfanden, später die im Vergleich doch wesentlich verbesserte Rechtssicherheit, die gesteigerte Wohlhabenheit und Lebensfreude, die Erweiterung des dem geistigen Leben erlaubten Spielraumes. Verfeinerungen der Klassenstruktur bringen Stimmungen, Unterschiede, Reibungen mit sich, die in der Sphäre der obersten Macht nicht ganz verlorengehen können. Sie konnten es noch weniger in den seit 1945 von Rußland unterjochten Gebieten, deren »sozialistische« Regimes, wenn sie auch alle ein gemeinsames Los teilen, dennoch durch die unterschiedlichsten Ausgangsbedingungen charakterisiert blieben; Unterschiede in der gesellschaftlichen Struktur, in der Art, in der Macht erobert wurde, im traditionellen, gefühlsmäßigen Verhältnis zu Moskau. Seton-Watson hielt es für der Mühe wert, diese Unterschiede ausführlich darzulegen; es lassen sich ohne sie die Unruhen von 1953, die Explosionen von 1956 in der Graduierung ihrer Gewalt und ihrer Folgen nicht verstehen. Auch in diesen Ländern hat die Wirklichkeit des Lebens sich seit Stalins Tod geändert und etwas zum Besseren geändert; auf die Dauer, wie es scheint, selbst in Ungarn. Der Sowjetblock ist im Inneren kein starrer; er zeigt Bewegung. Seton-Watson unterschätzt sie keineswegs. Die magische Formel aber und der Machtwille nach außen, der sich an ihr nährt, sind trotz allen taktischen Schwankungen von Lenin zu Chruschtschow dieselben geblieben. Ihre Stoßkraft ist gewachsen, zusammen mit der Macht, die ihnen dient oder der sie dienen. Sogar spricht manches dafür, daß Chruschtschow ein ehrlicherer »Kommunist« ist, als Stalin es war, daß er also unbedingter an die kampf-verpflichtende, sieg-versprechende Kraft der Zauberformel glaubt.

An den Bericht über den Sowjetblock schließt sich das Kapitel über den Gegenpart im Kalten Krieg, die »Atlantische Welt«, Westeuropa – Nordamerika, an. Obgleich beide Kapitel sich im Plan des Bandes entsprechen, waren Jacques Freymond, dem Genfer Staatsgelehrten, hier doch vom Gegenstand her andere Fragestellungen, andere ordnende

Methoden vorgeschrieben. Professor Seton-Watson konnte seine Aufmerksamkeit auf die Formen der Herrschaft und das Leben der Gesellschaft konzentrieren; eine freie innere Dialektik, »innere« Außenpolitik kennt der Sowjetblock, wenn man von dem jugoslawischen Sonderfall absieht, nicht. Die »Freie Welt« kennt sie allerdings. Hier gibt es eine Fülle größerer und kleinerer Willenszentren, Traditionszentren, lebendiger Staaten noch immer, die, wenn auch die Not, die Weisheit und amerikanischer Führungswille sie zusammenbrachte, doch gleichzeitig immer auch wieder auseinanderstrebten auf den Linien besonderer Interessen und Denkweisen. Hier gibt es innere Außenpolitik und deren Träger, gibt es unterschiedene nationale Schicksale und Entwicklungen, deren jede wohl auch im altherkömmlichen Sinn eine besondere Behandlung vertragen hätte. Wenn wir diese nicht bieten wollten, darum nicht, weil wir an die höhere Einheit der »Atlantischen Welt« glauben, so hat Jacques Freymond, der sie darstellte, doch auch Vielheit und Widerspruch in der Einheit stets zur Geltung bringen müssen. Wir lesen hier von den antreibenden Ideen und Ratschlägen, von dem äußeren Druck, von den Mißverständnissen, Zögerungen, Rückschlägen, unter denen die nie fertige, ungewiß-dreifache Einheit, die westeuropäische, die kleineuropäische, die europäisch-amerikanische, allmählich zustande kam.

Nach China, Südasien und Afrika, Rußland und Osteuropa, Westeuropa und Nordamerika bleibt die neueste Geschichte des Kontinents, besser gesagt, der Zivilisation, zu beschreiben, die mit Nordamerika in einer etwas ungründlichen politischen Verbindung steht: der lateinamerikanischen. Hubert Herring, lange in den Vereinigten Staaten als ein Kenner dieser Zivilisation rühmlich bekannt, hat die Rolle Lateinamerikas in der »Welt von heute« dem Leser nicht vertraut machen können, ohne ihn tief ins 19. Jahrhundert zurückzuführen. Verwirrend ist die Monotonie der geschriebenen und zerrissenen Verfassungen der errichteten und gestürzten Diktaturen. Der amerikanische Historiker verhehlt nicht, daß hier auch sein Land eine gewisse Schuld trifft, daß, wenn nicht dessen Regierung, doch einzelne seiner reichen, mächtigen Bürger häufig mit jenen Diktaturen im Bunde waren. Die tiefe Unruhe, die heute durch Lateinamerika geht und sich in Kuba zur eigentlichen Revolution verdichtete, steht damit im Zusammenhang. Dem Leser mag sich der Verdacht aufdrängen, daß die kubanischen Ereignisse nicht die letzten ihrer Art sein könnten. Jedenfalls haben wir es mit einem Wettlauf zwischen Revolution und schöpferischen Reformen zu tun; auch von ihnen hat Professor Herring zu berichten.

Nachdem nun die Länder und Kontinente, Zentren natürlichen Lebens und Wirtschaftens, Zentren der Tradition, Zentren der Macht und des Willens, in ihrer geschichtlichen Entwicklung betrachtet worden sind, folgt ein eigentlich weltpolitisches Kapitel. Hier wird das Mit- und Gegeneinander aller dieser großen Kollektive nicht so sehr erzählt – der Stil ist kein historischer mehr – wie analysiert und durchleuchtet. Gestehen wir, daß wir ein wenig stolz auf diesen Beitrag sind. Adept der Philosophie und Gesellschaftswissenschaft, Kenner besonders der deutschen Soziologie, nebenher Leitartikler des »Figaro« und geehrtester politischer Kommentator Frankreichs, ist Raymond Aron einer, vor dessen intuitivem Blick nichts Falsches standhält. Wir würden nicht sagen, daß sein Geist ein eigentlich konstruktiver ist, aber ebensowenig ist er destruktiv; Klarheit ist sein Wesen. So enthüllt er uns hier die Formen der »totalen Diplomatie«, wie er es nennt; die Paradoxe unseres Zeitalters, das wie kein anderes die formale Rechtsgleichheit aller Staaten, den Grundsatz der Souveränität, auf seine Fahnen schreibt und wie kein anderes die wirkliche Souveränität der meisten zum Spott macht, das wie kein anderes von Frieden redet und wie kein anderes Krieg führt, aber Krieg neuer Art, das Waffen geschmiedet hat, wie kein Tyrann der Vorzeit sie sich in seinen Träumen vorstellte, und mit ihnen bisher gar nichts bewirkt und erreicht hat als immer nur den Zwang zu neuer Steigerung der schon absoluten Vernichtungskraft und das »Gleichgewicht des Schreckens«. Aron ist kein Optimist; nicht in seiner Beurteilung des Menschen überhaupt und nicht angesichts dessen, was der Mensch sich im 20. Jahrhundert erbaute. Er hält einen plötzlichen Einsturz des ganzen Baues kraft der »Dialektik der Macht« – der Leidenschaft, der Furcht, der falschen Berechnung – jederzeit für möglich. Er hält ihn nicht für wahrscheinlich. Indem er anderen Möglichkeiten nachdenkt und sie als noch unwahrscheinlicher verwirft – die Beendung des Weltkonfliktes durch die Abdankung einer Partei oder im Wohlgefallen erfolgreicher Verhandlungen –, gelangt er zu einem Bild der Zukunft, das er nur benennen, aber nicht zeichnen kann, weil er es nicht und niemand es kennt. Er nennt es »Evolution«; allmähliche Veränderung der Partner im Weltstreit und des Streites selber, im unsicheren Schutz des »Gleichgewichtes des Schreckens«. Der Mensch hat die Bequemlichkeit des begrenzten Krieges nicht mehr, der ehedem so viele Probleme löste. Er kann aber auch nicht auf sie, auf Gewalt verzichten, kann sein Wesen nicht überwinden. Von den beiden Alternativen, vor welche die Logik der Entwicklung ihn zu stellen scheint, wählt er keine: den absoluten Frieden nicht, weil er zu schlecht dafür ist, den absoluten Krieg, den Menschheits-Selbstmord nicht, weil Klugheit oder Erhaltungstrieb ihn davor zurückschrecken lassen. Folglich spielt er das alte Spiel der Politik weiter unter Bedingungen, die zu ihm nicht mehr passen, rüstet sich emsig zum Weltuntergangskrieg, den er vielleicht nie führen wird, gebraucht als Mittel zum Machtkampf, was früher von ihm getrennt war, Handel und Ideen, Wissenschaft und Glauben, Kultur und Sport. – So die Ansicht eines Mannes, der weiß, daß er nicht weiß, sondern auf Grund der ihm bekannten Bedingungen nur spekulieren kann. Er ist einer der zuverlässigsten Denker unserer Zeit und neigt, wie viele denkende Beobachter, zur Skepsis, fast möchte man sagen zur Trauer, ohne zu verzweifeln. Aron selber hat es einmal »Glauben ohne Illusionen« genannt.

Handelten alle bisherigen Kapitel von Politik im weitesten Sinn des Wortes, so ist der Gegenstand der folgenden die Gesellschaft, ohne Politik. Ohne Politik wenigstens der Fragestellung nach. Daß eine völlige Trennung der Bereiche sich nicht vollziehen läßt, heute weniger denn je, ist eine Ansicht, in der die drei Autoren entschieden übereinstimmen, ohne sich darüber verabredet zu haben.

Wir brauchen Professor Carlo Schmid, den Gelehrten, den akademischen Lehrer, den aktiven Politiker, unsern Lesern nicht vorzustellen. Die seltene Verbindung, die seine Existenz darstellt, kommt dem Beitrag zugute, den er hier seinem überbürdeten Arbeitsprogramm abgerungen hat. »Die zweite industrielle Revolution« – der Name, wissen wir, ist ein ungefährer; gibt es ja Wirtschaftshistoriker, die bestreiten, daß es je etwas wie eine »erste« industrielle Revolution gab, und gibt es andere, die den Sprung von der ersten zur zweiten nicht wahrhaben wollen. Aber wie es auch um die genaue Berechtigung des Namens stehen möge, der Leser wird bald merken, was gemeint ist. Der ungeheuer schnelle Fortschritt der Technik in unserer Zeit ist gemeint, samt allen seinen Folgen für das Leben des Einzelnen und die Organisation des Ganzen, für die Arbeitenden und für die Staaten. Hier kommt Politik, sozusagen zur Hintertür, wieder herein. Denn dieser technische Fortschritt, welcher dem politischen Prozeß unterliegt, welcher sein Substrat ist, wird auch von der Politik benutzt und forciert. Krieg und Kriegsvorbereitung sind in unseren Tagen der stärkste Antreiber der Technik gewesen, der Wettlauf zu den Sternen ist ein machtpolitischer wie ein wissenschaftlich-technischer. Wie die äußere Politik ist auch die innere vom Fortschritt der Industrie nicht zu abstrahieren, nicht bloß darum, weil, wie Schmid zeigt, eine geheime Verwandtschaft zwischen dem Geist totalitärer Diktaturen und dem Geist technischen Gesamtplanens besteht. Auch der freie Staat wird unvermeidlich zum größten Auftraggeber, zum Kontrolleur und Förderer der Wirtschaft, das demokratische Ringen um die Macht im Staat, zum Ringen um eben diese Kontrollfunktionen. Gesellschaft, Wirtschaft und Staat werden Eines.

Eine besondere Betrachtung wird Einrichtungen und Lebensbedingungen jener Gesellschaftsklasse gewidmet, von der man ehedem glaubte, sie sei die revolutionäre, die »gefährliche«, die demnächst herrschende und was noch. Sie ist das nirgends geworden. Was sie statt dessen geworden ist, analysiert Goetz Briefs, der deutschamerikanische Soziologe, in einem Kapitel, das in einer Weltgeschichte um so eher seinen Platz hat, als die Gewerkschaften in Formen, Wirkungen, Zielsetzungen, Staat und Gesellschaft sowohl reflektieren wie mitbestimmen. Eine Darstellung dessen, was die Gewerkschaften gestern waren und heute sind, in Europa und Amerika, in den kommunistischen, in den »Entwicklungs«-Ländern, wird, durch das besondere Beispiel, zur unterscheidenden Darstellung dieser Gesellschafts- und Staatstypen im allgemeinen. Die »pluralistische« Gesellschaft erscheint deutlich abgehoben gegenüber der »totalitären«. Probleme und Gefährdungen der verwirklichten Demokratie von 1960 werden lehrreich verglichen mit der demokratischen Idee früherer Zeiten. Die Verbindungen jener, die vor hundert Jahren die »Proletarier«, auch wohl einfach »die Armen« hießen, kennen heute, so lesen wir, die Versuchungen der Macht, wie vor ihnen die Kapitalisten, Adel und Könige.

Die zweite industrielle Revolution und die Rolle des Arbeiters in ihr sind besondere Aspekte einer Gesamtentwicklung, die nun, unter dem Namen »Gesellschaft und Kultur«, von Hans Freyer untersucht und geordnet wird. Es war eine schwere, fast uferlose Aufgabe, die der deutsche Soziologe hier übernahm. Er hat ihr aber, so meinen wir, Ufer zu geben, Form abzugewinnen gewußt, obgleich er zum Schluß alles offenläßt und, trotz unentrinnbarer Vorgegebenheiten, die Entscheidungen dem denkenden, handelnden Menschen zuweist. Die Gesinnung, die aus diesem Ende spricht, soll wiederum vertretend stehen für jene, in der unser Werk konzipiert wurde. Was Aufbau und Inhalt des Kapitels betrifft, so hat hier nicht Wirtschaftsgeschichte, Kunst-, Literatur-, Philosophiegeschichte in Miniatur gegeben werden sollen. Eine solche, wurde schon einmal gesagt, gehört in einschlägige Werke oder Enzyklopädien. Hans Freyers Fragestellungen sind universalgeschichtlich. Was ist Kunst, was Literatur und Philosophie in unseren Tagen? Was können, sollen sie sein? Welche Haltungen zeigt der schöpferische Mensch angesichts der geschichtlichen Erfahrung;

welche Arten des Protestes, der Bewältigung oder des bloßen Ausnutzens? Große Beispiele geben die Antwort darauf; nicht ein Aufzählen aller findbaren Beispiele. Daß das Leben und Streben des Geistes von dem der Gesellschaft, von Geschichte überhaupt, nicht zu trennen ist, wissen wir seit Hegel. Diese Zusammengehörigkeit ist aber heute wohl deutlicher, man möchte sagen belastender, fordernder als zur Zeit Goethes. Der Soziologe kennt beide Seiten des spannungsreichen Verhältnisses; er stellt zuerst die eine, dann die andere dar. Wenn er dabei neben den Gewinnen die Verluste beschreibt, das Schwinden von Autorität und Überlieferung, das kulturelle Leben »aus zweiter Hand«, die »Entfremdung« seiner Umwelt, die dem Menschen das Selber-Denken abnimmt und Arbeit wie Erholung und Unterhaltung auf ein vorgegebenes Geleise zwingt, so ist Freyer doch kein Pessimist. Ausdrücklich unterscheidet er zwischen billiger, das unrettbar Verlorene ohne Hoffnung beklagender Kulturkritik und solcher, die etwas erreichen will.

In dem Kapitel »Kultur und Gesellschaft« fehlt beinahe ganz ein Element, das wohl auch kulturbildend ist – Zeiten gab es, da war es das kulturbildende, kulturtragende –, das aber seiner geschichtlichen Gebundenheit ungeachtet vom Gedanken her ein ungebundenes, absolutes ist. Das letzte noch gegenständliche Kapitel unserer Weltgeschichte hat von Religion handeln sollen. Es wird damit einem Sinn unseres Vorhabens Ausdruck gegeben, der immer da war, aber sich nicht immer hat geltend machen können, und von dem auch nicht viel Aufhebens zu machen ist, weil er sich im Grunde von selbst versteht. Geschichte war nie ohne Religion, ist es heute nicht und wird es nie sein. Von Religion, meint Gabriel Marcel, werde »das endgültige Los des Menschengeschlechts« abhängen. Genauer wohl: sein Los überhaupt; »endgültig« ist ja nichts vor dem Ende.

Wenn der französische Philosoph sich, wie man weiß, zum Katholizismus bekennt, so hat er diesem Treueverhältnis in seinem Essay nur mit Diskretion stattgegeben. Er spricht nicht vorwiegend von der katholischen Kirche, ihrer Lehre, Wirkung und geistigen Macht. Er spricht auch nicht ausschließlich vom Christentum, das ihm nur ein Hauptbeispiel ist für Religion heute überhaupt, in ihrem Gegensatz zu unreligiösen, antireligiösen Kräften. Diese versteht er ungefähr wie Hans Freyer; die Übereinstimmungen werden nicht verfehlen, sich deutlich zu machen; wie denn die Autoren dieses Bandes, von wenigen charakteristischen Ausnahmen abgesehen, mehr freie Übereinstimmung und Gemeinsamkeit zeigen, als nur zu erhoffen war. Auch darin trifft Marcel sich mit Freyer, daß er die Verpflichtung religiösen Denkens dem Geschichtlichen gegenüber betont: Man kann, meint er, selbst in der Kirche nicht so tun, als gäbe es Geschichte nicht, als gäbe es nicht die historisch beispiellosen Erfahrungen dieser unserer Zeit. Übrigens ist er kühn genug, auch die Natur von seinen Betrachtungen nicht auszuschließen, auch ihr, ihrer blinden Grausamkeit, die Fragen zu stellen, welche das zugleich gebundene und offene Denken des Frommen nie hat vermeiden können.

Damit ist der wechselreiche, nicht immer erfreuliche, oft beschwerliche Rundgang durch unsere Zeit, welchen dieser Band darstellt, beendet. Daß der Herausgeber zuletzt noch einmal zu einer Betrachtung das Wort ergreift, wird der Leser, so hoffen wir, entschuldigen.

*Golo Mann*

NEUNZEHNHUNDERTFÜNFUNDVIERZIG

Wir blicken zurück auf zwielichtige Jahre, die in weiter Ferne zu liegen scheinen. Die Zeit arbeitet schnell. Auf dem Weg, der zuerst 1946 unsicher tastend beschritten wurde, nachdem zuvor eine andere Richtung ohne Rat, Lust und Glauben versucht worden war, sind wir mittlerweile so weit vorgerückt, daß ein Zurück zu dem Stande von damals uns anmutet wie ein Zurück ins 19. Jahrhundert; so weit, daß die Möglichkeit einer Wahl, einer offenen Entscheidung, welche damals gegeben schien, auch der Phantasie nicht mehr vollziehbar ist. Wir haben uns an die Welt gewöhnt, die in dem gärenden Chaos von 1945 bis 1946 geboren wurde. Eine Geburt war es, mehr als eine bewußte Schöpfung menschlichen Willens. Das, was geplant war, wurde nicht ausgeführt. Das, was kam, hat niemand geplant.

Während der letzten Kriegsjahre war Krieg und nichts als Krieg die Politik der aktiv beteiligten Mächte gewesen; aktiv beteiligt war, was damals auf Erden als Macht noch zählte oder schon zählte. Vereinfachungen von lange nicht erreichter Bösartigkeit ersetzten in der Theorie wie in der Praxis der Kriegführung die feineren Traditionen ehemaliger Diplomatie. Versuche, aus diesem Zirkel noch auszubrechen, wurden mit Gleichgültigkeit beiseite gestoßen. Krieg sollte sein, bis einer, bis zwei zusammenbrächen. Wer das sein würde, darüber gab es angesichts der Zahlen und Kräfteverhältnisse im Grunde keinen Zweifel seit 1942. Und danach? Nach den »totalen«, »globalen« Kriegen und Siegen? Man verlangte wohl zuviel von den mit ungeheuren technischen Aufgaben belasteten, übernommenen, zuletzt wie trunkenen Geistern der alliierten Staatsmänner, wenn man erwartete, sie würden dem Abenteuer des Wahnsinns ein konstruktives Ziel setzen und solches, den Gang der Dinge beherrschend, erreichen. Ein Bündel vager Grundsätze, menschenfreundlich genug, aber den Besiegten ihren Segen ausdrücklich verweigernd, war alles, was sie gaben. Der Masse der Einzelnen wurde »Freiheit von Furcht«, »Freiheit von Mangel« versprochen. Die Verwirklichung des letzteren Versprechens, die heute einem Teil, aber auch nur einem geringen Teil der Menschheit in der Tat zugute zu kommen im Begriff ist, hat mit Franklin Roosevelts froher Botschaft nur sehr indirekt und wie zufällig zu tun, steht übrigens in gar zu offenbarem Kontrast zu der Weise, in der das andere, das von einer Welt ohne Furcht, nicht verwirklicht wurde. Für die Nationen galt noch einmal, was 1918, was im Grunde seit

1776, 1792, 1848 ungefähr gegolten hatte: die Freiheit, über ihre Staatszugehörigkeit und Staatsform selber zu bestimmen. Und, wie 1918, sollte ein Staatenverein, ein Bund der Völker das neue vielräumige Gebäude krönen.

Noch einmal war dieser Friedensplan überwiegend amerikanisch; wie denn schon der neue Name, United Nations, eine Anspielung auf die Vereinigten Staaten enthielt. Der Glaube Winston Churchills an eine internationale Staatendemokratie wurde durch Zweifel realistischer Art stark gedämpft; Churchills England hätte einer Anzahl regionaler, durch einen universalen Bund allenfalls erhöhter Vereinigungen den Vorzug gegeben. Die Russen billigten nur zum Schein die Hoffnung des wohlmeinenden Verbündeten, mit der ihre nie preisgegebene Philosophie, ihr nie veränderter Charakter und tiefster Wille nichts Ernsthaftes anzufangen wußten. Übrigens war auch das amerikanische Programm von dem Woodrow Wilsonschen in einigen Beziehungen unterschieden. Zu den »Vereinten Nationen« sollten nur »Friedliebende« gehören dürfen; friedliebend, einer sonderbaren Definition zur Folge, waren die und nur die, die vor dem 1. März 1945 sich im Kriege gegen das Deutsche Reich befanden. Eine verewigte, in den Frieden mit übernommene Kriegsallianz waren die Vereinten Nationen dem ursprünglichen Gedanken nach, die Allianz der Gerechten, die fortdauern sollte auch nach der Ungerechten Sturz. Dem entsprach es, daß die Besiegten, Schuldigen, auf Gerechtigkeit und Rechte, welche die Charta der Vereinten Nationen verkündete, diesmal keinen Anspruch erheben durften. Sie konnten, vielleicht, an die Menschlichkeit und Ehre der Sieger appellieren, aber an keinerlei ihnen verbürgtes Recht. Eine solche manichäische Zweiteilung der Welt in Unschuldig und Schuldig, Friedliebend und Angreifer, welche sie jetzt verkündeten, widersprach dem demokratischen Idealismus der Amerikaner, oder entsprach ihr auf neuartig-nuancierte Weise: als eine Mischung ihres alten Glaubens-Weines mit dem bitteren Wasser der Erfahrung. Auch redete Präsident Roosevelt gern von den »vier Polizisten«, nämlich Amerika, England, Rußland und China, welche die wirkliche Macht auf Erden zunächst einmal ausüben und die Kleinen, die Ohnmächtigen in Ordnung halten würden; im äußeren Rahmen, aber kaum in der inneren Logik des neuen Bundes der Völker. Der russische Diktator stand diesem Begriff der Sache entschieden näher als dem einer Gleichheit aller Staaten vor dem einer bloßen Mehrheit zu dankenden internationalen Gesetz. Allerdings glaubte er von den »vier Polizisten« nur an zwei, Rußland und die Vereinigten Staaten. Die Zukunft der englischen Weltmachtstellung schien ihm fragwürdig. Noch weniger hielt er von der chinesischen.

Die große Ungefährheit dieses Programms hatte mit den Enttäuschungen zu tun, welche die gleiche Generation – Roosevelt sowohl wie Churchill waren schon damals mit dabeigewesen – mit den Präzisierungen der »Vierzehn Punkte« und des Versailler Vertrages erlebt hatte. Man stellte sich die Friedensordnung als eine vor, die nicht mit einem Schlage sein, sondern sich allmählich, unter immer erneutem praktischem Zutun, entwickeln würde. Besonders Roosevelt betonte die Notwendigkeit weitreichender »Aktionsfreiheit« über das Ende des eigentlichen Krieges hinaus. Und unbestreitbar gaben die Erfahrungen, die man seit 1919 mit einem starr-lastenden Vertragsgerüst gemacht hatte, diese Lehre ein. Blieb nur die Frage, welche von Männern wie dem amerikanischen Kriegsminister Stimson schon während der letzten Monate des deutschen Krieges warnend gestellt wurde: ob man nicht auch in einer anderen Richtung irren könnte und ob das Alles-Offenlassen, bis die Macht vollzogener Tatsachen keine Wahl mehr ließe, nicht ebenso schwere Gefahren in sich berge wie das zu frühe, zu genaue Entscheiden.

## Elemente des Alten

Aller »Aktionsfreiheit« ungeachtet mußten die Sieger eine Masse von Wiederherstellungen versprechen. Materielle Wiederherstellung zunächst und vor allem, »Wiederaufbau«, um den deutschen Ausdruck zu gebrauchen. Wiederherstellung des Rechts, dort, wo es gebogen oder mit Füßen getreten worden war. Wiederherstellung der zerrütteten Moral. Wiederherstellung auch im Territorial-Politischen. Im Auskosten ihres imperialen Abenteuers hatten Deutschland wie Japan zahlreiche Souveränitäten in sich eingeschlungen, auf die eine und andere Art aufgehoben. Daß sie restauriert würden, verstand sich dem angelsächsischen Denken von selbst, nicht nur für die alten Staaten West- und Nordeuropas, auch für die neuen, unruhig-unsoliden, welche in Mittel- und Osteuropa zuerst 1919 das Licht der Welt erblickt hatten: für Deutschlands heroische, tragische Opfer, Polen und Serbien, wie für den weniger heroischen, weniger tragischen Kunststaat der Tschechen und Slowaken und für jene Balkanstaaten, die zwischen Opfern und Komplicen Hitlers eine unsichere Mitte hielten. Derselbe Eduard Beneš, der 1917 in Paris seine Fäden gesponnen hatte, um die Verwirklichung seines Traumes, eines unabhängigen tschechischen Staatswesens, vorzubereiten, durfte es 1939 bis 1945 in England und Amerika zum zweitenmal. Der beschränkte Nationalismus dieses Mannes ließ ihn, als er nun in Prag wieder etabliert war, die selbstzufriedene Frage stellen, ob man solches Glück sieben Jahre früher, zur Zeit des Münchener Vertrages, auch nur für möglich gehalten hätte: die Wiederherstellung der Republik nicht nur, sondern die erbarmungslose Austreibung der deutschen Böhmen aus ihrer Heimat, Millionen von ihnen, so daß nun die Tschechen, endlich, endlich, unter sich bleiben durften, ungestört durch die Zugehörigen einer fremden Kultur. Als ob ein solches Ziel den ganzen zweiten Weltkrieg und seine fünfzig Millionen Toten wohl gelohnt hätte ...

Beneš war nicht der einzige, der glaubte, mit einigen Verbesserungen noch einmal das Spiel von 1919 spielen zu können. Damals, 1919, hatte ein kluger amerikanischer Beobachter (Lincoln Steffens) geschrieben: »Bewußt oder unbewußt arbeiten, strampeln, putschen sich alle zu dem Punkt zurück, auf dem sie vor dem Krieg standen... Aber die Welt kann nicht rückwärts gehen; sie kann es nicht. Fallen oder absinken, wie Griechenland und Rom, kann sie; rückwärts gehen nie.« So auch 1945. Während der kurzen, unheimlichen Atempause, die dem Deutlichwerden einer neuen Konstellation vorherging, dachten die meisten Lenker und Vertreter der öffentlichen Meinung in den alten Kategorien. Auch ein so klarer und vornehmer Geist wie Charles de Gaulle tat es. Bündnis mit Rußland, um der deutschen Gefahr endgültig zu begegnen, zum gleichen Zweck Rückführung der deutschen Dinge zum Stande von 1865, Aufhebung von Bismarcks Werk, Trennung der Rheinlande vom *Corpus Germanicum*, so daß der Rhein nun doch, wenn nicht Frankreichs Staatsgrenze, doch Frankreichs Machtgrenze und schützendes Bollwerk wäre, Ringen mit England um den alten Einfluß im Nahen Osten, im Libanon, in Syrien, Ägypten, Rückgewinnung der französischen Größe in Europa und Übersee – so die Konzeptionen des Hauptes der provisorischen französischen Regierung; die europäischen Ziele, die de Gaulle mit dareingab, waren vage und nicht frei von französischer Egozentrik. Seinerseits hatte Winston Churchill während des Krieges betont, er sei nicht des Königs Erster Minister geworden, um der Auflösung des Britischen Weltreichs vorzustehen. Um alte Ordnungen zu halten, das Gleichgewicht, das Recht der Kleinen, um Europa vor dem Zugriff einer Hegemonialmacht zu retten, wie eh und je, und so sich Stellung und Tätigkeiten in der weiten Welt zu bewahren, war England 1939 noch einmal ausgezogen; und hatte noch einmal die alten Mittel gebraucht, die Allianzen, die Blockade. Daß die alten Mittel nicht mehr taugten und damit auch das alte Ziel nicht mehr, ahnte in seinen hellsten Augenblicken sein großer Staatsmann; wie anders wäre sein phantastischer Vorschlag aus dem Jahre 1940, die völlige Verschmelzung Englands und Frankreichs, zu erklären. So war es auch Churchill, der als erster von den Großen der Welt die neue Lage erkannte, neue, eigentlich revolutionäre Ratschläge bot. Er konnte es um so eher, als er seit Juli 1945 ohne Amt und so den Widerspruch zwischen seinen Anregungen und der traditionellen Politik seines Landes praktisch aufzulösen nicht verpflichtet war. Das »Europa«, dessen Konstituierung er, September 1946, in Zürich empfahl und dessen tragender Pfeiler eine neue französisch-deutsche Freundschaft sein sollte, wie würde die alte, sich noch immer als ungebrochene Weltmacht fühlende britische Identität sich dareinfügen? ... Daß sie ungebrochen sei, ja, daß von ihren herrschgierigen Bestrebungen und Intrigen klassischen Stils am Ende mehr zu besorgen sei als vom Imperialismus der Russen, war in den letzten Kriegsmonaten und noch danach die bei verantwortlichen Amerikanern überwiegende Ansicht gewesen. Auch ihr Denken war von altgewohnten, restaurativen Elementen nicht frei. Es galt, England und Frankreich zu kontrollieren und an einer Wiederholung der Racheausschweifungen von 1919 zu hindern; zu vermitteln zwischen England und Rußland, anstatt sich von jenem in eine schädliche Frontstellung gegen dieses manövrieren zu lassen; es galt, in Europa eine Ordnung herzustellen, aus der man sich möglichst bald, nicht ganz wie 1920, aber doch beinahe ganz würde zurückziehen können; diese Ordnung sollte gemeinsam mit den Russen verwaltet werden und sollte das Machtvakuum in der Mitte, die völlige, immerwährende Eliminierung des deutschen Kriegspotentials zu ihrem entscheidenden Merkmal haben. Umsonst beschwor im Frühsommer 1945 Winston Churchill den neuen Präsidenten, Harry S. Truman, den Rückzug amerikanischer Truppen aus den Gebieten, deren Besetzung abmachungsgemäß den Russen zukam, aus Sachsen und Thüringen, bis zu dem Moment zu verzögern, in dem Rußland seinerseits sein Gebaren in Polen und Ostdeutschland alten Abmachungen gemäß geklärt hätte. Selbst eine so elementare, dem Buchstaben nach aber inkorrekte Vorsichtsmaßnahme entsprach der amerikanischen Beurteilung der Dinge damals noch nicht.

Sollen wir sagen, die Russen, sie allein, hätten gewußt, was die neuen Machtkonstellationen und Konflikte sein würden, und hätten solche zynisch geplant, lange bevor sie äußere Form annahmen? Waren sie von Anfang an entschlossen, ihre Bundesgenossen übers Ohr zu hauen? Was im Geiste Stalins und seiner Helfershelfer vor sich ging, läßt sich aus intimen Zeugnissen des Augenblicks, aus Erinnerungen, mit ehrlichem Wahrheitswillen niedergeschrieben, nicht feststellen. Das aber, was wir von der menschlichen Natur überhaupt wissen, macht ein solches Vorausplanen unwahrscheinlich. Äußerungen und Taten der Sowjetführer bestätigen es nicht. Noch als er sicher sein konnte, daß seine Truppen nun den Rest auch allein besorgen konnten, rief Stalin nach einem Überqueren des Rheins durch seine westlichen Bundesgenossen, nach ihrem Vorstoß gegen Osten, so weit sie ihn führen könnten; wollte er mit ihnen brechen und Deutschland allein beherrschen, so hätte er sich die Forderung gespart. Wir wissen, daß er nicht viel von den deutschen Kommunisten, den deutschen »Arbeitern« hielt, auf die er sich stützen mußte, wenn er Deutschland dem Sowjetimperium angliedern wollte. So wie wir wissen, daß er das Unternehmen der chinesischen Kommunisten mit wenig Hoffnung und wenig Sympathie beurteilte. Welchen Sinn gaben die Einräumungen, die er sich von den Vereinigten Staaten, dann von Chiang Kai-shek machen ließ und kraft deren die Sowjetunion alle die Rechte und Stellungen in China zurückerhielt, welche das zaristische Rußland 1905 verloren hatte, wenn er in China schon die kommunistische Schwesterrepublik sah? Auch Josef Stalin hat im Frühling 1945 die Lage von 1950 oder 1960 nicht vorhergedacht. Sein Gedächtnis aber, sein Stolz reichten sehr wohl zurück in die Zeit des Zaren, und manches, was auch er jetzt tat, das gnadenlose Bestehen auf den zurückgewonnenen Positionen im Baltikum nicht ausgeschlossen, knüpfte an Altes, scheinbar längst Vergangenes an.

Aber das Denken des grauen Diktators, der in den dreißiger Jahren in Rußland selber sich in einer Verbindung von zaristischer Restauration mit radikalsten Neuerungen geübt hatte, der oft mehrerlei Möglichkeiten auf einmal verfolgte, gern sich Zwickmühlen offenhielt, war die eine Seite; die andere die ihm selber unbewußte Logik der Machtsituation, der auszunutzenden Chancen, der entfesselten Energien am Werk, die Logik des eigenen Wollens.

## *Weitergehen der Revolution*

Der Sturz zweier der bislang mächtigsten Staaten der Erde ließ ein Vakuum zurück, welches, da die Politik ein Leeres so wenig duldet wie die Natur, die furchtbarsten Machtverschiebungen zur Folge haben mußte. Sie waren die zweiten ihrer Art in einem Jahrzehnt. Japans und Deutschlands Eroberungszug hatte die Schwächen der europäischen Stellungen in Südostasien, die Schwäche der europäischen Nationalstaaten enthüllt. Weder die neuen, mittel- und osteuropäischen, noch die alten, Frankreich, die Niederlande, Skandinavien, hatten 1940 ihre Autonomie erfolgreich verteidigen können. Daß nun ihre Eroberer selber am Boden lagen, gab ihnen ihre als mangelhaft ausgewiesene Existenzkraft nicht zurück. Der deutsche Nationalismus hatte in seinen Ausschweifungen nicht nur sich selber entlarvt, nicht nur sich selber ad absurdum geführt und ruiniert. Das plötzliche Wegfallen der deutschen Zentralmacht erwies sich für die kleinen europäischen Nationalismen nicht als die Kraftvermehrung, als welche es kurzsichtigen Ausnutzern zunächst erscheinen konnte, weder im moralischen noch im machtmechanischen Sinn. Noch vor Kriegsende erklang die ominöse Forderung Stalins: die neuen Regierungen Osteuropas sollten zwar unabhängig sein wie ehedem, aber auch durchaus nur »demokratisch« und der Sowjetunion freundlich gesinnt. Bald lag die schwere russische Hand über den Staaten der West- und Südslawen, die nun wohl »unter sich« waren, aber nicht freier, als sie es in Zeiten guter deutscher Nachbarschaft gewesen waren. Die jämmerlichen Umstände, unter denen Eduard Beneš, nur zwei Jahre nach seinem Triumphe, starb, konnten ihm zeigen, daß es kein echter Triumph gewesen war. Die Frage, ob er echt zu sein verdient hätte, bleibe für den Augenblick unberührt.

In anderen Erdgegenden hatte das Prinzip der nationalen Selbstbestimmung an sich nichts mit Wiederherstellung zu tun. Hier war es so bewegend und sprengend wie in Europa hundert Jahre zuvor. Die mußten es wissen, die es, wie die Amerikaner, für Asien und selbst schon für Afrika auf ihre Fahnen geschrieben. Hätten sie es übrigens nicht getan, hätte Franklin Roosevelt nicht noch kurz vor seinem Tode den Selbständigkeitswillen asiatischer Republikaner und afrikanischer Potentaten angespornt, so wäre die Revolution Asiens und Afrikas doch höchstens nur ein wenig langsamer vor sich gegangen, aber nie ganz zu verhindern gewesen. Man hatte laut und weithin hallend für die Freiheit gekämpft; konnte man sie jetzt den Völkern – farbig oder weiß – verweigern, die danach verlangten? Dann vielleicht konnte man es, wenn man die Unfreiheit im Heiligtum einer machtvollen, von Millionen abergläubisch verehrten weltlichen Kirche verbarg, wenn man die Tyrannei mit konstruktiven Zielen verband; eine Methode, die den Russen und ihren Anhängern überall, nicht aber den Angelsachsen zur Verfügung stand. Amerika, nicht Europa, war Sieger in diesem Krieg, und Amerika war immer gegen Imperialismus, gegen Kolonialherrschaft gewesen, gleichgültig, wie weit es in der Praxis von dieser seiner Grundtheorie gelegentlich abgewichen war. Was die Theorie verkündete, bestätigte die Machtsituation. Europa war doppelt besiegt, erst durch Deutschland, dann in Deutschland, seiner Kernmacht. Wer seine eigene Souveränität nur aus den Händen des Siegers zurückerhielt, der war zum Kolonialherrn in Asien, und demnächst in Afrika, schlecht ausgewiesen.

Der Imperialismus Japans hatte immer ein Doppelgesicht gehabt. Er war Imperialismus allerdings, und der nacktesten Art. Er war aber auch antiimperialistisch, weil er gegen Europa wirkte und Europa der imperialistische Kontinent par excellence war. Seit Beginn des Jahrhunderts hatten Asiaten den Aufstieg Japans zur Weltmacht als Triumph Asiens empfunden. Unvermeidlich wurde er auf asiatischem Boden gewonnen, in Korea, in der Manchurei, im eigentlichen China, schließlich im französischen Indochina, auf den amerikanischen Philippinen, im britischen Malaya, im holländischen Indonesien. Eroberungen alles das, zugleich aber, insofern die Herrschaft der Weißen betroffen war, eine Art von Befreiung. Von der letzteren blieb etwas, nachdem nun die ersteren mit einem Schlag aufgehoben waren. Es war dies den abziehenden Japanern voll bewußt; verloren sie ihre Beute, sollte doch Europa nicht den Vorteil davon haben. So war ihre späte Gründung einer indochinesischen Republik gemeint, so die einer indonesischen, unter Achmed Sukarno: eine »Zeitbombe«, die bald genug die zurückkehrenden Kolonialherren vertreiben würde. Unvermeidlich auch waren diese neuen, zurückbleibenden oder auftauchenden Machthaber stark nach »links« ausgerichtet, ob sie nun von den Japanern, gleichsam durch Nottaufe, anerkannt worden waren oder, wie die Führer der Viet-Minh-Bewegung in Indochina, ihren Platz ungebeten eingenommen hatten. Die Verwandtschaft von Nationalismus und Sozialismus, aus dem Grunde natürlich und nur durch ein Dekret von Karl Marx verleugnet und unterdrückt, sollte bald fast überall in den Gebieten europäischer Herrschaft in Asien und Afrika überzeugend zutage treten.

Und dies war ein anderes Merkmal des Augenblicks, das der restaurativen Tendenz und Sehnsucht gewaltig widersprach: der ungeheure Kraftzuwachs der kommunistischen Bewegung. Oberflächlichem Urteil konnte hier Adolf Hitler im Tod noch recht zu behalten scheinen; vor dem Bolschewismus hatte er überlaut gewarnt, gegen ihn hatte er angeblich gekämpft; und der Bolschewismus war nun überall der dreisteste, am ruchlosesten zupackende Nutznießer der deutsch-japanischen Niederlage. Oberflächlichem Urteil: Hitler selber hatte ja die Alternativen gestellt, die ohne ihn sich so nie geboten hätten; er hatte den Lauf der Dinge überstürzt und das Weltchaos verursacht, in dem nun überall neue kommunistische Machtkonzentrationen sich bilden konnten. Aber gleichgültig, wer schuld daran hatte; das Resultat war so. Groß war überall auf Erden, war momentan selbst in Amerika die Bewunderung für den russischen Staat und seine Rote Armee. Daß es sich hier um national-russische, militärische und technische Leistungen handelte, die zudem vom »kapitalistischen« Westen zuletzt doch entscheidend unterstützt worden waren, nicht aber um den Wahrheitsbeweis einer Doktrin, war wieder eines jener Argumente, die der denkfaule öffentliche Geist ein wenig zu beschwerlich fand. Moskau selber tat nun alles, um den wahren Charakter der russischen Kriegsanstrengungen zu verwischen. Nicht mehr war es ein vaterländischer Verteidigungskrieg gewesen gegen eine andere Nation, nicht einmal mehr die große Auseinandersetzung zwischen Slawen und Germanen; jetzt sollte es ein Krieg nach der Lehre Lenins, ein Krieg gegen den kapitalistischen Weltgegner gewesen sein. Die Kommunistische Partei Rußlands, die während des Krieges dem parteilosen Volk den Vortritt gelassen hatte, rückte schleunigst wieder in die Frontstellung, und mit ihr all die verstaubten, abergläubischen Thesen, die sich einmal mehr bewährt haben sollten.

Von Frankreich bis nach China, in dem vorübergehend von Deutschen und Japanern besetzten Doppelraum, hatten die kommunistischen Parteien die aktivsten Kerne des Widerstandes gebildet. Zuletzt selbst in Italien, gegenüber dem Faschismus, dem einheimischen wie dem deutschen. Sie taten es zu ihren eigensten Zwecken, die jedoch mit den allgemein-nationalen augenblicklich zusammenzufallen scheinen konnten und in gewissen Gegenden, vor allem in Asien, wirklich zusammenfielen. Daß dieser ihrer nationalkämpferischen Epoche eine andere schmachvoller Neutralität oder ein Zusammenspiel mit Hitler vorangegangen war und erst mit dem 21. Juni 1941 geendet hatte, wurde im Licht ihrer späteren Opfer vergessen. Sie besaßen den inneren Zusammenhalt, den Fanatismus, die Gehorsamsgewohnheit und Verschwörertechnik, welche anderen Widerstandsgruppen fehlten. Sie besaßen den ruchlosen Willen zum Nutzen jeder Chance. Im Moment, in dem die fremden Imperien zusammenbrachen, waren sie da, ruhmreich und ihren Ruhm durch Propagandalügen erhöhend, begierig, in jedes Machtvakuum zu strömen und politische Beute, auch materieller Art, sich anzueignen; welch letzteres ihnen etwa in Italien mit verblüffendem Erfolg gelang. Daß sie allein herrschen sollten, wünschte ihnen außerhalb Rußlands niemand. Wenige aber auch wagten laut zu bestreiten, daß sie ihren Anteil an den neuen Regierungen im befreiten Europa verdienten. Ihn erhielten sie zunächst überall, und das allein mußte die ganze politische Atmosphäre im revolutionären Sinn beeinflussen. Daß sie sich, wie sehr sie jetzt auch Demokratie heuchelten, mit einem bloßen Teil der Macht nie begnügen, sondern sich, mit russischer Hilfe, das Ganze erschleichen würden oder ganz abgestoßen werden müßten, lag in der Zukunft.

Dort, wo die Dimensionen am gewaltigsten waren, in China, war es auch der kommunistische Tätigkeitsbereich. Hier waren die Kommunisten längst ein Staat im Staat oder Nicht-Staat; hier hatten sie längst ein Herrschaftssystem entwickelt, das an Schlagkraft und konstruktiver Leistung die nach außen hin legale Regierung der Kuo-min-tang bei weitem übertraf; hier hatten sie, im Zeichen des Kampfes gegen Japan, die von ihnen kontrollierten und innerlich umgestalteten Territorien riesig erweitern können. Was lag dem amerikanischen Denken näher als die Erwartung, auch in China würden sich nun, wie in Frankreich oder Italien, die um die Freiheit ihres Landes so verdienten Kommunisten mit anderen Parteien in die Macht teilen? Das wünschten sie, das erwarteten sie. Gleichzeitig halfen sie freilich der Regierung Chiang Kai-sheks mit allen ihnen verfügbaren Mitteln, sich den Löwenanteil des Landes zu sichern; wodurch sie sich den Ruf unparteilicher Vermittler und das Vertrauen der Kommunisten, wenn sie es je hatten gewinnen können, schnell verscherzten. Demgegenüber war die Hilfe, welche Rußland seinem chinesischen Schützling angedeihen ließ, entschieden geringer und blieb es in den folgenden Jahren. Stalin, oft ununterrichtet und fehlbar selbst in seinen eigensten Angelegenheiten, glaubte an einen nahen Endsieg der chinesischen Kommunisten nicht.

Wie wir denn, noch einmal gesagt, die Planmäßigkeit, mit der sich die kommunistische Lawine vorwärts wälzte, und ihre Beherrschung durch Moskau nicht überschätzen dürfen, jedenfalls sie nicht genau einschätzen können. Im Moment war der Kreml bereit, mit vielerlei sogenannten friedliebenden, demokratischen, antifaschistischen Gruppen zusammenzuarbeiten; mit Königen, wie in Bukarest, mit Liberalen, wie in Prag, mit antikommunistischen Diktatoren, wie in Chunking. Daß solche Bündnisse mit der Flucht oder dem Massaker der betrogenen Bundesgenossen enden würden, lag in der von Lenin ererbten heimtückischen Revolutionskunst; die Frage, inwieweit es den russischen Anführern im Augenblick bewußt war, hätte höchstens psychologisches Interesse. Der »Kalte Krieg« hat dann die Lösung im leninschen Sinn beschleunigt. Es sollte die Zeit kommen, da nicht einmal waschechte Kommunisten, im Lande selbst gewachsen und geblieben, wenn sie auch nur einen Funken Nationalstolz besaßen, dem Kreml erträglich waren und ausgemordet wurden, wo immer sein Befehl galt.

Wenn Moskaus kommunistische Strategie im ersten Augenblick schwankte, so schwankte Washingtons antikommunistische Strategie noch viel mehr. Genauer, es gab sie zunächst überhaupt nicht. Als wesentlich reaktionär, als inspiriert von traditionellen Mächten, wie Heer, Junkertum und Schwerindustrie, war hier, nicht ohne Beihilfe semi-kommunistischer Ratgeber, der deutsche Nationalsozialismus mißverstanden worden. Daher die schnöde Nichtachtung des deutschen »Widerstandes« im letzten Kriegsjahr; daher das dem russischen Willen immerhin entgegenkommende Gesamturteil, dem zufolge vor allem jene alten Mächte zu bestrafen und für immer unschädlich zu machen seien. Das war nicht das

Gefühl der höheren Offiziere am Ort, die das wahre Gesicht der Roten Armee hatten erblicken müssen und deren Instinkte ohnehin zur Erhaltung neigten. Aber es war die vorherrschende Tendenz der Regierung Roosevelts, deren erster außenpolitischer Schritt die Anerkennung der Sowjetunion, deren Geist, in den Grenzen amerikanischer Tradition, immer ein entschieden »linker« gewesen war. So wurden jetzt Versuche zu einer Wiederherstellung des alten Königtums, die sich in Bayern schwach genug regten, im Keim erstickt, wurde das Plebiszit, welches (Juni 1946) die italienische Monarchie durch knappe Mehrheit beseitigte, mit Beifall begrüßt. Nicht den geringsten Eindruck konnte es machen, daß zwei so tief liberale Philosophen-Staatsmänner wie Benedetto Croce und Winston Churchill für die Bewahrung der italienischen Monarchie eintraten. Demokratie sollte sein, ganze, ungekrönte und ungeschützte. Sie wurde auch den Deutschen versprochen oder von ihnen gefordert. Nicht eben gründlich durchdacht blieb hier die Frage, wie der Begriff der Demokratie, den man theoretisch auch den Deutschen als Allheilmittel bot, sich vertrüge mit der denselben Deutschen vorgeworfenen »Kollektivschuld«. War das Volk schuldig, so war in gewissem Sinn die Demokratie schuldig, insofern sie Regierung durch das Volk, Verantwortung des Volkes bedeutete. Man ging dieser Schwierigkeit aus dem Wege, indem man einer zukünftigen deutschen Demokratie verbot, noch einmal zu versuchen, was die plebiszitäre Demokratie Hitlers getan hatte; sie sollte später einmal frei sein, aber so frei nicht. Diesem Zweck diente die sogenannte »Rückerziehung« des Volkes, die verkündet wurde; ihm auch die in ihrem Grundgedanken vertretbare, in der Ausführung monströse »Entnazifizierung«, die gestufte Bestrafung oder Ausschaltung aus dem öffentlichen Leben aller ehemaligen Nationalsozialisten. In jedem Fall kamen ihm die Stimmungen im Lande entgegen; denn dazu, Hitlers Experimente zu wiederholen, bestand damals unter Deutschen nicht die geringste Lust, und ihre Sehnsucht nach Frieden, Recht und einem menschenwürdigen Leben für alle war stärker, als das tiefe Mißtrauen der Sieger zunächst annahm.

Die Amerikaner suchten den unsicheren, stets von bloßer Formalität und Leere bedrohten Begriff der Demokratie durch gewisse Verbote, gewisse positive Bestimmungen einzuengen und zu erfüllen, indem sie ihm übrigens weiten Spielraum gaben. Die Russen bestritten ihm bald jeden Spielraum. Die Deutschen, wie die Polen oder Tschechen, sollten »Demokraten« sein, vorausgesetzt, daß sie sich für den »Kommunismus« entschieden, vorausgesetzt, daß ihr »Kommunismus« jeweils so aussähe, wie der schwankende Wille der Machthaber im Kreml es wollte.

Hier waren Gegebenheiten der Macht und der Stimmung, die eine bloße Wiederherstellung der Dinge, wie sie 1939 oder 1920 gewesen, ins Reich des Unmöglichen verbannten. Die ungeheure Arroganz der Sieger, die einen vor kurzem noch mächtigen Staat, Deutschland, zunächst einmal von der Karte strichen und sich selber an seine Stelle setzten, war an sich eine Quelle von Revolution; ihr in Berlin tagender Kontrollrat kam einer revolutionären Diktatur gleich, und ein Dekret wie jenes, welches die gesamte östlich der Oder und Neiße lebende deutsche Bevölkerung »auf geregelte, menschliche Weise« nach Westdeutschland zu evakuieren befahl, die abermalige Entwurzelung von Millionen, stürzte das schon in seinen Grundfesten erschütterte Land in neue Qualen. Die Quartiere der Alliierten waren Inseln der Ordnung und des Wohllebens in einem Meer von Ruinen und Leid. An Stimmen, die zu kritischer Selbsteinkehr der Sieger aufriefen, zu Ritterlichkeit, Maß, christlicher Bescheidenheit, fehlte es nicht. Sie wurden erhoben von Männern wie Winston Churchill, jetzt ohne Amt, von dem amerikanischen Theologen Niebuhr, von dem englischen Verleger Victor Gollancz, einem Juden, der nun das den Deutschen angetane Unrecht leidenschaftlich bekämpfte. Aber sie verhallten im ersten Taumel des Triumphs und der Rache, wie routinemäßig auch und ohne starke Überzeugung diese von den Offizianten am Orte ausgeübt wurde. – Konnte man eine neue Epoche des Weltfriedens und Glücks mit der rachsüchtigen Entmündigung ganzer Nationen beginnen?

Später kam dann wohl Einsicht, Maß und Ordnung in die Sache. Aber diese Ordnung beruhte auf einer neuen feindlichen Zweiteilung der Welt, erhielt durch sie ihre Form, wäre ohne sie gar nicht gewesen.

Schließlich hatten auch im Inneren der wesentlich intakt gebliebenen Siegerländer, vor allem der Vereinigten Staaten, tiefgehende Veränderungen stattgefunden. Erst der Krieg hatte dort im Grunde die letzten Nachwirkungen der großen Wirtschaftskrise beseitigt, hatte die Arbeitskräfte der Nation in noch nie erlebtem Maße mobilisiert, bisher gedrückte Bevölkerungsklassen nach vorn gebracht und die Forderungen an das Leben gewaltig gesteigert. In Amerika wie in England und in den Dominions herrschte buchstäblich »Vollbeschäftigung«. Von ihrem Dasein wurde auf ihr Recht geschlossen. Sie war das Rechte, und sie sollte nun bleiben. Konnte sie aber bleiben? War nicht im Gegenteil wie nach früheren großen Kriegen, 1815, 1920, Massenarbeitslosigkeit zu erwarten? Gerade die Russen erwarteten sie in den Ländern des »Kapitalismus« und freuten sich königlich auf sie. Daß ihr im wahrscheinlichen Notfall durch Planungen und Arbeitsaufträge des Staates gesteuert werden müßte, war vielerorts die Überzeugung; so wie in Europa, zumal in Deutschland, die Erwartung eines Wiederaufbaus durch den Staat, oder doch unter dessen Anleitung, überwog. Daß die vom Profitprinzip angetriebene Privatwirtschaft in den kommenden Jahren ihre konstruktivsten Erfolge erringen, daß sie Westdeutschland binnen kurzem aus einem Trümmerfeld in ein Gedräng glitzernden Wohlstandes verwandeln würde – nur wenige sahen es voraus.

Der Krieg hatte Dinge zerstört, Menschen getötet, einer moralischen Verwilderung Platz gegeben. Er hatte aber auch Menschen, feindlich und freundlich, einander nähergebracht, sie durcheinandergewirbelt, neue, noch schnellere Kommunikationen entwickelt. Der transatlantische Flugverkehr, 1939 in seinen Anfängen, stand in voller Blüte. Die Amerikaner, vor dem Krieg den Europäern fremd und fern, waren überall, waren zumal mit den Briten, gern oder ungern, zu einer eigentlichen Symbiose gelangt, die, bevor sie Wirklichkeit wurde, niemand auch nur erträumt hätte. Neue, zu kriegerischen Zwecken forcierte Erfindungen blieben nach dem Krieg zurück, unberechenbar in ihren revolutionierenden Möglichkeiten. Von ihnen war die entfesselte Atomkraft die unheimlichste; ein beliebter Gegenstand für Sonntagspredigten und eine drängende Aufgabe für die Politik des Werktages... Wiederherstellung? Nein, nicht in ihrem Zeichen vor allem würde die neue Zeit stehen.

## Die Anfänge des »Kalten Krieges« und das Schicksal Deutschlands

Die Entwicklung eines feindlichen Verhältnisses zwischen Russen und Angelsachsen war im Frühling 1945 nicht das von der hohen Politik Geplante, wohl aber das von der öffentlichen Meinung, der auch Politiker und Militärs sich nicht entzogen, allenthalben Erwartete. Es war das Natürliche, das Einfache, das Starke und Dumme; jenes also, was, entgegen den subtileren Hoffnungen der Menschenfreunde, sich in der Geschichte meistens durchsetzt. Die deutschen Zivilisten, die vor den eindringenden russischen Truppen nach Westen flüchteten und ihre Eindrücke mitbrachten, sagten es voraus und waren insofern gescheiter als der große Präsident der Vereinigten Staaten. Übrigens ist es nicht so, daß Franklin Roosevelt ganz in Illusionen gestorben wäre. Die Haltung der Russen machte ihm in den letzten Wochen seines Lebens schwere Sorgen, schon ließ er die beginnenden Insulte des Kremls scharf beantworten; und daß Roosevelt, hätte er weitergelebt, den Gang der Dinge hätte ändern oder auch nur wesentlich verlangsamen können, hat wenig Wahrscheinlichkeit für sich. Das persönliche Vertrauen, das der Tyrann im Kreml ihm momentan wirklich entgegengebracht haben mag, die freundlichen Scherze, die zwischen beiden ausgetauscht wurden, hatten kein Gewicht im Vergleich mit jenen, die in feindlicher Richtung zogen. Wohl dem generös-leichtsinnigen, tieferer, dunklerer Einsicht in die Geschichte ermangelnden Praktiker, daß ihm die schlimmste Enttäuschung erspart blieb. – Umgekehrt ist es nicht so, daß sein Nachfolger, Harry Truman, alsbald andere Ansichten vertreten, andere Töne hätte hören lassen. Indem Truman die interalliierten Pläne für die Okkupation und militärische Aufteilung Mitteleuropas buchstäblich ausführte, setzte er auf die Fortdauer der großen Allianz bis in die Tage der Potsdamer Konferenz, Juli 1945, und darüber hinaus; jedenfalls wollte er nicht der erste sein, der sie brach. Erst im Hochsommer finden wir Andeutungen eines Abweichens von diesem Wege. Der Wechsel der Personen war nicht schuld daran. – Was war schuld?

Seit dem Frühjahr hörten die wechselseitigen Beschwerden und Vorwürfe nicht mehr auf; der Bericht über die letzte Moskaureise von Harry Hopkins, Roosevelts altem Vertrauten (Ende Mai), gibt beredtes Zeugnis davon. Sie hatten beiderseits Hand und Fuß, diese Vorwürfe, sie waren nicht aus der Luft gegriffen; jeder der beiden Partner hatte irgendwelche technischen Gründe, mit dem anderen unzufrieden zu sein. Aber diese Gründe, kleinlicher, wenig bedeutender Art, hätten nicht wirken können, wären sie nicht von beiden im Lichte dessen interpretiert worden, was an sich da war, weil es an sich erwartet wurde, nun, da kein gemeinsamer Gegner mehr sein Wachsen und Zutagedrängen hinderte: die neue Spannung, die neue Feindschaft. Einer provozierte den anderen und erhielt durch des anderen Reaktionen den eigenen Verdacht bestätigt.

Das Übrigbleiben und direkte Sich-Gegenüberstehen zweier Gigantenmächte in einem Umkreis von Halbmacht und Ohnmacht wäre an sich geeignet gewesen, diese Entwicklung herbeizuführen. Viel, viel bequemer als das Sich-Vertragen ist Feindschaft, und Deutschland und Japan waren jetzt keine möglichen Feinde mehr. Hätte selbst der Zar oder ein liberaler Staatschef im Kreml residiert, immer hätte es eines unwahrscheinlichen Aufschwunges zur Weisheit bedurft, um das, was nun begann, hintanzuhalten. Liberal war der russische Staatschef freilich nicht. Friedliche Vorsätze gegenüber Amerika mochte er wohl haben, es gibt Anzeichen dafür, daß er sie in den Tagen von Jalta oder von Roosevelts Tod noch hatte. Weil er ihrer Verwirklichung aber nicht die mindesten Opfer zu bringen, auf sie hin nichts zu riskieren bereit war, weil sie seinem Charakter, seiner Philosophie, dem Wesen seiner Herrschaft schnurstracks widersprachen, ist es so gut, als hätte er sie nicht gehabt. Gab es ein dauerndes Einvernehmen zwischen dem Lande des »Kommunismus« und dem »kapitalistischen« Westen, dann war die ganze Lehre falsch, auf der die russische Staatsmacht seit bald dreißig Jahren ruhte. Gab es die Legende eines äußeren Feindes nicht mehr, war der inneren Partei- und Schreckensherrschaft, die eben jetzt neu organisiert wurde, der lebensnotwendige Vorwand genommen. Und, gleichgültig, was der alte Despot selber glaubte oder nur als Arcanum Imperii gebrauchte: an die Ehrlichkeit, Selbstlosigkeit, menschliche Anständigkeit seiner Partner im Machtspiel glaubte er nie, und wer nicht für ihn war, unter ihm war, der war gegen ihn. Was verschlug es, daß Amerika eben jetzt, anstatt mit Hitler gemeinsame Sache und so dem Bolschewismus ein für allemal den Garaus zu machen, sich an die Spitze einer Weltkoalition gestellt hatte, die ihn rettete? Die windige Erklärung, das sei ein Krieg unter Kapitalisten gewesen und den Vereinigten Staaten keine andere Wahl geblieben, machte die russischen Anführer jeder Dankbarkeit quitt. Die Leistungen der Bundesgenossen wurden verkleinert oder verleugnet, gewisse Verzögerungen und Langsamkeiten, gewisse Sünden der Vergangenheit, vor allem der Münchener Vertrag, in den Vordergrund gerückt; die eigene Ursünde, welche den Weltkrieg ausgelöst hatte, der Pakt vom August 1939, blieb unerwähnt. Aber viel weiter reichte Stalins Gedächtnis zurück, in die Tage der Intervention von 1919 und des »Cordon sanitaire«, den Clemenceau und Churchill damals rings um das Land der Revolution hätten errichten wollen. In seinem Sinn verstand er das Interesse, das die Angelsachsen an der Unabhängigkeit Polens nahmen; uneingedenk der Tatsache, daß England doch einst um Polens wegen seinen letzten Krieg gegen Deutschland begonnen hatte, unfähig, an ein anderes Motiv als an das imperialistischer Tücke zu glauben. In Polen kam zuerst heraus, was Stalin unter einer »rußlandfreundlichen« Regierung verstand. Er traute nur denen, die er selber trainiert und ernannt hatte, den Anhängern desselben Glaubens, die seine gehorsamen Werkzeuge sein würden. Am Ende hatte er es immer so gemeint, wenn er von einem »demokratischen«, »friedliebenden« Polen sprach, hatte er es anders gar nicht meinen können. – Seine Bundesgenossen fühlten sich schändlich betrogen.

Neben der Installierung kommunistischer Machthaber oder Beauftragter in Warschau gab es ein anderes Mittel, Polen für immer an Rußland zu ketten. Es war dies die Verlegung der polnischen Grenzen tief nach Westen, tief ins eigentliche Deutschland hinein, bis zur Oder und Lausitzer Neiße. Und man muß sagen, daß die polnischen Demokraten, die Liberalen, deren Vertreter sich während des Krieges in London organisiert hatten, dieser unglücklichen Idee ebenso ergeben waren wie die Kommunisten, ja, daß Stalin sie von ihnen übernommen hatte. Der polnische Nationalismus, verblendet wie alle Nationalismen, ging nur zu gern in die Falle. Sie würde ihm Land, reiches deutsches Land einbringen, das in grauer Vorzeit einmal von Slawen bewohnt gewesen war und so das »Wiedergewonnene« genannt wurde; sie würde sicher machen, daß der ganze polnische Staat nichts sein könnte als ein von Gnade oder Ungnade der Russen abhängiger Satellit. Was die Polen unlängst von den Deutschen erfahren hatten, macht die Stimmung verständlich, in der sie nun von jenen Gebieten Besitz ergriffen; es war Rache, das Heimzahlen von Gleichem mit Gleichem, was der dort noch angetroffenen deutschen Bevölkerung geschah. Aber wenn von keinem Vorwurf die Rede sein soll, so ist doch von einem Glied in der Kette des Verhängnisses die Rede. Denn jene über alles zu rechtfertigende Maß weit hinausgehende Besitznahme und Vertreibung mußte den durch deutsche Schuld schon bestehenden Abgrund zwischen Polen und Deutschen noch einmal vertiefen, alle Brücken Polens zum Westen gefährden und die quer durch Europa gehende Trennungslinie festigen, an der den Russen gelegen war, solange sie das Ganze nicht haben konnten. Für die Tschechoslowakei hatte die Austreibung der Deutschböhmen knapp zwei Jahre danach die gleiche Folge; wie konnte man eine freie Demokratie im Inneren bleiben, nachdem man gegen außen, vielmehr gegen einen Teil des eigenen Volkes, sich eines so barbarischen Aktes schuldig gemacht hatte? – Auf der Potsdamer Konferenz kämpfte Churchill vergebens für eine Beschränkung der den Polen einzuräumenden deutschen Gebiete, so daß wenigstens Breslau deutsch geblieben wäre. Sein Nachfolger, Clement Attlee, kapitulierte vor der russischen Forderung. Daß sie nur vorläufig zugestanden und die endgültige Entscheidung einem »Friedensvertrag« überlassen wurde, hat es den Angelsachsen später ermöglicht, die Gültigkeit der neuen deutsch-polnischen Grenzen zu bestreiten. Aber diese Formalität darf nicht darüber hinwegtäuschen, daß sie in Wirklichkeit ja zu ihnen gesagt hatten, auch wenn sie ihr Ja später bedauerten. Denn der Befehl zur sogenannten »Umsiedlung« oder »Rücksiedlung«, den sie mitunterzeichneten und kraft dessen nun abermals Millionen von Menschen, gepfercht in Güterwagen oder in Marschkolonnen, westwärts getrieben wurden, konnte wohl kaum als vorläufiger gemeint sein. – Es war ein Beschluß wie dieser, der eine nicht für ihre Deutschfreundlichkeit bekannte Londoner Zeitschrift, den »Economist«, zu dem Urteil veranlaßte: die Alliierten hätten den Krieg gegen Hitler mit einem Frieden in Hitlers Stil beschlossen.

Es blieb nicht dabei. Als ein europäischer, als Krieg zwischen Deutschland und den Westmächten war der zweite Weltkrieg ein so widernatürlicher Anachronismus gewesen, daß die Stimmungen, die ihm entsprochen hätten, die deutsch-französische, die deutsch-englische »Erbfeindschaft«, sich nun nicht, wie nach 1918, einfrieren und für eine abermalige Wiederholung des sinnentleerten Spiels aufbewahren ließen. Dergleichen wurde im Frühjahr 1945 wohl erwartet, schon ein Jahr später aber nicht mehr. Gerade das Übermaß des Sieges und der Zerstörung, das dem Sieger keinen Staat wie 1919, sondern den Kadaver eines Staates in die Hände gab, ließ ihn, wenigstens im Westen, seines Triumphes bald überdrüssig werden und war geeignet, seine anständigeren, helfenden Instinkte zu erwecken, wie sehr er sich auch anfangs geschworen hatte, gerade diesen diesmal nicht nachzugeben. Befehle, wie der, der alle menschlichen Kontakte zwischen fremden Soldaten und deutschen Zivilisten verbot, pedantisch ausgearbeitete Pläne zur Niederhaltung der deutschen Industrieproduktion, hielten der neuaufsteigenden Psychologie und Politik nicht stand, so daß es sich nicht lohnt, jene nie wirklich durchgeführten Narrheiten im einzelnen zu erwähnen. Auch gewisse grundsätzliche Anfangspositionen der einzelnen Siegermächte dem deutschen Problem gegenüber erscheinen im Rückblick mehr als geschichtliche

Kuriositäten denn als Tatsachen von bleibendem Belang. Daß es Frankreich war, welches 1945/46 das Funktionieren der einzigen damals bestehenden deutschen Gesamtregierung, nämlich des Viermächte-»Kontrollrates« in Berlin, lähmte, weil es das Wiedererstehen eines zentralisierten deutschen Staates zu verhindern wünschte, und daß demgegenüber gerade die Vertreter Rußlands für Milde, für einen rascheren Wiederaufbau der deutschen Industrie und einer gesamtdeutschen Verwaltung plädierten, dergleichen ist heute vergessen; und mit Grund, weil es keine Folgen hatte. Schon 1948 gab es zwischen Franzosen und Angelsachsen keinen Wesensgegensatz mehr in der deutschen Frage. Eben damals schon war klar, daß die Einheit und Freiheit, welche der Kreml einem in seinem Ostgebiet verkürzten Deutschland bewilligen wollte, die Einheit und Freiheit der jetzt in Europa herrschenden »Volksdemokratien« gewesen wären.

Unmöglich zu sagen, ob ein deutscher Odysseus sich von den Westmächten die Erlaubnis hätte erspielen sollen und können, diese von Rußland in einem frühen Stadium der Entwicklung noch gebotenen Möglichkeiten anzunehmen und dann aus ihnen etwas ganz anderes zu machen, als was in der Absicht des Kremls lag. Die Schwierigkeiten einer solchen Politik spotteten jeder Vorstellung; auch wäre ein schweres Opfer damit verbunden gewesen, nämlich der Verzicht auf jene enge Verbindung mit Westeuropa, deren Beginn sich schon mit der Verkündung des »Marshallplanes« Frühjahr 1947 abzeichnete. Was soviel heißt, wie daß die Geschichte dann überhaupt ganz anders, niemand weiß wie, verlaufen wäre. Andererseits lag hier die einzige Hoffnung, die dauernde Spaltung Deutschlands zu verhindern und die Bewohner der von Rußland besetzten »Zone« vor der Drangsal eines landfremden, totalitären Despotismus zu bewahren. Wir entscheiden nicht, ob diese Hoffnung, diese Möglichkeit überhaupt real war; vielleicht war sie es von Anfang an nicht, so grundverdorben, wie Hitlers Krieg die Dinge zurückgelassen hatte. Jedenfalls wurde weder von Deutschen noch von den Angelsachsen eigentlich der Versuch zu ihrer Verwirklichung gemacht. Der Mann, der 1949 in der neuerrichteten »Bundesrepublik Deutschland« die Zügel ergriff, Konrad Adenauer, besaß Autorität und Geschicklichkeit in bewunderungswürdigem Maße. Aber ein listenreicher, phantasievoller Odysseus war er nicht. Unbeirrbar ging er den einen geraden Weg, auf dem die Gründung des Staates, den er führte, eben der Bonner Republik, selber der weisende Markstein war; den Weg, den Amerika wies, den vor ihm seine Vorgänger, die alliierten Militärgouverneure, gegangen waren. Sein Ziel, ein sich selber regierendes, blühendes, eng an Westeuropa und die Vereinigten Staaten angeschlossenes Westdeutschland, war der Art, daß es der Forderung nach einer Wiedervereinigung beider deutscher Teile nichts von ihrem moralischen Recht nahm, in der Welt der Machtpolitik sie aber nun praktisch unmöglich machte; denn an ein so ausgerichtetes Westdeutschland würden die Russen ihrem Teil der Beute den Anschluß nie und nimmer erlauben (wenn sie ihn je unter anderen als ihren eigensten, den kommunistischen Bedingungen erlaubt hätten).

War der Streit um Deutschland der eigentliche Gegenstand, die Ursache des »Kalten Krieges«? Oder war er nur dessen Folge und Symptom? Er war beides. Hätten die Sieger sich in der deutschen Sache einigen können, so würde solches Einverständnis sich wohl auch auf andere Konflikte wie den um Korea oder den um eine gemeinsame Ausbeutung

Die »Großen Drei« der Potsdamer Konferenz, Juli 1945
Churchill, Truman, Stalin

»Dem Kriegsverbrecherprozeß entronnen«
Karikatur von Thomas Theodor Heine. München, Städtische Galerie

der Atomenergie mäßigend ausgewirkt haben. Sie einigten sich nirgends. Nicht in der Frage einer internationalen Kontrolle und Ausbeutung der Atomenergie, für die die Vereinigten Staaten einen bahnbrechend-kühnen, von der Sowjetunion jedoch verworfenen Plan vorlegten; nicht in Korea, wo, ungefähr wie in Deutschland, die Grenze zwischen zwei Okkupationsgebieten sich in eine zwischen zwei feindlich konkurrierenden Staaten verwandelte; nicht in der Grundsatzfrage, was »Demokratie« sei. Sie mißtrauten einander überall, wünschten einander überall zu beschränken und zu blamieren; wobei das Beleidigtsein der Russen über dies Mißtrauen, ihr, vielleicht genuines, Sich-im-Recht- und Mißverstanden-Fühlen nur um so sonderbarer berühren mußte, als sie ja wirklich und zugegebenermaßen in allen Nicht-Kommunisten ihre früher oder später zu vertilgenden Feinde sahen. Viel begründeter war die Entrüstung der Amerikaner, wenn sie auch leicht in eine gewisse Selbstgerechtigkeit und fremder Psychologie unzugängliche Starre umschlug. Nie, während die Fronten erstarrten, während die Hoffnung auf eine Welt »ohne Furcht« ihnen ins Unerreichbare entglitt, zogen sie auch nur von ferne die präventive Ausnutzung des Atombombenmonopols in Betracht, solange sie es besaßen. Geduldig warteten sie, bis an die Stelle dieser ihrer entscheidenden Überlegenheit ein »Gleichgewicht des Schreckens« trat. Ebensowenig aber konnten sie sich entschließen, dem neuen Weltgegner irgendwo nachzugeben; auch nicht in einer vergleichsweise zweitrangigen Frage wie der russischen Forderung nach deutschen Reparationsleistungen »aus laufender Produktion«, die, isoliert betrachtet, nicht unvernünftig war. Von allen Regionen, in denen Amerikaner und Russen feindlich aufeinandertrafen, war Deutschland die energiereichste, zentralste. Folglich entbrannte hier ihr Gegensatz am stärksten, und beide behielten sie ihren Teil, indem sie ihn, jeder auf die für ihn typische Art, gegen den anderen organisierten.

Für die Deutschen war dieser Gang der Dinge zugleich sehr schlimm und sehr vorteilhaft. Schlimm, weil er das an sich schon furchtbar verstümmelte Land in zwei Teile spaltete, auf modernere, das hieß schärfere, wirkungsvollere, bösartigere Manier als je in der Vergangenheit. Vorteilhaft, weil eben kraft dieser Entwicklung und Spaltung die Sieger, wenigstens die im Westen, sich aus Eroberern rasch in freundliche Kontrolleure, in Berater und Helfer, zuletzt in förmliche Bundesgenossen verwandelten. So wie Russen und Angelsachsen nur gemeinsam Deutschland hatten besiegen können, so konnten sie nur gemeinsam den Charakter von Siegern behalten, und so lange war ihre deutsche Politik überwiegend negativ: Bestrafung von Hitlers politischen und militärischen Helfern und Werkzeugen, »Reparationen« und »Demontagen«, »Industriepläne« zur Niederhaltung und Dezentralisierung der Wirtschaft, Vergangenheitsforschung und Gesinnungsspionage. Von Anfang an schon standen diesen rein negativen Zielen auch positive Maßnahmen widerspruchsvoll gegenüber: die Schritt für Schritt vorwärtsschreitende Reorganisation einer deutschen Selbstverwaltung und private, großzügige Wohltätigkeit. Am Ende ist denkbar, daß solche helfenden Tendenzen auch ohne den »Kalten Krieg« allmählich die Oberhand gewonnen hätten. Ist ja der Mensch ein aufbauendes wie ein zerstörendes Wesen, in kurzen orgiastischen Augenblicken mehr dieses, auf die Dauer mehr jenes; und gerade, daß sie an Ort und Stelle die unumschränkten Herren waren, mußte die Alliierten geneigt machen, sich mit dem Land, ihrem Teil davon, und seinen leidenden Bewohnern zu identifizieren. In dem Maße nun, wie die Amerikaner, welche Engländer und Franzosen mit sich zogen, in den Russen den Gegner von morgen erkannten, hörte der Gegner von gestern auf, es zu sein; der Sieg hörte auf, einer zu sein, wurde nicht, wie der von 1918, durch die Jahrzehnte künstlich in seinem giftigen Leben erhalten; schließlich gaben sie selber den Homunkulus, die »Bundesrepublik Deutschland«, in Auftrag, die sich dann, wohl zu aller Überraschung, binnen kurzem zu einem lebenskräftigen Staat entwickeln sollte.

Über alledem lag das Gefühl, auf unvergleichlich-unbekanntem, gefährlichem Boden zu gehen. Es waren nicht die exaltierten Hoffnungen von 1919, die humanitären, revolutionären. Revolution, geführt von idealistischen Literaten, war im Grunde nirgends gewesen, sie entsprach dem Stil der Zeit nicht mehr. Auch die Bolschewisten waren jetzt keine Literaten mehr, sondern Militärs, Techniker, Macht-Techniker; wo sie einzogen, da hielt nicht Revolution, sondern neue, hartherzige Ordnung ihren Einzug, die von befohlener Lyrik geistlos verherrlicht wurde. Auch Enttäuschung und Zynismus konnten nicht so wie nach 1919 Platz greifen, weil die Wellen der Hoffnung, aller offiziellen Rhetorik zum Trotz, nie sehr hoch geschlagen hatten. Mannigfaltig und schwankend ist immer, was man die Stimmung einer Zeit nennt. In den Jahren nach 1945 waren dort, wo der öffentliche Geist sich selber frei überlassen blieb, Furcht und Skepsis stark hervortretende Elemente. Wo das möglich war, was man unlängst entdeckt und im Nürnberger Prozeß investigiert hatte, der Judenmord, und alle die Greuel, zu denen, mit Gradunterschieden, beide kriegführenden Lager sich hatten verleiten lassen – was war da nicht möglich? – In Europa, zumal in Deutschland, gab es eine gewisse Hoffnung auf die Amerikaner, eine Bereitschaft, von ihnen zu lernen – mehr vielleicht, als sie lehren konnten. Den Amerikanern fehlte das alte Europa. Sein Ausfall gab ihnen eine Weltverantwortung, die sie sich so nie gewünscht hatten, die sie aber nun für endgültig hielten. Europa erschien ihnen erschöpft, »fortgewelkt«, wie es hieß, physisch und moralisch verbraucht und keines *come-back* mehr fähig. Daß sie so bald die Führung im »Kalten Krieg« energisch übernahmen, so sehr viel darüber und fast nichts anderes mehr redeten, war bedingt durch die wirkliche russische Provokation; es mochte aber auch damit zusammenhängen, daß hier wenigstens eine profilierte Ordnung zu finden war, wenn auch eine bloß negative. Indem man jetzt Stalin mit Hitler verglich, hatte man etwas Altvertrautes in der Hand und konnte den Schlachtruf »Keine Beschwichtigungspolitik!« aus dem Erfahrungsschatz der jüngsten Vergangenheit nehmen, die sonst für diese Gegenwart verzweifelt wenig zuverlässige Lehren bot.

War der europäische Fortschrittsglaube schon längst erschüttert, so war es der amerikanische erst jetzt – der kommunistische auch jetzt nicht. Ein Erstarken der Religion konnte damit verbunden sein; nicht nur in dem unverbindlich politischen Sinn, daß jetzt in drei europäischen Ländern konservativ-demokratische Parteien ihre Politik auf dem Christentum zu gründen vorgaben; auch in dem eines schärferen, beteiligteren Fragens nach des Menschen Natur und Schicksal im Licht der christlichen Tradition. Von seiner Freiheit und deren bösem Mißbrauch, von der immerwährenden, selbstverschuldeten Gefährdung seiner Existenz und aller seiner Schöpfungen hatte das jüngst Erlebte Zeugnis gegeben. Wer es, wie der amerikanische Theologe Reinhold Niebuhr, als bestrafte menschliche Hybris auslegte, hatte jetzt mehr Zuhörer als ehedem. – Eine andere, in ihrem Anspruch gleich radikale, in ihrem seelischen Antrieb weniger wahrhaftige Interpretation war möglich: die machiavellistisch-zynische, die in dem zweiten Weltkrieg samt allen seinen Greueln und allen seinen Folgen nur eine nicht weiter zu bejammernde Bestätigung ewiger Lebensregeln sah. So konnte in Amerika ein Prophet auftreten und verkünden: Macht sei noch immer vor Recht gegangen, in Zukunft aber werde die Erde einer einzigen Macht, der russischen oder der amerikanischen, gehören müssen, dieser Kampf sei mit allen Mitteln vorzubereiten und zu führen – und gleichfalls viel gläubige Zuhörer finden.

Die Geschichtsphilosophie des Engländers Arnold Toynbee, schon in den dreißiger Jahren geschaffen, aber erst jetzt in populären Ausgaben verbreitet, wirkte gleich nach 1945 ungefähr so, wie Oswald Spenglers Philosophie nach 1919 gewirkt hatte. In vielen Beziehungen war sie der Spenglerschen ähnlich; auch sie löste die Geschichte des Menschen in die Geschichten einzelner Kulturen auf, die im Ablauf ihres Lebens und Sterbens einander ähneln. Wie Spengler glaubte Toynbee auf Grund eines so vergleichenden Systems zeigen zu können, wo die westliche Zivilisation jetzt stand; und dies war ein Grund dafür, warum viele, die ohne ihn nicht wußten, wo sie standen oder wohin sie gingen, sein Werk begierig lasen. Übrigens war er frommer als Spengler, für den das Abendland »religiös fertig« gewesen war. Wo Spengler nichts anderes empfahl als eine wohlige Erfüllung des so oder so unvermeidlichen Verfalls, wußte Toynbee von jeweils verfehlten besseren Möglichkeiten, von Schuld, von der Offenheit der Zukunft. Er rief zu moralischen Anstrengungen auf, damit unsere Zivilisation dem Schicksal entginge, das noch alle früheren getroffen hatte. Eine Haltung, die sein Wirken als praktisch entschieden nützlicher auswies, trotz der Einwände, die man gegen seine historischen Einteilungen erheben mochte.

Wie tief aber auch die Sorge derer war, die in sich den Auftrag spürten, ihr und ihrer Mitmenschen Schicksal deutend zu erhellen: in den breiten Massen überwog doch gewaltig die Lust, jetzt endlich wieder zu bauen und zu genießen; die gegebene Friedenszeit zu genießen, wäre sie nun lang oder kurz. Dieser Lust wurde freie Bahn gegeben. Dank ihrer sollte die westliche Zivilisation, die angeblich verbraucht, erschöpft, binnen weniger Jahre produktiver und reicher sein als je zuvor in ihrer langen Geschichte.

*Wolfgang Franke*

CHINESISCHE REVOLUTION

Unter dem Begriff »Chinesische Revolution« soll hier nicht ein einzelnes Ereignis hervorragender revolutionärer Bedeutung verstanden werden, sondern der gesamte Zeitabschnitt von der Mitte des 19. Jahrhunderts bis zur Gegenwart, der durch die Auflösung des traditionellen chinesischen Staates mit einer vorindustriellen landwirtschaftlichen Gesellschaftsstruktur und durch die Ansätze zur Entwicklung eines modernen Staatswesens mit einer industrialisierten Wirtschaft und Gesellschaft gekennzeichnet ist. Bis zur Mitte des vorigen Jahrhunderts war China als politische und kulturelle Einheit im wesentlichen auf sich selbst gestellt gewesen. An Einflüssen und Einwirkungen von außen hat es zwar im Laufe der Geschichte nicht gefehlt; sie haben die politische und soziale Ordnung modifizieren, aber niemals in ihren Grundlagen ernstlich in Frage stellen können. Bis an die Schwelle des 17. Jahrhunderts war China auf fast allen Gebieten, insbesondere in der politischen Organisation und in der materiellen Kultur, dem Westen überlegen gewesen. Dann begann aber das Abendland einen immer größer werdenden Vorsprung in Wissenschaft und Technik zu erlangen, der in der Industrialisierung und in der Ausbreitung westlicher Herrschaft über die Kulturvölker Asiens im 19. und frühen 20. Jahrhundert seinen Höhepunkt erreichte. Durch den Opiumkrieg 1840 bis 1842 gewaltsam dem fremden Handel und damit allen Einflüssen westlicher Kultur und Zivilisation geöffnet, wurde China in den Grundlagen seiner geistigen und materiellen Existenz erschüttert wie niemals zuvor. Der westliche Einfluß konnte nicht anders als zersetzend und auflösend auf Chinas traditionelle politische, soziale, wirtschaftliche und kulturelle Ordnung wirken und mußte China weitgehend auf den von der Entwicklung im Abendland vorgezeichneten Weg drängen. Während der Übergang zum modernen Industriestaat sich im Abendland aber über Jahrhunderte erstreckt hatte, mußte er in China innerhalb weniger Generationen erfolgen. Wie in Europa diese Entwicklung von gewaltsamen und tiefgreifenden Umwälzungen aller Art begleitet war, so brachte sie auch in China eine Folge revolutionärer Erhebungen mit sich. Diese einzelnen revolutionären Erhebungen lassen sich als Stufen in der Gesamtentwicklung der chinesischen Revolution betrachten. Freilich waren auch andere Ereignisse, wie etwa äußere Verwicklungen oder bestimmte innerpolitische Regierungsmaßnahmen, gleichfalls zuweilen von entscheidender Bedeutung für den Gang der revolutionären Umgestaltung. Doch scheinen die einzelnen Erhebungen in besonders markanter Weise aus dem Laufe der Entwicklung herauszuragen und deshalb geeignet, die folgende Darstellung in erster Linie daran zu orientieren. Dabei zeigen sich die revolutionären Bewegungen vor 1911 nur als Vorstufen, als Auftakt zu den dann folgenden größeren Umwälzungen.

## *Die Vorstufen zur Revolution des 20. Jahrhunderts*

### *Die Taiping-Revolution (1851–1864)*

Die Taiping-Revolution war eine der größten revolutionären Bewegungen nicht nur in China, sondern in der Weltgeschichte überhaupt. Sie ergriff ganz Mittelchina sowie große Teile von Nord- und Südchina, insgesamt ein Gebiet mit mehr als hundert Millionen Einwohnern. Etwa zwanzig Millionen Menschen sollen während der fünfzehn Jahre dauernden Kämpfe umgekommen sein. Die Taiping-Revolution trug zwar im wesentlichen noch den traditionellen Charakter der aus der chinesischen Geschichte seit zwei Jahrtausenden bekannten Bauernaufstände und vereinte soziale, religiöse und nationale Elemente. Daneben fanden sich aber zum ersten Male auch solche Elemente, die direkt oder indirekt auf westliche Einflüsse zurückgehen, so daß die Taiping-Revolution als ein Vorläufer der revolutionären Bewegungen des 20. Jahrhunderts angesehen werden muß. Sie ging einerseits auf Ursachen zurück, die auch schon in früheren Zeiten Aufstandsbewegungen hervorgerufen hatten, wie der seit der zweiten Hälfte des 18. Jahrhunderts rasch zunehmende politische Verfall der fremdstämmigen Manchu-Dynastie (1644–1912) und die wachsende Korruption des Beamtentums. Ein entscheidender Faktor war auch das ungeheure Wachstum der Bevölkerung, die sich innerhalb eines Jahrhunderts um mehr als 200 Millionen Menschen auf über 400 Millionen vermehrt hatte. Zu den wirtschaftlichen Schwierigkeiten gesellten sich aber nun zum ersten Male Einwirkungen des westlichen Imperialismus: Die für China ungünstige Handelsbilanz und der dadurch bedingte Abfluß von Silber verschärften die wirtschaftliche Notlage; der unglückliche Ausgang des Opiumkrieges schwächte das Prestige der Dynastie und trug zur Demoralisierung von Truppen und Beamten bei; durch die Verschiebung eines Teiles des früher ausschließlich auf Kanton konzentrierten Überseehandels auf die nach dem Opiumkrieg zwangsweise geöffneten nördlicheren Häfen verloren viele Transportarbeiter in Südchina ihren Lebensunterhalt und vermehrten dort die Unzufriedenheit. So konnte Karl Marx im Jahre 1853 zu dem freilich etwas zu weit gehenden Schluß kommen, daß die Taiping-Revolution durch die britischen Kanonen hervorgerufen sei und daß der Opiumkrieg das chinesische Volk zum Erwachen gebracht habe. Wirtschaftliche und soziale Faktoren waren aber für den Ausbruch der Revolution nicht allein verantwortlich. Das nationale Element, der Widerstand gegen die zumal in Südchina nie restlos verwundene Fremdherrschaft der damals freilich schon weitgehend sinisierten Manchu-Dynastie spielte keine geringe Rolle.

Die entscheidende Dynamik erhielt die revolutionäre Bewegung aber erst durch ihre sektiererische religiös-soziale Ideologie, zu deren Formung das durch die Aktivität abend-

Europäische Handelsniederlassungen in Kanton
Aus einem Gemälde, Anfang 19. Jahrhundert. Salem/Mass., Peabody Museum

»Schlagt die fremden Teufel tot und verbrennt ihre Schriften!«
Holzschnitt aus einem Pamphlet gegen die Missionare, Ende 19. Jahrhundert

ländischer Missionare in China bekanntgewordene Christentum beigetragen hatte. Dem späteren Führer der Revolutionäre, Hung Hsiu-ch'üan, der einer armen Bauernfamilie der südchinesischen Provinz Kuangtung entstammte, war in seiner Jugend durch Zufall eine Broschüre der christlich-protestantischen Mission in die Hände gekommen, deren Inhalt sein Leben entscheidend beeinflussen sollte. Nach mißglückten Versuchen, die unterste Staatsprüfung zu bestehen – die einzige Möglichkeit zum sozialen Aufstieg –, erkrankte Hung Hsiu-ch'üan und verfiel in einen geistigen Dämmerzustand. Er hatte dabei Visionen von einem alten Mann als Vater und dessen Sohn als älterem Bruder, die ihn beauftragten, die Dämonen in der Welt zu vernichten. Nach seiner Genesung glaubte er, diese Gestalten seien Gott und Jesus Christus gewesen, die ihn zu einer besonderen Mission auf Erden auserwählt hätten. Ob die Berichte über diese Visionen im einzelnen zutreffen oder nicht, ist unwesentlich. Entscheidend bleibt, daß sie für die revolutionäre Bewegung eine außerordentliche Bedeutung hatten und daß es sich dabei um nichtchinesische, christliche Gedanken handelte.

Jene Propagandabroschüre und eine zweimonatige Schulung bei einem amerikanischen Missionar in Kanton konnten Hung Hsiu-ch'üan freilich nur eine oberflächliche Vorstellung von der christlichen Religion vermittelt haben. So bestand das Christentum für ihn im wesentlichen in der Verehrung *eines* Gottes und in der Verwerfung anderer Gottheiten. Er kannte die Zehn Gebote und glaubte, daß Jesus Christus Verbrechen und Sünden vergeben und einem helfen könne, ein guter Mensch zu werden, um nach dem Tode ins Paradies einzugehen. Es waren vorwiegend Begriffe aus dem Alten Testament, die Hung übernahm. Die tieferen Ideen des Neuen Testamentes und der eigentlichen christlichen Ethik blieben ihm fremd. Die Auswirkung der Religion bei Hung und seinen Anhängern bestand in der Zerstörung der Idole anderer Religionen einschließlich der konfuzianischen Ahnentafeln. Man schrieb Gottes Namen auf ein Stück Papier, kniete davor, verbrannte Weihrauch, entzündete Kerzen und opferte Wein und Opferspeisen. Auf Grund der Visionen sah Hung Hsiu-ch'üan sich als jüngeren Bruder von Jesus Christus und Sohn Gottes an, berufen im Auftrage Gottes, die Dämonen auf Erden zu vernichten und ein Reich Gottes zu begründen. Praktisch bedeutete das den Vorsatz, die manchurische Dynastie sowie das bestehende Staatssystem zu stürzen und eine neue soziale Ordnung zu schaffen. Die Idee vom Reiche Gottes war so vollkommen säkularisiert.

Auf den Verlauf der Revolution braucht nicht näher eingegangen zu werden. In den Bergen des östlichen Teiles der Provinz Kuangsi sammelten Hung und seine Genossen Tausende von Anhängern um sich. Im Sommer 1850 begann die offene Erhebung, die ihren Herrschaftsbereich schnell ausdehnte. Im folgenden Jahre riefen die »Gottesverehrer« – so nannten sich die Anhänger der Bewegung – Hung Hsiu-ch'üan zum »Himmlischen König« im »Reiche des Himmlischen Friedens (T'ai-p'ing t'ien-kuo)« aus. Daher kommt der Name Taiping-Revolution. 1851 war das erste Jahr der neuen Dynastie, die an die Stelle des manchurischen Kaiserhauses treten sollte. In einem raschen Siegeszug drang die Bewegung nach Norden zum Yangtse vor. 1853 fiel nach kurzer Belagerung Nanking in die Hände der Aufständischen und blieb bis zur endgültigen Niederlage deren Hauptstadt.

Von besonderer Wichtigkeit sind die revolutionären Grundsätze und Maßnahmen der Taiping. Sie bedeuten zum Teil einen unmittelbaren Bruch mit der chinesischen Tradition. Teilweise gehen sie aber auch auf ältestes chinesisches Denken zurück, und es wird nicht immer klar zu entscheiden sein, welche Elemente sich jeweils stärker auswirkten. Manche Prinzipien der Taiping haben anregend und vorbildlich gewirkt sowohl auf Sun Yat-sen und die Kuo-min-tang wie auch auf die »Bewegung vom 4. Mai« und auf die Kommunisten.

Aus dem Christentum hatten die Taiping die Idee der Gleichheit aller Menschen übernommen, und daraus erklären sich zum Teil einige besonders revolutionäre Punkte des sozialen Programms. Es sollte keinen Privatbesitz mehr geben, sondern nur ein gemeinsames Eigentum der Gemeinde, also auch keinen privaten Landbesitz. Alles Land sollte der Kopfzahl entsprechend unter die Bevölkerung zur Nutznießung – nicht zur freien Verfügung – verteilt werden. Jeder durfte von der Ernte nur den zur eigenen Ernährung notwendigen Teil behalten. Alles übrige war abzuliefern. Es liegen allerdings keine zuverlässigen Nachrichten darüber vor, daß dieses System in irgendeiner Gegend durchgeführt worden ist. Jedenfalls verdient es wegen der Radikalität seiner Theorie Beachtung. Aller chinesischen Tradition widersprechend war auch die absolute Gleichstellung der Frau mit dem Manne. Frauen konnten genau wie die Männer alle zivilen und militärischen Ämter innehaben. Es gab weibliche Soldaten in besonderen Frauen-Kontingenten der Taiping-Armee. Ferner wurde Monogamie gefordert. Verkrüppelung der Füße und Prostitution waren verboten. Auf Mädchenhandel und Vergewaltigung von Frauen stand die Todesstrafe. Unbedingte Enthaltsamkeit von Opium, Tabak und Alkohol wurde von den Anhängern der Bewegung gefordert. Die pseudo-christlichen Taiping waren intolerant gegen alle anderen Religionen; Bildersturm gehörte zu ihrem Programm. An Stelle des traditionellen Mondkalenders wurde ein neuer Kalender eingeführt, der eine Verbindung zwischen solarem und lunarem Kalender darstellte. Der stark konventionelle literarische Schriftstil wurde durch Annäherung an die gesprochene Sprache aufgelockert. Von den Ausländern verlangten die Taiping die Unterstellung unter die chinesische Gerichtsbarkeit, und sie erlaubten ausländischen Missionaren nicht, im Lande zu reisen und zu predigen. Die meisten dieser Prinzipien wurden in den ersten Jahren der Erhebung auch praktisch durchgeführt. Die von einer einheitlichen religiös-politisch-sozialen Idee begeisterten Revolutionäre mit ihrer vorzüglich organisierten und disziplinierten Armee waren den demoralisierten und desorganisierten Regierungstruppen weit überlegen. Die meist schlecht bewaffneten und nur kümmerlich ausgerüsteten Revolutionäre konnten auf Grund ihrer besseren Moral, Disziplin und Organisation in der Regel die gut bewaffneten und ausgerüsteten Regierungstruppen schlagen. Diese Erscheinung kennzeichnete seit der ältesten Zeit fast alle chinesischen Revolutionsbewegungen in ihren Anfangsstadien.

Lange konnten sich die Taiping nicht auf der Höhe ihrer Macht halten. Sittlicher Verfall der führenden Schicht, der infizierend auf alle Darunterstehenden wirkte, bildete den Hauptgrund für den endgültigen Mißerfolg. Dazu kamen Nepotismus und Cliquenwirtschaft, der Mangel an fähigen Nachwuchskräften für zivile Aufgaben und militärische Führung sowie die Tatsache, daß die Revolutionäre Sympathie und nennenswerte Unterstützung weder von der konfuzianischen Gentry noch auf die Dauer von den bestehenden antimanchurischen Geheimgesellschaften zu erlangen verstanden. Auch die nach anfangs schwankender Haltung erfolgende endgültige Parteinahme der westlichen Mächte für die Manchu-Dynastie erschwerte die Lage der Revolutionäre. England und Frankreich mußten nämlich befürchten, bei einem Siege der Revolution die 1858 im Vertrag von Tientsin von der Manchu-Dynastie erlangten Konzessionen und Vorteile wieder zu verlieren. Denn die Taiping verfolgten einen wesentlich nationalistischeren Kurs als die schwache Dynastie, mit deren Schicksal die eben erkämpfte Vorzugsstellung der fremden Mächte in China verknüpft war.

Das Hauptverdienst der Niederschlagung der Taiping-Revolution gebührt aber nicht fremder Hilfe, sondern der T'ung-chih-Restauration. Gegen Ende der fünfziger Jahre schienen die Manchu-Dynastie und die traditionelle Ordnung Chinas unmittelbar vor dem Zusammenbruch zu stehen. Seit einem Jahrzehnt hatte die Taiping-Revolution die Ordnung in den zentralen, reichsten Provinzen des Reiches aufgelöst und drohte in einem neuen Ansturm die Manchu-Herrschaft hinwegzufegen. Gleichzeitig waren englische und französische Truppen in Nordchina gelandet und hatten Peking besetzt. Der Kaiser war 1860 in äußerster Verzweiflung mit seinem Hof in die nördliche Sommerresidenz am Rande der Mongolei geflüchtet, wo er im folgenden Jahre starb. Das Schicksal der Dynastie schien besiegelt. Da geschah es fast wie ein Wunder, daß mit dem Regierungsantritt des neuen Kaisers T'ung-chih in letzter Minute die führenden manchurischen und chinesischen Kreise sich in loyaler Einigkeit um das Herrscherhaus scharten. Hervorragende Persönlichkeiten nahmen die führenden Stellungen in der Regierung ein, mit der Eroberung von Nanking im Jahre 1864 wurde die Taiping-Revolution niedergeschlagen, und die Regierung konnte auch verschiedener anderer Aufstände Herr werden. Die verwüsteten Gebiete wurden wirtschaftlich wiederaufgebaut und die Ordnung wiederhergestellt. Mit den fremden Mächten gelangte man zu einem zeitweiligen *modus vivendi*. Die T'ung-chih-Restauration war ein großartiger Versuch, durch planvolle, schrittweise Reformen von oben her die traditionelle politische und soziale Struktur zu wahren und Chinas Stellung den fremden Mächten gegenüber zu festigen. Es gelang so – im Kampf gegen eine hartnäckige Reaktion –, der revolutionären Bewegung den Wind aus den Segeln zu nehmen. Während der sechziger Jahre schien der Restauration ein vorübergehender Erfolg beschieden zu sein, doch war der Verfall nicht mehr aufzuhalten. Denn auf die Dauer wurden die traditionellen Mittel den Anforderungen einer für China völlig neuen Situation nicht mehr gerecht.

## *Die Reformbewegung (1898)*

In den neunziger Jahren erreichte das politische und wirtschaftliche Eindringen der abendländischen Großmächte in China, zu denen sich auch das schnell erstarkte Japan gesellt hatte, seinen Höhepunkt. Bis in die sechziger Jahre des 19. Jahrhunderts war eine gewinnbringende Ausdehnung des Handels vorwiegend das Ziel der fremden Mächte in China gewesen. Danach aber machte sich das Streben nach machtpolitischen Stützpunkten und nach unerschlossenen Gebieten zu kolonialwirtschaftlichen Investitionen auch in China immer mehr geltend. Es wurden nicht nur die nominell unter chinesischer Oberhoheit stehenden Randgebiete, wie die Ryukyu-Inseln, Annam, Burma und Korea, abgetrennt, sondern Deutschland, England, Frankreich und Rußland nahmen in den neunziger Jahren außer dem bereits 1842 abgetretenen Hongkong weitere Plätze Chinas gewaltsam in ihren Besitz. Die Erlangung weitgehender Konzessionen für Bergbau oder Eisenbahnbau im Innern des Landes war vorausgegangen, und die Mächte versuchten, sich bestimmte, für eine eventuelle spätere Annexion als Kolonie geeignete Gebiete zunächst als Einflußsphären zu sichern. So schien China 1898 einer Aufteilung durch die fremden Mächte nach dem Vorbild Afrikas nahe zu sein, und es ist kein Zufall, daß gerade in diesem Jahre die Reformbewegung ihren Höhepunkt erreichte.

In den Kreisen der jungen Intelligenz wuchs mehr und mehr die Erbitterung über die fremde Willkür und die eigene Schwäche. Man forderte durchgreifende Reformen des in Verfall geratenen Staatswesens. Die Anhänger der Reformbewegung, unter Führung des jungen kantonesischen Gelehrten und Anwärters für die höhere Beamtenlaufbahn K'ang Yu-wei, waren zu der Überzeugung gekommen, daß es mit der Übernahme technischer und praktischer Errungenschaften des Westens für China nicht getan sei, sondern das gesamte politische System müsse geändert werden. Sie vertraten die Ansicht, daß die altüberkommenen, grundlegenden Prinzipien der chinesischen Gesellschaft und des chinesischen Staatswesens zwar nicht angetastet werden dürften, daß staatliche Institutionen und Gesetze aber dem Wandel unterworfen und nach westlichem Vorbild zu reformieren seien. »Chinas Lehren dienen als Substanz, die Lehren des Westens zu praktischen Zwecken«, so lautete ein bekannter Wahlspruch. K'ang Yu-wei und seine Freunde wandten sich der Tradition entsprechend den geheiligten kanonischen Schriften des Konfuzianismus zu, um darin einen Weg zur Rettung aus dem Unglück der Gegenwart zu finden. Dabei kamen sie zu dem Ergebnis, daß die ursprüngliche Tradition verdorben und verfälscht sei und daß es auf das wirkliche Vorbild der ältesten Zeit zurückzugehen gelte. So glaubten sie Hinweise auf zahlreiche Institutionen und Errungenschaften des Abendlandes, die sie bewunderten und in China einzuführen hofften, bereits in den kanonischen Schriften zu finden, wie etwa die Beteiligung des Volkes an der Regierung in Form eines Parlaments, fachliche Ausbildung und Organisation des Berufsbeamtentums – das chinesische Beamtentum hatte lediglich eine allgemeine, humanistische Schulung und war kein Fachbeamtentum –, Reform des Schul- und Bildungswesens. Mit dieser neuen Auffassung der konfuzianischen Lehre gerieten die Anhänger der Reformbewegung in scharfen Gegensatz zu der offiziell seit Jahrhunderten geheiligten orthodoxen Auslegung und damit auch zu den konservativen Beamten- und Literatenkreisen. Sie konnten zwar den Kaiser und einige höhere Beamte für ihre Pläne gewinnen, sich aber nur etwa hundert Tage am Ruder halten. Dann wurde durch einen Staatsstreich der konservativen Partei unter Führung der Kaiserinwitwe Tz'u-hsi die Reformbewegung gewaltsam unterdrückt. Palastintrigen spielten dabei auch eine Rolle. Alle von der Reformpartei erwirkten kaiserlichen Verordnungen wurden nach dem Staatsstreich sofort wieder annulliert. Doch waren die neuen Ideen überall verbreitet worden und hatten, zumal im jüngeren Literatentum, das heißt in der Intelligenz, ein erhebliches Echo gefunden. In der folgenden Zeit wurden dann auch nicht wenige der von der Reformpartei geforderten Neuerungen verwirklicht, welche die von der Kaiserinwitwe gelenkte Regierung allmählich als unumgänglich erkannte. So haben K'ang Yu-wei und sein Kreis durch die Propagierung ihrer für die damalige Zeit unerhörten, neuen Ideen – auch wenn sie erst nach 1898 voll zur Auswirkung kamen – dazu beigetragen, den Boden weiterhin für die entscheidenden Stufen der Revolution vorzubereiten.

## *Antichristliche Agitation und die Boxerunruhen (1900)*

In enger Verbindung mit der politischen und wirtschaftlichen Invasion der abendländischen Mächte in China stand das Eindringen der christlichen Mission. In erster Linie Frankreich, aber auch die anderen Kolonialmächte erzwangen entsprechende Vertragsbestimmungen oder besondere kaiserliche Verordnungen, die nicht nur die freie Verbreitung der christlichen Religion mit der dazugehörigen Errichtung von Kirchen und Missionsstationen durch ausländische Missionare sicherten, sondern auch die unbehinderte Ausübung der Religion durch einheimische Christen vertraglich garantierten und damit unter den Schutz der fremden Mächte stellten. Dadurch erhielt der fremde Missionar, gedeckt durch die Macht seines Konsuls und seiner Regierung, in seiner chinesischen Residenz eine Stellung, die der des bevorrechtigten Literaten-Standes der Shen-shih nahekam. Der Missionar konnte unmittelbaren Kontakt mit den lokalen Behörden haben und sich in Rechtsfälle zugunsten einheimischer Christen einmischen. Diese Sonderstellung des Missionars bedeutete einen Einbruch in die traditionelle, soziale Struktur Chinas und führte nicht selten zu erheblichen Spannungen. Die Shen-shih standen verständlicherweise dem die Ausschließlichkeit ihres sozialen Prestiges untergrabenden Fremden und der von ihm verbreiteten religiösen Lehre strikt ablehnend gegenüber, und sie suchten ihren Einfluß im Volke in dieser Richtung wirksam zu machen. So fanden die Missionare oft am ehesten bei Elementen, die aus irgendeinem Grunde im Gegensatz zur Gesellschaft standen, die Bereitwilligkeit zur Aufnahme der christlichen Lehre, aber nicht um des Inhaltes der Lehre willen, sondern aus sozialen Motiven, zuweilen sogar, um irgendwie die soziale Sonderstellung des fremden Missionars für sich auszunutzen. Der zum Christentum bekehrte Chinese mußte in der Regel weitgehend mit überlieferten Sitten und Gebräuchen brechen. Es ist daher begreiflich, daß die chinesischen Christen von ihrer Umwelt bereits als halbe Ausländer betrachtet wurden, zumal sie ja tatsächlich unter ausländischem Schutz standen. Wohl ohne sich dessen bewußt zu sein, haben die Mächte durch die Verquickung von Staatsmacht und Religion dem Christentum in China einen schlechten Dienst erwiesen. Die unvermeidliche Folge war, daß die Chinesen das Christentum nicht als eine religiöse Lehre werteten, sondern vielmehr als ein den politischen Interessen der abendländischen Mächte dienendes Werkzeug.

Nicht selten machten die Shen-shih ihren entscheidenden Einfluß in der öffentlichen Meinung aktiv gegen die Missionare geltend. Die provokatorische Haltung vieler Missionare trug dazu bei, leicht eine fremdenfeindliche Stimmung in weiten Kreisen der Bevölkerung aufkommen zu lassen. So kam es seit den sechziger Jahren häufig zu antichristlichen Ausschreitungen. Zuweilen mußten Missionare ihr Leben dabei lassen, und in mehreren Fällen dienten solche Zwischenfälle als willkommener Anlaß, neue Ansprüche und Forderungen an die chinesische Regierung zu stellen. Besonders aufsehenerregend war das Blutbad von Tientsin im Jahre 1870, das bei Streitigkeiten um ein katholisches Waisenhaus achtzehn Franzosen – darunter zehn Nonnen und dem französischen Konsul – den Tod brachte. Ihren Höhepunkt erreichte die antichristliche Agitation aber erst dreißig Jahre später bei den Boxerunruhen.

Zu folgenschweren Ereignissen kam es 1900 in Peking und Nordchina durch die Vereinigung von zwei Bewegungen, die anfangs nichts miteinander zu tun hatten. Die eine ging von einer religiösen Geheimsekte aus, die andere von einer Clique des Palastes. Infolge örtlicher Mißstände breitete sich in Shantung während der neunziger Jahre die sozialrevolutionäre Aufstandsbewegung einer Geheimgesellschaft mit dem Namen »Boxer der Rechtlichkeit und Eintracht« aus. Sie richtete sich, wie alle Bewegungen dieser Art, gegen wohlhabende Kreise und Beamte. Als fanatisch religiöse Sekte wandte sie sich gegen Andersgläubige, darunter auch gegen die Christen. Außerdem sahen viele in den fremden Missionaren, die sich zumal in Shantung in allen großen Ortschaften niedergelassen hatten und deren Auftreten nicht immer dazu angetan war, dem Christentum Sympathie zu verschaffen, die Hauptschuldigen an dem eigenen Unglück. Durch geschickte Einwirkung von seiten bestimmter Shen-shih- und Beamtenkreise gelang es allmählich, alle sozialrevolutionären Tendenzen in eine fremdenfeindliche Richtung abzulenken und antichristliche Agitation mehr und mehr zum alleinigen Inhalt der Aufstandsbewegung zu machen. 1900 hatte sich der Schwerpunkt der Boxer in die Provinz Hopei (Chili) verlagert. Damals gab es im kaiserlichen Palast eine reaktionäre, allen Reformen feindliche Clique, die erbittert die gemäßigte Reformen befürwortenden Elemente in Hof und Regierung sowie die mit diesen sympathisierenden fremden Gesandten bekämpfte. Es ging dabei nicht allein um sachliche Argumente, sondern weitgehend um persönlichen Ehrgeiz und persönlichen Vorteil. In den Boxern meinten nun die ziemlich borniereten Führer der reaktionären Palast-Clique ein für ihre Zwecke geeignetes Instrument gefunden zu haben. Mit Hilfe der Boxer und deren übernatürlicher Fähigkeiten – daran glaubten sie anscheinend – dachten sie die Fremden aus China vertreiben und die reformfreudigen chinesischen Kreise unschädlich machen zu können. Es gelang der reaktionären Clique, die an der Spitze der Regierung stehende Kaiserinwitwe für ihre Pläne zu gewinnen und ihre Zustimmung zum Einzug der Boxer in Peking zu erwirken. Es kam dann zu den auf Befehl der Kaiserinwitwe begonnenen Feindseligkeiten gegen die Fremden, die Belagerung der fremden Gesandtschaften durch die Boxer, vereint mit regulären Truppen, und zu einem Terrorregime in der Stadt gegen alle der Verbindung mit Fremden auch nur verdächtigen Personen. Es folgten Belagerung und Entsatz der fremden Gesandtschaften in Peking, Ankunft der internationalen Armee, Flucht der Kaiserinwitwe und des Hofes, Plünderung Pekings durch die fremden Truppen, Niederwerfung der Boxer, Rückkehr des Hofes nach Peking und das internationale Boxerprotokoll von 1901 mit seinen harten Bedingungen für China. Diese Ereignisse sind jedoch für die Entwicklung der Revolution nicht von grundlegender

Bedeutung und können deswegen übergangen werden. Wenn die Aufstandsbewegung der Boxer auch noch überwiegend traditionelle Elemente zeigt, so beruhten doch die Ereignisse von 1900 auf einer bis zu einem gewissen Grade spontanen Erhebung gegen die Fremden, die da meinten, mit gutem Recht China auf politischem, wirtschaftlichem und moralischem Gebiete demütigen zu dürfen. So ist auch die Boxererhebung eine Vorstufe für die weitere Entwicklung der chinesischen Revolution.

## *Die Beseitigung des staatlichen Prüfungssystems*

Ähnlich wie nach der Niederwerfung der Taiping-Revolution eine Periode konservativer Reformversuche, die T'ung-chih-Restauration, folgte, so sahen nach den verhängnisvollen Ereignissen von 1900 die Kaiserinwitwe und ihre Umgebung rasch die Notwendigkeit grundlegender Reformen ein. Eine weitgehende Neuordnung und Neuorganisation des gesamten Staatswesens von oben her wurde erstrebt, um eben die Existenz dieses Staatswesens vor dem Druck der fremden Mächte und vor der Flut der anwachsenden revolutionären Bewegung zu bewahren und um es den veränderten Verhältnissen anzupassen. Dabei wurde zum großen Teil auf die Anregungen der immer noch verfemten Reformbewegung von 1898 zurückgegriffen, und viele der Maßnahmen, die in der kurzen Reform-Ära angeordnet und dann widerrufen waren, wurden nach 1900, teilweise in noch durchgreifenderer Form, erneut in Angriff genommen.

Die einschneidendste Maßnahme dieser Periode war die Beseitigung des staatlichen Prüfungswesens durch ein Edikt von 1905. Dieses Prüfungssystem war aufs engste mit dem gesamten Schul- und Bildungswesen verknüpft. Ziel allen Studiums war, in der Regel von der Elementarbildung an, das Bestehen einer Staatsprüfung. Und so entsprach der gesamte Bildungsstoff im wesentlichen dem Inhalt der staatlichen Prüfungen. Das waren nahezu ausschließlich die kanonischen Schriften des Konfuzianismus und die Anwendung der darin niedergelegten staatsethischen Doktrin in Politik und Verwaltung. Das Prüfungssystem hatte nicht nur seit der Zeit seines Bestehens dem Staate ein gleichmäßig geschultes, einheitlich ideologisch ausgerichtetes Zivil-Beamtentum geliefert, sondern es diente gleichzeitig auch dazu, die herrschende Schicht der Shen-shih zu konstituieren und durch regelmäßige Routine-Prüfungen für ihre ständige Schulung in der orthodoxen Doktrin Sorge zu tragen. Nur auf dem Wege über die offiziellen staatlichen Prüfungen war es möglich, die mit dem Shen-shih-Status verbundenen Privilegien zu erlangen; es war auch der einzige Weg zum sozialen Aufstieg. Das Prüfungssystem war in seiner Geschlossenheit und Wirksamkeit einzigartig und ist deswegen oft bewundert worden; doch hafteten ihm auch sehr erhebliche Nachteile an, und die Kritik daran ist so alt wie das System selbst. Sie erhob insbesondere den Vorwurf, bei der Beurteilung der entscheidenden literarisch-historischen Prüfungsaufsätze seien lediglich formale Gesichtspunkte ausschlaggebend, so daß der Formalismus eine wirklich geistige Durchdringung des Stoffes verhindere. In der Tat bewirkte, zumal seit dem 18. Jahrhundert, der Formalismus in weiten Kreisen der chinesischen Intelligenz geistige Erstarrung und Mangel an selbständigem Denken, so daß man einer geistigen Auseinandersetzung mit den sich rasch ändernden Verhältnissen und mit den aus dem Westen einströmenden neuen Ideen kaum gewachsen war. Alle von weiterblickenden Persönlichkeiten unternommenen Versuche, das Prüfungswesen zu reformieren, scheiterten an dem starr jede Neuerung ablehnenden Widerstand der überwiegenden Mehrheit der gebildeten Schicht. Auch die für praktische Bedürfnisse seit den sechziger Jahren errichteten Schulen für »westliche« Wissenschaft und Technik waren wenig erfolgreich; denn sie konnten keine literarischen Prüfungsgrade verleihen, und das Studium dort führte nicht zu dem mit der Erlangung eines Prüfungsgrades verbundenen sozialen Prestige und nicht zu den entsprechenden Privilegien. Die Studenten der neuen Schulen sahen – wenn sie nicht rechtzeitig in das traditionelle Prüfungssystem absprangen – ihre Karriere vereitelt. Sie mußten ihr Leben verbittert in untergeordneten Stellungen verbringen und fanden oft leicht den Weg zur revolutionären Bewegung. Es ergab sich ein verhängnisvoller *circulus vitiosus*, den es irgendwie zu durchbrechen galt: Um den traditionellen Staat zu erhalten, war die Ausbildung von Beamten in modernen, »westlichen« Wissensgebieten notwendig. Um ein ernsthaftes Studium dieser neuen Wissensgebiete durchzusetzen und um darin ausgebildete Beamte zu erhalten, mußten sie in das Prüfungswesen einbezogen werden. Durch die Aufnahme westlicher Wissensgebiete in die Prüfungen mußte aber die Ausschließlichkeit des konfuzianischen Bildungsmonopols durchbrochen und die einheitliche ideologische Ausrichtung in Frage gestellt werden. Der Verzicht, die konfuzianische Ideologie durchzusetzen, mußte aber den Bestand des traditionellen Staates gefährden und – wie es dann auch tatsächlich der Fall war – zu dessen Zusammenbruch führen. Die nach 1900 definitiv beschlossenen grundlegenden Reformen im Prüfungswesen brachten keine entscheidende Wandlung, so daß die 1905 angeordnete Integration des Prüfungswesens in die modernen Schulen, das heißt die völlige Aufgabe des traditionellen Systems der einzige Ausweg schien. Zwar blieben die alten Prüfungsgrade unverändert, konnten aber nur durch die erfolgreich bestandene Abschlußprüfung an den modernen Schulen erworben werden. Wie sich jedoch bald zeigte, war mit der Aufgabe des traditionellen Systems auch die Berechtigung für die weitere Verleihung der alten Grade zweifelhaft geworden: Die alten Formen paßten nicht für den neuen Inhalt. Der neue Inhalt sprengte schließlich nicht nur die alten Formen, sondern das ganze Gebäude des traditionellen Staates, das diese Formen umgab. Die Beseitigung des Prüfungswesens war ein Vorgang von so entscheidender Bedeutung für den bald folgenden Zusammenbruch des traditionellen politischen Systems, daß sie auch ohne das charakteristische Element einer revolutionären Erhebung als eine Vorstufe der chinesischen Revolution bezeichnet werden muß.

## *Die Revolution der Staatsverfassung von 1911*

### *Die revolutionäre Bewegung und ihre Ideen*

Die Revolution von 1911 ist verbunden mit dem Namen Sun Yat-sen (Sun Wen, Sun Chung-shan). Auch er stand zunächst unter dem Einfluß der Reformbewegung K'ang Yu-wei's, hatte aber auch gleichzeitig Verbindungen zu den traditionellen antimanchurischen Geheimgesellschaften. Diese hatten ihren Ursprung in den Überresten loyaler

Anhänger der in der Mitte des 17. Jahrhunderts von den Manchus gestürzten chinesischen Ming-Dynastie, und ihre Losung war: »Sturz der manchurischen Ch'ing-Dynastie und Restitution der Ming.« Wiederholt waren im 18. und 19. Jahrhundert ländliche Aufstände von ihnen ausgegangen. Sowohl die Taiping-Revolution wie die Boxer-Bewegung hatten anfangs gewisse Beziehungen zu ihnen. Sun Yat-sen wurde 1866 in einem kleinen Dorfe bei Kanton geboren; er hatte in Honolulu die Schule besucht und in Hongkong Medizin studiert. Dabei war er mit abendländischem Denken bekannt geworden. Besonders hatte ihn die christliche Erziehung in Hawaii stark beeinflußt, so daß er sich durch einen amerikanischen Missionar in Hongkong christlich taufen ließ. Er soll zunächst einer der traditionellen Geheimgesellschaften angehört haben, scheint dort aber nicht die gewünschte Resonanz für seine Ideen gefunden zu haben. Daraufhin gründete er 1892 oder 1894 mit einer kleinen Anzahl Gleichgesinnter eine eigene, revolutionäre Geheimgesellschaft unter dem Namen »Gesellschaft zur Entwicklung Chinas«. Oberflächlich gesehen schienen die Geheimgesellschaften alten Stiles die radikaleren zu sein; denn sie wollten die Manchu-Dynastie stürzen. Sie waren revolutionär im traditionellen Sinne, sie wollten eine neue Dynastie an die Stelle der alten setzen, die grundlegende politische und soziale Struktur aber unverändert lassen. Sun Yat-sen und sein Kreis wollten zwar anfangs nicht unbedingt die Dynastie beseitigen – das hielten sie erst später für unerläßlich –, sie wollten viel mehr: die Staatsverfassung ändern und zunächst eine konstitutionelle Monarchie schaffen. Sie waren revolutionär im modernen Sinne. Zur gleichen Zeit entstanden Gesellschaften mit ähnlichen Zielen in anderen Teilen Chinas. Das Zentrum aller dieser Bewegungen wurde mehr und mehr die japanische Hauptstadt Tôkyô. Hier fanden die einzelnen revolutionären Führer Asyl, falls sie aus der Heimat fliehen mußten; hier konnten sie einander kennenlernen und ihre gemeinsamen Pläne und Ziele in Ruhe besprechen. Damals begannen chinesische Studenten moderner Wissenschaft und Technik in großer Zahl nach Japan zu gehen, und unter ihnen fanden die revolutionären Ideen rasch Anklang und Sympathie. So schlossen sich 1905 in Tôkyô die drei bedeutendsten Gesellschaften unter Führung von Sun Yat-sen zusammen zum Chinesischen Revolutionsbund, dem Vorläufer der späteren »Nationalen Partei« *(Kuo-min-tang)*. Als Zeichen des Protestes gegen die Manchu-Dynastie schnitten sich die Revolutionäre den Zopf ab. Die starke Betonung der antimanchurischen Haltung ging auf die Tradition der alten Geheimgesellschaften und einer Gruppe von Literaten zurück, die den Ming loyal waren; kaum minder stark wirkten aber nationalistische Ideen des Abendlandes, mit denen die Revolutionäre, meist durch japanische Vermittlung, bekannt geworden waren.

Die chinesischen Revolutionäre waren in Japan nicht nur wohlwollend geduldet, sondern sie fanden dort auch Unterstützung für ihre Ziele. Es gab zahlreiche Japaner, die aktiv bei der chinesischen Revolution mitwirkten, und bedeutende materielle Hilfeleistungen, vor allem in Form von Waffen und Munition, kamen aus Japan. Wenn man von einer Anzahl Einzelpersönlichkeiten absieht, die sich aus Idealismus und aus Sympathie für die Sache der revolutionären Bewegung in China und für Sun Yat-sen einsetzten, verfolgte die japanische Politik damals vielleicht noch nicht fest umrissene, aber doch in eine bestimmte Richtung weisende Pläne. Politische Flüchtlinge aus China sind bis zum zweiten Weltkrieg in Japan meist willkommen gewesen, nicht nur Revolutionäre, welche die bestehende Regierung zu stürzen trachteten, sondern auch Anhänger eines bereits gestürzten Regimes. Man dachte den eigenen Interessen zu dienen, wenn man Persönlichkeiten zur Macht verhalf, die Japan freundlich gesinnt waren und zur Erhaltung ihrer Machtposition des japanischen Wohlwollens bedurften. Ferner wurde seit dem Ende des 19. Jahrhunderts bis zum zweiten Weltkrieg die japanische Vorherrschaft in Ost- und Südostasien nach der Devise »Asien den Asiaten« immer offenkundiger das Ziel der japanischen Politik. Schon bald nach Ende des chinesisch-japanischen Krieges 1895 gelang es den Japanern durch geschickte Propaganda, unter Betonung der gemeinsamen asiatischen Rasse und Kultur Haß und Feindschaft der Chinesen von Japan abzulenken auf den eigentlichen gemeinsamen Gegner, das Abendland. Nicht nur standen die Führer der Reform- wie der revolutionären Bewegung stark unter japanischem Einfluß, sondern die Japaner selbst entfalteten überall in China, teilweise im Zusammenwirken mit amtlichen chinesischen Stellen, eine rege Informations- und Propagandatätigkeit. Diesem Zwecke diente insbesondere der 1898 in Tôkyô gegründete »Ostasiatische Kulturbund« mit der Aufgabe, die gemeinsamen nationalen Belange Chinas, Japans und Koreas zu koordinieren und zu fördern. Der japanische Sieg über Rußland im Jahre 1905 steigerte noch erheblich das japanische Ansehen und die Sympathie für Japan in China. Man sah in China, wie das ursprünglich verachtete kleine Inselvolk durch Modernisierung seiner militärischen, wirtschaftlichen und politischen Verhältnisse schnell erstarkt war und in einem kurzen Krieg ohne fremde Hilfe eine der gefürchteten europäischen Großmächte hatte besiegen und aus ihrer vorgeschobenen Position in Ostasien zurückdrängen können. Es ist leicht zu ermessen, welche Reaktion dieser japanische Sieg bei den ständig unter dem Druck der westlichen Großmächte stehenden Chinesen hervorrufen mußte. Wozu das kleine Japan in der Lage wäre, dazu müßte das viel größere China auch in der Lage sein. Man müßte nur China in der gleichen Weise modernisieren wie Japan. In Japan glaubte man den Vorkämpfer der Freiheit in Ostasien sehen zu können. Es galt, von Japan zu lernen und den Japanern nachzueifern. So war der japanische Sieg nicht nur ein ganz bedeutender Schritt vorwärts in Japans asiatischen Bestrebungen, sondern auch Wasser auf die Mühlen der chinesischen Revolution.

Das Programm des chinesischen Revolutionsbundes enthielt vier grundsätzliche Punkte. Es waren dies 1. die Vertreibung der Manchus und ihrer chinesischen Helfershelfer, 2. die Restauration der Herrschaft der Chinesen, 3. die Errichtung der Republik und 4. der Ausgleich der Grundbesitzrechte. Der letzte Punkt sah vor, daß, unbeschadet des Eigentumsrechtes an Grund und Boden, der Wertzuwachs des Bodens bei steigenden Bodenpreisen der Allgemeinheit, das heißt dem Staate zugute kommen solle. Diese Ideen gingen vor allem auf John Stuart Mill und die von ihm nach 1870 gegründete englische »Land Tenure Reform Association« sowie auf Henry George zurück. Es ist dies der erste Hinweis auf die später in der revolutionären Bewegung Chinas so bedeutende Agrarfrage. Damals standen freilich soziale Probleme noch sehr im Hintergrund, und Sun Yat-sen dürfte die Schwierigkeit ihrer Lösung wohl unterschätzt haben. Richtig ahnte er freilich voraus, daß eine soziale Revolution nach der politischen Revolution sehr unheilvolle Folgen haben müsse. Es dürfe daher nicht versäumt werden, beim Wechsel des politischen Systems auch für die sozialen Probleme eine befriedigende Lösung zu finden. Dementsprechend bezog Sun Yat-sen nach der »Nationalen Grundlehre« und der »Grundlehre von den Rechten des Volkes« auch die »Grundlehre von der Lebenshaltung des Volkes« in die damals bereits in ihren Grundzügen entwickelten »Drei Grundlehren vom Volk« (San min chu-i) ein. Zur politischen Organisation entwarf Sun die sogenannte »Fünf-Gewalten-Verfassung«, die eine Verbindung der drei im Westen ausgebildeten Gewalten, Legislative, Exekutive und Justiz, mit den beiden traditionellen chinesischen, Prüfung für die Beamtenauswahl und Kontrolle der staatlichen Organe und Funktionäre, darstellte. Für die Durchführung der Revolution sah Sun Yat-sen drei Perioden vor: eine dreijährige Periode der Militärregierung, eine weitere dreijährige Periode der Regierung der vorläufigen Konstitution und daran anschließend die Zeit der verfassungsmäßigen Regierung. Hier schien Sun Yat-sen an Theorien anzuknüpfen, die vor fast zweitausend Jahren durch die Kungyang-Schule aus den »Frühlings- und Herbstannalen« (Ch'un-ch'iu) des Konfuzius entwickelt und dann am Ende des 19. Jahrhunderts von K'ang Yu-wei wiederaufgenommen worden waren.

Sehr vorsichtig war die Haltung der Revolutionäre gegenüber den fremden Mächten, die in China politische und wirtschaftliche Interessen hatten. Bereits 1907 verkündeten sie, daß sie grundsätzlich alle bis dahin von der Kaiserlichen Regierung mit ausländischen Mächten abgeschlossenen Verträge anerkennen und die China daraus erwachsenen Verpflichtungen einhalten würden. Lediglich gegen solche Fremde würden sie sich wenden, welche die Kaiserliche Regierung gegen die revolutionäre Armee unterstützten.

### *Durchführung und Bedeutung der Revolution von 1911*

Eine Reihe von Putschversuchen, welche die Revolutionäre, meist von Südchina ausgehend, seit 1895 unternommen hatten, war fehlgeschlagen. Doch kam die Entwicklung der Revolution entgegen. Die Kaiserliche Regierung hatte zwar weitgehende und einschneidende Reformen verkündet und – wie die Beseitigung des Prüfungssystems – teilweise auch durchgeführt. Es zeigte sich aber bald, daß die Manchus letzten Endes nicht bereit waren, auch nur einen Teil ihres Herrschaftsanspruches oder ihrer besonderen Vorrechte in der politischen und sozialen Struktur des Landes preiszugeben. So kam es, daß immer weitere Kreise, ohne sich unbedingt dem Programm der Revolutionäre anzuschließen, der verfallenden Manchu-Dynastie die Gefolgschaft versagten und mit der Revolution sympathisierten.

Das wichtigste Element der revolutionären Bewegung bildeten damals wie auch später die jungen Akademiker und Studenten. Mit der Beseitigung des Prüfungssystems hatte die konfuzianische Doktrin aufgehört, eine entscheidende Stelle im Bildungswesen einzunehmen. So entstand ein Vakuum, das nur teilweise durch moderne, westliche Bildung ausgefüllt werden konnte. Das soziale Prestige ging von den Inhabern der traditionellen Prüfungsgrade auf die Absolventen der modernen Schulen im In- und Ausland über, die dadurch einen außerordentlich starken Einfluß ausübten. Ein großer Teil von ihnen wurde zweifellos von idealer Begeisterung für die hohen Ziele der Revolution und von dem ehrlichen Wunsch zur Rettung ihres Vaterlandes getragen, und manche hervorragend gebildete Persönlichkeiten befanden sich unter ihnen. Aber auch viel snobistische Arroganz, unreifes Besserwissen, mangelnde Bildung und mangelndes Verständnis für die Gegebenheiten der eigenen Kultur und der eigenen Tradition fanden sich zumal bei einem Teil der Auslandsstudenten in Europa, Amerika und Japan. Mit unverarbeiteten, oberflächlichen Kenntnissen abendländischer Kultur, ohne Können und Fähigkeiten waren die meisten der jungen Leute darauf bedacht, unter dem neuen republikanischen Regime einen einträglichen Beamtenposten zu finden. Wenn auch nur ein Teil der aus dem Ausland zurückgekehrten Studenten sich aktiv für die Revolution einsetzte, so wirkten sie doch insgesamt zersetzend auf die traditionelle Kultur und die bestehende Ordnung und trugen so dazu bei, den Boden für die Revolution vorzubereiten.

Auch die neuen, nach westlichem Vorbild ausgebildeten Kontingente der Armee, die mehr und mehr an Bedeutung gewannen, waren von den neuen Ideen erfaßt. Besonders die jungen Offiziere, die – oft im Ausland – eine moderne militärische Ausbildung erhalten hatten und schnell avanciert waren, neigten meist der revolutionären Bewegung zu – sei es aus Idealismus oder aus persönlichem Ehrgeiz. Sie sollten bei der Revolution schließlich ausschlaggebend sein und auch in der folgenden Zeit Chinas Schicksal weitgehend bestimmen.

Große Teile der Kaufleute und Industriellen, zumal unter den Auslandschinesen, sympathisierten gleichfalls mit der Revolution. Bei geschäftlichen und industriellen Unternehmungen sahen sich die chinesischen Geschäftsleute überall den Ausländern gegenüber benachteiligt. Die in den erzwungenen »ungleichen« Verträgen festgesetzten niedrigen Einfuhrzölle ließen ausländische Waren billig ins Land strömen und versagten der beginnenden einheimischen Industrie den zu ihrer Entwicklung notwendigen Schutz. Der konfuzianischen Tradition entsprechend war die Regierung grundsätzlich handelsfeindlich eingestellt und kannte keinen Unterschied zwischen Außen- und Binnenhandel. So suchten sich die Regierung wie das korrupte und habgierige Beamtentum am einheimischen Handel für die Verluste am ausländischen schadlos zu halten, indem sie Binnenzölle und andere zusätzliche Abgaben unter den verschiedensten Bezeichnungen erhoben, denen die ausländischen Händler und Waren auf Grund ihrer Machtposition nicht unterworfen waren. So konnten die einheimischen Waren, selbst wenn sie erheblich billiger herzustellen waren als die ausländischen, kaum konkurrenzfähig sein. Auf günstige Investitionsmöglichkeiten, wie Eisenbahnbauten oder Bergwerksunternehmen, legten zunächst die Ausländer die Hand. Im Ausland sahen viele Chinesen, daß sie trotz aller Diskriminierung dort unter gesetzlich geordneten Verhältnissen oft besser ihre Tätigkeit entfalten konnten als in China. Es ist so leicht zu verstehen, daß die chinesischen Geschäftsleute des In- und Auslandes wenig Sympathie für die den Fremden gegenüber machtlose Dynastie und für ein korruptes Beamtentum hatten, von dem sie sich nach Willkür ausgebeutet und ausgeplündert sahen, und daß ihnen eine Änderung der bestehenden politischen und wirtschaftlichen Zustände dringend am Herzen lag. Um sich in ihren geschäftlichen Unternehmen entfalten zu können, brauchten sie ein geordnetes Staatswesen, das über die Macht verfügte, ihnen im In- und Ausland Schutz zu gewähren. Seit Ende des 19. Jahrhunderts haben sie sich mehr und mehr auf die Seite der Revolution geschlagen und sie durch Geldspenden in einem gewissen Grade überhaupt erst ermöglicht. Es gab allerdings auch andere Geschäftsleute, die als »Kompradore« für die Ausländer arbeiteten, durch ausländische Wirtschaftsunternehmen verdienten und die bis zum Ende der dreißiger Jahre zum Teil auch in den fremden Pachtgebieten oder in den fremden Niederlassungen der Hafenstädte lebten und hier weitgehend gegen berechtigte oder unberechtigte Zugriffe der chinesischen Behörden geschützt waren. Diese Kreise standen einer revolutionären Bewegung weit weniger positiv gegenüber, aber beide Gruppen waren nicht immer klar voneinander zu unterscheiden; doch verkörperten sie grundsätzlich verschiedene Interessen und zeigten eine unterschiedliche Haltung zur Revolution.

Von Sun Yat-sen und einigen anderen abgesehen, stammten die revolutionären Akademiker und Studenten zum großen Teil aus wohlhabenden Beamten- oder auch Kaufmannsfamilien. Die neuen Ideen, die sich einzelne Familienmitglieder im In- oder Ausland zu eigen gemacht hatten, beeinflußten häufig die übrigen Familienangehörigen. So breitete sich allmählich auch innerhalb der herrschenden Schicht die Überzeugung von der Notwendigkeit einer grundlegenden Umgestaltung des Staatswesens, nötigenfalls einer Revolution, aus. Andere Teile der früheren Shen-shih blieben freilich streng konservativ und der herrschenden Dynastie loyal ergeben. So waren oft innerhalb der einzelnen Familie die unterschiedlichsten Auffassungen vertreten. In der Zeit nach 1905 begann – zunächst nur langsam und vereinzelt – bei der herrschenden Schicht die Auflösung der strengen Familien-Hierarchie. Mit dem Prüfungssystem fiel praktisch das Kriterium für die Zugehörigkeit zu den Shen-shih, und diese verloren ihre Bedeutung als fest abgegrenzte, einheitliche staatstragende Schicht. Damit begann aber auch eine Zersetzung im Innern; schon 1911 standen die Shen-shih nicht mehr als einheitliche Gruppe geschlossen hinter der herrschenden Dynastie, wie es noch während der Taiping-Revolution der Fall gewesen war.

Am 10. Oktober 1911 wurde ein Putsch revolutionär gesinnter Truppenteile in Wuchang bei Hankou am Yangtse das Fanal der vom Revolutionsbund und von den Geheimgesellschaften sorgfältig vorbereiteten Erhebung im ganzen Land. Dank der Hilfe großer Teile des Militärs setzte sich die Revolution rasch ohne größeres Blutvergießen durch. Die Regierung war völlig kopflos und legte ihr Geschick in die Hände des aus der Zurückgezogenheit gerufenen einflußreichen und fähigen Staatsmannes Yüan Shih-k'ai. Dieser sah, daß die Manchu-Dynastie nicht mehr zu retten war, und begann mit den Revolutionären zu verhandeln. Am 12. Februar 1912 erklärte daraufhin die Kaiserliche Regierung in einem feierlichen Edikt ihre Abdankung, nachdem sie vorher Yüan Shih-k'ai unbeschränkte Vollmacht zur Organisation einer provisorischen republikanischen Regierung erteilt hatte. Damit war der auf eine etwa zweitausendjährige Vergangenheit zurückblickende konfuzianische Staat zusammengebrochen und China eine Republik geworden. Die revolutionäre Bewegung hatte ihr erstes Ziel erreicht.

Der Rahmen für die soziale und politische Ordnung des traditionellen China war der vom konfuzianisch ausgerichteten Beamtentum beherrschte Universalstaat mit dem Kaiser an der Spitze gewesen. Die Staats- und Weltanschauung, auf der dieser Staat und die soziale Ordnung beruhten, war im Laufe der Jahrhunderte zwar in ihren Einzelheiten modifiziert und weiterentwickelt worden, ihre wesentlichen Grundlagen haben sich aber vor jeder ernstlichen Erschütterung bewahren können. Seit der Han-Zeit war der konfuzianische Staat konstant der Rahmen, in dem sich alle sozialen und politischen Wandlungen vollzogen. Mit dem Sturz der Dynastie im Jahre 1911 brach dieser Staat zusammen und damit die traditionelle soziale und politische Ordnung. Der Sturz der Ch'ing-Dynastie und die ihm folgende Errichtung der Republik hatte für China eine andere, tiefere Bedeutung als der Sturz der Monarchie für die europäischen Länder. Eine zweitausendjährige – oder gar noch längere – Entwicklung war plötzlich abgeschnitten. Die konfuzianische Idee des Weltstaates hatte sich als Utopie erwiesen. Der Umsturz von 1911 war der endgültige Zusammenbruch des im Innern seit dem Opiumkrieg und der Taiping-Revolution nach und nach mehr unterhöhlten und morsch gewordenen Baues. Wichtig ist, daß die Ereignisse von 1911 nicht – wie es vielleicht anfangs scheinen mochte – eine neue Form des Dynastiewechsels darstellten, wenn sie auch noch viele charakteristische Merkmale der traditionellen Dynastiewechsel trugen und die Gründung einer neuen Dynastie bald darauf noch einmal versucht wurde. Auch war der Sturz der Manchu-Dynastie nicht die Einleitung einer neuen Epoche der Zerreißung in mehrere Teile, von denen sich der Herrscher eines jeden zum legitimen Nachfolger des Himmelssohnes erklärte. Es war vielmehr der Abschluß einer Epoche, das Ende des konfuzianischen Weltstaates. Alle traditionellen sozialen, politischen, geistigen und moralischen Grundlagen und Maßstäbe, die seit Jahrhunderten unantastbares Dogma, unanzweifelbare Wirklichkeit, ja Selbstverständlichkeit gewesen waren, verloren plötzlich ihren Halt und kamen ins Wanken. Daß sich die sozialen und sonstigen Verhältnisse im Lande nach 1911 zunächst nur sehr wenig änderten, schmälert nicht die grundlegende Bedeutung des Umsturzes der Staatsverfassung; denn er war die Voraussetzung für alle späteren Wandlungen auf geistigem, politischem und sozialem Gebiet.

## *Die kulturelle Revolution von 1919*

### *Die Anfänge der Republik*

Sun Yat-sen und sein Kreis, die den entscheidenden Impuls zum Sturz der Manchu-Dynastie gegeben hatten, waren von den idealsten und uneigennützigsten Absichten getrieben; und es gebührt ihnen das Verdienst, dem nicht mehr haltbaren, morschen Bau des konfuzianischen Staates den letzten Stoß zum Zerfall gegeben zu haben. Ihr Wirken war so in erster Linie destruktiv. Sie waren aber nicht in der Lage, etwas überzeugend Neues an die Stelle des zerfallenden Alten zu setzen. Ihre Ideen vom Aufbau der Republik, wie die »Drei Grundlehren vom Volk« und die »Fünf-Gewalten-Verfassung«, waren allzu theoretisch und trugen den gegebenen Verhältnissen keine Rechnung. Den revolutionären Theoretikern fehlte die Einsicht in die sich aus den historischen Voraussetzungen ergebenden politischen Möglichkeiten. Das gemeinsame Ziel des Sturzes der Dynastie hatte zeitweilig die heterogensten Elemente zusammengeführt. Als das Ziel erreicht war, lösten sie sich sogleich wieder voneinander. Sun Yat-sen und seine Anhänger waren nicht imstande, auf demokratischen Grundlagen eine Regierung ins Leben zu rufen. Die 1913 stattfindenden Wahlen zu einem Parlament waren nicht mehr als ein groteskes Spiel. Bestechung und Terror gaben dabei den Ausschlag, und bei dem »Wahlkampf« ging es lediglich um Vorteile einzelner Personen und Gruppen, für die der Sieg der eigenen Partei eine finanzielle Lebensfrage war. Politische Programme oder Ideologien spielten kaum eine Rolle. Das auf diese Weise »gewählte« Parlament hatte dann auch keinerlei Autorität, und so behielten einstweilen traditionelle Kräfte die Oberhand, die mehr politische Erfahrung und weniger Skrupel besaßen als die Revolutionäre. Yüan Shih-k'ai war in der Lage, mit Hilfe ausländischer Anleihen eine große Armee zu unterhalten und käufliche Elemente durch Bestechung auf seine Seite zu bringen. Andere Widersacher suchte er durch List und Gewalt unschädlich zu machen. Eine von Sun Yat-sen und seinen Anhängern, die die Sache der Revolution durch Yüan verraten sahen, im Sommer 1913 von Nanking aus begonnene Erhebung, die »Zweite Revolution«, konnte dieser ohne größere Mühe niederschlagen. Yüans Macht wuchs, er ließ sich vom Parlament zum Präsidenten auf Lebenszeit »wählen«, und sein letztes Ziel war die Proklamation zum Kaiser. Das konnte jedoch durch die gewaltsame Intervention anderer Militärmachthaber verhindert werden, und Yüan starb 1916, ohne sein Ziel erreicht zu haben.

Yüan Shih-k'ai und die ihm folgenden Militärmachthaber wußten zwar die sich bietenden Möglichkeiten geschickt für sich auszunutzen, aber ihre Handlungen dienten keiner Idee und keinem höheren Zweck; denn der traditionelle Staat und die traditionelle Staatsethik bestanden nicht mehr. Die in der Vergangenheit nach einem Umsturz in der Regel bald wieder an die zivile Autorität zurückgehende Staatsgewalt blieb für die nächsten Jahrzehnte beim Militär. Für die Militärmachthaber waren aber meist nur der eigene Ehrgeiz und das eigene Machtstreben maßgebend. Die Zeit nach 1911 ist gekennzeichnet durch die Kämpfe einzelner Militärmachthaber oder Gruppen von Militärmachthabern gegeneinander um die Herrschaft in der Zentrale oder auch nur in einer Provinz oder in einem Teil des Reiches. Uralte, durch die Jahrhunderte nur teilweise ausgeglichene regionale Sonderinteressen und Gegensätze machten sich erneut geltend und überwogen meist die politischen Meinungsverschiedenheiten. Neue Machtzentren bildeten sich nicht selten in den Gebieten, in denen sie sich auch schon in der Vergangenheit gebildet hatten. Überhaupt ähnelte die Lage vergangenen Übergängen von einer verfallenen Dynastie zu einer neuen. Der entscheidende Unterschied war nur das Fehlen der konfuzianischen Staatsidee von der Einheit des Reiches mit einer zentralen Herrschergewalt an der Spitze. Viele oder vielleicht sogar die meisten der erfolgreichen Militärmachthaber der Vergangenheit hatten sich ausgesprochen oder unausgesprochen als künftige Kaiser gefühlt, ihre Aufgabe in der Einigung des Reiches gesehen und so ihren Anhängern eine leitende Idee geben können. Die nach 1911 noch vorhandenen Überreste der traditionellen konfuzianischen Staatsidee hatten nicht mehr die Lebenskraft, als grundlegend zu wirken. Yüan Shih-k'ai's Streben nach der Kaiserwürde war daher zum Scheitern verurteilt, und die rein persönlichen, machtpolitischen Interessen der einzelnen Militärmachthaber traten um so unverhüllter hervor. Die meisten waren in den von ihnen beherrschten Gebieten mehr oder weniger unumschränkte Diktatoren, die kaum mehr taten, als sich auf Kosten der Bevölkerung, in erster Linie der

Bauern, die Kassen zum Unterhalt ihrer Truppen zu füllen. Zuweilen suchten sie auch durch industrielle und Bergwerksunternehmen neue Hilfsquellen zu erschließen. An die immer dringender werdenden politischen und sozialen Reformen dachte kaum einer. Allen Militärmachthabern und den mit ihnen zusammenarbeitenden Gruppen und Personen, die in der Hauptstadt Peking und in den Provinzen um die Macht kämpften, war vielmehr eine sehr konservative, wenn nicht gar reaktionäre, fortschrittsfeindliche Haltung gemeinsam. Im Grunde standen sie alle Sun Yat-sen und den Revolutionären feindlich gegenüber. Indessen reichte diese gemeinsame Gegnerschaft nicht dazu aus, gegenseitige Differenzen zu überbrücken. Manche verbündeten sich sogar zeitweilig mit Sun Yat-sen, der mit ihrer Hilfe 1918 in Kanton eine Gegenregierung gegen Peking ins Leben rief.

Die Vorgänge in China wurden in nicht geringem Grade mittelbar oder unmittelbar durch die Politik der fremden Mächte beeinflußt, die bald diesen, bald jenen Militärmachthaber unterstützten und so ihr Teil dazu beitrugen, daß es zu keiner Einigung kam. Dabei war seit der Zeit um die Jahrhundertwende Japan immer mehr in den Vordergrund getreten. Japans erster Versuch, auf dem Festland Fuß zu fassen, war zwar 1895 mit dem Einspruch von Shimonoseki durch Rußland, Frankreich und Deutschland vorläufig verhindert worden. Der japanische Sieg über Rußland im Jahre 1905 ließ dann aber Japan seine ersten Ziele auf dem Festland erreichen: die Übernahme des russischen Pachtgebietes Liao-tung und der von den Russen gebauten südmanchurischen Eisenbahn und die Angliederung Koreas, dessen Annexion 1910 folgte. Parallel zu dieser auswärtigen Expansion war – wie erwähnt – Japan seit den neunziger Jahren bemüht, auch auf die innerchinesische Politik Einfluß zu gewinnen. Das Haupthindernis für ein weiteres politisches und wirtschaftliches Vordringen der Japaner auf dem Kontinent waren die westlichen Großmächte, die dann allerdings durch den ersten Weltkrieg weitgehend in Europa gebunden waren, so daß Japan bald seine Ziele in Ostasien offen verfolgen konnte. Japans Eintritt in den Krieg auf seiten der Alliierten gab den Grund, das deutsche Schutzgebiet Kiaochou anzugreifen und sich in der Provinz Shantung festzusetzen. Einflußreiche Kreise Japans drängten aber, die Gelegenheit noch weiter auszunutzen, und so kam es Anfang 1915 zu den »Einundzwanzig Forderungen« an China. Die am 18. Januar 1915 dem damals noch mächtigen Präsidenten Yüan Shih-k'ai vorgelegten Forderungen betrafen 1. die Übernahme der deutschen Rechte und Interessen in Kiaochou und Shantung, 2. japanische Sonderinteressen in der Manchurei und Inneren Mongolei, 3. die weitgehende Unterstellung wichtiger chinesischer industrieller Unternehmungen unter japanische Kontrolle, 4. die Nichtabtretung irgendwelcher Küstenplätze an eine dritte Macht und 5. die weitgehende Verwendung japanischer »Berater« in allen politischen, militärischen, wirtschaftlichen und kulturellen Institutionen in ganz China, so daß praktisch die Japaner dann das gesamte öffentliche Leben Chinas kontrollieren würden. In den folgenden Verhandlungen setzte die chinesische Regierung dem japanischen Ansinnen nachdrücklichen Widerstand entgegen, und auch England und die Vereinigten Staaten intervenierten, da sie eigene Interessen bedroht sahen. Schließlich ließen die Japaner die fünfte Gruppe der Forderungen fallen und erzwangen die Annahme der übrigen in modifizierter Form durch ein Ultimatum am 5. Mai 1915, vor dem die chinesische Regierung notgedrungen kapitulierte.

Sun Yat-sen

Chinesische Grundstoffindustrie der zwanziger Jahre:
Kokerei und Steinkohlengruben bei Fushun in der Mandschurei

Die Erbitterung weitester Kreise in ganz China über die japanischen Forderungen war stark, und die Erregung schlug hohe Wogen. Hätte Yüan Shih-k'ai damals die Entschlossenheit gefunden, das Ultimatum der Japaner zurückzuweisen und zum bewaffneten Widerstand aufzurufen, wäre er wohl der begeisterten Sympathie des ganzen Landes – einschließlich des größten Teils der ihm an sich feindlich gesinnten Revolutionäre – sicher gewesen, und man hätte ihn als den Führer der Nation anerkannt. Yüan hat diesen sehr riskanten und folgenschweren Schritt nicht gewagt. Das hat sein Prestige in China sehr geschwächt, zu seinem Sturz im folgenden Jahr beigetragen und die Ereignisse von 1919 vorbereiten helfen. Zudem mußte Yüan jetzt mit einem Einspruch der Japaner bei seinen monarchistischen Plänen und mit weiterer Unterstützung der Revolutionäre um Sun Yat-sen durch die Japaner rechnen. Denn Yüans zentralistische Politik bot den Japanern wenig Chancen, ihren besonderen lokalen Interessen in der Manchurei wie in Süd-China nachzugehen. Ein möglichst geteiltes China mit zwei oder mehr Japan genehmen, völlig von Japan abhängigen Persönlichkeiten an der Spitze war ein in Japan viel propagiertes Ziel, und die japanische Politik hat seitdem stets zu verhindern gesucht, daß sich in China eine starke Zentralgewalt bildete und dabei offen oder geheim die Kräfte unterstützt, die gegen die bestehende Zentralgewalt kämpften.

Der japanische Druck trug nicht unwesentlich zu dem im August 1917 erfolgten Eintritt Chinas in den Krieg gegen Deutschland bei. Wenn man von den keineswegs zu unterschätzenden innerpolitischen Beweggründen bestimmter Gruppen absieht, die glaubten, durch die Kriegserklärung Vorteile für die eigene Machtposition erlangen zu können, versprachen sich viele etwas weiter blickende Chinesen auf Grund der Kriegserklärung Stimme und Berücksichtigung Chinas beim künftigen Friedensvertrag zu erlangen. Sie hofften, die mit den »Einundzwanzig Forderungen« zugestandene Abtretung der ehemaligen deutschen Besitztitel und Rechte in Shantung an Japan bei den Friedensverhandlungen zugunsten Chinas rückgängig machen zu können. Die von England und Frankreich bereits vor dem Eintritt Chinas in den Krieg Japan gegebenen geheimen Versprechungen hinsichtlich der deutschen Rechte in Shantung waren damals in China noch nicht bekannt. Als sich zwei Jahre später die chinesischen Hoffnungen nicht erfüllten, waren Enttäuschung und Erbitterung um so größer.

## *Die Bewegung vom 4. Mai 1919*

Zu Beginn des Jahres 1919 sandte China als eine am Kriege gegen Deutschland beteiligte Macht eine große Abordnung zur Friedenskonferenz nach Paris. Auf chinesischer Seite knüpfte man große Erwartungen an diese Konferenz nicht zumindest auf Grund des fünften Punktes der dem Waffenstillstand vorausgegangenen Erklärung des amerikanischen Präsidenten Wilson, der »eine freie, vorurteilslose und absolut unparteiische Schlichtung« aller kolonialen Fragen vorsah. Die chinesischen Abgeordneten unterbreiteten einen umfangreichen Vorschlag, der durch die Annullierung der »ungleichen Verträge« China aus seinem halbkolonialen Status befreien und ihm eine gleichberechtigte Stellung unter den Siegermächten gewährleisten sollte. Die Konferenz wies jedoch die Behandlung der

Vorschläge zurück, indem sie sich für diesen Themenkreis als nicht zuständig erklärte. Auch hinsichtlich der Rückgabe der deutschen Rechte in Shantung konnte China seine Ansprüche gegen Japan nicht durchsetzen und fand dabei nicht einmal die erhoffte amerikanische Unterstützung. So kamen die Artikel 156–158 des Versailler Vertrages zustande, die das ehemalige deutsche Schutzgebiet und alle früheren deutschen Rechte in der Provinz Shantung ohne alle Einschränkung Japan zusprachen.

Als in China die Öffentlichkeit vom Stand der Verhandlungen erfuhr, riefen die Nachrichten größte Erregung und Empörung hervor, zumal in den akademischen Kreisen. Am 4. Mai 1919 fand eine große Protestdemonstration Pekinger Studenten gegen die Unterzeichnung des Friedensvertrages und gegen eine Gruppe japanfreundlicher Politiker in der Regierung statt. Dabei wurden mehrere Studenten verhaftet. Daraufhin folgten weitere Studentendemonstrationen im ganzen Land sowie Streiks der Arbeiter in den neuen Industriezentren und ein Boykott japanischer Waren, der von großen Teilen der Kaufmannschaft unterstützt wurde und während seiner etwa einjährigen Dauer den japanischen Chinahandel sehr empfindlich traf. Die Regierung gab daraufhin dem Druck der öffentlichen Meinung nach und verweigerte die Unterzeichnung des Vertrages. Die angegriffenen Politiker traten von ihren Regierungsämtern zurück. Damit hatte die Studentenbewegung ihre wesentlichen Ziele erreicht.

Diese äußeren Vorgänge der 4.-Mai-Bewegung scheinen nicht allzu wesentlich und ihrer Bedeutung nach weit hinter den Ereignissen von 1898, 1900 und 1911 zurückzustehen. Dennoch sind sie der sichtbare Ausdruck einer außerordentlich bedeutsamen Entwicklung und daher von entscheidender Wichtigkeit für die chinesische Revolution.

Neben den bereits erwähnten, grundlegenden politischen Veränderungen mit ihren verhängnisvollen Folgen hatten die Jahre zwischen 1911 und 1919 auch manche Wandlungen wirtschaftlicher und sozialer Art mit sich gebracht. Infolge des Krieges war die wirtschaftliche Aktivität der europäischen Mächte in China wesentlich zurückgegangen. Die Industrien Europas produzierten in erster Linie kriegswichtige Güter, so daß die europäischen Waren mehr und mehr vom chinesischen Markt verschwanden. Vermehrung der amerikanischen und japanischen Einfuhr konnte diesen Rückgang nur teilweise ausgleichen, so daß sich eine günstige Gelegenheit zur Ausdehnung der bisher nur sehr geringen einheimischen Industrie bot. Das betraf insbesondere die Textilindustrie und Getreidemühlen sowie die Herstellung von Streichhölzern, Zigaretten, Zement, Konserven. Städte wie Shanghai, Hankou und Tientsin wurden in dieser Zeit weitgehend industrialisiert. Auch an den Knotenpunkten der neu gebauten Eisenbahnen bildeten sich neue Wirtschaftszentren, die große Mengen von Bauern als Arbeiter anzogen. So begann sich eine, wenn auch im Verhältnis zur Gesamtbevölkerung noch recht kleine Schicht von Industriearbeitern zu bilden, die es vordem in China nicht gegeben hatte. Diese Arbeiterschaft löste sich von den Bindungen der traditionellen Familie, auf deren wirtschaftlicher Einheit vorwiegend die absolute Autorität des Familienoberhauptes beruht hatte. Die traditionelle Bauernfamilie war im wesentlichen selbstgenügsam in der Produktion wie im Konsum, und über den engsten Kreis der Nachbarn hinaus war die Verbindung mit Außenstehenden auf ein Minimum beschränkt. Wirtschaftliche Unternehmen der Vergangenheit wählten ihr

CHINESISCHE REVOLUTION 63

Personal stets in erster Linie nach Gesichtspunkten der Familienzugehörigkeit aus. Eine Ausnahme bildeten lediglich die großen staatlichen Bauten, für die *zeitweilig* Arbeitskräfte wahllos rekrutiert wurden, die aber nach Beendigung der Arbeit in ihre Familie zurückkehrten.

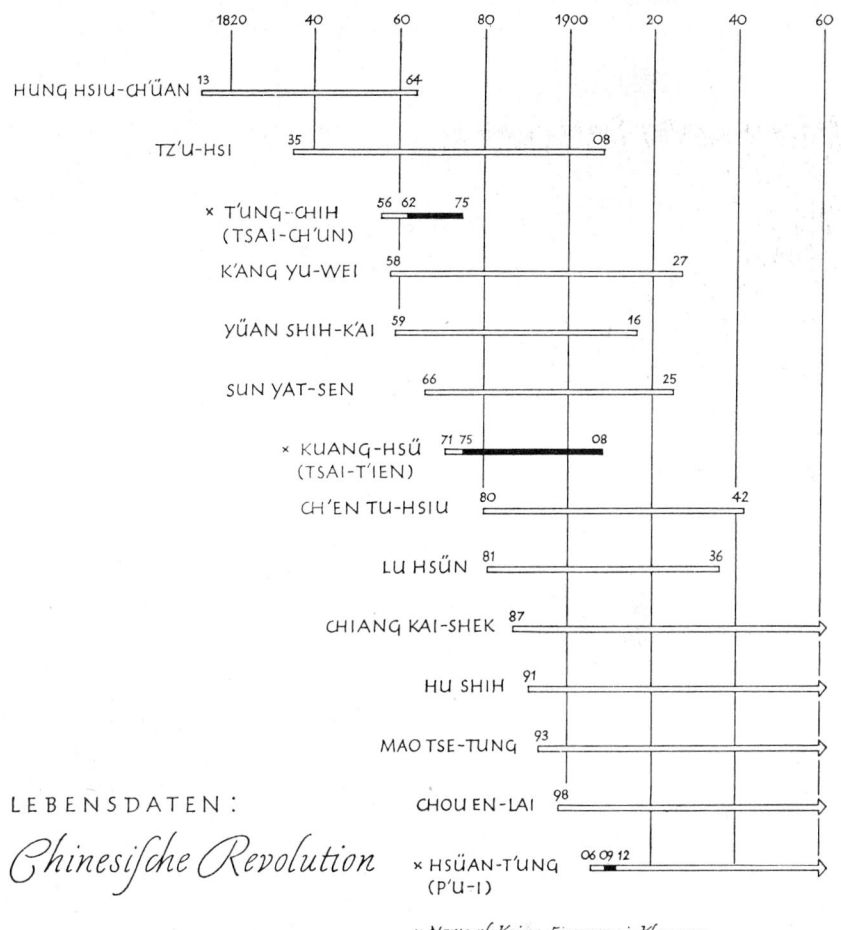

```
                        1820    40    60    80   1900   20    40    60

HUNG HSIU-CH'ÜAN         13 ━━━━━━━━ 64

TZ'U-HSI                         35 ━━━━━━━━━━━━━━━━━ 08

× T'UNG-CHIH                           56 62   75
  (TSAI-CH'UN)                         ━━━━━━━━

K'ANG YU-WEI                           58 ━━━━━━━━━━━━━━ 27

YÜAN SHIH-K'AI                            59 ━━━━━━━━━ 16

SUN YAT-SEN                                   66 ━━━━━━━━━━ 25

× KUANG-HSÜ                                   71 75       08
  (TSAI-T'IEN)                                   ━━━━━━━━━

CH'EN TU-HSIU                                    80 ━━━━━━━━━━━━━━ 42

LU HSÜN                                             81 ━━━━━━━━━━ 36

CHIANG KAI-SHEK                                       87 ━━━━━━━━▶

HU SHIH                                                  91 ━━━━━━▶

MAO TSE-TUNG                                              93 ━━━━━▶

LEBENSDATEN:           CHOU EN-LAI                            98 ━━━▶

*Chinesische Revolution*  × HSÜAN-T'UNG                 06 09 12
                            (P'U-I)                     ━━━━━━━━━▶
```

× *Name als Kaiser · Eigenname in Klammern*

Moderne Betriebe müssen ihr Personal aber in erster Linie nach individueller Eignung und Befähigung auswählen, ohne durch Rücksichtnahme auf Familienzugehörigkeit gebunden zu sein. So eröffneten moderne Betriebe mit ihrem *dauernden* Bedarf an Arbeitern dem einzelnen eine Existenzmöglichkeit außerhalb der Groß-Familie. Der einzelne konnte sich gegebenenfalls der Autorität des Familienoberhauptes entziehen oder wenigstens damit drohen und so die eigenen Wünsche gegen den Druck der Familie durchsetzen. Damit geriet die vorher nahezu absolute Autorität des Familienoberhauptes und die traditionelle

Familienstruktur ins Wanken. Die so emanzipierten Arbeiter moderner Betriebe bildeten den Grundstock einer neuen proletarischen Klasse, die neuen Ideen und Lehren leichter zugänglich war als die konservativen, an den alten Normen und Bindungen festhaltenden Bauern.

Mit dem Rückgang der fremden wirtschaftlichen Aktivität vermehrten sich auch die vom Ausland unabhängigen chinesischen geschäftlichen Unternehmungen. Zumal in den Hafenstädten erlangte die Kaufmannschaft eine Bedeutung, die sie vorher nicht gehabt hatte. Sie war an einer starken nationalen Regierung interessiert, die sie vor der Willkür und Geldgier der Militärmachthaber und deren korrupter Beamten schützte und die nach außen hin wirksam für die Belange der chinesischen Wirtschaft einzutreten in der Lage war. Wie schon 1911 zeigten sich 1919 in verstärktem Maße auch die Kaufleute für alle nationalen Ideen der Revolution aufgeschlossen, und der von der Intelligenz ausgehende Aufruf zum Boykott japanischer Waren fand in ihren Kreisen starken Widerhall, so daß er in seiner Ausdehnung und Wirkung alle früheren Aktionen dieser Art übertraf.

Die führende Rolle bei der 4.-Mai-Bewegung spielte die nach wie vor außerordentlich einflußreiche Intelligenz. Mit dem Prüfungssystem hatten zwar die besonderen Privilegien der Shen-shih aufgehört; doch war das soziale Prestige des Gebildeten einstweilen erhalten geblieben, und die Studenten der neuen Mittel- und Hochschulen erfreuten sich einer ähnlich angesehenen Stellung wie die jungen Literaten und Prüfungskandidaten der Vergangenheit. Sie waren nicht unbedingt die Urheber neuer Ideen. Aber bei dem hohen Anteil, den die des Lesens und Schreibens Unkundigen in der Bevölkerung hatten, wandten sich Bücher und Zeitschriften stets in erster Linie an die akademische Jugend. Die Studenten waren gewissermaßen »die Stimme des Volkes«. Sie konnten Ideen sichtbaren Ausdruck verleihen. Auch in der Vergangenheit hatten wiederholt Gruppen junger Literaten durch Demonstrationen mannigfacher Art sich Gehör verschafft und in die aktuelle Politik eingegriffen. Für die Reformbewegung von 1898 war in dieser Weise die junge Intelligenz verantwortlich gewesen. Sie war aber eine *Reform*-Bewegung, die trotz vieler neuer Ideen an den traditionellen Normen festhielt, und keine *revolutionäre* Bewegung. Die Revolution von 1911, an der wiederum die Intelligenz stark mitwirkte, hatte ihren Schwerpunkt im Kampf gegen die herrschende Dynastie, und über einen sehr engen Kreis um Sun Yat-sen hinaus bestand nicht die Absicht, vollständig mit der Vergangenheit zu brechen. Selbst Sun Yat-sen und seinen nächsten Anhängern fehlten damals noch die für die spätere Revolution charakteristischen Elemente: nach außen der Kampf um die volle nationale Souveränität auf allen Gebieten gegen die Vorrechte und Ansprüche der Fremden, und nach innen der Kampf gegen die althergebrachten Normen und Gewohnheiten sowie gegen die traditionelle soziale Struktur – in der kommunistischen Terminologie »Kampf gegen den Imperialismus« und »Kampf gegen den Feudalismus« genannt. Erst bei der 4.-Mai-Bewegung traten diese Elemente zum ersten Male scharf hervor. Anders noch als 1911 standen sich hier die Fronten des Neuen und des Alten deutlich gegenüber. Die fortschrittlich gesinnten Dozenten der Hochschulen und die unter ihrem Einfluß stehenden Studenten waren die Repräsentanten der neuen Ideen, die in der »Bewegung für kulturelle Erneuerung« ihren Ausdruck fanden.

Von entscheidendem Einfluß auf das Zustandekommen und auf die Entwicklung dieser Bewegung war die 1915 in Shanghai gegründete Zeitschrift »Neue Jugend« – später mit dem französischen Untertitel »La Jeunesse« –, um die sich die führenden Männer des Fortschritts sammelten. Inhalt der Zeitschrift bildeten einmal die Kritik an der chinesischen Tradition und zum anderen die Behandlung der abendländischen Kultur und ihrer Exponenten. Begründer und Herausgeber der Zeitschrift war Ch'en Tu-hsiu. Er hatte zu Beginn des Jahrhunderts in Japan studiert, aber trotz revolutionärer Gesinnung seine Unabhängigkeit gewahrt und sich nicht der revolutionären Bewegung Sun Yat-sens angeschlossen. 1917 berief ihn der neu ernannte, aufgeschlossene Präsident der Universität Peking, Ts'ai Yüan-p'ei, an die dortige literarische Fakultät. Andere aus dem Kreise um die »Neue Jugend« folgten, unter ihnen Hu Shih, Li Ta-chao, Wu Yü, Lu Hsün. So wurde die Universität Peking das geistige und dann auch das organisatorische Zentrum der 4.-Mai-Bewegung. Angeregt durch die »Neue Jugend« und die zu ihrem Kreise gehörenden akademischen Lehrer riefen die Studenten der Universität Anfang 1919 selbst eine Zeitschrift ins Leben unter dem Titel »Neue Flut«, die zu einer geistigen Revolution aufrief. Andere Zeitschriften mit ähnlicher Tendenz begannen bald in allen akademischen Zentren Chinas zu erscheinen. Auch Mao Tse-tung weilte im Winter 1918/19 als Bibliotheksangestellter an der Universität Peking. Die unmittelbare Berührung mit der neuen Bewegung war für seine weitere geistige Entwicklung von erheblicher Bedeutung.

*Die Ideen der »Bewegung für kulturelle Erneuerung«*

Die »Bewegung für kulturelle Erneuerung« richtete ihre Angriffe in erster Linie und mit besonderer Schärfe gegen den Konfuzianismus. Die Anhänger der neuen Ideen sahen ihn als den Hauptträger der traditionellen Ordnung und des traditionellen Denkens und daher als ein Hindernis für allen Fortschritt an. Dem entgegen traten die konservativ-reaktionären Kreise der Militärmachthaber und ihrer Gefolgsleute – Beamte, Politiker und Literaten alten Stiles – für den Konfuzianismus und für die traditionellen Lebensformen und Ideen ein. Durch die mit dem Opiumkrieg einsetzende Entwicklung war der Konfuzianismus in seiner politisch-universalistischen Grundlage mehr und mehr erschüttert und schließlich ad absurdum geführt worden. Durch die Reformbewegung, die Abschaffung des Prüfungssystems und die Verkündung der Republik war er auch als ethisch-politische Staatsdoktrin zusammengebrochen. Dies mögen viele der führenden Anhänger des Konfuzianismus, zu denen auch K'ang Yu-wei, der Führer der Reformbewegung von 1898, gehörte, instinktiv gefühlt haben, ohne sich über die letzten Konsequenzen dieser Vorgänge klar zu sein. Hinzu kam in manchen Kreisen ein aus den psychologischen Wirkungen des Kolonialismus und der damit verbundenen christlichen Mission erklärliches Inferioritätsgefühl, daß in China keine Religion eine dem Christentum im Abendlande vergleichbare Bedeutung habe. So glaubten sie gewissermaßen das Dach eines Hauses noch ausschmücken zu können, dessen Grundmauern bereits eingestürzt waren. Konfuzius sollte als Gott verehrt werden, und dem Konfuzianismus sollte in China die Rolle zufallen, die das Christentum im Abendland spielte. Eine Reihe teilweise weit verbreiteter Zeitschriften warb, zumal durch Beiträge

K'ang Yu-weis, für die Proklamation des Konfuzianismus als Staatsreligion. Bei Yüan Shih-k'ai fielen diese Anregungen auf fruchtbaren Boden; 1914 führte er den Konfuzius-Kult wieder ein, und auch die folgenden Präsidenten und Machthaber zeigten sich dem Konfuzianismus kaum weniger geneigt, da sie in ihm einen Schutz ihrer Herrschaft gegen revolutionäre Kräfte zu sehen meinten.

Beim Kampf, der von der »Neuen Jugend« gegen den Konfuzianismus geführt wurde, ging man zunächst vorwiegend von traditionellen chinesischen Voraussetzungen aus. Man rief die bekannte Tatsache wieder ins Bewußtsein zurück, daß zu Lebzeiten des Konfuzius im 6. und 5. vorchristlichen Jahrhundert und in den ersten Jahrhunderten danach die konfuzianische Lehre ja nur eine unter vielen gewesen sei und sich erst später allmählich als allein anerkannte offizielle Staatsdoktrin habe durchsetzen können. Man griff auf die Argumente der mit dem Konfuzianismus rivalisierenden Lehren der Taoisten, der Legalisten, des Mo Ti und anderer zurück und entwickelte sie weiter. Gern führte man alte Gegner der Konfuzianer wieder ins Feld, wie etwa Li Cho-wu (1527–1602), den die literarische Inquisition des 18. Jahrhunderts fast der Vergessenheit hatte anheimfallen lassen. Einige Titel von Aufsätzen zeigen, von wo aus der Angriff gegen die traditionelle Lehre ging: »Über das Familiensystem als Wurzel des Despotismus«, »Die Moral des Konfuzius und das Leben der Gegenwart«, »Menschenfresserei und Sittliche Lehre«, »Die taoistische und die Rechtsschule als Gegner der traditionellen Moral«, »Die passive Revolution des Lao-tzu und Chuang-tzu«, »Widerlegung von K'ang Yu-wei's These, daß die traditionelle Beziehung von Fürst und Untertan nicht aufhebbar sei«. Viele sahen, wie zu ihrer Zeit hinter den hohen Begriffen der konfuzianischen Ethik sich oft nur niedrige Selbstsucht versteckte, wie die auf Ehrfurcht gegen die Älteren gegründete traditionelle, patriarchalische Familienordnung nicht selten dem Familienoberhaupt dazu diente, die übrigen Familienmitglieder zu unterdrücken und auszunutzen, wie die Autorität und Würde von Kaiser und Beamten vortreffliche Gelegenheit zur Ausdehnung der eigenen Macht und des eigenen Reichtums auf Kosten anderer boten. Immer wieder wird auf Beispiele in der chinesischen Geschichte hingewiesen, die ein krasses Mißverhältnis zwischen Theorie und Praxis der konfuzianischen Moral erkennen lassen. Freilich wurde nicht selten über das Ziel hinausgeschossen, aber es war auch viel Wahres in den temperamentvollen Angriffen auf den Konfuzianismus enthalten. Nicht anders als im Abendland die Grundsätze des Christentums häufig von den sich darauf berufenden Machthabern in Kirche und Staat mißbraucht worden sind, hat in China die konfuzianische Lehre oft als Werkzeug oder als Deckmantel für Handlungen dienen müssen, die ihrem Geiste widersprachen. In den letzten Jahrhunderten ist der Konfuzianismus unter einer engherzigen Orthodoxie immer mehr zu einem hohlen System von Formen und Regeln ohne eigentliches Leben geworden. Und vollends im 20. Jahrhundert waren Vorschriften der konfuzianischen Ethik allzuoft nicht mehr als ein billiges Mittel für reaktionäre Machthaber in der Familie oder im Staate, um alle Oppositionen gegen die eigene Mißwirtschaft und Verkommenheit zu unterdrücken. Yüan Shih-k'ai und seine Nachfolger als Präsidenten sowie die lokalen Militärmachthaber haben den Konfuzianismus in diesem Sinne hochgehalten. Die bis in den Anfang der dreißiger Jahre vorwiegend anti-konfuzianische Kuomintang (KMT) sprach in dem Grade, wie sie innerlich verfiel, von den traditionellen konfuzianischen Tugenden. Und das letzte Beispiel war schließlich die Wiedereinführung des Konfuziusopfers und die Propagierung konfuzianischer Ideen durch die Japaner in den von ihnen besetzten Gebieten Nordchinas 1937 bis 1945.

Beim Angriff auf den Konfuzianismus blieb es nicht bei den traditionellen Argumenten. Ch'en Tu-hsiu sah ihn untrennbar verknüpft mit dem monarchistischen System und unvereinbar mit der Republik. Vollständiger Bruch mit der Tradition – nicht nur mit dem Konfuzianismus –, Übernahme der westlichen Kultur und Fortschritt oder Beibehaltung der traditionellen Kultur sowie des Konfuzianismus und Untergang, das schien ihm die einzige Alternative zu sein. Die westliche Kultur war für Ch'en Tu-hsiu und seine Anhänger gleichbedeutend mit »Demokratie« und »Wissenschaft«; darin sahen sie den Grund für die Aktivität und Vitalität des Westens und für seine Überlegenheit über China. Ihr Verständnis des Abendlandes war sehr oberflächlich, das Europa vor dem 18. Jahrhundert war ihnen unbekannt. Ihr Begriff von der »Demokratie« stammte vom Manchester-Liberalismus, ihr Ziel war die Befreiung des Individuums von allen Schranken traditioneller Bindungen; sie glaubten, daß das von allen Fesseln gelöste Individuum in China ähnliche Erfolge erringen könne wie im Westen. Unter »Wissenschaft« verstanden sie einmal eine Methode zum materiellen Fortschritt, vor allem aber ein Mittel zum Kampf gegen den »Aberglauben«, als den sie schlechthin jeden religiösen Glauben bezeichneten. Die »Wissenschaft« sollte zur Auflösung der auf gewissen religiösen Grundbegriffen beruhenden traditionellen sozialen Ordnung dienen, sie sollte den Konfuzianismus wie auch alle anderen religiösen Lehren und religiös bedingten Überlieferungen überwinden helfen. Diese Traditionsfeindlichkeit sowie die kritiklose, oberflächliche Bewunderung westlicher Staats- und Gesellschaftsformen und westlichen Denkens waren charakteristisch für die meisten Angehörigen der chinesischen Intelligenz jener Zeit; und sie haben sich zum Teil auch noch weit darüber hinaus erhalten. Durch die amerikanische Kulturpropaganda wurden immer mehr die Vereinigten Staaten und die amerikanischen Lebensformen das Vorbild. Eine außerordentlich starke Wirkung hinterließen etwa die Gastvorlesungen, die der amerikanische Philosoph John Dewey in den Jahren 1919/20 an der Universität Peking und anderenorts in China hielt. Deweys positivistisches, auf das praktische Leben gerichtetes Denken sprach die chinesischen Akademiker in besonderem Maße an. Denn obschon die revolutionären Intellektuellen wie Ch'en Tu-hsiu die gesamte chinesische Tradition verwarfen, standen sie doch – wenn auch unbewußt – noch stark unter dem Einfluß der konfuzianischen, ausschließlich auf die soziale und politische Wirksamkeit gerichteten Denkweise.

Der Kampf gegen den Konfuzianismus und gegen die traditionellen Normen schloß in folgerichtiger Weise auch den Kampf für die Lösung der chinesischen Frau aus den strengen traditionellen Bindungen und aus ihrer dem Mann – zumindest nach außen hin – in jeder Beziehung untergeordneten Stellung ein. Die Frau sollte nicht lediglich ein Anhängsel des Mannes, sondern eine selbständige, unabhängige Persönlichkeit sein. Die Freiheit, sich selbst den Ehemann nach eigener Neigung zu wählen, und das Recht einer Witwe, sich wiederzuverheiraten, wurden allgemeine Forderung. Hinsichtlich der Keuschheit dürften für den Mann und die Frau nicht verschiedene Maßstäbe gelten. Ferner verlangte man gleiche Bildungsmöglichkeiten für Jungen und Mädchen. Im Herbst 1919 nahm die Universität Peking die ersten Studentinnen auf, und bald darauf wurde die Zulassung von Frauen auch an allen anderen chinesischen Hochschulen üblich. Freilich mußten die jungen Chinesinnen ihren Willen zum Besuch einer höheren oder Hochschule zunächst erst gegenüber ihrer Familie durchsetzen, denn die älteren Familienmitglieder hielten die Bildung als dem traditionellen Ideal der »tugendhaften Ehefrau und guten Mutter« abträglich. Die Frage gleicher Möglichkeiten für die Frau im Berufsleben war damals noch nicht akut, doch fand sie dann in der folgenden Zeit ohne größere Kämpfe eine befriedigende Lösung. Der entscheidende Schritt für die Emanzipation der chinesischen Frau wurde mit der »Bewegung für kulturelle Erneuerung« getan.

Kaum weniger wichtig als der Kampf gegen die konfuzianische Tradition und die Propagierung der neuen Ideen von Demokratie und Wissenschaft war die »Literarische Revolution«. Wenn wie in China die Schrift nicht eine Laut-, sondern eine Begriffsschrift ist, können im Laufe der Entwicklung gesprochene Umgangssprache und literarische Schriftsprache leicht verschiedene Wege gehen. So war der gewählte literarische Stil, in dem man in China schrieb und dichtete, keineswegs eine gehobene Wiedergabe der gesprochenen Sprache, sondern ein Kunstprodukt, nur durch eingehendes Studium der klassischen Literatur und intensive Übung erlernbar. Freilich gab es auch in der Umgangssprache geschriebene Lieder, Dramen und Romane. Sie galten in gebildeten Kreisen aber offiziell als vulgär und unfein und zählten nicht zur eigentlichen Literatur. Das hinderte nicht, daß sie jeder las und kannte. Die literarische Bildung war auf die zahlenmäßig sehr kleine Schicht der Shen-shih beschränkt. Denn wer hatte sonst Zeit und Mittel zu ruhigem und ausgedehntem Studium? Nur in den größeren Städten gab es zuweilen noch andere Kreise, die eine gewisse Elementarbildung und beschränkte Kenntnisse der Schrift hatten. Die Mehrzahl des Volkes konnte jedoch nicht lesen und schreiben. So war es für eine Revolution in der politischen und sozialen Struktur des Landes unerläßliche Voraussetzung, den Wall der literarischen Bildung zu durchbrechen, mit dem sich die herrschende Schicht umgab, und die Bildung zu verallgemeinern. Bestrebungen zur Auflockerung des literarischen Stiles waren bereits seit der zweiten Hälfte des 19. Jahrhunderts im Gange. Der entscheidende Angriff gegen die traditionelle Schriftsprache erfolgte aber erst zur Zeit der 4.-Mai-Bewegung. Manche wollten die chinesische Schrift überhaupt beseitigen und sie durch die lateinische ersetzen, doch war hierfür die Zeit noch nicht reif. Zunächst war eine sprachliche Reform notwendig. Sie ist mit dem Namen von Hu Shih verknüpft, der 1917 in der »Neuen Jugend« seine »Vorschläge für eine literarische Reform« veröffentlichte. Seine Ideen fanden ein weites Echo. Ch'en Tu-hsiu brachte sogleich Hu Shihs rein literarische Gesichtspunkte in Zusammenhang mit der allgemeinen revolutionären Tendenz. Die Frage wurde eingehend in der »Neuen Jugend« diskutiert. Mehr und mehr Autoren der »Neuen Jugend« gingen in ihren Aufsätzen zur Benutzung der Umgangssprache über, und auch Gedichte in dieser Sprache erschienen in wachsendem Umfang. Damit begann der Siegeszug der Umgangssprache, die sich auch in der Dichtung rasch durchsetzte und in dem Schriftsteller Lu Hsün ihren hervorragendsten Vertreter fand. Auch Lu Hsün hatte zu Beginn des Jahrhunderts in Japan studiert und sich dort der revolutionären Bewegung angeschlossen. In seinen teilweise auch ins Deutsche übersetzten Novellen und Essays prangerte er eindrucksvoll die Mißstände der traditionellen Gesellschaft Chinas und ihrer heuchlerischen Moral an. Er hat durch seine Schriften die nach Erneuerung des gesamten sozialen und moralischen Lebens strebende Jugend der zwanziger, dreißiger und vierziger Jahre beeinflußt wie kaum ein anderer und verdient daher bei der »Bewegung für kulturelle Erneuerung« mit an erster Stelle genannt zu werden. Er ist wohl der bedeutendste Schriftsteller, den China in diesem Jahrhundert bis jetzt hervorgebracht hat.

In dem Maße, wie die Umgangssprache auch zur geschriebenen Sprache wurde, öffnete sich der Weg zur Verallgemeinerung der Bildung. Das war die entscheidende revolutionäre Bedeutung der literarischen Reform. Es fehlte nicht an Versuchen der konservativen Opposition, die Regierung zu einer gewaltsamen Unterdrückung aller Veröffentlichungen in der Umgangssprache zu veranlassen, da sie radikale, für das Volk schädliche Ideen verbreite. Aber der schnell voranschreitende Erfolg der Literarischen Revolution konnte nicht aufgehalten werden. In den offiziellen Unterrichtsbüchern der Grund- und Mittelschulen trat die klassische Schriftsprache mehr und mehr zugunsten der geschriebenen Umgangssprache zurück. Zeitungen und Zeitschriften erschienen in einem Mischstil, bei dem das umgangssprachliche Element immer mehr zunahm. Am wenigsten machten sich bis zur kommunistischen Machtübernahme Änderungen im offiziellen Amts- und Briefstil bemerkbar.

Wie schon erwähnt, spielte bei der »Bewegung für kulturelle Erneuerung« neben der »Neuen Jugend« die Pekinger Zeitschrift »Neue Flut« eine wichtige Rolle, die den bezeichnenden Untertitel »The Renaissance« trug. Die Gründer jener Zeitschrift sahen in der geistigen Bewegung Chinas jener Zeit eine Parallele zur europäischen Renaissance des 15. und 16. Jahrhunderts. Außer der Befreiung von den Fesseln der Tradition und der Schaffung einer neuen Literatur in der lebenden Sprache des Volkes war die Neubewertung der chinesischen Tradition nach neuen wissenschaftlich-kritischen Erkenntnissen ein wichtiges Element der Bewegung. Der anfangs vorwiegend materiell verstandene Begriff der »Wissenschaft« wurde damit erweitert. Insbesondere galt es, die in China auf eine ruhmreiche Tradition zurückblickende philologische und historische Forschung von den Schranken des Dogmas der konfuzianischen Orthodoxie zu befreien und mit einer neuen kritischen Einstellung an die Behandlung des eigenen kulturellen Erbes heranzugehen. Die schon im 18. Jahrhundert lebhaft entfachte kritische Diskussion trat nun in eine neue Phase. Es begannen eingehende Erörterungen zumal über die alte Geschichte Chinas. Die traditionelle chinesische Geschichtsschreibung hatte keine klare Grenze zwischen Mythologie und Geschichte gezogen und kannte eigentlich keine historische Entwicklung. Nun wurde zum ersten Male klar die Geschichte von der Mythologie getrennt. Einzelne historische Persönlichkeiten waren früher oft nur auf Grund ihrer Haltung zur konfuzianischen Lehre und nach konfuzianischen Maßstäben beurteilt; jetzt sah man sie plötzlich in einem ganz anderen Lichte. Die chinesische Geschichte, über die wegen der schematisch-moralisierenden konfuzianischen Geschichtsschreibung noch Hegel urteilte, daß sie »selbst nichts entwickelt«, zeigte nun, nachdem der sie umgebende konfuzianische Schleier entfernt worden war, plötzlich eine mannigfaltige und reichhaltige kontinuierliche Entwicklung von rund

## DATENGERÜST

### Chinesische Revolution

1840 Opiumkrieg zwischen England und China (bis 1842).

1850 Beginn der Taiping-Revolution unter *Hung Hsiu-ch'üan* in Kuangsi.

1851 »Reich des Himmlischen Friedens« (Taiping) ausgerufen.

1853 Nanking wird Hauptstadt des Taiping-Reiches.

1860 Besetzung Pekings durch englische und französische Truppen.

1861 Regierungsantritt des neuen Kaisers *T'ung-chih*. Beginn der *T'ung-chih*-Restauration.

1864 Niederschlagung der Taiping-Bewegung.

1892 Gründung der »Gesellschaft zur Entwicklung Chinas« durch *Sun Yat-sen* (geb. 1866).

1895 Niederlage Chinas im Krieg gegen Japan, Friede von Shimonoseki (17.4.).

1898 Reformbewegung unter *K'ang Yu-wei*, von der Kaiserinwitwe *Tz'u-hsi* gewaltsam unterdrückt. Gründung des »Ostasiatischen Kulturbundes« in Tôkyô.

1900 Boxerunruhen in Shantung und Hopei.

1901 Boxerprotokoll (7.9.), das den europäischen Mächten neue Sonderrechte einräumt.

1905 Abschaffung des traditionellen staatlichen Prüfungssystems. Gründung des »Chinesischen Revolutionsbundes« durch *Sun Yat-sen* in Tôkyô.

1907 Der Revolutionsbund veröffentlicht sieben Punkte über seine Haltung gegenüber den fremden Mächten: ihre Rechte in China sollen durch die Revolution nicht berührt werden.

1911 Militärputsch in Wu-ch'ang bei Hankou (10.10.), Auftakt zur Revolution.

1912 Abdankung der kaiserlichen Regierung (12.2.). *Yüan Shih-k'ai* erhält Vollmacht zur Bildung einer provisorischen republikanischen Regierung. Gründung der Kuomintang (12.8.).

1913 Parlamentswahlen. »Zweite Revolution« in Nanking gegen *Yüan Shih-k'ai*.

1915 Japans »Einundzwanzig Forderungen« an China (18.1.); ein Teil von ihnen mit Hilfe eines Ultimatums (7.5.) durchgesetzt. Bildung einer antimonarchistischen Front gegen *Yüan*. Gründung der Zeitschrift »Neue Jugend«.

1916 Tod *Yüan Shih-k'ais*.

1917 Eintritt Chinas in den Krieg gegen Deutschland (August).

1919 Demonstration der Pekinger Studenten gegen die Bestimmungen des Versailler Vertrages. Beginn der »Bewegung des 4. Mai«, die für eine kulturelle Erneuerung eintritt. Gastvorlesungen des amerikanischen Philosophen *John Dewey* in China. Erste Immatrikulation weiblicher Studenten in Peking.

1920 Verzicht der Sowjetregierung auf alle Rechte und Konzessionen in China. Entsendung eines Kominternvertreters nach Shanghai (Frühjahr).

1921 Gründung der Kommunistischen Partei Chinas (KPCh; 1.7.). Konferenz von Washington (13.11.—6.2.1922), Unabhängigkeit Chinas und Grundsatz der »Offenen Tür« von neun Mächten anerkannt.

1923 Gemeinsame Erklärung von *Sun Yat-sen* und dem russischen Vertreter *Joffe* über die chinesisch-sowjetischen Beziehungen und die Zusammenarbeit zwischen der Kuomintang und den Kommunisten (26.1.). Ankunft einer Gruppe von russischen Beratern unter *Michail Borodin* (September).

1924 Erster Parteitag der Kuomintang (20.1.). Gründung der Militärakademie Whampoa (Huang-p'u) im Mai. Militärische Leitung: *Chiang Kai-shek*, politische Leitung: *Chou En-lai*.

1925 Tod *Sun Yat-sens* (12.5.). Gründung der chinesischen Nationalregierung in Kanton. »Bewegung des 30. Mai«, Auftakt des Boykotts gegen Großbritannien.

1926 Beginn des Feldzuges der Revolutionsarmee unter *Chiang Kai-shek* gegen die Militärmachthaber in Mittel- und Nordchina (Juli). Eroberung von Wuhan (August). Verlegung des Sitzes der Nationalregierung nach Wuhan (November).

1927 Eroberung von Shanghai und Nanking (Frühjahr). Bruch *Chiang Kai-sheks* mit der Kuomintang-Regierung in Wuhan (März). Liquidation der Kommunisten von Shanghai (12.4.). Gründung einer Militärregierung in Kanton durch *Chiang Kai-shek*. *Mao Tse-tung*: »Ergebnisse der Untersuchung der Bauernbewegung von Hunan« (August).

1928 Einmarsch *Chiang Kai-sheks* in Peking. Nanking wird offizielle Hauptstadt der Nationalregierung. Gründung der »Roten Armee« in Hunan (Mai).

1930 Gründung der »Liga der linksgerichteten Schriftsteller«. Beginn der Offensiven der Kuomintang-Truppen gegen die kommunistischen Stellungen in Hunan und Kiangsi (Dezember).

1931 Zwischenfall von Mukden (18.9.), Abtrennung der Manchurei durch Japan. Beseitigung der Binnenzölle.

1934 »Bewegung Neues Leben« zur Wiederbelebung der traditionellen konfuzianischen Tugenden gegründet. Beginn des »Langen Marsches« der Roten Armee (16.10.).

| | | | |
|---|---|---|---|
| 1936 | Yenan in Shensi wird Hauptquartier der Kommunistischen Partei (Dezember). | 1953 | Erster Fünfjahresplan zur Entwicklung der Volkswirtschaft (1.1.). Ende des Korea-Krieges, Waffenstillstandsabkommen von Panmunjon (27.6.). |
| 1937 | Zwischenfall an der Marco-Polo-Brücke bei Peking (7.7.), Auftakt des Krieges zwischen Japan und China. Manifest über die Zusammenarbeit der Kuomintang und der Kommunistischen Partei in der gemeinsamen Front gegen Japan. | 1954 | Genfer Außenministerkonferenz über Indochina (26.5.—21.6.). Erklärung über die fünf Prinzipien der Koexistenz durch *Nehru* und *Chou En-lai* (28.6.). Neue Verfassung der Volksrepublik China angenommen (20.9.). |
| 1942 | Cheng-feng-Bewegung innerhalb der Kommunistischen Partei zur ideologischen Ausrichtung der Mitglieder (Februar). | 1955 | Asien-Konferenz in Delhi (April). Asiatisch-afrikanische Konferenz in Bandung (18. bis 24.4.). Beginn der Kollektivierung der Landwirtschaft und der Verstaatlichung der privaten Unternehmen (1956 abgeschlossen). |
| 1943 | China erhält volle internationale Gleichberechtigung. Die Alliierten verzichten auf sämtliche Vorrechte in China. |
| 1945 | Kapitulation Japans (14.8.). Ausbruch des Kampfes zwischen Kuomintang und den Kommunisten um die Vorherrschaft in China. | 1957 | *Mao Tse-tungs* Rede über die »Widersprüche« und die »Hundert-Blumen-Politik« (27.2.). |
| | | 1958 | Beginn des zweiten Fünfjahresplans (1.1.). Neuer Wirtschaftsplan (»Großer Sprung vorwärts«) (Mai). Beschluß über die Bildung von Volkskommunen (29.8.). Amerikanisch-chinesische Besprechungen in Warschau über die Formosa-Krise (September). |
| 1946 | Verhandlungen zwischen KMT und KPCh durch Vermittlung des Generals *Marshall*. |
| 1948 | Errichtung der »Volksregierung Nordchina« (19.8.) in Hopei. |
| 1949 | Siegeszug der Roten Armee: Tientsin (15.1.), Peking (31.1.), Nanking (23.4.), Shanghai (25.5.), Lan-chou (26.8.), Kanton (14.10.), Chungking (30.11.). Verlegung der Nationalregierung nach Taipeh auf Formosa. Errichtung der Zentralen Volksregierung Chinas mit *Mao Tse-tung* als Präsidenten und Peking als neuer Hauptstadt (1.10.). | 1959 | Beginn des Volksaufstandes in Tibet (März). Der *Dalai Lama* flieht nach Indien; Errichtung einer neuen Regierung in Tibet unter dem *Pantschen Lama. Mao Tse-tung* tritt vom Amt des Staatsoberhauptes zurück, um sich ganz der Partei zu widmen; *Liu Shao-ch'i* übernimmt sein Amt (27.4.). Die Ziele des zweiten Fünfjahresplans werden reduziert, und die Wirtschaftsstatistik wird korrigiert (August). Grenzstreit mit Indien (September). |
| 1950 | Großbritannien erkennt die Regierung in Peking an (6.1.). Sowjetisch-chinesischer Freundschaftspakt (14.2.). Gesetz für die Bodenreform (30.6.). Chinesische Truppen beginnen Tibet zu besetzen (10.10.). Chinesische »Freiwilligen«-Verbände greifen in den Korea-Krieg ein (25.10.). |
| | | 1960 | *Chruschtschow* kritisiert während seiner Indonesienreise die Methoden der chinesischen Wirtschaftsexpansion (März). Indisch-chinesische Verhandlungen über den Grenzkonflikt (April). Sowjetrussische Wirtschaftsexperten werden aus China zurückgezogen; chinesische Wissenschaftler meiden internationale Kongresse in Moskau (Sommer). |
| 1952 | Rußland übergibt China die manchurische Eisenbahn (31.12.). |

---

drei Jahrtausenden, die in der Weltgeschichte kaum ein Gegenstück haben dürfte. Ungeheure Mengen kaum ausgewerteten historischen Quellenmaterials harren noch der Verarbeitung. Auch in der literarhistorischen Forschung machte sich die neue Einstellung bemerkbar. Die vordem völlig vernachlässigten, in der Umgangssprache geschriebenen volkstümlichen Gedichte, Dramen, Novellen und Romane traten in den Vordergrund des Interesses. Sie wurden textkritisch bearbeitet und inhaltlich neu bewertet. So ist die Zeit um die 4.-Mai-Bewegung auch der Beginn moderner geisteswissenschaftlicher Forschung. Sie hat sich seitdem rasch entwickelt, wenn auch mit der Übernahme des Marxismus-Leninismus als offizieller Staatsdoktrin die erneute Einengung durch ein Dogma den weiteren Fortschritt einstweilen aufhält.

## Die Anfänge des Marxismus-Leninismus und die Gründung der KPCh

Die »Neue Jugend« ließ in den ersten Jahrgängen die verschiedensten abendländischen Denker und Geistesrichtungen zu Worte kommen, jedoch von Marx oder vom Marxismus war kaum die Rede. Dennoch ist nicht anzunehmen, daß niemand aus ihrem Kreise zu Marx' Lehre Zugang hatte oder daß sie gar zu extrem erschien. Der aufgeschlossenen Intelligenz jener Zeit waren ja die neuesten und radikalsten abendländischen Ideen nur recht. Der Grund für die Nichtbeachtung lag vielmehr darin, daß sich der Marxismus in seiner ursprünglichen Form auf eine hoch industrialisierte Gesellschaft bezog und für China irrelevant erschien. Erst mit der russischen Oktoberrevolution begann plötzlich der Marxismus in Lenins Auslegung und Dogmatisierung auch in China Beachtung zu finden. Man sah, wie in einem wirtschaftlich kaum weniger rückständigen Lande ein zahlenmäßig sehr kleines, aber unter Führung Intellektueller straff organisiertes Proletariat eine monarchistische Regierung und eine bevorrechtigte, herrschende Schicht beseitigte. Die revolutionäre Welle dehnte sich augenscheinlich auf andere Länder aus und schien tatsächlich der Beginn der von Marx vorausgesehenen Weltrevolution des Proletariats gegen die Kapitalisten, der Ausgebeuteten gegen die Ausbeuter zu sein. Und Lenin verkündete als die messianische Botschaft der Revolution die Befreiung der kolonialen und halbkolonialen Völker vom Joch des westlichen Imperialismus. Die bisher in ihrer Haltung gegenüber diesen Völkern einheitliche Front der abendländischen Mächte war damit durchbrochen, zumal die neue sowjetische Regierung bereits 1920 durch eine Erklärung Karachans kundtat, daß sie auf alle Konzessionen und Rechte, darunter auch auf die Exterritorialität, welche die zaristische Regierung besessen hatte, verzichte. Sowjetrußland gewährte damit als erste der westlichen Nationen China freiwillig die lange erstrebte Gleichberechtigung. So begannen weite Kreise in China, auf die Sowjetunion als den Freund und Vorkämpfer für Freiheit und Gleichberechtigung der unterdrückten Nationen zu blicken.

Eine der ersten sichtbaren Wirkungen des Marxismus war die im Frühjahr 1918 an der Universität Peking gegründete »Gesellschaft zum Studium des Marxismus«. Ihre Mitglieder waren meist Studenten der Universität, aber auch der Bibliotheksangestellte Mao Tse-tung gehörte dazu. Ihrem Namen entsprechend war die Gesellschaft anfangs tatsächlich nur eine Studiengesellschaft. Erst allmählich kamen einzelne ihrer Mitglieder zu der Überzeugung, daß man die messianische Botschaft der russischen Revolution kaum ohne die Doktrin, auf der sie beruhte, annehmen könne. So wurde die »Gesellschaft zum Studium des Marxismus« allmählich zum Vorläufer der KPCh.

1919 oder spätestens 1920 schloß sich auch Ch'en Tu-hsiu, der inzwischen nach Shanghai übergesiedelte Herausgeber der »Neuen Jugend«, dem Marxismus-Leninismus an. Er wurde dort schnell der Mittelpunkt eines Kreises revolutionärer Intellektueller der verschiedensten Richtungen, mit denen er 1920 eine sozialistische Jugendgruppe organisierte. Auch in der »Neuen Jugend« begann seitdem mehr und mehr die sozialistische Tendenz zu überwiegen. Im gleichen Jahre schickte die Komintern ihren ersten Vertreter, Gregor Woitinsky, nach China. Er eröffnete in Shanghai ein Büro und sah seine Aufgabe zunächst darin, die heterogenen Elemente um Ch'en Tu-hsiu in eine gemeinsame Richtung zu bringen und organisatorisch der Komintern zu unterstellen; er versuchte, aus diesen in ihren Ideen recht verschiedenen und oft unklaren jungen Intellektuellen allmählich brauchbare Kommunisten zu machen. Ähnliche Gruppen wie in Shanghai entstanden in Peking und Kanton; in seiner Heimatprovinz Hunan versuchte Mao Tse-tung nach marxistischen Grundsätzen eine revolutionäre Bewegung zu organisieren. Im Sommer 1921 trafen sich Kommunisten aus verschiedenen Teilen des Landes und gründeten die Kommunistische Partei Chinas. Die Angaben über die Teilnehmer weichen etwas voneinander ab. Es waren etwa ein Dutzend und Mao Tse-tung bestimmt unter ihnen. Generalsekretär wurde Ch'en Tu-hsiu. Auch in verschiedenen europäischen Ländern bildeten um die gleiche Zeit chinesische Studenten kommunistische Jugendgruppen.

So zeigt die 4.-Mai-Bewegung bereits einen gewissen marxistisch-leninistischen Einfluß. Doch trägt sie in erster Linie nationalen und kulturellen Charakter, und es liegt kein Anlaß vor, sie als »einen Teil der proletarischen Weltrevolution jener Zeit« zu bezeichnen, wie es zuweilen geschieht. Ihre Bedeutung liegt vor allem darin, daß sie auf geistigem Gebiet endgültig die »Große Mauer« zum Einsturz brachte, mit der sich das chinesische Denken seit Jahrhunderten umgeben hatte. China begann nun, mit seinem geistigen und sozialen Leben an dem der übrigen Welt teilzunehmen. Alle großen geistigen Strömungen der westlichen Welt fingen an, sich auch in China bemerkbar zu machen. Bereits bei der 4.-Mai-Bewegung werden die beiden großen Ideologien – demokratischer Liberalismus und Marxismus-Leninismus – sichtbar, die später China und die Welt in verschiedene Lager teilen sollten. So bildet die 4.-Mai-Bewegung einen entscheidenden Wendepunkt, und die Bedeutung, die ihr im heutigen China zuerkannt wird, ist auch vom weltgeschichtlichen Standpunkt aus voll gerechtfertigt.

## Die Nationale Revolution von 1926/27

### Der Ausbau der Lehre Sun Yat-sens

Die 1918 unter Führung Sun Yat-sens in Kanton gegründete Militärregierung und die hinter ihr stehenden Kräfte setzten sich, ähnlich wie 1912, aus sehr heterogenen Elementen zusammen, unter denen Sun Yat-sen und seine vertrauten Mitarbeiter nur eine kleine Gruppe bildeten. Lediglich in ihrem Gegensatz zu der Pekinger Zentrale und zu den Machthabern des Nordens stimmten alle überein. Sun Yat-sen mußte selbst wiederholt aus Kanton fliehen und entkam einmal nur mit knapper Not. Bei diesem Interessenkampf stand es schlecht um die Sache der Revolution, und die führende Rolle im revolutionären Kampf schien an die Exponenten der 4.-Mai-Bewegung übergegangen zu sein. Doch zu Beginn der zwanziger Jahre wandelten sich Sun Yat-sens und seiner Mitarbeiter Ideen; das hatte eine völlige Reorganisation und Neuorientierung der Kuomintang zur Folge und führte schließlich zum Siege über die zahlreichen Militärmachthaber des Südens und Nordens.

Sun Yat-sen hat seine Ideen der »Drei Grundlehren vom Volk« und der »Fünf-Gewalten-Verfassung« stets als Grundlagen beibehalten und weiterentwickelt. Aber er begann nun, einige Ansichten erheblich zu modifizieren, teilweise sogar zu ändern. Das betraf vor allem seine Haltung zu den fremden Mächten und zur sozialen Frage. Die »Nationale Grundlehre« hatte sich anfangs ausschließlich gegen die Fremdherrschaft der Manchus, nicht aber gegen die abendländischen Kolonialmächte gerichtet, deren demokratische Regierungsformen Sun Yat-sen und seine Anhänger aufrichtig bewunderten. Noch in den ersten Jahren nach dem Sturz des manchurischen Kaiserhauses hatte sich Sun Yat-sen für die vorbehaltlose Anerkennung aller von der kaiserlichen Regierung mit den fremden Mächten abgeschlossenen Verträge ausgesprochen. Gewiß fühlten er und seine Anhänger das Unrecht, das die fremden Vorrechte China gegenüber bedeuteten. Sie sahen aber den Grund dafür weniger in dem imperialistischen Charakter der Großmächte als in der Schwäche und in der politischen Rückständigkeit Chinas. Sun Yat-sen gab sich der Illusion hin, die Fremden würden China beim politischen und wirtschaftlichen Aufbau des Landes nach der Revolution helfen und dann freiwillig auf alle ihre Vorrechte verzichten. Noch sein 1921 abgeschlossenes umfangreiches Werk »Plan zum Aufbau des Reiches« basiert auf der Annahme einer großzügigen Unterstützung durch die westlichen Mächte und einer harmonischen Zusammenarbeit mit ihnen. Bald sollte Sun Yat-sen aber eines Besseren belehrt werden. Das Ergebnis der Pariser Verhandlungen von 1919 war ein erster Beweis, daß die Großmächte nicht gewillt waren, freiwillig auf irgendwelche Vorrechte in China zu verzichten oder auch nur China bei der Wahrung seiner Rechte gegenüber Japan ernsthaft zu helfen. Das Resultat der Konferenz von Washington 1921/22 bestätigte trotz einiger Zugeständnisse an China in unwesentlichen Punkten diesen Eindruck. Der Vorwand für die Ablehnung vieler chinesischer Wünsche war der, daß China kein geeinter und geordneter Staat sei. Die Politik der Großmächte war aber de facto weitgehend darauf gerichtet, eine solche Einigung zu verhindern, indem sie wechselweise die verschiedenen Militärmachthaber gegeneinander unterstützten. Lediglich die Kantoner Regierung fand wegen ihres revolutionären Charakters kaum ausländische Hilfe.

Diese Erfahrungen blieben nicht ohne Wirkung auf Sun Yat-sen und veranlaßten ihn, seine »Nationale Grundlehre« in wesentlichen Punkten völlig neu zu fassen. In seinen Vorlesungen über die »Drei Grundlehren vom Volk« von 1924 teilt er die Völker der Erde in zwei Gruppen ein: auf der einen Seite die unterdrückten Nationen, denen er die Sowjetunion, Deutschland und alle asiatischen Völker – außer Japan – zurechnet, und auf der anderen die imperialistischen Mächte, in erster Linie England, Frankreich, die Vereinigten Staaten und Japan. Kriege der Zukunft würden nur zwischen diesen beiden Fronten stattfinden und den Kampf des Prinzips des Rechts gegen die unrechtmäßige Macht darstellen. Wenn auch anders formuliert, berühren sich doch diese Gedanken eng mit denen von Marx und Lenin. Sun bezeichnet dabei China als eine Art »Hyperkolonie«, die nicht nur wie andere Kolonialländer *einen* Kolonialherrn habe, sondern die Kolonie aller Mächte sei, die mit China Verträge abgeschlossen hätten. Sun erwähnt dann auch die Erklärung Wilsons vom Selbstbestimmungsrecht der Völker, mit der die Großmächte die unterdrückten Völker betrogen hätten. Paris und Washington hätten gezeigt, daß die imperialistischen Mächte tatsächlich nicht gewillt seien, den asiatischen Völkern das Selbstbestimmungsrecht zu geben. Sun ruft das chinesische Volk auf, sich unter der nationalen Idee zusammenzuschließen, um den Fremden Widerstand leisten zu können. Er fordert auf zur passiven Resistenz nach dem Vorbild von Indien, zur Ablehnung der Zusammenarbeit mit den Vertretern der imperialistischen Mächte, zum Boykott ihrer Waren. Diese Gedanken führen dann weiter zum »Kampf gegen den Imperialismus«, einem der Hauptprogrammpunkte der Kommunisten. Ein sehr wesentlicher Unterschied bestand allerdings darin, daß Sun im Imperialismus lediglich ein politisches Mittel zum Zwecke wirtschaftlicher Expansion sah und nicht, wie die Kommunisten, das zwangsläufige Endstadium der Entwicklung des Kapitalismus. Sun Yat-sen suchte die Verbindung mit Deutschland und Rußland und hatte sogar die Idee eines Bündnisses dieser drei Länder. Er fand das Verständnis für Chinas Lage und die Bereitschaft zu enger Zusammenarbeit aber nur bei der Sowjetunion.

Auch seine soziale Lehre baute Sun Yat-sen weiter aus. Die »Grundlehre von der Lebenshaltung des Volkes«, ursprünglich an letzter Stelle der »Drei Grundlehren vom Volk«, nahm in den 1924 veröffentlichten »Grundsätzen des staatlichen Aufbaus« sogar den ersten Platz ein. Sun hielt seine »Grundlehre von der Lebenshaltung des Volkes« dem Sozialismus für überlegen; sie sollte an die Stelle des Sozialismus treten. Sun hatte sogar den Eindruck, daß die 1921 eingeleitete »Neue ökonomische Politik« in Rußland eine Abkehr vom Sozialismus und eine Hinwendung zu seinen Grundsätzen bedeute. Er distanzierte sich wiederholt nachdrücklich vom abendländischen Sozialismus und Marxismus. Trotz aufrichtiger Bewunderung für Marx verwarf er im einzelnen eine Reihe der wesentlichen Grundsätze des Marxismus, wie den historischen Materialismus, die Lehre vom Klassenkampf und die Theorie vom Mehrwert. Waren bei Marx Produktionsverhältnisse und Produktionsmittel Ausgangspunkt für die Behandlung aller sozialen Fragen, so bildeten bei Sun Yat-sen die menschlichen Bedürfnisse Nahrung, Kleidung, Wohnung und Verkehr die Grundlagen der Lebenshaltung des Volkes. Dabei legte Sun zwar großes Gewicht auf die in der chinesischen Tradition seit jeher besonders hoch geschätzte Landwirtschaft, erkannte aber nicht die Agrarfrage, das Kernproblem der sozialen Ordnung Chinas, in ihrer ganzen Tragweite. Das sollte erst später durch Mao Tse-tung geschehen. Sun Yat-sen beschränkte sich lediglich auf den weiteren Ausbau der schon vor 1911 aufgestellten Forderung vom »Ausgleich der Grundbesitzrechte«. Danach sollte jeder Grundbesitzer den Wert seines Landbesitzes zur Registrierung angeben. Dieser Grundwert würde ihm bleiben. Lediglich, wenn sich infolge verkehrstechnischer Verbesserungen oder aus anderen Gründen der Wert des Bodens erhöhte, würde der Wertzuwachs der Allgemeinheit, das heißt dem Staate anheimfallen. Wenn ein Besitzer den Wert zu niedrig ansetzte, würde er zwar Steuern sparen, aber einen großen Verlust erleiden, wenn die Regierung von ihrem Kaufrecht zu diesem Preise Gebrauch machte. Würde der Besitzer umgekehrt einen zu hohen Wert angeben, könnte er zwar beim Verkauf gewinnen, zahlte aber zuviel Steuer. Um in keiner Richtung ein Risiko zu laufen – so meinte Sun Yat-sen –, würde der Grundbesitzer dann den tatsächlichen Wert des Bodens angeben. Diese Theorie verrät trotz mancher guter Gedanken weder für die geschichtliche Entwicklung noch für die aktuelle Situation auf dem Lande ein tieferes Verständnis. Sun nannte es auch eine Ungerechtigkeit, daß ein großer Teil der Pachtbauern nur weniger als die Hälfte der Ernte für sich behalten könnte und den Rest dem Grundbesitzer abliefern müßte. Er stellte wohl die Forderung auf, daß der Grund

und Boden demjenigen gehören müsse, der ihn bebaue. Sun wies auch auf die Dringlichkeit der Lösung dieses Problems auf politischem und gesetzlichem Wege hin, ohne jedoch einen Weg dafür zu nennen. Von einer zwangsweisen Enteignung und Neuverteilung des Bodens war bei ihm nirgends die Rede, lediglich vom Recht der Regierung, den Boden zu dem festgelegten Preis aufzukaufen. Die Forderung, daß der Bebauer den Boden zu eigen haben müsse, hat erst später große Bedeutung erlangt, als die Kommunisten sie erhoben und nach ihrer Machtergreifung zunächst auch durchführten.

Auch die Theorie der drei Perioden der Revolution modifizierte Sun Yat-sen. Er hatte nach 1911 erfahren, daß Revolution und Aufbau des Landes auf dem Wege der parlamentarischen Demokratie nicht vorwärts kamen. So setzte er nun an die zweite Stelle anstatt der Periode der vorläufigen Konstitution die der »Belehrenden Regierung«, mit anderen Worten eine Periode der Indoktrinierung mit den grundlegenden Ideen der Kuomintang, die sich für den Neuaufbau des Reiches verantwortlich fühlte. Auch war diese Übergangszeit nicht mehr auf drei Jahre beschränkt. Das war schlechthin die Aufgabe der Idee einer parlamentarischen Demokratie und mußte zur Diktatur der Herrschaft *einer* Partei führen, zumal Sun auch in seiner »Grundlehre von den Rechten des Volkes« den Anspruch des einzelnen auf Freiheit hinter der Forderung nach Freiheit der Nation zurückstellte. Dabei setzte er chinesischer Tradition entsprechend Freiheit mit Ungebundenheit oder Willkür gleich. Freiheit der Person in dem im Abendlande ausgeprägten Sinne hatte weder im traditionellen China einen Platz noch in der Lehre Sun Yat-sens. So zeigten die »Drei Grundlehren vom Volk« bereits Tendenzen in Richtung auf den autoritären Staat, welchen später die Kuomintang zu verwirklichen sich bemühte.

## *Die Allianz zwischen Kuomintang und Kommunisten*

Schon beim Ausbau der »Drei Grundlehren vom Volk« hatte die veränderte internationale Lage nach dem ersten Weltkrieg in manchen Punkten Sun Yat-sens Ideen eine neue Richtung gegeben. Dabei kam der Auffassung von der neuen Rolle Rußlands nach der Revolution nicht geringe Bedeutung zu. Bei der Neuorganisation der Kuomintang und bei den Vorbereitungen und Plänen zur Durchführung der Revolution war russische Hilfe entscheidend. In Rußland war damals, abgesehen von der sowjetischen Sympathie für die Revolution in China, das Auswärtige Amt in Moskau an der Anerkennung gewisser Rechte in der Äußeren Mongolei und in der nördlichen Manchurei sowie an der Schaffung eines kontinentalen Gegengewichts gegen Japan interessiert und setzte, nachdem Versuche mit der Pekinger Regierung gescheitert waren, auf Sun Yat-sen und seine Partei. Sun Yat-sen seinerseits brauchte dringend einen Verbündeten im Kampf gegen die Militärmachthaber. Nach einleitender Fühlungnahme fand die so von beiden Seiten erstrebte Zusammenarbeit in einer gemeinsamen Erklärung Sun Yat-sens und des russischen Vertreters Joffe vom 26. Januar 1923 ihren sichtbaren Ausdruck. Beide Parteien erklärten übereinstimmend, daß die Einführung des Kommunismus oder auch nur des Sowjetsystems in China nicht möglich sei. Die Annäherung Sun Yat-sens an die Sowjetunion war von einer Verbindung mit der KPCh begleitet. Diese bestand nach ihrer Gründung zunächst aus einem ziemlich engen Kreise von Intellektuellen, die auf streng dogmatisch-marxistischem Wege ihre Ziele verfolgen wollten. Sie suchten Verbindung mit der Kuomintang und anderen revolutionären Gruppen, wollten aber dabei ausdrücklich ihre Unabhängigkeit und – Marx entsprechend – ihren eigenen Charakter als die Partei der Arbeiterklasse wahren. Sie erstrebten eine Front der Arbeiter, Bauern und Kleinbürger, die gemeinsam nach außen gegen den Imperialismus und im Innern gegen die reaktionären Militärmachthaber kämpfen und eine demokratische Revolution durchführen sollte. Dabei waren die Kommunisten in erster Linie um die Organisation der Arbeiter in den Industriestädten bemüht. Die chinesischen Kommunisten wollten als selbständiger Block ein Bündnis mit der KMT. Sun Yat-sen wünschte jedoch, daß die Kommunisten der KMT beitreten und sich seiner Führung unterstellen sollten. Der sehr an dem Zustandekommen der Allianz interessierte Komintern-Abgesandte Maring wußte sowohl Moskau von der Richtigkeit dieser Forderung zu überzeugen wie auch die Bedenken der chinesischen Kommunisten zu überwinden. Sie traten der KMT als individuelle Mitglieder bei und machten dort mit Erfolg ihren Einfluß geltend, wenn sie sich auch der Parteidisziplin der KMT und dem Parteiführer Sun Yat-sen zu fügen hatten. Auf dem ersten großen Parteitag der KMT Anfang 1924 fand die enge Verbindung zwischen der KMT und der Sowjetunion sowie der KPCh ihren sichtbaren Ausdruck. Die Parteiorganisation der KMT und das Militär wurden nach sowjetischem Muster und mit Hilfe der bereits Ende 1923 in Kanton eingetroffenen Gruppe russischer Berater unter Führung von Michail Borodin von Grund auf reorganisiert. Gleichzeitig schickte Sun Yat-sen als seinen Abgesandten Chiang Kai-shek zum Studium des Aufbaus von Partei und Militär nach Moskau. Nach seiner Rückkehr wurde er Präsident der neu gegründeten Militärakademie von Whampoa (Huang-p'u) nahe bei Kanton, unterstützt durch eine Anzahl russischer Instrukteure unter Leitung des Generals Bluecher (Galen). Hier unterrichtete man nicht nur eigentlich militärische Dinge; die parteipolitische Schulung in der Ideologie der KMT, in der revolutionären Propaganda und in der Taktik des revolutionären Kampfes spielte kaum eine geringere Rolle. Stellvertretender, maßgebender Leiter der politischen Abteilung der Akademie wurde Chou En-lai, der schon damals in der KPCh eine wichtige Stellung innehatte. Die Angehörigen der Akademie haben einen starken Korpsgeist entwickelt und später als Truppenführer das Rückgrat für den militärischen und politischen Aufstieg ihres Chefs Chiang Kai-shek gebildet. Darüber hinaus haben sie aber in verhängnisvoller Weise auf das Geschick Chinas und der KMT eingewirkt. Auch einige Führer der späteren kommunistischen Armeen sind aus der Akademie hervorgegangen.

Die enge Verbindung zwischen KMT und Kommunisten war bei der Verschiedenheit der Ideologien und der Interessen von Anfang an konfliktgeladen; sie konnte nur temporärer Natur sein. Jeder der beiden Partner versprach sich von der Zusammenarbeit Vorteile für die eigenen Ziele. Die zahlenmäßig nur schwachen Kommunisten hofften, durch das Zusammengehen mit der weit verbreiteten KMT unter den Arbeitern, Soldaten und Bauern in ganz China festen Fuß zu fassen und schließlich die Kuomintang gewissermaßen zu ersticken, indem sie gleichzeitig von innen durch ihren Einfluß auf die Führung und von außen durch die Massenorganisation Druck ausübten. Die KMT wiederum bedurfte einer festen Organisation, aktiver revolutionärer Kader mit einer überzeugenden politischen

Propagandamethode, wie sie ihr die Kommunisten lieferten. Vor allem aber brauchte sie einen mächtigen Bundesgenossen zum Kampfe gegen den Imperialismus. Die Aufnahme der chinesischen Kommunisten in die Partei war nur eine Folge des Wunsches nach russischer Hilfe. Sun Yat-sen war überzeugt, daß er auch den kommunistischen Parteimitgliedern gegenüber seine Autorität durchsetzen und daß er sie allmählich fest in die KMT eingliedern könne. Freilich fehlte es in der Kuomintang auch von Anfang an nicht an kritischen Stimmen gegen diese Annahme. Unter beiden Partnern der KMT-KPCh-Allianz war der Glaube verbreitet, daß man eines Tages den anderen aufsaugen werde.

## Der Sieg der revolutionären Armee
## und der Bruch zwischen Kuomintang und Kommunisten

Ende 1924 reiste Sun Yat-sen nach Peking, um dort mit den verschiedenen Militärmachthabern über eine friedliche Einigung Chinas zu verhandeln, obgleich diese Reise von den Kommunisten sehr mißbilligt wurde. Sun Yat-sen war damals bereits ein todkranker Mann; er starb in Peking am 12. März 1925, bevor die offiziellen Verhandlungen begonnen hatten. In seinem kurzen Testament rief er seine Kameraden und Anhänger zur Vollendung der begonnenen Revolution auf. Dieses Testament und Suns Bild wurden in den von der KMT beherrschten Gebieten und später in ganz China zum Symbol. Sun Yat-sen wurde Gegenstand eines förmlichen Kultes. Bei feierlichen Gelegenheiten wurden vor dem geschmückten Bilde des Revolutionsheros von allen Anwesenden drei Verbeugungen gemacht, an die sich die Verlesung des Testaments und drei Minuten langes Schweigen anschlossen. So trat einstweilen die öffentliche Verehrung Sun Yat-sens an die Stelle des früheren Konfuzius-Kultes.

Den Siegeszug der von ihm ins Leben gerufenen Bewegung hat Sun Yat-sen nicht mehr erlebt; er war allerdings nur teilweise mit der Revolution identisch, und er trug bereits den Keim für den Untergang der KMT-Herrschaft in sich. Bald nach Suns Tod ging die Kantoner Militärregierung in die nach Sun Yat-sens Grundsätzen und mit Hilfe der sowjetischen Berater aufgebaute Chinesische Nationalregierung über. An die Spitze von Partei und Regierung trat der aus sechsunddreißig Mitgliedern bestehende Zentralexekutivrat, dem auch mehrere Kommunisten angehörten. Inzwischen waren auch in der neuen Militärakademie genügend tüchtige Offiziere ausgebildet worden. Die in erster Linie von den Kommunisten geleistete Propaganda- und Organisationsarbeit unter den Arbeitern und Bauern hatte dem Vormarsch der revolutionären Armee vorgearbeitet. Die revolutionären Truppen wurden als die Befreier der unterdrückten Volksklassen von ihren Bedrückern angekündigt; und tatsächlich unterschied sich als Ergebnis der intensiven Schulung das Verhalten der revolutionären Truppen gegenüber der Bevölkerung weitgehend von dem der Heere der Militärmachthaber. So begann im Sommer 1926 der Feldzug der Revolutionsarmee unter dem Oberkommando von Chiang Kai-shek gegen die Militärmachthaber Mittel- und Nordchinas. Die Zentralgebiete südlich des Yangtse fielen der Revolutionsarmee rasch in die Hände, und bereits im August wurde die Yangtse-Metropole Wuhan genommen. Ende des Jahres siedelte auch ein Teil der politischen Führung der

Revolution nach Wuhan über. Chiang Kai-shek drang weiter nach Osten vor und brachte im Frühjahr 1927 das östliche Mittelchina mit Shanghai und Nanking in seine Gewalt. Gleichzeitig stieß ein anderes Heer von Wuhan nach Norden vor und vereinte sich in Honan mit den Truppen Feng Yü-hsiangs, eines Militärmachthabers, der sich im Jahre davor in Moskau der KMT angeschlossen hatte. So stand Mitte 1927 bereits ein beachtlicher Teil Chinas direkt oder indirekt unter der Herrschaft der KMT.

Während es Sun Yat-sen gelungen war, die Gegensätze zwischen KMT und Kommunisten zu überbrücken und auszugleichen, machten sich nach seinem Tode die verschiedenen Auffassungen innerhalb der KMT, besonders hinsichtlich der Zusammenarbeit mit den Kommunisten, mehr und mehr bemerkbar. Dabei setzten sich zunächst die Befürworter der Allianz mit der Sowjetunion und den Kommunisten durch, zu denen auch Chiang Kai-shek gehörte. Wenn auch manche Äußerungen Chiangs darauf hindeuten, daß er im Grunde den chinesischen wie den sowjetischen Kommunisten mißtrauisch gegenüberstand, so war er doch klug genug zu erkennen, daß ohne Hilfe der Kommunisten nicht an ein Gelingen des geplanten Feldzuges gegen die Militärmachthaber zu denken war. So befürwortete er die Allianz auf das entschiedenste und wurde auch von kommunistischer Seite dem linken Flügel der Kuomintang zugerechnet. Chiang wollte die Kommunisten für seine Zwecke benutzen, aber nicht seine führende Stellung durch sie beeinträchtigen lassen. So kam es im März 1926 zu einem Zwischenfall: Chiang ließ eine Anzahl leitender Kommunisten festnehmen und aus führenden Stellungen in den ihm unmittelbar unterstehenden Truppenteilen sowie aus der Militärakademie entfernen. Auch die sowjetischen Berater wurden vorübergehend in Hausarrest gehalten. Dieses Vorgehen Chiangs zeigte deutlich, daß er die Gefahr der kommunistischen Infiltration für die Kuomintang erkannte und entschlossen war, sie zu verhindern. Nach außen hin bekannte er sich nach wie vor zur engen Zusammenarbeit mit den Kommunisten und der Sowjetunion, und er entschuldigte sich sogar bei den sowjetischen Beratern wegen der Unbequemlichkeiten. So ließen sich trotz warnender Stimmen auch Moskau und insbesondere Stalin über Chiang Kai-sheks wahre Absichten täuschen. Man sah dort auch gar keine andere Möglichkeit, als Chiang weiter zu unterstützen und die chinesischen Kommunisten sozusagen »Kuli-Dienste« für ihn tun zu lassen, da Chiangs und seiner Armee Kampf gegen die einheimischen Militärmachthaber und gegen die fremden Imperialisten, an dem Moskau in erster Linie gelegen war, nicht ohne Teilnahme der Kommunisten erfolgen durfte. Erst der Erfolg dieses Kampfes – so meinte man – würde den Kommunisten neue Möglichkeiten öffnen.

Der schnelle und erfolgreiche Vorstoß der revolutionären Armeen verlagerte rasch das Schwergewicht zugunsten der militärischen Führung, zugunsten Chiang Kai-sheks, des Oberkommandierenden des Feldzuges. Mit dem militärischen Erfolg begann der Konflikt zwischen der militärischen Führung und den zivilen Organen von Partei und Regierung, in diesem Falle gleichbedeutend mit dem Konflikt zwischen dem rechten, antikommunistischen Flügel unter Chiang Kai-shek und dem linken mehr zu den Kommunisten neigenden Flügel in Wuhan. Entgegen dem Plan der politischen Führung ordnete Chiang die Fortsetzung des Feldzuges in die reichen Gebiete des östlichen Mittelchina an, und es kam im März 1927 zum völligen Bruch zwischen ihm und der Regierung in Wuhan, wo sich auch die russischen Berater befanden. Daraufhin begann Chiang unabhängig von Wuhan offen seine eigenen Pläne zu verfolgen. In Shanghai, wo die revolutionären Arbeiterorganisationen unter Führung der Kommunisten der nationalen Armee den Weg bereitet hatten, unterdrückte er in einem blutigen Gewaltakt die Gewerkschaften und alle kommunistischen oder auch nur linksgerichteten Elemente. Tausende von Kommunisten und Arbeiterführern wurden von Chiangs Militär in und um Shanghai festgenommen und zum großen Teil hingerichtet. Die Kommunistische Partei sowie die revolutionären Arbeiter- und Bauernorganisationen wurden verboten und mit blutigem Terror verfolgt. In Nanking errichtete Chiang eine Gegenregierung gegen Wuhan. Aber auch in Wuhan dauerte die zunächst fortgesetzte Zusammenarbeit zwischen KMT und Kommunisten nicht mehr lange. Es kam auch hier zu Konflikten, die damit endeten, daß sich die Mehrzahl der Regierungsmitglieder der Nankinger Regierung Chiang Kai-sheks unterstellte. Die russischen Berater verließen China, die Kommunisten wurden aus der KMT ausgestoßen und konnten hinfort nur als illegale Organisation weiterbestehen. Das war das für die Kommunisten niederschmetternde Ende der Allianz mit der Kuomintang.

Die Verantwortung hierfür lag zum großen Teil bei der Führung in Moskau, die eine rein theoretische, praktisch völlig unzureichende Vorstellung von den Verhältnissen und Persönlichkeiten in China hatte. Trotz aller Warnungen, die aus China kamen, beharrte Stalin auf der Fortsetzung der Zusammenarbeit der Kommunisten mit der KMT. Noch kurz vor dem endgültigen Bruch äußerte er in einem Brief, die Kommunisten würden Chiang Kai-shek und die anderen KMT-Generale wie eine Zitrone ausquetschen und dann fortwerfen. Eher war das Umgekehrte der Fall. Chiang Kai-shek und seine Freunde hatten sich für den Feldzug und dessen Vorbereitung weitgehend der russischen Berater und der durch die chinesischen Kommunisten mobilisierten Massenorganisationen der Bauern und Arbeiter bedient. Nach errungenem Sieg waren sie nicht mehr notwendig und konnten beseitigt werden. Manches deutet darauf hin, daß man in Moskau vielleicht sogar bereit gewesen wäre, Chiang Kai-sheks blutige Niederschlagung der Arbeiterbewegung in Shanghai nicht zu beachten, zumal Chiang selbst auch damals noch seine Freundschaft mit der Sowjetunion betonte. Aber die Gründung der antikommunistischen Regierung in Nanking konnte man ihm nicht mehr verzeihen. Außer der Unkenntnis chinesischer Verhältnisse spielte in Moskau auch der Machtkampf Stalins gegen die Opposition, besonders gegen Trotzkij, eine Rolle; Stalin war darauf festgelegt, gegen alle Kritik an der Zusammenarbeit mit der KMT bis zum äußersten festzuhalten. Aber auch Trotzkij verstand kaum mehr von China als Stalin, und seine Pläne hätten für die Kommunisten in China kaum mehr Erfolg versprochen als Stalins. Als schließlich das Fiasko für die Kommunisten in China auch in Moskau nicht mehr zu verheimlichen war, mußte der als Sündenbock dienen, der die von Stalin angeordnete Politik ausgeführt hatte. Ch'en Tu-hsiu und seinen engsten Mitarbeitern, die von Anfang an stärkste Bedenken gegen die Moskauer Anweisungen gehabt und sich oft gegen ihre bessere Überzeugung der Autorität der Komintern gefügt hatten, wurde nun als »Opportunisten« alle Schuld für die Katastrophe aufgebürdet. Sie verloren zunächst alle Ämter und wurden bald darauf sogar aus der Partei ausgestoßen.

## Die anti-imperialistische Bewegung

Nicht weniger wichtig als der Feldzug gegen die Heere der Militärmachthaber war der anti-imperialistische Kampf der Revolution. Fremde Niederlassungen, Exterritorialität und Beschränkung der Zollhoheit wurden als die schmählichste Beeinträchtigung der chinesischen Souveränität empfunden, und der Kampf richtete sich vor allem gegen die »Ungleichen Verträge«, in denen China die Anerkennung dieser Vorrechte aufgezwungen worden war. Doch waren es nicht nur diese formalen, vertraglich festgesetzten Vorrechte der Fremden, die den Chinesen Grund zur Erregung gegen die Ausländer boten. In der Regel behandelten die Fremden die Chinesen nur als den weit unter ihnen stehenden, kolonialen Eingeborenen, und sie traten selbst als die Kolonialherren auf. Die Chinesen sahen sich im eigenen Lande in vieler Hinsicht von den Fremden diskriminiert. Gerade die kulturstolzen, gebildeten Chinesen, die trotz Armut und Anspruchslosigkeit dem Gros der in China lebenden, meist wenig gebildeten Ausländer in mehr als einer Hinsicht überlegen waren, mußten eine solche Behandlung als besonders aufreizend empfinden.

Das Anwachsen der revolutionären Bewegung war von einer größeren Anzahl fremdenfeindlicher Demonstrationen begleitet, die teilweise schwere Opfer forderten. Es begann mit der »Bewegung vom 30. Mai« (1925) in Shanghai, wo bei einer Demonstration von Studenten und Arbeitern die Polizei der Internationalen Niederlassung unter dem Befehl eines englischen Unteroffiziers das Feuer auf die Demonstranten eröffnete. Dabei kamen dreizehn Demonstranten ums Leben, zahlreiche weitere wurden verletzt. Der zumal von den Kommunisten geschickt ausgenutzte Zwischenfall verschärfte die fremdenfeindliche Stimmung im ganzen Lande und gilt daher als der Höhepunkt der revolutionären Arbeiterbewegung gegen den Imperialismus. Es kam zu weiteren Zwischenfällen mit Toten und Verwundeten. Darauf griffen die Chinesen zu der Waffe, mit der sie 1919 schon einmal die Japaner sehr empfindlich getroffen hatten: dem Boykott. Dieses Mal richtete er sich gegen England, das damals noch die erste und führende Stellung unter den Großmächten in Ostasien innehatte. Vom Boykott wurden nicht nur englische Waren und Schiffe betroffen; ein erheblicher Teil chinesischer Arbeiter und Angestellter bei englischen Unternehmen, insbesondere in Kanton und Hongkong, verließ seine Arbeitsplätze. Der Boykott dauerte bis zum Oktober 1926 mit unverminderter Schärfe an.

Bald nach der Übersiedlung der Nationalregierung nach Wuhan drang eine chinesische Volksmenge in die dortige britische Konzession ein und forderte deren Rückgabe an China. Dank der Einsicht der Regierung in London – sie entsprach durchaus nicht den Wünschen der in China lebenden Engländer – kam es bei der Rückgabe zu keinem bedeutenden Zwischenfall. In ähnlicher Form wurde kurz darauf die englische Konzession in Kiukiang von den Chinesen zurückgenommen. Die Beziehungen zwischen England und China waren 1926/27 derart gespannt, daß alle Engländer, zumeist Missionare und Kaufleute, aus dem Inland evakuiert werden mußten, und selbst aus den britischen Konzessionen in den Hafenstädten schickte man zum großen Teil die englischen Frauen und Kinder fort. Die Engländer und andere beteiligte Nationen hatten eine große Menge von Kriegsschiffen und Militär in Shanghai zusammengezogen, um die dortige große internationale Niederlassung gegen die revolutionäre Armee zu schützen. Dabei hoffte man allerdings, die den

Fremden mehr oder minder willfährigen und ungefährlichen nördlichen Militärmachthaber würden die Oberhand behalten gegen die gefürchteten revolutionären nationalen Truppen, deren Ziel es war, die Fremden in ihre Schranken zu verweisen und die Souveränität Chinas überall wiederherzustellen. Nach dem Wunsche der Ausländer in Shanghai wäre noch vor der Besetzung der unter chinesischer Verwaltung stehenden Teile Shanghais eine bewaffnete Intervention angebracht gewesen, um einen Erfolg der revolutionären Armee zu verhindern. Doch sahen die Regierungen in London, Paris, Tôkyô und Washington etwas weiter und unternahmen nichts. Bei den Unruhen, die vor der Übernahme Shanghais und Nankings durch die Revolutionsarmee entstanden, kamen ein paar Ausländer ums Leben. Insgesamt steht aber die geringe Zahl der ausländischen Verluste dieser Zeit in keinem Verhältnis zu den Toten und Verletzten, die es durch fremde Übergriffe unter den Chinesen gab.

In engem Zusammenhang mit der anti-imperialistischen Bewegung steht die antichristliche Bewegung. Bis zur 4.-Mai-Bewegung waren die Widerstände gegen die christliche Mission, die in der Boxererhebung ihren Höhepunkt erreicht hatten, vorwiegend von traditionellen Kräften mit traditionellen Argumenten ausgegangen. Mit der 4.-Mai-Bewegung trat eine Wandlung ein. Die Vorkämpfer der neuen Ideen von »Demokratie« und »Wissenschaft« sahen zum großen Teil jede Religion, also auch das Christentum, als unzeitgemäß, fortschritts- und wissenschaftsfeindlichen Aberglauben an. Mit dem naiven Fortschrittsglauben, dem die meisten Vertreter der »Bewegung für kulturelle Erneuerung« huldigten, war Religion schlechthin unvereinbar. Hinzu kam unbewußt als das Erbe der konfuzianischen Tradition die grundsätzlich agnostische, rein diesseitige Einstellung des gebildeten Literaten, der auf die religiösen Bräuche des Volkes überlegen hinabsah. Unter diesen Motiven bildeten sich ab 1922 durch die Initiative von Studenten und Akademikern eine Reihe antireligiöser Organisationen, die sich in Publikationen, Versammlungen und Demonstrationen vor allem gegen die christlichen Missionare und gegen die christliche Religion wandten. In den folgenden Jahren floß die antichristliche Bewegung mehr und mehr mit der nationalen, anti-imperialistischen zusammen und wurde schließlich ein Teil davon. Es schlossen sich dann nicht nur die am Anfang abseits stehenden Schüler und Studenten christlicher Missionsschulen, sondern auch christliche Studenten der Bewegung an. Eine ihrer wesentlichen Forderungen wurde die chinesische Erziehungshoheit. In den Missionsschulen wurde nämlich bis dahin noch oft nach dem System und den Lehrplänen des Landes unterrichtet, aus dem die betreffenden Missionare kamen, meist mit nur geringer Berücksichtigung der China betreffenden Wissensgebiete. Man forderte nun von den christlichen Schulen, den chinesischen Lehrplänen zu folgen, sich der chinesischen Unterrichtsverwaltung zu unterstellen, auf obligatorischen Religionsunterricht für alle Schüler zu verzichten und die Schulleitung in chinesische Hände zu legen. Auf der Forderung der chinesischen Erziehungshoheit hat dann auch die KMT-Regierung mit Nachdruck, allem Widerstreben der fremden Missionare und allen Protesten fremder Regierungen zum Trotz, meist mit Erfolg bestanden.

Außer dem naiven Fortschrittsglauben und dem Nationalismus spielte als drittes Element der Kommunismus bei der antichristlichen Bewegung eine Rolle. Die Zeit der Zusammenarbeit zwischen KMT und Kommunisten war auch die Blütezeit der antichristlichen Bewegung. Beim Vormarsch der revolutionären Armeen 1926/27 kam es wiederholt zu Plünderungen von Missionseigentum und zu Ausschreitungen gegen ausländische Missionare. Im Zuge der erwähnten Evakuierung von Engländern aus Mittel- und Südchina verließen mehr als dreitausend Missionare, meist Engländer, Kanadier und Amerikaner, das Land. Mit der Errichtung der Nationalregierung in Nanking und dem Bruch zwischen KMT und Kommunisten fanden auch die anti-imperialistische wie die antichristliche Bewegung ihr vorläufiges Ende.

Im Kampfe gegen die Vorrechte der fremden Mächte hatte die Revolution einen ersten Erfolg erzielt. Um aber die Großmächte zur Annullierung der »Ungleichen Verträge« zu veranlassen, reichte ihre Kraft noch nicht aus. Auch der Versuch einer sozialen Revolution gegen die traditionelle gesellschaftliche Struktur fand rasch ein Ende. Nur die Zerschlagung der politischen Autorität der Militärmachthaber und ihrer Gefolgsleute war weitgehend, wenn auch nicht durchweg, erfolgreich. Mit der Nationalregierung in Nanking erhielt China wieder eine einheitliche politische Autorität und ein neues politisches System. So wird die Revolution von 1925 bis 1927 nicht zu Unrecht als die Nationale Revolution bezeichnet.

## *Die soziale Revolution der Kommunisten*

### *Die Nationalregierung der Kuomintang*

Die neue Regierung in Nanking konnte ihre Macht zunächst rasch konsolidieren. Es gelang Chiang Kai-shek, die noch Widerstand leistenden Militärmachthaber teils mit Gewalt, teils auf friedliche Weise zur Unterstellung unter die Nanking-Regierung zu bewegen, wenn auch viele noch die Handlungsfreiheit in ihren Gebieten behielten. 1928 zog Chiang in Peking ein, nachdem sich die dortige Regierung aufgelöst hatte und Nanking zur offiziellen Hauptstadt erklärt war. Im folgenden Jahre schloß sich auch die Manchurei an, bis sie 1931 gewaltsam durch die Japaner abgetrennt wurde. Die übrigen Außenländer – Mongolei, Sinkiang, Tibet – blieben de facto mehr oder minder unabhängig. So war das gesamte eigentliche China zumindest nach außen hin unter der Nanking-Regierung geeint, und die rote Flagge mit der weißen Sonne im blauen Feld der oberen Ecke wehte in allen Teilen des Reiches.

Eine gewisse Mäßigung des anti-imperialistischen Kurses der KMT und die überwältigenden Erfolge Chiang Kai-sheks veranlaßten bald die meisten der fremden Mächte, die neue Regierung anzuerkennen und mit ihr Verträge auf grundsätzlich gleichberechtigter Basis abzuschließen. Die Nanking-Regierung setzte den Kampf um die Aufhebung der »Ungleichen Verträge« beharrlich und mit Entschiedenheit fort; doch ging sie dabei weniger radikal vor als in den vergangenen Jahren. Die fremden Mächte sahen sich genötigt, zu gegebener Zeit die Aufgabe aller Vorrechte in Aussicht zu stellen, wenn sie auch einstweilen noch auf der Beibehaltung einiger besonders wichtiger Positionen bestanden. In den Jahren von 1927 bis 1937 wurden das britische Pachtgebiet Weihaiwei und die fremden Niederlassungen in einer Reihe von Hafenstädten von China zurückgewonnen. Eine Anzahl kleinerer Länder verzichtete freiwillig auf die Exterritorialität ihrer Staatsangehörigen. Die Großmächte England, Frankreich, USA und Japan freilich behielten sie noch. Auch blieben noch eine Reihe von Niederlassungen, darunter die große Internationale Niederlassung in Shanghai, unter fremder Verwaltung, desgleichen die Leitung des chinesischen Seezolls. Gewisse Modifikationen des Zolltarifs konnte die KMT-Regierung erreichen, aber noch keine volle Zollautonomie. Gegen die fremden christlichen Missionen setzte die chinesische Regierung die Forderung der Erziehungshoheit durch. Die Missionsschulen wurden in gleicher Weise wie chinesische Privatschulen dem chinesischen Unterrichtsministerium unterstellt und hatten sich nach den chinesischen Lehrplänen zu richten, obligatorischer Religionsunterricht wurde verboten, und der Schulleiter mußte ein Chinese sein.

Auch im Innern wurden bedeutende Fortschritte erzielt und manche hoffnungsvollen Ansätze zu einem Neuaufbau Chinas gemacht. Seit 1911 hatte China keine so stabile Regierung mehr gehabt wie von 1927 bis 1937, wenn es auch in diesen Jahren nicht an Auseinandersetzungen mit widerspenstigen Militärmachthabern fehlte. Die gefährlichsten Gegner Chiang Kai-sheks waren aber die Kommunisten, die sich allmählich in einzelnen Sowjetgebieten reorganisierten, und die Japaner, die durch die Manchurei nach Nordchina vordrangen. In der Vergangenheit Chinas hatte die Verlegung der Hauptstadt nach Mittelchina stets ein Zurückweichen vor Gegnern aus dem Norden bedeutet. Die Wahl Nankings zur Hauptstadt der Nationalregierung muß mit unter diesem Gesichtspunkt gesehen werden. Freilich waren auch andere Gründe von Bedeutung. Man wollte sich von der dekadenten politischen Atmosphäre Pekings und von der Kontrolle durch die im dortigen »Gesandtschaftsviertel« stationierten fremden Truppen frei machen. Im Sinne Sun Yat-sens wurde der Aufbau einer wirksamen Regierung und Verwaltung begonnen, die zunächst verhältnismäßig sauber und ohne Korruption arbeitete. Die Gewinnung kompetenter Persönlichkeiten für die leitenden Stellen der Finanz- und Wirtschaftspolitik gab den kapitalkräftigen chinesischen und ausländischen Geschäftsleuten Shanghais Vertrauen zur neuen Regierung. Auch das Ausland zeigte sich an Investitionen interessiert. Doch hat sich die chinesische Regierung stets geweigert, fremde Hilfe anzunehmen, die – wie früher – mit politischen Bedingungen oder mit der Verpfändung wichtiger Regierungseinnahmen verknüpft war. Ein besonderer Erfolg der Regierung war die 1931 in ganz China gegen die Interessen der lokalen Machthaber durchgesetzte endgültige Beseitigung der unter dem Namen Likin bekannten Binnenzölle. Auf dem Gebiete des Rechtswesens nahm die Regierung ein umfassendes Gesetzgebungswerk in Angriff. Dabei wurde weitgehend kontinentaleuropäisches Recht rezipiert. Das überlieferte chinesische Recht fand inhaltlich und dem Geiste nach kaum Berücksichtigung. Daher war das neue Recht nur einer kleinen, westlich gebildeten Oberschicht verständlich und trug den Bedürfnissen der großen Masse keine Rechnung. Seine Wirksamkeit war nur sehr beschränkt. Es hat die Auflösung der althergebrachten Moral und der traditionellen Ordnung erleichtert, aber keine neuen Fundamente setzen können. Die alten Rechtsordnungen galten nicht mehr, die neuen wurden meist als fremd und unverbindlich betrachtet.

Auch der Wichtigkeit der Agrarfrage konnte sich die Regierung zunächst nicht verschließen. Bei den nunmehr von amtlicher oder halbamtlicher Seite unternommenen Versuchen zur Verbesserung der Lebensverhältnisse auf dem Lande zeigte sich aber bald, daß hierzu grundlegende Reformen notwendig sein würden, die in ihren Folgen unabsehbare Änderungen der gesamten sozialen Struktur nach sich ziehen müßten. Davor schreckte die Regierung zurück; denn sie stand stark unter dem Einfluß konservativer Kreise, die jede Änderung der ländlichen Besitz- und Einkommensverhältnisse mit Nachdruck zurückwiesen. Auch die lokalen Militärmachthaber waren jeder Agrarreform abhold, und die Regierung glaubte, nicht das Risiko neuer Auseinandersetzungen mit diesen eingehen zu können, so daß praktisch alles beim alten blieb. Die führenden Kreise der KMT sahen nicht, daß sie auf diese Weise unhaltbare Verhältnisse bestehen ließen, die den Kommunisten die Möglichkeit des Aufstiegs gaben und die wesentlich zum Untergang der KMT-Herrschaft beitrugen.

Der Verzicht auf die Lösung der Agrarfrage war jedoch nicht das einzige Symptom der inneren Schwäche des KMT-Regimes. Für Chiang Kai-shek und seine Anhänger war seit 1927 nicht mehr die Vollendung der Revolution, sondern Ruhe und Ordnung im Lande, also Restauration, das oberste Ziel. Dafür erschien die traditionelle konfuzianische Ideologie, die sich durch zwei Jahrtausende hindurch als ein vorzügliches Mittel zur Sicherung der Herrschaft einer kleinen Eliteschicht bewährt hatte, nun in Verknüpfung mit dem Machtapparat einer nach kommunistischem Vorbild aufgebauten Ein-Parteien-Regierung besonders geeignet. So traten Hinweise auf die traditionellen Tugenden und auf die traditionelle Moral mehr und mehr in den Vordergrund, häufig nicht ohne einen nationalistischen Unterton, daß dies die spezifischen Werte seien, die China dem Westen entgegenzusetzen habe. In der 1934 ins Leben gerufenen »Bewegung Neues Leben« fanden diese Tendenzen eine allgemein sichtbare Wirkung. Die traditionellen Tugenden, deren Wiederbelebung diese Bewegung erstrebte, waren aber mehr oder weniger zu leeren Begriffen geworden. Sie sollten im wesentlichen als Mittel zur Wahrung der bestehenden sozialen Struktur und zur Disziplinierung des Volkes dienen. Anders als Tseng Kuo-fan, auf den er sich gern berief, verstand Chiang Kai-shek unter Restauration nicht in erster Linie die Bemühung um eine sauber arbeitende Zivilverwaltung und um Maßnahmen zum wirtschaftlichen Aufbau für eine Besserung der Lebensbedingungen der Bauern, sondern eine strenge Kontrolle zur Unterbindung aller revolutionären Aktivität. In den dreißiger Jahren breiteten sich Korruption und Nepotismus wieder aus. Zuweilen ging man gegen kleine Sünder mit großer Schärfe vor; in Chiang Kai-sheks nächster Umgebung wurde aber niemand zur Verantwortung gezogen. Chiang konnte seiner Umgebung alle Übertretungen verzeihen, solange die unbedingte Loyalität nicht in Frage stand. Er verstand es, den Einfluß der zivilen KMT-Mitglieder in der Regierung immer mehr auszuschalten, so daß man mehr von einer Militärdiktatur als von einer Parteidiktatur sprechen konnte. Wenn auch der äußere Aufbau von Partei und Regierung dem von Sun Yat-sen vorgezeichneten System entsprach, hatte doch die Regierungspraxis nur noch wenig mit Suns Ideen gemein. Chiang Kai-shek war umgeben von einer Whampoa-Offiziersgruppe, die sein unbedingtes und ausschließliches Vertrauen besaß, während er außerhalb dieser Gruppe stehenden Persönlichkeiten stets mit Mißtrauen begegnete. Hatte er ihnen aus politischen Gründen leitende Stellungen einräumen müssen, so suchte er sie in der Regel durch ständige Umgehung wieder mattzusetzen.

Mit der Übernahme einer Reihe privatwirtschaftlicher Unternehmen durch die Regierung hatten führende Persönlichkeiten der Wirtschaft einflußreiche Regierungsämter erhalten. Manche Regierungsmitglieder betätigten sich auch gleichzeitig als private Unternehmer in Handel, Industrie und Bankwesen. Das bedeutete zwar einerseits den Gewinn sachkundiger Kräfte in Finanz- und Wirtschaftsfragen für den Staat, führte aber anderseits zur Vermengung staatlicher und privater Interessen, wobei nicht selten Regierungsgelder zur Finanzierung privater Geschäfte dienten und der Regierung zukommende Gewinne in private Kanäle flossen. Das in der nächsten Umgebung Chiang Kai-sheks gegebene schlechte Beispiel wirkte nach unten weiter. Die Kommunisten haben diese Erscheinung mit einem als »Beamtenkapitalismus« oder »bürokratischer Kapitalismus« nur unvollkommen übersetzbaren Ausdruck bezeichnet und darin nicht zu Unrecht einen der Krebsschäden des chinesischen öffentlichen Lebens gesehen.

Die Mißstände der KMT-Herrschaft bewogen weite Kreise, insbesondere der Intelligenz, die der Regierung in Nanking zunächst positiv gegenübergestanden hatten, sich mehr und mehr in die offene oder geheime Opposition zurückzuziehen. Die auch innerhalb der KMT gegen den restaurativen Kurs laut werdenden Stimmen konnten sich nicht durchsetzen und mußten sich entweder der neuen Parteilinie fügen oder aus der Partei ausscheiden. Immer mehr ging die Regierung dazu über, nicht nur gegen die Tätigkeit kommunistisch-revolutionärer Personen einzuschreiten, sondern auch gegen die Verfechter liberaler Anschauungen vorzugehen, die sich in Widerspruch zur Restaurationspolitik setzten. Gelehrte und Schriftsteller mit radikalen Ansichten sahen sich vielfach genötigt, in den fremden Niederlassungen oder im Ausland Schutz zu suchen, zuweilen sogar in Japan.

In den zwanziger Jahren hatte der Marxismus in Japan starke Beachtung gefunden. Viele Chinesen waren erst auf dem Umweg über Japan mit marxistischen Ideen bekannt geworden und zeigten sich auf Grund der agnostischen, konfuzianischen Tradition für die modernen positivistischen und materialistischen Theorien besonders aufgeschlossen. Historischer Materialismus und marxistische Theorien über die Entwicklung der Gesellschaft zogen seit etwa 1930 nicht wenige chinesische Historiker, Archäologen und Soziologen in ihren Bann, wenn sie auch politisch dem Kommunismus zunächst noch fernstanden. Doch wies ihnen die Unzufriedenheit mit der KMT-Regierung mehr und mehr diesen Weg. Auch unter den Schriftstellern wuchs der Unwille gegen die Regierung, je schärfer man gegen mißliebige Veröffentlichungen vorging. 1930 bildete sich in Shanghai die »Liga der linksgerichteten Schriftsteller«, die bald zum Sammelpunkt der Opposition wurde. Ohne daß diese Organisation eigentlich kommunistisch war, trieb doch die Politik der Regierung, die alle von links kommende Opposition als kommunistisch verfemte, die linksliberalen Schriftsteller, wie Lu Hsün und viele andere, in zunehmendem Maße auf die Seite der Kommunisten. So zeigten sich bereits in den dreißiger Jahren sehr deutlich die Schwächen der KMT und auch schon die Ansätze für die Bereitwilligkeit, mit der ein gutes Jahrzehnt später weite Kreise der Bevölkerung, vor allem aber der überwiegende Teil der Intelligenz, die kommunistische Herrschaft aufnahmen.

## Bauernbewegung und Reorganisation der Kommunisten

Nach dem Bruch mit der KMT versuchten die chinesischen Kommunisten zunächst, sich in lokalen Aufständen Geltung zu verschaffen, nach den Richtlinien aus Moskau meist in größeren Städten, wo ein Proletariat existierte; doch waren sie alle erfolglos. Sie endeten stets mit großen Verlusten für die KPCh und konnten ihr kaum neue Anhänger gewinnen. Die in Shanghai »untergrund« arbeitende Parteileitung war nicht in der Lage, den Lauf der für sie überaus ungünstigen Entwicklung zu ändern. Ständig wurden Kommunisten von dem wachsamen Geheimdienst der Regierung verhaftet und meist hingerichtet. Auch alle gewerkschaftliche Aktivität wurde durch die Regierungsorgane unterdrückt, und die Arbeiter kamen vielfach zu der Überzeugung, daß sie sich für die Kommunistische Partei aufopfern sollten, während die unmittelbaren Interessen der Arbeiter für die Partei keine entscheidende Rolle spielten. Immer wieder wurden die Führer der KPCh für die erlittenen Fehlschläge zur Verantwortung gezogen und in rascher Folge abgelöst.

Die Rettung für die KPCh aus dieser für sie ziemlich trostlosen Lage sollte aus einer im kommunistischen Programm nicht vorgesehenen Richtung kommen. Bei der Allianz zwischen KMT und Kommunisten hatte die revolutionäre Propaganda- und Organisationsarbeit unter den fünfundachtzig Prozent der Gesamtbevölkerung ausmachenden Bauern eine wichtige Rolle gespielt. Zumal in Südchina überwog die Kategorie der armen Bauern, meist Pächter oder Halbpächter, die nur kümmerlich ihr Leben fristeten, verschuldet waren und ständig unter dem Druck von Grundeigentümern und Gläubigern standen. Hinzu kamen noch zahllose Steuern unter den verschiedensten Namen, welche die jeweiligen Militärmachthaber der Bevölkerung auferlegten, sowie Räuber und Soldaten, die in der Ausplünderung der Landbewohner sich kaum voneinander unterschieden. So war die Bauernschaft meist gern bereit, sich den von geschulten Revolutionären ins Leben gerufenen Bauernbünden anzuschließen, und sie zeigte sich aufgeschlossen für die Parolen vom Kampf gegen die Militärmachthaber und ihre marodierenden Soldaten, von der Ausrottung der Räuber, Beseitigung zusätzlicher Steuern, Herabsetzung des Pachtzinses oder sogar von der Enteignung der Grundbesitzer und Neuverteilung des Bodens. Diese Forderung wurde freilich nur in den kommunistisch orientierten Bauernbünden erhoben. Im Programm der KMT lag die Regelung der Agrarfrage in weiter Zukunft, und es blieb offen, wie sie im einzelnen zu handhaben war. Zu weit gehende Forderungen der Bauernbünde waren nicht im Sinne der KMT, da sie ihr andere national-revolutionäre Kreise, die an der Aufrechterhaltung ihres Besitzstandes auf dem Lande interessiert waren, entfremdet hätten. Aber auch die gemäßigten Forderungen brachten große Mengen von Bauern auf die Seite der KMT und trugen viel zum schnellen Erfolg des revolutionären Feldzuges bei.

Während dieser Zeit war Mao Tse-tung, der damals in der Führung der KPCh noch keine wichtige Rolle spielte, mit der Organisation der Bauernbünde in seiner Heimatprovinz Hunan beauftragt. Die eingehenden Erfahrungen, die Mao während dieser Tätigkeit sammelte, brachten ihn zu der Überzeugung, daß die Revolution in China nur Erfolg haben könne, wenn sie sich auf die von Militärmachthabern, korrupten Beamten und skrupellosen Grundbesitzern unterdrückte und ausgebeutete arme Bauernschaft stützte. Mao hat seine Erkenntnisse sehr deutlich in seiner literarisch vielleicht eindrucksvollsten und für das

Verständnis der chinesischen Revolution grundlegenden Schrift »Bericht über die Untersuchung der Bauernbewegung in Hunan« vom März 1927 ausgesprochen:

> In kürzester Zeit werden sich Hunderte von Millionen Bauern in allen Provinzen Mittel-, Süd- und Nordchinas erheben; ihre Gewalt wird sein wie ein wilder Sturm und plötzliche Regenschauer, von ungewöhnlicher Heftigkeit. Keine noch so große Macht wird sie unterdrücken können. Sie werden alle bindenden Fesseln sprengen und auf den Weg zur Freiheit eilen. Der Imperialismus, die Militärmachthaber, die korrupten Beamten, die schlechte Gentry der Dorftyrannen werden alle (von den Bauern) ins Grab gebracht werden. Alle revolutionären Parteien und alle revolutionären Kameraden werden von ihnen auf die Probe gestellt werden, und es wird (von den Bauern) entschieden, ob sie zu verwerfen oder anzunehmen sind ...
>
> Das Hauptangriffsziel der Bauern waren die schlechte Gentry der Dorftyrannen sowie gesetzlose Grundeigentümer; daneben alle Arten patriarchalischer Ideen und Systeme, korrupte Beamte in den Städten und schlechte Sitten auf dem Lande. Dieser Angriff war gerade wie reißender Sturm und Gewittergüsse. Wer sich beugte, blieb bestehen; wer Widerstand leistete, ging zugrunde. Der Erfolg war, daß die jahrtausendealten Privilegien der feudalen Grundeigentümer wie herabgefallene Blüten im Strome weggeschwemmt wurden. Ansehen und Würde der Grundeigentümer wurden vollkommen hinweggefegt. Nach dem Sturz der Macht der Grundeigentümer wurden die Bauernbünde die einzigen Machtorgane und (die Parole) »Alle Macht den Bauernbünden« wurde wirklich erfüllt ...
>
> Es ist die Erhebung der großen Masse der Bauern zur Erfüllung ihrer historischen Aufgabe; es ist die Erhebung der demokratischen Kräfte des Dorfes zum Sturz der feudalen Kräfte des Dorfes. Die patriarchalisch-feudale schlechte Gentry der Dorftyrannen, die Klasse der gesetzlosen Grundeigentümer sind die Grundlage der absolutistischen Regierung von Jahrtausenden und der Unterbau des Imperialismus der Militärmachthaber und der korrupten Beamten. Der Sturz dieser feudalen Mächte ist das wahre Ziel der nationalen Revolution. Sun Yat-sen widmete vierzig Jahre der nationalen Revolution; was er erstrebte und nicht erreichte, haben jetzt die Bauern in wenigen Monaten erreicht. Das ist eine in vierzig Jahren und selbst in Jahrtausenden nicht erreichte außergewöhnliche Leistung ... Um dort Anerkennung zu zollen, wo sie gebührt – wenn wir der Durchführung der demokratischen Revolution zehn Punkte zuerteilen, dann betragen die Leistungen der Stadtbewohner und des Militärs nur drei Punkte, während die übrigen sieben Punkte den Bauern bei der Revolution auf dem Lande zukommen ... Die nationale Revolution erfordert eine große Umwälzung auf dem Lande. Die Revolution von 1911 hat diese Umwälzung nicht mit sich gebracht und ist daher gescheitert. Jetzt gibt es eine solche Umwälzung, und sie ist ein wesentliches Element für die Vollendung der Revolution ...
>
> Die Revolution ist keine Einladung zum Essen, kein literarischer Aufsatz, keine Malerei oder Stickerei; sie kann nicht so vornehm, so gelassen und maßvoll sein, schönes Äußeres und inneren Gehalt in gleicher Weise vereinend, nicht so »milde, freundlich, ehrerbietig, mäßig und bescheiden«. Revolution ist Aufruhr, sie ist ein gewalttätiger Akt der Überwältigung einer Klasse durch eine andere. Die Agrarrevolution ist die Revolution der Bauernklasse zur Überwältigung der Macht der feudalen Grundeigentümer-Klasse. Wenn die Bauern nicht ihre äußerste Kraft anwenden, können sie keinesfalls die seit mehreren Jahrtausenden fest verankerte Macht der Grundeigentümer überwältigen. Auf dem Lande muß eine große revolutionäre Flut sein, um die Massen von Tausenden und Zehntausenden in Bewegung zu bringen und eine gewaltige Kraft zu bilden ... Die Macht der Gentry muß ganz und gar überwältigt werden, die Gentry muß zu Boden geschlagen und sogar noch zertrampelt werden.

Obwohl Mao Tse-tung sich selbst als einen überzeugten Anhänger des Marxismus-Leninismus betrachtete, zeigt doch dieser Bericht ein erhebliches Abweichen von der orthodoxen Linie. So wurden auch Maos Ansichten von seinen kommunistischen Parteigenossen – einschließlich der sowjetischen Berater – nicht verstanden und meist verworfen. Das hat Mao aber nicht gehindert, auch nach dem Bruch mit der KMT seine revolutionäre Arbeit unter den Bauern zielbewußt fortzusetzen und gemeinsam mit anderen kommunistischen Führern eine Rote Bauernarmee aufzubauen. Im Südteil der Provinz Kiangsi schufen sie einen starken kommunistischen Machtbereich, der sich dank überlegener Führung und hervorragender Moral lange Zeit gegen Chiang Kai-sheks wiederholte, mit einem riesigen Truppenaufgebot unternommene »Vernichtungsfeldzüge« halten konnte. Dabei fehlte es nicht an scharfer Kritik der KPCh-Führung in Shanghai gegen Mao. Doch gab der Gang der Entwicklung Mao Tse-tung und seinen Anhängern recht. Im Herbst 1932 konnte sich die Parteileitung in Shanghai unter dem Druck der KMT-Regierung nicht mehr halten und suchte auf Drängen Mao Tse-tungs in seinem Machtbereich Zuflucht. Damit wurde Mao allein auf Grund seiner politischen und militärischen Erfolge der unumstrittene Führer der KPCh, und seitdem ist sein Name untrennbar mit dem Geschick des Kommunismus in China verknüpft. Auch Moskau erhob gegen diese Entwicklung keinen Einspruch; es hätte sonst die KPCh aufgeben müssen.

Im Herbst 1934 war durch die zunehmende Stärke der KMT-Offensiven die Position der Kommunisten in Kiangsi nicht länger zu halten. Es gelang dem Gros der Roten Armee und den politischen Führern, die Umzingelung zu durchbrechen und auf dem »Langen Marsch« durch Südwest-China unter ungeheuren Strapazen und mit schweren Opfern gegen Ende des folgenden Jahres schließlich das entlegene und ärmliche Bergland von Nord-Shensi zu erreichen. Hier errichtete Mao Tse-tung mit seinen durch den »Langen Marsch« zu einer festen Gemeinschaft zusammengeschweißten Anhängern eine neue Machtbasis, die später der Ausgangspunkt für die Eroberung ganz Chinas werden sollte. Zunächst hatten sie hier Ruhe, sich zu konsolidieren und zu reorganisieren. Unter dem zunehmenden Druck Japans kam 1936 eine neue, diesmal gegen Japan gerichtete Einheitsfront zwischen Kommunisten und Kuomintang zustande. Als Ende 1936 Chiang Kai-shek von einem widerspenstigen Militärmachthaber überfallen und gefangengesetzt war, erwirkten die Kommunisten seine Freilassung. Denn auch sie sahen in Chiang Kai-shek den einzig möglichen Führer einer gemeinsamen Front gegen Japan. Nur über die Einheitsfront und einen Krieg gegen Japan sahen die Kommunisten eine Chance, in China endgültig an die Macht zu gelangen. Die Erfahrungen von 1927 veranlaßten sie aber, ihre eigenen Truppen und ihr eigenes Hoheitsgebiet beizubehalten. Alle Kämpfe zwischen KMT und Kommunisten hörten einstweilen auf und machten nach außen hin freundschaftlichen Beziehungen Platz. Es kam aber nicht zu einer wirklichen Allianz wie in den Jahren 1924 bis 1927.

## *Der Konflikt mit Japan*

Es waren die Japaner, die mit ihren Angriffen auf China die Herrschaft der KMT schwächten und zerrütteten und damit die endgültige Voraussetzung für die Machtübernahme durch die Kommunisten schufen. Ein kommunistisches China war zwar nicht die Absicht ihrer Politik, aber doch ihr Ergebnis.

Seit Ende des 19. Jahrhunderts hatte Japan konsequent seine Politik der Machtausdehnung auf dem Kontinent verfolgt mit dem Endziel der Vorherrschaft über ganz Ostasien.

Dies geschah einmal durch Annexionen auf dem Kontinent und zum anderen durch die Bemühungen, die Konsolidierung einer starken Zentralgewalt in China zu verhindern. Der erfolglose Versuch, 1928 den Vormarsch Chiang Kai-sheks nach Nordchina in Shantung aufzuhalten, die Loslösung der Manchurei von China nach dem Zwischenfall von Mukden am 18. September 1931 mit der Proklamation eines nominell selbständigen »Manchukuo« im folgenden Jahr, der Angriff in Shanghai 1932 und das langsame weitere Eindringen in Nordchina waren die Etappen, deren letzte, der Zwischenfall bei der Marco-Polo-Brücke, nahe bei Peking, am 7. Juli 1937 schließlich der Auftakt des zweiten Weltkrieges wurde. Das japanische Vorgehen in China bewirkte, daß sich die nationalistische, anti-imperialistische Bewegung immer stärker gegen Japan richtete und sich immer mehr von den westlichen Mächten abwandte. Wenn sich auch chinesische Hoffnungen auf eine Intervention der westlichen Mächte gegen Japan nicht erfüllten, wirkte doch die Anwesenheit westlicher Truppen und westlicher Kriegsschiffe vielfach als ein begrenzter örtlicher Schutz gegen japanische Übergriffe. So sahen die Japaner vielfach in den westlichen Mächten, die sie an der Erreichung ihrer Ziele hinderten, ihre eigentlichen Gegner. Doch auch die innere Entwicklung in China bereitete den japanischen Führern Sorge. Die mit der neuen Einheitsfront erzielte Konsolidierung der Verhältnisse in China und das rasche Anwachsen seines Kriegspotentials bedrohten Japans Ziele auf dem Kontinent. Chiang Kai-shek und seine Regierung versuchten eine bewaffnete Auseinandersetzung so lange wie möglich hinauszuschieben, um Chinas Militärmacht weiter zu stärken, wurden aber durch den Druck der Einheitsfront zu sofortigem energischem Widerstand gedrängt. Beim Beginn des Krieges gegen Japan im Sommer 1937 ging durch ganz China eine Welle der nationalen Begeisterung und des Widerstandswillens. Die Parole der Einheitsfront überwand zunächst alle innerchinesischen Streitigkeiten. Die Regierung amnestierte die politischen Gegner. Reaktion und Restauration schienen einer neuen Phase des 1927 abgebrochenen revolutionären Kampfes Platz zu machen. So übertraf der chinesische Widerstand anfangs alle Erwartungen der Japaner, und der Rückzug der Chinesen ins Innere des Landes nötigte sie, immer mehr Truppen in China einzusetzen. Die japanischen rückwärtigen Verbindungslinien wurden länger und empfindlicher unter der ständigen Bedrohung durch die hinter der Frontlinie sehr aktiven Guerillaeinheiten. Die führenden Schichten aus Politik, Wirtschaft und Intelligenz verließen in großen Mengen die japanisch besetzten Wirtschafts- und Kulturzentren Ost- und Nordchinas; in Westchina mit der Kriegshauptstadt Chungking als Mittelpunkt entstand ein neues reges Leben.

Die die ersten Kriegsjahre charakterisierende Dynamik des gemeinsamen Widerstandes hielt jedoch auf die Dauer nicht vor. Mit dem Beginn des pazifischen Krieges im Dezember 1941 war China nicht mehr auf sich allein gestellt und überließ es mehr und mehr den Alliierten, für China den Krieg gegen die Japaner zu führen. Sowohl die KMT wie auch die Kommunisten sahen nicht mehr ihr oberstes Ziel im Widerstand gegen die Japaner, sondern in der Sicherung ihrer eigenen Macht für die Zeit nach dem Ende des Krieges. Der große Unterschied zwischen beiden Seiten bestand nur darin, daß in der KMT-Regierung, bei den höchsten Spitzen angefangen, Korruption und Demoralisierung in erschreckendem Maße voranschritten, während die Funktionäre der Kommunisten arm, sauber und von hohem Idealismus erfüllt waren. Ihre Truppen waren zwar schlecht bewaffnet, aber gut geführt und zeichneten sich durch hervorragenden Kampfesgeist aus. So verschob sich von Jahr zu Jahr, von Monat zu Monat das Gleichgewicht zugunsten der Kommunisten, ohne daß dies nach außen hin in Erscheinung trat. Die Alliierten mußten Sorge tragen, die Widerstandskraft Chinas überhaupt aufrechtzuerhalten und einen durchaus nicht unmöglich erscheinenden Separatfrieden der KMT-Regierung mit Japan zu verhindern. Der endgültige Verzicht der Alliierten auf alle Rechte und Vorrechte aus den »Ungleichen Verträgen« wurde zwar aufrichtig begrüßt, konnte aber die allgemeine Lage kaum verbessern. So war bei Ende des Krieges das KMT-Regime der Rolle eines Siegerstaates nicht mehr gewachsen: Den Sieg hatten andere erfochten; ganz China war verarmt, verhungert, zermürbt und demoralisiert, dazu durch Korruption und inneren Zwist zerrüttet, reif für eine neue Stufe der Revolution.

*Der Sieg der Kommunisten*

Die japanische Invasion ermöglichte den Kommunisten, ihren Einfluß in ungeahntem Grade auszudehnen. Die von der KPCh eingeschlagene Linie auf eine den speziellen chinesischen Verhältnissen Rechnung tragende, nationale bürgerlich-demokratische Revolution hin nahm ihr die für viele abschreckende Gestalt des extremen Radikalismus. Ein gemäßigtes Vorgehen bei der sozialen Revolution, die stets betonte Bereitschaft zur Zusammenarbeit mit nichtkommunistischen Gruppen und der Vorrang des nationalen Befreiungskampfes gegen Japan zog viele der besten Kräfte des Landes, vor allem aus der Jugend, auf die kommunistische Seite in die Zentren des kommunistischen Widerstandes, die sogenannten »Befreiten Gebiete«, um sich hier für die nationale Sache des Kampfes gegen Japan einzusetzen. So stieg die Mitgliederzahl der KPCh in den Kriegsjahren 1937 bis 1945 von etwa vierzigtausend auf weit über eine Million, und auch die kommunistischen Truppen vermehrten sich entsprechend. Das sich immer weiter ausdehnende, unter kommunistische Herrschaft kommende Gebiet lag verstreut über ganz Nord- und Ostchina, zum großen Teil hinter den japanischen Linien und bis vor die Tore der japanisch besetzten großen Städte dieses Gebietes. Die »Befreiten Gebiete« waren in viele, nicht unmittelbar verbundene Teile getrennt und vielfach ständig von den Japanern bedroht. Die Verkehrsmittel waren Pferd, Esel oder auch nur die menschlichen Füße. In den harten und schweren Kriegsjahren haben die Kommunisten sich hier die materielle und ideelle Grundlage für ihren späteren Sieg geschaffen. Entscheidend war dabei, daß sie auf dem Lande weitgehend von radikalen Maßnahmen absahen, oftmals den Besitzstand zunächst unangetastet ließen und nur die gröbsten Mißstände beseitigten. Darüber hinaus suchten sie den Bauern in ihren dringendsten Nöten mit Rat und Tat beizustehen. So konnten sie sich Sympathie und aktive Unterstützung der Landbevölkerung sichern, die für ihre Guerillataktik unerläßlich war. Im Gegensatz zur immer üppiger wuchernden Korruption und Dekadenz in den von Japanern und den von der KMT beherrschten Teilen des Landes entwickelte sich in den »Befreiten Gebieten« ein idealistischer Geist der Kameradschaft und Opferbereitschaft.

Die Aufgabe, die verschiedenen Gebiete zusammenzufassen, fiel der KPCh zu, unter deren Banner sich seit Beginn des Krieges sehr verschiedene Elemente zusammengefunden hatten. Um Denken und Handeln der vielen neuen Parteimitglieder zu vereinheitlichen, eröffnete Mao Tse-tung 1942 in Yen-an die unter dem Namen Cheng-feng-Bewegung bekannte Kampagne zur »Berichtigung der allgemeinen Einstellung«. Das war trotz Schuldbekenntnissen mancher führenden Parteimitglieder weniger eine Säuberungsaktion als eine intensive Indoktrinierung und Erziehung in den von Mao Tse-tung ausgearbeiteten Prinzipien für die Anwendung der marxistisch-leninistischen Grundsätze auf die besonderen chinesischen Verhältnisse, offiziell »Mao Tse-tungs Gedanken« genannt. In der Tat brachte diese Kampagne Einheitlichkeit in die Parteilinie und bereitete die kommende Auseinandersetzung mit der KMT vor. Sowjetische Hilfe blieb in dieser Zeit auf das Ideologische beschränkt. Materielle Unterstützung konnten die chinesischen Kommunisten damals von der Sowjetunion nicht erwarten. Auf Grund der Erfahrungen von 1927 hatte Stalin wenig Vertrauen zu den chinesischen Kommunisten und rechnete nicht mit ihrem Erfolg.

Das Verhältnis der Kommunisten zur KMT war trotz amerikanischen Vermittlungsversuchen bereits bei Kriegsende äußerst gespannt. Chiang Kai-shek war von einer Gruppe ehrgeiziger und habsüchtiger Whampoa-Offiziere und kurzsichtiger KMT-Politiker umgeben, die allein sein Vertrauen besaßen und alle unerwünschten Nachrichten von ihm fernzuhalten wußten, so daß er kaum über die tatsächliche Lage im Bilde sein konnte. Der wachsenden Unzufriedenheit suchte die KMT-Regierung durch Terrormaßnahmen zu begegnen, die sich nicht nur gegen kommunistische Aktivität, sondern auch gegen die liberale und kritische Intelligenz richteten. So wandten sich immer mehr Angehörige dieser Schicht innerlich von der KMT ab, und unter Schülern und Studenten griff die kommunistische Untergrundbewegung von Tag zu Tag weiter um sich. Durch die Wirren des Krieges hatte ein nicht geringer Teil der nominell noch Land besitzenden Familien dieses Land praktisch bereits seit Beginn des Krieges verloren und auch mehr oder weniger abgeschrieben. Vor allem war dies bei der jüngeren Generation der Fall, die ein wirtschaftlich gesichertes und sorgenfreies Leben mit Grundbesitz und Pachteinnahme fast nur noch vom Hörensagen kannte und keinen Besitz zu verlieren hatte. In diesen Kreisen fanden die Kommunisten und die revolutionäre Bewegung überhaupt einen großen Teil ihrer eifrigsten Vorkämpfer und aktivsten Führer.

Die plötzliche, nicht so früh erwartete Kapitulation der Japaner stellte die Regierung in Chungking vor das Problem, in kürzester Frist die bisher von den Japanern besetzten Gebiete in Nord- und Ostchina sowie die ganze Manchurei zu übernehmen, dort eine Verwaltung einzurichten und vor allem zu verhindern, daß die Kommunisten ihr zuvorkämen. Dieser schwierigen Aufgabe war das demoralisierte und zerrüttete KMT-Regime trotz amerikanischer Hilfe nicht mehr gewachsen. Beim Versuch der mit amerikanischen Flugzeugen nach Norden und Osten transportierten Regierungstruppen die von den Japanern evakuierten Gebiete zu übernehmen, kam es an vielen Stellen zu Zusammenstößen mit der kommunistischen Armee; eine bewaffnete Auseinandersetzung großen Stils bahnte sich an. Erneute amerikanische Vermittlungsversuche unter General Marshall scheiterten nach anfänglichen Erfolgen schließlich an dem unüberwindlichen Mißtrauen und Widerwillen

Die Rache der Chinesen an den japanischen Aggressoren
Chinesisches Plakat, 1931

Unterzeichnung eines chinesisch-polnischen Kommuniqués zur Wiedervereinigung Deutschlands
unter Anerkennung der Oder-Neiße-Linie in Peking am 11. April 1957
durch Chou En-lai und Cyrankiewicz

zwischen Kommunisten und KMT und an der zu keiner Verständigung bereiten Haltung der radikalen Elemente auf beiden Seiten. Dazu überschätzten Chiang Kai-shek und seine Umgebung ihre Kräfte bei weitem und meinten trotz amerikanischen Warnungen, auf Grund der rein zahlenmäßigen Überlegenheit ihrer Truppen leicht der Kommunisten Herr werden zu können. In der 1947 beginnenden Endphase des Kampfes wurden die von den KMT-Truppen gehaltenen Schlüsselstellungen in der Manchurei und Nordchina durch Zerstörung der Eisenbahnlinien allmählich zu isolierten Inseln, die nur noch auf dem Luftwege erreicht werden konnten. Die noch bei Kriegsende den Kommunisten um das Vielfache überlegene Militärmacht der KMT verringerte sich in dem gleichen Maße, wie die der Kommunisten zunahm. Verluste durch Tote und Verwundete, Deserteure und Überläufer dezimierten die Reihen der KMT-Truppen. Von der KMT erbeutetes oder auch durch Mittelsmänner aufgekauftes amerikanisches Kriegsmaterial sowie japanische Waffen, die die Russen beim Abzug aus der von ihnen bei Kriegsende besetzten Manchurei den chinesischen Kommunisten in die Hände gespielt hatten, gab die zu großen Kampfaktionen notwendige Ausrüstung. Die militärische Führung der KMT versagte völlig. Hervorragende, bewährte Heerführer, die nicht zur Whampoa-Clique gehörten, schob man auf praktisch bedeutungslose Posten ab, während jene nur daran dachte, sich ein möglichst großes Stück Beute von den Japanern und von den wirklichen oder angeblichen chinesischen Kollaborateuren anzueignen. Die militärischen Führer der Whampoa-Clique gaben das Beispiel, das weithin nachgeahmt wurde. Jeder suchte ohne Verantwortungsgefühl und ohne Rücksicht auf die ursprünglichen chinesischen Besitzer zu greifen, was greifbar war. Dementsprechend wandte sich auch die Sympathie der Bevölkerung in den von den Japanern besetzten Gebieten, die anfangs die KMT-Truppen als die Befreier von der fremden Besatzungsmacht begrüßt hatte, bald den Kommunisten zu: Nicht weil man ihr Programm oder ihre Theorien besser fand als die der KMT, sondern weil man in ihnen eine lebendige, gesunde, nicht von Korruption verseuchte Kraft sah, die als einzige in der Lage schien, das verkommene, nicht mehr haltbare Regime der KMT abzulösen. So konnten vom Herbst 1948 an innerhalb eines Jahres die kommunistischen Heere ohne nennenswerte fremde Hilfe in einem einzigartigen Siegeszug von der Manchurei bis in den äußersten Süden und Südwesten ganz China in ihre Gewalt bringen.

Die Machtübernahme durch die Kommunisten vollzog sich überall in vorzüglicher Ordnung. Die kommunistischen Truppen zeigten im Gegensatz zu denen der KMT eine hervorragende Disziplin. Die Bevölkerung brauchte nicht um Leben und Eigentum zu bangen – die Soldaten nahmen nichts ohne eine dem Wert entsprechende Bezahlung –, und auch Frauen und Mädchen hatten nichts zu befürchten. Ruhe und Ordnung kehrten überall rasch zurück. Alle staatlichen und privaten Betriebe wurden angewiesen, ihre Arbeit fortzusetzen. Nur langsam und mit großer Vorsicht schalteten sich die Kommunisten ein. Eisenbahnen und andere Verkehrswege wurden rasch repariert. Der bewährten chinesischen Tradition entsprechend trat die zivile Autorität wieder an die erste Stelle, und die seit 1911 verhängnisvolle Militärherrschaft fand ihr Ende. Endlich war Friede im Lande, und die gequälte Bevölkerung konnte erst einmal aufatmen, bevor schrittweise die entscheidenden Maßnahmen der sozialen Revolution folgten.

Nach Befriedung des eigentlichen China wurden auch die vordem von der KMT-Regierung weitgehend unabhängigen Außenländer Sinkiang und Tibet wieder fest an die Zentrale angegliedert. Nur auf die Äußere Mongolei, deren Unabhängigkeit die KMT-Regierung noch nach Kriegsende anerkannt hatte, mußten auch die Kommunisten um der Freundschaft mit Rußland willen verzichten. Die Rückverlegung der Hauptstadt von Nanking nach Peking ließ Nordchina wieder stärker als Schwerpunkt hervortreten. Die kommunistische Regierung zeigte dadurch, daß sie sich stark genug fühlte, eventuell Nordchina drohenden fremden Einflüssen entgegenzutreten. 1955 zogen sich die Russen aus ihren letzten Stützpunkten Port Arthur und Dairen zurück.

Bereits 1943 hatte China ohne irgendein Zutun der Kommunisten de jure die volle internationale Gleichberechtigung als Nation erlangt. Doch war aus vergangenen Tagen zum Teil noch das überhebliche Verhältnis des Ausländers zum Einheimischen geblieben. Wenn auch alle aus den »Ungleichen Verträgen« herrührenden Vorrechte gefallen waren, so blieb doch die Erinnerung an die vergangenen Demütigungen, und das Verhalten der Fremden trug nicht immer dazu bei, daß sie vergessen wurden. Schon die KMT griff nach dem Kriege gelegentlich zu kleinlichen Schikanen der Ausländer, wie man sie von den Japanern gelernt hatte. So fanden die Kommunisten ein williges Echo auf ihre Parole vom Kampf gegen den Imperialismus. Manche bereits offene Tür wurde noch einmal eingestürmt, und alle noch bestehenden besonderen Gewohnheitsrechte der Fremden in China wurden beseitigt. Der einzelne Ausländer wurde nun für das China seit einem Jahrhundert zugefügte Unrecht zur Vergeltung herangezogen. Früher hatten die Fremden über dem Recht gestanden. Nun ließ man sie bei jeder Gelegenheit fühlen, daß sie allenfalls geduldet seien, aber keinerlei Rechte besäßen, im Gegenteil Subjekte minderen Rechtes gegenüber den Einheimischen und den Angehörigen anderer asiatischer Nationen seien. Fast alle in China ansässigen Angehörigen westlicher Nationen haben in den Jahren nach 1949 freiwillig oder gezwungen das Land verlassen.

Im Grunde vollzog sich die kommunistische Machtübernahme nicht wesentlich anders als bei ähnlichen Situationen in der Vergangenheit, wenn eine Dynastie eine andere ablöste. Die aus Bauernaufständen hervorgegangene, von Bauernführern geleitete revolutionäre Bewegung gewann mit Hilfe der Landbevölkerung und einer zunehmenden Zahl von Mitgliedern der Intelligenz zunächst langsam, dann immer schneller an Macht und Ausdehnung, bis schließlich unter dem letzten großen Ansturm das innerlich geschwächte und ausgehöhlte Regime trotz äußerlich überlegener Militärmacht wie ein Kartenhaus in sich zusammenfiel. Wie in der Vergangenheit oft Bauernbewegung und religiöse Geheimgesellschaften zusammenflossen, so waren es nun Bauernbewegung und Kommunismus. Daß dabei an die Stelle des Aberglaubens an Geister, übernatürliche Kräfte und übernatürliche Offenbarungen der Aberglaube an eine utopische Idee trat, war kein entscheidender Unterschied. Gleich war der fanatische Glaube, dort an eine religiöse, hier an eine soziologische Lehre, gleich war auch die Überzeugung vom Herannahen einer neuen Weltordnung. Unterschiedlich war nur der Erfolg. Endeten in der Vergangenheit solche Umstürze in der Regel nur mit sehr beschränkten Reformen und folgte stets bald eine grundsätzliche Rückkehr zur traditionellen politischen und sozialen Ordnung, so haben die Kommunisten sich die

Umwandlung des von ihnen als halb-feudalistisch, halb-kolonial bezeichneten alten China in einen modernen sozialistischen Staat als Ziel und Aufgabe gestellt, und sie arbeiten mit aller Entschiedenheit auf dieses Ziel hin. Mit der durchgreifenden sozialen Revolution ist vorläufig die letzte Stufe der rund hundertjährigen revolutionären Entwicklung erreicht.

## *Tendenzen der Entwicklung seit 1949*

### *Die Konzentration der politischen Macht durch die kommunistische Regierung*

Hatten sich die Vorgänge bis zum Siege der Kommunisten noch weitgehend in einem traditionellen Rahmen vollzogen, so begann mit der Konsolidierung der kommunistischen Herrschaft eine Entwicklung, die als Ganzes gesehen kaum eine Parallele in der Geschichte Chinas finden dürfte. Das schließt nicht aus, daß sie in manchen einzelnen Zügen offensichtlich an die vorrevolutionäre Vergangenheit anknüpft und daß bei genauerer Betrachtung sich nicht alles als so völlig neu erweist, wie es zunächst den Anschein haben mag. Entscheidend dürfte sein, daß die durch die politischen Ereignisse seit Mitte des 19.Jahrhunderts nur ganz langsam eingeleitete Wandlung Chinas von einer vorindustriellen agrarwirtschaftlichen Struktur zu einem modernen Industriestaat erst seit Beginn der kommunistischen Herrschaft in vollem Umfange eingesetzt hat und nun in ein atemberaubendes Tempo gedrängt wird. Die am 1. Oktober 1949 formal begründete Regierung der Volksrepublik China hat schon nach wenigen Jahren eine Konzentration aller staatlichen Macht in ihrer Hand erreicht, wie es in diesem Ausmaße bisher wohl kaum in der chinesischen Geschichte der Fall gewesen sein dürfte. Diese Machtkonzentration wird garantiert durch die KPCh und ihre Unterorganisationen, die sämtliche Organe und Betriebe bis in die kleinsten dörflichen Einheiten durchdringen. Die einheitliche praktische und ideologische Ausrichtung der Funktionäre und Kader wird durch eine ständige Indoktrinierung gewährleistet, deren Methodik seit der Cheng-feng-Bewegung von 1942 systematisch weiterentwickelt worden ist. Dabei knüpft die Idee der ständigen Schulung in der orthodoxen Lehre als Garantie für die einheitliche Denk- und Handlungsweise der führenden Schicht an traditionelle konfuzianische Praktiken an. Allerdings ist die Technik kommunistischer Indoktrinierung den Anforderungen der modernen Zeit angepaßt, denen ein dem konfuzianischen analoges Prüfungswesen nicht mehr entsprechen würde.

Aus der Praxis der zunächst auf die Mitglieder der KPCh beschränkten Indoktrinierung hat sich allmählich die Methodik der »Gedankenreform« entwickelt. Sie scheint ein besonders charakteristisches Element des chinesischen Kommunismus zu sein. Als die Kommunisten 1948/49 wider Erwarten schnell ganz China eroberten, galt es nicht nur große Teile der früheren KMT-Armee in die »Volksbefreiungs-Armee« einzugliedern, sondern auch in kürzester Frist große Mengen zuverlässiger Kader für zivile Verwaltung, Bildungswesen und Wirtschaft auszubilden. Das geschah durch besondere Schulungskurse, die sich zunächst auf freiwilliger Basis vornehmlich an die Intelligenz wandten, sich allmählich aber auf weitere Bevölkerungsgruppen ausdehnten und obligatorisch wurden. Diese Schulungskurse dauerten in der Regel mehrere Monate und umfaßten bis zu einigen tausend

Teilnehmern, die in verschiedene Einheiten bis zu kleinen Gruppen von sechs bis zehn Personen aufgegliedert waren. Die Teilnehmer lebten in fester Gemeinschaft zusammen; zunächst ziemlich zwanglos, dann aber immer mehr von Vorträgen, Berichten und an Intensität zunehmenden Diskussionen ausgefüllt. Alles bisherige Tun und Denken wird dabei schärfster Kritik unterworfen. Jeder muß nicht nur sein eigenes Leben, sondern auch das der anderen Mitglieder seiner Gruppe kritisieren. Jeder soll die Irrtümer und Sünden seiner Vergangenheit erkennen, bekennen und überwinden. Auf Grund der ihm durch die marxistisch-leninistische Ideologie gesetzten neuen Maßstäbe soll er gewissermaßen seine frühere Existenz ablegen und ein neuer Mensch werden. Dabei sind Szenen höchster emotioneller Spannung wie bei Glaubenserweckungen religiöser Sekten nicht selten.

Der Erfolg dieser Gedankenreform ist erstaunlich. Der Appell an den aus der traditionellen Gesellschaftsstruktur erwachsenen starken Gemeinschaftssinn der Chinesen läßt individualistische Neigungen verhältnismäßig leicht als fremd und abwegig verwerfen. So vermögen sich nur wenige der Wirkung der Gedankenreform zu entziehen. Die Anwendung von Kritik und Selbstkritik ist zwar keine chinesische Erfindung. Sie ist aber in China zu einem äußerst wirkungsvollen sozial-psychologischen Instrument entwickelt worden. Über die geschlossenen Schulungskurse hinaus wird bei den Kampagnen verschiedenster Art – von wichtigen politischen Fragen bis zur Insektenbekämpfung und zur Verbesserung der Hygiene – in allen Berufs- und Wohngruppen die Methode der Kritik und Selbstkritik angewandt, und sie erstreckt sich über Partei und Kader hinaus auf weiteste Teile der Bevölkerung. Ihre entscheidende Wirkung erhält diese Methode aber erst dadurch, daß die volle Macht eines autoritären Regimes dahintersteht, bereit einzugreifen gegen den, der sich aller Kritik und Überredung zum Trotz nicht gutwillig einfügen will. »Umerziehung durch Arbeit«, das heißt Zwangsarbeit in entlegenen Gebieten, droht denen, die sich hartnäckig widersetzen. Große Kampagnen verschärfter Kritik und Selbstkritik begleitet von Zwangsmaßnahmen wandten sich gegen widerwillige oder nicht konformistische Elemente. So diente die Landreform ab 1950 nicht nur der wirtschaftlichen Enteignung der Grund besitzenden Kreise, sondern auch der Liquidierung ihres bisherigen sozialen Prestiges, zuweilen sogar ihrer physischen Vernichtung. Die Kampagne zur Niederwerfung der »Konter-Revolutionäre« 1951/52 bezweckte nicht nur die Ausrottung tatsächlicher oder vermeintlicher Gegner des Regimes, sondern sie sollte mit ihren Terrormaßnahmen einschüchternd auf jeden potentiellen Gegner, ja auf die gesamte Bevölkerung wirken. Die fast gleichzeitigen Kampagnen »Gegen die drei Übel« (gegen Korruption, Verschwendung und Bürokratismus unter den Mitarbeitern der staatlichen Organe) und »Gegen die fünf Übel« (gegen Bestechung, Steuerhinterziehung, Diebstahl von Staatseigentum, gewissenlose Erfüllung von Regierungsaufträgen und den Mißbrauch staatlicher Wirtschaftsinformationen für private Zwecke) richteten sich gegen alle Kreise der freien Wirtschaft, aber auch gegen Funktionäre und Kader, die sich für die fast traditionell gewordenen Laster der chinesischen Beamten anfällig zeigten. Der Unterdrückung kritischer, nicht konformistischer Angehöriger der Intelligenz diente schließlich die Kampagne gegen die Rechts-Orientierten von 1957/58. Diese ständige Indoktrinierung und Überredung verbunden mit Druck und Zwangsmaßnahmen wechselnder Intensität geben der chinesischen

Regierung Macht und Autorität für die Veränderung der gesamten politischen, wirtschaftlichen und sozialen Struktur Chinas.

Der inneren Machtkonzentration durch die kommunistische Regierung folgte rasch eine Konsolidierung der Position nach außen hin. Alle Einschränkungen der chinesischen Souveränität durch die »Ungleichen Verträge« waren bereits *de jure* wie *de facto* bei Beginn der kommunistischen Herrschaft gefallen. An den Grenzen des Landes sucht die kommunistische Regierung für China die Stellung wiederzugewinnen, die es dort vor der abendländischen und japanischen Machtausweitung im 19. Jahrhundert innehatte. Beim Vorgehen in Korea, Annam und Tibet knüpfte das neue Regime an imperiale Traditionen früherer Jahrhunderte an. China ist wieder zum wichtigsten politischen Faktor in Asien geworden. In der Allianz der kommunistischen Länder ist China der einzige völlig gleichberechtigte Partner der Sowjetunion und erkennt deren führende Stellung nur als die eines *primus inter pares* an. Das von China schon wiederholt beanspruchte Mitspracherecht auch in außerasiatischen Fragen hat einstweilen wohl noch kaum praktische Bedeutung. Doch deutet diese Forderung darauf hin, daß nach der stets nur schwer und widerwillig verwundenen Schwächung während der vergangenen hundert Jahre das traditionelle Selbstbewußtsein Chinas als d e r Weltmacht schlechthin zu neuem Leben erwacht ist. Die nachgiebige, allenfalls passiven Widerstand leistende Haltung gegenüber dem Abendland hat sich in militante Aggressivität verwandelt. Die Verweigerung der diplomatischen Anerkennung wie auch der Aufnahme in die Vereinten Nationen wird von den Chinesen als eine besonders schwere Kränkung empfunden und ist *ein* wesentlicher Grund für die Feindschaft Chinas gegen die Vereinigten Staaten von Amerika. Entscheidend ist aber für die Haltung Chinas, daß die Vereinigten Staaten Chiang Kai-shek und seine Anhänger unter ihren Schutz gestellt haben und die Vereinigung der Insel T'ai-wan (Formosa) mit dem Festland verhindern. Damit ist die Frage der Haltung Chinas zu den Vereinigten Staaten weitgehend aus dem Gebiet der äußeren Politik auf das der inneren verschoben. Die Vereinigten Staaten spielen die Rolle des Beschützers der tatsächlichen oder auch nur potentiellen chinesischen Opposition gegen das kommunistische Regime. Diese ist auch innerhalb Chinas gewiß vorhanden, ohne sich jedoch sichtbar geltend machen zu können. Außerhalb Chinas kommt ihr aber nicht nur in Gestalt der Regierung von T'ai-wan, sondern auch in den zahlreichen Auslandschinesen in Südostasien und in Amerika erhebliche Bedeutung zu. Zumal in den Vereinigten Staaten gibt es mehr als zehntausend gut ausgebildete und meist vorzüglich befähigte chinesische Intellektuelle, die dem kommunistischen Regime kritisch gegenüberstehen und deswegen einstweilen die Rückkehr nach China scheuen, obwohl sie dort dringend für den wirtschaftlichen Aufbau benötigt werden. Quantitativ wie qualitativ ist das Auslandschinesentum (einschließlich T'ai-wans) so bedeutend, daß es eine stete Herausforderung für den alleinigen Machtanspruch der kommunistischen Regierung darstellt und bei allen wichtigen politischen Maßnahmen in Rechnung gestellt werden muß.

## Die Wandlungen auf wirtschaftlichem und sozialem Gebiet

Das erklärte Ziel der kommunistischen Regierung ist, eine Entwicklung, zu der das Abendland mehr als ein Jahrhundert brauchte, nun in wenigen Jahrzehnten nachzuholen. China soll aus einem wirtschaftlich unterentwickelten, rückständigen, »halb-feudalen – halbkolonialen« Agrarland in einen modernen Industriestaat verwandelt werden, und zwar nach den Prinzipien und Methoden des Marxismus-Leninismus, angewandt auf die besonderen chinesischen Verhältnisse. Der industrielle Aufbau muß in erster Linie aus den Überschüssen der landwirtschaftlichen Produktion finanziert werden. Diesen Zweck glaubte die Regierung nur durch die restlose Unterstellung der landwirtschaftlichen Produktion unter ihre Planung und Kontrolle erreichen zu können. So blieb die Landreform nicht bei der Enteignung der Grundbesitzer und bei der Neuverteilung des Landes unter die Bauern als frei verfügbares Eigentum stehen. Es folgte eine zunächst lose, dann straffer werdende kooperative Zusammenfassung der landwirtschaftlichen Kleinbetriebe, wobei theoretisch das Land noch Eigentum der einzelnen Bauern blieb. Die nächste Stufe war die Kollektivierung. Hier ging das Land in Gemeinschaftsbesitz über. Schließlich wurden 1958 jeweils mehrere landwirtschaftliche Kollektive mit industriellen und anderen Betrieben zu großen wirtschaftlichen Einheiten, den Kommunen, kung-she, zusammengefaßt. Trotz mancher Widerstände scheinen sich diese weiteren Schritte in der Umwandlung landwirtschaftlicher Besitz- und Produktionsverhältnisse im Gegensatz zu der von erheblichem Terror begleiteten Enteignung der Grundbesitzer im wesentlichen ohne größere Schwierigkeiten vollzogen zu haben. Auch war damit kein nennenswerter Produktionsrückgang verknüpft, sondern die landwirtschaftliche Produktion konnte durch Rationalisierung, bessere Düngung und Bewässerung laufend gesteigert werden. Die Mechanisierung der Landwirtschaft macht nur langsame Fortschritte. Der chinesische Bauer hatte in den vergangenen Jahrzehnten unter so ungünstigen Bedingungen gelebt, zumal in ständiger Unsicherheit vor Soldaten und Räubern, daß allein schon eine Stabilisierung seiner Lebensverhältnisse als ein ungeheurer Fortschritt erscheinen muß. Freiheit bedeutet für ihn zunächst Freiheit von Hunger und Kälte. Hierfür wird er auf vieles andere zu verzichten bereit sein. Gelingt es, im Zusammenhang mit der Kollektivierung, die kärgliche materielle Existenz der einzelnen Bauernfamilie auch nur ganz wenig zu verbessern und dem Bauern deutlich zu machen, daß er diese Verbesserung vermehrter eigener Anstrengung verdankt, dann mag er sich sogar voll für die gemeinsame Sache des wirtschaftlichen Aufbaus einsetzen, wie es teilweise der Fall gewesen und noch zu sein scheint. Ehe sich der Lebensstandard der chinesischen Bauern so weit hebt, daß sie höhere Ansprüche anmelden, wird noch geraume Zeit vergehen.

Bei der Gründung der Kommunen schwingt neben den sich aus der politischen und wirtschaftlichen Entwicklung ergebenden Gesichtspunkten noch ein traditionelles chinesisches Element mit, das nicht hinwegzudenken ist. Der Ausdruck für Kommune, kung-she, findet sich bereits im ältesten Schrifttum und bezeichnet hier offenbar frühe dörfliche Besitzgemeinschaften aus der – marxistisch gesprochen – sozialen Stufe des primitiven Kommunismus. Der Ausdruck taucht dann laufend in der chinesischen Literatur auf und diente unter anderem den Anarchisten zur Bezeichnung des von ihnen erstrebten Idealzustandes. Lebendiger noch als der Ausdruck kung-she war in der chinesischen Vorstellung sein Inhalt, meist unter dem Namen der »Großen Gemeinschaft« (ta t'ung), eines idealen kommunistischen Zustandes. Auch dieser ist bereits in Texten der vorchristlichen Zeit beschrieben, und die Idee davon läßt sich dann durch die ganze chinesische Geschichte bis in die Gegenwart hinein verfolgen, und zwar nicht nur in philosophisch orientierten Schriften, sondern auch in der Praxis vieler Geheimgesellschaften und der von ihnen hervorgerufenen Bauernaufstände. Ihre letzte und konsequenteste Ausarbeitung fand diese Idee in dem »Buch von der Großen Einheit« (Ta t'ung shu) von K'ang Yu-wei, dem Führer der Reformbewegung, das heute in China viel gelesen wird.

Die eigentliche wirtschaftliche Neugestaltung begann 1953 mit dem ersten Fünfjahresplan. 1955/56 wurden alle noch bestehenden privaten Wirtschaftsbetriebe in staatliche oder halbstaatliche Betriebe umgewandelt. Auch der gesamte Handel wurde verstaatlicht. Neue staatliche Fabriken und Betriebe schossen im ganzen Land empor. Das Ziel des zweiten, 1958 begonnenen Fünfjahresplanes ist es, in den wichtigsten Zweigen der industriellen Produktion England zu erreichen. Freilich bleibt auch dann die Pro-Kopf-Quote der chinesischen Produktion immer noch sehr gering, da Chinas Bevölkerung mehr als zehnmal so zahlreich ist wie die Großbritanniens. Dennoch hat die chinesische Entwicklung bisher alle Erwartungen weit übertroffen, und es ist anzunehmen, daß bei ihrer ungestörten Fortdauer China in wenigen Jahrzehnten zu den ersten Industriemächten der Welt gehören wird.

Ansätze zu einer freien privatwirtschaftlichen Entwicklung, die sich seit 1911 langsam gezeigt hatten, sind durch eine bürokratische Staatswirtschaft abgelöst, bevor sie sich entfalten konnten. Damit wird an eine alte Tradition angeknüpft. Seit ältesten Zeiten war der chinesische Staat bestrebt, alle wichtigen gewerblichen und kommerziellen Unternehmen für sich zu monopolisieren. Kapitalistische Wirtschaftsformen in Verbindung mit einem eigenständigen Bürgertum haben sich nie entfalten können. Ansätze dazu wurden stets von der allmächtigen staatlichen Bürokratie im Keime erstickt. Die Idee freier privatwirtschaftlicher Entwicklung kam erst im 19. und 20. Jahrhundert aus dem Westen nach China. Sie ist für die Chinesen etwas Fremdes, nicht aber die staatliche Wirtschaftskontrolle. Freilich geht diese heute erheblich weiter als jemals in früheren Zeiten, als man in der Regel nicht nur Kleinhandel und Kleingewerbe der privaten Initiative überließ, sondern als auch größere Unternehmen, zumal bei erlahmender staatlicher Autorität, zeitweise recht gut gedeihen konnten. Heute ist auch für die kleinste wirtschaftliche Privatinitiative kein Platz. Alles ist dem Staat vorbehalten. Ob dieser Zustand andauern wird, bleibt abzuwarten.

Nicht minder groß als die Wandlungen auf politischem und wirtschaftlichem Gebiet sind die der sozialen Struktur. Nach der Bodenreform und der praktischen Enteignung aller privaten wirtschaftlichen Unternehmen gibt es keine wirtschaftlich unabhängige Schicht mehr, sondern nur noch Arbeiter und Angestellte des Staates. Die Intelligenz hat die noch verbliebenen Reste ihres früheren sozialen Prestiges eingebüßt. Eine neue herrschende bürokratische Schicht der Parteimitglieder und Funktionäre scheint sich zu konstituieren, zu der freilich nicht wenige Angehörige der Intelligenz zählen. Wie im vorrevolutionären China genaue Kenntnis der orthodoxen konfuzianischen Staats- und Gesellschaftslehre und – in der Theorie wenigstens – die Fähigkeit, diese im Leben anzuwenden, Voraussetzung für die Zugehörigkeit zur herrschenden Shen-shih-Schicht und zum Beamtentum waren, so ist heute die gleiche Qualifikation in der Ideologie von Marx, Lenin und Mao Tse-tung notwendig, um Parteimitglied oder Funktionär werden zu können. Wenn auch diese neue Gruppe noch bei weitem nicht die bevorrechtigte Stellung der früheren Shen-shih hat, so steht sie doch an erster, führender Stelle und genießt das damit verbundene Prestige in einer seit Jahrhunderten bürokratisch organisierten und in bürokratischen Kategorien denkenden Gesellschaft. Auch hier knüpft die neueste Entwicklung an Traditionen aus der vorrevolutionären Zeit an.

Das traditionelle System der Großfamilie mit der nahezu absoluten Autorität des Familienoberhauptes über die einzelnen Familienmitglieder war bereits seit 1911 und stärker seit der 4.-Mai-Bewegung ins Wanken geraten. Die Auflösung traditioneller Bindungen und die voranschreitende Industrialisierung drängten die Entwicklung auf die Kleinfamilie (Eltern, Großeltern, noch nicht erwerbstätige Kinder) westlicher Art als Einheit hin. Durch die Maßnahmen der Kommunisten ist diese Entwicklung noch beschleunigt worden: Die neuen wirtschaftlichen Verhältnisse erlauben nicht mehr das Zusammenleben einer Großfamilie als wirtschaftlicher Einheit, und bei der auch in der Praxis mehr und mehr verwirklichten Gleichberechtigung der Frau mit dem Manne ist kein Platz mehr für ein autoritäres Familienoberhaupt. Geblieben zu sein scheint ein ziemlich enges Zusammengehörigkeitsgefühl mit einer starken gegenseitigen Hilfsbereitschaft zwischen Mitgliedern der gleichen Familie. Die traditioneller Moral entsprechende Verantwortlichkeit der Kinder für ihre alten, nicht mehr erwerbsfähigen Eltern sieht sogar das neue Ehegesetz von 1950 ausdrücklich vor. Gelegentliche Verlautbarungen über eine völlige Auflösung jeder Familie zugunsten einer allumfassenden sozialen Gemeinschaft sind wohl kaum mehr als ideale Wunschträume einiger besonders eifriger Theoretiker. So dürfte es sich bei den gelegentlich berichteten Denunziationen von Verwandten oder sogar der eigenen Eltern auch nur um Einzelfälle handeln, die aus propagandistischen Gründen stets besonders herausgestrichen werden.

In den Beziehungen zwischen Mann und Frau herrscht Sittenstrenge, wenn nicht gar Prüderie. Die früher so üppige Prostitution soll nahezu völlig ausgerottet sein. Die einstigen Prostituierten sind durch Umerziehung in den Arbeitsprozeß eingegliedert worden. Gewiß bleibt auch hier abzuwarten, wie lange und wie weit bei einem Volk mit einem so entwickelten und verfeinerten Sinn für Erotik und mit einer besonderen Neigung zum kultivierten Lebensgenuß sich eine solche Sittenstrenge aufrechterhalten läßt. In der chinesischen Vergangenheit haben die Extreme schon wiederholt einander abgelöst.

Auf dem Gebiet des Rechts hat die kommunistische Regierung bald nach ihrer Konstituierung sämtliche bestehenden Gesetze und Rechtsverordnungen außer Kraft gesetzt und damit das gesamte rezipierte abendländische Recht wieder abgestoßen. Nur ganz wenige Gesetze sind seitdem erlassen worden. Rechtsfälle werden nach Gewohnheitsrecht oder nach Ermessen im Einklang mit der herrschenden Ideologie entschieden. Die neue Rechtspraxis ist in vielem der traditionellen chinesischen näher als der abendländischen. Auch ist die Justizgewalt wieder mit der Exekutive vereint, was gleichfalls der traditionellen chinesischen Praxis entspricht.

Auf geistigem und kulturellem Gebiet hat die seit der Überwindung des konfuzianischen Dogmas neu aufgeblühte Regsamkeit und Vielseitigkeit wieder einer strengen Uniformität

Neue Industrieanlagen im Steinkohlenrevier von Fushun in der Mandschurei

Vormilitärische Ausbildung junger Chinesen

weichen müssen. Die kommunistische Regierung ist zwar mit Erfolg um die Beseitigung des Analphabetentums und um die allgemeine Schulpflicht sowie um die Ausbildung zahlreicher Spezialisten auf den verschiedenen Gebieten der Naturwissenschaften und der Technik bemüht. Doch ist für eigene, von der orthodoxen Linie abweichende Gedanken in den geisteswissenschaftlichen oder literarischen Gebieten heute fast noch weniger Platz als im konfuzianischen China der vorrevolutionären Zeit. Offenbar waren sich auch die führenden Regierungskreise dieser geistigen Erstarrung bewußt und leiteten 1956/57 die Kampagne »Laßt hundert Blumen blühen und hundert verschiedene Richtungen miteinander wetteifern« ein. Sie rief aber nach anfänglichem Zögern eine solche Woge der Kritik und Opposition hervor, daß die Regierung die Herrschaft der KPCh bedroht sah, alle Kritik des Regimes erneut untersagte und eine Kampagne gegen die Rechts-Orientierten einleitete. Denn alles steht im Zeichen des gemeinschaftlichen materiellen Aufbaus und Fortschritts. Bedeutende Resultate sind auf diesem Gebiet erzielt. Für eine freie geistige Entfaltung des einzelnen ist einstweilen noch ebensowenig Raum wie für die Rechte der einzelnen Persönlichkeit oder für demokratische Formen politischer Willensbildung. Die Leistungen des chinesischen Volkes im Laufe seiner Geschichte auf allen Gebieten und seine neu erwachte Dynamik lassen aber erwarten, daß nach Überwindung der materiellen Not und Rückständigkeit der chinesische Genius sich auch auf geistigem Gebiet wieder geltend machen und daß eine freiere Form des gemeinschaftlichen Zusammenlebens sich eines Tages durchsetzen wird. Erst dann wird die chinesische Revolution ihren eigentlichen Sinn und ihr Ziel gefunden haben.

*Kavalam Madhava Panikkar*

NEUE STAATEN IN ASIEN UND AFRIKA

## Nationales Erwachen

Weder in Asien noch in Afrika gab es zu Beginn des 20. Jahrhunderts völlig unabhängige Staaten – mit einer Ausnahme: Japan. Dank seinem Bündnis mit England hatte sich Japan nach dem chinesisch-japanischen Krieg Schritt um Schritt in die internationale Staatengemeinschaft hineingedrängt. Das große chinesische Reich war faktisch in Einflußsphären zerlegt und durch »Ungleiche Verträge« und exterritoriale Konzessionen, das heißt fremde Niederlassungen auf seinem Staatsgebiet, gefesselt, und seine Machtbefugnisse waren sogar in inneren Angelegenheiten – Zölle, Postverkehr – vertraglich eingeschränkt. Siam blieb dank der in dieser Region akuten Rivalität zwischen Frankreich und England seine nominelle Unabhängigkeit erhalten. Afghanistan war international nicht anerkannt und Persien in Einflußsphären Englands und Rußlands aufgeteilt. Die arabischen Völker waren ein Bestandteil des Imanenreichs. Ägypten, offiziell unter türkischer Oberhoheit, war ein britisches Protektorat geworden. In Afrika wurde außer dem uralten Reich Abessinien nicht ein Fleckchen Erde von eigenen Herrschern regiert.

Zu den von europäischen Staaten direkt beherrschten Gebieten gehörten der Subkontinent Indien, Burma, Ceylon, der Indonesische Archipel, die Malaienländer, die Länder Indochinas und die Philippinen. Entscheidend für dies ungewöhnliche internationale System, das mehr als die Hälfte der Weltbevölkerung unter der Herrschaft europäischer Staaten hielt, war die britische Position in Indien. Indien war nicht bloß eine Kolonie Großbritanniens; es war ein großes Reich, eine Quelle militärischer und wirtschaftlicher Macht, eine riesige Tragfläche, von der aus Großbritannien seine Machtstrahlen aussenden konnte. Die geographische Lage Indiens, das von den Islam-Ländern Westasiens bis zu den Monarchien des Fernen Ostens reichte, das einerseits in den Indischen Ozean hineinragt und anderseits bis an die Grenzen Zentralasiens vorstößt, gab dem britischen Empire eine strategische Stellung, von der aus es über Asien zu Lande wie zur See gebieten konnte. Traditionell eine Seemacht in Europa, war Großbritannien in Asien auch Landmacht – mit einer gut ausgebildeten und erprobten Armee. Diese Armee hatte Hollands Besitzungen auf Java erobert und eine Zeitlang annektiert. Sie hatte in Afghanistan und Abessinien gekämpft. Sie war das wichtigste Instrument der europäischen Herrschaftsordnung in Asien, das sich zu verschiedenen Zwecken benutzen ließ: zur Unterdrückung des Boxeraufstands, zu Aufmärschen in den Straßen Shanghais, wenn es einmal kritisch wurde, zum Gefechtseinsatz in Englands Kriegen in Mesopotamien, Ägypten und anderswo.

Außerdem war das Indische Empire als ein großes internationales System organisiert, das seine Fühler in verschiedene Teile Asiens ausstreckte, mit souveränen Staaten vertragliche Beziehungen einging, in anderen Gebieten die lehnsherrliche Gewalt ausübte und ganz allgemein eine Politik der imperialen Expansion betrieb. Sofern die Scheiche und Stammesfürsten vom Persischen Meerbusen politische Beziehungen mit der Außenwelt unterhielten, verhandelten sie mit den Behörden Britisch-Indiens. Der erste Staatsvertrag, den Abdul Asis Ibn Sa'ud als Sultan des Nedschd zustande brachte, war ein Vertrag mit der englischen Regierung Indiens, dem Government of India. Der englische diplomatische Agent in Afghanistan vor 1919 war von der Indischen Regierung bestellt. Ebenfalls vom Auswärtigen Amt in Delhi wurden die auswärtigen Beziehungen Nepals und Tibets gehandhabt.

Das von England aufgebaute internationale System, das Indien zur Tragfläche hatte, beschreibt ein scharfsichtiger englischer Historiker folgendermaßen:

> Das Indische Empire muß man sich als aus einem Kern und einer äußeren Schutzhülle bestehend vorstellen: den Kern bildeten die (von England) direkt verwalteten reichen Ländereien, die Schutzhülle setzte sich teils aus kleineren und mehr oder minder primitiven Staaten, wie Bhutan und Nepal, teils aus Gebirgs- und Wüstengebieten mit stammesmäßig organisierten Völkerschaften zusammen . . . Über diese beiden Sphären übte die Indische Regierung eine Herrschaft aus, deren Formen . . . verschieden waren, die aber überall den Zweck verfolgte, Beziehungen zwischen diesen Gebieten und anderen Ländern zu verhindern oder einzuschränken oder wenigstens dafür zu sorgen, daß sie nicht feindlichen Zielen dienstbar gemacht würden.
>
> Noch weiter außen schuf sich die Indische Regierung, gleichsam als offenes Gelände vor ihren Grenzbastionen, einen Ring neutraler Staaten: Persien, Arabien, Tibet und Afghanistan, wozu eine Zeitlang sogar ein Teil von Sinkiang hinzukam. Nach der einen Richtung war die Grenze der Interessensphäre Indiens in der Regel die Arabische Wüste zwischen Bagdad und Damaskus, die auch die wahre Grenze zwischen den nach Europa und den nach Asien blickenden Ländern ist und einst die Grenze des Römischen Reiches war . . . Nach der anderen Richtung erstreckte sich die Interessensphäre bis nach Indonesien und Indochina, wenn sich auch das Interesse hier aus verschiedenen Gründen nicht so penetrant und wachsam bekundete wie in westlicher Richtung.
>
> Ein Spezialistenkorps im indischen Heer und im Auswärtigen Amt der Indischen Regierung sicherte unauffällig und zuweilen in dem Bewußtsein, Verschwörerarbeit zu leisten oder esoterische Riten eines geheimen Kults zu vollziehen, die Kontinuität des politischen Kurses. Um diese Kontinuität spann sich das romantische Epos: die Vision von der britischen Flotte, die die Meere beherrscht; die fünftausend Kilometer Gebirgsgrenzen in Nordindien; die Länder jenseits der Berge, in der Phantasie der klassisch gebildeten Kolonialbeamten dem Barbarenland jenseits des Limes des Römischen Reiches so sehr ähnlich; das geheimnisvolle Zentralasien, wo sich eines Tages Kräfte sammeln und verschmelzen würden zum Vorstoß in die tropischen Länder des Südens; die kleinen Grenztruppen, deren Kriege gegen die Gebirgsstämme der Außenwelt (sofern sie von ihnen zu hören bekam) wie unterhaltsame Anachronismen vorkamen, die aber in Wirklichkeit Millionen friedfertiger Bauern beschützten; die Geheimagenten, die wie die Kumpane von Kiplings Kim, als Händler oder Lamas verkleidet und mit Silberrupien und Vermessungsgeräten beladen, durch das Bergland flitzten.

Hier verschob sich das Bild 1905 in bemerkenswerter Weise. Schon vorher hatten sich in Indien und China vage nationale Bestrebungen geregt. So war 1885 der Indische Nationalkongreß gegründet worden, der sich seitdem beharrlich bemüht hatte, im Lande ein nationales Empfinden ins Leben zu rufen. In China, wo das Zusammenspiel der reaktionären

Manchu-Dynastie und der europäischen Mächte es einer nationalen Bewegung schwer machte, offen hervorzutreten, arbeiteten für die nationale Wiedergeburt verschiedene Gruppen aus dem Ausland. In den Islam-Ländern predigte Jamal-ud-Din Afgani die neue Lehre des Panislamismus, die in der Konsequenz einen direkten Angriff auf die europäische Herrschaft heraufbeschwor. Dennoch schien die Herrschaftsordnung des Westens nahezu uneinnehmbar zu sein. Aber nun zerstörte Japans Sieg im russisch-japanischen Krieg den Glauben an die Unbesiegbarkeit Europas. Der Feldzug in der Manchurei und die große Seeschlacht bei Tsushima wirkten auf die Völker Asiens wie eine Offenbarung. Fast über Nacht wandelte sich die Stimmungslage des asiatischen Nationalismus. Zum erstenmal wurde 1906 auf der Jahrestagung des Indischen Nationalkongresses *swaraj*, eine eigene Nationalregierung für Indien, gefordert. Bis dahin hatten sich die indischen nationalistischen Parteien damit begnügt, Verwaltungsreformen und Regierungsbeteiligung zu verlangen.

Es darf auch nicht außer acht gelassen werden, daß in Indien in der zweiten Hälfte des 19. Jahrhunderts – hauptsächlich als Ergebnis der Berührung mit dem Westen – eine einschneidende religiöse und gesellschaftliche Umorientierung vor sich gegangen war. Die Gegenreformation des Hinduismus, die mit Ram Mohan Roy (1774–1833) eingesetzt hatte, war eine der für das 19. Jahrhundert wichtigsten Tatsachen, deren wirkliche Tragweite erst jetzt erkannt wird. Zu Beginn des Jahrhunderts hatte der Hinduismus in vielen Teilen Indiens Zerfallserscheinungen offenbart. Uralte, archaische Sitten knechteten die Menschen Indiens. In großen Teilen des Landes waren die Massen in Unwissenheit und Aberglauben verfallen. In dieser Situation hatte die Tätigkeit christlicher Missionare zum unmittelbaren Ergebnis, daß die Existenz des Hinduismus als Religion und der Hindu-Gesellschaft als Lebensweise des Volkes in Frage gestellt schien. Das war eine Herausforderung, auf die der Hinduismus reagieren mußte, und aus seiner Reaktion ging eine Bewegung hervor, die sich in Wucht, Schwungkraft und Wesensart mit der Gegenreformation der katholischen Kirche in Europa vergleichen läßt. Indien erlebte eine lange Reihe großer Künder der religiösen Erneuerung und der Gesellschaftsreform, unter denen Ram Mohan Roy, Keshab Chandra Sen, Sri Rama Krishna, Swami Vivekananda, Sarasvati Dayanand und Ranade hervorragen. Sie schufen eine neue Deutung der Lehren des Hinduismus und trugen dazu bei, ihn von den vielen Schlacken des Aberglaubens und des barbarischen Brauchtums zu befreien, die er im Laufe einer langen Zeit angesetzt hatte.

Wesentlich erleichtert wurde dieses große Werk durch den phantastischen Aufschwung der Sanskritstudien in Europa. Eine ganz neue geistige Welt wurde von Gelehrten in England, in Frankreich und ganz besonders in Deutschland im Sanskrit, der großen klassischen Sprache Indiens, entdeckt. An allen bedeutenden Universitäten, in Oxford, Paris, Heidelberg, Bonn, Berlin, wurden Sanskritstudien gefördert, und die heiligen Texte des Hinduismus, die der Kastengeist priesterlicher Selbstabschließung ausschließlich den Brahmanen vorbehalten hatte, wurden nun in den Übersetzungen europäischer Gelehrter dem Volke Indiens zugänglich gemacht. Der Beitrag, den Europa zur Neuinterpretation der Hindu-Ideale und zur Neuorientierung des Hinduismus beigesteuert hat, sollte nicht unterschätzt werden.

Ebenfalls in die zweite Hälfte des 19. Jahrhunderts fällt der langsame Aufstieg der modernen Technik in Indien. Das erste nach modernen Gesichtspunkten aufgebaute Technikum entstand 1848 in Roorkee; weitere technische Lehranstalten folgten in verschiedenen Teilen des Landes. Zu Beginn des Jahrhunderts hatte sich bereits eine leistungsfähige Baumwollindustrie, hauptsächlich in Bombay und Ahmadabad, durchgesetzt. Auch in China gab es in den verschiedenen europäischen Konzessionen, namentlich in Shanghai und Tientsin, Ansätze der Industrialisierung, und die Chinesen eigneten sich in weitem Rahmen neuzeitliche technische Verfahren an.

Häufig wird in bezug auf Indien und China etwas Entscheidendes übersehen: In beiden Ländern war der Apparat des Binnenhandels fast ausschließlich in den Händen der Einheimischen geblieben. Infolgedessen konnte sich in diesen Ländern die Struktur der Verteilungsorganisation intakt erhalten. Überdies war indisches und chinesisches Kapital stets so stark, daß es sich bis zu einem gewissen Grad sogar am Überseehandel beteiligen konnte. Um die Mitte des 19. Jahrhunderts waren große indische Handelsfirmen – wie etwa die Camas – mit den Engländern im Chinahandel aktiv. Auf indische Kaufleute und Bankiers entfiel ein erheblicher Teil der Umsätze in Burma, in den Malaienländern und sogar in Indochina. In Südostasien war das Eindringen des chinesischen Handels schon seit Jahrhunderten eine gewichtige Tatsache; in Indonesien spielten Chinesen eine bedeutende Rolle als Mittelsleute im Warenaustausch zwischen Holländern und Indonesiern. In gewissem Umfang haben solche Faktoren Indien und China geholfen, ihre verlorene wirtschaftliche Position allmählich zurückzugewinnen. Auf dem Wege zur industriellen Belebung Indiens waren die Errichtung der großen indischen Eisen- und Stahlwerke in Jamshedpur (1908) und die Tata-Projekte für den Bau von Wasserkraftwerken bei Bombay, die dessen Textilindustrie mit Strom beliefern sollten, wichtige Meilensteine.

Der erste europäische Krieg von 1914 bis 1918 brachte die große Wende für den Aufstieg der asiatischen Nationen. Gleich nach Kriegsende wurde sichtbar, daß sich Europas wirtschaftlicher und politischer Griff gelockert hatte. Mit der Gewährung einer teilweise selbständigen Regierung in den Montagu-Chelmsford-Reformen von 1919 kam Großbritannien dem indischen Nationalismus auf halbem Wege entgegen. Im Gefolge des Zerfalls der Zentralregierung nach der Revolution von 1911/12 war in China eine große Volksbewegung entstanden; ihre Stärke zeigte sich zum erstenmal in der das ganze Land umspannenden Protestkampagne gegen den Versailler Vertrag, der Japan die früheren deutschen Konzessionen in Shantung zugesprochen hatte. Siam machte sich von der Bevormundung durch das britisch-französische Abkommen frei. In Ägypten errang die von Saghlul Pascha geführte Bewegung einen beachtlichen Sieg, als die Unabhängigkeit des Landes von Großbritannien anerkannt wurde: Das war die erste wesentliche – freilich noch nicht völlige – Durchbrechung des britischen Herrschaftsanspruchs. Nach einem kurzen Krieg, der keine militärische Entscheidung brachte, setzte Afghanistan dennoch seine Unabhängigkeit durch. Die Siedlungsgebiete der Araber wurden von der türkischen Herrschaft befreit und, wenn auch für eine begrenzte Zeit britischer und französischer Mandatsherrschaft unterstellt, als Staaten mit einem Anspruch auf spätere Unabhängigkeit anerkannt.

Galaempfang nach der Krönung König Georgs V. und der Königin Mary zum Kaiser und zur Kaiserin von Indien
in Delhi am 12. Dezember 1911
Aus einem Aquarell von G. P. Jacomb-Hood. Windsor Castle, Royal Collection

Hindus beim Bad im heiligen Ganges in Benares

Dem Völkerbund, der auf der Grundlage des Versailler Vertrags ins Leben getreten war, gehörten als Gründungsmitglieder nur vier asiatische Staaten an: China, Siam, Iran und Indien. Obgleich Indiens Mitgliedschaft infolge der fehlenden Souveränität etwas Paradoxes an sich hatte, bewies sie die erstarkende internationale Position des Landes. Noch zählte Asien nicht als Faktor der internationalen Politik. Indes waren epochemachende Ereignisse im Werden. Die nationalen Bewegungen Indiens, Chinas, Indonesiens und anderer asiatischer Länder waren dabei, neue Formen anzunehmen.

Ein neuer, unvorhergesehener Faktor, der die politische Situation in Asien komplizierte, kam 1917 hinzu. In der Formung der Entwicklung des asiatischen Nationalismus hat die Oktoberrevolution eine entscheidende Rolle gespielt. Teils dank dem revolutionären Enthusiasmus, mit dem sie das Recht aller Kolonialvölker auf Freiheit verkündete, teils dank der geographischen Lage des russischen Reiches, dessen Grenzen auf alle bedeutenderen asiatischen Länder trafen, übte sie auf die nationalen Bewegungen Asiens einen unmittelbaren und unwiderstehlichen Einfluß aus. Die von Afghanistan soeben gewonnene Unabhängigkeit wurde vom Sowjetstaat sofort anerkannt. Er verzichtete auch freiwillig auf die Sonderrechte, die das Zarenreich in Persien mit dem englisch-russischen Vertrag erworben hatte. In China gab der Sowjetstaat seine Exterritorialitätsrechte auf und sprach sich zugunsten der chinesischen Forderungen aus. Die Bewegung der »Neuen Welle«, die damals das Denken des chinesischen Volkes modelte, nahm wesentliche Elemente der marxistischen Ideologie in sich auf. Nur in Indien war der Einfluß der Oktoberrevolution um diese Zeit wenig spürbar: erstens verstanden es die britischen Behörden, halbwegs bedeutende Kontakte mit Rußland zu verhindern, und zweitens waren inzwischen die indischen nationalen Traditionen mit Westeuropas liberalen Prinzipien eng zusammengewachsen.

Die Vorkämpfer der nationalen Bewegung in Asien und Afrika in dieser Werdeperiode waren Menschen von charakteristischer Eigenart. Man muß sich mit ihren Wesensmerkmalen und ihren Leistungen vertraut machen, will man die Faktoren verstehen, die das nationale Bewußtsein in den einzelnen Ländern geformt haben. Als Vater der ersten chinesischen Revolution muß zweifellos Sun Yat-sen angesehen werden. Als Sohn einer verarmten Familie in der Nähe von Kanton geboren, lehnte er sich schon als junger Mensch gegen die Formgebundenheit und Starre des chinesischen Lebens auf. Er emigrierte nach Hawaii, wo sein Bruder in einer amerikanischen Missionsschule arbeitete, trat dort zum Christentum über und empfing starke Impulse von den liberalen Einflüssen der amerikanischen Tradition. Als er nach China zurückkehrte, war er von der Überzeugung durchdrungen, daß nur eine Revolution gegen den rapiden Zerfall der politischen Ordnung in China Abhilfe schaffen konnte. Er rief verschiedene Gruppen ins Leben, die sich den gewaltsamen Sturz der Manchu-Herrschaft zum Ziel setzten. Außer dem Glauben an eine demokratische Ordnung nach amerikanischem Muster hatte er um diese Zeit noch kein politisches Programm. Anhänger fand er vor allem unter chinesischen Studenten in Japan und Amerika und in den großen und wohlhabenden chinesischen Siedlungen in Südostasien. Als im Oktober 1911 die Dynastie durch die Militärrevolte in Hankou und Wu-ch'ang gestürzt wurde, war Sun Yat-sen in Amerika. Kaum heimgekehrt, wurde er zum Präsidenten gewählt, mußte aber bald für Yüan Shih-k'ai Platz machen. Die Demokratie und der Westen schlechthin waren für Sun eine bittere Enttäuschung. Die westlichen Mächte brachten dem revolutionären China nicht mehr Sympathie entgegen als dem Kaiserreich der Manchus. Die größeren westlichen Staaten hatten lediglich versucht, aus der Schwäche Chinas Vorteile herauszuschlagen, und nichts getan, um dem neuen Staat zur Stabilisierung zu verhelfen. Charakteristisch und aufschlußreich ist die nächste Phase in der Entwicklung Suns. In einem Manifest an das chinesische Volk vom 25. Juli 1919 schrieb er: »Wenn das chinesische Volk wie das russische frei sein und dem Schicksal entgehen will, das ihm die Alliierten in Versailles vorgezeichnet haben, ... muß Klarheit darüber bestehen, daß seine einzigen Bundesgenossen und Brüder im Kampf um die nationale Freiheit die Arbeiter und Bauern der Roten Armee sind.« Diese veränderte Haltung kam auch in der späteren Tätigkeit Sun Yat-sens zum Ausdruck: in seinen Verhandlungen mit Sowjetbeauftragten, in der Gründung der Militärakademie von Whampoa mit ihren russischen Instrukteuren, im politischen Aufbau der von ihm gegründeten Kuomintang-Partei, schließlich im Bündnis mit den Kommunisten in der ersten Phase des Marsches der nationalen Kräfte gen Norden. Sun verkörperte das Komplexe und Widerspruchsvolle des chinesischen Daseins zu Beginn des 20. Jahrhunderts. Sun, das Produkt christlicher Missionarerziehung und der erste Vorkämpfer der Verwestlichung Chinas, starb als Schöpfer eines Bündnisses des chinesischen Nationalismus mit dem Kommunismus.

Bāl Gangādhar Tilak (1920 gestorben), Vorkämpfer des neuen Nationalismus in Indien vor Mahatma Gandhi, war ein Mann von anderem Schlage. Als orthodoxer Brahmane aus dem Marathenland, das für ein indisches Reich gegen England gekämpft hatte, und hervorragender Kenner des Sanskrit und der Hindu-Überlieferung bedurfte Tilak keiner Beeinflussung von außen, um zum Nationalisten zu werden. In sozialen Fragen konservativ, glaubte er zuvörderst an die inneren Werte der hinduistischen Lebensgestaltung. Der kämpferischen Bewegung, die er schuf, prägte er als Vorbild nicht den Liberalismus westlichen Ursprungs auf, sondern die politische Tradition des eigenen Landes. Der indischen Nationalbewegung gab er eine dynamische Philosophie, indem er das *Bhagavad Gītā*, die im weitesten Umkreis als Sittenkodex geltende heilige Schrift der Hindus, in einem zeitgemäßen Sinn umdeutete. In diesem religiösen Epos, das vom Kampf zwischen den Mächten des Guten und des Bösen erzählt, entdeckte er den Aufruf zum politischen Handeln. Seit über anderthalb Jahrtausenden hatten die Hindus das *Gītā* als Buch der religiösen Weisheit und Sittenlehre verehrt. Nun erklärte Tilak in seinem *Gītā Rahasya* (»Geheimnis des Gītā«), das heilige Buch rufe das Volk zu mannhafter Auflehnung gegen die Unterdrückung auf. Der Jugend des Landes entgingen nicht die weitausgreifenden Konsequenzen dieser Interpretation. Wegen seiner Kampftätigkeit immer wieder für längere Zeit ins Gefängnis geworfen, erklärte Tilak herausfordernd, die Freiheit sei sein angeborenes Recht. Mit diesem Schlachtruf organisierte er eine Massenbewegung, vor allem in seiner Heimat. Zu seinem Programm gehörten der Boykott englischer Waren und die Verweigerung der Zusammenarbeit mit der Regierung. Vor seiner Ära war die aktiv nationale Bewegung auf die westlich erzogenen Mittelschichten beschränkt; sie fand Anhänger unter Vertretern der erstarkenden industriellen Interessen; ihre politische Betätigung erschöpfte sich in Versammlungen und Resolutionen. Das änderte sich mit Tilak: er trug die Freiheitsbotschaft ins Volk; er mißbilligte auch nicht die zu seiner Zeit gerade entstehenden terroristischen Gruppen. Seine Agitationskampagne zugunsten echter Autonomie war die erste wirkliche Volksbewegung in Indien.

Die dritte charakteristische Gestalt dieser Zeit war Mahmud Abdouh, der Begründer des arabischen Liberalismus. Stark beeinflußt wurde Abdouh, der zum Lehrkörper der berühmten Al-Azhar-Hochschule in Kairo gehörte, durch Jamal-ud-Din Afgani, den man mit Recht den Vater der Islam-Renaissance nennen darf. Für Jamal-ud-Din, der die Idee des Panislamismus propagierte, waren alle westlichen Tendenzen ein Greuel. In gewissem Sinne war seine Lehre die erste bewußte Reaktion des Islams auf die politische Verrottung, in die die mohammedanischen Länder im 19. Jahrhundert abgesunken waren. Auf die Dauer fand indes Mahmud Abdouh, der an die Wiedergeburt des Islams in diesem engen Rahmen nicht zu glauben vermochte, im Panislamismus keine befriedigende Lösung. Was er in den Vordergrund stellte, waren die liberalen Elemente der mohammedanischen Religion. Obgleich er an seiner eigenen Hochschule auf heftigen Widerstand stieß, gelang es ihm, einen bemerkenswerten Einfluß auf eine ganze Generation junger Menschen auszuüben, von denen der bedeutendste Saad Pascha Saghlul war, der spätere Führer des ägyptischen Nationalismus. In nachträglicher Betrachtung läßt sich sogar sagen, daß der liberale Nationalismus des Wafd, der schließlich die Unabhängigkeit Ägyptens erkämpft hat, den Lehren Mahmud Abdouhs seine Entstehung verdankte.

Asien und die arabischen Länder hatten die Bahn eingeschlagen, die zum großen Erwachen führen sollte.

## *Staatenbildung 1919–1945*

In die zwei Jahrzehnte zwischen den Kriegen (1919-1939) fällt ein auffallender Wandel im Gesamtbild Asiens. Als der erste Weltkrieg in Europa vorbei war, ließ sich in ganz Asien – von Peking bis Kairo – eine gründlich veränderte Atmosphäre feststellen. Die von Saghlul geführte ägyptische Bewegung errang einen Teilsieg in dem Abkommen von 1923, mit dem das von den Engländern errichtete Protektorat sein Ende fand. In China hatte der Versailler Vertrag eine das ganze Land umspannende Protestkampagne ausgelöst, an der die neue Haltung der Volksmassen abzulesen war. Und in seiner ganzen Breite wurde der Kampf zwischen der einheimischen nationalen Bewegung und der Kolonialgewalt in Indien aufgerollt.

Zu Ende des Krieges flackerten Unzufriedenheit und Unruhe in ganz Indien auf. Die Montagu-Chelmsford-Reformen, zu denen sich die englische Regierung bequemt hatte, hatten das Verlangen des indischen Volkes nach einer eigenen Staatsordnung nicht erfüllt. Dazu hatte die britische Regierung Indiens unter dem Eindruck der allenthalben sichtbaren Auflehnung der Gesetzgebenden Versammlung des Landes einen Gesetzentwurf unterbreitet, der die Exekutivgewalt der Polizei bei der Niederhaltung oppositioneller Bestrebungen so radikal erweiterte, daß sogar gemäßigte Kreise bestürzt waren. Daraus erwuchs eine Protestbewegung, die in schweren Unruhen im Punjab gipfelte. Alle Ansätze zu einer Erhebung wurden von der Regierung mit brutaler Gewalt unterdrückt. In Amritsar ging ein britischer Truppenkommandeur, General Dyer, im April 1919 gegen eine friedliche Massenversammlung mit Artilleriefeuer vor – mit einer Grausamkeit, die die ganze Welt aufrüttelte. Da waren viele Tausende von Menschen in einem umzäunten Park zusammengekommen, aus dem nur ein einziger Ausgang ins Freie führte. An diesem Ausgang ließ Dyer eine Batterie auffahren und, solange die Munition reichte, auf die Menge feuern. Das Gemetzel von Amritsar wurde zu einem Wendepunkt in der Geschichte der indischen Nationalbewegung; mit ihm trat in den Vordergrund des politischen Geschehens eine bis dahin nur wenigen bekannte Persönlichkeit: Mōhandās Gandhi.

Zuerst hatte Gandhi, der spätere Mahatma, auf einem fernen Schauplatz ins öffentliche Leben eingegriffen. Als junger Anwalt in Kathiawad (im Staate Bombay) tätig, war er nach Südafrika gereist, um die Sache eines Mandanten zu vertreten. Die rechtlose Lage der Inder Südafrikas und die Schwierigkeiten, denen sie auf Schritt und Tritt begegneten, bewogen Gandhi, sich im Lande niederzulassen und den Kampf für die Rechte seiner Landsleute aufzunehmen. Um die Interessen der indischen Einwanderer in Südafrika entspann sich ein episches Ringen, in dessen Verlauf Gandhi seine politische Aktionsmethode, von ihm selbst *Satyagraha* genannt, entwickelte und vervollkommnete. Nach Gandhi sollte Satyagraha von drei Pfeilern getragen werden: Wahrheit, Gewaltlosigkeit und Bereitschaft, um der Gerechtigkeit willen Leid zu ertragen, statt anderen Leid zuzufügen. In Indien wurden die südafrikanischen Kämpfe mit gespanntem Interesse und tiefer Anteilnahme verfolgt.

Die Probleme der Inder Südafrikas schienen 1914 eine mehr oder minder befriedigende Lösung gefunden zu haben. Gandhi entschloß sich zur Heimkehr. Als er aber 1915 in Indien eintraf, fand er seine Kenntnis des Landes unzureichend und nahm sich vor, sich drei Jahre lang jeder aktiven politischen Betätigung zu enthalten. In dieser Zeit bereiste er ganz Indien und beschäftigte sich eingehend mit dem Studium der lokalen Verhältnisse. Ende 1918 war die Lehrzeit, die sich Gandhi gesetzt hatte, abgelaufen, aber auch noch zu diesem Zeitpunkt hatte er sich nicht entschieden: die vom Parlament in London beschlossenen politischen Reformen schienen ihm einige Voraussetzungen für eine friedliche Entwicklung geschaffen zu haben. Der Regierungsterror in Punjab, der im Massaker von Amritsar seine schlimmsten Auswüchse zeigte, zerstreute die Zweifel; nun wußte Gandhi, daß bei allen Milderungen und Reformen die Fremdherrschaft das Hauptübel blieb und daß das Volk zuallererst eins brauchte: volle politische Freiheit und einen eigenen Staat – *swaraj*.

Gandhis Appell an das Land war der Aufruf zu gewaltloser Verweigerung der Zusammenarbeit mit der Kolonialmacht *(non-violent non-cooperation)*. Studenten sollten Colleges und Hochschulen verlassen, Anwälte sollten nicht mehr vor Gericht auftreten, englische Waren sollten boykottiert werden. Bei alledem sollte die Haltung absoluter Gewaltlosigkeit befolgt werden. Fast überall rief Gandhis Aktionsplan Begeisterung hervor. Eine solche Massenreaktion kam der britischen Regierung völlig überraschend; bis dahin hatte sie sich dem tröstlich-bequemen Glauben hingegeben, daß nur die gebildeten Schichten ein Interesse an nationalen Bestrebungen hätten, daß sich die indischen Massen dagegen mit der englischen Herrschaft abfinden und ihr gegenüber loyal bleiben würden. Im übrigen war Gandhis Programm nicht nur negativ. Er hatte ein klares Bild von den Gebrechen der indischen

Gesellschaft, und sein Programm enthielt eindeutige positive Forderungen: Abschaffung der Unberührbarkeit, des überlieferten Diskriminierungssystems, das mehr als dreißig Millionen Menschen der elementarsten sozialen Rechte beraubte; Umgestaltung des dörflichen Daseins; Heranziehung der Frau zur aktiven Teilnahme am öffentlichen Leben; Aufbau eines unabhängigen nationalen Schulsystems und anderes mehr.

Die Bewegung, die Gandhi 1919/20 entfesselte, weckte in den indischen Massen zum erstenmal den Drang zu revolutionärer Tat. In zwei Jahren veränderte Gandhi das innerste Wesen der nationalen Bestrebungen. Aus ihnen war eine Massenbewegung geworden, die vom aufbegehrenden Volk getragen wurde und deswegen in ihrem Wesen revolutionär war. Sie fand Widerhall sowohl in den breiten Massen als auch in der gebildeten Mittelschicht. Dem Wirtschaftsprogramm der Bewegung, das den Boykott englischer Waren verlangte, brachten – es ist wichtig, das festzuhalten – die aufstrebenden kapitalistischen Klassen des Landes Sympathie entgegen. Trotzdem endete die erste Phase der Bewegung mit einem Fiasko.

Der Geschichte der *Non-cooperation*-Bewegung braucht hier im einzelnen nicht nachgespürt zu werden. Die Feststellung möge genügen, daß Gandhis gewaltiger Einfluß auf die Volksmassen Indiens durch den Mißerfolg der ersten Phase nicht gemindert wurde. Gandhi wiederum dachte nicht daran, das Programm des passiven Widerstandes gegen die Kolonialmacht fallenzulassen. Ein Vierteljahrhundert lang wurde der Kampf fortgeführt. Während dieser Zeit wurde Gandhis Autorität von keiner Bevölkerungsschicht ernsthaft in Frage gestellt. Ein tiefer Riß wurde allerdings nach 1936 in die nationale Bewegung hineingetragen: unter der Führung Mohammed Ali Jinnahs bildeten die Mohammedaner eine eigene Organisation, die Moslem-Liga, die nunmehr einen eigenen mohammedanischen Staat (Pakistan) für Gebiete mit mohammedanischer Bevölkerungsmehrheit forderte.

Die lange Dauer der Führerschaft Gandhis hat drei entscheidende Ergebnisse gezeitigt, die immer noch nachwirken. Sie hat der nationalen Bewegung den ihr bisher fehlenden sozialen Inhalt gegeben: Abschaffung der Unberührbarkeit, Beseitigung der Kastenschranken und Gleichberechtigung der Frau auf allen Daseinsgebieten wurden nicht bloß zu Programmforderungen einer politischen Partei, sondern zu unabdingbaren Zielen der gesamten nationalen Befreiungsbewegung. Zweitens wurde die Flamme der Revolution vom Mahatma in die indischen Dörfer getragen, die jahrhundertelang von allen Reformbewegungen abgeriegelt geblieben waren; seit den Anfängen seiner politischen Tätigkeit hatte sich Gandhi mit dem einfachen Dorfbewohner identifiziert: sein Hauptquartier lag in einem armseligen Dorf im Inneren des Landes; er kleidete sich und lebte wie die Ärmsten der Armen; er machte es seinen Parteimitarbeitern zur Pflicht, ihre Tätigkeit auf ländliche Gebiete zu konzentrieren. Das Ergebnis war das Erwachen der Dorfbevölkerung im ganzen Lande; das Dorf aber stellt achtzig Prozent der Gesamtbevölkerung Indiens. Drittens bewirkte der lange Kampf die Entstehung einer gutausgebildeten und vom Vertrauen der Massen getragenen Führungsschicht auf allen Stufen und in allen Teilen des Landes.

Für den Mahatma war öffentliches Wirken gleichbedeutend mit selbstloser disziplinierter Hingabe. Das war etwas Neues. Vor Gandhi hatte Teilnahme am öffentlichen Leben allgemein als Zeitvertreib Arrivierter gegolten. Ausnahmen gab es nur im Umkreis von Tilak und unter einer kleinen Gruppe von Intellektuellen, die Gōpāl Krishna Gokhale folgten;

aber auch Gokhale schwebten im wesentlichen die guten Werke einer Elite vor. Gandhi dachte ganz anders. Als aktive Mitglieder der Kongreßpartei akzeptierte er nur Menschen, die bereit waren, sich einer strikten intellektuellen Disziplin zu unterwerfen und ein asketisches Leben zu führen. Er organisierte und leitete verschiedene Sonderorganisationen – wie den Heimspinnereiverband, die *Harijan Sewak Sangh* (Fürsorgeorganisation für die Unberührbaren), die Hindustani *Talimi Sangh* (Indischer Bildungsverband), die *Kasturba*-Gedenkstiftung für die Arbeit unter den Frauen – und mobilisierte mit ihrer Hilfe ein ganzes Heer von Männern und Frauen, die sich dem Dienst an der Allgemeinheit verschrieben. In allen Teilen des Landes rief er Ausbildungsstätten *(ashram)* für junge Sozialhelfer beiderlei Geschlechts ins Leben, und diese jungen Menschen nahmen an der ländlichen Aufbauarbeit teil, verrichteten Fürsorgedienste, propagierten unter der Landbevölkerung die Vorzüge der vergessenen indischen Dorfgewerbe, bemühten sich um die Hebung des Lebensniveaus der notleidenden Massen und verbreiteten einige Wissenselemente. In dieser praktischen Arbeit wurde eine neue Führungsschicht für verschiedene Bereiche des indischen Lebens herangebildet und zugleich das Fundament einer neuen demokratischen Ordnung errichtet.

Um dieselbe Zeit entwickelte sich im Lande ein neues Wirtschaftsdenken. Die Anfangserfolge der kommunistischen Bewegung waren im ganzen unbedeutend, wenn es auch um 1930 bereits viele organisatorische Zentren gab, die unter der aktiven Führung der Kommunistischen Partei Großbritanniens in der rasch wachsenden indischen Arbeiterbewegung Fuß zu fassen suchten. Wichtiger jedoch als die kommunistische Parteiorganisation war der Einfluß marxistischer Gedankengänge auf junge indische Führer wie etwa Jawāharlāl Nehru. Anläßlich des zehnten Jahrestages der Sowjetrevolution hatte Nehru 1927 einen Abstecher in die Sowjetunion gemacht; er hatte auch an der Brüsseler Konferenz teilgenommen, aus der die Liga gegen den Imperialismus hervorgegangen war. Von seinen Reisen hatte er die Gewißheit nach Hause gebracht, daß die Sowjetunion eine entscheidende Kraft im Weltgefüge sei und daß eine rapide Industrialisierung Indiens ohne Wirtschaftsplanung kaum werde erreicht werden können. Solche Eindrücke lenkten das Wirtschaftsdenken innerhalb der nationalen Bewegung in sozialistische Bahnen. Als die Kongreßpartei 1937 die Provinzregierungen besetzte, war einer ihrer ersten Schritte die Errichtung einer Planwirtschaftskommission für ganz Indien.

\*

Auch unter anderen Aspekten kam der Zeitspanne von 1930 bis 1939 größere Bedeutung zu. Die britische Regierung ließ sich von dem Vizekönig Lord Irwin, dem späteren Earl of Halifax, überzeugen, daß die Schaffung einer indischen Regierung mit weitgehender Selbständigkeit und dem Status eines Dominions unvermeidlich geworden sei. Nachdem eine »Konferenz am runden Tisch«, die englische Regierungsvertreter mit Vertretern der indischen nationalen Parteien zusammenführte, zu keiner eindeutigen Lösung geführt hatte, schuf das englische Parlament im Government of India Act von 1935 die gesetzliche Grundlage für einen föderativen indischen Staat mit weitgehender Autonomie. Unterdes hatte sich aber die Problemstellung in Indien selbst gewandelt.

Die Aussicht auf die baldige Unabhängigkeit Indiens gab den Bemühungen um die organisatorische Zusammenfassung der mohammedanischen Bevölkerung einen neuen Auftrieb. Unter der starken Führung Mohammed Ali Jinnahs forderte jetzt die mohammedanische Führung die Zusammenfassung der Provinzen mit mohammedanischer Mehrheit in einen selbständigen eigenen Staat. Jinnah hatte seine politische Laufbahn unter dem Kongreßbanner als energischer Befürworter der Einheit Indiens begonnen; er hatte sogar vor der Übernahme der Führung der nationalen Bewegung durch Gandhi und dem Beginn der *Non-cooperation*-Politik zu den führenden Männern des Indischen Nationalkongresses gehört. Danach – von 1920 bis 1930 – stand er an der Spitze einer gemäßigten Nationalpartei, die sich die Erringung des Dominion-Status für Indien zum Hauptziel setzte. Als aber die Verhandlungen »am runden Tisch« die Perspektive eines föderativen Staates in greifbare Nähe gerückt hatten, schreckte Jinnah zurück: der föderative Aufbau schien ihm die Mohammedaner in alle Ewigkeit zur Unterwerfung unter die Hindu-Mehrheit zu verdammen. Mit Entschiedenheit setzte er sich nun für einen besonderen Mohammedanerstaat ein. Die neue Forderung wurde damit begründet, daß Hindus und Mohammedaner in Indien zwei verschiedene Nationen darstellten, die in einem gemeinsamen Staat nicht existieren könnten. Jinnah übernahm die Führung der Moslem-Liga und baute sie zu einer Massenorganisation aus, deren Kampfparole die Teilung Indiens wurde. So war die nationale Bewegung Indiens, als in Europa der zweite Weltkrieg begann, in zwei Teile gespalten, die zwar beide für Unabhängigkeit kämpften, von denen aber der kleinere, mohammedanische Teil auch noch staatliche Selbständigkeit für sich beanspruchte.

Noch mehr wurde das Problem durch die Forderung der halbunabhängigen indischen Territorialfürsten kompliziert. Zwei Fünftel der Gesamtfläche Indiens unterstanden der Herrschaft indischer Monarchen, die die lehnsherrliche Oberhoheit der englischen Krone gelten ließen, dafür aber auf voller Unabhängigkeit vom übrigen Indien bestanden. An Gebietsumfang, Größe der Bevölkerung und Bodenschätzen wiesen diese monarchischen Staaten gewaltige Unterschiede auf: von Hyderabad mit einer Fläche von zweihundertzehntausend Quadratkilometern und einer Bevölkerung von achtzehn Millionen bis zu Miniaturfürstentümern von wenigen Hundert Hektar. Immerhin waren hundertsechsunddreißig fürstliche Gebiete, die ein Drittel der Gesamtfläche Indiens umfaßten, in ihrer inneren Gestaltung als unabhängig anerkannt. Dazu gehörten Besitztümer uralter und reicher Dynastien, wie Mysore (neun Millionen Einwohner) und Travancore (sieben Millionen Einwohner), die Länder der großen Rājputānadynastien, die über ein Jahrtausend geherrscht hatten, und die Überbleibsel des großen Marathen-Reichs, dem im 18. Jahrhundert fast ganz Indien untertan gewesen war. Das Bild, das Indien darbot, erinnerte an das deutsche Staatsmosaik vor der Napoleonischen Neuregelung.

Je mächtiger die nationale Bewegung unter der Führung Gandhis wurde, um so mehr mußten die Fürsten befürchten, daß England eines Tages die Macht einfach an das indische Volk abtreten könnte. Von einigen Interessentengruppen in England unterstützt, bestanden sie nun darauf, daß sie lediglich vertragliche Abmachungen mit der englischen Krone hätten, sonst aber unabhängige Souveräne ohne politische Bindungen an das übrige Indien seien. In einem gewissen Ausmaß wurde dieser Rechtsanspruch der indischen Fürsten von

England 1929 anerkannt. Freilich gab es hier keine Übereinstimmung zwischen Rechtstheorien und politischen Realitäten. Die indische Einheitsbewegung hatte die Fürstentreue, die die Untertanen ihren Monarchen schuldeten, untergraben. Gandhi selbst war der Untertan eines indischen Fürsten; sein Vater hatte als Chefminister des Staates Porbandar seinem Monarchen treu gedient. Viele andere Führer der nationalen Bewegung hatten ihren Wohnsitz in fürstlichen Gebieten. Die Bewegung hatte auch diese Staaten erfaßt; unter dem Einfluß Gandhis sorgte eine besondere Organisation, der Völkerkongreß der indischen Staaten, für die Verbreitung der nationalen Idee im Machtbereich der angestammten Monarchen. Während der Verhandlungen »am runden Tisch« 1930 und 1933 hatten sowohl die englische Regierung als auch die Fürsten selbst eingesehen, daß sich der absolute Unabhängigkeitsanspruch der monarchischen Staaten nicht mehr aufrechterhalten ließ, und die von der Kolonialmacht nach diesen Konferenzen ausgearbeitete Verfassung sah eine föderative Lösung vor, in deren Rahmen die Fürstenstaaten unter Beibehaltung weitgehender innenpolitischer Selbständigkeit der Autorität der indischen Zentralregierung unterstellt werden sollten. Im letzten Augenblick (1936) sprangen die Fürsten allerdings in der Befürchtung ab, daß die Zugehörigkeit zu einem Bundesstaat die staatliche Selbständigkeit ihrer Herrschaftsgebiete am Ende doch zunichte machen würde; von neuem erhoben sie für den Fall des Auszugs Englands aus Indien den Anspruch auf volle Unabhängigkeit. Darin wurden sie durch die separatistischen Bestrebungen der Moslem-Liga bestärkt.

So standen die Dinge, als der zweite Weltkrieg ausbrach. Mit dem Krieg änderte sich die Situation grundlegend. Daß die Regierung dem Deutschen Reich den Krieg erklärt hatte, ohne sich um Indiens Wünsche zu kümmern oder indische Führer zu Rate zu ziehen, verletzte den Stolz des Landes; die Inder glaubten in einen Konflikt hineingezogen zu werden, der sie unmittelbar nichts anging. Sowohl der Indische Nationalkongreß als auch die Moslem-Liga verweigerten England jede Zusammenarbeit, wobei der Kongreß eine betont feindliche Haltung, die Liga die Haltung passiver Indifferenz an den Tag legte. Für England wurde Indiens Stellung zum Krieg in dem Moment lebenswichtig, da die Kampfhandlungen auf den Fernen Osten übergriffen. Neue Verhandlungen mit den Führern der politischen Richtungen Indiens wurden aufgenommen, und 1942 entsandte London eine Delegation unter Führung von Sir Stafford Cripps nach Indien, die den Indern für die Nachkriegszeit die Unabhängigkeit als Preis für die Unterstützung der Alliierten im Kampf gegen Japan anbot. Die Verhandlungen führten aus zwei Gründen zu keinem Ergebnis: einmal war die für den Augenblick vorgeschlagene Regelung vom indischen Standpunkt aus insofern unannehmbar, als den indischen Führern keine Mitwirkung an der politischen Führung des Krieges zugesichert wurde, und zum andern ließ sich zwischen dem Kongreß und der Moslem-Liga keine Verständigung erzielen. Das Scheitern der Verhandlungen beantwortete Gandhi 1942 mit der Entfesselung der letzten *Non-cooperation*-Kampagne, die der Volksmund die »Raus-aus-Indien-Bewegung« taufte. Wenn sie auch von der Kolonialmacht unnachsichtig unterdrückt wurde, ließ die Kampagne deutlich erkennen, wie einheitlich und intensiv das indische Unabhängigkeitsverlangen geworden war.

Eine nicht unwichtige Rolle spielte im Ablauf des Kampfes um die Unabhängigkeit die von Subhās Chandra Bose geführte »provisorische Regierung«, die im Bunde mit Japan

Gratulationscour zum Geburtstag des Maharajas von Baroda

Die konstituierende Versammlung Indiens bei ihrer Schlußsitzung
für die Unabhängigkeitserklärung am 15. August 1947

eine »Indische Nationalarmee« geschaffen hatte und auf seiten der Achsenmächte am Krieg teilnahm. Bose (1945 tödlich verunglückt) hatte seit 1920 an der nationalen Widerstandsbewegung teilgenommen und lange Zeit eng mit Gandhi zusammengearbeitet. Er war zweimal zum Präsidenten der Kongreßpartei gewählt worden und hatte einen großen Einfluß auf die junge Generation, vor allem in Bengalen, erlangt. Später hatte er sich, da ihm Gandhis Politik nicht dynamisch genug erschien, von Gandhi getrennt und die Führung eines oppositionellen Kongreßflügels, des »Vorwärtsblocks«, übernommen. Bei Kriegsausbruch von der englischen Regierung interniert, brachte er es fertig, nach Kabul zu entkommen, von wo aus er die Verbindung mit der Hitler-Regierung aufnahm. In Europa zog er dann mit Hilfe der deutschen Behörden eine indische Organisation zur Weiterführung des Unabhängigkeitskampfes auf. Gewiß hatte es in Deutschland auch schon im ersten Weltkrieg eine provisorische Regierung für Indien gegeben, die dann auch den Versuch unternahm, eine Volkserhebung in Indien zu organisieren. Und doch war der Unterschied augenfällig: während die erste provisorische Regierung aus Emigranten bestand, die in Indien fast völlig unbekannt waren, lag die Führung diesmal in den Händen eines Mannes, der sich als eine der führenden Persönlichkeiten der Nation der Wertschätzung weiter Kreise erfreute.

Japans Eintritt in den Krieg und die ersten Eroberungen der japanischen Armeen in Siam, den Malaienländern und Burma verschafften Subhās Bose die willkommene Gelegenheit, nach Asien zurückzukehren. Ein Unterseeboot brachte ihn zur Malaiischen Halbinsel; dort organisierte er seine »Provisorische Regierung des freien Indiens«, und dort stellte er auch seine Armee zusammen. In den südostasiatischen Ländern gibt es eine ständige indische Bevölkerung von ziemlichem Umfang. Aus ihren Reihen wie auch aus den Reihen der indischen Soldaten, die in japanische Kriegsgefangenschaft geraten waren, rekrutierte Bose die Truppen der »Indischen Nationalarmee«, die dann mit den japanischen Streitkräften in Burma zusammenarbeitete. Obgleich diese indischen Truppen, als es zu Kampfhandlungen kam, nicht gerade Lorbeeren einheimsten, zumal die Japaner selbst bei Kohima auf energische Abwehr gestoßen und nun auf dem Rückzug waren, machte schon die bloße Teilnahme unabhängiger indischer Streitkräfte an den militärischen Operationen einen beträchtlichen Eindruck auf die Bevölkerung in Indien selbst.

Als der Krieg im Fernen Osten vorbei war, löste das Labour-Kabinett Attlee seine Wahlversprechungen ein, indem es eine neue Verhandlungskommission nach Indien entsandte. Das Ergebnis ihrer Bemühungen war die Verkündung der Unabhängigkeit Indiens am 15. August 1947.

*

Nicht minder bedeutende Veränderungen hatten sich in der Zeit zwischen den Kriegen auch in anderen Teilen Asiens vollzogen. Mit der Verkündung des Government of India Act von 1935 war Burma aus dem Indischen Empire herausgelöst worden. Der neue Staat Burma trat 1936 mit einer halbselbständigen Regierung ins Dasein, ohne daß sich die selbstbewußte Jugend des Landes mit der halben Unabhängigkeit zufriedengegeben hätte. Die Lage änderte sich radikal, als der Vormarsch der japanischen Armee die britische Kolonialmacht zu Fall brachte. In General Aung San, der in den ersten Stadien des Krieges mit den Japanern kollaborierte, fand Burma einen geschickten und tüchtigen politischen Führer. Den Japanern mit ihrer Politik der »Gemeinsamen Ostasiatischen Prosperitätssphäre« blieb auf die Dauer nichts anderes übrig, als mit den nationalen Bewegungen der von ihnen militärisch beherrschten Länder Kompromisse zu schließen; so erkannten sie auch die Unabhängigkeit Burmas an. Unter dem Präsidenten (»Adhipati«) Dr. Ba Maw wurde Burma zur selbständigen Republik. Die Schwächung der japanischen Position in den ostasiatischen Gebieten benutzte nun aber General Aung San, der inzwischen an die Spitze der mit japanischer Hilfe aufgebauten burmesischen Hilfstruppen gestellt worden war, dazu, sich von Japan zu lösen und eine japanfeindliche Position zu beziehen. Nach dem Kriege war es ihm dann ein leichtes, die Unabhängigkeit Burmas auch gegenüber dem britischen Herrschaftsanspruch durchzusetzen.

Etwas anders war vor dem zweiten Weltkrieg die Entwicklung in Indonesien verlaufen. Frühe nationalistische Bewegungen, wie sie durch die Organisationen Budo Utomo und Serakat Islam vertreten wurden, waren verhältnismäßig schwach geblieben. Unter dem Einfluß der russischen Revolution fanden nach dem ersten Weltkrieg marxistische Gedankengänge Widerhall bei der intellektuellen Führerschaft Indonesiens, und die nationale Bewegung nahm neue Formen an. Der weitgehend unter kommunistischer Führung organisierte Aufstand von 1926 zeigte anschaulich, daß es mit den patriarchalischen Zeiten der Kolonialherrschaft vorbei war. Die holländischen Behörden versuchten, der revolutionären Gärung durch die Schaffung scheinparlamentarischer Körperschaften mit beratenden Befugnissen zu begegnen; zu spät: die nationale Bewegung unter der Führung Sukarnos und Dr. Hattas gewann immer größeren Einfluß. Bevor es auch nur zum Versuch eines Ausgleichs zwischen der nationalen Bewegung und der Kolonialmacht hatte kommen können, brach der Krieg im Fernen Osten aus, und den Japanern gelang nach einem kurzen Feldzug die Eroberung des gesamten Archipels. Wie in Burma verfolgten die Japaner auch hier eine zweigleisige Politik: strenge Kontrolle der Wirtschaft und zentrale Bewirtschaftung der Bodenschätze und Produktionsanlagen einerseits, Errichtung einer nominell unabhängigen einheimischen Regierung anderseits. Als ihnen aber mit der Zeit aufging, daß die Aussicht auf den Endsieg immer mehr verblaßte, schlugen die Japaner einen anderen Kurs ein; jetzt wurden Linksgruppen nicht nur gefördert, sondern auch in der Technik des Guerillakrieges ausgebildet. Auf diese Weise war Indonesiens nationale Bewegung nach dem Krieg und nach der Vertreibung der japanischen Besatzungstruppen nicht nur stärker und mächtiger geworden, sondern sie verfügte auch noch über eine Partisanenarmee und erhebliche Waffenvorräte. Aber erst nach einem Krieg von neununddreißig Monaten fanden sich die Holländer schließlich auf amerikanische Vermittlung hin bereit, die Unabhängigkeit Indonesiens anzuerkennen.

Noch markanter war in der Zeit vor dem zweiten Weltkrieg die Entwicklung in Indochina. Im ersten Weltkrieg hatte Frankreich viele Indochinesen als Soldaten und Arbeiter nach Europa geholt. Das französische Schulsystem hatte im Lande eine Schicht von Gebildeten geschaffen. Und nach dem Krieg begannen auch die Franzosen einzusehen, daß in ihrer fernöstlichen Kolonie entscheidende Wandlungen vor sich gegangen waren. Vor dem Kolo-

## NEUE STAATEN IN ASIEN UND AFRIKA

|  | 1860 | 80 | 1900 | 20 | 40 | 60 |
|---|---|---|---|---|---|---|
| YÜAN SHIH KAI | 59 | | | 16 | | |
| SAGHLUL PASCHA | 60 | | | 27 | | |
| SUN YAT-SEN | | 66 | | 25 | | |
| GANDHI | | 69 | | | 48 | |
| CHURCHILL | | 74 | | | | |
| MOHAMMED ALI JINNAH | | 76 | | | 48 | |
| REZA SCHAH PAHLEWI | | 77 | | 25 | 41 44 | |
| IBN SAUD | | 80 | | 26 | | 53 |
| FRANKLIN D. ROOSEVELT | | 82 | | | 45 | |
| ATTLEE | | 83 | | | | |
| NURI ES SA'ID | | | 88 | | | 58 |
| STAFFORD CRIPPS | | | 89 | | 52 | |
| NEHRU | | | 89 | | | |
| HO CHI MINH | | | 90 | | | |
| HAILE SELASSIE | | | 92 | 17 | | |
| SUBHAS CHANDRA BOSE | | | 97 | | 45 | |
| SOLOMON BANDARANAIKE | | | 99 | | | 59 |
| SUKARNO | | | | 01 | | |
| MOHAMMED HATTA | | | | 02 | | |
| U NU | | | | 07 | | |
| NASSER | | | | 18 | | |
| FARUK I | | | | 20 | 36 | 52 |
| HUSSEIN II | | | | | 35 | 52 |
| FEISAL II | | | | | 38 39 | 58 |

LEBENSDATEN:

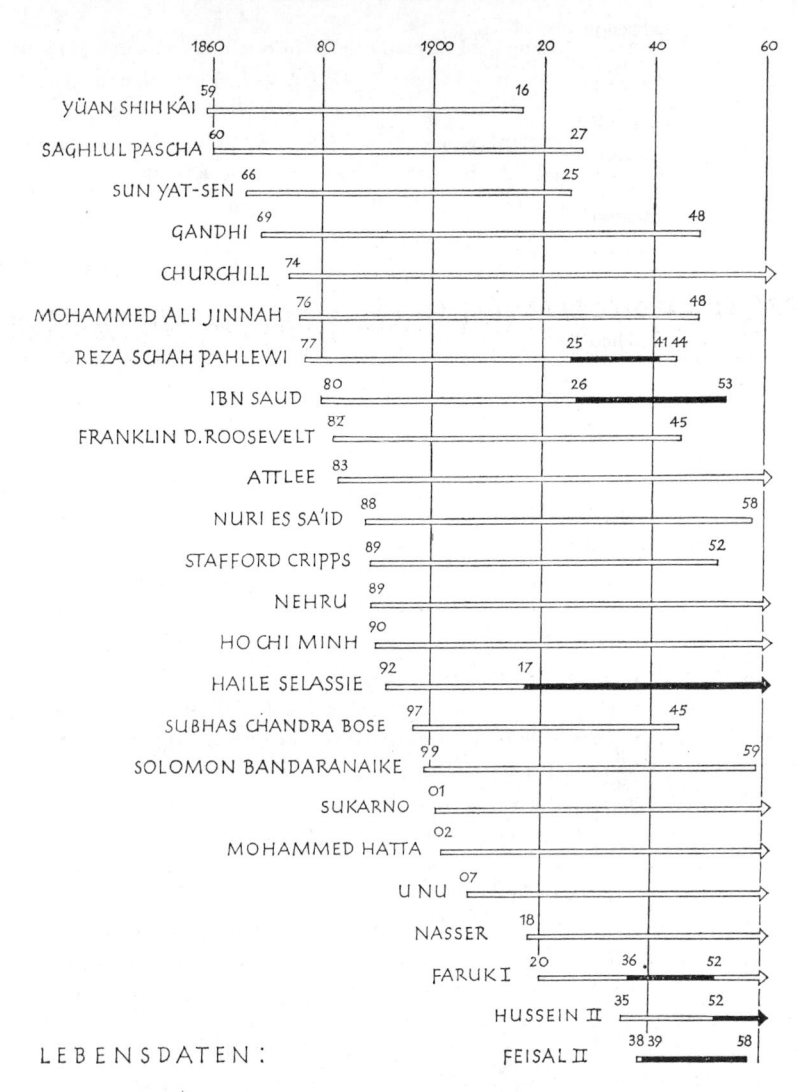

*Neue Staaten in Asien und Afrika*

nialrat erklärte am 21. Dezember 1925 der französische Generalgouverneur Varenne: »Sowohl Menschen und Ideen als auch Asien selbst machen eine Wandlung durch. Heute ist der Orient bereits auf dem Wege, der zu höheren Zivilisationsformen führt. Dieser Emanzipationsbewegung kann Indochina nicht entgehen . . . Indochina stellt seine Fragen an die Zukunft und versucht, seine Geschicke zu bestimmen. Was wird die Zukunft bringen?

Bleibt uns der Friede erhalten und hat Indochina die Chance, sich in Freiheit zu entwickeln, so wird es nach einem besseren, unabhängigeren Dasein streben müssen und eines Tages eine große Nation werden.« Trotz dieser Erkenntnis bescherten die von Frankreich durchgeführten Reformen den Indochinesen nur einen Rat von Notabeln und eine Deputiertenkammer, die beide auf Grund eines begrenzten, faktisch nur für Klanälteste, pensionierte Beamte und ehemalige Unteroffiziere der Kolonialtruppe geltenden Wahlrechts gewählt wurden. Die Reform schuf ein Staatsgebilde, das notwendigerweise von den reaktionärsten Elementen des Landes abhing und hinter der parlamentarischen Fassade die Kolonialherrschaft uneingeschränkt bestehen ließ.

Verschärft wurde das indochinesische Problem durch die Nähe des gigantischen Nachbarlandes China, das um diese Zeit gleichfalls schwere politische Erschütterungen erlebte. In den Jahren, die dem Kuomintang-Marsch gen Norden (1926) folgten, wurde China zum Brennpunkt nationaler Hoffnungen in ganz Asien. Das benachbarte Indochina, das eine gemeinsame Kulturtradition mit China verband, reagierte spürbar auf das revolutionäre Vorwärtsdrängen der Kuomintang in ihrer Frühperiode, wie es auch später, 1948/49, auf die Erfolge des chinesischen Kommunismus reagieren sollte. Unter der Oberfläche des inneren Friedens, wie sie die Franzosen geschaffen hatten, breitete sich die nationale Bewegung weiter aus. Dann, als im zweiten Weltkrieg die Macht des geschlagenen Frankreichs zerbröckelte, drängten sich Schritt für Schritt die Japaner vor. Das hatte zur Folge, daß auch die geistige Autorität Frankreichs zerbrach und die Franzosen, als sie ihre Herrschaft nach Kriegsende von neuem aufzurichten versuchten, an allen Ecken und Enden auf bewaffneten Widerstand stießen. Auch da wäre ein verständiger Kompromiß insofern noch möglich gewesen, als die indochinesischen Führer einen friedlichen Ausgleich herbeiwünschten. Aber mit dem Bombardement von Haiphong schwand auch diese Chance dahin, und nach einer Periode erbitterter Kämpfe mußte Frankreich seinen Rückzug aus Asien antreten.

Einschneidend wandelte sich in dieser Zeit die Situation in Westasien, im Mittleren Osten. Afghanistan erreichte 1919 die internationale Anerkennung seiner Unabhängigkeit. Der Irak schüttelte 1930 die Vormundschaft fremder Mächte ab und wurde auf Empfehlung der Mandatsmacht Großbritannien in den Völkerbund aufgenommen: das erste arabische Land, dem diese Anerkennung zuteil wurde. Unter der Führung Riza Khans warf Persien (Iran) das Joch der Kadscharendynastie ab und beschritt den Weg der Modernisierung. In Ägypten wurde 1936 ein neues Abkommen unterzeichnet, das die internationale Rechtsposition des Landes verbesserte und seine Aufnahme in den Völkerbund möglich machte. Im Kampf um uneingeschränkte Souveränität waren die arabischen Länder unter französischer Mandatsverwaltung, Syrien und der Libanon, in hellem Aufruhr.

Der zweite Weltkrieg brachte weitere Veränderungen mit sich, die die politische Konstellation im Mittleren Osten radikal umgestalteten. Mit der Entdeckung gewaltiger Ölvorkommen in den Wüsten Arabiens erlangten die Länder der Halbinsel, vor allem Saudiarabien, eine neuartig gewichtige Stellung in der Weltpolitik. Die Bedeutung des Erdöllandes für die europäische Welt machte König Abdul Asis Ibn Sa'ud zu einer tonangebenden internationalen Persönlichkeit. Sein Weg führte vom Sultanat Nedschd über den Sturz des haschemitischen Königs Hussein von Mekka (1925) zur fast lückenlosen

Herrschaft über die Halbinsel Arabien. Dennoch wurde Ibn Sa'ud, da sein Land wirtschaftlich unerschlossen und sozial rückständig war, vor dem zweiten Weltkrieg wenig beachtet; erst die Entdeckung des Ölreichtums des Landes durch die Amerikaner verhalf ihm zu einer überragenden Position in Westasien und in der ganzen islamischen Welt.

Zu Ende des Krieges kam auch die gewaltsame Verdrängung Frankreichs aus Syrien und dem Libanon. Damit gelangten auch diese arabischen Völker in die Arena der internationalen Politik.

## Demokratischer Aufbau in Indien

Auf Grund einer vorläufigen Vereinbarung zwischen der Verhandlungskommission der englischen Regierung und der Kongreßpartei bildete Jawāharlāl Nehru 1946 das erste indische nationale Kabinett; nach einigem Zögern benannte Jinnah die Regierungsmitglieder, die die mohammedanische Bevölkerung vertreten sollten. Dem Kabinett waren sämtliche Befugnisse einer selbständigen Regierung zugedacht; dem englischen Gouverneur sollten nur die verfassungsmäßigen Funktionen eines Staatsoberhauptes verbleiben. Einer auf Grund des allgemeinen Wahlrechts zu wählenden verfassunggebenden Versammlung war die Aufgabe vorbehalten, für das neue Dominion eine Verfassung auszuarbeiten. Eine Teilung des Landes wollte weder die englische Regierung noch der Indische Nationalkongreß. Jinnah jedoch drängte auf eine Entscheidung hin. Die Moslem-Liga wies ihre Abgeordneten an, sich jeder aktiven Tätigkeit in der Verfassunggebenden Versammlung zu enthalten. Jinnahs Vertreter im Kabinett setzten sich offen zum Ziel, anschaulich zu demonstrieren, daß eine andere Lösung als die Teilung nicht möglich sei. Jinnah selbst bewies das, indem er fast überall in Nordindien Zusammenstöße zwischen Hindus und Mohammedanern entfesselte. Schwere Konflikte zwischen Hindus und Mohammedanern brachen im August 1946 in Calcutta aus; darauf folgten weitverbreitete Unruhen und Kämpfe in Bihar, in Uttar-Pradesh und im Punjab. Zwischen den beiden großen Religionsgemeinschaften war der Bürgerkrieg ausgebrochen; auch er sollte zeigen, daß es ohne einen Sonderstaat für die Mohammedaner auch für Indien keine Freiheit geben könne. Schweren Herzens gaben die Kongreßführer nach langen ernsthaften Überlegungen ihre Zustimmung zur Errichtung des mohammedanischen Sonderstaates.

So wurde das Indische Empire in zwei Staaten, Indien und Pakistan, zerschnitten, die gleichzeitig am 15. August 1947 ins Leben traten. Abgetrennt vom übrigen indischen Subkontinent wurden Gebiete mit mohammedanischer Bevölkerungsmehrheit, und zwar auf der einen Seite Sind, die nordwestliche Grenzprovinz, Beluchistan und der westlich vom Rawi gelegene Teil des Punjabs, auf der anderen Seite Ostbengalen. Der vornehmlich von Hindus bewohnte größere Teil des Subkontinents – mit einer Fläche von 3 288 347 Quadratkilometern und einer Bevölkerung von 350 Millionen – wurde als Indische Union konstituiert. Der neue indische Staat konnte auf jeden Fall für sich in Anspruch nehmen, das historische Indien zu repräsentieren, denn er erstreckt sich vom Himalaja bis zum Kap Comorin und umfaßt die Ganges-Ebene, Zentralindien und das Dekhan.

Die Teilung der Gebiete, die über hundert Jahre unter einer einheitlichen Verwaltung gestanden hatten und wirtschaftlich miteinander verflochten waren, war ein schmerzensreicher Vorgang. Aus Westpakistan wurde die gesamte Hindu-Bevölkerung vertrieben. Ebenso explodierten nationale Leidenschaften im indischen Teil des Punjabs, und die dortige mohammedanische Bevölkerung wurde über die Grenze nach Westpakistan gedrängt. Sowohl Indien als auch Pakistan begannen ihre staatliche Existenz mit einem Flüchtlingsproblem von phantastischem Ausmaß, das nicht nur ihre wirtschaftliche Leistungsfähigkeit bis zum äußersten anspannte, sondern auch bittere Feindschaft zwischen ihnen zur Folge hatte.

Daneben hatte der indische Staat gleich zu Beginn seines selbständigen Daseins ein weiteres Problem von grundlegender Bedeutung zu lösen: die Zusammenfügung seines eigenen riesigen Staatsgebietes. Unter englischer Oberherrschaft hatten, wie bereits erwähnt, selbständige indische Fürsten zwei Fünftel des Empire-Gebietes beherrscht. Als die englische Regierung den Unabhängigkeitsanspruch Indiens anerkannte, entband sie die Fürsten von ihrer vertraglichen Treuepflicht gegenüber der britischen Regierung Indiens und erweckte zugleich den Eindruck, als ob es den Fürsten freistehe, nach Belieben ihre Unabhängigkeit zu proklamieren. Das schuf eine für Indien äußerst gefährliche Situation; wie groß die Gefahr war, verdeutlicht schon die eine Tatsache, daß von der Eisenbahnstrecke, die Delhi mit Bombay verbindet, drei Viertel in Gebieten liegen, die damals zu fürstlichen Staaten gehörten. Im riesigen Territorium Zentralindiens zwischen Westpakistan und dem Küstenstreifen von Orissa gab es nur wenige Distrikte, die von der britischen Regierung Indiens direkt verwaltet wurden. In das Hochland von Dekhan teilten sich die großen Monarchien Hyderabad und Mysore. All diese Staaten, von denen die meisten autokratisch regiert wurden, hatten sich der Oberhoheit der britischen Krone unterworfen, und die äußere Einheit Indiens beruht auf juristischen Konstruktionen, die die Krone daraus ableitete. Nachdem nun die englische Regierung in der Erklärung, in der sie die Unabhängigkeit Indiens anerkannte, die Fürsten aus jeder Bindung an eine indische Zentralregierung herausgelassen hatte, war der junge Staat durch die feindliche Haltung der mächtigen Gebietsherrscher und ihre Ansprüche auf territoriale Unabhängigkeit in seinem Bestand gefährdet. Hinzu kam, daß die Stammes- und Glaubensgemeinschaften, aus denen sich die britisch-indische Armee in der Hauptursache rekrutierte, die Jats, Sikhs, Rajputen und andere (die, wie die Engländer sagten, »martialischen Klassen«), in einem von der englischen Regierung eifrig geförderten Treueverhältnis zu einigen der fürstlichen Herrscher standen. Dementsprechend war auch noch zu befürchten, daß die Beibehaltung der Fürstenherrschaft zu schweren Loyalitätskonflikten und Zersetzungserscheinungen in der Armee führen könnte. Überdies hatte Jinnah als Wortführer der Moslem-Liga mit der Anerkennung der Ansprüche der Fürsten Wasser auf ihre Mühlen gegossen. Tatsächlich wurden die weitestgehenden Souveränitätsansprüche von mehreren fürstlichen Staaten angemeldet.

Angesichts dieser Bedrohung der territorialen Einheit Indiens erklärten Nehru und seine Mitarbeiter ihre Bereitschaft zu Verhandlungen mit den Fürsten. Unterhändler der Verfassunggebenden Versammlung trafen in der Tat mit Vertretern der Fürsten zusammen und brachten eine Vereinbarung zustande, wonach die Fürsten den Zusammenschluß mit der

Indischen Union akzeptierten und auf ihre Hoheitsrechte in Angelegenheiten der Landesverteidigung, der auswärtigen Beziehungen und des Post- und Fernmeldewesens verzichteten. Auf diese Weise waren bis zum 15. August 1947, dem Tag, an dem Indien unabhängig wurde, sämtliche fürstlichen Staaten bis auf Hyderabad im Dekhan-Hochland und Kashmir im Norden der Indischen Union freiwillig beigetreten. Nach einem Einfall von Stammeskriegern aus Pakistan entschloß sich einige Monate später auch der Herrscher von Kashmir zum Anschluß an Indien. Hyderabad folgte erst nach schweren Auseinandersetzungen, die sogar zu einem bewaffneten Konflikt – allerdings von kurzer Dauer – geführt hatten. (Eine ausführliche und fundierte Darstellung der Vorgeschichte der Eingliederung Hyderabads hat K. M. Munshi, der die alte Indische Regierung in Hyderabad vertreten hatte, in seinem Buch *The End of an Era*, Bombay, 1957, gegeben.)

Vor der endgültigen Verabschiedung der Verfassung fanden zu einem späteren Zeitpunkt weitere Verhandlungen mit den Fürsten statt. Ihr Ergebnis war, daß die Fürsten ihre Herrschaftsgebiete ganz an die Union abtraten und sich dafür bestimmte Rechtsansprüche und Sondervorrechte nebst einer finanziellen Entschädigung garantieren ließen. Das war eine wirkliche Revolution, die die überlieferte politische Struktur Indiens umwälzte und das ganze Land zum erstenmal in einem einheitlichen Regierungs- und Verwaltungsgefüge zusammenschloß.

Daß die indischen Fürsten, deren Häuser zum Teil seit undenklichen Zeiten über ihre Völker geherrscht hatten, ihre Länder und ihre souveräne Macht freiwillig aufgaben, war ein geschichtliches Novum. Mit der Anerkennung der kaiserlichen Macht durch Japans *daimyôs* ist dieser Vorgang nicht zu vergleichen: in Japan ging es um die Wiederherstellung der legitimen Macht des obersten Lehnsherrn, nicht um den Machtverzicht souveräner Herrscher. (Die meisten bedeutenden indischen Herrscher verdankten ihre Machtposition ja auch keineswegs der Belehnung durch einen kaiserlichen Herrn.) Daß es zu einem solchen Verzicht kommen konnte, erklärt sich zum Teil aus der patriotischen Haltung vieler Fürsten, die sich dessen bewußt waren, daß sie mit dem Festhalten an ererbten monarchischen Rechten die Zukunft ganz Indiens gefährden würden. Jahrzehnte früher hatte Sayaji Rao, der Maharadscha von Baroda, einer der bedeutendsten Fürsten seiner Zeit, diese Entwicklung vorausgesehen: schon 1908 hatte, wie der verstorbene Aga Khan in seinen Memoiren erzählt hat, Sayaji Rao den Verzicht der Fürsten auf ihre Rechte nach der Befreiung Indiens als unvermeidlich bezeichnet, da es ohne ihn keine Verwirklichung der nationalen Einheit geben könnte. Nicht minder wichtig als die patriotische Haltung der Fürsten war das Erwachen der von ihnen beherrschten Völker. Im Geiste Gandhis und unter der Führung Nehrus hatten die fürstlichen Untertanen den organisierten Kampf um die nationale Freiheit aufgenommen. Die Einheit Indiens war bereits durch die Aktion der Volksmassen hergestellt worden, und obgleich sich die Fürsten in den meisten Fällen noch der Ergebenheit ihrer Untertanen erfreuten, hatte sich in deren Bewußtsein das viel stärkere Ergebenheitsgefühl gegenüber Indien festgesetzt, womit jeder Gedanke an die Erhaltung der Unabhängigkeit der fürstlichen Herrschaftsgebiete in der Praxis hinfällig wurde.

Zum erstenmal in seiner langen Geschichte war Indien zu einem geschlossenen territorialen Gebilde geworden. Ein einziger souveräner Staat behauptete nun seine Herrschaft unangefochten vom Himalaja bis Rāmeswaram und von Pakistan bis zur Grenze Burmas. Das große Reich Ashōkas hatte nur bis Mysore gereicht. Auch die früheren Hindu-Reiche hatten aus vielen Gebieten bestanden, über die sie nur in einem vagen Sinne die lehnsherrliche Hoheit ausübten. Das Reich der Großmoguln hatte sich nie im Süden des Subkontinents durchsetzen können: als der letzte wirklich unabhängige Großmogul Aurangzeb 1707 starb, kämpften seine Truppen immer noch am Tungabhadra auf der Dekhanhalbinsel. Die Engländer hatten große Gebiete unter der Souveränität indischer Fürsten belassen und sich mit einer indirekten Überwachung ihrer Regierungsgeschäfte begnügt.

Indes drohte dem neuen Staat eine noch viel schlimmere Gefahr. Das selbständige Pakistan war auf konfessioneller Grundlage errichtet worden; mehr noch: Pakistan bekannte sich sogar ganz offiziell als Islam-Staat. Als Reaktion darauf entstand in Indien eine starke Bewegung, die den neuen Staat zu einem »Hindustan« machen, dem indischen Staat ein eindeutiges Hindu-Gepräge geben wollte. Welche Gefahr darin lag, wurde von der indischen Führung beizeiten erkannt. Mit besonderem Nachdruck wandte sich Gandhi gegen den Hindustan-Gedanken. Auf indischem Staatsgebiet lebten um diese Zeit außer den Hindus fünfunddreißig Millionen Mohammedaner, über sechs Millionen Christen und auch noch andere, kleinere Religionsgemeinschaften wie Parsen und Juden. Zu allen Zeiten hatte sich Indien an die Tradition der religiösen Toleranz gehalten. Der Agitation zugunsten eines Hindu-Staates nachzugeben hätte bedeutet, die eigene Vergangenheit zu verleugnen und die Zukunft mit einer schweren Hypothek zu belasten. Zu einer leidenschaftlich umstrittenen Frage wurde der Schutz der Mohammedaner und die Sicherung ihrer Gleichberechtigung im Rahmen des neuen Staatsgebildes. Erst als Mahatma Gandhi, der größte Vorkämpfer der Gleichberechtigung aller ethnischen und religiösen Gruppen, am 30. Januar 1948 in Delhi ermordet wurde, kam dem indischen Volk schlagartig zu Bewußtsein, wie ernst das Problem geworden war, und erst dann wurde die Idee des Hindu-Staates endgültig zu den Akten gelegt.

Die erste konstruktive Aufgabe, der sich das unabhängige Indien gegenübersah, war die Schaffung einer Verfassung. Die Verfassunggebende Versammlung, der diese Aufgabe zufiel, war 1946 einberufen worden. Sie vollendete ihr Werk 1949; die Republik wurde ausgerufen, auch wenn Indien als Mitglied des Commonwealth seine Verbindung mit der englischen Monarchie beibehielt. Die Verfassung Indiens ist in mancher Beziehung bedeutsam. Sie entlehnt vieles den Erfahrungen Großbritanniens und der Vereinigten Staaten. Im Sinne der Tradition von Westminster hat sie das parlamentarische Regierungssystem übernommen. In Anlehnung an das Beispiel der Vereinigten Staaten legt sie dem Staatsaufbau das föderative Prinzip zugrunde und macht den Obersten Gerichtshof zum Hüter und Interpreten der Verfassungsgrundsätze. Die Zuständigkeit der »Staaten« genannten Provinzen ist auf vielen Gebieten weitgespannt; das gilt vor allem für Bodenrecht und Bodennutzung, Schule, Arbeitsbeschaffung, Forstwirtschaft und öffentliche Sicherheit. Die Provinzen verfügen auch in beträchtlichem Umfang über Steuerhoheit. Bezeichnenderweise ist aber aus der indischen Geschichte insofern eine Lehre gezogen worden, als die der Zentralregierung eingeräumten Vollmachten sehr viel größer sind als die der bundesstaatlichen Regierung in Amerika und in die Autonomie der Provinzen viel stärker eingreifen als in irgendeinem

Das von deutschen Firmen errichtete Wasserkraftwerk Hirakud in Indien

Indische Lastträgerinnen beim Bau eines Staudamms

anderen Bundesstaat. Die Parlamente – sowohl im Bund wie in den Provinzen – gehen aus allgemeinen Wahlen hervor.

Eine charakteristische Eigenart der Verfassung Indiens ist der wichtige Abschnitt über die Grundrechte, der das zu verankern sucht, was die soziale Revolution des letzten Jahrhunderts an Errungenschaften gebracht hat. Kastenunterschiede kennt die Verfassung nicht mehr. Die Unberührbarkeit, die so lange ein Schandmal des indischen Lebens war, ist abgeschafft; wer die alten Bräuche der Unberührbarkeit praktiziert, macht sich strafbar. Die Gleichberechtigung der Frau in allen Lebensbereichen wird nachdrücklich garantiert. Ebenso verbürgt die Verfassung die Religions-, Vereins- und Redefreiheit wie auch alle anderen Wesensmerkmale eines liberalen Staates. Sie beschränkt sich nicht darauf, dem demokratischen Streben des Volkes Ausdruck zu verleihen, sondern will auch für die Zukunft sicherstellen, daß sich das politische Leben in Indien in der Richtung der liberal-demokratischen Traditionen entwickelt, die Indien als unverletzliches Erbe von Europa übernommen hat.

War einmal die Einheit des Staatsgebietes gesichert und die Verfassungsgrundlage des Staates geschaffen, so türmten sich vor der neuen Regierung drei gewaltige und vordringliche Aufgaben auf: 1. Erschließung und Entwicklung der Naturschätze des Landes und Aufbau einer Industriewirtschaft, 2. Umwandlung der Struktur des flachen Landes und 3. Modernisierung der Hindu-Gesellschaft.

Am Ende der Periode der britischen Herrschaft in Indien war die Wirtschaft des Landes zum größten Teil noch in einem kolonialen Zustand. Obgleich sich im 19. Jahrhundert auf manchen Gebieten eigene indische Industrien entwickelt hatten, war die Gesamtwirtschaft unproportioniert, unausgeglichen. Die landwirtschaftliche Erzeugung vermochte den Ernährungsbedarf des Landes nicht zu decken. Um die Zeit des großen Sieges im Unabhängigkeitskampf fehlten Indien gerade mehr als vier Millionen Tonnen Getreide. Bei einem jährlichen Bevölkerungszuwachs von rund fünf Millionen schien das Ernährungsproblem nahezu unlösbar. Indien hatte aber außer Stahl auch keine eigene Grundstoffindustrie. Seine Bodenschätze waren – mit Ausnahme von Kohle – unerschlossen. Obgleich das Land reich an wasserreichen Strömen ist, wurden sie bis auf wenige Ansatzpunkte der Krafterzeugung nicht dienstbar gemacht. Von Anfang an stand fest, daß die Neugestaltung der Wirtschaft die vordringlichste Aufgabe des neuen Staates war; von ihrer Lösung hing ab, ob Indiens gigantische Bevölkerung mit einem erträglicheren Leben rechnen konnte.

Die Regierung des neuen Staates schlug infolgedessen den Weg eines geplanten Aufbaus ein. Ihr erster Fünfjahresplan, der 1956 zu Ende gegangen ist, war in erster Linie auf den Ausbau von Bewässerungsanlagen, die Elektrizitätserzeugung und die Vermehrung der Lebensmittelproduktion gerichtet. Im Planjahrfünft wurden 6,88 Millionen Hektar Land vom neuen Bewässerungssystem erfaßt. Brachliegendes Land mit einer Gesamtfläche von 740000 Hektar wurde urbar gemacht. Die akute Krise in der Lebensmittelversorgung war damit um 1953/54 überwunden. Im ersten Planjahrfünft wurde ferner die Elektrizitätserzeugung verdoppelt; einige lebenswichtige Industrien – Düngemittelerzeugung, Lokomotivbau, Schiffbau, Werkzeugmaschinenproduktion und andere – wurden geschaffen. Am Ende des Planjahrfünfts war das Volkseinkommen um über elf Prozent gestiegen, die Lebenshaltung der Volksmassen fühlbar gehoben worden. Der zweite Fünfjahresplan sieht die

Weiterführung der großen Bewässerungsarbeiten vor, verlegt aber das eigentliche Schwergewicht in die industrielle Produktion. In Zusammenarbeit mit der Sowjetunion, der Bundesrepublik, Großbritannien und den Vereinigten Staaten werden vier große Stahlwerke gebaut, die Indiens jährliche Rohstahlerzeugung auf sechs Millionen Tonnen erhöhen sollen. Im gemeinwirtschaftlichen Sektor werden die Produktion von Schwerchemikalien, der Maschinenbau, die elektronische Industrie, der Flugzeugbau, die pharmazeutische Industrie, der Lokomotivbau, die Fabrikation von Fernsprechgeräten, die Elektrifizierung der Eisenbahnen und andere grundlegende Wirtschaftsbereiche ausgebaut. Im privatwirtschaftlichen Sektor ist das Planziel der Aufbau der Personen- und Lastkraftwagenerzeugung, des Leichtmaschinen- und Gerätebaus, der Aluminiumgewinnung.

Oft wird behauptet, die Wirtschaft Indiens sei in ihren Zielsetzungen sozialistisch. Eine solche Formulierung führt leicht in die Irre. Es stimmt zwar, daß einige der wichtigsten Wirtschaftsbereiche in staatlichem Besitz sind und unter staatlicher Verwaltung stehen, aber der Staat unterstützt ebenso auch private Kapitalbildung und privatwirtschaftliche Unternehmen. Was Indien wirklich erstrebt, ist eine gemischte Wirtschaft, in deren Rahmen staatliche Investitionen in großem Ausmaß dazu dienen sollen, Schlüsselindustrien zu schaffen, die für die gesamtwirtschaftliche Entwicklung unentbehrlich sind.

Von großer Bedeutung für die Verwirklichung der indischen Industrialisierungspläne ist der Beitrag der führenden Industrieländer. Abgesehen von der finanziellen und technischen Hilfe, die der amerikanische Staat leistet, wirkt die Industrie der Vereinigten Staaten an verschiedenen Entwicklungsvorhaben im privatwirtschaftlichen Sektor mit. Die Sowjetunion ist am Bau eines der wichtigsten Stahlwerke (Bhilai), am Maschinenbau, an der Erschließung der Braunkohlevorkommen in Nyvelli und am Aufbau der die Braunkohle verwertenden Industrien beteiligt. Die deutsche Industrie führt eine Anzahl wichtiger Aufbauprojekte durch, vor allem den Bau der Stahlwerke von Rourkela, daneben in Zusammenarbeit mit einer indischen Firma den Aufbau der Lastkraftwagenproduktion. Französische Industrieinteressen nehmen am Schiffbau, an der elektronischen Industrie, an einer Fabrik seltener Erden und an der Elektrifizierung der Eisenbahnen teil. Die langjährige Verbindung der englischen Industrie mit dem indischen Wirtschaftsleben erklärt den hohen Anteil Englands an dem in Indien investierten Auslandskapital. Indien liefert ein lehrreiches Beispiel dafür, was enge Zusammenarbeit zwischen Europa und den neuen asiatischen Staaten auf dem Gebiete des Industrieaufbaus zu leisten vermag.

Jede in größerem Rahmen angestrebte Industrialisierung hängt von den Leistungen der Wissenschaft, der Koordinierung wissenschaftlicher und industrieller Vorhaben und der Ausbildung des Personals ab, das für kompliziertere technologische Pläne benötigt wird. Eins der ersten Probleme, dem sich Indien nach Erlangung der staatlichen Unabhängigkeit zuwandte, war daher die Errichtung von wissenschaftlichen Forschungsanstalten und spezialisierten Hochschulen auf verschiedenen Fachgebieten der Technik. Die ins Leben gerufenen Forschungsanstalten fallen in drei Kategorien: 1. Institute für theoretische Grundlagenforschung, wie das Landeslaboratorium für Physik in Delhi, das Landeslaboratorium für Chemie in Poona und das Institut für Grundlagenforschung in Bombay; 2. Forschungsinstitute, die mit einzelnen Industriezweigen zusammenhängen, wie das Leder-

Universitäten und höhere Bildung in Indien · 1956-58

- ○ Universitäten
- ⋰ bis 50 Hoch- und Fachschulen
- ⁝⁝⁝ bis 100
- ▦ bis 150
- ▦▦ darüber

*MANIPUR* = Bundes-Territorien
Grenzen von 1960

*NEFA* = North-East-Frontier-Agency

durch Sondervertrag angeschlossen

forschungsinstitut in Madras, das Textilforschungsinstitut in Ahmadabad, schließlich 3. Forschungsanstalten, die sich mit wichtigen allgemeineren Problemen der sozialen und ökonomischen Umgestaltung befassen, wie das Lebensmittelforschungsinstitut in Bangalore, das Forschungsinstitut für Stromregulierung in Poona und das Zentralinstitut für Straßenbauforschung in Delhi.

Das zweite entscheidende Problem, das neben dem Aufbau einer ausreichenden Industriegrundlage die Aufmerksamkeit des neuen Staates in Anspruch nahm, war die Umgestaltung der Lebensverhältnisse der Landbevölkerung. Eine Seite dieses Problems hatte mit dem unter der englischen Kolonialherrschaft aufgebauten Großgrundbesitz zu tun. Vor allem in der Ganges-Ebene waren riesige Feudaldomänen geschaffen worden, deren Besitzer *(zamindari)* nach den Vorstellungen der Kolonialverwaltung eine der englischen Herrschaft treu ergebene konservative Klasse bilden sollten. Die feudalen Ländereien wurden mit Hilfe eines mehrstufigen Belehnungssystems bewirtschaftet: über der großen Masse der Bauern, die den Boden bebauten, erhoben sich in mehreren Stockwerken die von den *zamindari* eingesetzten, gleichsam als Zwischenmeister fungierenden Lehnsträger. Ebenso waren in den Herrschaftsgebieten der indischen Fürsten im Norden des Landes große Ländereien im Besitz des feudalen Hofadels. Bevor an eine Umgestaltung des Lebenszuschnittes des Dorfes geschritten werden konnte, war die Durchführung einer radikalen Bodenreform unerläßlich. Das war denn auch die erste große Reform, die die Regierung in Angriff nahm: die vielen Vermittler, die sich zwischen den Staat und den besitzlosen Bauern schoben, wurden ausgekauft und das Land zum größeren Teil in den Besitz der den Boden selbst bewirtschaftenden Bauern übergeführt.

Dieser Eingriff schuf die Voraussetzungen für einen gründlichen Umbau der Lebensgrundlagen auf dem flachen Lande. Jahrhundertelang waren die indischen Dörfer, deren es über fünfhundertsechzigtausend gibt, vom Leben draußen fast unberührt geblieben, und über achtzig Prozent aller Inder leben auch heute noch in diesen vorsintflutlichen Landgemeinden. Von Anfang an war sich Gandhi darüber im klaren, daß das stagnierende Dorf den Kern aller Probleme Indiens bildet und daß auch der allergrößte städtische Fortschritt Indien nicht in einen normal funktionierenden Staat zu verwandeln vermag, solange nicht Entscheidendes zur Bekämpfung der Armut, Unwissenheit und sozialen Rückständigkeit des Dorfes geschieht. Gandhi selbst lebte und arbeitete unter Bauern, und am fruchtbarsten für die Wiedergeburt Indiens war seine ständige Mahnung, für den Aufstieg der Landbevölkerung zu sorgen. Sein wichtigstes politisches Vermächtnis ist die Erkenntnis, die er seinen Anhängern vermittelt hat, daß ihre erste Pflicht den Bauern und Arbeitern gilt, die in Indiens Dörfern ihr Dasein fristen.

Auch den Führern des neuen Staates war, als sie den Weg der Industrialisierung einschlugen, klar, daß eine Gesellschaft, in der eine Stadtbevölkerung mit gehobenem Niveau und Lebensstil neben einer rückständigen Bauernschaft existieren müßte, ständigen Schwankungen und Störungen ausgesetzt sein würde. Eine planmäßige Umstrukturierung der Dorfgesellschaft im ganzen Lande mußte daher das logische Gegenstück zur Schaffung neuer Industrien sein. Was die Regierung sich vornahm, war, die Organisation von ländlichen Kommunalverbänden mit je achtzig bis hundert in einem gemeinsamen Aufbauplan zusammengefaßten Dörfern, die sich kollektiv um neue Produktionsverfahren, bessere Verkehrseinrichtungen, staatsbürgerliche Erziehung, Gesundheitspflege und Hygienemaßnahmen bemühen würden. Auf diese Weise sollte die hoffnungslose Isolierung, in der das indische Dorf Jahrhunderte hindurch vegetiert hatte, von den größeren Distriktseinheiten mit vermehrten Mitteln und Planungsmöglichkeiten für die gemeinschaftliche Aufbauarbeit überwunden werden. Im Rahmen des nationalen Umbauplanes arbeitet jede Distriktseinheit an ihrem eigenen Aufbauprogramm. Der Nachdruck liegt auf der Herausbildung einer lokalen Führung, und diesem Zweck dienen besondere Ausbildungszentren für lokale Selbstverwaltungsfunktionäre. Die Zentralregierung, die den Gesamtplan überwacht, stellt technische Hilfe zur Verfügung und kommt für einen Teil der Ausgaben auf. Was hier versucht wird, ist eine von der organisierten Gemeinschaftsarbeit der Bevölkerung getragene Revolution im Leben des Dorfes, die das gesellschaftliche und wirtschaftliche Dasein der Landbevölkerung radikal umgestaltet.

Natürlich kann ein so umfassender Plan, der das Dasein von Hunderten von Millionen berührt, nicht überall auf gleiche Erfolge rechnen. In einigen Gebieten haben die Gemeinschaftsvorhaben erstaunliche Ergebnisse hervorgebracht; in anderen hat es sich als sehr viel schwieriger herausgestellt, die festverwurzelten Gewohnheiten des ländlichen Daseins zu überwinden und die Menschen für neue Ideen zu gewinnen. Die Entfaltung der lokalen Initiative ist nicht etwas, was sich immer plangerecht erreichen läßt. Überall aber hat der Versuch des Aufbaus der Gemeinschaftsorganisationen einen mehr oder minder einschneidenden psychologischen Wandel bewirkt, das Verlangen nach besseren Lebensbedingungen, das Bedürfnis nach wirtschaftlichem Aufstieg geweckt.

Was die Modernisierung des ländlichen Daseins auf lange Sicht erreichen wird, läßt sich heute noch nicht vorausahnen. Fest steht nach der Erfahrung der letzten sechs Jahre jedenfalls, daß das Dorf allmählich aus seinem jahrhundertelangen Winterschlaf erwacht. Dank der politischen Macht, die ihm mit dem allgemeinen Wahlrecht zugefallen ist, und dank der intensiveren wirtschaftlichen Tätigkeit, die mit Industrialisierung und landwirtschaftlicher Modernisierung verbunden ist, hat das ländliche Indien bereits angefangen, sich nachdrücklicher zu behaupten und größere Beachtung seiner Bedürfnisse und Interessen zu fordern.

Parallel mit diesen Veränderungen auf dem flachen Lande ist ein von der Regierung im letzten Jahrzehnt entschieden geförderter sozialer Umstellungsprozeß vor sich gegangen. Schon vor der Erringung der Unabhängigkeit hatte ein Jahrhundert europäischer Bildungsbeeinflussung und zunehmender kultureller Berührung mit dem Westen in den gesellschaftlichen Vorstellungen der Inder überhaupt und der Hindus im besonderen radikale Veränderungen bewirkt. Da aber die britische Regierung Indiens eine Stillhaltepolitik der religiösen und sozialen Neutralität befolgte, lebte die Hindu-Gesellschaft weiter nach ihren archaischen Gesetzen und im Banne von Sitten und Bräuchen, von denen viele vernunftwidrig und fortschrittsfeindlich und manche mit den Daseinsnotwendigkeiten einer modernen Gesellschaft schlechterdings unvereinbar waren. Nach wie vor behauptete sich als Gebot der Hindu-Religion das System der Unberührbarkeit, das über dreißig Millionen Menschen zur Rechtlosigkeit, Isolierung und Ausstoßung aus der Gesellschaft verurteilte, als unwiderruflich »unrein« und durch Berührung »verunreinigend« brandmarkte. Gandhi hatte bereits die Abschaffung der Unberührbarkeit zu einer politischen Programmforderung gemacht, aber das System war geblieben. Daneben bestanden noch andere unüberbrückbare soziale Schranken. Die Hindu-Soziallehre schloß Frauen von der Erbfähigkeit aus. Eheschließung zwischen Angehörigen verschiedener Kasten war nach den Gesetzen des Hinduismus verwerflich und wurde nur in den Fällen geduldet, in denen der Mann einer »höheren«, die Frau einer »niedrigeren« Kaste angehörte. Vielweiberei war, wenn auch nicht sehr verbreitet, gesetzlich erlaubt. Dagegen verbot das Hindu-Recht die Ehescheidung. Auch in mancher anderen Beziehung verriet die Hindu-Gesellschaft deutliche Spuren einer künstlich gebremsten Entwicklung. Und eben an diese Probleme ging der neue Staat mit Mut und Entschlossenheit heran. Die Unberührbarkeit wurde durch die Verfassung abgeschafft und durch Gesetz unter Strafe gestellt. Die in der Verfassung niedergelegten Grundrechte garantierten die Gleichberechtigung der Frau im Arbeitsverhältnis. Das neue Eherecht sicherte die Monogamie, erlaubte unter bestimmten Bedingungen die Ehescheidung und proklamierte die Freiheit der ehelichen Verbindung zwischen Angehörigen verschiedener Kasten. Das überlieferte Erbrecht der Hindus wurde revidiert und den Töchtern der gleiche Anspruch auf die Hinterlassenschaft der Eltern verbürgt wie den Söhnen. Bedeutsamer noch als der fortschrittliche Inhalt dieser Reformen war die Tatsache, daß sie zum erstenmal die gesamte Hindu-Bevölkerung betrafen. Früher hatten für verschiedene Hindu-Sekten und -Kasten verschiedene Rechtssysteme gegolten. Die neuen Gesetze dehnten ihren Anwendungsbereich auf alle Hindus in ganz Indien aus. Aus dem unverbindlichen Nebeneinander verschiedener Hindu-Kasten, die nur dem Namen nach zur selben Gesellschaft gehörten, wurde mit der Einführung eines für alle geltenden Rechtssystems so etwas wie eine homogene Hindu-Gesellschaft geschaffen.

Was die dreifache Revolution – in der Wirtschaft, im Dorfgefüge und im gesellschaftlichen Dasein – möglich gemacht hat, war die Stärke der demokratischen Struktur des Landes, die sowohl das Verlangen nach Reformen als auch die Apparatur für ihre Durchführung hervorbrachte. Die indische Demokratie beruht auf dem allgemeinen Wahlrecht. Bei den ersten Wahlen, die 1951 stattfanden, gaben über fünfundneunzig Millionen Menschen ihre Stimme ab. Bei den zweiten Wahlen – 1957 – waren es bereits über hundertzehn Millionen. Wichtiger als die große Zahl der Wähler ist aber das kontinuierliche Funktionieren der Demokratie auf allen Stufen vom dörflichen Gemeinderat bis zu den Provinzparlamenten. Kommunale Verwaltungsinstitutionen – Distriktämter, Gemeinden und öffentlich-rechtliche Körperschaften mit Selbstverwaltungsfunktionen – gibt es in Indien seit über sieben Jahrzehnten. Alle diese Organe werden jetzt auf Grund des allgemeinen Wahlrechts gewählt. Diese gewaltige, ständig in Bewegung gehaltene Wahlmaschinerie bewirkt, daß sich die große Masse nicht nur ihrer Macht bewußt wird, sondern auch ihre Probleme geistig zu verarbeiten beginnt. Das gibt der Zentralregierung in Delhi die Möglichkeit, weitreichende gesetzgeberische Maßnahmen mit aktiver Zustimmung und Teilnahme der Bevölkerung in die Praxis umzusetzen.

Die indische Demokratie operiert durch die normalen Kanäle organisierter politischer Parteien. Im Anfang – 1947 – war der Indische Nationalkongreß praktisch die einzige Partei. Er war aber auch mehr als eine Partei: eine nationale Bewegung unter der Führung

Gandhis und zugleich eine Gemeinschaft überzeugter, gläubiger Menschen, die sich um den Mahatma um eines Zieles willen – der Verwirklichung der Unabhängigkeit des Landes – geschart hatten. Außer der nationalen Zielsetzung hatte der Kongreß keine besondere Ideologie. Es war die große Leistung Jawāharlāl Nehrus, diese umfassende nationale Bewegung zu einer Partei mit einer eigenen Ideologie und einem eigenen Programm umgeschmolzen zu haben. Leicht war dieser Umstellungsprozeß nicht. Der Kongreß, der den Freiheitskampf geführt hatte, umfaßte politische Richtungen aller Schattierungen – von den Sozialisten bis zu denen, die die Rückkehr zu den Urtugenden der Hindu-Religion

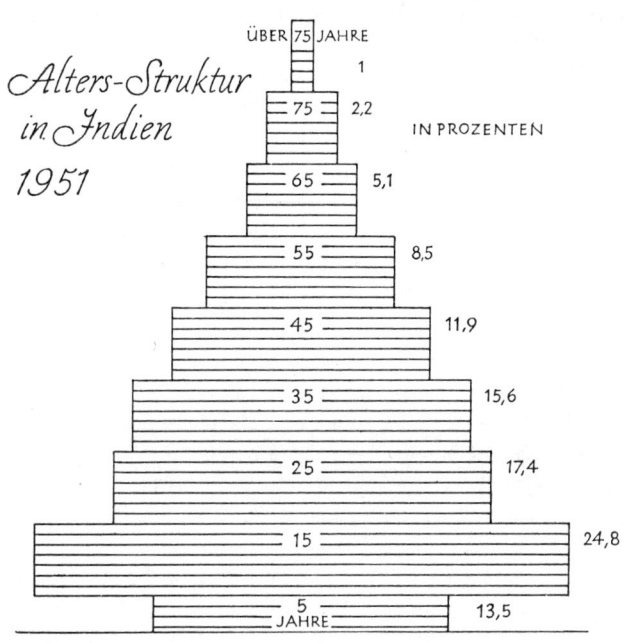

*Alters-Struktur in Indien 1951*

ÜBER 75 JAHRE — 1
75 — 2,2
65 — 5,1
55 — 8,5
45 — 11,9
35 — 15,6
25 — 17,4
15 — 24,8
5 JAHRE — 13,5

IN PROZENTEN

predigten. Langsam, schrittweise brachte Nehru den Kongreß dazu, einen sehr unorthodoxen Sozialismus als sein Kredo zu akzeptieren. Auf ihrem Jahresparteitag von 1956 erhob die Kongreßpartei die Schaffung eines sozialistischen Gesellschaftsgebildes zu ihrem programmatischen Ziel. Diese allmähliche Wendung zu einer festen programmatischen Haltung brachte die Lostrennung verschiedener Gruppen sowohl auf dem rechten als auch auf dem linken Flügel mit sich. Neben den Kommunisten sind nunmehr die wichtigeren Oppositionsparteien: auf der einen Seite die Jan Sangh (Volkspartei), eine Organisation rechtsgerichteter Hindus, die eine Sammlung des konservativen Hinduismus erstreben, weil sie der Meinung sind, daß die weltlich eingestellte Regierung die ideellen Werte der Hindu-Überlieferung vernachlässigt; auf der anderen Seite die Sozialistische Praja-Partei, eine Richtung, die sich vom Kongreß getrennt hat, weil sie seinen Sozialismus für viel zu verwässert hält. In der Tendenz erhöht die Tätigkeit der Oppositionsparteien die Wirksamkeit des demokratischen Willensbildungsprozesses.

## Indien und die Außenwelt

Der eigentliche Oppositionswiderstand gegen die Kongreßpartei rührt von den Kommunisten her. Die Kommunistische Partei Indiens ist Anfang der zwanziger Jahre entstanden; größeres Ansehen erlangte sie dank den Meerut-Prozessen von 1931/33, in denen ihre Führer, von einigen englischen Kommunisten flankiert, wegen Teilnahme an einer Verschwörung zum gewaltsamen Sturz der britischen Herrschaft vor Gericht standen. Trotzdem blieb die kommunistische Bewegung bis zum zweiten Weltkrieg unbedeutend und einflußlos. Gleich ihren Gesinnungsgenossen in anderen Ländern wandten sich die indischen Kommunisten zu Kriegsbeginn mit großer Schärfe gegen jegliche Unterstützung des »imperialistischen« Krieges, machten aber eine radikale Kehrtwendung in dem Moment, da die Sowjetunion in den Krieg eintrat. Nunmehr, im »antifaschistischen Volkskrieg«, bot die Kommunistische Partei der englischen Regierung ihre Mithilfe an. Aber mit diesem taktischen Kurswechsel geriet sie in Widerstreit mit der in Indien vorherrschenden nationalistischen Stimmung. Das Bündnis mit der englischen Regierung machte die Partei unpopulär in den Augen der Volksmassen, um so mehr, als sich die Kommunisten im Bunde mit den britischen Kolonialbehörden in einen Feldzug gegen den Kongreß stürzten. Anderseits brachte die Vernunftehe mit der Regierung den Kommunisten eine Zeitlang auch spürbare Vorteile: um den Einfluß des Kongresses einzudämmen, förderte die Regierung das Eindringen der Kommunisten in die Gewerkschaften, und auf diese Weise gelang es der Partei zum erstenmal, in der Arbeiterbewegung Fuß zu fassen. Freilich fiel das Bündnis mit der Regierung auseinander, als der Krieg vorbei war, und die Kommunisten blieben mit dem Brandmal der Kollaboration mit der Fremdherrschaft behaftet.

Dennoch schien die Nachkriegssituation bei oberflächlicher Betrachtung für die Kommunisten im Anfang nicht ungünstig auszusehen. Daß die Unabhängigkeit Indiens in Bälde verwirklicht sein würde, war damals schwerlich vorauszusehen, zumal kein Kompromiß zwischen Moslem-Liga und Kongreß in Sicht war und das Land nach den schweren Straßenschlachten zwischen Hindus und Mohammedanern in Calcutta (1946) von Bürgerkriegswirren geschüttelt wurde. Daß England auf seine Macht zu einem Zeitpunkt verzichten würde, da Indien vor dem Zerfall zu stehen schien, konnten die Kommunisten nicht glauben. Sie richteten sich infolgedessen darauf ein, daß der nationale Freiheitskampf noch lange anhalten würde, und standen gleichsam Gewehr bei Fuß, um dem Kongreß die Führung in diesem Kampf zu entreißen.

Als indes die Unabhängigkeit wider Erwarten erreicht war, taten sie so, als habe sich nichts geändert und als sei der neue indische Staat pure Staffage. Sie prangerten Nehru als Agenten des englischen Imperialismus an und taten ihr möglichstes, um mit einer Sabotage- und Terrorkampagne eine revolutionäre Situation herbeizuführen. Als auch das mißlungen war, gingen sie daran, in Telingana in Hyderabad ein »befreites Gebiet« zu organisieren; das sollte der erste Schritt zur Durchführung des, wie es hieß, nach Komintern-Direktiven entworfenen allgemeinen Revolutionsschemas für Südostasien sein. In einer Zeit, da der Herrscher von Hyderabad die Eingliederung seines Staates in die Indische Union zu hintertreiben suchte, konnten sich die Kommunisten bequem darauf berufen, daß sie mit der Errichtung ihrer Herrschaft im »befreiten« Telingana die Befreiung ganz Hyderabads vorbereiteten und damit zur Verwirklichung der Einheit Indiens beitrugen. Ihre theoretische Konzeption um diese Zeit besagte, daß der Kongreß nichts anderes sei als eine indische Version der Kuomintang, und Nehru wurde als das indische Gegenstück zu Chiang Kai-shek hingestellt. In einer solchen Situation, so lautete die These, sei das vordringlichste die Schaffung eines indischen Yen-an, eines »befreiten Gebietes«, das ebenso als Zentrum einer Gegenoffensive gegen die reaktionäre Politik der Regierung in Delhi dienen werde, wie das erste Yen-an in Shensi als Zentrum der Offensive Mao Tse-tungs gegen die Kuomintang gedient habe. Daraus ist nichts geworden: die indischen Regierungstruppen besetzten Hyderabad, und das »befreite Gebiet« von Telingana wurde liquidiert.

Mittlerweile hatte das Nehru-Regime die Verfassung der Republik geschaffen und Parlamentswahlen abgehalten. Die Kommunisten hatten sich entscheiden müssen. Boykottierten sie die Wahlen, so liefen sie Gefahr, jegliche Unterstützung im Volke zu verlieren; beteiligten sie sich an den Wahlen, so mußten sie sich im Rahmen der Verfassung halten und an der gesetzgeberischen Arbeit der Parlamente im Bund und in den Provinzen teilnehmen; damit wäre aber auch die These hinfällig geworden, daß die Unabhängigkeit eine Fiktion und Indien immer noch ein halbkoloniales Land sei.

Nach einigem Zögern entschieden sich die Kommunisten für Wahlbeteiligung. Bei den Wahlen von 1951/52 eroberten sie 27 Parlamentssitze (während auf die Kongreßpartei 362 entfielen) und wurden zur stärksten Oppositionsgruppe im Parlament. In drei Provinzparlamenten im Süden schnitten sie sogar noch besser ab. Aber die Teilnahme an der parlamentarischen Arbeit wirkte insofern ernüchternd, als sich die Partei nicht auf bloße Kritik an der Regierungspolitik beschränken konnte, sondern sich auch genötigt sah, an der Gesetzgebungsmaschinerie mitzuwirken und in Ausschüssen mitzuarbeiten. Außerdem ergab sich mit der Herauskristallisierung der eigenen Außenpolitik Indiens nach der Entstehung der Volksrepublik China und der Verkündung der »Fünf Prinzipien der Koexistenz« die für die Kommunisten peinliche Situation, daß der außenpolitische Kurs der Regierung ihren Wünschen entsprach. Sogar in der Innenpolitik mußten die Kommunisten bei aller Kritik und bei allem Eintreten für radikalere Maßnahmen feststellen, daß der Kongreß mit der Bodenreformgesetzgebung in den Provinzen, so gemäßigt sie auch sein mochte, und mit der planwirtschaftlich forcierten Industrialisierung ihnen jede Möglichkeit genommen hatte, mit einem grundsätzlich anderen Wirtschaftsprogramm aufzutreten. Auch die Hilfe, die die Sowjetunion Indien beim Industrieaufbau anbot, die Besuche führender Staatsmänner aus China, Rußland, Polen und anderen kommunistischen Ländern des kommunistischen Blocks ließen der Kommunistischen Partei keine andere Wahl, als die Gesamtpolitik des Kongresses – wenn auch mit Vorbehalten – zu unterstützen. Die 1956/57 abgehaltenen zweiten Wahlen ließen diese Entwicklungstendenz nur noch stärker hervortreten. Nur in einem einzigen Bundesstaat, Kerala, gewannen die Kommunisten so viel Parlamentssitze, daß sie mit Unterstützung einiger parteiloser Abgeordneten eine Regierung bilden konnten. Die »Koexistenz« der von den Kommunisten geführten Regierung von Kerala mit den vom Kongreß beherrschten Regierungen des Bundes und aller anderen Bundesstaaten hat noch deutlicher gemacht, daß die Kommunistische Partei in Indien, sofern sie als Partei eine Rolle spielen will, gezwungen ist, als demokratische Organisation im Rahmen des parlamentarischen Systems zu operieren. Dem entspricht die vor einiger Zeit durchgeführte Reorganisation des Parteiaufbaus: die Kommunistische Partei hat die Parteizellen abgeschafft und ihr Organisationsgefüge dem der anderen politischen Organisationen des Landes angepaßt. Auf die Dauer hat sich die Koexistenz aber nicht halten können. Schon zwei Jahre später führte die Opposition gegen die neuen Schulgesetze und die drastische Bodenreform zu Unruhen, die Nehru im Juni 1959 durch seine Vermittlung beizulegen versuchte. Als aber noch im selben Monat ein Generalstreik ausbrach und die Regierung von Kerala Massenverhaftungen vornahm, entschloß sich Delhi, sofort zu handeln. Staatspräsident Prasad löste die Regierung auf und entließ das Parlament (31.7.). Die Neuwahlen im Februar 1960 brachten zwar den Kommunisten einen Stimmenzuwachs, der Kongreßpartei aber die ersehnte stabile Regierungsmehrheit.

In demselben Jahr, in dem die Unabhängigkeit Indiens verkündet wurde, zerfiel die Welt in zwei feindliche Blöcke. Die Verwirklichung des Marshall-Planes in Europa und die Eroberung der Tschechoslowakei durch die Kommunisten hatten zur Folge, daß die einstigen Kriegsverbündeten zwei gegnerische Lager bildeten. Indien, das weiterhin mit dem Britischen Commonwealth verbunden blieb, aber der von den Westmächten in Asien immer noch vertretenen Kolonialpolitik tief mißtraute, war von Anfang an entschlossen, sich nicht in eine Auseinandersetzung hineinziehen zu lassen, die damals im wesentlichen als ein Streit um Europa zwischen Rußland und den Westmächten erschien. Dieser Haltung lagen zwei grundsätzliche Überlegungen zugrunde. Einmal waren für Indien Frieden und innere Reformen lebensnotwendig. Dem wirtschaftlichen Aufbau und der Umgestaltung seiner gesellschaftlichen Lebensgrundlagen mußte das Land seine ungeteilte Aufmerksamkeit zuwenden. Diese Aufbauaufgaben schienen ihm durch die Verschärfung der internationalen Spannungen gefährdet, und eben deswegen wollte es ihnen um jeden Preis fernbleiben. Zum andern war für Indien, sowenig Sympathie es dem Kommunismus entgegenbrachte, jede eigene Stellungnahme zu internationalen Streitfragen durch den Kampf gegen die Kolonialpolitik vorgezeichnet, und 1947 war das Kolonialsystem in Asien immer noch ein entscheidender politischer Tatbestand. In Indonesien schlugen sich die Holländer noch in verzweifelten Rückzugsgefechten. In Indochina klammerten sich die Franzosen an ihre Besitzungen und führten, um die Kolonien nicht hergeben zu müssen, einen opferreichen Krieg. In den Malaienstaaten war England damit beschäftigt, eine kommunistische Aufstandsbewegung niederzuwerfen, welche Aufgabe allerdings dann nach der Unabhängigkeitserklärung am 31. Juli 1957 von der neuen Regierung des Königs Sir Abd ul Rahman übernommen wurde, weil die Malaien selbst die Rebellion als einen Angriff von außen ansahen. Immerhin war es aber unter solchen Umständen nicht verwunderlich, daß Indien es vorzog, außerhalb des Westblocks zu bleiben und einen eigenen, unabhängigen Kurs zu steuern.

Mit der Vertreibung der Kuomintang vom chinesischen Festland und der Errichtung einer von Kommunisten beherrschten Volksrepublik in China hatte der Kalte Krieg von Europa auch auf Asien übergegriffen. Damit wurde für Indien die bereits eingeschlagene Politik des Draußenbleibens noch wichtiger. Indien betrachtete die Entwicklung in China eher als neues Symptom der Wiedergeburt Asiens denn als Ausdruck einer kommunistischen Bedrohung der asiatischen Welt. Dagegen neigte der Westblock dazu, in China einen feindlichen Störenfried in der internationalen Politik, eine unvorhergesehene und höchst unerwünschte Verstärkung des gegnerischen Lagers zu sehen. Bedrohlich wurde die Lage mit dem Ausbruch des Korea-Konflikts, in dem Indien nach vorübergehendem Zögern die Haltung strikter Neutralität einnahm.

Unterdes hatten sich die Beziehungen zwischen Indien und China, vor allem nach der Regelung der Tibet-Frage, recht günstig entwickelt. Die Machtsphäre Chinas erstreckte sich bis an die Nordgrenze Indiens; Indien seinerseits hatte seine Position an den Gebirgsketten des Himalaja konsolidiert. Ein Übereinkommen war geboten, und ein indisch-chinesischer Vertrag konnte abgeschlossen werden. In der Präambel zu diesem Vertrag wurden zum erstenmal die »Fünf Prinzipien der Koexistenz« niedergelegt.

Das positive Ergebnis der Außenpolitik Indiens in den letzten zehn Jahren war die Schaffung einer »Friedenszone« in Süd- und Südostasien. Mit dem Ausbau enger Beziehungen zu Burma, Indonesien und Ceylon ist es Indien gelungen, seine nächste Umgebung außerhalb des Spannungsbereichs des Kalten Krieges zu halten. Eine Ausnahme bildet nur das unerfreuliche Verhältnis zwischen Indien und Pakistan.

Allerdings gehören die Beziehungen zwischen Indien und Pakistan in dieser Periode nicht eigentlich in die Ebene der auswärtigen Politik. In ihnen spiegeln sich die Nachwirkungen der Teilung, die viele Probleme komplizierter Natur hinterlassen hat. Die wichtigsten Streitfragen, die den Konflikt zwischen Indien und Pakistan schüren, ergeben sich aus Forderungen und Gegenforderungen, die sich auf das Schicksal der Millionen Heimatvertriebener auf beiden Seiten beziehen, aus Ansprüchen auf die Nutzung von Gewässern und aus dem Anschluß Kashmirs an Indien. Die Vertreibung von Millionen von Menschen im Punjab hat sowohl Indien als auch Pakistan das fast unlösbare Problem des »Evakuierteneigentums«, das heißt des von den Vertriebenen auf beiden Seiten der Grenze zurückgelassenen Besitztums, aufgebürdet. Nicht minder kompliziert ist das Problem der Wasserrechte. Die Flüsse fließen von Indien nach Pakistan. Zwar verfügt Pakistan im Stromgebiet des Indus über ausreichende Wassermengen, die es für seinen eigenen Bedarf ausnutzen kann, aber es bestreitet nichtsdestoweniger Indiens Recht, Gewässer aus dem Oberlauf der Indus-Nebenflüsse, die von Indien nach Pakistan fließen, nach eigenem Gutdünken in Kanäle abzuleiten. Der Streit um Kashmir, der das Verhältnis der beiden Staaten beherrscht, berührt das zentrale Problem der Teilung Indiens überhaupt. Pakistan steht auf dem Standpunkt, daß Kashmir wegen des mohammedanischen Bekenntnisses des größten Teils seiner Bevölkerung von Rechts wegen zu Pakistan gehören müsse, da die Teilung des Landes nach konfessionellen Gesichtspunkten vorgenommen worden sei. Demgegenüber vertritt Indien die Auffassung, daß die religiöse Zugehörigkeit der Bevölkerung mit dem strittigen Problem in einem weltlichen Staat nichts zu tun haben könne; Kashmir habe sich der Indischen Union freiwillig angeschlossen und sei damit rechtlich zu einem integrierenden Bestandteil Indiens geworden, von dem Pakistan einen Teil unter Gewaltanwendung besetzt habe. Diese drei Streitfragen haben – neben zahlreichen Konflikten von minderer Bedeutung – einen Zustand ständiger Spannung zwischen den beiden Staaten hervorgerufen.

Die Hauptzüge der Entwicklung Indiens unter Nehrus Führung in den letzten zwölf Jahren lassen sich in Kürze folgendermaßen zusammenfassen: Schaffung und Konsolidierung der territorialen Einheit Indiens durch Eingliederung der früher fürstlichen Gebiete und britischen Provinzen, die unter der Oberhoheit der englischen Krone nur lose zusammengefaßt waren; Errichtung eines weltlichen Staates, in dem alle Glaubensgemeinschaften die gleichen Rechte genießen, und sein Ausbau auf der Basis einer liberal-parlamentarischen Demokratie, die die staatsbürgerlichen Rechte und Freiheiten all ihrer Staatsbürger verbürgt; Aufbau eines Verwaltungsapparats, der alle komplexen Probleme eines modernen Staatswesens zu bewältigen vermag; Modernisierung der gesellschaftlichen Lebensgrundlagen durch Vereinheitlichung des Ehe- und Erbrechts, Abschaffung der Kastenabschließung, Unberührbarkeit und anderer überholter Bräuche und Sicherung der vollen Gleichberechtigung der Frau in allen Daseinsbereichen; beschleunigte Industrialisierung und wissenschaftliche Erschließung der Naturschätze des Landes mit dem Ziel der Hebung des Lebensstandards; gleichzeitig Umgestaltung des archaischen Dorfgefüges durch Einführung moderner Techniken und Zusammenfassung der Dörfer zu größeren Selbstverwaltungseinheiten; Umwandlung Indiens in ein modernes Land mit Hilfe umfangreicher staatlicher Investitionen und einer sorgfältigen und umfassenden Planung, die sich auf alle Sphären der wirtschaftlichen Tätigkeit erstreckt. In der Ebene der auswärtigen Politik hat Indien konsequent eine Politik verfolgt, die den Weltfrieden durch Fernbleiben von jeder weltpolitischen Blockbildung zu fördern sucht und eine Friedenszone aufbaut, die mit beiden Lagern gleich gute Beziehungen aufrechterhält.

## Südostasien im Umbruch

Von allen Ländern, die ihre Unabhängigkeit nach dem zweiten Weltkrieg erlangten, schien Burma anfänglich in der prekärsten Situation zu sein. Die Japanerherrschaft während des Krieges hatte die Wirtschaft des Landes zerrüttet. Anders als in Indien oder in Pakistan fehlte es Burma an geschultem Verwaltungspersonal. In weiten Teilen des Landes hatte Gesetz und Ordnung aufgehört zu funktionieren. Ein Bürgerkrieg war im Gange, an dem als aktive Kämpfer eine Splittergruppe der Regierungspartei, das bedeutende Minderheitsvolk der Karen und die Kommunisten beteiligt waren. Das allgemeine Durcheinander wurde noch dadurch verschlimmert, daß die führende Regierungsgruppe, von der das Volk die Lenkung der Staatsgeschicke erwartete, darunter General Aung San und seine nächsten Mitarbeiter, während einer Sitzung dem Mordanschlag einer feindlichen Clique zum Opfer fiel. Rangoon glich 1949 einer belagerten Stadt. Der Machtbereich der Regierung reichte kaum über die Vororte der Hauptstadt hinaus. Die Karen hielten große Teile des Landes besetzt. Die Kommunisten durchstreiften das flache Land mit einer eigenen »Befreiungsarmee«. In den Nordprovinzen hatte ein Kuomintang-General, der den chinesischen Kommunisten entflohen war, sein Hauptquartier aufgeschlagen und einen eigenen Staat zusammengestückelt.

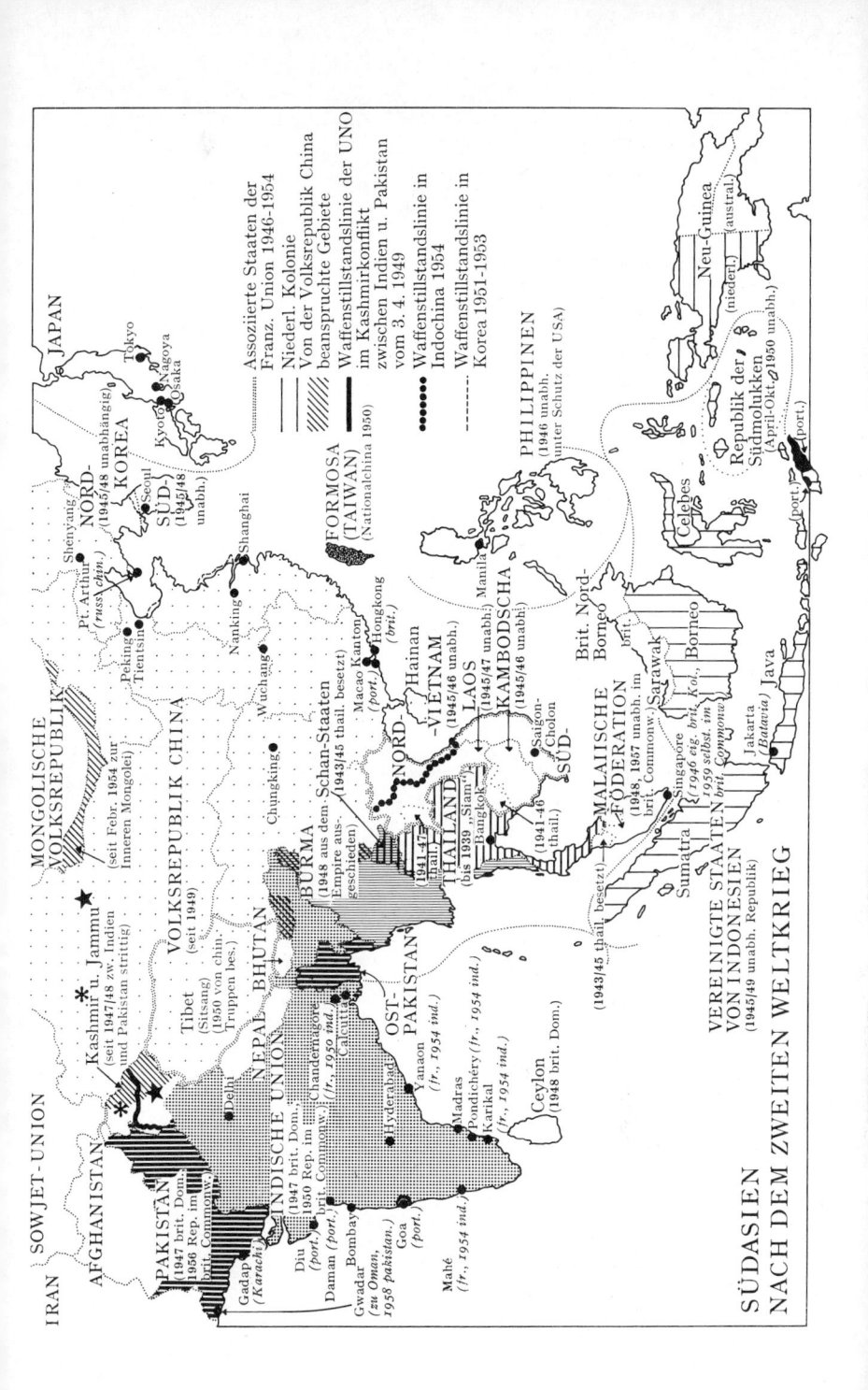

# SÜDASIEN NACH DEM ZWEITEN WELTKRIEG

**Legende:**
- Assoziierte Staaten der Franz. Union 1946–1954
- Niederl. Kolonie
- Von der Volksrepublik China beanspruchte Gebiete
- Waffenstillstandslinie der UNO im Kashmirkonflikt zwischen Indien u. Pakistan vom 3. 4. 1949
- Waffenstillstandslinie in Indochina 1954
- Waffenstillstandslinie in Korea 1951–1953

**Beschriftungen auf der Karte:**

IRAN — SOWJET-UNION — AFGHANISTAN

PAKISTAN (1947 brit. Dom., 1956 Rep. im brit. Commonw.)

Gadap (Karachi)
Gwadar (zu Oman, 1958 pakistan.)

Kashmir u. Jammu (seit 1947/48 zw. Indien und Pakistan strittig)

MONGOLISCHE VOLKSREPUBLIK (seit Febr. 1954 unabhängig; von Inneren Mongolei)

VOLKSREPUBLIK CHINA (seit 1949)

Tibet (Sitsang) (1950 von chin. Truppen bes.)

NEPAL — BHUTAN

INDISCHE UNION (1947 brit. Dom., 1950 Rep. im brit. Commonw.)

Delhi
Diu (port.)
Daman (port.)
Chandernagor (fr., 1950 ind.)
Bombay
Hyderabad
Goa (port.)
Mahé (fr., 1954 ind.)
Yanaon (fr., 1954 ind.)
Calcutta
Madras
Pondichery (fr., 1954 ind.)
Karikal (fr., 1954 ind.)

Ceylon (1948 brit. Dom.)

OST-PAKISTAN

BURMA (1948 aus dem Schan-Staaten Empire ausgeschieden) (1943/45 thail. besetzt)

Pt. Arthur (russ. chin.)
Shenyang
Peking
Tientsin
Nanking
Wuchang
Chungking
Shanghai

NORD-KOREA (1945/48 unabhängig)
SÜD-KOREA (1945/48 unabh.)
Seoul

JAPAN
Tokyo
Kyoto Nagoya Osaka

FORMOSA (TAIWAN) (Nationalchina 1950)

Hainan
Macao (port.)
Kanton
Hongkong (brit.)

NORD-VIETNAM (1945/46 unabh.)
SÜD-VIETNAM
LAOS (1945/46 unabh.)
KAMBODSCHA (1945/46 unabh.)
Saigon-Cholon

THAILAND (bis 1939 "Siam") (1941–46 thail.) (1941–47 thail.)
Bangkok

MALAIISCHE FÖDERATION (1948, 1957 unabh. im brit. Commonw.)
Singapore (1946 eigt. brit. Kol., 1959 selbst. im brit. Commonw.)

Brit. Nord-Borneo
Sarawak
Borneo

PHILIPPINEN (1946 unabh.) (unter Schutz der USA)
Manila

VEREINIGTE STAATEN VON INDONESIEN (1945/49 unabh. Republik)
Sumatra
Jakarta (Batavia)
Java
Celebes

Republik der Südmolukken (April–Okt. 1950 unabh.) (port.)

Neu-Guinea (niederl.) (austral.)

Von diesem anarchischen Zustand erholte sich Burma langsam, aber stetig, hauptsächlich dank dem persönlichen Einfluß des Premierministers U Nu und der Wirksamkeit der Antifaschistischen Volksliga für Freiheit (AFPL), die als Partei des Freiheitskampfes gegen die japanische Besatzungsmacht großes Prestige bei den Massen genoß. Nach der Ermordung Aung Sans und fast der ganzen Regierung richteten sich die Blicke der Bevölkerung hoffnungsvoll auf U Nu, den einzigen bedeutenden Angehörigen der Regierungsgruppe, der dem Massaker entgangen war. Daß U Nu die Führung übernahm, war für das Land ein Glücksumstand. Ein früherer Lehrer ohne allzu große politische Erfahrung, hebt sich U Nu vom Gros der politischen Führer durch zwei ungewöhnliche Eigenschaften ab. Er ist tief religiös und führt, auch ohne die Priesterweihe empfangen zu haben, das Leben eines buddhistischen Mönches. Er ist aber auch ein Mensch ohne politischen Ehrgeiz, dem es ein inneres Bedürfnis ist, der Welt zu entsagen und sich in ein Kloster zurückzuziehen; eben deswegen genießt er allgemeines Vertrauen. Das Gewicht seiner Persönlichkeit hat ihn zum unumstrittenen Chef der Regierung gemacht.

U Nus erstes Problem war die Rebellion der Karen. Die Karen sind ein kriegerischer Gebirgsstamm, den die Engländer in der Zeit ihrer Kolonialherrschaft sehr gefördert hatten. Viele Karen waren zum Christentum übergetreten und hatten so die Sympathien englischer und amerikanischer Missionare gewonnen. Was sie wollten, war ein unabhängiger Staat, und obgleich die burmesische Verfassung eine Autonomie des Karengebietes vorsah, bestanden sie auf der völligen Lostrennung. Das hätte den Zerfall des neuen Staates bedeutet. Mit einer Politik des Entgegenkommens, die aber auch der Härte nicht entbehrte, gelang es der Regierung U Nu schließlich, den Aufstand beizulegen. Gegen eine echte nationale Regierungspolitik, wie sie U Nu verfolgte, vermochten sich die Kommunisten trotz allen Versuchen, aus jeder Schwierigkeit der Regierung Kapital zu schlagen, und trotz ihrem Bündnis mit den Karen nicht durchzusetzen, zumal die erwartete Hilfe aus China ausblieb. Allmählich erholte sich dann auch die Wirtschaft des Landes. Parlamentswahlen konnten 1956 durchgeführt werden. Eine unblutige Militärrevolte brachte, nach dem Rücktritt U Nus im August 1958, den Armeeoberbefehlshaber General Ne Win an die Regierung. Ihm gelang im Januar 1960 in einem Abkommen mit Peking, alte Grenzkonflikte mit China beizulegen. Unter der strengen Leitung der neuen Regierung gewann die öffentliche Verwaltung bald wieder Vertrauen bei der Bevölkerung. Die von den Regierungen erstrebte Stabilisierung der allgemeinen Verhältnisse tritt mit der Zeit immer deutlicher in Erscheinung.

Die Verfassung Burmas sieht einen föderativen Staatsaufbau vor und folgt im übrigen dem parlamentarisch-demokratischen Vorbild Englands. Jede nationale Minderheit – Karen, Schan, Kachin, Tschin und andere – hat im Rahmen der Föderation ihr eigenes autonomes Gebiet. Das Bundesparlament besteht aus einer Kammer, die auf Grund des allgemeinen Wahlrechts gewählt wird. Das Kabinett ist dem Parlament verantwortlich.

Die Wirtschaft Burmas hat seit jeher auf dem Reisanbau beruht. Da der Boden fruchtbar ist und das Land keine überzählige Bevölkerung hat, werden Reisüberschüsse erzielt, die exportiert werden und die Finanzen des Landes stabil zu halten erlauben. Burma ist reich an Bodenschätzen, wozu auch Erdöl gehört, an Waldungen und an Wasserkräften, die den

Aufbau einer ergiebigen Hydroelektrizitätswirtschaft versprechen. Das Erdölgebiet war zwar lange Zeit unter der Kontrolle der Aufständischen, aber 1955 konnte die Regierung mit der früher in Burma tätigen Ölgesellschaft Verhandlungen über die Wiederaufnahme der Bohrungen anknüpfen. Eine behutsame Industrialisierungspolitik ist ebenfalls in Angriff genommen worden. Die Unzulänglichkeit des Verwaltungsapparates und die chronischen Nachwehen der Rebellion wurden in den letzten beiden Jahren der Regierung Ne Win weitgehend überwunden. Und da es auf eine stabile Wirtschaft bauen kann und an zu großer Bevölkerungsdichte nicht leidet, kann Burma einer gesicherten Zukunft entgegenblicken.

Gleich Indien hat Burma von Anfang an eine Politik der Nichtbeteiligung am Kalten Krieg getrieben. Es weigerte sich, sich dem einen oder dem anderen Block anzuschließen, und begnügte sich damit, sich um seine eigenen Interessen zu kümmern und gute Beziehungen zu seinen unmittelbaren Nachbarn – Indien, China und den Ländern Südostasiens – auszubauen.

\*

Ceylon erreichte Unabhängigkeit und Dominion-Status zur selben Zeit wie Indien. Aber die Entwicklung ist hier etwas anders verlaufen. Ceylon hatte für seine Unabhängigkeit nicht wie Indien einen langen erbitterten Kampf führen müssen, hatte aber anderseits auch nicht wie Burma an den Folgen der japanischen Besetzung zu tragen. Die scheidende Kolonialregierung trat somit ihre Macht an ein Volk ab, das auf eigene nationale Führung gar keinen Anspruch erhob. In der ersten Unabhängigkeitsphase schien daher Ceylons politische Ordnung lediglich eine Fortsetzung der alten Kolonialherrschaft zu sein, dies um so mehr, als die britische Flotte ihren Hauptstützpunkt im Trincomali-Hafen auf Ceylon beibehielt. Die Regierung war in den Händen einer anglisierten Oligarchie, die sich mehr an Europa als an Asien orientierte und fast blind war gegenüber den tiefgehenden Wandlungen, die im übrigen Asien vor sich gegangen waren. Auch das koloniale Wirtschaftssystem wurde beibehalten. Die Hauptquellen der wirtschaftlichen Energie Ceylons waren die Tee- und Gummiplantagen, fast ausnahmslos im englischen Besitz und von Engländern bewirtschaftet. Die Plantagenarbeit wurde hauptsächlich von Indern verrichtet. Im Handel überwogen Auslandsinteressen. Die politische Macht dagegen war der grundbesitzenden Aristokratie anheimgefallen. Die Trennung von politischer und wirtschaftlicher Macht hüllt die Unabhängigkeit Ceylons in den Anfangsstadien in eine Atmosphäre des Unwirklichen.

Ein gravierendes Problem im politischen Leben Ceylons ist die zahlreiche aus Indien stammende tamulische Bevölkerung, hauptsächlich Plantagenarbeiter, rund ein Zehntel der Gesamtbevölkerung der Insel. Daneben leben auf Ceylon viele einheimische Tamulen; in zwei Provinzen bilden sie die Mehrheit der Bevölkerung, im übrigen Lande eine starke und einflußreiche Minderheit. Ursprünglich waren die tamulischen Arbeiter mit Billigung der britischen Ceylon-Regierung aus Südindien importiert worden; inzwischen sind heute die meisten von ihnen gebürtige Ceylonesen und ceylonesische Staatsangehörige. Da sie dieselbe Sprache sprechen wie die einheimischen Tamulen, hatte die neue Regierung von

Anfang an Angst vor ihrem politischen Einfluß, der um so bedrohlicher schien, als die Plantagenarbeiter gut organisiert sind und weitgehend sozialistischen oder gar kommunistischen Gedankengängen folgen.

Ebensoviel Kopfzerbrechen verursacht die Einmischung der buddhistischen Geistlichkeit in die Führung der nationalen Politik. Unter den Oberschichten der asiatischen Völker – mit Ausnahme vielleicht der Filipinos – ist die ceylonesische Aristokratie am meisten verwestlicht. Der Einfluß der Portugiesen und Holländer war auf der Insel viel mehr spürbar als auf dem Festland, und das Schulsystem, das die Engländer eingeführt hatten, hatte die singhalesischen Aristokraten in östliche Ebenbilder englischer Gutsbesitzer verwandelt. Die buddhistische Kirche wirkte zwar auf die Massen, war aber nicht als Staatskirche anerkannt. Erst mit der Gründung des Ananda-College zu Beginn des 20. Jahrhunderts begann eine echte buddhistische Renaissance. Die Einführung gewählter Verwaltungskörperschaften führte dazu, daß sich die Politiker des Einflusses der buddhistischen Priester auf die Volksmassen und die Priester – die *sangha* – ihrerseits ihrer neuen politischen Macht bewußt wurden. Mit der Unabhängigkeit und der Einführung des allgemeinen Wahlrechts wurden sie zu einem ausschlaggebenden politischen Faktor; nur noch die marxistischen Parteien trauten sich, gegen den Herrschaftsanspruch der Priester offen anzugehen. Die Priester aber verlangten die Verwandlung Ceylons in einen buddhistischen Staat und die Erhebung des Singhalesischen zur einzigen offiziellen Landessprache. Die Sprachenforderung war eine gewollte Provokation an die Adresse sowohl der alteingesessenen Tamulen als auch der aus Indien stammenden Arbeiter. (Die Tamulen sind keine Buddhisten.)

Bei den Wahlen von 1956 wurde die alte Feudalpartei von einer Linkskoalition unter Solomon Bandaranaike praktisch vernichtet. Bandaranaike, ein in Oxford erzogener junger Aristokrat, war frühzeitig unter den Einfluß Gandhis und Nehrus geraten, trug handgewebte Kleidung, bekannte sich zum liberalen Nationalismus und galt seit geraumer Zeit als der Nehru von Ceylon. Er war aber unklug genug, in seinen Bemühungen um die Gewinnung der Wählerschaft die Hilfe der buddhistischen Priesterschaft zu akzeptieren, und mußte daher, als er an die Macht kam, ihre Sprachenpolitik durchführen. Singhalesisch wurde zur alleinigen Landessprache. Das hat ihn in einen schweren Konflikt mit der straff organisierten tamulischen Bevölkerung hineingetrieben.

Von solchen besonderen Problemen und Schwierigkeiten abgesehen, war Bandaranaikes Regierung ein getreulicher Ausdruck des neuen asiatischen Nationalismus. Bandaranaike forderte und erreichte die Zurückziehung der englischen Flotte aus Trincomali, übernahm die unabhängige außenpolitische Marschroute Indiens und wandte sich energisch gegen den französisch-britischen Einfall in Ägypten. 1959 wurde er von einem buddhistischen Fanatiker ermordet, der, wie es hieß, gegen die den Traditionen widerstreitende Schulreform protestieren wollte. Nach den Neuwahlen im Juli 1960 übernahm seine Frau Sirimavo Bandaranaike die Regierung, gestützt auf die marxistische Lanka Sama-Samaja-Partei und die Kommunisten.

\*

Von allen neuen Staaten des Ostens hat Indonesien die buntscheckigste Entwicklung durchgemacht. Obgleich es von der Natur begünstigt ist und über gewaltige Erdölvorkommen, unzählige Gummibäume und andere Rohstoffquellen verfügt und obgleich seine Bevölkerung begabt und arbeitsam ist, hat sich Indonesien in den ersten Jahren seiner selbständigen staatlichen Existenz in einer mehr und mehr verworrenen politischen Situation verfangen und seine Wirtschaft immer mehr ins Wanken kommen lassen. Ohne daß hier der Abstieg, der den neuen Staat an den Rand des Chaos gebracht hat, Schritt für Schritt nachgezeichnet zu werden brauchte, müssen doch die Tatsachen hervorgehoben werden, die eine baldige Lösung der Grundprobleme Indonesiens schwierig erscheinen lassen.

Die geographische Lage des Staates ist einzigartig. Indonesien ist ein Archipel, der aus über dreitausend Inseln besteht, von denen einige – wie Borneo, Celebes, Sumatra und Java – sehr groß und andere zwergenhaft klein sind. Von den achtzig Millionen Einwohnern Indonesiens leben über fünfundfünfzig Millionen auf der Insel Java. Wollte man die Insel der Länge nach auf eine Karte Europas einzeichnen, so würde sie von Cornwall bis Ankara reichen. Eine historische Tradition, die die Tausende von Inseln miteinander verbände, gibt es nicht. Vor allem Sumatra hat ausgeprägt partikularistische Neigungen, die historische Wurzeln haben. Das Sri-Vijaya-Reich, eins der großen Reiche Südostasiens, das fünf Jahrhunderte lang die Meerengen beherrschte und diplomatische Beziehungen mit Indien und China unterhielt, hatte Sumatra zum Mittelpunkt. Aber auch in der Zeit der holländischen Herrschaft war der Widerstand gegen die Kolonialmacht in Atjeh, Minangkabau und anderen Teilen Sumatras schärfer ausgeprägt und hielt länger an als auf den anderen Inseln. Auch auf Celebes halten sich starke lokalpatriotische Gefühle, die mit dem starken Einfluß der großen christlichen Bevölkerungsgruppe zusammenhängen.

In der allerletzten Phase ihrer Kolonialherrschaft hatten die Holländer versucht, die Geschlossenheit der indonesischen Nationalbewegung durch die Gründung von sechzehn autonomen Staaten und die Einführung einer föderativen Verfassung zu zerreißen. Obgleich sich ein föderativer Aufbau als die logische Lösung aufdrängte, war das holländische Experiment, das der Republik Indonesien mit über dreißig Millionen Menschen nicht mehr Rechte zubilligte als Inseln mit wenigen hunderttausend Einwohnern, offensichtlich darauf berechnet, das nationale Einheitsbewußtsein zu untergraben. Die Reaktion auf diesen machiavellistischen Versuch hat sich darin gezeigt, daß sich das unabhängige Indonesien eine Verfassung mit stark zentralistischen Zügen gegeben hat. Darin wird der übervölkerten Insel Java ein Übergewicht in der staatlichen Gestaltung eingeräumt, gegen das sich vor allem Sumatra auflehnt. Die ständigen Versuche der lokalen Verwaltungen, unter diesem oder jenem Vorwand aus dem von Djakarta aus gelenkten Regierungssystem auszubrechen, gehen auf diese überspitzt einheitsstaatliche Konstruktion zurück.

Ein zweites Kennzeichen der indonesischen Politik seit der Erlangung der Unabhängigkeit ist die scharfe Polarisierung der politischen Parteien. Zum Unterschied von Indien, Ceylon und Burma hatte Indonesien keine starke liberale Tradition entwickelt. Das Erwachen des nationalen Bewußtseins war im Gewande einer Islam-Renaissance vor sich gegangen, wenn auch marxistisches Denken nach 1926 einen sichtbaren Einfluß auf die jüngere Generation ausübte. Im Gegensatz zur religiösen Färbung der frühen natio-

Wasserbude an der Shwe-Dagon-Pagode in Rangoon, der Hauptstadt von Burma

Sitzung des indonesischen Parlaments in Djakarta, 1956

nalen Tradition lag indes die Führung der Unabhängigkeitsbewegung in der Periode, die unmittelbar auf den japanischen Krieg folgte, in den Händen einer Gruppe machtvoller Persönlichkeiten – Sukarno, Sutan Sjahrir, Dr. Hatta und anderen –, die vornehmlich als Vorkämpfer eines weltlichen Staates auftraten. Bald nach der Verkündung der Unabhängigkeit drängten jedoch die älteren Tendenzen von neuem in den Vordergrund. Die Parteien *Masjumi* und *Najhat ul Ulema* mobilisierten die orthodox mohammedanischen Kreise und riefen eine Gegenbewegung ins Leben, die für einen religiös gebundenen Staat nach dem Vorbild Pakistans kämpft. Besonders stark zeigten sich diese Parteien auf Sumatra und einigen anderen Inseln, denen die Vormachtstellung Djakartas ein Dorn im Auge war.

Auf der anderen Seite haben die Kommunisten die Schlappe, die sie mit dem Zusammenbruch ihres mißratenen Putsches 1948 erlitten hatten, recht schnell überwunden – mit dem Ergebnis, daß sie bei den letzten Wahlen auf Java über sechs Millionen Stimmen aufbrachten und zur zweitstärksten Partei des Staates wurden. Von der religiösen Rechten und der kommunistischen Linken bedrängt, befand sich die Führung der Nationalbewegung in einer bedenklich schwierigen Position. Ein Kompromiß mit den *Masjumi*- und *Ulema*-Richtungen hätte den Verzicht auf das Prinzip des weltlichen Staates bedeutet, während eine Volksfront mit den Kommunisten zur Preisgabe des Neutralitätsprinzips, auf das sich die Außenpolitik des neuen Staates gründet, und möglicherweise zu einem Bürgerkrieg mit der Gefahr ausländischer Intervention hätte führen können. Aus diesem zentralen Dilemma ergibt sich der Mangel an politischer Stabilität, der Indonesien seit dem Beginn seines staatlichen Eigendaseins plagt.

Noch zwei weitere Komplikationen schwächen das indonesische Staatsgebilde: das Problem der Armee und der Niedergang der Wirtschaft. Die politische Rolle des Militärs steht im Vordergrund. Die Japaner hatten eine kleine indonesische Truppe geschaffen und ausgebildet und, als sie das Land verließen, auch reichlich mit Waffen versehen. Diese Truppe bildete den Kern der Guerillakräfte, die den Holländern beim Versuch der Zurückeroberung der Inseln Widerstand leisteten. Als die Holländer abzogen, war diese einheimische Armee auf dreihundertfünfzigtausend Mann angewachsen und zu einem entscheidenden politischen Faktor geworden. Da die einheimischen Berufssoldaten, die von der holländischen Kolonialtruppe übriggeblieben waren, politisch nicht zuverlässig schienen, wurden die Partisanen von der indonesischen Regierung in die reguläre Armee eingebaut. Die Partisanengenerale blieben aber weiter Politiker und griffen, als die Regierungsautorität in zunehmendem Maße Zeichen von Schwäche erkennen ließ, direkt ins politische Geschehen ein. Auf Celebes bildete sogar ein Teil der Militärs eine selbständige Regierung. In einem Teil Sumatras organisierten rebellische Militärs 1955 im Bunde mit der regierungsfeindlichen Bewegung Dar ul Islam einen separatistischen Staat. Überall lautete das Argument der Militärs: die Zentralregierung lege dem Kommunismus gegenüber eine gefährliche Schwäche an den Tag. In Wirklichkeit war das nie mehr als ein Vorwand, der dem durchsichtigen Zweck dienen sollte, den Rebellen westliche, insbesondere amerikanische Unterstützung zu sichern. Der wirkliche Grund der Revolte war Sumatras Protest gegen die Vormachtstellung Javas. Aus seiner wirtschaftlichen Position glaubt Sumatra einen größeren Machtanspruch ableiten zu können: vom indonesischen Außenhandel, der über Singapore abgewickelt wird, kommen fünfundachtzig Prozent aus Sumatra und nur sechs Prozent aus Borneo und Java. Auch der mohammedanische Fanatismus ist auf Sumatra, das der weltlichen Politik Sukarnos feindlich gegenübersteht, stärker ausgeprägt als anderswo. Nach den Wahlen von 1956, bei denen die Kommunisten ihre großen Erfolge auf Java errangen, wurde der Islam-Staat, den die Rebellen unter dem Namen Dar ul Islam auf Java und Sumatra gebildet hatten, entschieden aggressiver; das Ergebnis war ein offenes Bündnis mit den aufrührerischen Armeegruppen.

Anfang 1958 kam der Konflikt zum Durchbruch. Die Zentralregierung hatte mit den Holländern gebrochen und das holländische Eigentum an sich gerissen und damit erhebliche Mißstimmung unter den Westmächten ausgelöst. Daraus suchten die Rebellen zu profitieren.

Aus ganz Indonesien kamen rebellische Truppenkommandeure im Januar 1958 zusammen, und es wurden detaillierte Beschlüsse über ein gemeinsames Vorgehen gegen die Regierung ausgearbeitet. Einige Wochen später kündigten sie der Zentralregierung in Djakarta den Gehorsam auf, errichteten auf Sumatra eine eigene Regierung und entfesselten einen Bürgerkrieg. Auch diesmal wurde die Aktion damit begründet, daß die kommunistischen Neigungen der Zentralregierung bekämpft werden müßten.

Weit und breit wurde in Indonesien angenommen, daß sich die Abfallbewegung auf Sumatra der geheimen Unterstützung der Westmächte erfreue. Sumatra ist ein Erdölgebiet, und an seinen Ölquellen sind beträchtliche amerikanische, englische und holländische Interessen beteiligt. Die Insel gehört auch zu den wichtigsten Gummilieferanten, und in den Gummiplantagen ist wiederum viel Auslandskapital investiert. Mit dem wachsenden Einfluß der Kommunistischen Partei auf Java habe der Westen, so wurde behauptet, seine Interessen in Gefahr gesehen; Indonesier vermuten infolgedessen, daß die Westmächte Aufstandsbewegungen fördern, um ein Gegengewicht gegen die javanischen Kommunisten zu bilden. Seit der Zeit der Turco-Westerling-Revolte, mit der die holländische Regierung insgeheim sympathisiert haben soll, sieht die Zentralregierung von Djakarta stets die Hand des Westens in allen Loslösungsbewegungen auf Sumatra und den anderen Inseln. Mit wem die Westmächte aber auch sympathisieren mögen, die erwartete materielle Hilfe ist den Rebellen nicht in ausreichendem Maße zuteil geworden. Dagegen war die Djakarta-Regierung in der Lage, Kriegsmaterial in großen Mengen in der Tschechoslowakei und in der Sowjetunion zu kaufen; es ist ihr daher auch nicht allzu schwergefallen, die »Revolte der Obersten«, die dann in sich zusammenfiel, niederzuschlagen.

Schlimmer als die anderen südostasiatischen Länder hat Indonesien bei der Bewältigung seiner wirtschaftlichen Probleme versagt. Als das Land unabhängig wurde, hatte es weder Kapital noch eine Managerklasse, die imstande gewesen wäre, die Betriebe der Holländer zu übernehmen. In fremden Händen waren aber nicht nur die Erdölgesellschaften, sondern auch schlechthin alle wichtigeren Wirtschaftszweige: Gummi, Kaffee, Zucker. Beim Abschluß des indonesisch-holländischen Abkommens wurden den Holländern infolgedessen ihre Plantagen, Fabriken, Ölfelder und Banken belassen, und die Verkündung der Unabhängigkeit hatte dementsprechend lange nicht dieselbe wirtschaftliche Bedeutung wie etwa in Indien, Burma oder Pakistan. Nicht minder abnorm war die Situation in der Staatsverwaltung. Unter den Indonesiern gab es so gut wie gar keine ausgebildeten Verwaltungsfachleute. Die holländische Schulpolitik war auf minimale Auslese von Bevorzugten bedacht und hatte europäische Bildung nur einer sehr schmalen Schicht ermöglicht. Vom Standpunkt eines modernen geisteswissenschaftlichen oder technisch-praktischen Bildungswesens war Indonesien unter den Ländern Asiens das bei weitem rückständigste. Im ersten indonesisch-holländischen Abkommen wurde deswegen vereinbart, daß eine Anzahl holländischer Beamter im Land blieb, um den Verwaltungsapparat in Gang zu halten. In den ersten Jahren funktionierte das System ganz gut, und überhaupt war die Stellung Indonesiens zu Holland in diesem ersten Abkommen noch im Sinne einer Dominion-Commonwealth-Beziehung in Aussicht genommen. Aber das Scheitern der Verhandlungen über Irian (Holländisch-Neuguinea) brachte 1953 eine radikale Verschlechterung. Im folgenden Jahr wurde das ursprüngliche Ab¹ .men fallengelassen, und anschließend löste Indonesien seine föderative Sonderbeziehung zu Holland. Damit gerieten die in Indonesien arbeitenden holländischen Beamten in eine peinliche Situation, und in der gesamten Verwaltungsmaschinerie zeigten sich deutliche Zeichen des Zerfalls.

Ende 1957 gaben Streiks, die sich gegen die Kontrolle der Holländer über West-Neu-Guinea (Irian) und gegen die holländischen Besitzer im ganzen Land richteten, den Auftakt zu heftigen Spannungen. Es kam zu neuerlichen Enteignungen holländischen Eigentums. Wenige Wochen später (Februar 1958) forderte eine revolutionäre Gruppe ultimativ den Rücktritt der Regierung und das Ende der »gelenkten Demokratie« Staatspräsident Sukarnos. Der Einsatz gut ausgerüsteter Regierungstruppen führte bis in den Sommer zu schweren Kämpfen mit den Rebellen. Erst ein Jahr später gewann Sukarno eindeutig die Oberhand. Er löste das Parlament auf und setzte die ohnehin wenig demokratische Verfassung von 1950 außer Kraft. Gremien mit bloß beratender Funktion konnten ihn nicht daran hindern, nahezu diktatorische Vollmachten ohne Rücksicht auf die öffentliche Meinung auszuüben. Unter diesen Umständen war es nur eine Frage der Zeit, daß die Beziehungen zu den Niederlanden den Spannungen nicht mehr standhalten konnten. Sie wurden im August 1960 abgebrochen.

## *Pakistan und die mohammedanische Welt*

Die vielen Plagen Indonesiens illustrieren die inneren Widersprüche von Staaten, deren nationale Haltungen auf religiöser Grundlage gewachsen sind. Auf ihre Art erzählt die Geschichte Pakistans die gleiche traurige Mär. Die Gebiete, aus denen sich Pakistan zusammensetzt, wurden im August 1947 von Indien losgetrennt, um zu einer »Heimat für die Mohammedaner« zusammengefügt zu werden. Anders als Indonesien, das als weltlicher Staat begonnen hat, ist Pakistan gleich mit einer Islam-Ideologie aus der Wiege gehoben worden. Seit 1947 ist denn auch in Pakistan der Kampf zwischen der weltlichen und der theokratischen Staatsauffassung eins der wichtigsten Elemente des politischen Geschehens. Zwar war Mohammed Ali Jinnah, der Begründer Pakistans, auch wenn er den Kampf um die Mohammedanerheimat bis zum bitteren Ende der Teilung geführt hat, ein liberal gesinnter Staatsmann, dem das künftige Pakistan keineswegs als minderheitenfeindlicher Staat vorschwebte. Aber sein früher Tod hat den Konflikt zwischen einer modernen Staatsauffassung und den theokratischen Islam-Lehren in den Vordergrund treten lassen. Weil es so schwer war, einen Kompromiß zwischen den beiden Positionen zu finden, hat es über neun Jahre gedauert, ehe eine Verfassung für Pakistan verabschiedet werden konnte. Ostpakistan hat unter seinen nicht ganz vierzig Millionen Einwohnern eine Hindu-Minderheit von rund neun Millionen. Ein erbitterter Kampf wurde um die Frage geführt, ob Mohammedaner und Hindus in einem gemeinsamen Wahlkörper wählen sollten. Die Anhänger des Islam-Staates meinen, daß ein gemeinsamer Wahlkörper den mohammedanischen Charakter des Staates in Frage stelle; demgegenüber weisen die Befürworter des gemeinsamen Wahlkörpers darauf hin, daß die Wahl der Minderheitenabgeordneten in einem getrennten Wahlkörper das Zusammenwachsen der Minderheit mit der Mehrheit verhindern und mit der Zeit zu einer Gefahrenquelle für den Bestand des Staates werden müsse. Obgleich die Verfassung nun doch einen gemeinsamen Wahlkörper vorsieht, hat die seit 1957 amtierende Regierung der Awami-Liga versucht, die Frage von neuem zur Debatte zu stellen; daran zeigt sich, wie tief der Riß geht.

Weitgehende politische Auswirkungen ergeben sich auch aus der geographischen Lage des Landes. Pakistan besteht aus zwei Teilen, die durch mehr als anderthalbtausend Kilometer indischen Staatsgebiets voneinander getrennt sind. Das einzige Bindeglied zwischen den beiden Staatsteilen ist der Islam. Der größere Teil der Bevölkerung lebt in Ostpakistan, einem wasser- und sumpfreichen Deltaland an der Mündung des Ganges und des Brahmaputra. Hier überwiegt die Landwirtschaft. Die Bevölkerung spricht Bengali, ist von einer ausgeprägten ethnischen Eigenart und durch eine eigene Kultur, im wesentlichen ein Produkt der Monsunzone, einheitlich geprägt. Dagegen gehört Westpakistan, aus dem Zusammenschluß des westlichen Punjabs, Sinds, Beluchistans, der Nordwestlichen Grenzprovinz und der früheren Fürstenstaaten Bahawalpur, Khairpur und Kelat entstanden, kulturell, zum Teil ethnisch und auch klimatisch primär zum Mittleren Osten. Es gibt nur wenige gemeinsame Interessen, die die beiden Pakistan-Hälften miteinander verbinden.

Ostpakistan mit seiner riesigen Juteproduktion ist das Gebiet, das die meisten Dollars verdient; es ist aber industriell weniger entwickelt als Westpakistan. Daraus erwachsen Eifersüchteleien und Rivalitäten zwischen den beiden Staatsteilen, um so mehr, als die politische Macht zumeist von einer oligarchischen Gruppe in Westpakistan monopolisiert wird. Auch in dieser Beziehung besteht eine gewisse Ähnlichkeit zwischen Pakistan und Indonesien.

Dafür liegt aber Pakistans Stärke in zwei Dingen, die Indonesien fehlen. Pakistan hat eine hervorragend ausgebildete und tüchtige Beamtenschaft und eine gutorganisierte, schlagkräftige Berufsarmee, die sich bis jetzt dem Kampf der politischen Parteien ferngehalten hat. Zur Zeit der Teilung optierte die überwältigende Mehrheit der mohammedanischen Angehörigen der Britisch-Indischen Verwaltung für Pakistan, so daß der neue Staat tüchtige und zuverlässige Verwaltungskader erhielt, die ihm bis jetzt als Stahlgerüst gedient haben. Und die Teilung der Indischen Armee stattete Pakistan mit einer bewaffneten Macht aus, die auf eine lange Tradition strikter militärischer Disziplin zurückblickt.

Diese beiden Faktoren verleihen dem Staatsgebilde Pakistan eine Stabilität, deren sein politisches Leben bis jetzt ermangelt.

Die politische und wirtschaftliche Entwicklung Pakistans seit der Staatsgründung im Jahre 1947 hat die in sie gesetzten Hoffnungen nicht erfüllt. In den ersten zehn Jahren hat das Land sieben Kabinette verbraucht; das ist kein Ruhmesblatt. Bis zum Februar 1960 haben keine Wahlen unter Beteiligung der Masse der Bevölkerung stattgefunden. Alle Personen, die Wahlämter innehaben, sind auf Grund des begrenzten Wahlrechts gewählt worden, das in der von den Engländern für ganz Indien 1935 ausgearbeiteten Verfassung vorgesehen war. Eine reaktionäre Oligarchie grundbesitzender Magnaten aus Sind und dem Punjab hat jeder grundlegenden sozialen und wirtschaftlichen Reform im Wege gestanden und sich damit begnügt, die Pakistan von Amerika bewilligten beträchtlichen Unterstützungsbeträge zu verbrauchen. Im Oktober 1958 setzte der Staatspräsident Iskander Mirza die Verfassung außer Kraft, übergab Ayub Khan die Macht und trat wenige Wochen später von seinem Amt zurück. Die Wirtschaftsentwicklung entsprach den politischen Verhältnissen. Der nicht unbeträchtliche industrielle Neubau beschränkte sich auf die Errichtung von Jute- und Baumwollfabriken, da die Verarbeitung dieser Hauptrohstoffe Pakistans vor der Teilung fast ausschließlich in Bezirken konzentriert war, die seit der Teilung zur Indischen Union gehören.

Ebenso wie Indien mußte Pakistan ein dornenreiches Flüchtlingsproblem zu lösen suchen. Seit der Teilung sind über fünf Millionen Mohammedaner nach Pakistan eingewandert. Ihre Ansiedlung und wirtschaftliche Eingliederung gehörten in den ersten Jahren zu den schwierigsten Aufgaben des neuen Staates; eine zufriedenstellende Lösung hat sich bis auf den heutigen Tag nicht finden lassen. Abgesehen von dieser Problematik haben zwei weitere Folgewirkungen der Teilung eine zunehmend feindliche Haltung Indien gegenüber genährt: Kashmir und die Wasserfrage. Der Jammu- und Kashmir-Staat grenzt sowohl an Indien als auch an Pakistan. Da die Mehrheit der Bevölkerung mohammedanisch ist, hatte Pakistan mit dem Anschluß Kashmirs gerechnet. Da sich aber der Maharaja von Kashmir nicht ohne weiteres entschließen konnte, sein Schicksal an das Schicksal Pakistans zu binden, fielen Stammeskrieger aus Pakistan in Kashmir ein und besetzten einen Teil des Landes. In dieser Situation rief der Maharaja Indien zu Hilfe und beschloß zugleich den Beitritt zur Indischen Union. Indische Truppen vertrieben die Pakistaner aus dem Kashmir-Tal, und Indiens Regierung appellierte gegen die Aggression Pakistans an den Sicherheitsrat der Vereinten Nationen. Heute ist Kashmir *de facto* geteilt, wobei Pakistan etwa ein Drittel des Landes besetzt hält und die restlichen zwei Drittel von der Kashmir-Regierung in Srinagar, die sich Indien angeschlossen hat, verwaltet werden. Der Streit hat sich mit der Zeit noch verschärft. Indien bleibt bei der Auffassung, daß Pakistan widerrechtlich an indischem Staatsgebiet festhalte, während Pakistan ganz Kashmir als mohammedanisches Mehrheitsgebiet für sich fordert, auch wenn es diesen Anspruch als Ruf nach Selbstbestimmung für das Volk von Kashmir verkleidet.

Der andere Konfliktsgegenstand betrifft die Gewässer der Ströme, die von Indien nach Pakistan fließen. Das Gebiet, das in der britischen Zeit von diesen Flüssen bewässert wurde, liegt zum größten Teil innerhalb der heutigen Pakistan-Grenzen. Nun muß aber seinem akuten Ernährungsproblem die Bewässerung großer Ländereien durchführen und würde diese Gewässer gern in Bewässerungskanäle leiten, ohne die gegenwärtigen Rechte Pakistans, das überdies andere Wasserquellen zur Verfügung hat, zu verletzen. Das Problem ist seit Jahren Gegenstand eines heftigen Disputs zwischen den beiden Staaten. Auf Veranlassung der Internationalen Bank für Wiederaufbau und Entwicklung wird seit langem über die Beilegung des Konflikts verhandelt.

In der Politik Pakistans ist die Auseinandersetzung mit Indien ein überragender Faktor. Die Fehde mit Indien bestimmt Pakistans Stellungnahme zu internationalen Fragen. Pakistans Zugehörigkeit zum Südostasienpakt (SEATO) und zum Bagdadpakt, sein Militärabkommen mit den Vereinigten Staaten und seine Haltung zur Zeit der Suez-Krise: das alles – und manches mehr – waren Folgen des Streits mit Indien.

Die Tradition der Mohammedaner im noch ungeteilten Indien war im wesentlichen panislamistisch. Auf unterworfene, ihrer Freiheit beraubte Völker machte die Lehre von einer Weltgemeinschaft der Islam-Völker größeren Eindruck als auf Mohammedaner in unabhängigen mohammedanischen Staaten. Diese Tradition wurde von Pakistan übernommen; nun träumte es davon, als der größte mohammedanische Staat an der Spitze der Gemeinschaft der Islam-Staaten zu stehen. Bei den Auseinandersetzungen in den Vereinten Nationen, die der Gründung des Staates Israel vorausgingen, war der Vertreter Pakistans, Sir Mohammed Zafrullah, der wirksamste Vorkämpfer der Islam-Ansprüche. Im Januar 1949 organisierten pakistanische Führer in Karachi eine Weltkonferenz der Mohammedaner, an der auch der Ex-Mufti von Jerusalem und andere Islam-Prominente teilnahmen; obgleich die Konferenz sich als unpolitische Kulturtagung ausgab, war die Absicht der Einberufer, sie als Werkzeug panislamistischer Politik zu benutzen, unverkennbar. Auf diese Konferenz folgte wiederum in Karachi eine internationale mohammedanische Wirtschaftstagung, auf der Ghulam Mohammed, damals Finanzminister und später Generalgouverneur von Pakistan, den Ton angab; offiziell sollte die Tagung der Koordinierung der wirtschaftlichen Entwicklung der Islam-Länder dienen. Erneut wurde 1952 eine Weltkonferenz der Mohammedaner abgehalten. Nach all diesen Vorarbeiten beschloß Pakistan schließlich, die zwölf unabhängigen mohammedanischen Staaten zu einer Regierungskonferenz zu laden, die im April 1952 in Karachi zusammentreten sollte. Es fand zu seiner Enttäuschung kein Gehör. Den Arabern sagte ein Plan nicht zu, der sie um die Sympathien der christlichen Libanesen gebracht und durch die Verkoppelung der arabischen Nationalbewegung mit dem Islam der Unterstützung nichtmohammedanischer Staaten beraubt hätte. Iran und Afghanistan lehnten die Einladung ab. Die Konferenz, die Pakistan zur führenden Macht der islamischen Welt machen sollte, kam nicht zustande.

Nach solchen Enttäuschungen mußte Pakistan nach anderen Bundesgenossen Ausschau halten. Es fand sie im Südostasienpakt und später auch im Bagdadpakt. Aber die Verbindung mit dem Bagdadpakt vertiefte noch mehr die Kluft zwischen Pakistan und den meisten arabischen Staaten.

Ein weiteres schwieriges Problem, das zum mindesten indirekt Pakistans Anspruch auf die Führung der Islam-Staaten tangierte, ergab sich aus dem gespannten Verhältnis, in dem es mit Afghanistan lebt. Zwischen Afghanistan und dem Indus, der traditionell als die

Grenze des Subkontinents Indien gilt, liegt ein kahles, unzugängliches Gebirgsland, das sich von der Grenze Kashmirs bis Beluchistan zieht. Hier leben die mit den Afghanen ethnisch und sprachlich eng verwandten Pachtunen (Pathanen). Auf diese Stämme waren schon die Engländer gestoßen, als sie auf der Suche nach einer Grenze, die sich leicht verteidigen ließe, immer weiter nach dem Westen vorstießen. Nach langen Verhandlungen wurde zwischen Afghanistan und Britisch-Indien eine Demarkationslinie, die sogenannte Durand-Linie, vereinbart; dabei beließen die englischen Behörden ein ziemlich umfangreiches Grenzgebiet als »unabhängiges Territorium« unter der Herrschaft der einheimischen Stammeshäuptlinge. Als nun der Abzug der Engländer aus Indien bevorstand, ließ Afghanistan die Britisch-Indische Regierung wissen, daß es der Abtretung der britischen Rechte aus dem Grenzvertrag an eine dritte Partei – Pakistan also – nicht zustimmen könne; infolgedessen könne auch die Durand-Linie nicht mehr als Grenze zwischen den beiden Ländern gelten, und das von Pachtunen besiedelte Gebiet müsse als unabhängig behandelt werden. Tatsächlich wurde dann von einer lokalen Bewegung mit Unterstützung der Regierung von Kabul ein eigener Regierungsapparat für »Pachtunistan« errichtet. Infolge dieses Streits um das Grenzland haben sich die Beziehungen zwischen Pakistan und Afghanistan sehr unfreundlich gestaltet. Das hat dazu beigetragen, Pakistan in der Welt des Islams noch mehr zu isolieren. Diese Isolierung macht es Ayub Khan auch heute noch schwer, die engen Bindungen an den Westen (CENTO – früher Bagdadpakt – und SEATO) zu lösen, obwohl panislamistische und neutralistische Gruppen in Pakistan starke Bedenken schon bei deren Abschluß geäußert hatten, nicht zuletzt die Partei des Regierungschefs selbst.

## Arabische Welt im Werden

Erhebliche Veränderungen zeigten sich am Ende des zweiten Weltkriegs im Mittleren Osten. Nach der Zusammenkunft Franklin D. Roosevelts mit König Abdul Asis Ibn Sa'ud von Saudiarabien, die zur Erteilung von Erdölkonzessionen an die ARAMCO führte, wurde Amerika zum führenden Mitspieler in mittelöstlichen Angelegenheiten. Die traditionelle Vormachtstellung Großbritanniens in diesem Teil der Welt war damit entscheidend geschmälert. Hauptsächlich britische Eingriffe bereiteten ihrerseits der französischen Herrschaft in Syrien und im Libanon ein Ende. Neben Ägypten, dem Irak, Saudiarabien und dem Jemen waren den Siegermächten auch Syrien und der Libanon als Gründungsmitglieder der Vereinten Nationen willkommen. Der erste Weltkrieg hatte die arabischen Länder vom türkischen Joch befreit; der zweite vollendete die Befreiung der arabischen Welt, und alle arabischen Länder bis auf das transjordanische Gebiet (das spätere Jordanien) wurden als unabhängige Staaten anerkannt und in überstaatliche internationale Organisationen aufgenommen.

Schon während des Krieges hatte England klare Vorstellungen über die künftige Bedeutung des Gesamtgebietes der arabischen Völker gewonnen und den Gedanken der Arabischen Liga konzipiert. Damals schien der Plan risikofrei: das Außenministerium in

London würde über die Liga die arabischen Länder wirksam beeinflussen können, ohne direkt eingreifen zu müssen. Dafür sprach mancherlei: mit dem Irak war England durch ein Vertragsverhältnis verbunden, das ihm Sonderrechte garantierte; Jordanien war faktisch ein englisches Protektorat, auf englische Subventionen und den Schutz der von englischen Offizieren kommandierten Arabischen Legion angewiesen; in Ägypten sah die englische Position recht stark aus; schließlich war zu hoffen, daß sich Syrien und der Libanon als unabhängige Staaten für Englands Hilfestellung bei der Abwehr der französischen Machtansprüche dankbar erweisen würden. So trat die Arabische Liga als politische Organisation der arabischen Völker und als Symbol ihrer Einheit mit englischer Unterstützung ins Leben. Zum Leidwesen der englischen Weltreichpolitik hat sich das als Fehlkalkulation erwiesen. Obschon die arabischen Staaten schwach und praktisch machtlos und ihre Könige und Fürsten nicht schwer zu gängeln waren, hatte sich unterdes die arabische Nationalbewegung zu einem entscheidenden Faktor entwickelt, und die arabischen Massen bekundeten einen mächtigen nationalen Einheitswillen. Statt die Erwartungen ihrer eigentlichen Initiatoren zu erfüllen, wurde die Arabische Liga zu einem weithin hörbaren Sprachrohr des arabischen Nationalismus. Abd ur Rahman Azzam Pascha, ihr erster Generalsekretär, war tüchtig und begabt; er erkannte beizeiten die Möglichkeiten der neuen Organisation und nutzte sie wirksam zur Förderung der arabischen Unabhängigkeitsbestrebungen.

Daß sich die Stimmung der Araber wesentlich gewandelt hatte, bekamen die Engländer schon 1945 zu spüren, als ihr neues Abkommen mit dem Irak eine Revolte auslöste, die den Rücktritt des für das Abkommen verantwortlichen Ministers Nuri es Said erzwang. In Ägypten wurde die Forderung nach Entfernung der englischen Garnisonen aus Kairo und dem Militärstützpunkt Ismailia und nach Regelung des Sudan-Problems immer nachdrücklicher erhoben. Mehr als alles andere trug das Palästina-Problem dazu bei, alle arabischen Richtungen zusammenzuführen; es gab auch Azzam Pascha die willkommene Gelegenheit, die Arabische Liga, die ursprünglich als Arbeitsgemeinschaft der Staatsregierungen gedacht war, in eine Organisation der Volksmassen zu verwandeln. Bald wurde die Israel-Frage zum zentralen Streitproblem des Mittleren Ostens. Die englische Regierung sah sich einerseits dem Verlangen der Zionisten nach einem jüdischen Staat, anderseits der Entschlossenheit der Araber gegenüber, sich mit allen Mitteln dagegen zu wehren; in dieser Bedrängnis zog sie es vor, auf das Palästina-Mandat zu verzichten. Die Entscheidung der Vereinten Nationen fiel zugunsten der Teilung Palästinas und der Schaffung zweier getrennter Staaten – Israels und Arabisch-Palästinas – aus. Da beschlossen die arabischen Staaten, den Kampf auszutragen und die Teilung des Landes, das sie als angestammtes arabisches Gebiet betrachteten, mit Gewalt zu verhindern. Das Ergebnis war katastrophal. Sie waren nicht nur nicht imstande, die Errichtung des Staates Israel zu verhindern; mehr noch: der jüdische Staat, der dann zustande kam, umfaßte auch einen erheblichen Teil des arabischen Palästinas. Nur Transjordanien konnte sein Staatsgebiet erweitern, nachdem es der Arabischen Legion unter dem Kommando englischer Offiziere gelungen war, einen Gebietsstreifen zu besetzen, der bis Jerusalem reichte und sogar die Altstadt von Jerusalem einschloß. Ägypten, der größte arabische Staat, hatte eine schwere militärische Niederlage erlitten. Dank der Vermittlung der Vereinten Nationen wurde ein Waffenstillstand zwischen

Zeichenstunde in einer ägyptischen Volksschule in Karnak

Besuch des Sultans Sidi Mohammed V. ben Jussef in Casablanca
vor der Unabhängigkeitserklärung Marokkos, 1956

Israel und den arabischen Ländern (mit Ausnahme Iraks) vereinbart; aber die arabischen Staaten weigerten sich, Israel anzuerkennen, verhängten über das neue Staatsgebilde einen politischen und wirtschaftlichen Boykott und machten das Israel-Problem zum Kristallisationspunkt der arabischen Sammlung.

Der Mißerfolg der arabischen Politik in der Israel-Frage hatte weitreichende Konsequenzen. Die ägyptische Revolution läßt sich als direkte Folge der Niederlage begreifen, die Israel der ägyptischen Armee zugefügt hatte. Ägyptens politische Abhängigkeit von England war vorher in demütigender Weise demonstriert worden, als die englische Armee ihre Kanonen auf den Abadan-Palast richtete und König Faruk zwang, Nahas Pascha als Ministerpräsidenten zu akzeptieren. Solche und ähnliche Vorkommnisse hatten in den Reihen der ägyptischen Armee heftigen Unwillen ausgelöst, und eine Gruppe junger Offiziere unter Führung Oberst Nassers fand sich in einer Geheimorganisation zusammen, die sich die Eroberung der Staatsgewalt zum Ziele setzte. In diesem Stadium hatten »die freien Offiziere« keine besondere revolutionäre Ideologie; gemeinsam war ihnen nur das Ziel der Unabhängigkeit Ägyptens und der Beseitigung von Korruption und Unfähigkeit in der Staatsführung. Die allgemeine Unzufriedenheit, die sich nach der Niederlage im Israel-Krieg verbreitete, und die zunehmende Empörung über das ausschweifende und sittenlose Treiben am königlichen Hof gaben der Bewegung einen mächtigen Auftrieb. Im Juli 1952 führte ein Staatsstreich der Offiziere zur Abdankung und Verbannung des Königs und kurz darauf zur Einsetzung einer dem Revolutionsrat direkt verantwortlichen Regierung unter dem nominellen Vorsitz des Generals Mohammed Nagib.

Die ägyptische Revolution brachte zwar ein Bündel von Reformgesetzen hervor, war aber im Grunde nicht durch starke gesellschaftliche Antriebe ausgelöst worden. Das Hauptinteresse der Revolutionsführung galt dem Aufbau der militärischen Organisation, deren Schwäche durch die Niederlage im Israel-Krieg vor aller Welt enthüllt worden war. Die Verwaltung wurde von korrupten Beamten gesäubert, die Parteien verfielen der Auflösung, die Monarchie wurde abgeschafft, und Ägypten erhielt das Gepräge eines militärisch regierten autoritären Staates. Sobald die Regierung fest im Sattel saß, kamen ihre nächsten Absichten klarer zum Vorschein. Es ging ihr um die Wiedergewinnung der Souveränität des ägyptischen Staates, und im Hinblick darauf erstrebte sie erstens den Abzug Englands aus dem Sudan, der, dem Namen nach unter ägyptischer Oberhoheit, faktisch in eine englische Kolonie verwandelt worden war, zweitens die Beseitigung des englischen Militärstützpunkts in Ismailia, der die Souveränität Ägyptens sehr wirksam zunichte machte, und drittens die Unterstellung des Suezkanals unter die Hoheit des ägyptischen Staates. Solange diese drei Etappenziele nicht erreicht waren, schien Nasser die Souveränität Ägyptens bestenfalls bruchstückhaft bleiben zu müssen.

Was den Sudan betraf, hatte schon der Wafd die These von der Unteilbarkeit der Nil-Ebene verkündet und König Faruk zum Herrscher Ägyptens und des Sudans erhoben. Damit war das Problem kompliziert worden, denn Ägyptens offizieller Anspruch hatte im Sudan selbst eine starke Nationalbewegung entfesselt, die die Herrschaft Ägyptens ebenso ablehnte wie die Englands. Der ägyptische Revolutionsrat trug dem Rechnung und erklärte sich zu einer Regelung im Sinne der Unabhängigkeit des Sudans bereit.

Mit England wurde dann ein Abkommen getroffen, wonach der Sudan zu einem unabhängigen Staat wurde.

Schwieriger durchzusetzen war die Zurückziehung der in Ägypten stationierten englischen Truppen. Das Abkommen von 1936 hatte England das Recht zuerkannt, zum Schutz des Suezkanals einen Militärstützpunkt zu errichten und eine Truppe von zehntausend Mann im Bezirk von Ismailia zu halten. Dieser Stützpunkt war nach Englands Auszug aus Indien zur Hauptbasis der englischen Militärmacht außerhalb der heimatlichen Inseln geworden. Von den vorgesehenen zehntausend Mann war die Garnison von Ismailia auf achtzigtausend angewachsen, und dazu gab es in Ismailia starke Luftstreitkräfte und unzählige Kriegsmaterialdepots, Reparaturwerkstätten und andere Heereseinrichtungen. Auch in dieser Frage konnte die ägyptische Revolutionsregierung einen beachtlichen Erfolg erzielen. Nach langen Verhandlungen erklärte sich England bereit, seine Streitkräfte zurückzuziehen; Ismailia sollte aber auch weiterhin ein Stapelplatz für englisches Kriegsmaterial bleiben, von einer englischen Zivilbehörde verwaltet und ägyptischer Aufsicht unterstellt; England behielt sich dafür das Recht vor, seine Truppen wieder ins Land zu bringen, falls einer der arabischen Staaten oder die Türkei einem bewaffneten Angriff ausgesetzt sein sollte. Mit dem Abzug der letzten britischen Truppeneinheit vom ägyptischen Boden war eine fünfundsiebzig Jahre alte Besetzung zu Ende gegangen. Zum erstenmal in der Geschichte der Neuzeit war Ägypten wirklich unabhängig geworden.

Viel komplizierter war die dritte Frage: Unterstellung des Suezkanals unter ägyptische Souveränität. Selbstverständlich bedeutete die Verwaltung einer innerhalb der Hoheitsgrenzen Ägyptens gelegenen Wasserstraße durch eine überstaatliche Organisation unter direkter Beteiligung Englands und Frankreichs eine fühlbare Beschneidung der ägyptischen Souveränität. Es war auch keineswegs zu vermuten, daß England und Frankreich auf ihre bevorzugte Position in der Verwaltung eines so wichtigen Verkehrsweges freiwillig verzichten würden. Aber England selbst hatte Nasser den Weg geebnet. Nach dem Scheitern der Bemühungen um eine »Mitteloständische Verteidigungsorganisation« (»MEDO«), die die englische Operationsbasis in Ägypten diplomatisch verkleiden und legalisieren sollte, organisierte England den Bagdadpakt – zweifellos mit dem Ziel der Abschirmung der englischen Position im Irak mit einem internationalen Abkommen statt mit dem »Ungleichen Vertrag«, der 1945 die Wut der Iraker zur Explosion gebracht hatte. In Wirklichkeit bedeutete der Bagdadpakt die Auflösung der Arabischen Liga, da er den Irak zum Hauptpartner in einem nichtarabischen Staatenbündnis machte. Direkt wirkte er sich dahin aus, daß die Sowjetunion über Nacht auf dem mittelöstlichen Schauplatz erschien: sie nahm mit einem Satz die niedrige Hürde der »Nordbarriere« und gelangte zu einer Vereinbarung mit Ägypten, wobei sie die Lieferung von Waffen für die ägyptischen Streitkräfte übernahm und ihre Hilfe beim Ausbau der ägyptischen Wirtschaft in Aussicht stellte.

Nachdem sich die Sowjetunion auf diese Weise ein Sprungbrett im Mittleren Osten gesichert hatte, konnte Nasser in der Angelegenheit des Suezkanals viel eher entscheidende Schritte unternehmen. Er gab ohne jede vorherige Warnung die Nationalisierung der Suezkanalgesellschaft bekannt und übernahm mit sofortiger Wirkung die Kanalverwaltung. Der auf der Londoner Konferenz unternommene Versuch, die öffentliche Meinung der Welt gegen Ägypten zu mobilisieren, scheiterte am Widerstand Indiens, Indonesiens, Ceylons und der Sowjetunion; auch der Versuch, Nasser mit einer eindrucksvollen Mission unter Führung des australischen Premierministers Menzies einzuschüchtern, führte zu nichts. England und Frankreich mußten entweder die eklatante diplomatische Niederlage hinnehmen oder ihrem Standpunkt mit militärischen Mitteln Geltung verschaffen. Entgegenkommenderweise griff in diesem Augenblick die Israel-Regierung mit der aktiven Unterstützung Frankreichs und der passiven Zustimmung Englands Ägypten an, und die verbündeten Mächte England und Frankreich unternahmen eine militärische Expedition zur Besetzung des umstrittenen Gebietes, um, wie sie erklärten, die Israelis an der Besetzung der Kanalzone zu hindern.

Die Geschichte dieses kurzen und unrühmlichen Feldzuges steht hier nicht zur Erörterung. Auf die französisch-englische Expedition folgten mehrere internationale Demarchen: eine Interventionsdrohung der Sowjetunion, die Weigerung der Vereinigten Staaten, ihre Verbündeten zu unterstützen, und eine negative Entscheidung der Vereinten Nationen, die Frankreich und England aufforderten, ihre Truppen unverzüglich aus Ägypten abzuziehen. Unter dem Druck dieser internationalen Entwicklung sahen sich Frankreich und England gezwungen, die Expeditionsflotte zurückzurufen. Ebenso scheiterten politische Intrigen, die die diskreditierten Paschas in Kairo wieder an die Macht bringen sollten.

Der Rückzug der englisch-französischen Expeditionskräfte aus Ägypten ist mit der Niederlage des Großen Königs bei Salamis verglichen worden. Obgleich der Suez-Rückzug nicht die Folge einer militärischen Niederlage war, könnten künftige Historiker seine Konsequenzen in der Tat für ebenso wichtig halten wie die der Niederlage der Perser beim Angriff auf Griechenland. Zwei der größten Mächte der Welt hatten versucht, einem verhältnismäßig schwachen Staat ihren Willen aufzuzwingen, und mußten unverrichteterdinge abziehen. In den Beziehungen des Westens zu den kleineren Staaten des Orients war so etwas bis dahin noch nicht vorgefallen.

In der zeitgenössischen Geschichte zieht das Suez-Abenteuer einen deutlichen Trennungsstrich: es bezeichnet den endgültigen Zusammenbruch europäischer und westlicher Herrschaft im Mittleren Osten. Weder die amerikanischen Versuche, sie mit der überstürzten Verkündung der Eisenhower-Doktrin unter dem Deckmantel militärischen Schutzes und wirtschaftlicher Hilfe wiederzubeleben, noch deren Auffrischung durch den Bagdadpakt haben die Tatsache verschleiern können, daß der Westen in diesem Teil der Welt aufgehört hat, der dominierende Faktor zu sein. Bemühungen, die arabische Welt mit einem prowestlichen Staat als führender Macht zu beglücken, um den Einfluß Ägyptens zurückzudrängen, endeten ebenfalls mit einem Mißerfolg.

Besonders deutlich zeichneten sich während der Krise zwei Momente ab: einmal die Stärke der arabischen Nationalbewegung, zum andern die Tatsache, daß sich die Sowjetunion in dieser umkämpften Region als permanenter Faktor etablierte. Oberflächlich gesehen, hatte England, als es Ägypten angriff, allen Grund, einen Riß in der arabischen Front zu erwarten. Nicht nur war der Irak durch den Bagdadpakt an England gebunden; hinzu kam, daß die irakische Regierung probritisch und ihr Ministerpräsident Nuri es Said seit langem als ergebener Freund Englands bekannt war. Auch mit Libyen hatte England ein Abkommen, wonach dieser Staat nicht nur beträchtliche englische Subventionen erhielt, sondern auch seine Armee von englischen Militärs ausbilden ließ. Der Libanon wiederum war offen frankreichfreundlich. Unter solchen Umständen konnte vernünftigerweise angenommen werden, daß die arabische Front angesichts einer britisch-französischen Aktion auseinanderfallen würde. Die gegenteilige arabische Reaktion auf den Angriff wirkte wie ein Schock. Libyen untersagte die Benutzung der in seinen Grenzen gelegenen Militärstützpunkte für eine Offensive gegen Ägypten. Sogar Nuri es Said fühlte sich veranlaßt, seine Solidarität mit Ägypten bekanntzugeben; mehr noch: er verlangte nachdrücklich den einstweiligen Ausschluß Englands aus dem Bagdadpakt. (Natürlich war der Gesamtausgang der Affäre dadurch vorbestimmt, daß die Interessen der Vereinigten Staaten und der Sowjetunion in diesem Fall auf merkwürdige Weise übereinstimmten.)

Nicht minder auffallend war die von den asiatischen Staaten bekundete Solidarität. Der einzige Staat, der eine laue Haltung an den Tag legte, war die islamische Republik Pakistan. Alle anderen – Indien, Ceylon, Indonesien, Burma, China – standen geschlossen hinter Ägypten. Das Britische Commonwealth wurde dadurch bis in seine Grundfesten erschüttert. Die Suez-Krise hatte seine Schwäche der ganzen Welt offenbart.

Trotz dem unmißverständlichen Ausgang der Suez-Aktion wurden unter der Führung Amerikas erneute Versuche unternommen, Ägypten zu isolieren und die arabische Nationalbewegung zu schwächen. Jordaniens König Hussein, der sich vorher von der Vormundschaft Englands befreit hatte, brach mit Syrien und Ägypten mit der Begründung, daß der Sowjeteinfluß in diesen Ländern wachse und die Sicherheit seines Königreiches gefährde; darauf wurde ihm der Schutz der Eisenhower-Doktrin zugesichert. Dieser Schutz sollte auch auf Syrien ausgedehnt werden, das sich inzwischen zu einer aktiv neutralistischen Politik entschlossen hatte und sowohl Wirtschaftshilfe als auch Kriegsmaterial von der Sowjetunion angenommen hatte; das Unterfangen mußte nach einer Warnung der Sowjetunion an die beteiligten Mächte, daß sie keinerlei Intervention in Syrien dulden würde, aufgegeben werden. Eine Folge dieser Politik des Druckes auf die Regierung in Damaskus war die Beschleunigung der syrisch-ägyptischen Föderation, die den ersten Schritt zum Zusammenschluß der arabischen Welt darstellte.

Der Traum von einem einigen arabischen Großreich war in der neuen Nationalbewegung des Mittleren Ostens von Anfang an ein wesentliches Motiv. Schon 1916 hatten sich die Araber erhoben, um einen einigen arabischen Staat zu erkämpfen. Aber die Rivalitäten der europäischen Mächte hatten die arabischen Länder auseinandergerissen. Was im Osmanenreich das eine Wilajet Syrien war, wurde nach dem Kriege in vier Staaten zerlegt: Libanon, Syrien, Transjordanien, Palästina. Dynastische Kämpfe verewigten die Teilung. Doch das arabische Volk träumte weiter von einem vereinten Staat von fünfundvierzig Millionen Arabern mit gewaltigen Naturschätzen und einer strategischen Vorzugsposition zwischen Europa und Asien. Die zwei möglichen Kombinationen waren: entweder ein Staatenbund des »Fruchtbaren Halbmonds« – Syrien, Jordanien und Irak – mit dem Teilanschluß Saudiarabiens und Ägyptens oder eine syrisch-ägyptische Union mit einer lockeren Verbindung zu den anderen Ländern. Der Gang der Ereignisse und die Intervention des Westens haben die Entscheidung forciert: im Januar 1958 schlossen sich Syrien und

Ägypten zu einem einzigen arabischen Staat mit fünfundzwanzig Millionen Einwohnern zusammen, ein epochemachendes Ereignis in der Geschichte des Mittleren Ostens, nach welchen Maßstäben man es auch beurteilen möge.

Die Position Syriens hat ein führender arabischer Staatsmann einmal als das strategisch wichtigste Feld auf dem Schachbrett der arabischen Politik bezeichnet. In der ursprünglichen haschemitischen Konzeption war eine dynastische Föderation vorgesehen: mit Emir Feisal als König von Syrien, seinem Vater Hussein als Scherif (später König) von Mekka und seinem Bruder Abdullah als Regenten von Jordanien. Durch den Eingriff Frankreichs wurde Feisal aus Damaskus vertrieben und mußte mit einem Thron in Bagdad versehen werden. Solange die Franzosen in Damaskus blieben, war natürlich keine Rede mehr von einer Vereinigung Syriens mit Bagdad oder mit dem eigentlichen Arabien, wo Ibn Sa'ud die haschemitische Dynastie verdrängt hatte. Das Problem wurde von neuem akut, nachdem Syrien 1945 seine Unabhängigkeit erlangt hatte. Der »Fruchtbare Halbmond« wurde zum Ziel pan-arabischer Bestrebungen in Bagdad. Der Abwehr einer solchen Entwicklung galt die energische Politik Ibn Sa'uds, der sich in dieser Frage auf die Unterstützung Ägyptens verlassen konnte. Die politischen Wirren in Syrien, wo von 1946 bis 1958 ein Staatsstreich dem anderen folgte und Präsidenten und Regierungschefs ermordet oder aus dem Lande getrieben wurden, ergaben sich in erster Linie aus dieser Rivalität.

Aktuelle Bedeutung erlangte das Problem mit der Verkündung der Eisenhower-Doktrin und dem durch sie ausgelösten Bruch zwischen Saudiarabien und Ägypten. Jetzt mußten sich die syrischen Führer sagen, daß die Unabhängigkeit Syriens gefährdet wäre, wenn nicht sofort eine endgültige Entscheidung getroffen würde; sie wählten die Vereinigung mit Ägypten und führten sie ungeachtet des entschiedenen Widerstandes des Herrschers Saudiarabiens durch: ausnahmsweise versagte diesmal seine übliche Methode, Entscheidungen in Syrien herbeizuführen. Mit diesem Zusammenschluß, der später durch eine föderative Verbindung mit Jemen eine breitere Basis erhielt, hatte die arabische Nationalbewegung einen bedeutsamen Schritt vorwärts getan.

Natürlich trieb die Errichtung der Vereinigten Arabischen Republik den König Jordaniens in die Arme seines Bagdader Vetters. Die föderative Verbindung der beiden Königreiche unter Aufrechterhaltung der getrennten Throne in Amman und Bagdad war die schwächliche Antwort der Haschemiten auf die Kampfansage der arabischen Nationalbewegung. Als im Sommer 1958 in beiden Ländern die Revolution ausbrach, konnte König Hussein zwar seinen Thron mit äußerster Anstrengung halten, aber seinen Vetter Feisal fegte der Aufstand hinweg, als der ihm scheinbar ergebene General Abdel Kerim Kassem in den frühen Morgenstunden des 14. Juli Bagdad besetzte. Der König fiel durch die Kugeln eines Offiziers; sein Regierungschef Nuri es Said, der als Vater des Bagdadpaktes gelten kann, wurde ein Opfer der Volkswut.

Kassem übernahm die Regierung und brachte die westlichen Mächte in arge Bedrängnis: würde er sich dem arabischen Nationalismus Nassers anschließen oder sich gar mit der starken kommunistischen Bewegung seines Landes vereinen und so einen wichtigen Stein aus dem westlichen Bündnissystem herausbrechen? Anfangs konnte es so aussehen, als sollte das zweite eintreten. Kassem nahm sowjetrussische Waffen- und Wirtschaftshilfe an, arbeitete eng mit kommunistischen Gruppen zusammen und bewaffnete sogar die von kommunistischen Kadern durchsetzte Miliz. Im Oktober 1958 schlug er die Revolte des als Nasser-Freund bekannten Oberst Abdel Salam Aref nieder. Aber schon ein Jahr später, im Juli 1959, schien es, daß Kassem das Bündnis mit den Kommunisten nicht allzu eng zu gestalten gedachte. Aufstände im Norden des Landes, die kurdische Nationalisten offenbar mit russischer Unterstützung angezettelt hatten, machten ihm zu schaffen. Er entwaffnete die Miliz, unterstellte sie der ihm treu ergebenen Armee und warnte die Kommunisten davor, die Interessen des Iraks zu mißachten. Noch ist offen, ob Kassem sich in eine lose Bindung zur Vereinigten Arabischen Republik begibt oder die so gefahrvolle Selbständigkeit in dem Gewirr der politischen Interessen bewahren will und kann. Seine Haltung dem Westen gegenüber ist durch den Austritt des Iraks aus dem Bagdadpakt (März 1959) gekennzeichnet.

Auch andernorts zerfiel in dieser Periode die europäische Herrschaftsstellung. Der neue arabische Staat Libyen trat die Nachfolge der italienischen Kolonien Cyrenaica und Tripolis an. Im Jahre 1956 löste sich das französische Protektorat über Tunesien auf. Im selben Jahr erlangte Marokko seine Unabhängigkeit wieder. Beide Staaten traten zwei Jahre später der Arabischen Liga bei. Diese nach außen proklamierte Einheit der arabischen Länder hat jedoch Konflikte namentlich Tunesiens und Marokkos mit Ägypten nicht zu verhindern vermocht. Mit Ausnahme Algeriens und der Scheichdomänen an der Seeräuberküste im Persischen Meerbusen sind in den zehn Jahren, die dem zweiten Weltkrieg folgten, alle Länder der Araber frei geworden. Vom Irak bis nach Marokko entfaltet sich eine neue Welt.

Erst in jüngster Zeit beginnt sich das Gesicht Afrikas von Grund auf zu wandeln. Haben in den fünfziger Jahren in der nördlichen Hälfte Afrikas schon eine Reihe von Staaten ihre Unabhängigkeit erlangt – Marokko, Tunesien, Libyen und der Sudan –, so zeigte sich im Jahre 1960, daß die von de Gaulle 1958 gegründete »Communauté« Ausgangsbasis für eine stürmische Entwicklung geworden war. Zahlreiche Gebiete wurden unter dem Druck mehr oder weniger breiter Volksbewegungen zu selbständigen Staaten ausgerufen, ohne daß sogleich die engen wirtschaftlichen und vor allem kulturellen Bindungen zu ihren ehemaligen Kolonialherren abgebrochen werden sollten. In weiser Einsicht setzte de Gaulle diesen Bestrebungen keinen Widerstand entgegen. Auch Belgien gewährte dem Kongo Unabhängigkeit. Der neue Staat Kongo erwies sich aber als nicht stark genug, die widerstrebenden Richtungen in seiner Bevölkerung zusammenzuhalten. Unmittelbar nach der Proklamation der Unabhängigkeit (Juli 1960) brachen Unruhen aus, das reichste und höchstindustrialisierte Gebiet Katanga suchte aus dem Verband auszubrechen und mit direkten Beziehungen zu Belgien einen eigenen Staat zu gründen. Selbst UN-Truppen vermögen noch nicht die Kämpfe rivalisierender Gruppen und einzelner Stämme gegeneinander zu beenden.

Dieses Dilemma zeigt neben vielem anderem sehr deutlich, wie wenig die Begriffe »Nation« und »Nationalismus« im westlichen Sinne für afrikanische Verhältnisse passen. Vor allem aber zeigt es, mit welcher Willkür zur Zeit der kolonialen Gründungen die Grenzen gezogen wurden, ohne jede Rücksicht auf Stammeszugehörigkeit, Sprache und kulturelle Traditionen. Solange nicht auf diese rein afrikanischen, vorkolonialen Bedingungen eingegangen wird, läßt sich mit Sicherheit keine dauerhafte politische Lösung für die neuen Staaten und ihre durchaus eigenständigen Kulturen finden.

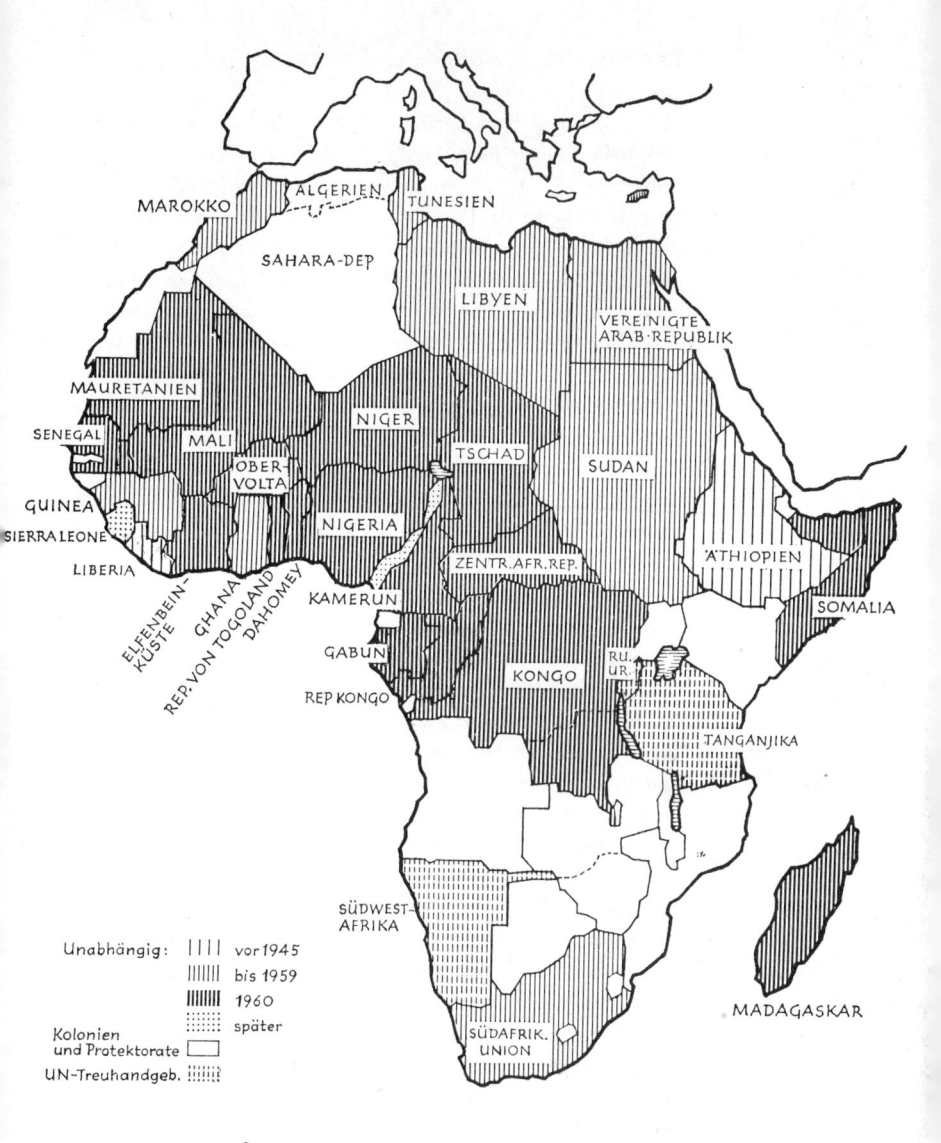

Die neuen Staaten Afrikas

## Die neuen Staaten und der Kalte Krieg

Ein Jahr nach Kriegsende war nur wenigen Menschen bewußt, daß neue Kräfte die Arena der Weltpolitik betreten hatten. Volle politische Freiheit hatte um diese Zeit noch keiner der neuen Staaten erlangt. China war durch inneren Zwist zerrissen, und die Regierung der Kuomintang war immer abhängiger von amerikanischer Unterstützung geworden. In Indonesien kämpften die Holländer verzweifelt um die Wiederherstellung ihrer Herrschaft. In Indien bemühte sich eine Übergangsregierung, der Nehru als Vizepräsident angehörte, um die schwierige Versöhnung der mohammedanischen Ansprüche mit der Position des indischen Nationalismus. Noch waren weder Indien noch Pakistan unabhängig. In Indochina führten die Franzosen einen Feldzug zur Vernichtung der vietnamesischen Nationalbewegung. Nur ein Prophet konnte voraussehen, daß in knappen zehn Jahren ein radikaler Wandel diese Gebiete erfaßt und eine neue politische Welt geschaffen haben würde.

Ein einziger hatte diese prophetische Gabe und sah den Wandel kommen: Jawāharlāl Nehru. Für Nehru war die Wiedergeburt Asiens die zentrale politische Tatsache. Auf diese Tatsache lenkte er die Aufmerksamkeit der Welt, als er zum Februar 1946 die erste Asienkonferenz nach Delhi einberief. Ursprünglich sollte die Konferenz auf Initiative des indischen Council of World Affairs, einer dem englischen Chatham House nachgebildeten privaten Organisation, in kleinerem Rahmen abgehalten werden. Dem vorbereitenden Komitee gehörten Dr. Appadorai, B. Shiva Rao, der Schreiber dieser Zeilen und eine oder zwei weitere Personen an. Die mögliche Tragweite des Konferenzplanes erkannte Nehru besser als das vorbereitende Komitee. Er griff den Plan auf und verwandelte ihn in eine große politische Kundgebung von historischer Bedeutung. Nicht nur Vertreter der unabhängigen Staaten Asiens waren zur Teilnahme aufgefordert worden, sondern auch Vertreter der Völker, die noch um ihre Unabhängigkeit kämpften, darunter Korea, die Mongolei, Kambodscha, Burma, Ceylon, Israel. Anwesend waren auch Delegierte der asiatischen Republiken der Sowjetunion. Trotz der verschärften holländischen Blockade konnte sich Indonesien durch Sutan Sjahrir vertreten lassen. Obgleich die Franzosen versucht hatten, Vietnam abzuriegeln, war von dort ein Abgesandter der Aufständischenregierung Ho Chih Minhs gekommen. Die Konferenz zeigte der ganzen Welt, daß ein neues Asien ins Leben getreten war. Ein ständiges Büro mit einem indischen und einem chinesischen Sekretär wurde errichtet, aber die Ereignisse gingen darüber hinweg: die Revolution in China, die zum Abbruch der diplomatischen Beziehungen zwischen der Formosa-Regierung und Indien führte, machte das Sekretariat arbeitsunfähig.

Indes war das Gemeinschaftsbewußtsein Asiens in der Wirklichkeit bereits so tief verwurzelt, daß es sich nicht mehr unterdrücken ließ. Die Repressalien der Holländer gegen die Indonesische Republik hatten bei den asiatischen Völkern tiefe Empörung hervorgerufen. Zwecks gemeinsamer Stellungnahme zu den Ereignissen berief Nehru 1948 die zweite Asienkonferenz nach Delhi, diesmal als Zusammenkunft von Regierungsvertretern. Diese zweite Konferenz, die mithin einem konkreten Zweck diente, ließ die Welt erkennen, daß sich mittlerweile eine gemeinsame asiatische Haltung zu internationalen Angelegenheiten herausgebildet hatte, die nicht mehr ignoriert werden konnte.

Die Konstituierung des neuen chinesischen Staates komplizierte das Problem. Während Amerika und die meisten europäischen Länder die veränderte Situation in China vom Standpunkt des Kalten Krieges beurteilten, sahen darin die asiatischen Länder ziemlich geschlossen eine wichtige Abschlußetappe in der großen Bewegung des asiatischen Risorgimento. Für den Westen war der Sieg des Kommunismus in China eine Katastrophe, die nicht nur die definitive Ausschaltung ihres Einflusses in diesem riesigen Territorium, sondern auch eine entscheidende Verschiebung des Mächtegleichgewichts zugunsten der Sowjetunion bedeutete. Dagegen betrachteten die Asiaten den Aufstieg Chinas, wenn auch in manchen Fällen angesichts der Machtfülle des Landes nicht ohne Angst, doch im wesentlichen als den Endsieg eines tapferen Volkes im hundertjährigen Kampf gegen die Fremdherrschaft. Diese unterschiedliche Betrachtungsweise kam aus Anlaß des Korea-Krieges deutlich zum Ausdruck. Während Amerika und die europäischen Staaten eine Front gegen China bildeten und China zum Aggressor erklärten, weil es sich der im Verlauf der Kämpfe erfolgten Überschreitung des 38. Breitengrades durch die Truppen MacArthurs widersetzte, nahmen die asiatischen Staaten – bis auf solche, die wie Thailand und die Philippinen unter dem militärischen Schutz der Vereinigten Staaten stehen – eine andere Haltung ein. Mehr noch: der »afro-asiatische Block« in den Vereinten Nationen hat überhaupt erst im Zusammenhang mit den Verhandlungen mit China über einen Waffenstillstand in Korea wirksam zu funktionieren begonnen. Die damalige Haltung der Westmächte China gegenüber war eins der wichtigsten Momente, die den Block in Erscheinung treten ließen.

Vorher war diese Gruppierung hauptsächlich in drei Fragen zusammengegangen: Schutz arabischer Interessen in Palästina, Gleichberechtigung der Rassen und Unterstützung der Freiheitsbewegung unterdrückter Völker. Gewiß war das Israel-Problem eine Frage besonderer Art; überblickt man sie im größeren Zusammenhang, so muß man feststellen, daß die asiatischen Staaten im Eintreten des Westens für die Teilung Palästinas und die Schaffung eines jüdischen Staates einen Versuch sahen, mitten unter die arabischen Länder ein westliches Staatswesen einzuschmuggeln. Die beiden Problemgruppen hatten unmittelbar mit der asiatischen Haltung zur Kolonialpolitik zu tun. Daß die Gleichberechtigung der Rassen überhaupt zu einem Problem geworden war, war eine Folge der Kolonialpolitik, eine Auswirkung des europäischen Überlegenheitsgefühls, das eine Begleiterscheinung der Kolonialherrschaft ist und im wesentlichen auf ihr beruht. Die Freiheitsbewegungen in immer noch von Kolonialmächten beherrschten Gebieten gingen alle Staaten Asiens und Afrikas ebenfalls schon deswegen an, weil in ihrem Bewußtsein das eigene Erlebnis der politischen Unterdrückung in dieser oder jener Form noch überaus lebendig war. Mit vollem Recht kann man sagen, daß der Haß gegen die Kolonialherrschaft das war, was den Block der afrikanischen und asiatischen Staaten zusammenführte.

Von europäischen Beobachtern ist oft eingewandt worden, daß diese Haltung unrealistisch sei, daß die europäische Kolonialpolitik der Vergangenheit angehöre und daß die Freiheit der ehemals kolonialen Länder nicht mehr vom Westen, sondern von den neuen Kräften des »aggressiven internationalen Kommunismus«, den die Sowjetunion repräsentiere, bedroht werde. Namentlich die amerikanischen Kritiker verweisen auf ihre eigene antikoloniale Tradition und insbesondere auf die Tatsache, daß Amerika die nationale Bewegung in

Indien und Indonesien seit eh und je unterstützt habe. Die Amerikaner finden es seltsam und fühlen sich dadurch verletzt, daß die asiatischen Staaten den Westen und Amerika nach wie vor mit kolonialen Herrschaftsinteressen identifizieren und dabei die Gefahren aus dem Auge verlieren, die ihnen von kommunistischer Seite drohen.

Wie immer sich die asiatischen Staaten dem Kommunismus gegenüber verhalten mögen: unbestreitbar ist die Tatsache, daß sich die Gefahr der Wiederkehr der Kolonialherrschaft – und sei es auch nur in abgewandelter Form – den meisten Asiaten als sehr viel akuter aufdrängt. Zu einem erheblichen Teil ist diese Haltung auch nicht unberechtigt. Nehru, einer der Haupturheber der »afro-asiatischen« Politik, hat es nie unterlassen, hervorzuheben, in wie hohem Maße die Versuche Amerikas und der einstigen Kolonialmächte, Militärbündnisse in Asien aufzubauen, eine Wiederbelebung der Kolonialherrschaft in neuem Gewand darstellen. Das SEATO-Bündnis und der Bagdadpakt sind charakteristische Beispiele dieser Politik. So wird als Ziel der SEATO die Verteidigung Südostasiens – vermutlich gegen chinesische Aggression – hingestellt. Aber Mitglieder der SEATO sind die Vereinigten Staaten, England, Frankreich, Australien und Neuseeland, also fünf westliche Staaten, neben den drei asiatischen Staaten Thailand, Pakistan und den Philippinen. Keiner dieser Staaten grenzt an China. Die unmittelbaren Nachbarn Chinas – Indien, Burma, Kambodscha, Laos und Vietnam – gehören dem Südostasienpakt ebensowenig an wie Indonesien, der bedeutendste südostasiatische Staat. Es ist also eine Allianz westlicher Staaten mit drei durch besonders geartete Bindungen an sie geketteten asiatischen Ländern, die die Verteidigung dieses Teils der Welt auf sich nimmt. Das praktische Ergebnis dieser Konstellation ist die Legalisierung der Beibehaltung westlicher Streitkräfte in Südostasien.

Eine Lehre ist Indien auf jeden Fall durch die Geschichte der westlichen Kolonialexpansion beigebracht worden: in der Vergangenheit hat das Argument der »Verteidigung« den europäischen Mächten immer dazu gedient, die Errichtung ihrer Herrschaft in Asien zu begründen. In Indien war dies System unter dem Pseudonym »Unterordnungsbündnis« bekannt: ein schwächerer Staat erklärte sich damit einverstanden, daß ihn ein stärkerer verteidigte, und wurde nach einer gewissen Zeit fast automatisch zu dessen Protektorat. Der indischen Führung kommen SEATO und Bagdadpakt wie eine Neuauflage der frühen Kolonialpolitik vor; sie sieht in diesen Pakten einen Deckmantel, unter dem die früheren Kolonialmächte und Amerika die verlorenen Positionen in Asien wiederzugewinnen suchen. Sieht man von den Philippinen, die eine besondere Vertragsbeziehung an Amerika bindet, ab, so ist offenkundig, daß sich die beiden anderen asiatischen Staaten, die diese Politik mitmachen, von besonderen Gründen leiten lassen. Thailand war durch die Niederlage im Krieg in eine schwierige, isolierte Position geraten, aus der es heraus wollte, und außerdem hatte es seit jeher eine chinafeindliche Politik betrieben, ganz gleich, wer in China regierte. Und Pakistan gab sich angesichts der Fehde mit Indien und des mißglückten Versuchs, die Führung der mohammedanischen Staaten an sich zu reißen, der Vorstellung hin, daß der Beitritt zu den Pakten seine Position Indien gegenüber festigen würde.

Der entschiedene Widerstand Nehrus und der indischen Regierung gegen diese Neubelebung der Kolonialherrschaft in Asien hat die Bündnissysteme geschwächt und ihren Nutzen reduziert. Auch waren die asiatischen Völker, deren erstes Ziel die Erhaltung der so schwer erkämpften Unabhängigkeit ist, von diesen westlichen Übergriffen wenig begeistert: der Bagdadpakt isolierte den Irak in der arabischen Welt; in Pakistan gab es erst im Februar 1960 allgemeine Wahlen, mit denen sich die Volksmeinung hätte ermitteln lassen, aber Provinzwahlen in Ostbengalen brachten der Partei, die offen gegen die Paktpolitik kämpft, einen überwältigenden Sieg.

Die Gegnerschaft gegen die Kolonialpolitik ist freilich nur eine Seite der besonderen weltpolitischen Haltung der asiatischen und afrikanischen Staaten. Ihre andere, positivere Seite, die im wesentlichen das Werk Nehrus ist, besteht in der Schaffung und Erweiterung einer Friedenszone, die außerhalb der Konflikte des Kalten Krieges bleibt. In Europa und Amerika als »Neutralismus« und von manchen als indirekte Unterstützung der Sowjetpolitik angegriffen, ist diese Strategie von Nehru mit vorbildlicher Konsequenz beibehalten und zur allgemeinen Haltung der asiatischen Völker gemacht worden. Sie beruht auf drei Grundvoraussetzungen: erstens, daß schon die Teilung der Welt in zwei Lager nicht nur unnötig, sondern auch ein Übel ist und unvermeidlich zu immer größeren Spannungen führen muß; zweitens, daß es, da der Kommunismus eine bleibende Tatsache ist und überdies mit der Unterstützung von über neunhundert Millionen Menschen rechnen kann, unrealistisch und gefährlich ist, einen *cordon sanitaire* um die kommunistischen Staaten zu legen oder mit Hilfe einer Sperrkette von Militärbündnissen und Militärstützpunkten eine Politik der »Eindämmung« zu betreiben: da die nichtkommunistische Welt neben der kommunistischen zu leben habe, sei eine Politik der Koexistenz nicht nur wünschenswert, sondern auch zur unentrinnbaren Notwendigkeit geworden; drittens, daß die Staaten Asiens, die von den politischen Konflikten zwischen der europäischen und amerikanischen Welt und der Sowjetwelt nicht direkt betroffen sind, einen eigenen Beitrag leisten, das heißt eben eine Friedenszone, die die Atmosphäre des Kalten Krieges bewußt ausschaltet, schaffen und ausweiten müssen.

Ursprünglich hatten Indien, Burma und Indonesien den Kern dieser Zone gebildet; später sind Ägypten, Syrien, Ceylon, Nepal und Afghanistan hinzugetreten. Die Festigung der freundschaftlichen Beziehungen zwischen Indien und China hat die Bewegung verstärkt. Seit der Zeit des Korea-Krieges hat die Rolle Indiens, dessen unabhängige Position mit der Zeit sowohl in Moskau als auch in Peking begriffen und als fruchtbar erkannt wurde, an Bedeutung für die internationale Politik gewonnen. Indiens Bemühungen um eine Beilegung des Korea-Konflikts fanden die Unterstützung der meisten asiatischen Staaten. Das wachsende Einvernehmen zwischen Indien und China führte zur Festlegung der »Fünf Prinzipien der Koexistenz« *(Pancha Shila)*, des ersten brauchbaren Rahmens für ein Zusammenwirken kommunistischer und nichtkommunistischer Staaten auf der Basis der Gleichberechtigung. In diesen »Prinzipien«, zuerst in der Präambel zum indisch-chinesischen Tibet-Abkommen formuliert, bekundeten beide Staaten ihren Willen, die beiderseitige Souveränität und territoriale Unverletzlichkeit zu achten, sich jeder Einmischung in die inneren Angelegenheiten des Vertragspartners zu enthalten, gemeinsame Interessen und kulturelle Zusammenarbeit zu fördern und in Frieden miteinander zu leben.

Nachdem sich die Beziehungen zwischen Indien, China, Indonesien und Burma gefestigt hatten, schien die Einberufung einer größeren Konferenz der Regierungen asiatischer und afrikanischer Staaten möglich. Die Konferenz, die auf Einladung der Regierungschefs Burmas, Ceylons, Indiens, Indonesiens und Pakistans unter Teilnahme von 29 Staaten vom 18. bis zum 24. April 1955 in Bandung tagte, war ein hochbedeutsames Ereignis. Zum erstenmal in der Geschichte waren die unabhängigen Staaten Asiens und Afrikas zusammengekommen, um ihre gemeinsamen Probleme zu erörtern. Die »internationale Staatengemeinschaft« ist ein Begriff rein europäischen Ursprungs. Gewiß hatten die Staaten Asiens in der vorkolonialen Zeit ihres unabhängigen Daseins diplomatische Beziehungen mit Nachbarländern unterhalten; aber die Idee einer internationalen Staatengemeinschaft war ihnen fremd geblieben. Zum erstenmal war 1955 ein asiatisches »Staatenkonzert« zustande gekommen.

Es war aber auch das erste Mal, daß Asiaten und Afrikaner ihre eigenen und die Angelegenheiten der Welt ganz unter sich besprachen. Bis 1955 waren asiatische Probleme hauptsächlich von Westmächten erörtert und geregelt worden. Mit Ausnahme Japans hatte in vergangenen Zeiten kein einziger asiatischer Staat bei der Regelung asiatischer Probleme mitreden dürfen. In Bandung erörterten diese Staaten erstmalig ohne Mitbeteiligung europäischer Mächte Probleme, die, wie das Schlußkommuniqué sagte, »die Länder Asiens und Afrikas gemeinsam interessieren und angehen«, und nahmen Stellung zu den Mitteln, »mit denen ihre Völker eine umfassendere politische, kulturelle und wirtschaftliche Zusammenarbeit erreichen könnten«. Dabei wurden nicht nur regionale Probleme, sondern in weitem Umkreis auch andere Fragen – darunter Abrüstung, Kernwaffenverbot und Friedenssicherung – behandelt und die Grundsätze formuliert, die es allen Staaten erlauben sollten, als gute Nachbarn miteinander zu leben.

Die Bedeutung der Konferenz wurde noch dadurch erhöht, daß jede politische Strömung Asiens und Afrikas vertreten war. Die Teilnehmer Türkei, Irak, Iran, Pakistan, Philippinen, Thailand und Südvietnam waren Staaten mit engen Bindungen an Amerika. Japan, potentiell eine Großmacht, trat zum erstenmal seit dem Kriege als unabhängiges Gebilde auf einer internationalen Bühne auf. China und Nordvietnam waren kommunistische Staaten, von den meisten Konferenzteilnehmern noch nicht einmal anerkannt. Ghana und der Sudan hatten ihre volle Unabhängigkeit noch nicht erlangt. Indien, Nepal, Burma, Indonesien und Ägypten vertraten eine Strategie der Nichtbeteiligung an der Politik des Kalten Krieges. Trotzdem konnte in erstaunlich hohem Maße Übereinstimmung erzielt werden. Damit wurde der Welt kund und zu wissen getan, daß die neuen Staaten Asiens und Afrikas, auch wenn sie in vielen Fragen verschiedener Meinung sind, sich nicht mehr damit zufriedengeben, vom Westen gegängelt zu werden, daß sie gehört werden müssen, weil sie neue und für die Welt überaus wichtige Kräfte vertreten. Es muß auch als rein asiatische Angelegenheit angesehen werden, die nicht in das allbekannte Ost-West-Schema paßt, daß sich die indisch-chinesischen Beziehungen in den Jahren 1959/60 zunehmend verschärften. Im März 1959 rief der Aufstand in Tibet weltweite Entrüstung hervor, die indes übersah, daß mit der Aufhebung der tibetischen Autonomie nur ein alter, immer wieder verwirklichter Anspruch Chinas erfüllt wurde. Auch die Grenzkonflikte zwischen Indien und China in den Gebieten Kashmir und Ladakh sind nicht neu. Sie sollten im Vertrag von Simla 1914 mit der McMahon-Linie gelöst werden, die von China jedoch nicht anerkannt worden war.

Einwohner von Lagos beim Studium der Ergebnisse der allgemeinen Wahlen in Nigerien, Dezember 1959

Jawāharlāl Nehru

Antichinesische Demonstration in New Delhi, März 1959

Der zunehmende Druck auf die Nordgrenze wurde mit energischen Protesten des Staatspräsidenten Prasad und Nehrus beantwortet. Zugleich zeigte sich die Regierung entschlossen, der »chinesischen Aggression mit der Waffe in der Hand zu begegnen«. Das hinderte Nehru aber keineswegs, an dem Prinzip der Bündnisfreiheit festzuhalten. Wenn auch die Gespräche mit Chou En-lai im April 1960 noch zu keiner Lösung des Problems geführt haben, so besteht doch begründete Hoffnung, diesen Konflikt intern in zähen Verhandlungen zu lösen.

Über die Stellung der asiatischen Welt zum kommunistischen Block ist in diesem Zusammenhang einiges zu sagen. Kein einziger asiatischer Staat, auch keiner von denen, die mit dem Westen durch antikommunistische Pakte verbunden sind, teilt die gegenwärtige Auffassung der europäischen Staaten, wonach der Kommunismus etwas in sich Böses sei. Die asiatischen Länder erinnern sich, daß vor nicht allzulanger Zeit sogar die Vereinigten Staaten im Kampf gegen die Achsenmächte eng mit dem stalinistischen Rußland zusammenarbeiteten; es entgeht ihnen nicht, daß das, was die beiden Mächtegruppen trennt, ein Interessenkonflikt ist und nicht eine Sittenlehre. Die meisten Asiaten sehen in der Sowjetunion das Beispiel eines technisch rückständigen Landes, das fast aus eigener Kraft eine nicht nur an Machtfülle, sondern auch an wissenschaftlichen und sonstigen Leistungen überragende Position unter den Staaten erreicht hat. Sie sehen ähnlich gewaltige Anstrengungen im heutigen China. Die vom Kommunismus drohende Gefahr, die das Bewußtsein der Europäer beherrscht, hat keinen großen Wirklichkeitswert in den Augen der asiatischen und afrikanischen Länder, die, auch wenn sie den Kommunismus ablehnen, der Meinung sind, daß ihre Unabhängigkeit von ganz anderen und sehr viel akuteren Gefahren bedroht wird. Den Arabern scheint die Gefahr überwiegend von Israel herzurühren. Die Länder Asiens sehen ihre Freiheit mehr durch ihre eigene Rückständigkeit bedroht, die sie von den höherentwickelten Ländern Europas abhängig macht. Im übrigen haben sie in ihrem Kampf um die Unabhängigkeit in den kommunistischen Ländern von Anfang an eine moralische Stütze gehabt und von ihnen nach Erreichung der Unabhängigkeit Hilfe bei der Modernisierung ihrer Wirtschaft angeboten bekommen, ohne daß daran politische oder militärische Bedingungen geknüpft worden wären. Was immer die Motive der Sowjetunion sein mögen, sie hilft beim Aufbau einer modernen Wirtschaft in Syrien und Ägypten und hat Indien, Indonesien, Burma und Ceylon technischen und finanziellen Beistand gewährt, wenn auch zweifellos nicht in demselben massiven Umfang wie die Vereinigten Staaten. Der Appell des Westens, den Sowjetstaat als einen natürlichen Feind zu betrachten, der die Unabhängigkeit der neuen Länder gefährdet, hat infolgedessen unter den Völkern der neuen asiatischen Länder nur wenig Gegenliebe gefunden; sie ziehen es vor, im Angesicht der beiden Mächtegruppierungen eine neutrale Haltung zu bewahren.

Es wäre daher falsch, anzunehmen, die Grundauffassung der Staaten Asiens und Afrikas sei antieuropäisch oder prokommunistisch. Im wesentlichen sind die meisten dieser Länder Europa gegenüber freundlich eingestellt und begrüßen jede kulturelle, wirtschaftliche und politische Zusammenarbeit. Aber die meisten von ihnen haben auch gegenüber den Staaten des kommunistischen Blocks keinerlei Vorurteile. Hier ist, aus einer weiteren Perspektive betrachtet, eine neue Welt entstanden, auf die die Vorurteile und Rivalitäten der Vergangenheit nicht mehr passen.

## Freiheit und wissenschaftlicher Fortschritt

In das Jahrzehnt, das der Kapitulation Japans folgte, fällt die politische Befreiung der Völker Asiens. Von China bis Marokko haben die asiatischen und arabischen Völker, die früher von anderen Mächten direkt beherrscht oder unter Vormundschaft gehalten worden waren, die politische Unabhängigkeit erlangt und sie dazu benutzt, eine eigene internationale Gemeinschaft zu bilden, die sich sowohl vom kommunistischen Block als auch vom Westen unterscheidet. Es stimmt zwar, daß politische Beweggründe einige dieser Staaten an den Westen und andere an den kommunistischen Block herangebracht haben, aber zweifellos ist in dieser Periode eine eigene Haltung Asiens zu Problemen der Weltpolitik entstanden, die es vorher nicht gegeben hat.

Beachten sollte man indes, daß sich von den meisten dieser Länder, obgleich sie unabhängig geworden sind und der Kontrolle fremder Mächte nicht mehr unterstehen, bis jetzt nicht sagen läßt, sie hätten sich zu einigermaßen stabilen politischen Verhältnissen durchgerungen. Ihre Regierungssysteme weisen die allergrößten Unterschiede auf. An dem einen Pol – in Burma, Ceylon und Indien – findet man eine demokratische Staatlichkeit, die recht zufriedenstellend funktioniert, mit regelmäßigen und ordentlichen Wahlen, mit verankerten staatsbürgerlichen Freiheiten, mit einer freien Presse und religiöser Toleranz. Am anderen Pol – in Saudiarabien und Jemen – herrscht eine mittelalterliche Theokratie. Zwischen diesen beiden Extremen besteht eine Vielfalt von politischen Systemen: halbkonstitutionelle Monarchie, gelenkte Demokratie, verhüllte faschistische Diktatur. In den meisten dieser neuen Staaten hat sich ein dauerhaftes politisches Gefüge noch nicht herausgebildet; ihre innere Politik steht bis jetzt im Zeichen des Ungewissen. In den meisten Fällen war das erste Jahrzehnt der staatlichen Existenz politisch eine Zeit des Werdens.

Anderseits läßt sich aber ebensowenig sagen, die wirtschaftlichen und sozialen Probleme dieser Länder seien im ersten Jahrzehnt gelöst oder auch nur in voller Größe ins Auge gefaßt worden. Indien ist, wie sich gezeigt hat, die einzige Ausnahme. In Indien wird eine in Stadt und Land koordinierte Aufbaupolitik, die ins gesellschaftliche, wirtschaftliche und technische Leben eingreift, mit großer Entschlossenheit durchgeführt. In Ägypten und Syrien ist wirtschaftliche Neugestaltung auf einer weiten Stufenleiter in Angriff genommen worden. Im Irak haben die Erdöleinkünfte die Aufstellung eines wirtschaftlichen Erschließungsprogramms ermöglicht. In den anderen Ländern hat die Unabhängigkeit – wenigstens bis jetzt – im großen und ganzen keine Besserung im Leben der Menschen und keine Veränderung in den wirtschaftlichen und sozialen Daseinsbedingungen mit sich gebracht.

Noch charakteristischer ist in diesen Ländern das Fehlen jeglichen Interesses an naturwissenschaftlichem Fortschritt. Eine Konferenz von Wissenschaftlern, die vor einiger Zeit in Bangkok tagte, hat mit Bedauern die indifferente Haltung der südostasiatischen Länder gegenüber wissenschaftlicher Aufbauarbeit verzeichnen müssen. Das trifft ebenso auf den Mittleren Osten und die neuen afrikanischen Staaten zu. Wiederum ist Indien die einzige beachtenswerte Ausnahme. Im letzten halben Jahrhundert konnte Indien einen Stamm von Wissenschaftlern heranbilden, die einen nicht unerheblichen Beitrag zur internationalen wissenschaftlichen Arbeit beigesteuert haben. Nachdem die Unabhängigkeit errungen war, setze sich bald die Erkenntnis durch, daß Indien den Abstand, der es von den großen Nationen der Erde trennt, nie würde überbrücken können, wenn es sie nicht auf dem Gebiet qualifizierter wissenschaftlicher Arbeit einholte. Nehrus visionärem Weitblick war es zu verdanken, daß der Aufbau von Forschungsanstalten sowohl auf dem Gebiete der theoretischen Grundlagenforschung als auch auf dem der angewandten Industrieforschung mit der größten Vordringlichkeit behandelt wurde. Sogar im Bereich der Atomenergie hat Indiens Beitrag internationale Anerkennung gefunden.

Heute wird qualifizierte wissenschaftliche Arbeit nur in drei asiatischen Ländern – Indien, Japan und China – geleistet. Aber nur Verständnislosigkeit gegenüber der Bedeutung der exakten Wissenschaft und der wissenschaftlich fundierten Technik hatte im 19. Jahrhundert die politische Unterjochung Asiens und der arabischen Länder ermöglicht: der phantastische wissenschaftliche und technische Fortschritt der westlichen Länder bei völligem Fehlen einer entsprechenden Entwicklung in den asiatischen und arabischen Ländern bedingte die Rückständigkeit Asiens und Afrikas und riß die Kluft zwischen ihnen und der europäisch-amerikanischen Welt auf. Politische Unabhängigkeit allein kann diese Rückständigkeit nicht aus der Welt schaffen. Noch wichtiger ist, daß in den höherentwickelten Ländern Wissenschaft und wissenschaftliche Arbeitsmethoden in den letzten anderthalb Jahrzehnten eine revolutionäre Umwälzung erfahren haben, die qualitativ viel wichtiger ist als die wissenschaftliche Umwälzung, die seinerzeit in der industriellen Revolution ihren Ausdruck fand und den Aufschwung der westlichen Welt im 19. Jahrhundert vorantrieb. Mit der Wissenschaft vom Atomkern tritt der Abstand zwischen den fortgeschrittenen und den rückständigen Ländern noch deutlicher hervor; er wird in der nächsten Zukunft immer größer werden. In den Ländern, denen diese Betrachtung gilt, hat es – außer in Indien – keine ernsten Bemühungen gegeben, den wissenschaftlichen Fortschritt des Westens einzuholen. Die Kluft vertieft sich, und die zunehmende Ungleichheit ist dazu angetan, von neuem die Bedingungen hervorzubringen, aus denen in früheren Zeiten die Abhängigkeit und Versklavung der asiatischen Länder erwuchs.

Zur Überwindung dieses Zustands wird an einem umfassenden System technischer Hilfe für rückständige Länder gearbeitet. Wonach überall in den neuen Staaten verlangt wird, sind technischer Beistand und Kapitalzufuhr aus den industriell entwickelten Ländern. Die Vereinigten Staaten, die Sowjetunion, England mit Hilfe des Colombo-Plans, die Vereinten Nationen durch die entsprechenden Fachkörperschaften: sie alle tragen in großem Maßstab dazu bei, den neuen Staaten technische Unterstützung zuteil werden zu lassen. Ohne Zweifel wird an manchen Stellen Hervorragendes geleistet. Aber angesichts der immer breiter und tiefer werdenden Kluft auf dem Gebiete wissenschaftlicher Arbeit kommt diese technische Hilfe kaum an die Peripherie des Problems heran. Gelingt es jedoch den rückständigen Ländern nicht, entscheidende wissenschaftliche Fortschritte zu erzielen, so werden sie unvermeidlich immer abhängiger von den höherentwickelten Ländern werden, weil sie die Technik werden importieren müssen, die sie selbst nicht beherrschen, die aber ihrerseits in ihren Ursprungsländern einen unaufhörlichen Wandel durchmacht. Und wie in einem früheren Zeitalter die Einfuhr von Kapital, so kann heute und morgen die Einfuhr der Technik in Länder, die sie nicht selbst entwickeln oder handhaben können, nur zu einem neuen

Kolonialsystem führen; die Abhängigkeit müßte noch größer werden, als sie in der Vergangenheit war.

Nur die Länder haben im 19. Jahrhundert ihre Unabhängigkeit bewahren können, die – wie Afghanistan und Nepal – ausländischem Kapital den Zutritt verwehrten oder – wie Japan – die größten Anstrengungen auf sich nahmen, die neue Technik zu meistern. In gewissem Sinne ist das Problem heute ähnlich gestellt. Die komplexe Gesamtsituation der Länder mit unausgereiftem politischem Gefüge, die vom Standpunkt des wissenschaftlichen Könnens täglich rückständiger werden, erlaubt zwar keine Zukunftsvoraussage, läßt aber eins deutlich hervortreten: gerade das politische Erwachen dieser Völker bei einer technisch und wirtschaftlich überalterten Daseinsgrundlage macht sie zum Schlachtfeld der miteinander streitenden Ideologien der heutigen Welt. Heute – gleichsam am Vorabend des Gefechts – halten die Kräfte einander das Gleichgewicht; aber überall – in Indien, in Indonesien, in Westasien – stehen sie einander von Angesicht zu Angesicht gegenüber. Das Beispiel Chinas weist in eine Richtung. Die Abkommen und Bündnisse, die der Westen in diesem Teil der Welt aufgebaut hat und mit denen er die neuen Staaten an seine Politik zu binden sucht, weisen in eine andere. Schließlich weist das Experiment in Indien den Weg zu einem möglichen dritten Kurs. Welchen Weg die einzelnen Länder wählen werden, kann sehr wohl von der wirtschaftlichen Entwicklung der nächsten Jahre abhängen, denn was sie alle wollen und erreichen müssen, ist ein besseres Leben für ihre Völker.

*Hugh Seton-Watson*

RUSSLAND UND OSTEUROPA

Dank seinen Siegen im zweiten Weltkrieg konnte Rußland seine Herrschaft über den größten Teil des Gebiets ausdehnen, das zwischen Deutschland, Österreich und Italien im Westen und den traditionell russischen Landen im Osten liegt. Von diesem Gebiet ist die Rede, wenn hier von »Osteuropa« gesprochen wird; indes sollen weder Finnland und Griechenland, die zwar geographisch zum Osten gehören, aber von der russischen Herrschaft unabhängig geblieben sind, noch die Sowjetzone Deutschlands einbegriffen sein (obgleich sie unter Sowjet- und kommunistischer Herrschaft steht, ist die Zone geographisch ein Teil Deutschlands und kann am besten zusammen mit ganz Deutschland behandelt werden); dagegen wird hier Jugoslawien zu »Osteuropa« gerechnet, das, obgleich es von Kommunisten regiert wird, politisch von Rußland unabhängig ist. Eine völlig befriedigende Abgrenzung der thematischen Komplexe ist schwer möglich; diese kurze Erklärung sollte dem Leser lediglich sagen, was er in der folgenden Übersicht finden kann.

Sowohl in der Sowjetunion als auch in Osteuropa ist der Tod Stalins im März 1953 ein Wendepunkt gewesen. Dieser Punkt bezeichnet die Scheidelinie, an der die Übersicht chronologisch in zwei Teile zerfällt. Innerhalb jeder der beiden Perioden (1945–1953 und 1953–1960) zerfällt die Behandlung in zwei Abschnitte: die Sowjetunion selbst und Osteuropa. Ein Schlußkapitel soll der Außenpolitik der Sowjetregierung und der Stellung des Blocks der kommunistischen Staaten Europas in der Weltpolitik vorbehalten bleiben.

## *Sowjetunion 1945–1953*

### *Stalins Erbe*

Die Diktatur der kommunistischen Partei über das russische Volk wurde von Lenin im Zuge der bolschewistischen Revolution errichtet, und jede Opposition organisierter Gruppen innerhalb der Partei wurde bereits vom 10. Parteitag der Kommunistischen Partei 1921 verboten. Unter Stalin aber schritt das System weiter von der einfachen Diktatur zum totalitären System. Stalin entfernte der Reihe nach alle Parteiführer, die sich an Bedeutung mit ihm messen konnten, und errichtete seine persönliche autokratische Herrschaft. Durch Kollektivierung der Landwirtschaft und die staatlich betriebene überstürzte Industrialisierung stellte er sowohl die Wirtschaft als auch die staatliche Maschinerie auf eine modernere Basis und schuf wirksamere Instrumente zur Beherrschung des Lebens der russischen Bauern und Arbeiter, als sie in der Geschichte Rußlands je existiert hatten. Die Medien der Massenbeeinflussung wurden systematisch zur Verbreitung einer einzigen allumfassenden und ausschließliche Geltung beanspruchenden Wahrheit benutzt, die sich von einem Tag zum andern ändern konnte, aber immer für alle Sowjetuntertanen verbindlich war. Diese Wahrheit wurde nur durch den einen allweisen Führer Stalin offenbart, dessen immer gottähnlicheres Bild dem Sowjetbürger vorgeführt wurde. Die Machtzusammenballung in seinen Händen erreichte ihren Höhepunkt während der »großen Säuberung« von 1936 bis 1938. Was an dieser umwälzenden Personalablösung entscheidend war, war nicht die Abschlachtung so alter Bolschewiki wie Sinowjew, Kamenew, Bucharin und Rykow, die schon bei der Niederlage in den Richtungskämpfen von 1925 bis 1930 jede Chance, an Stalins Politik ernsthaft zu rütteln, eingebüßt hatten, sondern das Hinwegräumen von Menschen, auf die sich Stalin im Kampf gegen diese Rivalen gestützt hatte, die Beseitigung der treuesten stalinistischen Kader. Von seinen engsten Mitarbeitern verblieben nur wenige – wie Molotow, Woroschilow, Kaganowitsch – im innersten Kreis der Machthaber. Drastisch »gesäubert« wurden auch das Oberkommando der Armee und die obere Schicht der Ministerialbürokratie und der Industrieführung. Mehr als die Hälfte der Schlüsselpositionen in Partei und Staat gingen in die Hände einer jüngeren Generation über, in die Hände von Menschen, die unter dem bolschewistischen Regime aufgewachsen und für die Revolution und Bürgerkrieg nicht persönlich Erlebtes, sondern Heldensage waren. Auf dem 18. Parteitag, der im März 1939 abgehalten wurde, waren von den 1570 Delegierten (die als Elite der Gesamtpartei angesehen werden können) vier Fünftel noch nicht vierzig und die Hälfte unter fünfunddreißig Jahre alt. So hatte Stalin gegen die alte Generation eine neue großgezogen und die ganze soziale und politische Hierarchie durcheinandergerüttelt, um seine eigene unumschränkte Macht zu sichern. Sein Regime war totalitär in den drei entscheidenden Aspekten, die totalitäre Herrschaft von bloßer Diktatur unterscheiden. Während Diktaturen negative Macht ausüben, indem sie ihren Untertanen vorschreiben, was sie nicht tun oder nicht sagen dürfen, handhaben totalitäre Herrscher auch positive Macht, indem sie anordnen, was die Untertanen zu tun, zu sagen und zu denken haben. Diktaturen unterscheiden zwischen dem öffentlichen und dem privaten Leben ihrer Untertanen und beanspruchen Gefolgschaft nur im öffentlichen; totalitäre Herrscher kennen einen solchen Unterschied nicht und erheben Anspruch auf das gesamte Leben ihrer Untertanen. Diktaturen sind skrupellos, was politische Macht betrifft, erkennen aber einen Bereich der Gesittung an, in den sie nicht eingreifen; für totalitäre Herrscher ist das einzige moralische Kriterium die Unterwerfung unter den Willen des Führers. In diesen drei Aspekten waren sowohl Stalins als auch Hitlers Regimes totalitär: in beiden war alles relativ außer dem Willen des obersten Chefs.

Die Sowjetunion trat die Erbschaft des russischen Kaiserreichs an, das ebenso wie die alte Habsburgermonarchie ein Nationalitätenstaat war. Etwa zur Hälfte waren die Untertanen der Sowjetunion 1945 keine Russen. Die größte nichtrussische Nationalität waren die Ukrainer, ein Volk griechisch-orthodoxen Bekenntnisses und slawischer Sprache. Eine zweite, viel kleinere und gesellschaftlich weniger entwickelte slawische Nationalität waren die Weißrussen. In Transkaukasien lebten zwei Nationalitäten mit uralter christlicher Kultur, die älter war als die der Russen: die Georgier und die Armenier. Von den vielen mohammedanischen Völkern der Sowjetunion gehörten die meisten zur Familie der Turksprachen; die kulturell höchststehenden waren die Tataren an der Wolga und in Aserbeidschan.

Seit 1917 hatte die Außenpolitik des Sowjetstaates von geographischen Realitäten ausgehen müssen. Rußland blieb Rußland – mit denselben Nachbarn zu Lande und jenseits der Binnenmeere (Ostsee und Schwarzes Meer) wie zu Zeiten des Zarenreichs. In diesem strikt geographischen Sinn kann von einer Kontinuität der russischen Außenpolitik von den Zaren zu den Bolschewiki gesprochen werden. Aber die bewußten Ziele der bolschewistischen Führer waren von denen der Zaren grundverschieden. Als Kommunisten hatten sie es auf sich genommen, für die Weltrevolution zu kämpfen. Zu Lenins Lebzeiten wurde diese elementare Wahrheit von keinem Kommunisten in Frage gestellt. In der Periode, in der Stalin um die Macht kämpfte, verschoben sich die Akzente. Wenn auch der Streit um »Sozialismus in einem Lande« hier nicht zur Debatte steht, muß hervorgehoben werden, daß Stalin selbst stets betont hat, der »vollständige« Sieg des Sozialismus sei auch in Rußland nicht gesichert und könne nicht gesichert sein, solange nicht sozialistische Revolutionen in wenigstens einigen der industriell fortschrittlichen Länder stattgefunden hätten. Nicht minder als Trotzkij hatte Stalin die Weltrevolution zum Ziel, auch wenn er sie als weniger vordringlich betrachtete. Ende der dreißiger Jahre begann ein drittes Stadium, in dem die Formel »sozialistische Weltrevolution« einen veränderten Inhalt bekam. Nach der Kollektivierung der Landwirtschaft und der Verwirklichung der zwei ersten Fünfjahrespläne proklamierte Stalin die These, der Sozialismus sei errichtet. Diese Lehre hat Eingang gefunden in die Verfassung von 1936, die Stalins Namen trägt und in der es heißt, die Sowjetunion sei ein »sozialistischer Staat der Arbeiter und Bauern«. Daraus folgte, daß das, was in der Sowjetunion bestehe, Sozialismus sei und etwas anderes nicht Sozialismus sein könne. Sozialisten seien Menschen, die in ihren Ländern um die Errichtung eines dem Sowjetmodell nachgebildeten sozialen und politischen Systems kämpften, und niemand anders könne Sozialist sein. Demnach kann eine sozialistische Revolution nichts anderes bedeuten, als daß dem Land, in dem sie stattfindet, ein Regime nach Sowjetart aufgezwungen wird. Sagt man unter diesen Umständen, daß die Sowjetaußenpolitik die Unterstützung und Förderung der sozialistischen Weltrevolution zum Ziel habe, so heißt das nunmehr, sie verfolge das Ziel, den anderen Völkern in der ganzen Welt das Sowjetregime zu oktroyieren. So lagen die Dinge schon in den dreißiger Jahren, nur daß die Sowjetunion damals international noch nicht sehr mächtig war und dieser Lehre deswegen noch keine große praktische Bedeutung zukam. Sie wurde aber 1944 in Osteuropa mit Erfolg angewandt.

Obwohl die Sowjetaußenpolitik dies unabdingbare Fernziel schon immer verfolgte und immer noch verfolgt, waren sich ihre Schöpfer natürlich auch der Bedeutung der Taktik vollauf bewußt. Gerade Lenin und Stalin hatten stets die Notwendigkeit betont, die »inneren Widersprüche des Kapitalismus und Imperialismus« auszunutzen. Damit war gemeint, daß die Sowjetregierung nach Kräften alles tun müsse, um die Gegensätze zwischen den Großmächten, ihren wirklichen oder potentiellen Feinden, zu vertiefen und aus ihnen Vorteile zu ziehen. Ganz besonders galt das für Konflikte zwischen Deutschland und den Westmächten. Jede deutsche Regierung, die Frankreich und England feindlich gegenüberstand, war Moskau mehr oder minder willkommen, auch wenn sie – wie die Regierung Cuno 1923 – von extrem konservativer Färbung war. Und jede deutsche Partei dagegen, die sich für Verständigung mit Frankreich einsetzte, galt in Moskau als Todfeind, auch wenn sie – wie die Sozialdemokraten – von der Arbeiterklasse getragen war. Sogar Hitler wurde, als er an die Macht kam, zunächst mit gemischten Gefühlen betrachtet. Die Sowjetregierung verfolgte nebeneinander zwei diplomatische Marschrouten: Zusammenschluß mit dem Westen gegen Hitler und mit Hitler gegen den Westen. Die Münchner Kapitulation des Westens brachte Stalin die Überzeugung bei, daß die zweite Marschroute die bessere sei. Die Abmachungen mit Hitler im August 1939 gaben ihm die Möglichkeit, das Territorium der Sowjetunion auf Kosten Polens zu vergrößern; 1940 wurden die drei baltischen Staaten (Litauen, Lettland und Estland) ganz in die Sowjetunion eingegliedert und Rumänien zur Abtretung Bessarabiens und der Nordbukowina gezwungen. Diese Eroberungen erhöhten die Bevölkerung der Sowjetunion um über zwanzig Millionen.

Stalin hatte sich 1939 insofern verrechnet, als er darauf gebaut hatte, daß sich die Westmächte und Deutschland im Kampf gegeneinander restlos verbrauchen müßten und er als der lachende Dritte übrigbliebe. In Wirklichkeit aber eroberte Hitler Europa, und als er in Rußland einzufallen beschloß, gab es keine »zweite Front«, die den russischen Armeen hätte helfen können. Indes ging auch Hitlers Rechnung nicht auf: einmal unterschätzte er die militärische Stärke des Sowjetstaats und zum andern verwandelten die Grausamkeiten seiner Gauleiter und der SS die Bevölkerung der besetzten Gebiete, die die Befreiung vom kommunistischen Regime ersehnt hatte, in erbitterte Feinde Deutschlands. Die Sowjetarmee rückte bis nach Berlin vor. Die 1939/40 eroberten polnischen, rumänischen und baltischen Gebiete wurden von der Sowjetunion 1945 erneut annektiert, und hinzugefügt wurde ein Teil Ostpreußens mit dem in Kaliningrad umgetauften Königsberg.

Der Sieg der russischen Heere 1945 erinnerte an den von 1815. Wie damals lag Rußland in Trümmern, doch das russische Volk war voller Stolz und Hoffnung. Nachdem sie dem Lande so tapfer gedient hätten, dürften sie doch wohl auf die Dankbarkeit der Regierung bauen, die Zeiten würden besser werden, und es werde mehr Freiheit geben. Aber wie 1815 Zar Alexander I. die Bauernsoldaten geheißen hatte, zum Leibeigenendasein zurückzukehren und weiterhin gehorsamst ihren Herren zu dienen, so wurde 1945 den Bauern und Arbeitern befohlen, wieder in Kolchosen und Fabriken zu gehen, neue Freiheiten nicht zu erwarten und der Partei und ihrem Führer zu gehorchen. Wieder bestätigte sich die traurige Wahrheit, daß es Niederlagen sind, die dem russischen Volk ein besseres Dasein bringen (1856, 1905, 1917), und Siege, die seine Knechtung verschärfen.

## Politische Macht

Stalins autokratische Herrschaft beruhte – mindestens seit der großen Säuberung – auf einer Anzahl parallelgeschalteter Hierarchien, die der Alleinherrscher gegeneinander ausspielen konnte. In den ersten Jahrzehnten des kommunistischen Regimes hatte die Partei unzweifelhaft über allen anderen Machtinstrumenten gestanden. In Stalins späten Jahren war das viel weniger der Fall. Bestenfalls ließ sich sagen, daß die Partei das wichtigste Teilgebilde war, nicht daß sie alle anderen beherrschte. Neben der Partei stand die Regierungshierarchie, die vom Ministerrat (die neue Bezeichnung hatte 1946 die von Lenin 1917 eingeführte – Rat der Volkskommissare – ersetzt) über die Abteilungen der einzelnen Ministerien und die verschiedenen Stufen der Industrieleitung bis in die Fabriken hinunterreichte. Und neben dieser zivilen Regierungsmaschinerie gab es noch die bewaffnete Macht und die Polizei.

Der Ministerrat war eine ungefüge Körperschaft mit über fünfzig Mitgliedern, von denen die meisten lediglich leitende Wirtschaftsdirektoren oder Ministerialbürokraten waren. Es ist zweifelhaft, ob der Ministerrat als Ganzes oft zusammentrat. Nominell war er dem Obersten Sowjet, gleichsam dem Parlament der Union, verantwortlich. Diese Körperschaft wurde zwar auf Grund des allgemeinen Wahlrechts gewählt, da es aber immer nur eine von der kommunistischen Partei vorgeschlagene Kandidatenliste gab und die Gewählten pro Jahr nur für ein paar Tage zusammentraten, um die liturgisch vorgeschriebenen Lobpreisungen der Regierungspolitik entgegenzunehmen, kann der Oberste Sowjet als politische Institution nicht gerade ernst genommen werden. In der Zeit zwischen den Sitzungsperioden wurden sämtliche erforderlichen gesetzgeberischen Akte ohne sein Zutun ausgearbeitet und erlassen, und zwar von seinem Präsidium, einem wiederum nominell vom Obersten Sowjet gewählten Organ, das sich aus einigen verdienten Parteiführern und den amtierenden Präsidenten der Obersten Sowjets der einzelnen Gliedrepubliken der Sowjetunion zusammensetzte.

Das wichtigste Organ der Regierungshierarchie ist in der Verfassung nicht vorgesehen; es ist das »innere Kabinett«, das aus den Stellvertretern des Vorsitzenden des Ministerrats besteht, deren Zahl in den Kriegs- und Nachkriegsjahren zwischen acht und dreizehn geschwankt hat und dem in der Regel die obersten Funktionäre der kommunistischen Partei und einige prominente Bürokraten und Wirtschaftler angehören. Vermutlich war dies »innere Kabinett« ursprünglich aus Augenblicksbedürfnissen, nicht auf Grund planvoller Überlegungen entstanden. Da die komplexe Struktur der Wirtschaft unvermeidlich zu einer Vermehrung der Zahl der Hauptverwaltungen in der Ministeriumsebene führte, erwies es sich als unumgänglich, die Leitung größerer Sektoren sowohl des Verwaltungs- als auch des Wirtschaftsapparats in den Händen einiger besonders einflußreicher Personen zu konzentrieren. Tatsächlich ließen sich die Stellvertreter des Regierungschefs der Sowjetunion mit den *overlords* in Churchills Kriegskabinett vergleichen. Es ist nicht bekanntgeworden, ob diese Stellvertreter während der Ministerpräsidentschaft Stalins (der sie 1941 Molotow abnahm und bis zu seinem Tode behielt) regelmäßig zusammentraten; aber es ist nicht unwahrscheinlich, daß das der Fall war.

In der Parteihierarchie entsprachen der nach dem Parteistatut von 1939 alle drei Jahre einzuberufende Parteitag dem Obersten Sowjet, das Zentralkomitee dem Ministerrat und das Politische Büro des Zentralkomitees (Politbüro) dem »inneren Kabinett«. Der 1942 fällige Parteitag konnte wegen der Kriegslage schwerlich abgehalten werden, aber auch nach dem Krieg wurde die Einberufung des Parteitags immer wieder hinausgeschoben; echte Auseinandersetzungen zwischen verschiedenen Standpunkten hatte es auf Parteitagen seit 1925 ohnehin nicht gegeben. Das Zentralkomitee tagte dreimal im Jahr, und viele seiner Mitglieder waren Parteisekretäre in abgelegenen Gebieten, die nur selten in die Hauptstadt kamen; Zugehörigkeit zum Zentralkomitee war faktisch eher eine Rangauszeichnung als eine Gelegenheit, Macht auszuüben. Eine so vielköpfige und räumlich weitverstreute Körperschaft konnte das Land nicht regieren. Diese Funktion verrichtete das Politbüro, von dessen Mitgliedern etwa zwei Drittel als Stellvertreter des Ministerpräsidenten auch im Regierungsapparat dem »inneren Kabinett« angehörten. Ein außerordentlich wichtiges zweites Parteiorgan war das Sekretariat des Zentralkomitees, an dessen Spitze Stalin stand (von 1922-1934, vielleicht auch danach) mit dem Titel »Generalsekretär« und zu dem außerdem noch ein oder mehrere Politbüromitglieder gehörten. Das Sekretariat entschied über die Besetzung der wichtigsten Posten in Partei und Regierung; es leitete die gesamte Zentralverwaltung der Partei, deren wichtigste Gliederungen die Kaderabteilung (Personalverwaltung, Postenbesetzungen, Überwachung der Parteidisziplin) und die Agitpropabteilung (zur Lenkung sowohl der anspruchsvolleren ideologischen Propagandaarbeit als auch der Massenagitation) waren.

Es ist möglich, daß das Politbüro in den Nachkriegsjahren an Einfluß einbüßte und daß mehr Macht von den Polen Sekretariat und Innenkabinett angezogen wurde. Eine Weile sah es 1949 so aus, als stehe die Einberufung des längst fälligen 19. Parteitags unmittelbar bevor: in den einzelnen Gliedrepubliken wurden bereits zur Vorbereitung Landesparteitage abgehalten. Doch wurde der Parteitag der Gesamtpartei von neuem vertagt, offensichtlich weil der Machtkampf unter denen, die sich um Stalins Thron scharten, noch nicht zum Abschluß gekommen war. Endlich trat der Parteitag im Oktober 1952 zusammen. Er beschloß die Abschaffung des Politbüros und ersetzte es durch ein Präsidium des Zentralkomitees. Während das Politbüro zumeist aus etwa zwölf stimmberechtigten Mitgliedern und einigen »Kandidaten« mit beratender Stimme bestanden hatte, zählte das Präsidium fünfundzwanzig Mitglieder und elf Kandidaten. Offenbar war Stalin bemüht, neue Männer in die oberste Parteileitung zu ziehen. Seine frühere Praxis ließ darauf schließen, daß er sich mit dem Gedanken trug, diese Neuen zu benutzen, um wenigstens einige von denen, die ihm seit 1939 am nächsten gestanden hatten, auszustoßen, ja, daß überhaupt eine Ablösung der Wache bevorstand.

Während des Krieges hatte die Sowjetarmee viel Ruhm geerntet und war zum populärsten Machtgebilde im Lande geworden. Die siegreichen Marschälle waren in der Öffentlichkeit beliebte Gestalten, darunter vor allem Marschall Georgij Konstantinowitsch Schukow, der Eroberer Berlins. Freilich hatte Stalin nicht die Absicht, seine Machtstellung von den Marschällen untergraben zu lassen. Nach einjährigem Kommando in Deutschland wurde Schukow im Sommer 1946 abgesetzt und auf obskure Posten im Innern der Sowjet-

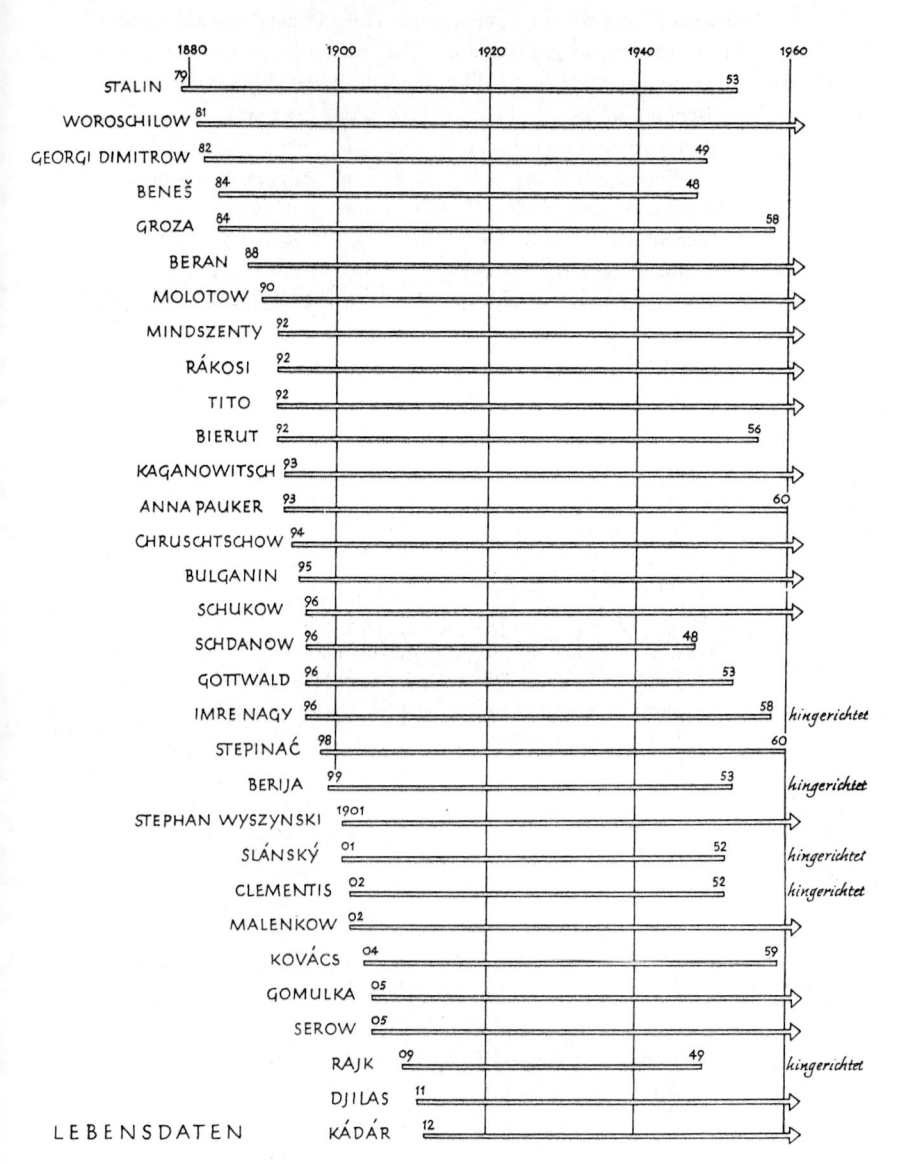

|                       | 1880 | 1900 | 1920 | 1940 | 1960 |              |
|-----------------------|------|------|------|------|------|--------------|
| STALIN                | 79   |      |      |      | 53   |              |
| WOROSCHILOW           | 81   |      |      |      |      |              |
| GEORGI DIMITROW       | 82   |      |      | 49   |      |              |
| BENEŠ                 | 84   |      |      | 48   |      |              |
| GROZA                 | 84   |      |      |      | 58   |              |
| BERAN                 | 88   |      |      |      |      |              |
| MOLOTOW               | 90   |      |      |      |      |              |
| MINDSZENTY            | 92   |      |      |      |      |              |
| RÁKOSI                | 92   |      |      |      |      |              |
| TITO                  | 92   |      |      |      |      |              |
| BIERUT                | 92   |      |      |      | 56   |              |
| KAGANOWITSCH          | 93   |      |      |      |      |              |
| ANNA PAUKER           | 93   |      |      |      | 60   |              |
| CHRUSCHTSCHOW         | 94   |      |      |      |      |              |
| BULGANIN              | 95   |      |      |      |      |              |
| SCHUKOW               | 96   |      |      |      |      |              |
| SCHDANOW              | 96   |      |      | 48   |      |              |
| GOTTWALD              | 96   |      |      | 53   |      |              |
| IMRE NAGY             | 96   |      |      |      | 58   | hingerichtet |
| STEPINAĆ              | 98   |      |      |      | 60   |              |
| BERIJA                | 99   |      |      |      | 53   | hingerichtet |
| STEPHAN WYSZYNSKI     | 1901 |      |      |      |      |              |
| SLÁNSKÝ               |      | 01   |      | 52   |      | hingerichtet |
| CLEMENTIS             |      | 02   |      | 52   |      | hingerichtet |
| MALENKOW              |      | 02   |      |      |      |              |
| KOVÁCS                |      | 04   |      |      | 59   |              |
| GOMULKA               |      | 05   |      |      |      |              |
| SEROW                 |      | 05   |      |      |      |              |
| RAJK                  |      | 09   |      | 49   |      | hingerichtet |
| DJILAS                |      | 11   |      |      |      |              |
| KÁDÁR                 |      | 12   |      |      |      |              |

LEBENSDATEN

*Russland und Osteuropa*

union abgeschoben; erst gegen Ende 1952 durfte er einen Posten in Moskau übernehmen. Keiner der anderen Marschälle gab Anlaß zur Beunruhigung. Die Oberaufsicht über das Verteidigungsministerium erhielt, erst als Minister, dann einige Jahre als »overlord« im inneren Kabinett, Nikolai Aleksandrowitsch Bulganin, der zwar im Marschallsrang stand, aber seine kurze militärische Laufbahn in der Politischen Abteilung der Armee zurückgelegt hatte. Die Politische Abteilung faßte den gesamten Apparat der politischen Leiter zusammen, der in der bewaffneten Macht neben der regulären Kommandohierarchie bestand und der normalen Rangstufenordnung vom *zampolit*, dem stellvertretenden Kompaniechef für politische Angelegenheiten, bis zum Stellvertreter des Verteidigungsministers und Leiters der Politischen Abteilung parallel lief, der seinerseits unmittelbar dem Zentralkomitee der Partei unterstand. Die Beziehungen zwischen Offizieren und Politleitern (anfänglich Politkommissaren) waren seit 1917 durch mancherlei Stadien von bitterer Feindschaft bis zu mehr oder minder reibungsloser Zusammenarbeit gegangen. Zu Ende des Krieges waren sie recht gut, hauptsächlich weil die Politleiter in der Praxis über viel weniger Macht als in früheren Zeiten verfügten. Sie waren für die ideologische Ausrichtung der Truppen, zum Teil aber auch für manche Betreuungs- und Ausbildungsaufgaben verantwortlich, die in westlichen Armeen besonderen Abteilungen der Militärverwaltung oblagen. Es gab in der Sowjetarmee allerdings noch eine dritte Hierarchie, die viel gewaltiger war und viel mehr gehaßt wurde: den Sicherheitsdienst. Während in westlichen Armeen die Aufgaben der militärischen Sicherheit und Spionageabwehr normalerweise von einem Apparat der Militärbehörde gehandhabt werden, waren sie in der Sowjetunion der polizeilichen Staatssicherheitsbehörde übertragen und gehörten zum Dienstbereich des Ministeriums für Innere Angelegenheiten (MWD) und des Ministeriums für Staatssicherheit (MGB). Die Sicherheitsbeamten machten es sich zur Aufgabe, die Militärangehörigen aller Dienstgrade zu bespitzeln und in allen Dienstgraden Gewährsleute anzuwerben. Auch wenn sich daraus eine Schwächung des Kampfgeistes und der Leistungsfähigkeit der Truppe ergab, wurden diese Maßnahmen als unentbehrlich zur Sicherung der absoluten Herrschaft des totalitären Regimes über seine Soldaten hingenommen.

Die Polizei der Sowjetunion verrichtete verschiedene Funktionen. Zunächst ist da die Miliz zu nennen, die der gewöhnlichen uniformierten Polizei aller anderen Staaten entspricht. Sodann sind die Polizeiarmeen zu verzeichnen, große militärische Verbände ohne jegliche Verbindung zum regulären militärischen Oberkommando, aber mit allen modernen Waffen, auch Tanks und Flugzeugen, ausgestattet. Eine dieser Armeen war der Grenzschutz, der an den Sowjetgrenzen gegen Schmuggel, illegalen Grenzübertritt und Flucht aus dem Lande Wache hielt. Die andere waren die Inneren Truppen des MWD, eine politische Eliteformation, die sich in groben Umrissen mit der Waffen-SS des Dritten Reiches vergleichen ließe. Drittens hatte die Polizei ihr eigenes Wirtschaftsimperium, ihren territorialen Staat im Staat, namentlich in fernen Forst- und Bergbaubezirken, wo politische Häftlinge in unübersehbarer Zahl Fronarbeit unter Bedingungen leisteten, unter denen freie Arbeitskräfte nur bei so hoher Bezahlung hätten angeworben werden können, daß sich das polizeiliche Unternehmen nicht rentiert hätte.

Schließlich hatte die Polizei ihren Sicherheitsdienst, der in dieser Periode abwechselnd entweder ein besonderes Ministerium oder eine Ministerialabteilung bildete. Ihm unterstanden Spionage und Spionageabwehr, und dafür hatte er über alle wichtigen organisatorischen Gebilde des Landes ein Netz von »Sonderämtern« geworfen, die in Industriebetriebe und Eisenbahnverwaltungen, in zentrale und lokale Regierungsbehörden eingedrungen waren. Das Sicherheitsnetz in der bewaffneten Macht war nur ein besonders charakteristisches Beispiel der netzartigen Organisation der »Sonderämter«. Der Sicherheitsdienst war nicht nur dazu da, jede Art regimefeindlicher Betätigung aufzudecken; er sollte die Gesamtgesellschaft durchdringen, er sollte wissen, was wo gedacht und gesprochen wurde – auch über unpolitische Dinge –, und er sollte jede menschliche Tätigkeit in bestimmte Bahnen lenken. Ohne Wissen und Billigung der Polizei konnte nichts geschehen. Ein Botanisierverein hätte nicht gegründet werden können, ohne daß die Polizei einen Agenten eingeschmuggelt hätte, damit er über das Verhalten der Mitglieder berichte. Tatsächlich war die Polizei das Werkzeug der Atomisierung der Gesellschaft, wie sie totalitäre Staaten kennzeichnet: jeder Einzelne muß isoliert werden, der gewaltigen Machtfülle des Staates allein gegenübergestellt sein und Verbindungen mit anderen Einzelnen nur in den vom Staat für Staatszwecke geschaffenen Organisationen eingehen dürfen.

In den Nachkriegsjahren waren die prominentesten Mitarbeiter und Gehilfen Stalins Andrej Aleksandrowitsch Schdanow und Georgij Maximilianowitsch Malenkow. Seine Karriere hatte Schdanow als Parteichef von Leningrad gemacht. Während des Krieges, in der belagerten Stadt vom zentralen Apparat abgeschnitten, und nach dem Krieg sah es eine Weile so aus, als habe er viel von seinem früheren Einfluß verloren. Malenkow hatte seine Laufbahn Anfang der dreißiger Jahre in Stalins persönlichem Sekretariat begonnen und bei der großen Säuberung von 1936/38 eine wichtige Rolle gespielt. Auch in den Kriegsjahren blieb er in Stalins Nähe und erledigte für ihn manche wichtigen Aufträge. Aber 1946 wurde Schdanow wieder ins Sekretariat berufen, wo er sich unter Stalins Leitung mit Malenkow in die Macht teilte. Beide nahmen 1947 am Gründungskongreß der Kominform in Polen teil. Natürlich kämpften sie miteinander um die Macht, und es ist wahrscheinlich, wenn auch nicht zuverlässig erwiesen, daß sie in Fragen des einzuschlagenden Kurses verschiedener Meinung waren. Oft ist vermutet worden, daß Schdanow eine radikalere Politik der internationalen kommunistischen Revolution und Malenkow die stärkere Betonung russischer Staatsinteressen vertreten habe. So soll Malenkow für eine rücksichtslose Ausbeutung der deutschen Wirtschaft zur Wiedergutmachung der Rußland zugefügten Kriegsschäden eingetreten sein, Schdanow dagegen eine mildere Behandlung Deutschlands zur Stärkung des Ansehens der SED beim deutschen Volk befürwortet haben. Diese Vermutungen haben einiges für sich; beweisen lassen sie sich nicht.

Schdanow starb unerwartet im August 1948. Anfang 1949 wurde in der Leningrader Bezirksorganisation der Partei eine durchgreifende Säuberung durchgeführt; ihr fielen Funktionäre zum Opfer, die in enger Verbindung mit Schdanow gestanden hatten. Daneben stürzten aber auch Politbüro-Mitglied Wosnessenskij, einer der führenden Planwirtschaftsspezialisten, und der frühere Ministerpräsident der Gliedrepublik Rußland (RSFSR), Rodionow. Diese Säuberungsaktion, die als »Leningrader Affäre« bekanntgeworden ist, wurde von Chruschtschow in seiner bekannten Rede auf der Geheimsitzung des 20. Parteitags erwähnt, aber der wirkliche Zusammenhang ist unklar geblieben. Fest steht nur, daß die Schdanow-Fraktion dabei Verluste einsteckte und daß Malenkow profitierte. In den folgenden Jahren schien Malenkow nach Stalin die führende Gestalt im Parteiapparat zu sein, während Molotow nach Stalin die führende Person im Staatsapparat war. Im Dezember 1949 kam Nikita Sergejewitsch Chruschtschow, seit 1938 oberster Chef der Ukrainischen Republik, als Erster Sekretär der Bezirksparteiorganisation nach Moskau und wurde kurz darauf Mitglied des Sekretariats des Zentralkomitees; ihm fiel damit im Parteiapparat die nach Malenkow wichtigste Rolle zu.

In Stalins letzte Lebensmonate fiel die offizielle Mitteilung, daß im Kreml ein verbrecherisches Komplott von Ärzten »entlarvt« worden sei, die einer Anzahl hoher ziviler und militärischer Führer nach dem Leben getrachtet hätten. Alle beschuldigten Ärzte waren Juden, und die im Zusammenhang mit dem Komplott lancierte Kampagne hatte eine eindeutig antisemitische Färbung. Die Sprache, in der die Presse erhöhte »Wachsamkeit« und Durchgreifen forderte, erinnerte deutlich an die Atmosphäre der großen Säuberung von 1936/38. Die Affäre des Ärztekomplotts gleich nach der Ersetzung des kleinen Politbüros durch das größere Präsidium deutete unverkennbar darauf hin, daß Stalin eine Säuberung der obersten Parteiführungsschicht vorbereitete. Zum Glück für die vorgemerkten Opfer starb er am 5. März 1953.

*Gesellschaftsklassen*

Die große Kollektivierungswelle zu Beginn der dreißiger Jahre hatte mit einem Kompromiß geendet, der die Bauern zwar weiterhin zwang, in Kolchosen einzutreten, ihnen aber erlaubte, neben dem Wohngebäude noch eine Bodenparzelle zur individuellen Bearbeitung für den Eigenbedarf zu behalten und über alle nach Erfüllung des staatlichen Ablieferungs-Solls hier anfallenden Überschüsse zu verfügen, sei es für den Eigenverbrauch, sei es zum Verkauf auf dem freien Markt. Diese Eigenparzellen spielten in der Dorfwirtschaft immer noch eine bedeutende Rolle: nahezu die Hälfte der Viehhaltung der Sowjetunion entfiel in den Nachkriegsjahren auf diesen bäuerlichen Privatbereich. Während des Krieges hatten die Bauern bis zu einem gewissen Grade von der Lebensmittelknappheit und der Lockerung der Parteiaufsicht über die Landwirtschaft in einer Situation profitiert, in der sich alle Anstrengungen der Staatsgewalt auf die Niederringung der Eindringlinge konzentrierten: die Bauern konnten ihre Überschüsse zu hohen Preisen verkaufen und den Umfang ihrer Parzellen durch Übergriffe auf Kolchos-Land ausdehnen. Als der Krieg vorbei war, wandte sich die Partei erneut der Landwirtschaft zu und unternahm eine neue Kampagne, um einerseits das »gestohlene« Land wieder den Kollektivbetrieben zuzuführen und anderseits die Bauern dazu zu bringen, weniger Zeit auf die Bearbeitung der eigenen Parzellen zu verwenden, dafür aber mehr Zeit für die Kolchos-Arbeit aufzubringen. Die konkurrierende Inanspruchnahme der Zeit und Arbeitskraft der Bauern durch Kolchos und Eigenparzelle (bei Bevorzugung der Eigenwirtschaft) erinnerte an den Konflikt zwischen Gutsland und bäuerlichem Hof in der Zeit der Leibeigenschaft vor 1861.

Stalin-Standbild in einer Schule in Moskau

Sportlerparade
Wandteppich, Kollektivarbeit kasachischer Bildwirkerinnen

In den Nachkriegsjahren litten die Kolchosen unter außerordentlicher Knappheit an Arbeitskräften. Die Arbeit wurde hauptsächlich von Frauen verrichtet. Die Männer waren zu einem erheblichen Teil noch beim Militär, und als sie entlassen wurden, versuchten sie, Arbeit in der Stadt zu finden, statt ins Dorf zurückzukehren. Auch Jugendlichen schien Industriearbeit, selbst unter ungünstigen materiellen Bedingungen, verlockender als Landarbeit. Die Zahl der Parteimitglieder in den Kolchosen war ziemlich klein; in den meisten gab es überhaupt keine Parteiorganisation. Die Zentren des Parteieinflusses auf dem flachen Lande waren die Maschinen- und Traktorenstationen (MTS), die den landwirtschaftlichen Betrieben schwere Maschinerie für Anbau- und Erntearbeit zur Verfügung stellten, wobei eine MTS rund dreißig Kolchosen versorgte. Für die Benutzung der Maschinen lieferten die Kolchosen einen beträchtlichen Teil der Ernte an die MTS ab, die ihn an den Staat weiterleiteten. Jedem MTS-Direktor stand ein Stellvertreter für politische Angelegenheiten zur Seite, der faktisch als Parteiboß für den ganzen Distrikt fungierte.

Im Jahre 1950 begann eine Kampagne für die Zusammenlegung der Kolchosen zu größeren Einheiten. Die treibende Kraft dabei war Chruschtschow, damals Sekretär der Moskauer Parteiorganisation. Die Kampagne galt sowohl wirtschaftlichen als auch politischen Zielen. Viele Kolchosen waren relativ kleine Betriebseinheiten, die etwa der Größe der Bauerngemeinden der zaristischen Zeit entsprachen. Vieles sprach für ihre Zusammenfassung zu größeren und anders strukturierten Betrieben, die den wirtschaftlich optimalen Nutzen erbringen könnten. Anderseits bestand die Aussicht, daß bei Zusammenlegung eines Kollektivbetriebes mit gut funktionierender Parteiorganisation mit mehreren anderen ohne Parteiorganisation die Parteizelle durch Anwerbung neuer Mitglieder aus den vernachlässigten Kolchosen wesentlich verstärkt und in dem neuen Großkolchos eine feste Basis für Vorherrschaft des Parteiapparats geschaffen werden könnte. Von 1950 bis 1952 wurde die Kampagne mit großer Energie durchgeführt. Die Zahl der Kolchosen in der Sowjetunion wurde von über zweihundertfünfzigtausend auf weniger als hunderttausend reduziert. In derselben Zeit wurde auch in den baltischen Staaten und den früher polnischen und rumänischen Gebieten, wo zwischen 1939 und 1941 die Zeit nicht gereicht hatte, die Kollektivierung der Landwirtschaft zu Ende geführt.

Keine Verwirklichung fand ein weiterer Plan Chruschtschows, der darauf hinauslief, die landwirtschaftliche Bevölkerung in Großsiedlungen zu konzentrieren, die alten Dörfer zu beseitigen und statt dessen »Agrarstädte« *(agrogoroda)* aufzubauen, aus denen die Bauern ebenso zur Landarbeit fahren würden wie die Industriearbeiter zur Arbeit in der Fabrik, in denen aber dafür aller städtische Komfort und alle Annehmlichkeiten modernen städtischen Daseins sämtlichen Einwohnern zugänglich wären. Das wäre gleichbedeutend gewesen mit der Umwandlung der Landwirtschaft in eine Industrie, die mit fabrikähnlicher Disziplin zu betreiben gewesen wäre, und mit der Verwandlung des Bauern zum Stadtmenschen. Dieser Idee widersetzten sich sowohl die Bauern, die ihre Eigenparzellen hätten aufgeben müssen, als auch die Mehrheit der Staatsführung, die die schweren finanziellen Lasten der Versorgung der Bauern mit städtischen Wohngelegenheiten und sozialen Diensten nicht verantworten wollte. Schon im März 1951, kurz nach seiner Bekanntgabe, wurde der

Plan desavouiert. Im Oktober 1952 wurde er auf dem 19. Parteitag von Malenkow kritisiert; Chruschtschow wurde dabei allerdings nicht genannt.

Die Industriearbeiter hatten im Krieg sehr schwere Lebensbedingungen ertragen müssen, die auch noch in den ersten Wiederaufbaujahren nach dem Krieg anhielten. Arbeitsplatzwechsel bedurfte der schriftlichen Genehmigung des Arbeitgebers; Verstöße gegen die Arbeitsdisziplin, ja sogar Zuspätkommen zur Arbeit wurden strafrechtlich verfolgt und zogen Gefängnisstrafen nach sich; Sicherheitsvorrichtungen in Fabriken und Bergwerken wurden vernachlässigt. Das Lohnsystem zeichnete sich durch scharfe Staffelung nach Qualifikationsstufen aus. Große Vergünstigungen wurden Arbeitern geboten, die besonders hohe Leistungen erbrachten. Die Heldentaten dieser »Stachanowisten«, die durch besondere, von den Betriebsleitungen organisierte Arbeitserleichterungen ermöglicht und von Propagandafanfaren hinausgeblasen wurden, sollten dazu dienen, die Mindestleistungssätze, die »Quoten«, in die Höhe zu treiben. Leistungssteigerung wurde aber auch noch mit einer anderen Methode erstrebt, dem »sozialistischen Wettbewerb«, in dessen Rahmen Belegschaften verschiedener Betriebe einander »herauszufordern« hatten, bestimmte Fabrikatmengen zu bestimmten Terminen zu produzieren. Natürlich entsprachen solche »Herausforderungen« nicht der Initiative der Arbeiter, sondern wurden von den Parteiorganisationen im Einvernehmen mit der Betriebsleitung festgesetzt.

Einige Jahre nach dem Krieg begannen sich die Verhältnisse zu bessern. Die schlimmsten Mangelerscheinungen der Kriegszeit waren überwunden, der Reallohn stieg, und mehr Waren tauchten in den Läden auf. Es zeigte sich auch eine Tendenz zur Abschwächung des Lohngefälles. Erreicht wurde das nicht durch Lohnerhöhungen bei ungelernten Arbeiterkategorien, sondern durch Höhereinstufung der Minderqualifizierten und verschiedenerlei Prämienzahlungen mit weitgehend erfundenen Begründungen. Die Betriebsleitungen brauchten Arbeitskräfte, und es lag in ihrem Interesse, höhere Löhne als die behördlich vorgeschriebenen zu zahlen, und sei es auch nur mit fingierten Begründungen, die eine Umgehung der gesetzlichen Vorschriften erlaubten. Als Stalin starb, hatte sich die Lage der Sowjetarbeiter zweifellos gebessert; sie war vermutlich bereits besser als 1940, im letzten Vorkriegsjahr. Weitere Fortschritte stießen allerdings auf zwei Schranken: einmal wurde von der Regierung die absolute Vorrangstellung der Produktionsgüterindustrien beibehalten, und zum anderen gab es nach wie vor keinerlei echte Arbeiterorganisationen, mit deren Hilfe die Arbeiter ihre Interessen hätten selbst wahrnehmen können. Die Gewerkschaften blieben Organe der kommunistischen Partei, das heißt des Arbeitgebers Staat. Ihre Aufgabe erschöpfte sich darin, aus den Arbeitern höhere Produktionsleistungen herauszupressen und verschiedene von der Regierung zugestandene Wohlfahrtseinrichtungen zu verwalten. Wenn eine gewisse Besserung eintrat, so nur deswegen, weil sich die Regierung zu Zugeständnissen entschloß. Die Arbeiter hingen auch weiterhin vom Wohlwollen der Regierung ab; aus eigener Kraft konnten sie nichts unternehmen.

Wie die privatwirtschaftlich betriebene Industrialisierung Europas und Amerikas im 19. Jahrhundert, brachte auch die staatlich betriebene Sowjetindustrialisierung der dreißiger Jahre neue große Gesellschaftsklassen hervor, die sich aus den für den Betrieb der modernen Industrie unentbehrlichen Geschäftsführern und Betriebsleitern, Technikern und

Büro- und Buchhaltungsangestellten zusammensetzen. Diese Männer und Frauen waren nicht Arbeiter oder Bauern, wenn es auch ihre Eltern gewesen sein mochten. Ihre Bezahlung war höher als die aller Arbeiterkategorien bis auf die höchstqualifizierten, und einige von ihnen – die obersten Direktoren und die glanzvollsten Wissenschaftler und Techniker – erfreuten sich phantastischer wirtschaftlicher Vorteile. Selbstverständlich konnte die Gesellschaftslehre der Sowjetunion, nachdem der »Sozialismus« als verwirklicht galt, keine »Oberklasse« unterbringen, aber die Tatsache, daß diese Menschen existierten, ließ sich nicht bestreiten. Offensichtlich konnten sie nicht »herrschende Bürokratie« oder »Staatskapitalisten« genannt werden – und schon gar nicht »Staatsbourgeoisie«. Die Lösung, auf die man verfiel, bestand darin, daß man sie als »werktätige Intelligenz« klassifizierte. Das Wort »Intelligenz« hatte einen »fortschrittlichen« Beiklang, denn die Intelligenz des zaristischen Rußlands – die Schriftsteller, Lehrer, Naturwissenschaftler, Ingenieure – hatte viele Führer der revolutionären Parteien, auch der Bolschewiki, gestellt und insgesamt der revolutionären Bewegung mehr Sympathie bezeigt als dem zaristischen Staat. Das Wort konnte benutzt werden, sofern man mit dem qualifizierenden Adjektiv klarstellte, daß es sich um eine neue Schicht handelte, die im Gegensatz zur »bürgerlichen Intelligenz« vergangener Zeiten aus den »werktätigen Massen«, aus Arbeiter- und Bauernfamilien hervorgegangen war. Offizielle Sowjetquellen gaben allerdings nie zu, daß die »werktätige Intelligenz« eine Gesellschaftsklasse sei, sondern beschrieben sie doppeldeutig als »Gesellschaftsschicht zwischen den Klassen« *(klassowaja proslojka)*.

Indes waren diese Gesellschaftsschichten viel mehr als bloß »Intelligenz«, auch wenn sie die Intelligenz in sich einschlossen. In Stalins letzten Lebensjahren kristallisierte sich da eine neue herrschende Klasse mit eigenen Einstellungen und Perspektiven heraus, die in vielem (beispielsweise in ihrer puritanischen Haltung zur individuellen Moral und in ihrer Vorliebe für pompöse Architektur) an das »bürgerliche Spießertum« der industriellen Bourgeoisie im viktorianischen England oder im wilhelminischen Deutschland erinnerte. In den Eingriffen der kommunistischen Partei in Literatur und Kunst, die sich in den Jahren der größten Macht Schdanows zu einer bis dahin unbekannten Brutalität steigerten, spiegelten sich bis zu einem gewissen Grade die Vorurteile dieser aufsteigenden Schicht. Einem Birminghamer Geschäftsmann aus dem Jahre 1880 hätte Schdanows kategorische Forderung, daß Musik aus einfachen, allen verständlichen Weisen bestehen und jeden »Formalismus« aufgeben müsse, ebenso eingeleuchtet wie seine Vorschrift, daß Schriftsteller optimistische Bilder ihrer Gesellschaft zu zeichnen hätten. Freilich besteht der Unterschied darin, daß die europäischen Kapitalisten des 19. Jahrhunderts zwar schlechten Geschmack gehabt und jegliche Originalität in der Kunst gehaßt haben mögen, daß ihnen aber wenigstens keine administrative Gewalt über Schriftsteller und Künstler zustand. In der Sowjetunion aber verfügte die Partei im Auftrag ihres Führers, des »genialen Lehrmeisters der gesamten fortschrittlichen Menschheit«, über geistige, moralische und politische Macht. Dem Führer mußten alle gehorchen. Die Wirtschaftler und Bürokraten mochten an den Geboten Gefallen finden, die er für Schriftsteller und Künstler aufstellte, aber in ihrer eigenen Arbeitssphäre waren sie ihm widerspruchslos untertan. Groß war der materielle Gewinn, der ihnen zufiel; nur fehlte ihnen eines: die Sicherheit des Daseins.

## Nationalitäten

Das offizielle Ziel der Nationalitätenpolitik des Sowjetstaates war, jeder Nationalität eine »der Form nach nationale, dem Inhalt nach sozialistische« Kultur zu garantieren. Im großen und ganzen bedeutete das, daß in jedem nationalen Gebiet der freie Gebrauch der lokalen Sprache im privaten wie im öffentlichen Leben gesichert war und daß die Regierungstätigkeit nach Möglichkeit in den Händen Angehöriger der lokal vorherrschenden Nationalitäten liegen sollte, daß aber die nationale Sprache nur dazu zu dienen hatte, von der kommunistischen Partei gebilligte Lehren und Meinungen zum Ausdruck zu bringen, und daß die lokalen Herrscher vom Führer der kommunistischen Partei in Moskau zu bestellen waren und seine Befehle auszuführen hatten. Die Sowjetunion war kein föderativer Staat. In einem föderativen Staat teilen sich zentrale und regionale Gewalten die Macht; jede ist in ihrem Bereich souverän. So gestalten sich beispielsweise in den Vereinigten Staaten die Beziehungen zwischen der bundesstaatlichen Regierung und den Regierungen der einzelnen Gliedstaaten. In der Sowjetunion waren die Regierungen der sechzehn Gliedrepubliken nicht wie die der achtundvierzig Staaten Nordamerikas der zentralen Staatsgewalt gleichgeordnet, sondern ihr untergeordnet. Höchstens hätte gesagt werden können, einige Machtbefugnisse der zentralen Staatsgewalt seien den Republikregierungen übertragen gewesen. Das Recht auf Loslösung, das die Sowjetverfassung von 1936 den Gliedrepubliken verbürgte, war eine Fiktion. Wer die Loslösung befürwortete, war nach Artikel 58 des Strafgesetzbuches der Sowjetunion gegenrevolutionärer Propaganda schuldig. Auch die Möglichkeiten der Delegation von Machtbefugnissen waren dadurch eingeengt, daß die Republikregierungen von Mitgliedern der kommunistischen Partei beherrscht wurden, die den Parteiführern direkt untergeordnet sind. Das Statut der kommunistischen Partei kennt aber keine Parallele zu der formalen Dezentralisation, wie sie die Sowjetverfassung für den Staatsaufbau vorschreibt.

Seit eh und je hatte die kommunistische Nationalitätentheorie vor zwei Verirrungen gewarnt, die unter allen Umständen zu vermeiden waren: einerseits vor dem »großrussischen Chauvinismus«, der Tendenz, die kleineren Nationalitäten zu russifizieren, anderseits vor dem »Nationalismus der lokalen Bourgeoisie«, der Tendenz also, die Interessen einer kleineren Nationalität über die der Sowjetunion oder des »Sozialismus« als Ganzes zu stellen. In der Praxis wurde die zweite Verirrung seit den dreißiger Jahren viel brutaler und wütender unterdrückt als die erste. Die große Säuberung von 1936/38 hatte mit besonderer Schärfe die Minderheitsnationalitäten getroffen: Ukrainer, Tataren, Usbeken, Burjäten und manche anderen. Die fanatische Sorge um die Staatssicherheit hatte zu barbarischen Verfolgungen der in den Grenzgebieten ansässigen Völker geführt. Bei der Einverleibung der baltischen Staaten im Jahre 1940 wurden Hunderttausende ihrer Bürger, darunter vor allem protestantische Geistliche und Intellektuelle, in abgelegene Gegenden im Innern der Sowjetunion deportiert. Die Autonome Republik der Wolgadeutschen wurde 1941 aufgelöst und ihre Bevölkerung deportiert, nicht weil sie den Hitlerschen Armeen geholfen hatte (dazu hatte sie noch gar keine Gelegenheit gehabt), sondern weil sie dessen für fähig gehalten wurde. Ebenfalls in ferne Gegenden verschleppt wurden 1944 die Krimtataren, die buddhistischen Steppenkalmücken vom Kaspischen Meer und die kaukasischen Nationalitäten der Tschetschenen, Inguschen und Karatschaier; die autonomen Republiken all dieser Völker wurden mit einem Federstrich aufgelöst.

Nach dem Krieg wurde die Theorie der Nationalitätenpolitik umformuliert. Jetzt gab es zwei Hauptsünden: Nationalismus und Kosmopolitismus, und zwei Haupttugenden: proletarischen Internationalismus und Patriotismus. Nationalist ist nunmehr, wer die Unterschiede zwischen seiner Nation und der russischen betont; Kosmopolit ist, wer kulturelle Gemeinsamkeiten zwischen seiner Nation und einer anderen betont, deren nationale Heimstätte außerhalb der Sowjetunion liegt. Ein Aserbeidschan-Tatare, der von der Sprachgemeinschaft der Aserbeidschaner und der anatolischen Türken oder vom gemeinsamen schiitischen Erbe spricht, das Aserbeidschan mit Persien verbindet, macht sich demnach des Kosmopolitismus schuldig. Dagegen unterstreicht der proletarische Internationalismus die Solidarität mit der russischen Nation oder die Unterwerfung unter die russische Nation. Es ist die Pflicht des Sowjetpatrioten, die Überlegenheit der Sowjetkultur über die Kultur verwandter Nationen des Auslands zu verkünden. Deshalb müssen Georgier und Armenier, wenn sie gute Sowjetpatrioten sein wollen, fordern, daß die Sowjetunion türkische Gebiete annektiere, und ebenso müssen Turkmenen die Annexion persischen und Usbeken die Annexion afghanischen Territoriums verlangen.

Unruhen in weitem Umfang gab es in den ersten Nachkriegsjahren in der Westukraine, dem annektierten Gebiet, das vor dem Krieg zu Polen gehört hatte. In diesen Bezirken war der ukrainische Nationalismus schon seit den Zeiten, da sie als Galizien ein Land der Habsburgermonarchie waren, ein sehr gewichtiger Faktor. Bis mindestens 1948 hielten sich bewaffnete Partisanentrupps in den Karpaten. Die Unterdrückung der Aufständischen war von einer großangelegten Propagandakampagne gegen den »Bourgeoisnationalismus« in der Ukraine begleitet. Ukrainischer Parteiboß in dieser Zeit war Chruschtschow.

Der Teil der Sowjetunion, in dem das Übergewicht der Einheimischen in der Staatsverwaltung am ausgeprägtesten war, waren die transkaukasischen Republiken der christlichen Georgier und Armenier. Hier waren die Schlüsselstellungen in Partei und Regierung, sogar im Sicherheitsdienst, in georgischen und armenischen Händen, und die nationalen Sprachen waren im öffentlichen Leben dem Russischen vorherrschend. Im benachbarten Aserbeidschan spielten Russen eine beträchtliche Rolle, aber das hatte auch seinen guten Sinn angesichts des starken Anteils russischer Arbeiter im bedeutenden Industriegebiet von Baku. Es darf vermutet werden, daß transkaukasische Angelegenheiten im Politbüro hauptsächlich zum Ressort Berijas gehörten; jedenfalls waren die Parteichefs der drei Republiken (vor allem Bagirow in Aserbeidschan) Personen, die früher eng mit Berija zusammengearbeitet hatten. Das änderte sich im April 1952, als eine Säuberung der georgischen Parteiorganisation zur Beseitigung zahlreicher Berija-Leute führte.

In Mittelasien entsprach das Verhältnis zu Moskau mehr der kolonialen Situation; darin spiegelte sich die Tatsache, daß diese Gebiete von den Armeen der Zaren auf ähnliche Weise erobert worden waren wie Algerien von den Franzosen oder Indien von den Engländern. Die Revolution war in Zentralasien fast ausschließlich von Russen vollbracht worden, und seit den zwanziger Jahren hatten russische Kommunisten die Gegend beherrscht. Unterdes war eine neue Bildungsschicht aus kommunistisch erzogenen Asiaten herangewachsen; viele von ihnen rückten in öffentliche Ämter ein, aber die reale Macht blieb in russischen Händen. Zu Ersten Sekretären der Zentralkomitees und Bezirkskomitees der kommunistischen Partei in den einzelnen Republiken wurden Asiaten berufen, aber die Posten der Zweiten Sekretäre und auch die der Abteilungsleiter in den Zentralkomitees wurden mit Russen besetzt. Die Ministerpräsidenten waren Asiaten, aber wenigstens ein Stellvertreter war jeweils ein Russe. Die meisten Minister (aber nicht die Staatssicherheitsminister) waren Einheimische, aber es gab viele Russen unter ihren Stellvertretern und den Hauptabteilungsleitern der Ministerien. An Hochschulen und in der Leitung der Industrieunternehmungen waren Russen führend, und als Amtssprache überwog Russisch. Über die Wirtschaftspolitik wurde in Moskau entschieden. Daß die Wirtschaft Usbekistans auf Kosten anderer Kulturen auf die Erzeugung von Baumwolle konzentriert wurde, so daß die Lebensmittelversorgung der Bevölkerung von der Zufuhr aus Sibirien abhing, lag im Gesamtinteresse der Sowjetunion, aber keineswegs im Interesse des usbekischen Volkes. In Löhnen und Sozialleistungen erhielten die usbekischen Bauern nur einen Bruchteil des großen Reichtums, den sie erzeugten.

Die Politik der Ausbeutung Zentralasiens im Interesse der Gesamtwirtschaft des Sowjetreiches, wie sie lange vor dem Kriege eingeführt worden war, wurde in den Nachkriegsjahren durch eine Russifizierungspraxis verschärft, die es in diesen Landen weder unter den Zaren noch in den ersten Jahrzehnten des Sowjetregimes gegeben hatte. Auf Geheiß von Moskau wurde die Literatur der mittelasiatischen Nationalitäten »gesäubert«. Das altehrwürdige nationale Epos der Kirgisen wurde mit der Begründung, daß es nationalistische Haltungen (nicht so sehr antirussische wie antichinesische) zum Ausdruck bringe, totgeschwiegen. Ein ähnliches Schicksal wurde dem nationalen Epos der Aserbeidschan-Tataren zuteil. Die Geschichte sowohl der Kasachen als auch der Dagestan-Völker des Kaukasus wurde revidiert. Der Kampf der Kasachen gegen die Heere des Zaren Nikolaus I. um die Mitte des 19. Jahrhunderts, den kommunistische Historiker vordem als »nationalen Befreiungskampf« gepriesen hatten, wurde jetzt als reaktionäre Bewegung entlarvt; die russische Eroberung wurde in etwas »objektiv Fortschrittliches« umgedeutet, weil sie den gesellschaftlichen Aufstieg der Kasachen von der feudalen zur kapitalistischen Entwicklungsstufe beschleunigt und ihnen den Kontakt mit der überlegenen Kultur der großen russischen Nation ermöglicht habe. Diese Argumente erinnern an die der europäischen Imperialisten des 19. Jahrhunderts: Kiplings »Bürde des weißen Mannes«, die französische *mission civilisatrice* und des amerikanischen Präsidenten McKinley Vorsatz, die Filipinos »auf eine höhere Stufe zu heben und zu Christen zu machen«. Eine ähnliche Neuinterpretation fand sich auch für die Bewegung der Dagestan-Völker unter dem großen Imam Schamil, der nun nicht mehr als heldenhafter nationaler Führer, sondern als reaktionärer Mullah und gemeiner Agent des anglo-türkischen Imperialismus dargestellt wurde. Besonderer Nachdruck wurde bei diesem namentlich in den letzten Lebensjahren Stalins betriebenen Feldzug, der die asiatischen Völker ihrer Geschichte und Literatur berauben und sie der russischen Kultur in ihrer kommunistischen Form unterwerfen sollte, auf die Anprangerung und »Entlarvung« des Islams gelegt.

## Außenpolitik

Noch mindestens zwei Jahre nach dem Kriege stützte sich die Sowjetaußenpolitik demonstrativ auf das Kriegsbündnis mit den angelsächsischen Mächten, in das nach Stalins anfänglich beträchtlichem Widerstand auch Frankreich einbezogen worden war. Aus dem Bündnis folgte, daß die kommunistischen Parteien die Politik der Volksfront mit dem Ziel einer Koalition aller demokratischen und antifaschistischen Parteien, wozu selbstverständlich auch sie zu gehören hatten, einschlugen. Betätigung des Sowjetstaates und der kommunistischen Parteien in Osteuropa, Sowjetbeistand für das »unabhängige« kommunistische Regime in Persisch-Aserbeidschan, Ausbreitung des Bürgerkriegs in China, Konflikt zwischen den Franzosen und der von Kommunisten geführten Vietminh-Bewegung in Indochina: das alles nahm den Parolen vom Großmächtebündnis und von der Volksfront viel von ihrem realen Wert. Im Frühjahr 1947 wurden die kommunistischen Parteien aus den Regierungskoalitionen in Frankreich und Italien ausgestoßen und damit die Kluft zwischen den früheren Verbündeten weiter aufgerissen. Aber erst die Weigerung der Sowjetunion, an der Marshall-Plan-Hilfe teilzunehmen, und die Gründung der Kominform – beides im Sommer 1947 – führte zur endgültigen Aufgabe der »freundlichen« Nachkriegsparolen. Im Februar 1948 ergriffen die Kommunisten die Macht in der Tschechoslowakei, im Juni begann die Berlin-Blockade, und im Sommer brachen kommunistische Aufstände in Burma, auf der Malaiischen Halbinsel, in Indonesien und in Hyderabad in Indien aus. Im Juni erfolgte der offizielle Bruch mit Jugoslawien. Nach Abbruch der Berlin-Blockade im Mai 1949 war die Sowjetpolitik ein Jahr lang etwas vorsichtiger, aber im Juni 1950 kam die Südkorea-Invasion. Da es dazu authentische Dokumente nicht gibt, läßt sich nicht sagen, wie Stalin das Risiko der Korea-Operation beurteilt und inwieweit ihm dabei der Plan vorgeschwebt hatte, einerseits das kommunistische China und die Vereinigten Staaten in einen Konflikt zu verwickeln und anderseits den Haß der Asiaten gegen Westeuropäer und Nordamerikaner zu schüren, um die Sowjetunion auf diese Weise anziehender für asiatische Augen zu machen. Sicher ist jedenfalls, daß genau das bei der Korea-Aktion herausgekommen ist: sie hat dem Westen geschadet und Moskau geholfen.

Stalins letzte Veröffentlichung war eine Sammlung von Artikeln über »Ökonomische Probleme des Sozialismus«. Darin vertrat er die Auffassung, daß die Hauptursache der internationalen Spannungen nicht so sehr der ideologische Konflikt zwischen dem Sowjetblock und dem westlichen (»kapitalistischen« oder »imperialistischen«) Block sei als die Gegensätze und Risse im Lager des Westens, insbesondere zwischen den Vereinigten Staaten und England, zwischen Deutschland und den westlichen Siegermächten, zwischen Japan und Amerika. Stalins letztes Werk war eine Aufforderung an seine Jünger, eine biegsamere, weniger dogmatische Außenpolitik zu betreiben, zur Taktik der »Ausnutzung der Widersprüche des Kapitalismus« zurückzukehren. Stalin starb, bevor Nennenswertes in dieser Richtung geschehen war. Aber wenigstens auf diesem Gebiet haben sich seine Nachfolger als treue und gelehrige Schüler erwiesen.

*Osteuropa 1945–1953*

*Nachkriegsmosaik*

Was zwischen den Weltkriegen auf den außenstehenden Beobachter Eindruck machte, war die Buntheit der osteuropäischen Szenerie, nicht etwa das Bewußtsein einer Interessen- oder Schicksalsgemeinschaft. Im Gesamtgebiet Osteuropas wurden überwiegend slawische Sprachen gesprochen, aber die Nordslawen (Tschechen und Slowaken) trennte von den Südslawen (Slowenen, Kroaten, Serben und Bulgaren) die nichtslawische Barriere der Rumänen, die eine hauptsächlich aus dem Latein stammende Sprache sprechen, und der Ungarn, deren Sprache mit keiner westlich der Wolga gesprochenen verschwistert ist, auch wenn sie mit dem Estnischen und Finnischen entfernt verwandt ist. Aber auch die Tatsache, daß sie von einem slawischen Ozean umgeben waren, brachte Ungarn und Rumänien nicht dazu, sich um ein freundschaftliches Verhältnis zu bemühen; es gab in ganz Europa kaum zwei andere Nationen, die einander so feindselig gegenüberstanden.

Sowohl durch die slawischen als auch durch die nichtslawischen Völker zog sich der Gegensatz zwischen der römisch-katholischen und der griechisch-orthodoxen Kirche. Polen, Slowenen, Kroaten und die Mehrzahl der Tschechen, Slowaken und Ungarn zählten zum katholischen Bekenntnis, Serben, Bulgaren und die meisten Rumänen zum griechisch-orthodoxen. Bei Ungarn und Slowaken gab es protestantische, bei Rumänen und Polen griechisch-unierte, bei Bulgaren und Jugoslawen mohammedanische Minderheiten; die Albanier waren in ihrer Mehrheit Mohammedaner.

Auch wirtschaftlich unterschieden sich die osteuropäischen Staaten sehr erheblich voneinander. In tschechischen Gebieten herrschte industrielle und städtische Wirtschaft vor, bei den Rumänen, Jugoslawen, Bulgaren und Albaniern agrarisch-ländliche, während in Polen, der Slowakei und Ungarn der industrielle und der agrarische Sektor besser aufeinander abgestimmt waren.

Vom Standpunkt der politischen Überlieferung und der staatlichen Gestaltung ließen die Länder Osteuropas sich in drei Gruppen einteilen. Nur die Tschechen hatten eine geistig-liberale und politisch-parlamentarische Tradition. Auf dem Balkan verband sich eine eher demokratische Gesellschaftsstruktur (ohne festgegründete erbliche Oberklassen) mit einer Tendenz zu despotischen Regierungsmethoden, die zu einem erheblichen Teil auf das byzantinische und osmanische Erbe zurückgeführt werden kann. In der dritten Gruppe – Polen und Ungarn – war die Tradition oligarchisch: eine seit langem etablierte Hocharistokratie, eng verbunden mit einer breiten Landadelsschicht, hielt die Massen in ihrer gesellschaftlichen Macht, aber innerhalb dieser Oberklassen herrschte weitgehende Gedanken- und Redefreiheit und vererbte sich eine traditionelle Vorliebe für parlamentarische Regierungsformen.

Schließlich unterschieden sich die Länder Osteuropas in ihrer Haltung gegenüber den europäischen Großmächten. Tschechen, Serben und Bulgaren waren gewöhnt, in Rußland einen Freund zu sehen; dagegen sahen in ihm Polen, Ungarn und Rumänen einen Feind. Den Deutschen waren Polen, Tschechen und Serben gewöhnlich feindlich gesinnt, Rumänen und Bulgaren gewöhnlich freundlich, Ungarn ambivalent und schwankend.

Frankreich hatte die Sympathien der Bildungsschicht der meisten Nationen der Gegend genossen, am meisten wohl in Polen, Rumänien und Serbien. Die Tatsache, daß Tschechen, Serben und Rumänen von den Friedensverträgen von 1919/20 profitiert hatten, ließ ihre Außenpolitik im zweiten Weltkrieg zu den Westmächten hinneigen, wenn auch Rumänien seine Politik 1940 umwarf und sich der Achse anschloß. Verständlich war auf der anderen Seite die Achsenfreundschaft Ungarns und Bulgariens, die 1919/20 schwere Gebietsverluste erlitten hatten.

Der größte Teil der Gegend wurde 1944/45 von Sowjetarmeen überflutet. Nach Polen, der Tschechoslowakei und Jugoslawien kamen sie theoretisch als Verbündete, nach Ungarn, Rumänien und Bulgarien als siegreiche Feinde. Die Dinge änderten sich in den letzten Kriegsmonaten, als die rumänischen und bulgarischen Armeen Seite an Seite mit den Sowjettruppen gegen ihre früheren deutschen Verbündeten kämpften. Aber die Sowjethaltung zu den einzelnen Ländern richtete sich nicht einfach danach, ob es sich um Verbündete oder Feinde handelte. So verhielt sich die Sowjetobrigkeit gegenüber den verbündeten Polen äußerst feindselig, ging dagegen im früher feindlichen Bulgarien recht sanftmütig vor. Bald jedoch wurde eine einheitliche Linie der Sowjetpolitik sichtbar; sie bestand darin, die lokalen kommunistischen Parteien im Kampf um die Macht zu unterstützen.

Kommunistische Parteien von größerer Bedeutung hatte es zwischen den Weltkriegen in der Tschechoslowakei, in Bulgarien und Jugoslawien gegeben. Die tschechoslowakische war durch Abspaltung aus der alten sozialdemokratischen Bewegung hervorgegangen – wie die KPD in Deutschland. Wie die kommunistischen Parteien in westeuropäischen Ländern blieb sie ein linker Flügel der Arbeiterbewegung und arbeitete in voller Legalität, bis das parlamentarische System durch die deutsche Besetzung zerstört wurde. Dagegen waren die bulgarische und die jugoslawische Partei einer europäischen Arbeiterbewegung sogar noch viel weniger ähnlich als die alte bolschewistische Partei des Zarenreiches. Diese beiden Parteien waren konspirative Organisationen, die von Polizeidiktaturen brutal verfolgt wurden und sich nur dank der Disziplin, dem Mut und der Überzeugung einer kleinen Elite von Berufsrevolutionären behaupteten. Von den Berufsrevolutionären waren einige Industriearbeiter und einige sogar Bauern, aber ihre Hauptkader rekrutierten sich aus den Reihen der Intelligenz, der Studenten und Absolventen der Universitäten von Sofia, Belgrad und Zagreb. Darin glichen diese Parteien natürlich dem bolschewistischen Prototyp.

Sowohl die bulgarische als auch die jugoslawische Partei fanden viel Widerhall und Sympathie bei den Massen, die Grund genug hatten, mit dem sozialen und politischen System der dreißiger Jahre unzufrieden zu sein und nach einer grundlegenden sozialen Umstellung zu verlangen. Aber erst als das bestehende Staatsgefüge durch Schläge von außen zertrümmert worden war, konnten die kommunistischen Kader die Verbindung mit den Massen herstellen und die Führung einer starken Revolutionsarmee übernehmen. In Jugoslawien geschah das, nachdem die Achsenmächte den alten Staat zerschlagen und zerstückelt hatten. Unter Titos brillanter Führung formierten sich die jugoslawischen Partisanen zu einer aktionsfähigen Armee; sie hatten bereits mehr als die Hälfte des Landes unter ihre Herrschaft gebracht, als die Sowjetarmee von Bulgarien aus den Marsch in jugoslawisches Gebiet antrat. In Albanien war die kommunistische Partei von einer Handvoll

Intellektueller gegründet worden; nach jugoslawischem Vorbild schuf sie mit Hilfe von Jugoslawen und Westalliierten ebenfalls eine Revolutionsarmee, die ihr 1944 dazu verhalf, sich des ganzen Landes zu bemächtigen. In Griechenland bot sich der kommunistischen Partei, die zwar schwächer war als die jugoslawische, aber eine ähnliche Struktur hatte, die Gelegenheit, die Führung einer nationalen Bewegung in die Hand zu bekommen; gegen Ende 1944 hatte sie auf diese Weise den größten Teil des Landes in ihren Besitz gebracht. An der Eroberung der Staatsmacht hinderte sie jedoch im Dezember 1944 und Januar 1945 eine bewaffnete Intervention britischer Truppen in und um Athen. Weniger erfolgreich war die von Kommunisten geführte Partisanenbewegung in Bulgarien, im wesentlichen weil das Staatsgebilde bis Kriegsende zusammenhielt.

In Ungarn, Polen und Rumänien waren die Kommunisten zwischen den Kriegen ein bedeutungsloser Faktor. In Ungarn waren sie zwar 1919, von starken Massensympathien getragen, an die Macht gekommen, aber nachdem ihre Regierung mit Gewalt gestürzt worden war, wurden sie nicht nur von der Polizei unterdrückt, sondern verloren auch das Vertrauen der Massen. In Polen hatte die kommunistische Partei in den zwanziger Jahren einige begabte Führer, es gelang ihr aber nie, das Odium loszuwerden, das ihr wegen ihrer engen Verbindung mit Polens traditionellem Feind Rußland anhaftete. In Rumänien gab es zwar zwischen den Kriegen einige Hunderte Menschen, die kommunistischen Überzeugungen anhingen, aber es läßt sich kaum sagen, daß auch nur eine organisierte kommunistische Partei bestanden habe.

## *Machteroberung 1944 – 1948*

Die Problematik der Machteroberung, der die Kommunisten gegenüberstanden, war in den einzelnen Ländern verschieden. In Jugoslawien und Albanien hatten die Kommunisten im Kriege gegen die Besetzungstruppen eine militärische und zivile Herrschaftsmaschinerie aufgebaut und brauchten, als die deutschen Truppen das Land verließen, den Machtbereich dieser Maschinerie, der die Berge umfaßte, nur auf die Ebenen und Städte auszudehnen. In Polen hatte die Widerstandsbewegung schon unter der deutschen Besetzung einen gut organisierten »unterirdischen Staat« geschaffen, und die große Mehrheit der Polen akzeptierte seine Autorität. Einen schweren Schlag erlitt dieser »Staat« mit der Niederlage des Warschauer Aufstands von 1944, der von den deutschen Truppen zerschmettert wurde, während die Sowjetarmeen in aller Gemütsruhe zusahen, bis das Massaker zu Ende war. Aber auch danach funktionierte der »unterirdische Staat« noch in weiten Teilen Polens. Schließlich zerstörte ihn die Sowjetarmee, indem sie seine Organisatoren verhaftete oder umbrachte und an die Stelle des in der Illegalität gewachsenen Gebildes eine eigene Verwaltung aus polnischen Agenten, die in der Sowjetunion ausgebildet worden waren, setzte. In der Tschechoslowakei und in Ungarn gab es, als die Sowjetarmee einmarschierte, überhaupt keine Staatsmaschine. Die deutschen Truppen hatten bis zum bitteren Ende gekämpft, und nach ihrer Niederlage entstand ein politisches Vakuum, das die Sowjetregierung nach Belieben ausfüllen konnte. In Rumänien und Bulgarien funktionierten noch mit geringen Veränderungen die alten Staatsapparate. Die Regierungen waren ausgewechselt worden, an die Stelle von Anhängern der Achse waren Anhänger der Alliierten getreten. Der bürokratische Apparat und die Armee waren kaum angerührt worden. Hier mußte, wenn ein kommunistisches Regime errichtet werden sollte, eine noch bestehende Staatsmaschine zerschlagen werden.

In ihren allgemeinen Zügen war die Sowjethaltung überall dieselbe. Die von der Hitler-Herrschaft »befreiten« Völker sollten eigene demokratische Regierungen bekommen, die ihrerseits alle demokratischen und antifaschistischen Parteien einschließen sollten. Gab es solche Parteien nicht, so waren sie zu schaffen oder wenigstens halbwegs passende Parteien, die in den dreißiger Jahren bestanden hatten, wieder ins Leben zu rufen. In Rumänien und Bulgarien gab es solche Parteien als Vertretungen der Bauernbewegung: die Union der Landwirte in Bulgarien, die Nationale Bauernpartei in Rumänien. In Koalitionen gesellten sich zu ihnen kleine sozialistische Parteien, zwei konservativere Gruppen (in Rumänien die Liberalen, in Bulgarien Zveno) und die Kommunisten. In der Tschechoslowakei, in Ungarn und in Polen, wo das einzige Machtgebilde die Sowjetarmee war und jede in Moskau beschlossene Politik hätte erzwungen werden können, bestand die Sowjetregierung bezeichnenderweise trotzdem darauf, daß das Spiel mit den demokratischen Koalitionen exerziert wurde. Das entsprach den allgemeinen »antifaschistischen« Einstellungen der Periode und paßte auch gut zu der von der Sowjetunion getriebenen Außenpolitik der Zusammenarbeit mit den zwei angelsächsischen Großmächten.

Demokratische Koalitionen wurden Wirklichkeit in der Tschechoslowakei und in Ungarn; hier halfen die Sowjetbehörden den alten politischen Parteien, ihre Organisationen neu aufzubauen, und hier fanden die Koalitionsregierungen auch echten Widerhall bei den Volksmassen. Die beiden wichtigsten Parteien in Ungarn waren die Kleinbauernpartei und die sozialdemokratische Partei, die offensichtlich über größeren Massenanhang verfügten als die Kommunisten; bei den in Freiheit durchgeführten Wahlen vom Oktober 1945 entfielen auf die Kleinbauernpartei siebenundfünfzig Prozent der abgegebenen Stimmen. Dagegen war in der Tschechoslowakei die stärkste Massenpartei die kommunistische Partei (mit fast vierzig Prozent der abgegebenen Stimmen bei den Wahlen vom Mai 1946), sie teilte sich aber in die Macht mit zwei nichtsozialistischen tschechischen und einer nichtsozialistischen slowakischen Partei und den Sozialdemokraten (der schwächsten der fünf Parteien). In Polen war das Koalitionsspiel eine Farce, denn die Sowjetbehörden ließen die Tätigkeit der im Volke verwurzelten Parteien nicht zu. Die Rechtsnationalisten (Nationaldemokratische Partei) waren entschiedene Gegner des durch die militärischen Operationen der Sowjetarmee begründeten Regimes. Die Bauernbewegung (Volkspartei) machte eine kurze Optimismusperiode durch, als ihr Führer Stanislaw Mikolajczyk, Ministerpräsident der polnischen Exilregierung, auf Grund des Kompromisses, das die Westmächte in Moskau durchgesetzt hatten, aus dem Londoner Exil zurückkam, um in die Regierung einzutreten. In Wirklichkeit aber erhielt Mikolajczyk keinen Anteil an der Macht, seine Partei wurde verfolgt, und eine von den Kommunisten manipulierte Splittergruppe durfte den Namen Volkspartei usurpieren und »die Massen vertreten«. Nicht anders erging es der dritten polnischen Partei mit einer echten Massenbasis, den Sozialisten: eine Anzahl ihrer Führer wurde von den Russen verhaftet, andere wurden von der Besatzungsmacht ihrer Parteiämter enthoben, in Schlüsselpositionen wurden Personen eingesetzt, die für kommunistische Erpressungen oder Drohungen besonders anfällig waren, und im Endeffekt wurde die Parteiführung gezwungen, vor den Kommunisten zu kapitulieren, obgleich in den unteren Funktionärschichten und in der Masse der polnischen Arbeiterklasse noch ein zäher Widerstandsgeist lebendig war.

Im Prozeß der kommunistischen Machteroberung, der von 1944 bis 1948 dauerte, lassen sich drei Stadien unterscheiden, die als Stadien der echten Koalition, der fiktiven Koalition und der Einparteiherrschaft bezeichnet werden können. Im ersten Stadium wurde den einzelnen Parteien gestattet, ihre eigene, wirklich unabhängige Organisation und Presse aufrechtzuerhalten, Meinungen zu äußern, die von denen der Kommunisten abwichen, und sogar an den Kommunisten Kritik zu üben; nur das Sowjetregime und die Sowjetpolitik durften unter keinen Umständen kritisiert werden. In diesem Stadium war auch Opposition gegen die Koalitionsparteien erlaubt. Im zweiten Stadium wurden die Parteien ihrer wirklichen Führer beraubt, und an ihre Stelle kamen Menschen, die nicht von den Parteimitgliedern, sondern von den Kommunisten ausgesucht waren; keinerlei Meinungen wurden geduldet – außer oberflächlich verhüllten Varianten kommunistischer Ansichten; und Opposition, die von außerhalb der Koalition kam, wurde verfolgt, wenn auch noch nicht völlig unterdrückt. Im dritten Stadium ging alle Macht auf die kommunistischen Parteien über: eine einheitliche »monolithische« Regierungsfront wurde gebildet, in der Rumpfgebilde der früheren nichtkommunistischen Parteien ein nur noch formales Eigendasein fristeten; jede Opposition wurde erbarmungslos zerschmettert.

In Jugoslawien und Albanien war das dritte Stadium von Anfang an erreicht. Polen begann seine Nachkriegsgeschichte mit dem zweiten Stadium. Rumänien, Bulgarien, Ungarn und die Tschechoslowakei haben alle drei Stadien durchgemacht.

Der Übergang vom ersten zum zweiten Stadium war in Rumänien, Bulgarien und Ungarn entscheidend mit der Vernichtung der Bauernparteien verknüpft. In allen drei Fällen war der direkte Eingriff der Besatzungsbehörde, das heißt des Sowjetmilitärs, der ausschlaggebende Faktor. In Rumänien wurde König Michael im Februar 1945 mit der militärischen Besetzung Bukarests gedroht; er mußte daraufhin die von Kommunisten beherrschte fiktive Koalition unter der nominellen Führung Dr. Petru Grozas akzeptieren; die Nationale Bauernpartei wurde damit in die Opposition gedrängt. In Bulgarien erzwang eine Sowjetintervention im selben Monat den Rücktritt G. M. Dimitrows vom Posten des Sekretärs der Union der Landwirte, und ein weiterer Vorstoß der Besatzungsbehörde führte im Mai 1945 zur Besetzung der Vorstandsräume der Union durch kommunistische Agenten. In Ungarn wurde im Februar 1947 von Beamten des russischen Sicherheitsdienstes Béla Kovács, Parteisekretär der Kleinbauernpartei und einer ihrer prominentesten Führer, verhaftet, und damit begann die Auflösung der Partei, die noch im Oktober 1945 die absolute Mehrheit der ungarischen Wähler hinter sich gehabt hatte.

Der Übergang vom zweiten zum dritten Stadium setzte mit der Vernichtung der sozialdemokratischen Parteien auf dem Wege der Zwangsverschmelzung mit den kommunistischen Parteien ein. Als Vorbild diente dabei natürlich die im April 1946 vorgenommene Gründung der SED in der Sowjetzone in Deutschland. In anderen Ländern gingen die Sowjetbehörden mit weniger offenkundiger Eile und Brutalität vor, aber nicht minder schonungslos. Die stärkste sozialistische Partei Osteuropas, die PPS in Polen, widerstand dem Druck der Kommunisten trotz wiederholten Säuberungen und Verhaftungen drei Jahre lang, und die »Verschmelzung« kam erst im Dezember 1948 zustande. Auch die bulgarischen Sozialisten, eine kleine, aber tapfere Partei, widersetzten sich hartnäckig bis zum Januar 1948. Die ungarische Partei war in drei Richtungen gespalten und wurde eine Zeitlang hauptsächlich von Funktionären beherrscht, die zwar bereit waren, mit den Kommunisten politisch zusammenzuarbeiten, aber auf der Unabhängigkeit der Parteiorganisation bestanden. Diese Richtung wurde von kommunistischen Agenten im Februar 1948 endgültig aus der Partei ausgeschlossen, worauf die »Verschmelzung« im Juni unter Dach und Fach gebracht werden konnte. In Rumänien hatte die »Verschmelzung« im November 1947 stattgefunden.

Der Fall Tschechoslowakei unterschied sich sehr erheblich von den anderen. Hier hatten sich Tschechen und Slowaken drei Jahre lang einer im wesentlichen freien demokratischen Regierungsform erfreuen können. Die einzige große Kategorie von Opfern in dieser Zeit waren die Sudetendeutschen, die – nicht selten unter den grausamsten Begleitumständen und mit vielen Todesopfern – aus dem Lande getrieben wurden. Ab Dezember 1945 gab es in der Tschechoslowakei keine Sowjettruppen mehr. Die Kommunisten schienen sich an die verfassungsmäßigen Spielregeln zu halten. Allerdings verfügten sie über überragenden Einfluß in der Polizei und im Meinungsbildungsapparat, und in den ehemals deutschen Gebieten hatten sie gleichsam einen Staat im Staate aufgebaut, in dem gute Posten und leitende Schlüsselpositionen Mitgliedern oder Anhängern der kommunistischen Partei vorbehalten waren. Aber äußerlich schienen sich die Kommunisten wie gute Demokraten zu gebärden. Der Wandel kam, nachdem die Sowjetunion im Juli 1947 den Marshall-Plan verworfen hatte. Die tschechoslowakische Regierung hatte zunächst (mit Zustimmung der kommunistischen Minister) die Einladung zu der vorgeschlagenen internationalen Konferenz angenommen, beschloß aber dann auf Einspruch der Sowjetunion, die Einladung abzulehnen. Von diesem Augenblick an waren die Kommunisten bemüht, die gesamte Macht an sich zu bringen. Die Krise kam im Februar 1948: der Anlaß war die Weigerung des kommunistischen Innenministers, einen Kabinettsbeschluß zu befolgen, wonach die Ernennung einer Anzahl von Kommunisten zu hohen Beamten der Prager Polizei rückgängig gemacht werden sollte. Darauf schieden die Minister der drei nichtsozialistischen Parteien aus der Regierung aus; allerdings schlossen sich die Minister der sozialdemokratischen Partei, die in drei Richtungen zerfiel, ihnen nicht an, so daß die Regierung eine kleine Mehrheit im Parlament behielt. Nun ließen die Kommunisten Abteilungen der Arbeitergarde in den Straßen aufmarschieren, setzten in der Provinz »Aktionskomitees« unter ihrer Führung ein, kommandierten Rundfunk und Presse und isolierten den Präsidenten Beneš von der Armee und vom Volk. Mit einer geschickten Dosierung von verfassungsmäßigen Mitteln und Gewaltdrohungen gelang es ihnen, die Macht zu übernehmen.

Diese Vorgänge haben manche Ähnlichkeit mit dem, was sich 1933 in Deutschland ereignet hat. Beide Präsidenten – Hindenburg und Beneš – waren körperlich hinfällig. Beide gaben sich politischen Illusionen hin: Hindenburg konnte nicht glauben, daß ein »patriotischer« Ex-Gefreiter ein Regime errichten könnte, das die vornehmsten Überlieferungen der deutschen Geschichte mit Füßen treten würde; Beneš konnte nicht glauben, daß die Kommunisten die Demokratie zerstampfen oder die russischen »Befreier« seinem Lande ein ihm ebenso fremdes und ebenso totalitäres Regime aufzwingen würden, wie es das Hitlersche war. Die Rolle des tschechischen sozialdemokratischen Renegaten Fierlinger glich der des nicht minder ehrgeizigen und intrigantenhaften Franz von Papen als Hitlers Mitläufer von rechts. Ein weiteres gemeinsames Merkmal beider Situationen war das Übergewicht verstaubter Mythen. In Deutschland herrschte 1932/33 in weiten Kreisen die (durch die Tatsachen nicht gerechtfertigte) Angst vor einer »kommunistischen Gefahr«: sie trieb viele Angehörige der Bourgeoisie und viele Konservative Hitler in die Arme. In der Tschechoslowakei von 1948 entsprach dem die Angst vor dem Wiedererstarken Deutschlands; obgleich die Tschechen selbstverständlich genug Gründe hatten, Deutsche wegen der Hitlerschen Verbrechen zu hassen und den Haß der Deutschen wegen der von Tschechen bei der Deutschenvertreibung 1945 begangenen Verbrechen zu fürchten, bestand 1948 nicht die Gefahr deutscher Racheaktionen, während in Wirklichkeit die Macht des Sowjetstaates eine sehr reale Gefahr darstellte. Dennoch waren viele Tschechen, um sich vor einer hypothetischen Zukunftsgefahr zu schützen, bereit, die Unabhängigkeit ihres Landes den Agenten der Sowjetunion zu überantworten.

Hätte es diese Sondermomente – die Schwäche Beneš', die Spaltung der Sozialdemokraten, den Verrat Fierlingers und die weitverbreiteten Illusionen über Deutschland und Rußland – nicht gegeben, so hätten die Tschechen möglicherweise dem kommunistischen Versuch der Machtergreifung widerstehen können, und es ist keineswegs sicher, daß die Sowjetregierung unter solchen Umständen das Risiko einer militärischen Intervention eingegangen wäre. Nur drei Monate später, im Mai 1948, erzwang das finnische Parlament den Rücktritt eines kommunistischen Innenministers, der ebenfalls versucht hatte, die Polizei mit Kommunisten vollzupfropfen. Die Finnen blieben fest, die Kommunisten mußten sich mit der Niederlage abfinden, und die Sowjetarmee hat sich nicht gerührt.

*Titoismus und Säuberung*

Am 28. Juni 1948 erfuhr eine erstaunte Welt vom Ausschluß der Kommunistischen Partei Jugoslawiens aus der Kominform und von den gegen ihre Führer erhobenen Beschuldigungen, in vielen Fällen eine falsche Politik getrieben und theoretische Ketzereien begangen zu haben. Zum Konflikt zwischen der Sowjetunion und Jugoslawien hatten verschiedene Faktoren beigetragen. Da gab es Differenzen über die Beziehungen zwischen Jugoslawien und Bulgarien und zwischen Jugoslawien und Albanien: die Probleme der albanischen Minderheit in der Provinz Kosowo und der bulgarischen Ansprüche auf Mazedonien, die schon in der ersten Jahrhunderthälfte die Beziehungen zwischen diesen Staaten beherrscht hatten, waren in einer neuen Gestalt in den Beziehungen der drei kommunistischen Parteien wiedererstanden. Da gab es die Empörung der Jugoslawen über die Versuche der Sowjets, ihr Land wirtschaftlich auszubeuten. Da gab es Streit über die Ausrüstung und den organisatorischen Aufbau der neuen jugoslawischen Armee. Sowjetoffiziere und Sowjetwirtschaftler benahmen sich in Jugoslawien mit einer Arroganz, die allgemein übelgenommen wurde, und die

### Legende

- RATSMITGLIEDER
- ANNEXIONEN DER UDSSR
- POLNISCHE VERWALTUNG
- RUSSISCHE VERWALTUNG
- POLNISCHE GRENZE 1939

UDSSR

„DDR" SEPT. 50

POLEN

TSCHECHOSLOVAKEI

UNGARN

RUMÄNIEN

BULGARIEN

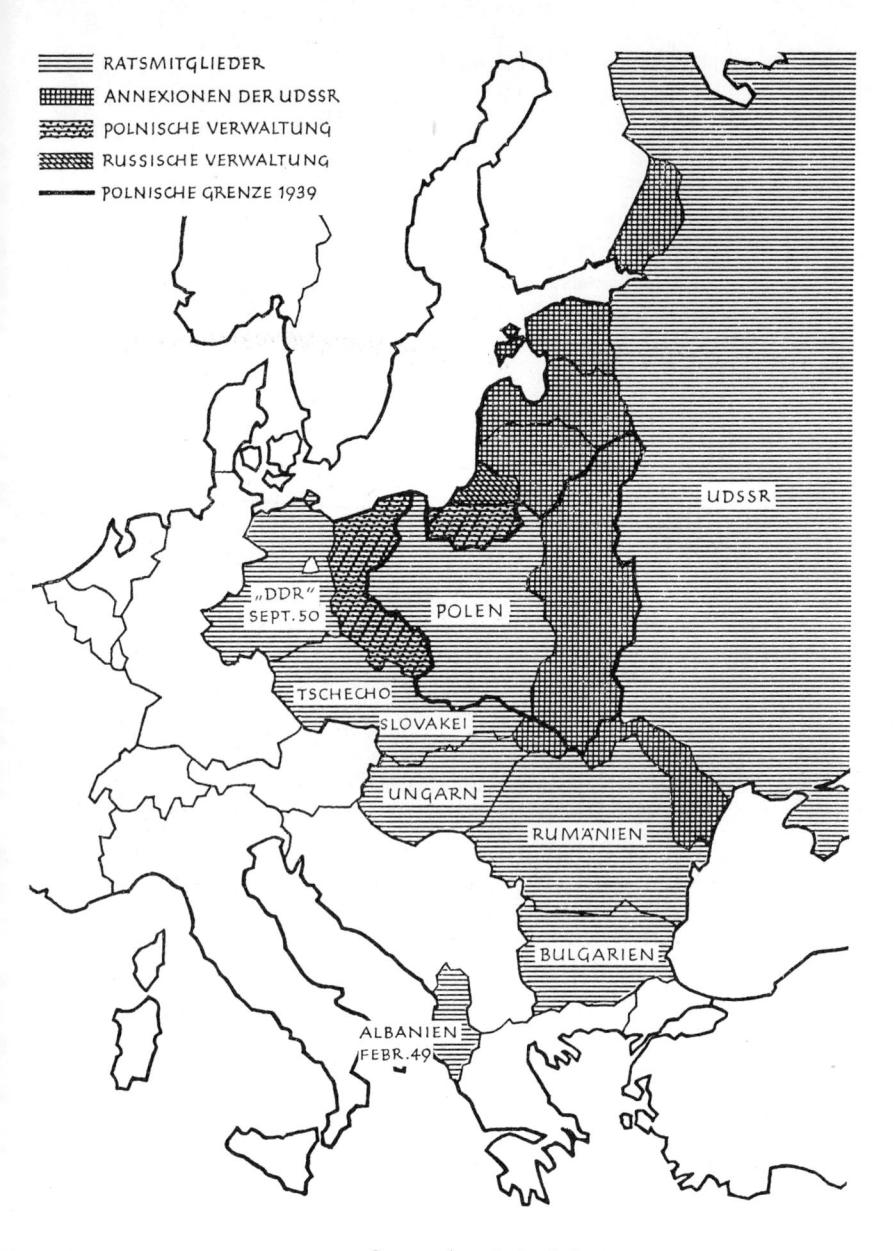

ALBANIEN FEBR. 49

*Rat für gegenseitige Wirtschaftshilfe* · COMECON

WARSCHAU 25.1.1949

jugoslawische Regierung brachte die Russen damit in Rage, daß sie sie wie alle anderen Ausländer von der Polizei beobachten ließ. Auf diese und ähnliche Einzelheiten braucht hier nicht näher eingegangen zu werden: in Marschall Titos autorisierter Biographie, von Vladimir Dedijer unter dem Titel »Tito spricht« herausgegeben, sind sie ausführlich genug behandelt.

Die wesentlichste Ursache des Konflikts, die allen diesen Zwistigkeiten zugrunde lag, bestand darin, daß es für Stalin unerträglich war, Jugoslawien als gleichberechtigt zu behandeln und sich mit der Tatsache abzufinden, daß die Führer Jugoslawiens aus eigener Kraft an die Macht gekommen waren. In allen anderen Satellitenländern standen an der Spitze der kommunistischen Regierungen Menschen, die die siegreiche Sowjetarmee aus dem Exil heimgebracht hatte und die nur auf Grund von Sowjeteingriffen an der Macht waren. Sie hatten weder eine eigene Armee noch eine eigene Bürokratie. Alles, was sie hatten, verdankten sie Moskau, dessen Beauftragte ihnen ihre Herrschaftssysteme zurechtgezimmert hatten. Die Jugoslawen dagegen hatten in vierjährigen Kriegs- und Bürgerkriegskämpfen ihren eigenen Machtapparat aufgebaut. Ihre Führer verdankten Moskau sehr wenig. Diese Situation war für Stalin persönlich unleidlich: er wollte auch in Jugoslawien eigene, von ihm selbst erschaffene Marionetten haben. Verschärft wurde diese Grundhaltung noch durch die bereits erwähnten besonderen Konfliktsursachen. Nachdem es aber einmal zum Bruch gekommen war, erwies sich die Unabhängigkeit des jugoslawischen Apparats, die den Bruch in der Hauptursache verursacht hatte, auch als der Hauptgrund, warum Titos Regime am Leben blieb. Die Offiziere und Bürokraten des jugoslawischen Regimes verdankten ihre Karriere nicht Stalin, sondern Tito, und als sie sich entscheiden mußten, entschieden sie sich für ihn. Auch das Zusammengehörigkeitsgefühl aus den furchtbaren Jahren 1941 bis 1945 spielte eine Rolle. Drohungen und theoretische Bannflüche aus der Sowjetunion machten darum auf die jugoslawische Partei so gut wie gar keinen Eindruck; nur ein paar Dutzend zweitrangige Gestalten hörten auf die Kominform. Schmerzhafte Folgen hatte der Wirtschaftsboykott, den der gesamte Sowjetblock im Sommer 1949 über Jugoslawien verhängte, aber auch er wurde ertragen, allerdings mit Hilfe wirtschaftlichen Beistands aus dem Westen. Da Stalin keine Neigung hatte, durch eine Invasion in Jugoslawien einen europäischen Krieg heraufzubeschwören, mußte er sich selbst eingestehen, daß er den kürzeren gezogen hatte.

Der Abfall Jugoslawiens war eine Mahnung, in den verbleibenden Satellitenstaaten keine kommunistischen Parteiführer mit eigenem Kopf zu dulden. Über ganz Osteuropa ergoß sich 1949/50 eine Säuberungswelle gegen Personen, die der »nationalistischen Abweichung« schuldig oder verdächtig waren. In Ungarn war das Opfer László Rajk, vordem mehrere Jahre Innenminister. Ein fanatischer Kommunist und erbarmungsloser Oppositionsvernichter, hatte er den Nachteil, während des Krieges als Organisator der illegalen Widerstandsbewegung in Ungarn geblieben zu sein, während die meisten anderen Parteiführer im Moskauer Exil darauf trainiert wurden, zu Sowjetstatthaltern für Ungarn zu werden. Vom obersten Parteiführer Mátyás Rákosi wurde Rajk als möglicher Bewerber um das höchste Parteiamt gefürchtet. Er wurde verhaftet und in einem Schauprozeß abgeurteilt, in dem er – wie Sinowjew und die anderen in den Moskauer Prozessen von 1936 bis 1938 – ein

Maifeier auf dem Wenzelplatz in Prag, 1958

Speisung koreanischer Flüchtlingskinder in einem UN-Auffanglager in Pusan, März 1951

sorgfältig eingeübtes Geständnis, mit den allerunwahrscheinlichsten Verbrechen gespickt, herunterleierte. Er wurde im September 1949 hingerichtet. In Albanien war das Opfer Innenminister Kotschi Dsodse. Von allen Säuberungsopfern war er der einzige, der mit den jugoslawischen Führern in enger Verbindung gestanden hatte, und er mag vielleicht wirklich ein Agent Titos gewesen sein. Stimmte das, so war es kaum sinnvoll, ihn einen Nationalisten zu nennen: die Unterordnung albanischer Interessen unter jugoslawische wäre wohl das genaue Gegenteil des Nationalismus gewesen. Dsodse wurde im Mai 1949 hingerichtet. In Bulgarien war das vorgesehene Opfer der stellvertretende Ministerpräsident Traitscho Kostow. In seinem Fall war die Nationalismusanklage nicht unbegründet, denn er hatte sich der Sowjetherrschaft über die bulgarische Wirtschaft widersetzt und sogar in Außenhandelsverhandlungen mit der Sowjetunion die bulgarischen Interessen mit Energie verteidigt. Ein Freund Titos war er jedoch keineswegs, denn bulgarischer Nationalismus bedingt umgekehrt eine eindeutig feindliche Stellung zur jugoslawischen Mazedonien-Politik. Kostows wirkliches Verbrechen war, wie der höchste kommunistische Führer Georgij Dimitrow es ausdrückte, die »schändliche Unterstellung«, daß es jemals einen Interessenkonflikt zwischen seinem Lande und dem »Vaterland der Werktätigen« geben könne. Kostow wurde im Dezember 1949 hingerichtet. Das vierte prominente Opfer war Wladyslaw Gomulka, stellvertretender Ministerpräsident und Generalsekretär der Partei in Polen. Gomulka war gewiß einer polnischen nationalistischen Haltung schuldig – nicht nur Deutschen, sondern auch Russen gegenüber. Es war bekannt, daß er Tito bewunderte und eine Politik größerer Zugeständnisse an die Bauern, als sie die Sowjetführer und ihre polnischen Agenten zulassen wollten, befürwortete. Wie Rajk, Kostow und Dsodse hatte auch Gomulka Kriegsjahre in illegaler Arbeit in der Heimat verbracht, war nie Emigrant in der Sowjetunion gewesen. Er wurde seiner Ämter 1949 enthoben, aber erst 1951 verhaftet, im Gefängnis nicht gefoltert und nie in einem öffentlichen Verfahren abgeurteilt.

Kaum waren die »nationalistischen Abweicher« entfernt, als auch schon 1951 und 1952 eine neue Säuberungswelle einsetzte. In Ungarn traf sie vor allem die früher »linken« Sozialisten, die die ungarische Sozialdemokratie 1948 auf Geheiß der Kommunisten zerschlagen hatten. In der Tschechoslowakei und in Rumänien hatte die Säuberung eine eindeutig antisemitische Färbung. Ihre bedeutendsten Opfer waren Rudolf Slánský, der Generalsekretär der tschechoslowakischen Partei, und Anna Pauker, die Führerin des rumänischen Kommunismus, beides Juden. Ebenfalls entfernt wurde der stellvertretende rumänische Ministerpräsident Vasile Luca. Die Rumänen wurden verhältnismäßig mild behandelt. Luca bekam zwar eine hohe Gefängnisstrafe, aber Anna Pauker wurde nur um ihre Parteiämter gebracht und blieb frei. Slánský wurde dagegen zur Hauptfigur in einem Schauprozeß in Prag im November 1952 und wurde zum Tode verurteilt. Die meisten seiner Mitangeklagten waren auch Juden und gehörten der Parteigruppe an, die den Sowjetinteressen am unterwürfigsten ergeben war. Eine Ausnahme war nur der slowakische Kommunist Vladimir Clementis, der in einem gewissen Sinn nationalistische Neigungen an den Tag gelegt hatte. Fest steht, daß der Slánský-Prozeß mit dem Moskauer »Ärztekomplott« zusammenhing, und wahrscheinlich ist, daß er Teil eines von Stalin gegen Berija und andere Sowjetführer vorbereiteten Manövers war. Aber dafür gibt es keinen unumstößlichen Beweis.

Auf die einzelnen Parteien hatten die Säuberungsaktionen eine verschiedene Wirkung. In diesen Jahren (1949-1954) verschwanden aus dem öffentlichen Leben die Hälfte der Zentralkomiteemitglieder der ungarischen Partei und fast drei Fünftel der Zentralkomiteemitglieder der tschechoslowakischen Partei. In Polen und Bulgarien dagegen war nur etwa ein Viertel der Parteileitung betroffen. Nicht mit der gleichen Intensität wurde in den einzelnen Ländern bezeichnenderweise der aus der Sowjetunion importierte »Persönlichkeitskult« befolgt, der darin besteht, daß eine bestimmte Parteipersönlichkeit gleichsam als Stalin im Miniaturformat, als »genialer Lehrmeister« für den lokalen Bereich in den Himmel gehoben wird. Am ausgeprägtesten war der »Persönlichkeitskult« um den ungarischen Boß Mátyás Rákosi; tatsächlich ließe sich sagen, daß die ungarische Partei von 1949 bis 1953 ausschließlich auf dem autokratischen persönlichen Regiment Rákosis beruhte. Fast derselbe Publizitätsgrad wurde in der Tschechoslowakei Klement Gottwald zuteil. In Bulgarien wurde ein beträchtlicher »Persönlichkeitskult« um Dimitrow aufgezogen, den einstigen Helden des Leipziger Reichstagsbrandprozesses von 1933 und früheren Generalsekretär der Komintern. Wulko Tscherwenkow, der nach dem Tode Dimitrows (1949) die Nachfolge übernahm, wurde nicht ganz dieselbe Statur verliehen. In Polen und Rumänien nahmen die Parteiführer Boleslaw Bierut und Gheorge Gheorgiu-Dej eine relativ bescheidene Stellung ein.

Über das in Osteuropa nach 1948 errichtete politische System braucht nicht viel gesagt zu werden. Es war nur eine bloße Kopie des totalitären Regimes der Sowjetunion. Die nationalen Parlamente hatten dieselbe zeremonielle Aufgabe wie der Oberste Sowjet, und bei ihrer »Wahl« gab es nur eine einzige Kandidatenliste. Die Gerichte unterstanden der kommunistischen Partei, und die Befugnisse der Sicherheitspolizei waren unbegrenzt. Schulen, Presse, Literatur, Kunst und Rundfunk waren Werkzeuge kommunistischen Bewußtseinsdrills. In jeder Beziehung war die Sowjetunion das Vorbild, und die öffentliche Anbetung Stalins wurde ohne Unterlaß praktiziert.

*Klassenstruktur*

Die neuen politischen Systeme führten Wirtschaftsplanung nach Sowjetart ein. Die ersten Pläne bezogen sich nur auf den Wiederaufbau des im Krieg Zerstörten, aber schon um 1949 wurden Neuaufbaupläne in Angriff genommen. Der 1947 beschlossene jugoslawische Plan enthielt Elemente des Wiederaufbaus ebenso wie Elemente neuen Aufbaus. Der erste langfristige rumänische Plan trat erst 1951 in Kraft.

Alle langfristigen Pläne waren auf rapide Industrialisierung gerichtet und räumten den Produktionsgüterindustrien, namentlich der Schwerindustrie, einen Vorrang vor den Konsumgüterindustrien ein. Wie in der Sowjetunion, legte das der Bevölkerung eine schwere Last auf; damit wurde im voraus festgelegt, daß auch ein schnelles Wachstum der Industrieproduktion die Lebenshaltung der Arbeiter nur sehr langsam heben würde. Mit der verschärften Kriegsgefahr, die sich aus dem Korea-Krieg zu ergeben schien, wurden 1951 die Produktionsziele für die Schwerindustrie beträchtlich höher geschraubt. Das Jahr 1952 war das Jahr der größten Wirtschaftsmisere.

Ein auffallendes Merkmal der Industriepläne war in jedem Land die Absicht, möglichst viel verschiedenartige Güter zu erzeugen. Einer Spezialisierung der einzelnen Länder in den Wirtschaftszweigen, für die sie günstige natürliche Voraussetzungen mitbrachten, wurde eine möglichst autarke Wirtschaft vorgezogen. Einer der Gründe, weswegen die Sowjetregierung diese verschwenderische Methode begünstigte, lag darin, daß sie die Staaten Osteuropas daran hinderte, ihre Wirtschaftspolitik miteinander abzustimmen. Es wurde vermutet, daß wirtschaftliche Verbindungen auch zu politischer Zusammenarbeit führen könnten, und darin sah die Sowjetregierung eine Bedrohung ihres übergreifenden Interesses: der eigenen Vorherrschaft. Jedes Land sollte auf politischem wie auf wirtschaftlichem Gebiet bilaterale Beziehungen mit Moskau pflegen, aber möglichst wenig Kontakte mit seinen Nachbarländern aufrechterhalten.

In der Landwirtschaftspolitik schienen die Kommunisten im Anfang für Mäßigung zu sein. In Ungarn wurde eine längst fällige Bodenreform durchgeführt: über drei Millionen Hektar Land aus dem Besitz der großen Gutsherren, davon etwa drei Fünftel Ackerland, wurden enteignet und auf über sechshunderttausend Bauernfamilien aufgeteilt. In Polen und Rumänien betraf die Neuaufteilung eine kleinere, aber immerhin ganz beträchtliche Fläche. In Polen und der Tschechoslowakei wurde außerdem eine erhebliche Bodenreserve mit der Vertreibung der Deutschen frei, die allerdings eher ein nationaler Racheakt war als eine sozialpolitische Maßnahme. Auch in Jugoslawien wurde der Grundbesitz der einstigen deutschen Minderheit in der Woiwodina enteignet.

Von der Bodenreform hatten die Bauern profitiert, aber sie sahen sich bald lästigen Eingriffen des Staates gegenüber, der ihnen die Zwangsablieferungen von Getreide zu niedrigen Preisen vorschrieb und verschiedenerlei Steuern auferlegte. Ein neues Stadium begann 1949, als eine kommunistische Regierung nach der anderen ihre Absicht bekanntgab, Kollektivbetriebe in der Landwirtschaft einzuführen. Die Erfahrungen der Sowjetunion in den dreißiger Jahren mahnten zwar zur Vorsicht, aber als Endziel erschien nichtsdestoweniger durchgängige Kollektivierung. Am schnellsten ging der Prozeß in Bulgarien vor sich, wo der »sozialistische Sektor« (Kollektivbetriebe und Staatsgüter) 1951 bereits achtundvierzig Prozent der Ackerfläche des Landes umfaßte. Um dieselbe Zeit betrug der Anteil des sozialistischen Sektors an der Ackerfläche in der Tschechoslowakei siebenundzwanzig und in Ungarn zwanzig Prozent. In Polen und Rumänien hatte die Kollektivierung kaum angefangen, in Jugoslawien dagegen machte sie 1948/49 rapide Fortschritte und erfaßte bald etwa ein Viertel des gesamten Ackerlandes. Daraus waren indes ernste wirtschaftliche Schwierigkeiten erwachsen, und da der Kampf gegen den Sowjetblock und die Abwehr seines Wirtschaftsboykotts alle Kräfte der Führung in Anspruch nahmen, wurde der Kampf gegen die Bauern nach und nach aufgegeben. Nach 1951 wurden neue Kollektivbetriebe nicht mehr zwangsweise ins Leben gerufen, und im März 1953 erhielten die Bauern das Recht, aus Kollektivbetrieben auszuscheiden, und die Betriebsleitungen wurden ermächtigt, die Kollektivbetriebe auf Verlangen der Mehrheit der Mitglieder aufzulösen. Das Ergebnis war eine Massenflucht aus den Kollektivbetrieben.

Die Lage der Arbeiterklasse in Osteuropa war der der Sowjetarbeiter sehr ähnlich. Zahlenmäßig wuchs sie rasch im Zuge des Industrieaufbaus, insbesondere in den wirtschaftlich rückständigeren Ländern, so in Rumänien, Bulgarien und den Gebirgsbezirken Jugoslawiens. Die niedrige berufliche Qualifizierung der neuen Arbeiter mußte in jedem Fall auf das durchschnittliche Lohnniveau drücken. Verschärft wurde das durch die Entschlossenheit der kommunistischen Regierungen, vermehrte Produktion zu erzwingen, ohne den Staatshaushalt zu sehr zu belasten, und durch die gewollte Vernachlässigung der Konsumgütererzeugung. Stachanow-Rekordarbeit und »sozialistischer Wettbewerb« wurden eingeführt, und den leistungsfähigsten und fleißigsten Arbeitern wurden als Anreiz hohe Lohnzuschläge in Aussicht gestellt. Aber auch die höchstbezahlten Arbeiter hatten Grund zur Unzufriedenheit, da es an Waren mangelte, für die sie ihre hohen Löhne hätten verwenden können. Wie in der Sowjetunion waren die Gewerkschaften in den Händen der kommunistischen Parteien und nicht dazu da, die Interessen des Arbeiters gegen den Arbeitgeber zu verteidigen; ihre Funktion erschöpfte sich darin, den Arbeitern den Willen des Arbeitgebers Staat aufzuzwingen.

Die einstigen Mittelschichten – Staatsbeamte, kleine Geschäftsleute und Angehörige freier Berufe – wurden verdächtigt, schikaniert und verfolgt, hatten aber bestimmt weniger zu leiden als nach 1917 die entsprechenden sozialen Schichten in Rußland. Hier hatte es (außer in Jugoslawien) keinen langen Bürgerkrieg gegeben, und das neue Regime benötigte dringend alle Kräfte, die technisch oder administrativ etwas konnten. Anfang der fünfziger Jahre hatten die osteuropäischen Länder eine Oberschicht, die der »werktätigen Intelligenz« (oder »Staatsbourgeoisie«) der Sowjetunion nicht unähnlich war. Aber während diese Schicht in Rußland fast ausschließlich aus neuen Menschen bestand, die im Sowjetsystem groß geworden waren, war die analoge Schicht in Osteuropa ein merkwürdiges Gemisch aus altbewährten Kommunisten, in einer »Bourgeoisgesellschaft« erzogenen nichtkommunistischen Fachleuten und jungen Menschen, die das neue Schulsystem hervorbrachte. Auf dem Gebiet der Erziehung und Ausbildung machten die Kommunisten nicht ohne Erfolg gewaltige Anstrengungen. Die Zahl der höheren Schulen und Hochschulen wurde erhöht, und Hunderttausenden von Söhnen und Töchtern von Arbeitern und armen Bauern, die vor 1945 kaum Zugang zu höherer Schulbildung hatten, wurde sie jetzt gesichert. Die Kommunisten waren überzeugt, daß diese neue Intellektuellengeneration, die dem neuen Regime alles zu verdanken hatte, die »Bourgeoisideale« und den »Nationalismus« der älteren Generation über Bord werfen und zu ergebenen Marxisten-Leninisten, zu geistigen Trägern des totalitären Systems heranwachsen würde. Wenige Jahre später sollten sie damit eine bittere Enttäuschung erleben.

Unvermeidlich mußte die kommunistische Ordnung mit den christlichen Kirchen in Konflikt geraten. In ihrem Wesen sind christlicher Glaube und marxistische Lehre unvereinbar: wird eins von beiden zum offiziellen Staatsbekenntnis erhoben und der ganzen Nation mit Gewalt aufgezwungen, so muß das andere der Unterdrückung verfallen. Das zunächst vordringliche Ziel der Kommunisten war, die Kirchen daran zu hindern, irgendeine Rolle im politischen Leben zu spielen oder irgendeine gesellschaftliche Aktivität zu entfalten. Der schärfste Konflikt ergab sich mit der katholischen Kirche. Am dramatischsten kam er in der Verhaftung und demonstrativen öffentlichen Aburteilung des ungarischen Kardinals Mindszenty im Jahre 1949 zum Ausdruck. In Jugoslawien wurde 1947

Erzbischof Stepinać, das Haupt der katholischen Kirche in Kroatien, wegen Kollaboration mit dem kroatischen faschistischen Kriegsregime zu sechzehn Jahren Gefängnis verurteilt; in Wirklichkeit war sein Verhalten in den Kriegsjahren unanfechtbar gewesen, und es war offensichtlich, daß er nicht wegen vergangener Sünden, sondern wegen seiner oppositionellen Haltung gegenüber den Kommunisten bestraft wurde. In der Tschechoslowakei wurde im März 1951 Monsignore Beran, der Erzbischof von Prag, verbannt. In Polen zog sich der Streit zwischen Kirche und Regierung jahrelang hin: erst im September 1953 wurde Kardinal Wyszyński, Primas der polnischen Kirche, verhaftet. Die griechischorthodoxen Kirchen widersetzten sich weniger offen und wurden auch weniger systematisch verfolgt, obwohl viele ihrer Geistlichen von Zeit zu Zeit verhaftet wurden. Zu Beginn der fünfziger Jahre standen an der Spitze sowohl der rumänischen als auch der bulgarischen Kirche Männer, die bereit waren, sich äußerlich den Wünschen der Regierung zu fügen. In Albanien wurde die mohammedanische Religion von den Kommunisten heftig angegriffen, und wer sich zu ihr bekannte, wurde auf mannigfache Weise benachteiligt.

In der Behandlung der Kirchen unterschied sich das jugoslawische Regime wenig von dem der Satellitenstaaten. In jeder anderen Hinsicht waren die Unterschiede sehr erheblich. Von der Auflösung der landwirtschaftlichen Kollektivbetriebe war bereits die Rede. Zur Milderung dieses Anschlags auf die kommunistische Orthodoxie wurde die Maßnahme von einem Gesetz begleitet, das die zulässige Höchstfläche des einzelbäuerlichen Betriebes von zwanzig auf zehn Hektar senkte; trotzdem waren im Gesamtergebnis die Bauern die Gewinner. Der Industrielenkungsapparat wurde weitgehend dezentralisiert. In den Betrieben wurden Arbeiterausschüsse errichtet, die, wenn sie auch größtenteils von kommunistischen Parteimitgliedern beherrscht wurden, den Arbeitern in gewissem Umfang eine Mitwirkung in der Betriebsleitung und einen Einfluß auf die Verteilung des Betriebsertrages sicherten. Eine neue Verfassung wurde 1953 erlassen, die gewisse syndikalistische Züge aufwies und die Wahl der Parlamentsmitglieder nicht nur in territorialen Wahlkreisen, sondern auch durch die Produktionsausschüsse der Betriebe vorsah. Die praktische Wirksamkeit dieser Bestimmung war natürlich dadurch eingeengt, daß die Partei die Aufstellung der Parlamentskandidaten beherrschte. Dennoch war sie schon als Ausdruck einer bestimmten politischen Absicht von Interesse. Im übrigen veröffentlichte die jugoslawische Presse tiefschürfende kritische Untersuchungen über das politische und gesellschaftliche System der Sowjetunion, in denen die Ansicht vertreten wurde, die Sowjetunion sei kein sozialistischer Staat, sondern eine Abart des bürokratischen Staatskapitalismus, ein System, das seit den zwanziger Jahren einen Regenerationsprozeß durchgemacht und den ihm von Lenin vorgezeichneten Weg verlassen habe. Der Hauptvertreter dieser Auffassung, die in ihren Konsequenzen auch das eigene jugoslawische Regime traf, war Milovan Djilas, Politbüro-Mitglied und vertrauter Berater Titos.

## Sowjetunion 1953–1960

### Machtkampf

Stalins Nachfolger erklärten, sie würden sich von den Grundsätzen »kollektiver Führung« leiten lassen, und sowohl innerhalb wie auch außerhalb des Sowjetstaates wurde unter Kommunisten und Nichtkommunisten weit und breit angenommen, die Zeiten der persönlichen Alleinherrschaft seien vorbei. Wer da meinte, daß von neuem um die Macht gekämpft werden würde, wurde im Westen und andernorts als altmodisch und unwissenschaftlich, als blind gegenüber den eigentlich wirksamen und entscheidenden gesellschaftlichen Kräften abgetan. Aber wer so dachte, sollte recht behalten. Gewiß verdienen die entscheidenden gesellschaftlichen Kräfte angelegentliches Studium; nichtsdestoweniger hat der Kampf um die Macht stattgefunden. Von dem Zeitpunkt im Jahre 1922, da Lenin arbeitsunfähig wurde, bis zum Sieg Stalins über seine Rivalen vergingen sieben Jahre. Vom Tode Stalins bis zum Sieg Chruschtschows waren es nicht ganz fünf.

Unmittelbar nach Stalins Tod übernahm Malenkow, der im Sekretariat gleich an zweiter Stelle neben Stalin gestanden hatte und nun an die erste Stelle rückte, auch das Amt des Ministerpräsidenten und hielt damit in seinen Händen die beiden entscheidenden Ämter des toten Alleinherrschers. Aber in der Plenarsitzung des Zentralkomitees am 14. März 1953 wurde der Beschluß gefaßt, die Funktionen zu trennen. Malenkow blieb Ministerpräsident, die Leitung des Sekretariats ging auf Chruschtschow über. Ob Malenkow etwa freigestellt worden war, zwischen den beiden Ämtern zu wählen, und ob er sich für die Ministerpräsidentschaft in dem Glauben entschied, daß sie die einflußreichere Position sei, oder ob er zum Verzicht auf das Sekretariat ohne viel Federlesens gezwungen wurde, ist nicht bekanntgeworden.

Während der nächsten drei Monate wurde im Westen allgemein angenommen, die drei mächtigsten Männer seien Malenkow, Molotow und Berija. Berija übernahm erneut das Innenministerium, das inzwischen das Ministerium für Staatssicherheit verschlungen hatte; er führte sofort eine Säuberung der kommunistischen Parteiorganisation in Georgien durch, brachte seine Fraktionsgenossen in die entscheidenden Machtpositionen und beseitigte die Gegner, die im April 1952 zur Schmälerung seines Einflusses ernannt worden waren. Damals, 1952, schien Berija eine liberalere Politik zu repräsentieren. Das galt vor allem für den Bereich der Nationalitätenpolitik. Schon auf dem 19. Parteitag hatte er in vorsichtiger Form für Gleichstellung von Nichtrussen Stellung genommen. Im Frühjahr 1953 wurden in der Ukraine und den baltischen Republiken mehrere Personen abgesetzt, die als Träger von Russifizierungstendenzen galten. Auch die liberalere Politik, die in der Sowjetzone Deutschlands versucht wurde, scheint Berijas Werk gewesen zu sein. Allerdings wurde sie ihm zum Verhängnis. Der Aufstand vom 17. Juni 1953, den die zonale deutsche Sicherheitsbehörde nicht niederzuwerfen vermochte, fügte Berijas Prestige einen schweren Schlag zu, denn schließlich war er der für alle Sicherheitsvorkehrungen verantwortliche Mann. Zweifellos hatte Berija viele Feinde, nicht zuletzt unter den Armeekommandeuren. Die Tatsache, daß die Sowjetarmee zur Unterdrückung eines Aufstands geholt werden mußte, den der Sicherheitsdienst hätte verhindern sollen, war für die Armeeführer die willkommene

Der Nationalitätenrat des Obersten Sowjet bei einer Sitzung im Kreml, 1959

Maifeier und Novemberparade auf dem Roten Platz in Moskau

Gelegenheit, Berija zu stürzen. Ob Berija selbst den Plan verfolgte, die gesamte Macht an sich zu reißen, kann nicht festgestellt werden. Jedenfalls gaben seine Regierungskollegen am 10. Juli 1953 bekannt, daß sie ihn hatten verhaften lassen, und am 23. Dezember 1953 wurde mitgeteilt, er sei nach einem Geheimverfahren vor einem Militärgericht des Landesverrats, wozu mehrere höchst unwahrscheinliche Einzelheiten angeführt wurden, für schuldig befunden und hingerichtet worden.

Nach Berijas Sturz wurde sichtbar, daß Chruschtschow nunmehr jemand war, mit dem gerechnet werden mußte. Sein Posten im Sekretariat gab ihm die günstigste Gelegenheit (die auch Stalin in den zwanziger Jahren genutzt hatte), seine Macht auszubauen, und er zeigte bald, daß seine politisch-organisatorische Begabung nicht geringer war als die der viel bekannteren Parteigrößen Molotow und Malenkow. (Auch darin glich er Stalin: Auch Stalin wurde, als er 1922 bis 1924 den Parteiapparat eroberte, von Sinowjew, Kamenew und Trotzkij gründlich unterschätzt; im Grunde erschien er ihnen als bestenfalls brauchbarer Organisationsbeamter, gut genug, die vielen Routinegeschäfte zu erledigen, die für so illustre revolutionäre Geister viel zu alltäglich waren.) Chruschtschow ging daran, seine eigenen Leute in Schlüsselstellungen in der Partei zu bringen, vor allem auf die Posten der Ersten Sekretäre der Bezirksorganisationen. Es fing mit Leningrad an: der Malenkow-Mann Andrianow, dem die Leitung der Leningrader Organisation nach der Hinrichtung oder Verbannung der in die »Leningrader Affäre« verwickelten Funktionäre 1949 übertragen worden war, wurde im Dezember 1953 abgesetzt. Chruschtschow verstand, das in der Partei weitverbreitete Ressentiment gegen Malenkow als Stalins Handlanger in der »Leningrader Affäre« mit Geschick gegen ihn auszunutzen. Im Laufe des Jahres 1954 zeigten weitere Sekretariatsumbesetzungen den wachsenden Einfluß Chruschtschows und das Abbröckeln der Machtposition Malenkows.

Die beiden Männer trennte ein tiefgehender Gegensatz in Fragen der grundlegenden politischen Orientierung. Schon früher hatten zwischen ihnen erhebliche Meinungsverschiedenheiten in der Agrarpolitik bestanden. Jetzt trat Chruschtschow entschieden für sehr viel größere Investitionen zur Hebung der landwirtschaftlichen Produktion, darunter auch zur Vermehrung der Produktion landwirtschaftlicher Maschinen ein und befürwortete gleichzeitig wirtschaftliche Zugeständnisse an die Bauern, die sich zunächst in einer Verringerung der Staatseinnahmen auswirken mußten. Dabei war freilich die Notwendigkeit unumstritten, das hohe Niveau der schwerindustriellen Produktion und die riesigen Militärausgaben beizubehalten. Indes lag Malenkow vor allem daran, die leichte Industrie und die Erzeugung von Konsumgütern zu fördern, so daß den Arbeitern sofort greifbare materielle Vorteile gewährt werden könnten. Auf alle diese Ziele konnte unmöglich zu gleicher Zeit hingearbeitet werden. Wurde die Schwerindustrie auf dem erreichten Stand gehalten, so mußten entweder die landwirtschaftlichen Investitionen oder die Konsumgüterproduktion erheblich beschnitten werden. Wurde aber sowohl der Verbrauchsgütererzeugung als auch dem Ausbau der Landwirtschaft der Vorzug gegeben, so war es unvermeidlich, daß die Militärausgaben und die Ausweitung der Schwerindustrie beträchtliche Einschränkungen erfahren mußten. In diesem Konflikt fand Chruschtschow, der inzwischen den Parteiapparat unter seine Kontrolle gebracht hatte, die Unterstützung sowohl der militärischen Führer als auch der alten Garde der Stalinisten, die sich um Molotow und Kaganowitsch scharte. Malenkow wurde isoliert und im Februar 1955 gezwungen, die Ministerpräsidentschaft aufzugeben. An seine Stelle kam Bulganin, auf dessen Beistand sich Chruschtschow glaubte verlassen zu können.

Bedeutete die Niederlage Malenkows den Sieg eines konservativen Kurses in der Innenpolitik, so war das keineswegs der Fall in der Außenpolitik. Chruschtschow setzte sich zum Ziel die Überwindung des Konflikts mit Jugoslawien, der dem Sowjeteinfluß in linken Kreisen in der ganzen Welt, vor allem aber in den »nicht festgelegten« asiatischen und arabischen Ländern schweren Schaden zufügte. Diese Politik erforderte eine erhebliche Auflockerung der Sowjetherrschaft über Osteuropa und die ausdrückliche Absage an manche Grundgebote der Stalinschen Strategie. Die Wendung gipfelte in Chruschtschows Rede in der »Geheimsitzung« des 20. Parteitags der Kommunistischen Partei der Sowjetunion im Februar 1956. Auf dem Parteitag hatte Mikojan mit der Kritik an der stalinistischen Politik begonnen, und erst im letzten Augenblick schloß sich Chruschtschow dem Vorstoß an. Aber er ging auch, als er es schließlich tat, sehr viel weiter als irgendein Redner vor ihm. Die Enthüllungen in seiner »Geheimsitzungs«rede übten eine gewaltige Sprengwirkung auf die kommunistischen Parteien in der ganzen Welt aus, ganz besonders in Osteuropa, und trugen sicherlich zu den Oktober-Ereignissen in Polen und Ungarn bei. Diese Ereignisse ihrerseits setzten Chruschtschow den Angriffen der Rivalen aus, die in der Parteispitze noch übriggeblieben waren, und nur mit Mühe und Not gelang es ihm auf der Plenarsitzung des Zentralkomitees im Dezember 1956, seine Position zu halten. Im Frühjahr 1957 war er jedoch wieder stark genug, mit seinen neuen Plänen der Dezentralisierung der Industrie zur Offensive überzugehen. Seine Vorschläge wurden vom Zentralkomitee gutgeheißen.

Die letzte für Chruschtschow gefährliche Krise kam im Juni 1957. Bei einer Sitzung des Präsidiums in entscheidenden Fragen wurde er überstimmt. Malenkow hatte sich mit Molotow und Kaganowitsch, der alten Garde, verbündet. In der Sitzung stießen zu ihnen Perwuchin und Saburow, die beiden Präsidiumsmitglieder, die die Wirtschafts- und Regierungsbürokratie vertraten, und schließlich auch Bulganin. Verläßliche Unterstützung fand Chruschtschow nur bei Mikojan und Kiritschenko, dem neuen Boß der Ukraine, der mit Chruschtschow viele Jahre eng liiert war. Chruschtschow nahm indes seine Niederlage nicht kampflos hin. Er brachte die Angelegenheit vor eine Plenarsitzung des Zentralkomitees, in dem er dank seinem Einfluß auf den Apparat der Parteisekretäre eine Mehrheit zustande brachte. Seine Gegner wurden als »parteifeindliche Gruppe« bloßgestellt. Molotow, Kaganowitsch und Malenkow wurden aus dem Zentralkomitee ausgeschlossen und ihrer Posten enthoben. Perwuchin und Saburow wurden in niedrigere Ränge versetzt, aber nicht ausgeschlossen. Bulganin blieb einstweilen noch Ministerpräsident, wurde jedoch am 27. März 1958 ebenfalls abgesetzt. Nun übernahm Chruschtschow die Ministerpräsidentschaft und hatte damit endlich wieder die Koppelung der beiden Stalinschen Hauptämter in einer Hand erreicht, die er und seine Kollegen Malenkow im März 1953 verweigert hatten.

## Machtverteilung

Chruschtschows Aufstieg zur absoluten Macht wurde durch seine kontrollierende Position im Sekretariat des Zentralkomitees ermöglicht und hatte zur unvermeidlichen Folge, daß die Herrschaft dieser Körperschaft über die Partei und die Herrschaft der Partei über andere Institutionen gefestigt wurde. Während Stalin mit Hilfe der vier Hierarchien, der Partei, der Regierungsbürokratie, der Armee und der Polizei, regiert hatte, unterstellte Chruschtschow Regierungsapparat, Armee und Polizei der Herrschaft der Partei.

Das große Präsidium, das der 19. Parteitag geschaffen hatte, wurde gleich nach Stalins Tod durch ein kleineres Gremium ersetzt, das in Zusammensetzung und Machtbefugnissen dem Politbüro von vor 1952 ähnlich war. Nach der Niederlage der »parteifeindlichen Gruppe« im Juni 1957 wurde indes die Zusammensetzung des Präsidiums radikal verändert, und nunmehr gehörten von den fünfzehn Präsidiumsmitgliedern neun zugleich auch dem Sekretariat an. Von diesen neun Mitgliedern, die im Sekretariat Untergebene des Ersten Sekretärs Chruschtschow waren, konnte natürlich nicht angenommen werden, daß sie im Präsidium gegen Chruschtschow stimmen würden. Faktisch hatte das Präsidium aufgehört, ein bedeutendes Kristallisationszentrum politischer Macht zu sein; eigentlich war es zu einer Nebenstelle des Sekretariats geworden. Wie in Stalins letzten Lebensjahren waren jetzt die beiden Zentren der Macht das Sekretariat und das »innere Kabinett« im Ministerrat, das heißt die stellvertretenden Ministerpräsidenten. Und die Leitung beider lag – 1959 ebenso wie 1952 – in einer Hand.

Weiter verstärkt wurde die Vormachtstellung der Partei gegenüber dem Staatsapparat durch die »Dezentralisierungs«reformen von 1957. Die meisten zentralen Ministerien, denen einzelne Sektoren der Industriewirtschaft unterstanden, wurden abgeschafft. Statt dessen wurde die staatliche Wirtschaftslenkung und Wirtschaftsverwaltung an zwei Stellen konzentriert: einmal beim Staatlichen Planausschuß, dessen Machtbefugnisse sowohl in der zentralen Ebene als auch in der Ebene der Gliedrepubliken erweitert und verstärkt wurden, zum andern bei den neuerrichteten bezirklichen Volkswirtschaftsräten. Anfänglich war angenommen worden, daß die Bezirke, für die je ein Volkswirtschaftsrat zuständig sein würde, nach wirtschaftlichen Notwendigkeiten gebildet und so abgegrenzt werden könnten, daß jede für sich ein wirtschaftliches Ganzes darstellte und lokale Initiative entfaltete. Bis zu einem gewissen Grad geschah das in der Ukraine und in einigen Republiken Mittelasiens, wo tatsächlich neue Wirtschaftsbezirke geschaffen wurden. Aber in der Republik Rußland (RSFSR), auf die etwa zwei Drittel der Bevölkerung der Sowjetunion entfallen, entsprachen die Wirtschaftsbezirke einfach der bestehenden politischen Bezirksgliederung. Das Resultat war die Stärkung des Parteiapparats auf Kosten des Staatsapparats. Die eigentlichen Herren der politischen Bezirke sind die Ersten Sekretäre der Bezirkskomitees der Partei, und hinter ihnen steht ihre vorgesetzte Behörde, das Sekretariat des Zentralkomitees in Moskau. Die Direktoren der Industrieunternehmen in der Bezirksebene, deren traditioneller Apparatpanzer, das zentrale Ministerium für den betreffenden Wirtschaftszweig, zerschlagen worden war, gerieten auf diese Weise in eine Situation, in der sie vom Parteisekretär abhingen und ihm in der Praxis untergeordnet sein mußten. Ändern konnte sich das in zwei hypothetischen Fällen: wenn in der RSFSR durch Zusammenlegung je mehrerer politischer Bezirke zu wirtschaftlich sinnvollen Gebieten neue Wirtschaftsbezirke gebildet würden oder wenn Chruschtschow beschlösse, die Lenkungsbefugnisse des Staatlichen Planausschusses bis in die Bezirksebene reichen zu lassen und dort organisatorisch zu unterbauen. Der Planausschuß *(Gosplan)* hätte etwa die abgeschafften zentralen Ministerien in neuer Gestalt, als zentrale Abteilungen, wiedererstehen lassen können. Aber 1959 sprachen mancherlei Anzeichen dafür, daß Chruschtschow es vorzog, die Industrieorganisation über den Parteiapparat statt über den *Gosplan* zu beherrschen.

Die Macht der Polizei wurde nach dem Sturz Berijas erheblich beschnitten. Das Wirtschaftsimperium des MWD wurde zerstückelt. Wirtschaftsbetriebe, die vordem von der Polizei verwaltet worden waren, wurden den entsprechenden Fachministerien unterstellt. Die meisten Zwangsarbeiter – keineswegs alle – wurden aus den Arbeitslagern entlassen und durften entweder als Lohnarbeiter in den Lagergebieten bleiben oder nach Hause zurückkehren. Was diese Entscheidung schon ziemlich frühzeitig herbeiführte, waren die Streiks, die 1953 und 1954 in den Lagern von Workuta und Norilsk ausgebrochen waren und die nur hatten durchgeführt werden können, weil sich die Brutalität des Lagersystems nach Stalins Tod gelockert hatte. Natürlich wurden die Streiks niedergeschlagen, aber schon die Tatsache, daß sie hatten stattfinden können, mußte den Machthabern zu denken geben. Außerdem trug zur Einschränkung der Zwangsarbeit der Umstand bei, daß die alte Vorstellung, menschliche Arbeitskraft sei beliebig ersetzbar, allmählich zu zerflattern begann. Die Bevölkerung der Sowjetunion, die 1940 rund hundertfünfundneunzig Millionen betragen hatte, hätte bei der normalen jährlichen Zuwachsrate von ungefähr drei Millionen bis 1955 auf zweihundertvierzig Millionen gestiegen sein müssen. Tatsächlich belief sich aber die Gesamtbevölkerung 1955 nur auf etwas über zweihundert Millionen. Das Vierzig-Millionen-Defizit war zum größeren Teil durch Kriegsverluste (einschließlich des Hungersterbens der Zivilbevölkerung) entstanden, aber einen nicht geringen Anteil daran hatte auch der enorme Geburtenrückgang infolge der Trennung der Ehegatten sowohl beim Militär (Soldaten bekamen viele Jahre lang keinen Heimaturlaub) als auch in den Zwangsarbeitslagern. Gegen Mitte der fünfziger Jahre begannen die Sowjetführer zu begreifen, daß die Arbeitskraft ein wertvolles Gut sei, mit dem sparsam umgegangen werden müsse.

Das MWD behielt jedoch die Verfügungsgewalt über die Inneren Truppen und den Grenzschutz, die weiterhin außerhalb der regulären Heeresorganisation blieben. Der Sicherheitsdienst wurde 1954 vom MWD losgelöst und einem Staatssicherheitskomitee (KGB) unterstellt, zu dessen Leiter General Iwan Aleksandrowitsch Serow berufen wurde und das dem Ministerrat direkt verantwortlich sein sollte. Eine Zeitlang war auch der Grenzschutz dem KGB angegliedert. Zu seinem Amtsbereich gehörte darüber hinaus der Sicherheitsdienst innerhalb der gesamten bewaffneten Macht, der der Befehlsgewalt des Militärkommandos nach wie vor entzogen blieb.

Die Armee selbst schien vorübergehend mehr Macht erlangt zu haben, als sie je vorher gehabt hatte. Nach Stalins Tod war Marschall Schukow zum Ersten Stellvertreter des Verteidigungsministers Bulganin ernannt worden. Als Bulganin Malenkow in der Ministerpräsidentschaft ablöste, wurde Schukow Verteidigungsminister und nach der Niederlage der »parteifeindlichen Gruppe« im Juni 1957 auch stimmberechtigtes Mitglied des Parteipräsidiums. Zum erstenmal war damit ein Berufsoffizier in die höchste politische Körperschaft des Sowjetstaates aufgestiegen. Schukow genoß große Autorität in der Armee und erfreute sich besonderer Beliebtheit bei der Bevölkerung. Er stützte sich darauf in dem Bemühen, den Machtbereich der politischen Leiter in der Armeeorganisation einzuengen, konnte die Armee jedoch nicht aus den Fangarmen des Sicherheitsdienstes befreien. Im Herbst 1957 machte Schukow einen Staatsbesuch in Jugoslawien und Albanien. Als er am 26. Oktober zurückkam, wurde ihm eröffnet, daß er aufgehört hatte, Verteidigungsminister zu sein. Die Absetzung war während seiner Abwesenheit verfügt worden, er hatte keine Fühlung mehr mit seinen nächsten Mitarbeitern und konnte, auch wenn er es gewollt hätte, keinen Widerstand leisten. Nach seiner Entlassung wurde in der Presse eine Schmähkampagne veranstaltet: Schukows frühere Verdienste wurden unter besonders aktiver Mitwirkung mehrerer seiner Marschallskollegen verkleinert oder geleugnet. Ein neuer Versuch wurde unternommen, die Institution der politischen Leiter wieder lebenskräftiger zu machen. Ob das gelingen wird, ist zweifelhaft, denn dem stehen die Erfordernisse militärischer Aktionsfähigkeit entgegen. Immerhin hatte aber Schukows Sturz deutlich sichtbar werden lassen, daß sich die Herrschaftsstellung Chruschtschows und das Übergewicht der Partei in der Armee nicht weniger durchgesetzt hatten als in den anderen Teilbereichen des staatlichen Baus.

*Klassenkonflikte*

Den großen Erfolgen, die die Sowjetunion seit den dreißiger Jahren auf dem Gebiet der Industrieproduktion erzielt hatte, entsprachen keine gleichwertigen Erfolge in der Landwirtschaft. Die Kollektivierung schuf wirksame Instrumente zur Beherrschung der Bauern und zur Wegnahme eines großen Teils ihrer Erzeugung, brachte aber keine wesentliche Zunahme der Hektarerträge zuwege. Sie war politisch erfolgreich, aber ökonomisch ein Fehlschlag; sie machte die Bauern gefügig, aber nicht leistungsfähig. Indes war um die Mitte der fünfziger Jahre ein so beträchtliches Nachhinken der Landwirtschaft zu einer ernsten Störungsquelle für die Gesamtwirtschaft geworden. Stalins Nachfolgern war klar, daß Entscheidendes getan werden mußte. In den folgenden Jahren verwirklichte Chruschtschow, der sich für die Landwirtschaft besonders interessierte, eine Anzahl wichtiger Maßnahmen. Darin lassen sich zwei Ziele, ein kurzfristiges und ein langfristiges, erkennen: Hebung der Kolchosproduktion und Verwandlung der Landwirtschaft in eine Industrie und der Bauern in Industriearbeiter.

Durch eine Reihe von Verordnungen, die sich über die Jahre 1953 bis 1955 erstreckten, wurden das Zwangsablieferungssoll und die Landwirtschaftssteuern gesenkt, Steuerrückstände gestrichen und die Preise verschiedener Agrarerzeugnisse erhöht. Mit diesen Zugeständnissen konnte die Lebenshaltung der Kolchosbauern beträchtlich gehoben und die in den Kollektivbetrieben geleistete Arbeit ertragreicher gemacht werden. Dafür mußte der Staat einen ebenfalls beträchtlichen Einnahmeausfall in Kauf nehmen. Gleichzeitig wurden Schritte unternommen, um die Bauern dazu zu bewegen, auf einen Teil ihrer

Eigenparzellen zu verzichten. Stark erhöht wurde die von den Bauern verlangte Mindestarbeitsleistung für den Kollektivbetrieb, das heißt die Mindestzahl der nach Zeit und Leistung berechneten Pflicht-»Tagewerke« *(trudodni)*.

Chruschtschow verschärfte aber auch die Parteikontrolle auf dem flachen Lande. Ursprünglich hatte diese Aufgabe in den Händen der kommunistischen Parteiorganisationen der MTS gelegen: die MTS-Parteizellenleiter amtierten als Sekretariatsmitglieder des Distriktskomitees *(rajkom)* der Partei, dem die MTS-Zellen für die gesamte Parteiarbeit im jeweiligen MTS-Bereich verantwortlich waren. Aber als mit der Zusammenlegung der Kolchosen zu größeren Einheiten auch die Kolchos-Parteizellen größer und stärker wurden und nun auch in so gut wie allen Kolchosen eigene Parteiorganisationen funktionierten, fiel ihnen auch eine größere Rolle bei der Ausübung der Parteiherrschaft auf dem flachen Lande zu. Schließlich beschloß Chruschtschow im März 1958, den MTS ihre wichtigsten Funktionen überhaupt zu entziehen. Weder als Apparat zur Eintreibung des Ablieferungssolls noch als politisches Werkzeug waren sie noch vonnöten, und die neuen Großkolchosen waren so umfangreich, daß sich in ihrem Rahmen ein eigener Maschinenpark durchaus rentieren konnte. Es wurde dementsprechend verfügt, daß die Kollektivbetriebe die gesamte Maschinerie der MTS zu erwerben hatten und die MTS künftighin nur noch als Reparatur- und Kundenbetreuungsstellen (RTS) beibehalten werden sollten. Es war zu erwarten, daß die Übernahme des MTS-Maschinenparks für die Kollektivbetriebe in den ersten Jahren eine schwere finanzielle Belastung darstellen würde; auf lange Sicht mußte sie aber zum Vorteil der Kolchosen ausschlagen. Auf jeden Fall mußte das neue System die Arbeit der staatlichen Verwaltung vereinfachen und rationalisieren. Und in die politische Kontroll- und Integrationsarbeit würden sich die Sekretariate der Distriktskomitees und die Parteibetriebsgruppen in den Kolchosen teilen.

Chruschtschows »Agrarstädte«-Projekt war zwar 1951 verworfen worden; aber es ist nicht gerade wahrscheinlich, daß er seinen Plan, die Bauern in Städter und landwirtschaftliche Industriearbeiter zu verwandeln, aufgegeben hat. Er unterbreitete 1954 einen neuen Plan, der nicht nur der Erhöhung der Getreideproduktion der Sowjetunion dienen, sondern zugleich auch einen neuen gesellschaftlichen Lebenszuschnitt vorzeichnen sollte. Dabei handelte es sich um die Urbarmachung großer Flächen jungfräulichen Landes in Kasachstan und Westsibirien. Die Ergebnisse der ersten Jahre waren in bezug auf den Ernteertrag durchaus zufriedenstellend. Zum größten Teil wurden sie nicht in Kollektivbetrieben erzielt, sondern auf großen Staatsgütern, für die Neusiedler zu Tausenden aus dem europäischen Rußland (zu einem sehr erheblichen Teil aus den Städten) herangeholt worden waren; diese Staatsgüter waren nach Grundsätzen organisiert, die der industriellen Werksdisziplin viel eher verwandt waren als den traditionellen Methoden landwirtschaftlicher Arbeit. Beabsichtigt war die Errichtung neuer Siedlungen mit städtischem Komfort, und obgleich eine rasche Verwirklichung der Pläne nicht möglich war, sind doch einige Erfolge erzielt worden. Es darf angenommen werden, daß der Plan der Erschließung »jungfräulichen Landes« eine Variante der alten »Agrarstädte«-Politik ist und daß die Lehren des Kasachstan-Experiments zu gegebener Zeit auch auf die Bauern der europäischen Bezirke der Sowjetunion angewandt werden sollen.

Zweifellos hat sich seit Stalins Tod die Lage der Industriearbeiter gebessert. Die Konsumgütererzeugung wuchs erheblich an, wenn auch in einem langsameren Tempo, als von Malenkow in Aussicht genommen. Mit Billigung von oben wurden das Verbot des Arbeitsplatzwechsels und die Vorschriften über die strafrechtliche Verfolgung des Zuspätkommens zur Arbeit und anderer Verstöße gegen die Arbeitsdisziplin in den fünfziger Jahren kaum noch angewandt und 1957 auch formal außer Kraft gesetzt. Auch das Stachanow-Rekordsystem kam außer Kurs, und der sozialistische Wettbewerb wurde im Industriealltag zu einem weniger bedeutenden Faktor. Ein Staatliches Komitee für Arbeit und Löhne wurde 1955 mit der Aufgabe eingesetzt, in die buntscheckigen Entlohnungsmethoden größere Ordnung hineinzubringen. Im Gegensatz zu der vorher erwähnten Tendenz zur Verringerung des Lohngefälles durch Erhöhung der niedrigsten Lohnsätze bemühte sich das Komitee, die scharfe Staffelung der Löhne aufrechtzuerhalten. Das neue System sollte auf einer noch komplexeren Berücksichtigung der Ortsklassenunterschiede, der Arbeitsbedingungen, der Qualifikation der Arbeitskräfte und der volkswirtschaftlichen Bedeutung der geleisteten Arbeit beruhen. Die Auswirkungen der neuen Lohnpolitik können erst nach längerer Bewährungsfrist zutage treten.

Selbstverständlich waren alle diese Verbesserungen Zugeständnisse, die von oben kamen, nicht Forderungen, die durch Druck von unten durchgesetzt wurden. Bestimmte konkrete Umstände kamen den Arbeitern zugute. Einmal legte die Regierung angesichts der bereits erwähnten ungeheuren Bevölkerungsverluste größeren Wert auf die Erhaltung der Arbeitskraft. Zum andern wirkte sich die Tatsache aus, daß die Arbeiter bereits unter besseren Bedingungen lebten und besser geschult waren. Die Erfahrungen anderer Industrieländer deuten darauf hin, daß eine Arbeiterklasse, deren Lebenslage sich gebessert hat und weiter bessert und die eher zum selbständigen Denken befähigt ist und mehr Zeit zum Nachdenken hat, auch eher in der Lage ist, den Arbeitgebern Schwierigkeiten zu bereiten, als eine Arbeiterschaft, die – wie die Sowjetarbeiter von 1930 – in Armut und Unwissenheit versunken ist. Nachrichten über Arbeitsniederlegung in einigen Sowjetbetrieben sickerten 1956 durch, und die Presse der Sowjetgewerkschaften sprach von »demagogischen Umtrieben« unter den Arbeitern (in Wirklichkeit Forderungen, die über das hinausgingen, was die Partei zu bewilligen bereit war). Das waren nur bescheidene Hinweise, aber bedeutungslos waren sie nicht. Im Westen erfreuten sich die Arbeiter politischer Freiheit, ehe sie erträgliche Lebensbedingungen erreicht hatten: sie machten von der Freiheit Gebrauch, um Gewerkschaften und Parteien zu bilden, den Arbeitgebern höhere Löhne und kürzere Arbeitszeit abzuzwingen und die Parlamente dazu zu bringen, Gesetze in ihrem Interesse zu erlassen. In der Sowjetunion haben die Arbeiter materielle Verbesserungen erhalten, aber keine Freiheit. Eine der für die Zukunft der Sowjetgesellschaft belangreichsten Fragen lautet daher: Werden die Arbeiter von ihrer günstigeren Wirtschaftslage Gebrauch machen, um ihre Arbeitgeber, die ihre Herrscher sind, zu zwingen, ihnen Freiheit zu geben?

Die neue herrschende Schicht, die »Staatsbourgeoisie« oder »werktätige Intelligenz«, profitiert vom Regime, hat aber dennoch Interessen, die mit denen der Partei in Widerstreit sind. Der eigentliche Gegensatz trennt sie, deren Hauptmaßstab berufliche Leistung ist, von denen, die ideologische Reinheit über alles stellen. Es ist ein Gegensatz zwischen dem

Betriebsleiter und dem Parteibeamten, dem Apparatmenschen *(apparatschik)*, aber er besteht auch innerhalb des Parteiapparats, ja im gespaltenen Bewußtsein des Apparatmenschen selbst. Für den Wirtschaftsmanager als »Praktiker« ist der Apparatmensch ein Parasit, ein lästiger Störenfried, der seine und seiner Arbeiter Zeit mit politischen Versammlungen und langweiliger Parteischulung vertut. Für den Propagandisten der Parteireinheit ist Wirtschaftler jemand, der zuviel materielle Vorteile genießt und zuviel Macht hat, für die auf jeden Ehrgeizling lauernden »kapitalistischen Überbleibsel im menschlichen Bewußtsein« auf die gefährlichste Weise anfällig ist und von ihnen leicht auf die abschüssige Bahn der »Ausbeutung des Menschen durch den Menschen« gelockt werden kann. Gegen diese Überbleibsel – im Grunde die kommunistische Variante der theologischen Vorstellung von der Erbsünde – muß der energischste Kampf geführt werden. Seit der Beschneidung der Befugnisse des Wirtschaftlers und der schärfsten Überwachung seiner möglichen Abweichungen vom Pfade der ideologischen Tugend glauben die Reinheitspropagandisten, die Massen vor den Gefahren einer Wiederkehr des Kapitalismus zu bewahren. Beide Seiten vertreten sowohl verankerte Interessen als auch moralische Werte: der Wirtschaftler die Freiheit, aber auch seine Vorrechte; der Parteimensch das Recht der Massen, aber auch die monopolistische Herrschaft der Partei. Es ist anzunehmen, daß dieser Gegensatz fortbestehen wird. Chruschtschows »Dezentralisierungs«reform von 1957 hat die Partei auf Kosten der Wirtschaftler gestärkt, aber dieser Sieg kann weder umfassend noch endgültig sein.

Ein weiteres ernstes Problem stellt für die Sowjetgesellschaft der Konflikt der Generationen dar. Natürlich gibt es diesen Konflikt in jeder Gesellschaft, und in dem Lande, das Turgenews »Väter und Söhne« hervorgebracht hat, gehört er gleichsam zur Tradition. Aber besonders ausgeprägt ist er in der Sowjetunion seit 1945. Ein wesentliches Moment ist der krasse Unterschied in der Möglichkeit des raschen Aufstiegs für die Jugend von 1939 und die Jugend von 1959. Nach der großen Säuberung fielen die höchsten Posten im Lande an Männer und Frauen, die damals Ende Zwanzig oder Anfang Dreißig waren, jetzt also etwa fünfzig Jahre alt sind und noch viele Jahre aktiven Lebens vor sich haben. Für die heute Dreißigjährigen und mehr noch für Menschen, die gerade ins Arbeitsleben treten, sind die Aussichten trübe. Am besten läßt sich der Wandel an Hand der Alterszusammensetzung der Delegierten zum 18. und zum 20. Parteitag veranschaulichen: 1939 waren achtzig Prozent dieser Parteielite noch nicht vierzig Jahre alt, 1959 nur dreiundzwanzig Prozent. Die veränderten Karriereaussichten dürften den natürlichen Antagonismus zwischen dem Denken der Alten und dem Denken der Jungen erheblich verschärfen. Das verfügbare Material zeigt, daß die Jungen stolz auf die Fortschritte ihres Landes und zutiefst patriotisch sind und unweigerlich in marxistischen Kategorien denken. Es zeigt aber auch, daß sie selbständig denken, Klischees und Dogmen in Frage stellen und wenig Achtung vor prominenten Persönlichkeiten oder geltenden Autoritäten an den Tag legen. Dieselbe Neigung zum »Revisionismus« zeigt sich unter der intellektuellen Jugend Osteuropas. Sie ist 1956 bei den Hochschuldiskussionen über die ungarische Revolution und über so »kritische« literarische Erzeugnisse wie Dudinzews »Der Mensch lebt nicht vom Brot allein« deutlich zutage getreten.

Chruschtschow hat seine Verwunderung und seinen Ärger über die Intellektuellen, junge und alte, nicht verheimlicht. Seit 1953 war die Literaturzensur abwechselnd bald mild, bald streng, wenn sie auch nie wieder zur rigorosen Schärfe der Schdanow-Ära zurückfand. Chruschtschow selbst hat sich über Studenten und Schriftsteller äußerst aufgebracht geäußert. Das offizielle Getöse gegen Boris Pasternak, das 1958 im Zusammenhang mit dem ihm verliehenen Nobelpreis angestellt wurde, hörte sich wie ein Rückfall in den Stalinismus an, war aber von keinerlei ernsthaften Repressalien gegen Pasternak begleitet. Chruschtschows Schulreform von 1958, die die Oberschule um einige Jahre verkürzte und die Zulassung zum Hochschulstudium ohne mehrjährige vorherige Erwerbsarbeit in der Produktion erschwerte, war zum Teil darauf abgestellt, das Problem der überzähligen Oberschulabsolventen, für die es keine geeignete Beschäftigung gab, zu lösen und das Schulsystem mit den Erfordernissen der Wirtschaft besser in Einklang zu bringen. Sie verfolgte aber auch den Zweck, junge Leute daran zu hindern, ihre Zeit mit Nachdenken und Gesprächen zu verbringen, die dem Regime gefährlich werden könnten. Offenbar glaubte Chruschtschow, daß, wenn die intellektuelle Jugend zu einer engeren Tuchfühlung mit den »werktätigen Massen« gezwungen werden könnte, ihre ausgefallenen Ideen von selbst zerflattern würden. Eigentlich sollte ihm die Geschichte der russischen revolutionären Bewegung beigebracht haben, daß eine solche Tuchfühlung ein wechselseitiger Prozeß ist: manchmal können auch die Massen von den Studenten lernen.

## *Nationales Erwachen?*

In der Grundlinie blieben die Beziehungen zwischen der Zentralregierung und den Regierungen der Gliedrepubliken ebenso wie das Unterordnungsverhältnis der nichtrussischen kommunistischen Parteien zur Zentrale in Moskau in der nachstalinschen Periode unverändert. Aber das für die letzten Lebensjahre Stalins charakteristischer Moment der forcierten Russifizierung wurde stark abgebaut.

Mit großem Pomp wurde 1954 die dreihundertjährige Wiederkehr der Vereinigung der Ukraine mit Rußland begangen, und die Ukrainer wurden als der zweitälteste Bruder in der Familie der Sowjetnationen – gleich nach dem ältesten russischen – gefeiert. In dem auf dem 20. Parteitag 1956 gewählten Zentralkomitee der Kommunistischen Partei der Sowjetunion waren die ukrainischen Bezirkskomitees stärker vertreten als je zuvor. Ebenso berief Chruschtschow mehrere Ukrainer, die mit ihm in den elf Jahren seiner Parteiherrschaft in der Ukraine eng zusammengearbeitet hatten, auf hohe Posten im Regierungsapparat der Sowjetunion und im Parteiapparat der RSFSR. Dem Parteipräsidium gehörten 1959 mehr Vertreter der Gliedrepubliken an als je bisher in früheren Jahren. Seit Oktober 1957 ist Muchitdinow, vordem Erster Sekretär der usbekischen Parteiorganisation, stimmberechtigtes Mitglied des Präsidiums: er ist der erste Mittelasiat, dem diese hohe Ehre zuteil geworden ist. Stimmberechtigtes Präsidiumsmitglied ist auch der Erste Sekretär der Parteiorganisation Kasachstans, und die Ersten Sekretäre des Zentralkomitees der Ukraine, Weißrußlands, Georgiens und Lettlands gehören dem Präsidium als Kandidaten mit beratender Stimme an.

In seiner »Geheimsitzungs«rede auf dem 20. Parteitag brandmarkte Chruschtschow Stalins Politik der Zwangsaussiedlung ganzer Nationalitäten. Nicht lange danach wurde den verschleppten Tschetschenen, deren Zahl allerdings mittlerweile schwer zusammengeschrumpft war, die Heimkehr erlaubt. Die Anprangerung der Nationalepen der mohammedanischen Nationalitäten und die russifizierende Umdeutung der zaristischen Eroberung des Kaukasus und der Kirgisensteppe wurden in aller Stille fallengelassen.

Auf der anderen Seite hielt die Spannung zwischen Russen und anderen Nationalitäten weiter an. Unruhen und Demonstrationen großen Stils gab es 1956 in Tiflis (Tbilisi), der Hauptstadt Georgiens. Den Anlaß dazu hatte die öffentliche Diskreditierung Stalins, des berühmtesten Sohnes des georgischen Volkes, gegeben. Die Wut der Bewunderer Stalins scheint aber in Wirklichkeit zusammengeflossen zu sein mit der allgemeineren Stimmung georgischer nationaler Empörung über Moskau. In Turkmenistan wurde im Dezember 1958 der Erste Sekretär der Parteiorganisation abgesetzt, und man sprach von »Bourgeoisnationalismus«. In Usbekistan wurden im Mai 1959 der Erste Sekretär der Parteiorganisation und der Ministerpräsident beseitigt. Diese Säuberung schien mit dem Streit über den Anteil der Baumwolle an der Wirtschaft Usbekistans zusammenzuhängen, der seit über zwanzig Jahren die Hauptursache aller Dispute zwischen usbekischen nationalen Strömungen und dem Moskauer Zentralismus ist. Die Urbarmachung »jungfräulichen Landes« in Kasachstan hat auch ihre nationalen Aspekte, denn der Zustrom von Neusiedlern aus Rußland und der Ukraine hat die Kasachen bereits zur Minderheit in ihrem eigenen Lande gemacht, und diese Entwicklung geht weiter.

Zweifellos hat das Sowjetregime die wirtschaftlichen Potenzen der asiatischen Gebiete entwickelt und den Völkern Asiens große Bildungsmöglichkeiten eröffnet, die unter den Zaren undenkbar waren. Es hat eine moderne Intelligenz im Kaukasus und in Mittelasien entstehen lassen. Ob sich diese Männer und Frauen, die ihre Erziehung und ihren Aufstieg dem Sowjetregime verdanken, als dankbar erweisen werden, steht allerdings auf einem anderen Blatte. Die jungen Slowaken, die eine gute Ausbildung in Budapest erhalten hatten, die jungen Inder, die zum Studium nach London zu kommen pflegten, und die jungen indonesischen Absolventen Pariser Modeschulen sind nicht zu Lobrednern der Tugenden der herrschenden Nation, sondern zu Führern der Unabhängigkeitsbewegungen ihrer eigenen Völker geworden. In den politischen Verhältnissen der Sowjetunion sind solche Bewegungen natürlich nicht möglich. Es widerspräche indes den Erfahrungen aller überlieferten Geschichte der Kolonialpolitik, wenn die seelischen und intellektuellen Reaktionen der jungen Intellektuellen Sowjetasiens von den Reaktionen derer, die ihre Prägung unter anderen europäischen Imperien erhielten, wesensverschieden wären.

## Osteuropa 1953–1960

### Neuer Kurs

Die erste osteuropäische Reaktion nach Stalins Tod zeigte sich in der Tschechoslowakei. Im März 1953 starb Gottwald, anscheinend an den Folgen einer Erkältung, die er sich bei der Beisetzung Stalins in Moskau zugezogen hatte. Offenbar wirkte das Ausscheiden des prominenten tschechoslowakischen Führers und seines Schirmherrn in Moskau ermutigend auf die Bevölkerung. Der wirtschaftliche Protest, der schon seit 1952 in zugespitzter Form

Der 17. Juni 1953 in Ost-Berlin

Demonstranten in Budapest
Ende Oktober

Der ungarische Volksaufstand, 1956

Sowjetische Panzer in Budapest
Mitte November

bemerkbar war, wurde noch verschärft durch die im Mai 1953 durchgeführte neue Währungsreform, die einerseits die in den Jahren zuvor (als die Löhne beträchtlich waren, es aber nichts zu kaufen gab) zurückgelegten Ersparnisse der besserbezahlten Arbeiter vernichtete und anderseits mit dem erhöhten Preisniveau die ärmeren Arbeiter- und Bauernschichten benachteiligte. Die allgemeine Unzufriedenheit kam Anfang Juni in einer Volkserhebung in Pilsen zum Ausbruch. Einen Tag lang war die Stadt in den Händen der demonstrierenden Arbeiter, die nicht nur einen wirtschaftlichen, sondern auch einen politischen Wechsel verlangten und die Bilder von Masaryk, Beneš und Eisenhower mit sich umhertrugen. Das Militär war nicht willens, auf die Demonstranten zu schießen, und der Aufstand wurde von Einheiten der Sicherheitspolizei niedergeschlagen, die erst hatten herbeigeholt werden müssen.

Zwei Wochen später brach der sehr viel umfangreichere Aufstand in Ost-Berlin und der Sowjetzone in Deutschland aus. Nun sahen die Sowjetführer ein, daß eine Politik der Zugeständnisse nicht mehr zu vermeiden war. So begann der »Neue Kurs«, der im Laufe des Sommers 1953 fast ganz Osteuropa erfaßte.

Zuerst wurde er in Ungarn proklamiert und ist dort auch am weitesten gegangen. Nach dem Sowjetvorbild wurden die Ämter des Ersten Sekretärs der Parteileitung und des Ministerpräsidenten getrennt. Rákosi blieb Parteichef, aber Regierungschef wurde Imre Nagy. Von Moskau energisch gestützt, war Nagy nunmehr der Mann, der die Politik bestimmte. In einer Rede vom 4. Juli kündigte er eine Reihe von Reformen an. Die Planziffern für die Industrieproduktion sollten gesenkt und der Konsumsphäre größere Aufmerksamkeit zugewandt werden. Vorgesehen waren umfangreiche Agrarinvestitionen. Den Bauern sollte das Ausscheiden aus Kollektivbetrieben erlaubt werden, die Auflösung der Kollektivbetriebe sollte auf Mehrheitsbeschluß der Mitglieder hin statthaft sein. Den Kirchen wurde Freiheit versprochen. Nagy forderte den Parteiapparat auf, Angehörige der früheren Bourgeoisie und der Intellektuellenberufe anständig zu behandeln. Die Konzentrationslager sollten aufgelöst werden, Personen, die in den vorangegangenen Jahren aus Budapest ausgesiedelt worden waren, durften nach Hause zurückkehren. In den folgenden Monaten wurden viele politische Gefangene, sowohl Antikommunisten als auch die in vier Jahren Säuberung verhafteten Kommunisten, aus der Haft entlassen. Obgleich der Parteiapparat, vom Parteichef Rákosi bis zu einem gewissen Grade dazu animiert, die Durchführung dieser Maßnahmen zu verschleppen suchte, wurde ziemlich viel davon verwirklicht. Vom Mai 1953 bis zum Mai 1954 ging namentlich die kollektivierte Ackerfläche um ein Drittel und die Zahl der von Kollektivbetrieben erfaßten Bauern um fast die Hälfte zurück. Aber die Umstellung der Industrie auf erhöhte Konsumgütererzeugung war nicht sehr erfolgreich, und die Arbeitsproduktivität sank fühlbar. Rákosi und seine Anhänger konnten diese wirtschaftlichen Schwierigkeiten bequem gegen Nagy ausschlachten.

In der Tschechoslowakei wurde der Polizeidruck weniger gelockert, aber die wirtschaftspolitischen Maßnahmen waren ähnlich. Offiziell erhielten die Bauern zwar nicht das Recht, aus Kollektivbetrieben auszuscheiden, aber viele Kollektivbetriebe wurden aufgelöst, und die kollektivierte Ackerfläche verringerte sich vom Juni 1953 bis zum Oktober 1954 um ein Drittel. Besser als in Ungarn gelang die Umstellung der Industrie auf erhöhte Konsumgütererzeugung. Der Grund dafür war, daß das Land über eine höherentwickelte Industriewirtschaft und mehr qualifizierte Arbeitskräfte und leitendes Personal verfügte. Wichtig war auch, daß die Parteiführung einig war und die neue Politik nicht durch eine starke innerparteiliche Opposition wie die Rákosis in Ungarn hintertrieben wurde. Das Ergebnis war, daß sich das Lebenshaltungsniveau der Tschechen und Slowaken innerhalb eines Jahres wesentlich besserte und die Besserung weiter anhielt. Bestimmt war die Tschechoslowakei 1959 von allen Satellitenstaaten der wohlhabendste. In Polen und Rumänien waren ähnliche wirtschaftliche Reformen versprochen worden, aber erreicht wurde verhältnismäßig wenig. Dagegen wich Bulgarien von der allgemeinen Marschroute radikal ab: es machte weder politische noch wirtschaftliche Zugeständnisse von irgendwelcher Bedeutung.

Der Sturz Malenkows im Frühjahr 1955 gab Rákosi die Chance, Nagy zu stürzen. Nagy wurde für die anhaltenden wirtschaftlichen Schwierigkeiten verantwortlich gemacht und derselben Vergehen beschuldigt, die Malenkow in Moskau zur Last gelegt wurden, vor allem der Vernachlässigung der Schwerindustrie. Er wurde als Ministerpräsident abgesetzt und zuerst aus dem Zentralkomitee, dann aber auch aus der Partei ausgeschlossen.

Die Wiedereinsetzung Rákosis führte jedoch nicht zur Wiederherstellung seiner autokratischen Herrschaft. Vor allem deswegen nicht, weil Chruschtschow entschlossen war, sich mit Tito zu verständigen, und gerade Rákosi, der von allen osteuropäischen Führern die feindseligste Haltung Jugoslawien gegenüber eingenommen hatte, nicht freie Hand lassen konnte. Im Laufe des Jahres 1955 wurde der Neue Kurs in Ungarn eingedämmt, aber nicht umgestoßen, in der Tschechoslowakei und in Rumänien änderte sich nichts Wesentliches, aber in Polen setzte sich eine freiheitlichere Entwicklung durch. Das »Tauwetter« in Polen war die direkte Folge der Einschränkung der Befugnisse der Sicherheitspolizei. Die Ursache der Polizeiniederlage war nicht nur der Sturz Berijas, sondern vor allem auch die Flucht des hohen Polizeifunktionärs Jozef Swiatlo, der im Westen viele Polizeiverbrechen und Komplotte kommunistischer Parteiführer gegeneinander enthüllte und dessen Enthüllungen dem polnischen Volk durch amerikanische Rundfunksendungen und mit Luftballons abgeworfene Flugblätter bekannt wurden. Der Sicherheitsdienst wurde gesäubert, seine Befugnisse wurden beschnitten und sein Kampfgeist gebrochen. Die Polen fingen wieder an, frei zu sprechen und sogar frei zu schreiben. Literarische Erzeugnisse – etwa Adam Wazyks »Gedicht für Erwachsene« – protestierten gegen den Terror der vergangenen Jahre. Die Presse veröffentlichte zahlreiche erstaunlich freimütige Darstellungen und kritische Analysen der wirtschaftlichen und sozialen Zustände, namentlich der Arbeiternot.

Im Juni 1955 machte Chruschtschow seinen Besuch in Belgrad, wobei er die frühere Sowjetpolitik gegenüber Jugoslawien desavouierte und sie Berija in die Schuhe zu schieben versuchte. Er übernahm nun auch offiziell die These, daß jedes Land seinen eigenen Weg zum Sozialismus zu finden habe. Marschall Tito verhielt sich gegenüber dem Liebeswerben der Sowjetabgesandten recht kühl und betonte seine Absicht, die guten Beziehungen, die er in den Jahren zuvor zu den Westmächten und zu den nichtkommunistischen Balkannachbarn Griechenland und Türkei hergestellt hatte, unter allen Umständen aufrechtzuerhalten. Anderseits kamen die Sowjetavancen zu einem Zeitpunkt, da sich in der jugoslawischen Parteiführung die Abwehrhaltung gegenüber liberalen Tendenzen zu versteifen begann. Milovan Djilas, der Ideologe der Periode der Sowjetfeindschaft, hatte sich im Winter 1953/54 mit seiner Revision der marxistisch-leninistischen Orthodoxie zu weit vorgewagt. Er hatte vorgeschlagen, daß politische Opposition erlaubt sein sollte, und scharfe Angriffe gegen die Parteibürokratie gerichtet. Gegen diese Kritik schlossen sich die oberen und mittleren Funktionärschichten wie ein Mann zusammen, und im Januar 1954 wurde Djilas seiner öffentlichen Ämter enthoben und aus dem Zentralkomitee der Partei ausgeschlossen. Der Gedanke einer Versöhnung mit Moskau, die dazu beitragen könnte, den von Djilas geförderten »Verwestlichungs«tendenzen in der Partei Einhalt zu gebieten, hatte daher für den Parteiapparat auch ein Jahr später seinen Reiz.

*Revolutionsjahr*

Auf die kommunistischen Parteien Osteuropas übte Chruschtschows »Geheimsitzungs«rede vom Februar 1956 einen entscheidenden Einfluß aus. Am unmittelbarsten war die Wirkung in Polen. Bierut, der dem 20. Parteitag beigewohnt hatte, starb in Moskau. Sein Nachfolger wurde Edward Ochab. Eine der ersten Taten der neuen Führung bestand darin, daß Jakub Berman, der vertrauteste Mitarbeiter Bieruts und der für das Polizeiressort Verantwortliche, aus dem Politbüro entfernt wurde.

In der Tschechoslowakei ließen sich im Frühjahr einige kritische Stimmen auf dem Schriftstellerkongreß vernehmen. Im Mai wurden von den Studenten von Prag und Bratislawa der Regierung Forderungen unterbreitet, die über studentische Beschwerden und Berufssorgen weit hinausgriffen und Probleme der politischen Freiheit aufwarfen. Keine ihrer Forderungen wurde erfüllt, aber die Tatsache, daß sie sie so mutig vorgebracht hatten, war symptomatisch für die veränderte Atmosphäre. Auch in Rumänien gab es Anzeichen einer Gärung unter Studenten und Intellektuellen.

Im Frühsommer erfolgte in Ungarn ein Durchbruch der politischen Opposition sowohl in der Presse als auch in öffentlichen Veranstaltungen des Petöfi-Klubs. Die Regierung duldete diese oppositionellen Kundgebungen, bei denen frühere kommunistische Opfer der Säuberung eine sehr deutliche Sprache führten. In aller Öffentlichkeit wurde die Beseitigung Rákosis gefordert. Das entsprach auch durchaus den Wünschen Titos, dem sich Chruschtschow mehr denn je gefällig zeigen wollte. Schließlich wurde am 18. Juli 1956 die Absetzung Rákosis bekanntgegeben. Freilich wurde er durch seinen engen Mitarbeiter Ernö Gerö ersetzt, einen Mann von nicht geringerem Fanatismus, aber weniger brutaler Zielstrebigkeit.

Schon vorher hatten sich in Polen die Arbeiter Posens erhoben. Wie 1953 in Berlin, hatte der Aufstand mit einem Streik und Protestkundgebungen gegen die drückenden wirtschaftlichen Verhältnisse begonnen und sich in eine politische Bewegung verwandelt. Er wurde blutig niedergeschlagen. Sofort zeigte sich aber ein auffallender Unterschied in den Reaktionen innerhalb des kommunistischen Blocks. Die Sowjetführer stellten in einer Erklärung, die das Zentralkomitee nach seiner Plenarsitzung vom Juni 1956 veröffentlichte, fest, der Posener Aufstand sei das Werk imperialistischer Agenten gewesen. Dieser Version schloß sich auch die jugoslawische Presse an. Dagegen erklärten die kommunistischen Führer

Polens, der Aufstand sei aus wirtschaftlichen Mißständen entstanden, und wenn sie auch das illegale Vorgehen der Arbeiter verurteilten, gaben sie immerhin bekannt, daß sie ihren Beschwerden Rechnung tragen wollten. Als die Führer der Aufstandsbewegung im Herbst vor Gericht standen, wurden sie mit großer Nachsicht behandelt. Inzwischen war innerhalb der Partei und der gesamten Arbeiterklasse immer nachdrücklicher gefordert worden, daß der prominente Kommunist Gomulka, der 1948 in Ungnade gefallen und angeprangert, 1951 verhaftet und 1955 ohne Aufsehen freigelassen worden war, wieder an die Macht gebracht werden sollte. Die Parteiführer mußten sich zwischen einem offenen Konflikt mit der Bevölkerung, besonders mit den Warschauer Arbeitern, die keine Angst mehr vor dem Polizeiterror hatten, und der Heranziehung Gomulkas entscheiden. Der Parteichef Ochab entschied sich für Nachgeben und rettete damit das Land vor schwerem Blutvergießen. Die entscheidende Tagung des Zentralkomitees fand vom 19. bis zum 21.Oktober 1956 statt. Mit großer Mehrheit beschloß das Zentralkomitee, den Sowjetmarschall Rokossowskij, den Stalin der polnischen Armee 1949 als Oberbefehlshaber aufgezwungen hatte, nicht wieder ins Politbüro zu wählen, und fast einstimmig wählte es Gomulka zu seinem Ersten Sekretär (an Stelle Ochabs). Noch während der Tagung des Zentralkomitees traf Chruschtschow, begleitet von Molotow, Mikojan und Kaganowitsch, uneingeladen in Warschau ein. Die Sowjettruppen in Polen standen zum Marsch auf die Hauptstadt bereit, wobei ihnen wahrscheinlich die polnische Armee und bestimmt die jetzt von Gomulkas Freund, General Waclaw Komar, befehligten Sicherheitstruppen und Warschauer bewaffnete Arbeiterwehrformationen Widerstand geleistet hätten. Nachdem er sich von der Unnachgiebigkeit der polnischen Führung und des polnischen Volkes überzeugt hatte, zog es Chruschtschow jedoch vor, sich mit dem Sieg Gomulkas abzufinden.

In Ungarn gab die polnische Krise Anlaß zu den ersten Straßendemonstrationen, bei denen gemäßigte Forderungen nach politischen Reformen – durchaus noch im Rahmen des Einparteistaats mit kommunistischer Diktatur – erhoben wurden. Aber während Ochab dem Druck der Massen nachgegeben hatte, lehnte der ungarische Führer Gerö jegliches Zugeständnis fanatisch ab. Wahrscheinlich wurde er in seinem Starrsinn dadurch bestärkt, daß Tito ihn als Rákosis Nachfolger akzeptiert hatte und daß er gerade von einem zufriedenstellenden Belgrad-Besuch heimgekehrt war. Als die Demonstrationen nicht aufhörten, verfiel Gerö in Panik und rief die Truppen der Sowjetbesatzung zu Hilfe. Gleichzeitig ernannte er auf dem Papier Imre Nagy zum Ministerpräsidenten, hielt ihn aber in der Parteizentrale gefangen und ließ ihn nicht an die Regierung. (Die Rückkehr Nagys war eine der Hauptforderungen der Reformer, wie die Rückkehr Gomulkas die Hauptforderung der ihnen entsprechenden polnischen Kreise gewesen war.) Es brach nun ein Krieg zwischen dem ungarischen Volk und den Sowjettruppen aus, denen nur einige tausend Gerö-treue Angehörige der ungarischen Sicherheitstruppen zur Seite standen. Auf ungarischer Seite war die Bewegung von der intellektuellen Jugend ausgegangen, ihre eigentlichen Kerntruppen stellten die Budapester Industriearbeiter, und zu ihr gestoßen waren einzelne Angehörige ebenso wie geschlossene Einheiten der regulären ungarischen Armee. Bevor eine Woche vergangen war, hatten sich die ungarischen Kräfte als die stärkeren erwiesen, und die Sowjetregierung willigte in einen Waffenstillstand ein.

Aber nun hatte die Bewegung die Schranken des Einparteistaats gesprengt. Als Nagy die Regierung wirklich übernahm, bekam er es mit Arbeiterräten (die mit den russischen Sowjets von 1905 und 1917 große Ähnlichkeit hatten) und Provinzkomitees zu tun, die alle die Wiederherstellung voller politischer Freiheit und die Zulassung mehrerer politischer Parteien forderten. Nagy mußte sich zwischen dem eindeutigen Verlangen des ungarischen Volkes nach einem demokratischen System und seiner Parteipflicht entscheiden, die ihm die Verteidigung der Einparteiherrschaft vorschrieb, und sei es um den Preis der Herbeirufung weiterer Sowjettruppen zum Kampf gegen das ungarische Volk. Nagy zog Ungarn dem Kommunismus vor, bildete eine Regierung aus vielen Parteien und erklärte unter Berufung auf das Beispiel Österreichs und in der Hoffnung auf die Hilfe der Vereinten Nationen Ungarn zu einem neutralen Staat. Indessen waren die Vereinten Nationen vom 30. Oktober an durch die Suezkrise fast vollauf in Anspruch genommen, und inzwischen marschierten Sowjettruppen in starken Formationen in Ungarn ein. In der Hoffnung auf eine Kompromißlösung verhandelte Nagy mit der Sowjetbotschaft und dem Sowjetarmeekommando, die ihn auch mit Absicht in seiner Hoffnung bestärkten. Aber sobald Moskau zum Zuschlagen bereit war, verhaftete der Sowjetpolizeichef General Serow die ungarischen Unterhändler, und die Sowjettruppen griffen Budapest an. Zu gleicher Zeit wurde eine ungarische Strohmännerregierung (ähnlich der sowjetpolnischen von 1920 in Bialystok und der sowjetfinnischen von 1939 in Terioki) zusammengestellt und als ihr Chef János Kádár eingesetzt, ein Kommunist, der während der Rákosi-Säuberungen verhaftet und gefoltert und in den Revolutionstagen als Nachfolger Gerös zum Ersten Sekretär der Parteizentrale ernannt worden war. Kádár war öffentlich für Nagy eingetreten, hatte der Mehrparteienregierung wie der Außenpolitik der Neutralität zugestimmt und wurde allgemein als Reformer angesehen. Im Laufe des 1. November wurde er jedoch bewogen, sich auf die Sowjetseite zu schlagen, und ist dann zum prominentesten Sowjetagenten in Ungarn geworden. Die Hinrichtung seines Gegenspielers Imre Nagy wurde im Juni 1958 bekanntgegeben.

Der ungarische Widerstand wurde nicht sofort zerstampft. In Budapest dauerten die Straßenkämpfe noch mehrere Tage an. Das Industrieviertel von Csepel und die neue Industriestadt Dunapentele südlich von Budapest (die – welche Ironie des Schicksals! – einige Jahre vorher Sztalinvaros, das heißt Stalinstadt, getauft worden war) waren die letzten Zitadellen des bewaffneten Widerstands. Noch einen Monat lang hielten die Arbeiterräte in Budapest einen Generalstreik durch. Mit gutem Grund kann man sagen, daß die ungarische Revolution als kombinierte politisch-militärische Aktion der industriellen Arbeiterklasse den Vergleich mit jeder ähnlichen Aktion in der Geschichte, auch mit der Pariser Kommune von 1871 und den Petersburger Revolutionskämpfen von 1905, nicht zu scheuen braucht.

Daß die ungarische Krise in eine bewaffnete Revolution, in Krieg und Niederlage mündete, die polnische Krise dagegen in einen unblutigen Sieg, lag, wie gesagt, vor allem daran, daß sich Ochab und seine Kollegen als polnische Patrioten erwiesen, während Gerö an die Russen appellierte, und daß an der Spitze der polnischen Polizeitruppen ein Patriot stand und die ungarische Polizei die Sowjetunion über ihr eigenes Land stellte. Daneben ist aber auch die Frage aufzuwerfen, warum diese Krisen gerade in Polen und Ungarn zum Ausbruch kamen und nicht an anderer Stelle. Die Unzufriedenheit der Arbeiter und Bauern, eine national gefärbte sowjetfeindliche Haltung in allen Gesellschaftsklassen und die Ablehnung der Grundvoraussetzungen der totalitären Herrschaft durch die intellektuelle Jugend (trotz ihrer proletarischen oder bäuerlichen Herkunft und trotz der Tatsache, daß sie ihren kulturellen Aufstieg den Kommunisten verdankt): all das waren allen osteuropäischen Ländern gemeinsame Wesensmerkmale. Die besondere Eigenart der polnischen und der ungarischen Lage, die den Ausbruch der Krise gerade dort und nicht anderswo verständlich macht, bestand darin, daß sich nur in diesen beiden Ländern die Unzufriedenheit innerhalb und außerhalb der kommunistischen Parteien um zwei prominente Kommunisten herum kristallisieren konnte, die allen als Kritiker der geltenden Politik bekannt waren: Gomulka und Nagy. Auch die anderen kommunistischen Parteien hatten Kritiker in ihren Reihen gehabt, aber die Säuberungen von 1949 bis 1953 hatten sie hingemordet. Nur Gomulka und Nagy waren am Leben geblieben. In höherem Maße als die allgemeine Unzufriedenheit hatte dieses spezifische oberflächenhafte Moment den Gang der Ereignisse bestimmt.

## Jahr der Ernüchterung

Gomulkas Sieg zog in Polen beträchtliche Veränderungen nach sich. Ein Abkommen zwischen der Regierung und der Hierarchie der katholischen Kirche kam zustande, wonach der Religionsunterricht in der Schule dort, wo die Eltern ihn verlangten, wiedereingeführt wurde. Dies Verlangen war so weit verbreitet, daß die Wiedereinführung des Religionsunterrichts fast allgemein erfolgte. Die Anträge der Kirchenführung auf Rückgabe eines Teils des Kirchenvermögens und der kirchlichen Presse und Wohlfahrtseinrichtungen wurden zum größten Teil abgewiesen. Die Beziehungen zwischen Kirche und Staat verschlechterten sich 1958 von neuem, aber die Position der Kirche blieb wesentlich stärker als vor Oktober 1956, und es war offensichtlich, daß die Regierung großen Wert darauf legte, einen völligen Bruch zu vermeiden.

Auch die polnischen Bauern profitierten von der Wiederkehr Gomulkas. Fast alle landwirtschaftlichen Kollektivbetriebe wurden aufgelöst, die Agrarpreise erhöht, der Getreideablieferungszwang abgeschwächt, und den Einzelbauern wurde sogar gestattet, Land aus dem staatlichen Bodenfonds zu erwerben. Kommunistische Redner bekannten sich zwar hin und wieder noch der Form halber zum Zukunftsideal einer »sozialistischen Landwirtschaft« – auch Gomulka legte in seiner Rede auf dem 3. Parteitag im März 1959 ein solches Bekenntnis ab –, doch deutete nichts auf eine Absicht der Regierung hin, die Bauern in Kollektivbetriebe hineinzuzwingen.

Viel weniger gewannen die Arbeiter, die so viel getan hatten, um Gomulka zu retten. Im Winter 1956/57 wurden in den Betrieben Arbeiterräte geschaffen, aber die Umgestaltung ihrer Befugnisse im Jahre 1958 hat sie zur Bedeutungslosigkeit verurteilt. Die Reallöhne erhöhten sich nur wenig, einfach weil Polens Wirtschaftslage so schlecht war, daß materielle Verbesserungen nicht möglich waren. Auch die intellektuelle Jugend, die in der Verteidigung Gomulkas 1956 eine noch aktivere Rolle gespielt hatte, gewann wenig. Einige Monate lang wurde der Vertretung »revisionistischer« Ideen – nicht nur in der Kritik an den gesellschaftlichen Zuständen, sondern auch in der Kritik an manchen Dogmen des »Marxismus-

Leninismus« – große Freiheit gewährt. Aber zum Sommer 1957 war es damit vorbei, die ketzerischsten Zeitungen wurden verboten, und der »Revisionismus« wurde zur Sünde erklärt. Trotzdem gab es 1959 noch große Freiheit der Diskussion im individuellen Bereich. Der wiedergewonnene, nicht ganz freie, aber fruchtbare Kontakt mit dem Geistesleben des Westens blieb erhalten. Sofern kritische Gedanken nicht im Druck erschienen und keine organisierte Gruppenbildung versucht wurde, duldete die Polizei abweichende Meinungen. Weniger behindert als in der Epoche Bierut konnte die katholische Kirche ihre religiösen Aufgaben erfüllen und ihren mäßigenden Einfluß auf Leben und Politik des Landes ausüben. Es kam ihr dabei zugute, daß sie sich mit den nationalen Interessen Polens weitgehend identifizierte, wenn auch der Burgfriede zwischen Staat und Kirche immer wieder durch Spannungen gefährdet wurde. Polen blieb eine Einparteidiktatur, aber es war keine totalitäre Diktatur. In der Außenpolitik unterstützte Gomulka vorbehaltlos den Kurs der Sowjetunion und schien das Vertrauen Chruschtschows gewonnen zu haben. Offenbar in dessen Einverständnis veröffentlichte der Außenminister Adam Rapacki im März 1957 einen Plan, dem zufolge eine atomwaffenfreie Zone in Mittel- und Osteuropa vorgesehen war. Die Zone sollte sich über Deutschland, Polen und die Tschechoslowakei erstrecken. Praktische Wirkungen hatte der Plan nicht, und wenn Polen damit die Absicht verbunden hatte, sich einen gewissen außenpolitischen Spielraum zu schaffen, so blieb sie unerfüllt. Die schwierige Lage, in der sich Gomulka angesichts des Drucks seiner Landsleute einerseits und der Sowjetführer anderseits befand, diente ihm als Kraftquelle. Den Russen konnte er sagen, daß die Polen revoltieren würden, wenn er der kommunistischen Orthodoxie zu weit entgegenkäme, und den Polen konnte er entgegenhalten, daß die Russen Polen zertreten würden, wenn er zuviel Freiheit zuließe.

In den anderen Satellitenstaaten wirkten die Niederlage der ungarischen Revolution, das Ausbleiben der westlichen Unterstützung und die völlige Passivität der Vereinten Nationen, die noch nicht einmal aus dem Bericht ihres eigenen Unterausschusses Konsequenzen zogen, außerordentlich deprimierend. Überall erschien die Machtposition des kommunistischen Regimes als verstärkt und das Vasallenverhältnis Moskau gegenüber als gerechtfertigt. Die mächtigsten Parteien Osteuropas blieben die bulgarische und die tschechoslowakische. Beide schienen über eine einheitliche Führung und einen aktionsfähigen Funktionärstamm zu verfügen. Der Erfolg der bulgarischen Kommunisten beruhte auf der Brutalität ihres Polizeiterrors, der nicht einmal 1954 oder 1956 gelockert wurde; der Erfolg der tschechischen Kommunisten konnte dem stetigen wirtschaftlichen Aufschwung zugeschrieben werden, der den allgemeinen Lebensstandard im Inland erhöhte und die Tschechoslowakei zu einem wichtigen Faktor im internationalen Handel und zu einer bedeutenden Quelle wirtschaftlicher Hilfeleistung für unterentwickelte Länder wie Syrien und Indien machte. In Rumänien blieb dagegen die kommunistische Partei eine kleine Sekte ohne Prestige und Massenbasis, und in Ungarn war sie einfach das Instrument der fremden Besatzungsmacht.

Um 1958 war die Kollektivierung der Landwirtschaft in Bulgarien fast vollständig. Im Herbst wurde die Zusammenlegung der Kollektivbetriebe zu größeren Einheiten nach dem Sowjetmodell von 1950 rasch und mit Erfolg durchgeführt. Es war sogar von einer Nachahmung der chinesischen »Volkskommunen« die Rede, aber die Idee wurde plötzlich fallengelassen. In der Tschechoslowakei umfaßte der »sozialistische Sektor« Mitte 1959 rund siebzig Prozent der gesamten Landwirtschaft, wovon über fünfzig Prozent auf Kollektivbetriebe und der Rest auf Staatsgüter entfielen. In Ungarn, wo sich die Zahl der Kollektivbetriebe 1955 nach dem ersten Sturz Nagys erhöht hatte und während der Revolution von 1956 noch stärker abgesunken war, ging sie 1958 und 1959 von neuem rapid in die Höhe. Im Sommer 1959 umfaßte der »sozialistische Sektor« die Hälfte der ungarischen Landwirtschaft, fünfunddreißig Prozent in Kollektivbetrieben und fünfzehn Prozent in Staatsgütern. In Rumänien blieb die Kollektivierung beträchtlich hinter den anderen Ländern zurück. Zwar wurde 1959 behauptet, daß fünfundsechzig Prozent der landwirtschaftlichen Produktion zum »sozialistischen Sektor« gehörten, in Wirklichkeit bezog sich jedoch diese Zahl zum größten Teil auf bäuerliche Genossenschaften ohne gemeinschaftlichen Bodenbesitz, während auf echte Kollektivbetriebe nur ein Fünftel der Ackerfläche des Landes entfiel.

Nach 1956 wurden größere Anstrengungen zur Koordinierung der Wirtschaftsplanung der osteuropäischen Länder unternommen. Stalins Politik der bilateralen Beziehungen zwischen der Sowjetunion und einer Anzahl fast autarker Wirtschaftsgebiete wurde von dem Versuch größerer Arbeitsteilung abgelöst, wobei den einzelnen Ländern nahegelegt wurde, die Wirtschaftszweige auszubauen, die ihrer gegebenen Struktur am ehesten entsprachen. Wirtschaftliche Zusammenarbeit zwischen den einzelnen Ländern wurde nicht mehr als gefährlich betrachtet: die Sowjetunion war inzwischen jedem der anderen Staaten wirtschaftlich so sehr überlegen, daß deren Abhängigkeit von ihr ohne weiteres unterstellt werden konnte. Das Gesamtsystem wurde in zunehmendem Maße durch den von Moskau ins Leben gerufenen Rat für gegenseitige Wirtschaftshilfe gesteuert und überwacht.

Nach der ungarischen Revolution verschlechterten sich die Beziehungen zwischen Jugoslawien und der Sowjetunion. Obgleich Tito Gerö akzeptiert und sogar seine Mißbilligung bewaffneter Aktionen gegen kommunistische Parteidiktaturen durch die Verurteilung des Posener Aufstands vom Juni 1956 bekundet hatte, nahm er den Russen übel, daß sie Imre Nagy, dem im November in der jugoslawischen Botschaft Asyl gewährt worden war, verhafteten, als er die Botschaft auf die Zusicherung freien Geleits durch die Kádár-»Regierung« verließ. Als aber Milovan Djilas in einer amerikanischen Zeitung einen begeisterten Artikel über die ungarische Revolution veröffentlichte, wurde er verhaftet und nach der New Yorker Publikation seines Buches »Die neue Klasse« 1957 zu acht Jahren Gefängnis verurteilt. Im Lauf des Jahres 1957 bemühte sich Tito um eine Versöhnung mit Chruschtschow. Die beiden trafen sich im August in Bukarest, und im Oktober erkannte Tito das Ulbricht-Regime in der deutschen Sowjetzone an, womit er die Bundesrepublik nötigte, die diplomatischen Beziehungen zu Jugoslawien abzubrechen. Aber einen Monat später weigerten sich die jugoslawischen Delegierten, die zum 40. Jahrestag der bolschewistischen Revolution nach Moskau gekommen waren, eine ideologische Erklärung der zwölf bedeutendsten kommunistischen Parteien Europas und Asiens zu unterzeichnen. Damit hatten die Jugoslawen erneut gezeigt, daß sie bei aller Bereitschaft, die Außenpolitik der Sowjetländer in besonderen Fällen zu unterstützen, nicht gewillt waren, Jugoslawien zum Mitglied

Empfang einer polnischen Delegation unter Führung von Gomulka durch Chruschtschow in Moskau am 14. November 1956

Ankunft Woroschilows in Peking zu einer Besprechung mit Mao Tse-tung am 15. April 1957

des von der Sowjetunion geführten »sozialistischen Blocks« zu machen oder ihre Partei der Sowjetpartei hierarchisch zu unterstellen. Diese jugoslawischen Vorbehalte hatte Chruschtschow 1955 hingenommen; 1957 war er nicht mehr geneigt, Geduld zu üben. Zum Frühjahr 1958 hatte die jugoslawische Partei ihren 7. Parteitag einberufen und für die Parteitagsberatungen einen Programmentwurf vorbereitet, der aus einer langen ideologischen Prinzipienerklärung und einer umfassenden Analyse der weltpolitischen Lage bestand. Dies Dokument wurde von der Sowjetpresse aus drei Gründen heftig angegriffen: es hatte ausgeführt, daß es möglich sei, den Sozialismus ohne Revolution zu verwirklichen, daß kommunistische Parteien auf dem Weg zum Sozialismus nicht notwendigerweise das Führungsmonopol beanspruchen müßten und daß die Hauptursache der Kriegsgefahr in der Welt das bloße Vorhandensein zweier Machtblöcke sei, nicht die naturgegebene Schlechtigkeit nur des einen westlichen Blocks. Diese Thesen waren in der Tat mit der Sowjetorthodoxie nicht vereinbar, und sie mußten in Moskau um so größeren Unwillen auslösen, als sie offensichtlich darauf abgestellt waren, auf die Linke unter der Bildungsschicht und den Regierungskreisen der »nicht festgelegten« asiatischen Länder Eindruck zu machen. Nun setzte in der Sowjetpresse und noch heftiger in der chinesischen Presse ein Entlarvungsfeldzug gegen den jugoslawischen »Revisionismus« ein. Unter den osteuropäischen Satellitenstaaten wurde Jugoslawien am heftigsten von Bulgarien und Albanien angegriffen, die beide territoriale Ansprüche an Jugoslawien (in Mazedonien und Kosovo) hatten. Unklar blieb, ob der Vorschlag einer kernwaffenfreien Zone auf dem Balkan, den Chruschtschow bei seinem Besuch in Albanien im Mai 1959 lancierte, und seine bei dieser Gelegenheit vorgebrachten relativ sanftmütigen Äußerungen über Jugoslawien der Absicht entsprungen waren, die Kampagne gegen Jugoslawien zu beenden.

## *Die Sowjetunion in der Weltpolitik*

Weder die langfristigen Ziele noch die Taktik der Sowjetpolitik änderten sich merklich im Gefolge des Todes Stalins. Das Ziel blieb die Ausdehnung des »Sozialismus«, das heißt des Sowjetsystems der Ausübung politischer Macht, auf jedes Land der Welt als notwendige Voraussetzung der Entwicklung der Menschheit über den »Sozialismus« hinaus zum Kommunismus. Der wichtigste taktische Grundsatz blieb die Ausnutzung der »Widersprüche des Kapitalismus und Imperialismus«, also aller Interessenkonflikte zwischen potentiell oder tatsächlich der Sowjetunion feindlichen Staaten. Die nach 1953 ausgiebig gebrauchte Formel von der »friedlichen Koexistenz« war keineswegs neu. Lenin und Stalin hatten sie benutzt, um genau das auszudrücken, was sie auch für Chruschtschow bedeutete: den permanenten Kriegszustand, in dem im Augenblick gerade keine Gewaltanwendung erfolgt. Im Westen kam die Formel »Kalter Krieg« in Umlauf. Als Zustandsbeschreibung war die Formel brauchbar. Ihrem innersten Wesen zufolge befindet sich die Sowjetunion im ständigen Kriegszustand mit allen Staaten, die sie ihrem Willen nicht unterworfen hat oder die nicht – wie China – die Sowjetpolitik freiwillig mitmachen. Aber dieser Kriegszustand erfordert nicht den Gebrauch von Armeen, Flugzeugen oder Bomben, solange die Umstände diese Mittel nicht besonders zweckmäßig erscheinen lassen. Die Unterscheidung zwischen »kaltem« und »heißem« Krieg ist infolgedessen durchaus realistisch und verdeutlicht die immanent feindliche Haltung der Sowjetunion. »Kalter Krieg« und »friedliche Koexistenz« bezeichnen in Wirklichkeit genau dieselbe faktische Situation. In neuerer Zeit wird allerdings »Kalter Krieg« weniger im Sinne einer Zustandsbeschreibung als im Sinne der Kennzeichnung einer Politik begriffen, genauer: einer vom Westen beschlossenen Politik. Der Westen, wird dabei behauptet, habe sich unter der Führung des unbeugsamen John Foster Dulles für eine Politik der Feindschaft gegenüber der Sowjetunion entschieden. Dagegen sei die Sowjetunion dem Westen gegenüber nicht feindlich eingestellt, sondern ziehe eine Politik friedlicher Koexistenz vor. Diese auch unter westlichen Menschen, die mit dem Kommunismus in keiner Beziehung sympathisieren, weitverbreitete Ansicht ist aus einem sprachlichen Mißverständnis hervorgegangen. Der Kalte Krieg ist nicht eine vorsätzlich beschlossene Politik, sondern ein realer Zustand. Er könnte auf zweierlei Weise geändert werden: entweder indem die Sowjetführer ihr ideologisches Ziel der Ausbreitung des »Sozialismus« in der ganzen Welt aufgäben oder indem der Westen einfach aufhörte, sich auch nur irgendwo dem Sowjetdruck zu widersetzen.

Die Sowjeteinstellung zu langfristigen Zielen ist dogmabedingt, während der Westen überhaupt keine langfristigen Ziele außer der bloßen Lebenserhaltung hat. Auf der anderen Seite ist die Einstellung des Westens zu Mitteln der Politik doktrinär, während die Sowjetunion in dieser Beziehung völlig empirisch vorgeht. Westliche Politiker und Journalisten debattieren ständig darüber, ob die westliche Politik auf Diplomatie oder Propaganda, auf wirtschaftliche oder militärische Macht bauen sollte. Für die Sowjetführer gibt es da kein Entweder-Oder. Für sie kommen jederzeit alle denkbaren politischen Methoden in Betracht, und die Wahl der Methoden oder ihre Kombination hängt von den Umständen ab. Zu solchen Methoden gehören die traditionelle Diplomatie, Presse- und Rundfunkpropaganda, Propaganda mit Hilfe internationaler Konferenzen (beispielsweise im Rahmen der Vereinten Nationen oder der »Gipfeltreffen«), Zersetzung, Guerillakrieg, kleine lokale Kriege, große Kriege mit konventionellen Waffen, thermonukleare Massenvernichtung. Im Prinzip haben die Sowjetführer gegen den Gebrauch keines dieser Mittel etwas einzuwenden. Das entscheidende Auswahlkriterium ist die Wahrscheinlichkeit des Erfolgs zu erträglichen Kosten. Die Sowjetregierung ist entschlossen, sich eine Position zu sichern, in der sie je nach Bedarf jede Art Krieg führen kann, und hält darum ausreichende Mengen von Waffen aller Typen auf Lager (von Propagandisten und Spionen bis zu konventionellen Waffen, taktischen Atomwaffen und Wasserstoffbomben).

An all diesen Dingen hat sich seit Stalins Tod nichts geändert. In der Durchführung der Sowjetaußenpolitik sind allerdings zwei Veränderungen festzuhalten.

Erstens hat der Sieg Chruschtschows, der ein Sieg des Parteiapparats über alle anderen Machtfaktoren im Sowjetstaat war, das Element des Ideologischen in der Außenpolitik eher verstärkt als abgeschwächt. Das hat sich 1956 bei dem mißlungenen Versuch gezeigt, die Beziehungen zu Osteuropa und zu Jugoslawien nicht auf die Herrschaftsstellung Moskaus, sondern auf eine echte Zusammenarbeit unabhängiger und gesinnungstreuer kommunistischer Parteien zu gründen. Nach der Desillusionierung in Ungarn hat sich daraus das Bestreben ergeben, in der theoretischen Erklärung der zwölf kommunistischen Parteien vom November 1957 einen starreren ideologischen Rahmen zu schaffen, und das wiederum hat zum neuen Bruch mit Jugoslawien geführt.

Zweitens ist Chruschtschow und sind die doch wohl jüngeren Männer, die er an die Spitze gebracht hat, impulsiver und abenteuerlustiger, als es der umsichtige Molotow war. Molotow war unnachsichtig, wo es um die Behauptung der von der Sowjetunion eroberten Positionen ging, aber er war nicht geneigt, mit dem Griff nach neuen Positionen das Risiko eines Krieges einzugehen. So hatte er sich insbesondere im Mittleren Osten nach dem erfolglosen Vorstoß in Persisch-Aserbeidschan von 1945/46 mit dem Status quo abgefunden. Dagegen war Chruschtschow entschlossen, von jeder irgendwo in der Welt spürbaren, gegen den Westen gerichteten nationalistischen oder rassistischen Haltung Gebrauch zu machen. Das Debakel der englisch-französischen Politik in Ägypten im November 1956 hat ihn nur weiter angespornt. Die Aufgabe ist nicht schwierig. Einerseits kann er antiwestliches Ressentiment ausnutzen, anderseits braucht er keine Lösungen zu offerieren. Jede westliche Politik im Mittleren Osten muß auf eine Verständigungslösung zwischen den Arabern und Israel hinarbeiten; die Sowjetpropagandisten können die Existenz Israels einfach ignorieren, den Arabern (ohne es ausdrücklich zu sagen) zu verstehen geben, daß Moskau gegen die Ausrottung der Israelis nichts einzuwenden hätte, und alle gegenwärtigen Mißstände dem »Imperialismus« zur Last legen. In Algerien muß irgendeine Zukunft für eine Million Europäer, in Kenia und Rhodesien für zweihunderttausend weiße Landwirte, Geschäftsleute oder Arbeiter ersonnen werden; auch hier können die Sowjetführer die Probleme, ohne mit den Wimpern zu zucken, beiseite schieben.

Selbst wenn die Sowjetaußenpolitik nicht ideologischen Motiven entspränge, selbst wenn eine neue Generation an die Macht käme, der die Ausbreitung des »Sozialismus« gleichgültig wäre, so bliebe doch zum größeren Teil die Unruhe in der Welt – heute in Asien und Afrika, später vielleicht auch in Südamerika –, und die Regierung der Sowjetunion, die eine Weltmacht ist, müßte zu den Problemen, die die Unruhe hervorbringen, Stellung nehmen; dabei ist es keineswegs sicher, daß ihre Haltung mit den westlichen Interessen in Einklang wäre.

Der Sowjeteinfluß auf die »nicht festgelegten« Länder hängt bis zu einem gewissen Grade von den Taten der Sowjetunion in Osteuropa und vielleicht ganz besonders von ihrem Verhalten Jugoslawien gegenüber ab, denn Jugoslawien als ein Land mit einer marxistisch orientierten Regierung, das zweifellos nicht imperialistisch ist, genießt große Sympathien in Indien und Südostasien. Freilich sollte dies Moment nicht überschätzt werden. Die mohammedanischen Araber haben sich als restlos uninteressiert am Schicksal der mohammedanischen Völker der Sowjetunion gezeigt, und bei den Debatten über Ungarn in den Vereinten Nationen hat der indische Delegierte Krishna Menon demonstriert, daß ihn Imperialismus nicht stört, wenn die Hautfarbe seiner Opfer weiß ist.

Ein unbekannter Faktor von großem Gewicht ist das Verhältnis zwischen Rußland und China. Bald nach Gründung der chinesischen Volksrepublik kam es 1950 zu einem für alle Welt überraschenden Interessenausgleich in der Manchurei. Dazu gewährte die Sowjetunion großzügig Wirtschaftshilfe, mit der die Entsendung russischer Experten für den raschen Aufbau, vor allem einer Schwerindustrie, verbunden war. Darüber hinaus machte sich die Sowjetunion zum beredten Anwalt der Aufnahme Chinas in die Vereinten Nationen und seiner asiatischen Interessen. Erst Jahre später, 1959, wurden Spannungen bekannt, die sich schnell so sehr verschärften, daß im Sommer 1960 die sowjetrussischen Fachleute fast überstürzt das Land verließen und ein weltweiter Sinologenkongreß in Moskau zum gleichen Zeitpunkt ohne chinesische Teilnehmer ablief. In Leitartikeln, die nun in Moskau wie in Peking zu erscheinen begannen, drehte sich der Streit um das Problem des »gerechten Krieges«. Während man in Moskau die kommunistischen Ziele ohne kriegerische Verwicklungen glaubte erreichen zu können, schien Peking bereit, selbst auf Kosten der Hälfte seiner Bevölkerung den Kapitalismus mit Waffengewalt niederzuringen.

In Osteuropa hat China in den Jahren 1956 bis 1958 eine eigene Politik verfolgt: anfänglich begünstigte es einen liberaleren Kurs und unterstützte die polnischen Kommunisten bei dem Versuch, ihre Unabhängigkeit von Moskau durchzusetzen; später verurteilte es den »Revisionismus« in seiner polnischen und jugoslawischen Fassung viel heftiger, als es Moskau tat. Und 1958 waren die theoretischen Ansprüche, die Chinas Wortführer für die »Volkskommunen« als Übergangsform vom Sozialismus zum Kommunismus anmeldeten, den Sowjetführern bestimmt höchst ungelegen.

Im Jahre 1960 stand auf jeden Fall fest, daß die Sowjetunion eine der beiden Riesenmächte der Welt geworden und entschlossen war, ihr Imperium in Osteuropa und Mittelasien auf jeden Fall zu halten und dabei ihr möglichstes zu tun, die Überreste europäischer Großreiche in Afrika zu unterminieren; daß ihre Politik von ideologischen Zielen bestimmt wurde und daß sie darauf ausging, die Differenzen im westlichen Lager, die gelegentlich nicht schwer wahrzunehmen sind, bis zum äußersten auszunutzen.

*Jacques Freymond*

DIE ATLANTISCHE WELT

## Versuch einer Begriffsbestimmung

Was ist die Atlantische Welt? Ihre Mitte ist deutlich zu erkennen: es ist der Atlantische Ozean. Man gewahrt ihre sichtbaren Umrisse, die sich an den Küsten dieses Ozeans im Osten und im Westen abzeichnen; in einem relativen Sinn kann man sich auch ihre Grenzen im Norden und im Süden vorstellen. Damit ist aber noch nicht viel gewonnen. Die Atlantische Welt erschöpft sich nicht mit den Küsten, die den Atlantik umschließen. Sie umfaßt auch Land, das über die Küsten hinausgreift. Aber wie weit geht dies Land? Soll man nur den Nordatlantik in Betracht ziehen und sich damit begnügen, daß man einerseits Europa, anderseits den nordamerikanischen Kontinent einbezieht? Auf welche geographischen Kriterien soll sich diese Entscheidung stützen? Wo wäre die südliche Grenze des Nordatlantiks zu ziehen? Weiß man aber nicht, wie man sie bestimmen soll, und nimmt man noch den Südatlantik dazu, ist man dann nicht logisch genötigt, zur Atlantischen Welt auch Südamerika und Afrika zu zählen, die beiden Kontinente, die nach Alfred Wegeners Theorie zu einem frühen Zeitpunkt in der Geschichte der Erde miteinander verbunden waren? So würde die Atlantische Welt die westliche Erdhalbkugel, Europa und Afrika umfassen, und die Geschichte des Atlantischen Ozeans, ähnlich wie die des Mittelmeers, wäre – nach einer Formulierung Fernand Braudels – ebensowenig von den Landmassen zu trennen, die sie umgeben, »wie der Ton von den Händen des Töpfers, der ihn formt ...«.

In dem Augenblick aber, da man sich ins Landinnere begibt, entsteht die klassische Schwierigkeit: wo ist die Grenze anzusetzen? Welcher Teil Europas gehört dann zur Atlantischen Welt? Hat man keine Bedenken in bezug auf die Britischen Inseln und die Länder, die die atlantische Stirnseite des Kontinents bilden, so entstehen, je weiter man nach Osten vordringt, Fragen, die immer diffiziler werden. Hat nicht Frankreich auch eine Stirnseite zum Mittelmeer? Wie soll man Frankreich von Italien abtrennen? Und nimmt man Italien dazu, wie sollte man dann Griechenland auslassen? Das gleiche Grenzproblem entsteht übrigens auch weiter nördlich, am Rhein oder an der Elbe und im Baltikum. Es entsteht ebenso in Nordamerika, in Kanada und in den Vereinigten Staaten; man kennt die leidenschaftlichen Auseinandersetzungen um die »Frontier«-Theorie Frederick J. Turners. Es entsteht schließlich in Lateinamerika wie in Afrika, wo das Land nur dank äußeren Einflüssen, Beiträgen atlantischen Ursprungs, schrittweise und nur zum Teil erschlossen worden ist.

Charakteristisch für die Grenzen dessen, was der Sprachgebrauch die Atlantische Welt nennt, ist überall, auf welchem Kontinent man sich auch immer befinden mag, das Fließende, Bewegliche. Die geographische Fläche, die die Atlantische Welt umfaßt, ist veränderlich.

Diese Feststellung hat nichts Überraschendes an sich. Haben uns nicht die Geographen, vor allem die Geographen der französischen Schule, gelehrt, jeglichem geographischen Determinismus zu mißtrauen? Denken wir an Lucien Febvre: »Es gibt nichts mehr, was dem Menschen von der Natur fertig gegeben, was der Politik von der Geographie aufgezwungen wäre. Es gibt nur die Anpassung des Menschen an Möglichkeiten ...« Vor kurzem erst hat Jean Gottmann in »La Politique des États et leur Géographie« auf einige Konzeptionen von Vidal de Lablache und Henri Demangeon zurückgegriffen, um den Verkehr als »Schöpfer der Veränderung in der im Raum bestehenden Ordnung« theoretisch zu erfassen. »Im politischen Bereich«, schreibt er, »bewegt er die Menschen, die Armeen und die Ideen; im wirtschaftlichen Bereich bewegt er die Waren, die technischen Verfahren, das Kapital und die Märkte; im kulturellen Bereich bewegt er die Ideen, rührt er die Menschen durcheinander. Manchmal ist er wechselseitige Bewegung, manchmal Bewegung in einer Richtung. Weil die dem Menschen zugängliche Welt eine Einheit darstellt, bildet er ein Ganzes, unendlich fließend, unendlich verzweigt. Die Erscheinungen im Raum lokalisieren heißt sie in das vom Verkehr in Bewegung gehaltene Bezugssystem einfügen. Die geographische Lage eines Ortes oder eines Gebietes, angesichts ihrer politischen Konsequenzen ein entscheidendes Bestimmungsmerkmal, ist erst durch den jeweiligen Zustand des Verkehrs gegeben.«

Könnte man unter diesem Aspekt die Elemente einer Begriffsbestimmung der Atlantischen Welt aus der Analyse der transatlantischen Bevölkerungsverschiebung ableiten? Ohne jeden Zweifel. Der Verkehr über den Atlantik ist in der modernen Geschichte in erster Linie europäischen Ursprungs. Europa ist dabei der aktive Faktor: Europa drängt; Europa sendet Menschen nach Kanada, in die Vereinigten Staaten, nach Lateinamerika, nach Afrika; Europa flicht über den Ozean hinweg die Bande zwischen den Kontinenten. Aber diese europäische Expansion hatte die Bildung kultureller und politischer Zentren zur Folge, die, wiewohl ursprünglich von Europa beeinflußt, ein eigenständiges Leben entwickelt und nach und nach eigenen Einfluß und eigenes Strahlungsvermögen erworben haben. Und zwar so, daß die Atlantische Welt, statt einem so gut wie monopolistischen Einfluß Europas ausgesetzt zu sein, ihrerseits zum Brennpunkt der Wechselwirkung verschiedenartiger Einflüsse geworden ist. Die Europäisierung der Neuen Welt ist von einer fortschreitenden Amerikanisierung der Alten Welt abgelöst worden, die sich allerdings auch nicht auf den europäischen Kontinent beschränkt, sondern auch auf Afrika hinübergreift.

Führt diese Doppelerscheinung der Europäisierung und Amerikanisierung zwei ihrem Wesen und Ursprung nach verschiedene Zivilisationen gegeneinander ins Gefecht? Es sieht nicht danach aus. In Wirklichkeit stammen beide von der abendländischen Zivilisation ab. Ist daraus zu schließen, daß Atlantische Welt und abendländische Zivilisation identisch sind, so daß die Definition der abendländischen Zivilisation uns mit einem Schlag auch die gesuchte Begriffsbestimmung der Atlantischen Welt gäbe und zugleich zur Feststellung ihrer Grenzen beitrüge?

Die Identität ist auf den ersten Blick so überzeugend, daß sie den Geographen, Historikern, Anthropologen und Politikern, die sich aus mehr oder weniger stichhaltigen Gründen für die Atlantische Welt interessierten, neuerdings ein offenbar unerschöpfliches Thema geboten hat. So bemerken – um nur diese beiden Historiker zu zitieren – J. Godechot und P. Palmer: »In der kolonialen Epoche entwickelt sich in Amerika nicht weniger als in Europa die europäische Zivilisation, genauer gesagt: die Zivilisation Westeuropas, der die ersten Entdecker und Kolonisatoren, Spanier, Portugiesen, Franzosen, Engländer und Holländer, angehörten.« Worauf Godechot und Palmer die bekannte Konzeption Jacques Pirennes aufgreifen, die die Agrarverfassung Mitteleuropas und Rußlands als »Unterbau« des Feudalismus und der Autokratie in Gegensatz setzt zur westlichen Wirtschaft, wo ein dank den Seewegen intensiverer Verkehr die Entwicklung des Warenaustauschs und die Entstehung der bürgerlichen Gesellschaft begünstigte. »Diese Zivilisation des Abendlandes«, folgern die beiden Historiker, »konnte, während sie als Grundlagen die beherrschenden Ideen der jüdisch-christlichen Geistigkeit, des römischen Rechts und der griechischen Vernunft beibehielt, eine Gesellschaft entstehen lassen, die liberaler und dynamischer war als die Gesellschaft im Osten des alten Kontinents. Der Freiheit und Perfektibilität der menschlichen Person, der Idee des Gesetzes als Verkörperung der Gerechtigkeit, der Vorstellung von der Bestimmung und Beschränkung legitimer Macht durch das Recht verlieh sie zunehmend einen immer höheren Rang. Immer weniger zeigte sie sich geneigt, Schritt für Schritt dem überlieferten Brauch zu folgen oder sich der Gewalt zu unterwerfen.« »Eben diese Zivilisation Westeuropas hat sich, gewiß mit ihrem recht großen Variationsgefälle – das von Spanien bis England reichte –, seit dem 16. Jahrhundert in Amerika eingepflanzt.«

Aber das Variationsgefälle, von dem Godechot und Palmer sprechen, beruhte nicht allein auf Unterschieden in der Sozialstruktur, der Lebensweise oder der Religion im Innern Europas. Es ergab sich nicht minder aus Einflüssen, die von außerhalb der westlichen Welt herkamen. Denn »abstrakt gesprochen, sind die Zivilisationen«, sagt der von den beiden Autoren zitierte Anthropologe Kroeber, »gleichsam unscharf abgetrennte Teilstücke des Ganzen der geschichtlichen Entwicklung«, deren Loslösung vom Ganzen »bisweilen nötig oder nützlich ist«, weil man so »bestimmte, besonders ausgewählte Aspekte, natürlich mit der nötigen Vorsicht, sichtbar« machen kann. Freilich läßt sich diese Loslösung nicht ohne Schwierigkeiten vornehmen: zu zahlreich sind die Erscheinungen gegenseitiger Durchdringung, die in Grenzregionen besonders spürbar sind und immer deutlicher hervortreten, je dichter und rapider der Weltverkehr wird. Sollte man über die mit der Entwicklung der technischen Zivilisation fortschreitende Abschleifung der Unterschiede im Lebensstil nicht erstaunt sein? Sollte man übersehen, daß der technische Fortschritt die zentrifugalen Kräfte ebenso begünstigt wie die zentripetalen, daß er gleichzeitig zur Intensivierung des Austauschs im Innern einer bestimmten Region und zu seiner Ausweitung über ihre Grenzen hinaus führen kann? Gewiß hat es in den Jahrhunderten, die auf die Entdeckung des Christoph Kolumbus folgten, ein sich immer mehr entfaltendes »atlantisches Leben« gegeben: zunächst das des spanischen Atlantiks, später das des britischen. Mit der Verbesserung der Verkehrsmittel ist dies Leben im Laufe des 20. Jahrhunderts und besonders seit dem zweiten Weltkrieg immer intensiver geworden. Aber die damit angezeigte »Durchlässigkeit« des Meeres, wie der Geograph sagt, wurde in zunehmendem Maße wettgemacht durch die beachtliche, fast revolutionäre Erhöhung der »Durchlässigkeit« des Landes. Das Mehr an Bedeutung, das die Kontinente einfach dadurch erfuhren, daß sie Aufmerksamkeit und Energie anzogen, trug dazu bei, die atlantischen Bande zu lockern.

So stellt sich heraus, daß die Grenze der Atlantischen Welt durch eine unmögliche Einheit der Zivilisation nicht besser definiert ist als durch willkürliche Vorschriften eines geographischen Determinismus. Sie ist ein politisches Phänomen und verändert sich mit dem Spiel der politischen Kräfte. Aber ebensowenig kann man aus der Feststellung, daß es ein »atlantisches Leben« oder eine »atlantische Zivilisation« gibt, folgern, daß eine »atlantische Gemeinschaft« existiere. Dazu müßte man voraussetzen, daß sich die, die in ihrem Namen sprechen wollen, so mächtiger und so zwingender wirtschaftlicher, politischer und ideologischer Bande bewußt sind, daß damit die Anziehung anderer Kräfte hinfällig würde, die die Mitglieder dieser Gemeinschaft veranlassen, ihre Blicke nach außen zu richten.

## *Vom Mythos der einen Welt zu den ersten Zusammenschlußversuchen*

In Wirklichkeit zeigte sich in der Atlantischen Welt am Ende des Krieges so gut wie gar kein Bewußtsein einer sich von der Außenwelt abhebenden Interessengemeinschaft. Man konnte sich zwar auf die Atlantikcharta berufen, die, zu einem Zeitpunkt verfaßt und verkündet, da sich die Vereinigten Staaten und Großbritannien anschickten, ihre Kräfte enger zusammenzuschließen, das Wollen der westlichen Demokratien gegenüber den im Dreierpakt verbundenen Mächten und der, wie es schien, noch das Spiel Hitler-Deutschlands besorgenden Sowjetunion zum Ausdruck brachte. Aber die Leitmotive der Atlantikcharta waren auch in die Erklärung der Vereinten Nationen eingegangen. Das heißt: die Weltkoalition umschloß, überragte, ja, sie erstickte die regionale Organisation, von der sie die Prinzipien zur Grundlegung ihrer eigenen Tätigkeit übernommen hatte. Und im übrigen war der Kampf gegen den Kriegsgegner so erbittert, daß er die Zusammenlegung der Kräfte aller Alliierten erforderte; das trug gleichzeitig – vor allem im Westen – dazu bei, das Bewußtsein von der Notwendigkeit der Aktionseinheit nicht nur zur Erringung des Sieges, sondern auch zur Sicherung des Friedens zu stärken.

Das Thema, das die Große Allianz zwischen 1943 und 1945 beherrscht, ist die Einheit der Welt. »Wir sind sicher«, erklären Roosevelt, Churchill und Stalin gegen Ende der Konferenz von Teheran, »daß das Einvernehmen, das uns verbindet, zu einem dauerhaften Frieden führen wird. Wir sind uns der hohen Verantwortung voll bewußt, die uns ebenso wie allen Vereinten Nationen zufällt: einen Frieden zu schmieden, der bei der überwältigenden Mehrheit der Völker der Erde aus freien Stücken Unterstützung findet, einen Frieden, der die Kriegsgeißel und die Kriegsgreuel für viele Generationen bannt.« Und am Ende der Erklärung das Versprechen, alle Länder, große und kleine, »in die große Weltfamilie der demokratischen Staaten« aufzunehmen. Die »große Weltfamilie«: das ist eher der Stil Roosevelts als der Stil Stalins. Aber das ist der Stil der Koalition, zum mindesten für den Westen. Aus ihm spricht eine aufrichtige Überzeugung: »Wir«, schreibt Hopkins nach Jalta, »glaubten wirklich aus vollem Herzen, die Morgenröte eines neuen Tages heraufkommen zu sehen, dem unsre Gebete galten und von dem wir seit so vielen Jahren gesprochen hatten. Wir waren absolut sicher, den ersten großen Sieg des Friedens errungen zu haben, und unter *uns* verstehe ich alle zivilisierten Völker der Menschheit.« Im State Department hat man es bereits festgelegt: »In dem Maße, wie die in der Viermächteerklärung vorgesehenen Maßnahmen zur Durchführung kommen, werden keine Einflußsphären, keine Sonderbündnisse, kein Mächtegleichgewicht und keine sonstigen Abmachungen benötigt werden, die die Staaten zum Schutz ihrer Sicherheit und zur Förderung ihrer Interessen in früheren Zeiten der Wirren trafen.« Angesichts des so bekundeten Glaubens an die Möglichkeit einer Weltorganisation scheinen die wenigen Stimmen, die die Schaffung eines bescheideneren Systems, eines regionalen Sicherheitssystems im atlantischen Rahmen befürworten, ganz isoliert.

In der vordersten Reihe der Anhänger einer regional beschränkten, die Staaten diesseits und jenseits des Atlantiks umfassenden politischen Gemeinschaft steht Clarence K. Streit, der 1939 in seinem »Union Now« (der in Frankreich gewählte Titel »Vereinigung oder Chaos« gibt die dramatische Tonart besser wieder) »die sofortige Vereinigung der durch den Nordatlantik und tausend andere Bande bereits verbundenen Demokratien« vorgeschlagen hat, »die Vereinigung dieser Völker in einer großen föderativen Republik, gegründet auf das demokratische Prinzip des staatlichen Schutzes der persönlichen Freiheit, die ihren ureigensten gemeinsamen Besitz darstellt, und mit dem Ziel geschaffen, dies Prinzip zu erhalten«. In dem 1943 veröffentlichten Buch »U.S. Foreign Policy« widmet Walter Lippmann ein Kapitel der »atlantischen Gemeinschaft«, deren politische Organisation die Grundlage des neuen amerikanischen Sicherheitssystems bilden müsse. Ohne einen so vollständigen Zusammenschluß ins Auge zu fassen, wie ihn Streit entwirft, hebt er nicht minder das Zusammenfallen der Interessen der Staaten Westeuropas und der Staaten des nordamerikanischen Kontinents hervor. »Nicht in dem, was Menschen sagen, denken oder fühlen«, schließt Lippmann, »bewährt sich eine Gemeinschaft, sondern in dem, was sie tun, wenn sie zum Handeln gezwungen sind. Der Beweis ist aber erbracht, daß es auf dem Erdball eine große Gemeinschaft gibt, aus der nicht ein einziges Mitglied ausgeschaltet werden noch sich selbst herauslösen kann. Diese Gemeinschaft hat ihren geographischen Mittelpunkt im großen Becken des Atlantischen Ozeans.«

Diese amerikanischen Stimmen finden in denen einiger Europäer ihren Widerhall. Jacques Pirenne, der viele Jahre mit dem Studium der großen Ströme der Geschichte verbracht hat, formuliert 1944 in seiner Analyse des neuen internationalen Gleichgewichts Vorschläge, die gleichsam von selbst seinen historischen Forschungen entspringen: »Der gegenwärtige Krieg wird nicht vergeblich gewesen sein, wenn sich die Staatsmänner, denen das Schicksal der westlichen Länder anvertraut ist, zum Werkzeug der geschichtlichen Entwicklung ihrer Völker machen und diese Entwicklung mit der Zusammenfassung der Völker in einer großen atlantischen Föderation krönen.« Ein Jahr später zeigt der Schweizer Historiker Gonzague de Reynold in einer Untersuchung der politischen und historischen Voraussetzungen des Friedens, daß Europa, durch die von den Siegermächten gezogene

Demarkationslinie in zwei Teile zerschnitten, zu schwach ist, sich selbst zu schützen, und der Hilfe des auch europäischen Nordamerikas bedarf.

So sehen die Beweisstücke aus. Aber so denken nur wenige. So groß ihr Ruf sein mochte, so wenig Einfluß haben sie auf die, die entscheiden, oder auf eine öffentliche Meinung, die voller Optimismus ist, weil der Krieg zu Ende gegangen ist und weil ihr die Regierungen mit schönen Worten Hoffnung machen. Umsonst wiederholt Clarence Streit seine Appelle und Demarchen. Man hört auf ihn nicht mehr als auf die Befürworter einer Weltregierung. In den Zeitschriften, die sonst die wichtigsten Sorgen und Interessen politischer Kreise getreulich wiedergeben, wird das atlantische Thema in den Jahren 1945 bis 1947 kaum erwähnt; es ist nicht anders in den Memoiren oder Büchern von Politikern oder in Parlamentsdebatten.

Indes mußte die kritische Zuspitzung der Beziehungen zwischen der Sowjetunion und ihren angelsächsischen Verbündeten die Vorstellungen des Westens über die internationale Konstellation der Nachkriegszeit entscheidend verändern. Mit den Tatsachen konfrontiert, büßte der Mythos von der einen Welt Schritt für Schritt an Anziehungskraft ein. In einer Rede vom 9. Februar 1946 erinnerte Stalin unter Berufung auf die leninistische Imperialismus- und Revolutionstheorie an die unüberbrückbaren Schranken, die der interalliierten Zusammenarbeit gesetzt seien. Wer dieser Erklärung keine Aufmerksamkeit schenken wollte, dem brachte Molotows Haltung auf den verschiedenen Außenministerkonferenzen die Verschärfung der Sowjetforderungen bei. Nach und nach schloß sich Osteuropa gegen den Westen ab und machte einen Gleichschaltungsprozeß durch, der 1946 und 1947 trotz allen westlichen Berufungen auf die Vereinbarungen von Jalta unerbittlich zu Ende geführt wurde. So wurde die neue politische Grenze festgelegt, an der Europa und der Westen enden. Gleichzeitig ließ der wachsende Druck, den die Sowjetunion durch Vermittlung ihrer Balkanverbündeten oder durch Aktionen der kommunistischen Parteien auf manche westeuropäischen und Mittelmeerländer ausübte und der um so empfindlicher wirkte, als Europa am Rande des wirtschaftlichen Zusammenbruchs stand, den Anschlag der Sowjetunion auf den gesamten Kontinent zu einer akuten Drohung werden.

Diese Drohung bewirkte eine zweifache Reaktion: sie förderte eine Umgruppierung der Kräfte Westeuropas und intensivere Bemühungen um die politische Zusammenfassung des von der Sowjetvormundschaft noch verschonten Teils des Kontinents; sie veranlaßte zugleich die Regierung der Vereinigten Staaten, das Manöver des Abrückens von allen Positionen, die nicht schon bei Kriegsende besetzt waren, abzubrechen und Amerikas Anwesenheit in Europa und im Mittelmeerbecken von neuem zu betonen.

Winston Churchill blieb es vorbehalten, der europäischen Föderation, deren Grundstein von vielen Pionieren schon während des Krieges ohne Blitzlicht gelegt worden war, einen effektvollen Auftrieb zu geben. Auf die explosive Rede von Fulton vom 5. März 1946 folgte am 19. September die Züricher Rede, in der er Völker und Regierungen des Kontinents von der Notwendigkeit zu überzeugen suchte, die Vereinigten Staaten von Europa ins Leben zu rufen, und mit Nachdruck aussprach, daß eine solche regionale Organisation dem Aufbau der Vereinten Nationen nicht widerspreche, sondern ihren beiden großen Tragpfeilern, dem interamerikanischen System und dem Commonwealth, nur einen dritten hinzufüge. Im

Unterzeichnung der Satzung der Vereinten Nationen in San Francisco am 26. Juni 1945

Winston Churchill während des englischen Wahlkampfes, Oktober 1951

Munde Churchills war dieser Vorschlag nicht neu; er hatte schon im Krieg die Grundzüge einer europäischen Föderation vorgezeichnet. Demselben Plan galt die Rede des Feldmarschalls Jan Christiaan Smuts, in der der südafrikanische Staatsmann angesichts des Aufstiegs der beiden Kolosse USA und UdSSR und der erschütterten Position Großbritanniens nachwies, daß das englische Inselreich keine andere Wahl habe, als sich gleichzeitig auf das Commonwealth und ein föderiertes Europa zu stützen. Und obgleich diese Wahl – vor allem mit der starken Betonung der deutsch-französischen Verständigung – als Bruch mit der traditionellen, der Einigung des Kontinents widerstrebenden englischen Politik erscheinen mochte, entsprach sie auch den Zielen, die die Labour Party, seit sie an der Macht war, ihrer Europa-Politik gesetzt hat. Denn die englischen Führer und die am politischen Geschehen interessierten Kreise Englands waren sich dessen bewußt, daß ihr Land seine Großmachtposition nur halten könne, wenn es nicht nur im Commonwealth, dessen Anfälligkeit für Einwirkungen von außen im Krieg deutlich hervorgetreten war, sondern auch in Europa eine Stütze fand.

Aber Europa war ein geographischer Begriff, nicht eine politische Realität. Mehr noch: der Krieg hatte ein Vakuum geschaffen. Deutschland war nicht mehr. Im Herzen Europas, in der großen nördlichen Ebene, waren nur verwüstete Gebiete übrig, in denen sich eine zerschlagene, auseinandergetriebene, desorientierte und von den Alliierten, den Erben des Hitlerschen Zusammenbruchs und der bedingungslosen Kapitulation, schlecht und recht regierte Bevölkerung langsam neu zu organisieren suchte.

Sehr schnell waren die im Potsdamer Abkommen versteckten Doppeldeutigkeiten und Widersprüche zutage getreten. Die Zerlegung des Landes in Besatzungszonen hatte nicht etwa in einer zentralen Verwaltung und einer Wiederaufnahme des Wirtschaftsverkehrs ein Gegengewicht erhalten. Die Alliierten hatten sich in ihren Besatzungszonen verbarrikadiert und verwalteten sie nach Gutdünken. Die Entnazifizierungs- und Demokratisierungsmaßnahmen, überall grobschlächtig, waren auf verschiedene Weise durchgeführt worden. Um die Fragen der Reparationsforderungen und der Demontage waren Zwistigkeiten ausgebrochen, die um so heftiger waren, als man im Westen die Sackgasse erkannte, in die die strikte Anwendung der Bestimmungen über Abbau und Produktionsbeschränkung der Hüttenindustrie hineinführte. Wie sollte man in den westlichen Besatzungszonen eine Bevölkerung, die durch den Massenzustrom von Flüchtlingen aus dem Osten angeschwollen war, auf einem Boden, der landwirtschaftlich nicht genug trug, am Leben erhalten, wenn man die Ausschöpfung der normalen Produktionsmöglichkeiten der Industrie untersagte? Der Unsinn einer Politik, in der sich Anklänge an den berühmten Morgenthau-Plan wiederfanden, war allen sichtbar. Das mußte die Alliierten, die die wirtschaftliche Wiedervereinigung, auf der sie bestanden, nicht erlangen konnten, dazu bringen, sich untereinander zusammenzuschließen und ihre Zonen zusammenzulegen, was seinerseits die Zweiteilung Deutschlands unterstrich.

Von den Schwierigkeiten blieben auch die Sieger nicht verschont. In Frankreich widerstand die in der Résistance dem Anschein nach wiedergefundene Einheit, die die drei großen Parteien – Kommunisten, Sozialisten und Volksrepublikaner – hatte zusammengehen lassen, nur kurze Zeit der Belastungsprobe des Regierens. In der kritischen Zeit der

Befreiung hatte sich Scheußliches und Erhabenes vermengt, hatten die Auswüchse der »Résistance-Gesinnung« die auf innenpolitische Versöhnung gerichteten Bestrebungen erdrückt und die Hoffnungen zusammenschrumpfen lassen, die das Erscheinen neuer, durch die Bewährungsprobe des Widerstands gehärteter, aber nicht abgestumpfter Menschen hervorgerufen hatte. Nachdem diese kritische Zeit vorbei war, kamen grundlegende Differenzen in politischen Auffassungen und Methoden zum Vorschein. Nach dem Rücktritt General de Gaulles (Januar 1946) durfte die Dreiparteienkoalition noch über ein Jahr, bis Anfang Mai 1947, am Leben bleiben. Aber in dieser Zeit konzentrierte sich die Aufmerksamkeit auf Verfassungsfragen; die Spannungen zwischen der kommunistischen Partei und ihren beiden Verbündeten mußten unaufhörlich weiterwachsen, jede grundsätzliche Entscheidung in Politik und Wirtschaft vereiteln und damit die allgemeine Unsicherheit zum Dauerzustand machen.

Italien, das es beizeiten verstanden hatte, eine Umstellung vorzunehmen und Männer zu finden, die den Alliierten als Gesprächspartner ernst genug schienen, war auf diese Weise einer Besetzung entgangen und hatte Anfang 1947 einen Friedensvertrag zugestanden bekommen, der nicht allzu hart war. Aber dem Krieg hatte es nicht ausweichen können. Der langsame Rückzug der deutschen Truppen über die ganze Länge der Halbinsel und das Zwischenspiel der republikanisch-faschistischen Regierung hatten große Zerstörungen hinterlassen. Das Land war arm. Das Mussolini-Abenteuer kam es teuer zu stehen. Deswegen waren die Nachkriegsjahre schwer. Zu den wirtschaftlichen und finanziellen Problemen, die der Wiederaufbau eines Landes ohne die Naturschätze Frankreichs verursachte, gesellten sich die Folgen des Regimewechsels: auf Monarchie und Faschismus war eine demokratische Republik gefolgt. Zu ihrem Glück verfügte die junge Republik über genug politisches Ersatzpersonal, bewährte Patrioten, die im Exil überlebt hatten und gewachsen waren. Einen stabilisierenden Einfluß konnte die Nähe des Vatikans und die Heranziehung der Geistlichkeit ausüben. Dennoch belastete eine mächtige kommunistische Partei, die als Staat im Staat organisiert war, die Republik mit einer schweren Hypothek; das trug zur Verschärfung gefährlicher politischer Spannungen in der schwierigen Wiederaufbauzeit bei.

So hatte das Auseinanderfallen der großen Allianz mit der darauffolgenden Teilung der Welt in zwei Lager nicht bloß zur Folge, daß sich die von den Armeen bei Kriegsende quer durch Europa gezogene Demarkationslinie in eine ständige Grenze verwandelte. Eine weitere Folge war, daß die Einheit der Nationen zerbrach und die beiden Staaten, die die wichtigsten Bastionen des Westens darstellen, geschwächt wurden. Weiter östlich, am äußersten Zipfel der Balkanhalbinsel, gelang es Griechenland nicht, sich aus den Fängen eines Bürgerkriegs zu lösen, der einen internationalen Charakter annahm. Nur einige kleine Staaten hielten sich, gefährdeten Inseln gleich, über den Fluten: Belgien, das sich rasch erholt hatte, Schweden und die Schweiz, die der Krieg verschont hatte und deren Armeen für den Augenblick – welch paradoxer Hinweis auf die Öde des europäischen Schlachtfeldes! – im Westen des Kontinents als die stärksten galten. Kein Wunder, daß die Beunruhigung zunahm.

Die englische Sympathieerklärung für den Wiederaufbau Europas, von der die Rede war, bedeutete nicht, daß Großbritanniens Führung bereit war, ihr Land auf die Dauer in ein europäisches Gebilde einzubauen. Churchill hatte von deutsch-französischer Aussöhnung gesprochen. Großbritannien ermutigte Europa von außen und band sich nur in dem Maße, wie die Sowjetgefahr es dazu nötigte: zunächst im Vertrag von Dünkirchen, dann unter dem Druck der Erregung, die die kommunistische Machtergreifung in Prag im Frühjahr 1948 auslöste, im Brüsseler Vertrag. Was England wirklich sein und bleiben wollte, war »das gemeinsame Segment, in dem sich drei Kreise überschneiden: Europa, das Commonwealth und der transatlantische Sonderbund, der das wichtigste Verbindungsstück zwischen den beiden Erdhalbkugeln bildet«. In dem Augenblick, da England zur Organisierung des europäischen Kontinents drängte, erinnerte es sich seiner atlantischen und weltumspannenden Mission.

Die Rückkehr Amerikas kündigte sich zunächst in einer Anleihe an England an, die den wirtschaftlichen Zusammenbruch eines der Pfeiler der atlantischen Verteidigung verhindern sollte, dann – am 12. März 1947 – in der Formulierung der so folgenschweren Truman-Doktrin. Mit ihrem Entschluß, Griechenland und die Türkei zu unterstützen, um dem seit Kriegsende immer bedrohlicheren Druck der Sowjetunion auf diese beiden Länder entgegenzuwirken, wollte die Regierung der Vereinigten Staaten nachdrücklich betonen, daß sie in der Sowjetexpansion an den östlichen Grenzen Europas eine Gefahr für ihre eigene Sicherheit sah. Ihre Solidaritätserklärung umspannte den Atlantik und das Mittelmeer und reichte bis zu den Küsten des Ägäischen Meeres und Kleinasiens.

Nicht daß die Vereinigten Staaten eine enge Verbindung mit Europa hätten eingehen oder ein Bündnisverhältnis besonderer Art ins Auge fassen wollen. Ihre Handlungsweise erklärte sich daraus, daß sie als Weltmacht die Ausdehnung der Einflußsphäre des Partners von gestern der sich nun als gefährlicher Rivale entpuppte, nicht zulassen konnten, weil eine solche Ausdehnung das Kräfteverhältnis zu dessen Gunsten verschoben hätte. Aber mit ihrem Eingriff setzten sie einen selbsttätigen Mechanismus in Bewegung. Die Unterstützung Griechenlands und der Türkei zog, wollte man die Verkehrsverbindungen schützen, unweigerlich die Unterstützung Italiens und Westeuropas nach sich, die ja auch schwer bedroht waren. Der Zusammenhang zwischen der Truman-Doktrin und dem Marshall-Plan, dessen Grundkonzeption Anfang Juni 1947 lanciert wurde, lag auf der Hand. Indes hatte sich in der Zwischenzeit der politische Kurs herauskristallisiert, und die Ziele waren klar herausgearbeitet worden: die Wirtschaftshilfe, die die Vereinigten Staaten den kontinentalen Staaten zu gewähren bereit waren, sollte zum Zustandekommen des europäischen Zusammenschlusses beitragen. Die Vereinigten Staaten von Europa: das war das Bild, von dem die amerikanische Regierung und das amerikanische Volk hofften, daß es sich nach einigen Jahren wirtschaftlicher Zusammenarbeit ihren Augen darbieten würde.

Solcherart von allen Seiten angeregt, durch die Sowjetgefahr getrieben, durch die Hilfe von außen, die die Vereinigten Staaten und Großbritannien stellten, belebt und von einer Bewegung, an der Intellektuelle und Politiker gemeinsam teilnahmen, vorwärtsgestoßen, schien Europa zum Bewußtsein seiner selbst zu erwachen und sich ein neues Daseinsgesetz geben zu wollen. Die Erinnerung an die Größe vergangener Jahrhunderte und die mahnenden Bilder der letzten Katastrophe gaben den Anstoß zum Handeln. Von den verschiedensten Seiten ging der Appell an die Europäer aus, die Reihen zu schließen. Die

Widerstandskämpfer aus neun Ländern Europas, die sich 1944 auf den »Entwurf einer föderalistischen Erklärung« geeinigt hatten, setzten ihre Bemühungen fort. Organisationen wurden gegründet. Auf die Initiative Paul van Zeelands hin entstand 1945 die Unabhängige Liga für wirtschaftliche Zusammenarbeit. Ende 1946 gründeten die Föderalisten die Europäische Union der Föderalisten. Drei neue Organisationen traten 1947 ins Leben: United Europe Committee in London, Nouvelles Équipes Internationales in Lüttich und Conseil Français pour l'Europe Unie in Paris.

Diese Organisationen hatten ihre Verästelungen in den politischen Parteien; zum Teil waren sie selbst aus den bestehenden Parteien hervorgegangen. Unter Sozialisten ebenso wie unter christlichen Demokraten gab es Anhänger des Europa-Gedankens. Auch das war eine Kriegsfolge. Da der Krieg einige politische Strukturen bestehenließ, während er zugleich den Europäern die Gewissensprüfung aufnötigte, der sie sich so lange entzogen hatten, hatte er in verschiedenen Ländern den Willen zur Erneuerung gekräftigt. Den Sozialisten, die mehr als andere Parteien von den Auswirkungen der kommunistischen und der faschistischen Welle getroffen worden waren und die zwischen die Mühlsteine der Sowjetunion und des amerikanischen Kapitalismus zu geraten fürchteten, erschien die Vereinigung Europas als wünschenswert. Sie stellte sich manchen von ihnen als Verwirklichung des alten internationalistischen Ideals und zugleich als der »dritte Weg« dar, den der westliche Sozialismus repräsentieren möchte. Aber die Sozialisten waren nicht immer einer Meinung. Die ideologische Krise, die sie seit Jahren durchmachten, und die Verschiedenheit der historischen Erfahrung, vor der sie in Deutschland, in Italien, in Frankreich hatten bestehen müssen, brachten Differenzierungen und Schwankungen mit sich und verhinderten eine einheitliche Willensbildung.

Anders war die christlich-demokratische Bewegung aus dem Krieg hervorgegangen: vom Elan der Jugend beflügelt und von einer Überzeugung getragen, deren Strahlungsweite durch praktische Erprobung und politische Triumphe gewonnen hat. Faktisch war die christliche Demokratie die einzige große europäische Partei. In allen Ländern des europäischen Westens vertreten, in den meisten einflußreich, zuerst in Italien, dann auch in Deutschland sogar Mehrheitspartei, durfte sie sich nicht nur auf einen gemeinsamen Glauben stützen, sondern auch auf die Kirche, die den Rahmen abgab und koordinierend wirkte. Gegenüber dem Kommunismus erschien sie als die einzige gleichermaßen nationale wie internationale Partei, die die Fähigkeit hatte, nicht nur innerhalb jedes einzelnen Staates Widerstand zu leisten, sondern auch den Aufbau einer europäischen Gesellschaft in die Hand zu nehmen. In Alcide De Gasperi, Robert Schuman und bald auch Konrad Adenauer verfügte sie über Männer von Format, die diesem Aufbauwerk während einer kurzen, aber entscheidenden Periode den rechten Antrieb zu geben wußten. Man mag hier von einem glücklichen Zusammentreffen von Umständen sprechen: daß zur selben Zeit ein Lothringer, ein Rheinländer und ein Südtiroler in den drei Staaten Westeuropas am Ruder des Staatsschiffs standen, war ein Sinnbild der Bestrebungen, die über einen überholten Nationalismus hinausführen.

Von zwei Machtgebilden umklammert, konnten die europäischen Völker ihre Unabhängigkeit und ihren geistigen Einfluß nur wiedergewinnen, wenn sie ihre Energien koordinierten und wenn ihre Staaten eine Einbuße an Souveränität hinnahmen. Gespalten ist Europa verloren; vereint ist es eine Großmacht: solche Erklärungen hörte man von allen Seiten – sie waren fast eine Manie in diesem Jahr 1948, in dem das Thema der europäischen Union, von den Föderalisten in die Debatte geworfen, auf dem Haager Kongreß entwickelt, von Ministern auf der Pariser Konferenz aufgegriffen, die öffentliche Meinung immer mehr faszinierte, die auch noch von verantwortlichen Politikern – durchaus nicht minderen Ranges! – aufgerufen wurde, die Regierungen unter Druck zu setzen.

In der Mühsal des Bewußtwerdens mußte Europa dazu kommen, seinen Begriff aus der Negation zu bestimmen und seine Grenzen nicht nur gegenüber dem Osten, sondern auch gegenüber dem Westen, gegenüber der Atlantischen Welt abzustecken. Das Schwächegefühl der Europäer machte sie mißtrauisch nicht nur gegenüber dem revolutionären Imperialismus der Sowjetunion, sondern auch gegenüber dem amerikanischen Beschützer. Sie waren rasch dabei, in dem einen wie in dem andern – trotz allem Unterschied in Haltungen und Methoden – potentielle Eroberer zu sehen. Daher die Versuchung, sich stark zu machen, indem man beiden den Rücken kehrte, eine Versuchung, der man um so weniger widerstehen wollte, als man sich auf diese Weise die bequeme Möglichkeit verschaffte, einen Gegensatz zu konstruieren, der das eigene Selbstbewußtsein stärkte: zwischen den beiden Kolossen, zwischen diesen beiden Landmassen, zwischen Sowjetkommunismus und amerikanischem Kapitalismus konnte Europa, das Gelände, das sich dem Menschen fügt, der Kulturraum, der das Erbe der griechisch-römischen Zivilisation wahrt, in dem verschiedene Einflüsse aufeinandertreffen und der allem Partikulären Zuflucht gewährt, immer noch wie ein Leuchtturm strahlen und einer in Fehlalternativen verstrickten Welt gültige Lösungen darbringen.

Diese Abwehrhaltung gegenüber den Vereinigten Staaten, am häufigsten in der Absage an einen amerikanischen Kapitalismus kundgetan, dessen Wesen man freilich gar nicht kannte, war überlagert von einem Streit unter Europäern über die Europa-Konzeption und über die Art, wie man Europa zusammenfassen sollte. Die Engländer, pragmatisch wie immer, neigten zum Vorgehen nach Zweckgegebenheiten, das eine Koordinierung von Fall zu Fall je nach Bedarf ermöglicht, und stießen dabei unvermeidlich auf den Widerstand der Franzosen, die in ihrer systematischeren, aber auch schematischeren Haltung die Organisation des Kontinents so bald wie möglich in feste institutionelle Formen gießen wollten. Aber die institutionelle Methode, für die sich die Franzosen mit Unterstützung der Mehrheit der europäischen Föderalisten auf dem Haager Kongreß und in den folgenden Monaten unzählige Male einsetzten, war unannehmbar für die Engländer, weil sie sie zu Entscheidungen nötigte, die sie nicht treffen wollten. Je mehr Europa einem organisatorischen Zusammenschluß zuneigte und je mehr sich der Gedanke der überstaatlichen Organisation durchsetzte, um so mehr sah sich Großbritannien, das an seiner Sonderposition festhalten wollte, aus einer Gemeinschaft hinausgedrängt, die es indes als unentbehrlich für seine Sicherheit erachtete.

Der Atlantik war also gar nicht der Mittelpunkt der ersten Zusammenschlußbemühungen, die der vom Sowjetmessianismus genährte Ansturm unerläßlich gemacht hatte. Die Einigung vollzog sich in Westeuropa, dazu in einem Ausschließlichkeitsgeist, der darauf hinauslief, die beiden großen atlantischen Mächte außerhalb der werdenden Gemeinschaft zu halten, obwohl gerade von ihnen die Initiative zur Förderung der europäischen Zusammenarbeit, ja sogar einer Föderation ausgegangen war. Beiden Seiten schien an einer Festigung der Bande zwischen den Völkern diesseits und jenseits des Atlantiks wenig zu liegen. Die europäischen Völker verlangten und akzeptierten die amerikanische Wirtschaftshilfe nur, um sich vor der dynamischen Kraft Amerikas besser schützen zu können. Die amerikanische Regierung bewilligte ihre Unterstützung nur in der Hoffnung, Europa dazu zu verhelfen, die Verteidigung gegen den Osten selbst sicherzustellen und damit Amerika eine Last abzunehmen, die die Regierung für zu schwer hielt. Großbritannien seinerseits erhoffte vor allem die politische und wirtschaftliche Wiederaufrichtung Europas als Beitrag zur Stärkung der Position der gleichsam in der Mitte liegenden Staaten, unter denen es sich befindet; damit glaubte es sich die Möglichkeit zu erhalten, je nach Situationserfordernissen von der Bewegungsfreiheit Gebrauch zu machen, die ihm seine Insellage, das Fortbestehen des Commonwealth und die Realität der Gemeinschaft englischsprechender Völker sichern. Die einen wie die anderen sollte die weitere Entwicklung dazu treiben, ihre Zusammenarbeit sehr viel enger zu gestalten.

## *Vom Marshall-Plan zum Atlantikpakt*

Tatsächlich ließ der Sowjetdruck nicht nach. Im Gegenteil: auf die an Aufstand grenzenden Streiks, die Italien und vor allem Frankreich im Winter 1947/48 in Atem gehalten hatten, und die Sensation der Machtergreifung in der Tschechoslowakei folgte der Versuch, Berlin durch die Blockade zu Fall zu bringen. Das Unternehmen begann in der zweiten Märzhälfte 1948 und gipfelte am 24. Juni in der völligen Schließung der Grenze zwischen der Sowjetzone und Westdeutschland für jeden Personen- und Warenverkehr. Das war nur eine gelinde Überraschung. Die unbefristete Vertagung der Londoner Konferenz von Ende 1947 war bereits gleichbedeutend mit dem Abbruch der Deutschland-Verhandlungen. Entsprechend hatten beide Seiten den Standpunkt bezogen, daß sie ihre Handlungsfreiheit wiedergewonnen hätten. Die von den Alliierten in Angriff genommene und auch auf die westlichen Sektoren Berlins angewandte Währungsreform unterstrich, falls es dessen noch bedurft hätte, die Trennung der beiden Teile Deutschlands. Zugleich bot sie den Sowjetbehörden die Gelegenheit oder den Vorwand zu einem auf die Beseitigung der alliierten Enklave in ihrer Besatzungszone gerichteten Vorstoß.

Diese Sowjetprovokation, die insofern ernster war als die früheren, als sie unmittelbar die westlichen Alliierten traf, sollte indes nicht die Wirkung erzielen, die die Sowjetregierung erwartet hatte. Sie gab den Amerikanern Gelegenheit, die Stärke ihrer Luftflotte und die Größe ihrer organisatorischen Leistung zu beweisen, und bewirkte gleichzeitig die Versteifung des westlichen Widerstands und die festere Zusammenfassung der westlichen Kräfte. Allerdings hatte sich schon vor dem Ausbruch der Berlin-Krise das Bedürfnis geltend gemacht, die mit dem Brüsseler Pakt geschaffene neue Sicherheitsorganisation durch eine

Verzahnung mit den Vereinigten Staaten zu stärken. Dies Bedürfnis war vor allem durch die pessimistischen Überlegungen genährt worden, die sich aus dem Studium der Verhandlungen des Sicherheitsrates aufdrängten: in der Tat waren die Vereinten Nationen durch das Veto lahmgelegt. Es kam infolgedessen darauf an, ein kollektives Sicherheitssystem für die Verteidigung des Westens zu organisieren.

Bereits Anfang März 1948 hatte Ernest Bevin den amerikanischen Außenminister Marshall auf die Notwendigkeit hingewiesen, die Position der im Brüsseler Pakt zusammengeschlossenen Nationen zu stärken. Er denke, erläuterte er, an einen Verteidigungsplan für den Atlantik, der mit einem Sicherheitssystem für das Mittelmeer zu koppeln sei. Dieser englische Vorstoß traf nicht ins Leere. Die kanadische Regierung, die die Entwicklung aufmerksam verfolgte, betonte öffentlich ihr Interesse an der Stärkung der westlichen Gemeinschaft. Am 29. April schloß Außenminister Louis Stephen Saint Laurent einen Bericht über die internationale Lage mit dem Hinweis auf die mögliche Intensivierung der Zusammenarbeit freier Staaten, die einander im Rahmen des Artikels 51 der Charta der Vereinten Nationen Schutz auf Gegenseitigkeit zusichern wollten. »Es ist möglich«, führte er aus, »daß die freien Staaten oder einige von ihnen es bald nötig finden werden, miteinander über die beste Methode der Schaffung einer gemeinsamen Sicherheitsorganisation in Beratungen einzutreten. Möglicherweise wird bei den Plänen einer westlichen Union, die gegenwärtig in Europa ausreifen, etwas herauskommen.«

In den Vereinigten Staaten gingen die Überlegungen in der gleichen Richtung. Am 17. März 1948, dem Tag, an dem der Brüsseler Vertrag unterzeichnet wurde, richtete Präsident Truman eine Botschaft an den Kongreß, in der er sich für den Vertrag einsetzte und die Hoffnung aussprach, daß die Vereinigten Staaten den freien Staaten die durch die Situation gebotene Hilfe mit den geeigneten Mitteln gewähren würden. Der Entschluß der freien Staaten Europas, sich selbst zu verteidigen, werde, so meinte er, durch den ebenso festen Willen der Amerikaner, ihnen dabei behilflich zu sein, verstärkt werden. Diese grundsätzliche Erklärung besagte nicht, daß die Vereinigten Staaten geneigt waren, mit den fünf Unterzeichnermächten des Brüsseler Paktes ein Bündnis zu schließen und entsprechend dem Vorschlag Bevins im Rahmen eines regionalen Paktes konkrete Verpflichtungen auf sich zu nehmen. So entschlossen der Präsident auch war, er blieb doch vorsichtig. Die praktische Initiative sollte vom Senat kommen, und zwar von einem Mann, dessen Eingreifen in diesem entscheidenden Augenblick einen tiefen, fast revolutionären Umschwung in der öffentlichen Meinung Amerikas oder jedenfalls in der Haltung der politischen Führung anzeigte: Senator Arthur H. Vandenberg.

*Vandenberg-Entschließung.* Seit Monaten hatte Vandenberg nach Möglichkeiten gesucht, das Sowjetveto zu umgehen, ohne die Charta der Vereinten Nationen zu verletzen. Bei seiner Mitwirkung an den Vorarbeiten zum Pakt von Rio de Janeiro machte er einige Erfahrungen, die ihm die Elemente einer Lösung eingaben. Als regionaler Vertrag beruft sich der Pakt von Rio auf die Artikel 52, 53 und 54 der Charta, die unter bestimmten Voraussetzungen regionale Vereinbarungen gutheißen. Im übrigen billigt Artikel 51 jedem von einem bewaffneten Angriff betroffenen Mitgliedsstaat der Vereinten Nationen ausdrücklich »das Recht der legitimen Verteidigung auf individueller und kollektiver Basis« zu, jedenfalls

»bis der Sicherheitsrat die zur Aufrechterhaltung des Friedens und der internationalen Sicherheit nötigen Maßnahmen getroffen hat«. Vandenberg entwarf nun eine Senatsentschließung, die das Verlangen nach Einschränkung der Vetopraxis zum Ausdruck brachte und die Möglichkeit einer Beteiligung der Vereinigten Staaten an einem Regionalvertrag mit Europa vorsah. Bei der Formulierung der Entschließung wirkte der Stellvertretende Außenminister Robert Lovett mit, und der endgültige Text wurde nach Erörterung mit Vertretern des Oberkommandos und des Außenministeriums und den Parteiführern im Kongreß dem Senatsausschuß für auswärtige Angelegenheiten vorgelegt, der ihn nach sorgfältiger Prüfung billigte. Am 11.Juni 1948 wurde die Entschließung im Senatsplenum mit 64 gegen 6 Stimmen genehmigt. Für die Geschichte der Atlantischen Welt ist sie von so großer Tragweite gewesen, daß es angebracht ist, an ihren Inhalt zu erinnern. Die Ziele, die der Senat »nach Maßgabe der Verfassung« im Rahmen der Charta der Vereinten Nationen verwirklicht sehen wollte, waren:

> 1. Freiwillige Vereinbarung über die Beseitigung des Vetos in allen die friedliche Regelung von Streitfragen und internationalen Reibungen betreffenden Fragen und bei der Aufnahme neuer Mitglieder.
> 2. Allmählicher Aufbau regionaler Abkommen und anderer kollektiver Vereinbarungen zur legitimen individuellen und kollektiven Verteidigung gemäß den Zielen, Grundsätzen und Bestimmungen der Charta.
> 3. Nach Maßgabe der Verfassungsbestimmungen Anschluß der Vereinigten Staaten an regionale oder kollektive Vereinbarungen, die dauerhafte und wirksame individuelle und gegenseitige Hilfeleistung vorsehen, soweit solche Vereinbarungen für die Sicherheit der Vereinigten Staaten von Bedeutung sind.
> 4. Förderung der Friedenssicherung durch die deutliche Bekundung der Entschlossenheit [der Vereinigten Staaten], von dem Recht der legitimen individuellen oder kollektiven Verteidigung im Sinne des Artikels 51 Gebrauch zu machen, sofern ein bewaffneter Angriff ihre nationale Sicherheit bedrohen sollte.
> 5. Größtmögliche Anstrengungen, zu Abmachungen zu gelangen, die den Vereinten Nationen im Sinne ihrer Charta bewaffnete Streitkräfte zur Verfügung stellen, und die Mitgliedsstaaten zu einem Übereinkommen über die allgemeine Reglementierung und Beschränkung der Rüstungen auf Grund angemessener und verläßlicher Sicherungen gegen Verstöße zu bringen.
> 6. Falls nach entsprechenden Schritten zur Stärkung der Vereinten Nationen erforderlich, zu einem geeigneten Zeitpunkt Revision der Charta durch eine laut Artikel 109 einzuberufende Konferenz der Mitgliedsstaaten oder durch die Generalversammlung.

Der Senat hatte sich mithin bereit gefunden, den Beitritt der Vereinigten Staaten zu einem regionalen kollektiven Sicherheitsabkommen in Erwägung zu ziehen. Die Entscheidung war revolutionär. Gewiß war die Teilnahme Amerikas an regionalen Abkommen nichts grundsätzlich Neues: die Vereinigten Staaten waren bereits einem interamerikanischen Vertragssystem angeschlossen, zu dessen Zustandekommen sie entscheidend beigetragen hatten, und mancherlei Umstände hatten sie früher dazu gebracht, an Koalitionen mit denselben europäischen Staaten teilzunehmen, in deren gefährliche Auseinandersetzungen sie sich indes unter keinen Umständen einzumischen gedachten; aber das war jeweils nur eine vorübergehende Beteiligung, nur für die Dauer eines bereits begonnenen Krieges zugestanden. Demgegenüber bedeutete die Vandenberg-Entschließung einen Bruch mit der traditionellen amerikanischen Zurückhaltung Europa gegenüber und auch mit der Monroe-Doktrin – oder mit dem, was von der Monroe-Doktrin nach zwei Weltkriegen noch übrig

Denkmal zur Erinnerung an die erfolgreiche Überwindung der Blockade West-Berlins durch die Luftbrücke

Frauen in einem Flüchtlingslager

war –, denn sie bekundete die Bereitschaft der Vereinigten Staaten, sich – auch in Friedenszeiten – an regionale Dauerabkommen zu binden. Sie zeigte zugleich, daß die für die amerikanische Politik Verantwortlichen die Schwierigkeiten auf dem Wege zum kollektiven Sicherheitssystem, das wenige Jahre früher noch als Allheilmittel erschienen war, mittlerweile erkannt hatten.

Dennoch verfolgte die Senatsentschließung nur ein begrenztes Ziel. Die Abkommen, an die gedacht wurde, konnten nur militärischer Natur sein. Im wesentlichen ging es um ein kollektives regionales Sicherheitssystem, das sich in ein weltumspannendes System im Rahmen der Vereinten Nationen einfügen sollte. Nirgends war die Rede vom Aufbau eines politischen Gebildes – etwa als Fundament der Atlantischen Welt. Außerdem war die Entschließung als Ganzes vorsichtig und nuanciert gehalten: die Beteiligung Amerikas wurde nur »nach Maßgabe« der Verfassung in Aussicht genommen, ein Vorbehalt, der bei einem auf seine Vorrechte sehr bedachten Senat nicht weiter wundernimmt. Daneben berief sich die Entschließung immer wieder auf die Charta der Vereinten Nationen, womit betont wurde, daß Amerika die Hoffnung nicht aufgegeben hatte, die Charta könnte eines Tages doch noch mit Erfolg zur Anwendung kommen. Der einzige Artikel (Art. 3), der Amerika neue Verpflichtungen auferlegen konnte, war mit präzisen Vorsichtsmaßregeln versehen; in dem der Entschließung vorausgeschickten Ausschußbericht wurden sie noch nachdrücklich unterstrichen und verstärkt.

In Wirklichkeit erwies sich die revolutionäre Entschließung bei näherem Zusehen als besonders weise. Es sah nicht so aus, als ob die Senatoren, die für sie gestimmt hatten, ihr traditionelles Mißtrauen Sonderbündnissen gegenüber völlig überwunden oder die Hoffnung aufgegeben hätten, das Ziel zu erreichen, das sich die Vereinigten Staaten gesetzt hatten. Doch die Atmosphäre, in der der Beschluß zustande gekommen war, die Geschichte der einzelnen Formulierungen und vor allem die Tatsache, daß die Entschließung im Senat entstanden und von einem der angesehensten Führer der Oppositionspartei eingebracht worden war: das alles hob ihre bahnbrechende Bedeutung hervor und verlieh ihr einen symbolischen Charakter. Der öffentlichen Meinung sollte sich nur der Artikel 3 einprägen, der, wollte man ihn isoliert betrachten, eine neue Etappe der amerikanischen Außenpolitik einzuleiten schien.

*Auf dem Wege zur NATO.* Der Sowjetdruck auf Berlin sollte die amerikanische Regierung und die Mitgliedsstaaten des Brüsseler Paktes sehr bald dazu bringen, die in der Entschließung formulierten Absichten in ein formal bindendes Bündnis umzusetzen. Bereits am 6. Juli 1948 begannen in Washington Verhandlungen, an denen neben dem Stellvertretenden Außenminister der Vereinigten Staaten und den Botschaftern der am Brüsseler Pakt beteiligten Staaten auch der kanadische Botschafter teilnahm. Die Besprechungen zogen sich bis zum Herbst hin und wurden dann von den Außenministern der Teilnehmermächte weitergeführt, die schließlich volle Übereinstimmung über das Prinzip eines nordatlantischen Verteidigungspaktes erzielten. Im Dezember wurde beschlossen, Dänemark, Irland, Norwegen und Portugal zum Beitritt und zur Teilnahme an der Endphase der Vertragsvorbereitungen aufzufordern; am 14. Januar 1949 kündigte Präsident Truman in seiner Botschaft an den Kongreß den bevorstehenden Abschluß des Vertrages an.

Noch einige Wochen vergingen. Am 18. März wurde der Wortlaut des Vertrages veröffentlicht, am 4. April erfolgte die Unterzeichnung in Washington. Das wesentlichste Ziel des Vertrages blieb durchaus ein kollektives regionales Sicherheitsabkommen, und seine wichtigsten Bestimmungen bezogen sich denn auch auf die militärische Seite des Problems. Aber das Bedürfnis, diese regionale Mächtegruppierung vor der übrigen Welt und namentlich vor den Vereinten Nationen zu rechtfertigen, hatte die Urheber des Paktes bewogen, nicht nur ihr Bekenntnis zu den Grundsätzen der Charta und ihre Bereitschaft, sich daran zu halten, erneut darzulegen, sondern auch die der Charta zugrunde liegenden weltanschaulichen und politischen Prinzipien zu formulieren. In diesem Sinne bekräftigt die Präambel den Glauben der Teilnehmermächte an die Ziele und Grundsätze der Charta und spricht anschließend von ihrer Entschlossenheit, »die Freiheit ihrer Völker, ihr gemeinsames Erbe und ihre Zivilisation, die sich auf die Prinzipien der Demokratie, der Freiheiten des Individuums und der rechtsstaatlichen Ordnung gründen, zu erhalten«, und bekundet ihren Willen, »Wohlstand und Stabilität im nordatlantischen Bereich zu fördern«. Noch deutlicher kommt die Berufung auf das gemeinsame Erbe in dem am Tag nach der Bekanntgabe des Vertrags veröffentlichten amerikanischen Weißbuch zum Ausdruck: »Der Vertrag hat seine Wurzeln in der Zivilisation und dem gemeinsamen Erbe der Völker, die diesseits und jenseits des Atlantischen Ozeans leben. Die Bande zwischen diesen Völkern beruhen nicht nur auf derselben kulturellen Vergangenheit, sondern auch auf dem tiefverwurzelten gemeinsamen Glauben an die Menschenwürde und den Wert der menschlichen Person, die Grundsätze der Demokratie und die rechtsstaatliche Ordnung.«

So begann die Idee einer atlantischen Gemeinschaft Gestalt anzunehmen. Indes blieb das Bild, das man sich von ihr machte, verschwommen, und was über das gemeinsame Interesse gesagt wurde, ging kaum über rhetorische Formeln hinaus. Man rückte zusammen, um gemeinsamer Bedrohung zu begegnen, und man bestimmte das eigene Wollen nur im Hinblick auf den Gegner. Die führenden Männer der Sowjetunion bekräftigten immer wieder ihren Glauben an die Zukunft einer kommunistischen Gesellschaftsordnung und lehnten mit Entschiedenheit jede Art Zusammenarbeit und Austausch mit der nichtkommunistischen Welt ab, die ihren Staat in einen Prozeß gegenseitiger Durchdringung einbeziehen und sowohl ihr eigenes Experiment als auch die Aussichten der Weltrevolution bedrohen könnte. Diese Haltung des Gegners brachte schließlich die Staaten Westeuropas und Amerikas zu der Erkenntnis, daß sie einer gemeinsamen Konzeption der gesellschaftlichen Beziehungen und der Demokratie anhängen.

Natürlich lieferte die Sowjetregierung, von allen kommunistischen Führern im Westen sekundiert, eine andere Erklärung für die Entstehung des Nordatlantikpaktes. Die volle Verantwortung für eine regionale Allianz, in der sie nicht ein kollektives Sicherheitssystem, sondern ein Angriffswerkzeug sieht, bürdete sie dem amerikanischen Imperialismus auf, der sich ihr nach der Leninschen Formel als die notwendige Folge des Monopolkapitalismus darstellt. Bei all ihrer Virulenz entbehrten diese Angriffe jeglicher Grundlage, und der kanadische Außenminister Lester Pearson kam der Wahrheit viel näher, als er anläßlich der feierlichen Unterzeichnung des Paktes sagte: »Der Atlantikpakt wurde aus Furcht und Enttäuschung geboren: aus der Furcht vor der aggressiven und umstürzlerischen Tätigkeit des

Kommunismus und den Rückwirkungen dieser Tätigkeit auf den Frieden, auf unsere Sicherheit und unseren Wohlstand und aus der Enttäuschung über die hartnäckige Obstruktion der kommunistischen Staaten, die unseren Bemühungen um ein wirksames Funktionieren der Vereinten Nationen als eines allgemeinen Sicherheitssystems den Weg versperrt.«

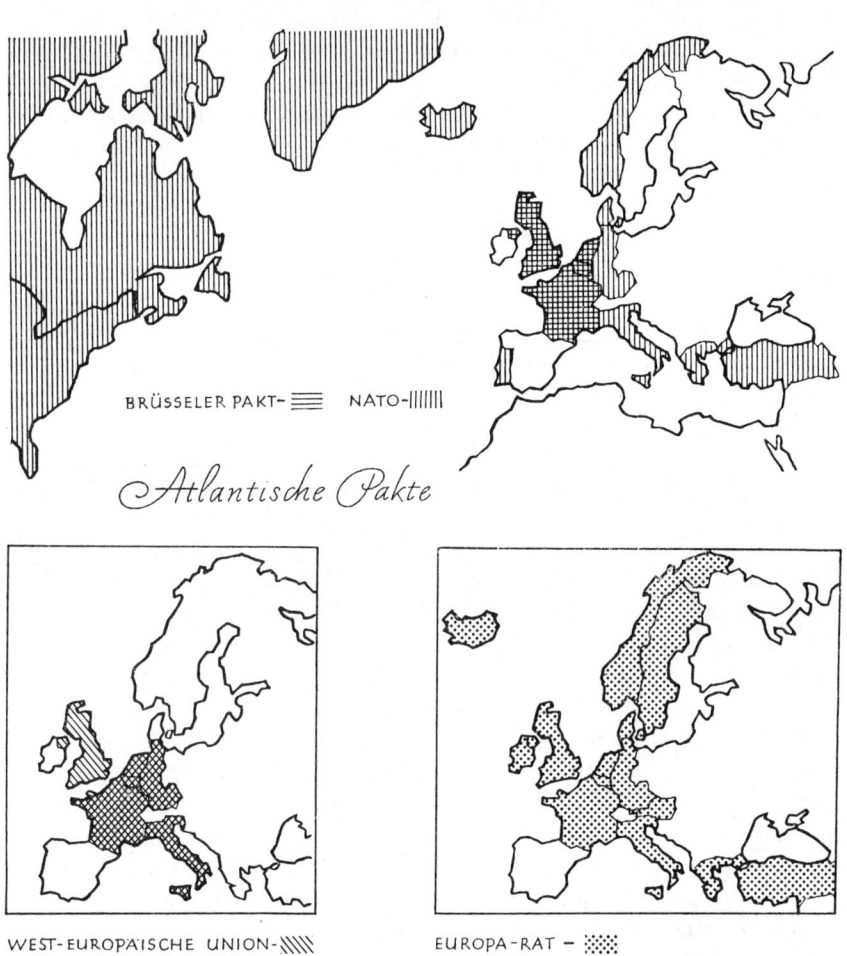

BRÜSSELER PAKT- ≡≡≡   NATO-||||||

*Atlantische Pakte*

WEST-EUROPÄISCHE UNION-\\\\\
MONTAN-UNION-////

EUROPA-RAT - ⁚⁚⁚

*Der Nordatlantikpakt und die Öffentlichkeit.* Die Aufnahme des Paktes in der Öffentlichkeit zeigte von neuem, wie wenig sein Abschluß der inneren Entwicklung einer atlantischen Gemeinschaft entsprungen, wieviel mehr er das Ergebnis äußeren Drucks auf die Atlantische Welt war. Bezeichnend war, daß sich die meisten Kommentare auf den militärischen Aspekt konzentrierten. So ging Dean Acheson in seiner Radioansprache vom 18. März 1949, in der er den Pakt auf die »Affinität und Identität der natürlichen Interessen der Atlantikmächte« zurückführte, vor allem darauf aus, die Bedrohung dieser Mächte durch die Sowjetunion als das Hauptmotiv des Bündnisses darzutun. Nach ausführlicher Darlegung des rein defensiven Charakters des Paktes fügte er recht aufschlußreich hinzu: »In der Welt von heute stellt sich die Sicherheit der Vereinigten Staaten nicht in Grenzen und Demarkationslinien dar, und jede ernste Bedrohung des internationalen Friedens und der Sicherheit in irgendeinem Teil der Welt betrifft die Vereinigten Staaten unmittelbar. Unsere Politik besteht infolgedessen darin, daß wir den freien Völkern nicht bloß in Westeuropa oder Amerika helfen, ihre Unverletzlichkeit und Unabhängigkeit zu wahren, sondern es auch überall dort tun, wo die Hilfe, die die Vereinigten Staaten leisten können, eine Wirkung haben kann.« Deutlicher ließe sich kaum dartun, daß beim Abschluß des Paktes die »Affinität und Identität der natürlichen Interessen« viel weniger ins Gewicht gefallen war als die Notwendigkeit, die sich der amerikanischen Politik aufdrängte, der Sowjetdrohung in der ganzen Welt – auch im Atlantik – entgegenzutreten. Über den Artikel 2 des Paktes, in dem von gemeinsamen Bemühungen die Rede ist, die »freien Institutionen« zu festigen und Bedingungen zu schaffen, »die geeignet sind, Stabilität und Wohlstand zu sichern«, meinte Dean Acheson bei einer anderen Gelegenheit, der Text sei zwar interessant, könne aber nach seiner Meinung keine erstrangige Bedeutung beanspruchen. Auch der Senatsausschuß für auswärtige Beziehungen war dieser Meinung.

Argumente militärischer Natur wurden ebenfalls von Ernest Bevin und Robert Schuman ins Feld geführt. Der Pakt, sagte Bevin im Unterhaus, gebe den Westmächten eine bedeutende Vormachtstellung, »und diese Vormachtstellung wird zum Besten des Friedens, der Sicherheit und einer stabileren Ordnung genutzt werden«. Der Chef des Foreign Office unterstrich die historische Bedeutung der Entscheidung, die nicht auf der politischen Verwirklichung einer atlantischen Gemeinschaft, sondern darauf beruhe, daß die Amerikaner zum erstenmal in Friedenszeiten Verpflichtungen Europa gegenüber übernähmen. Auf dieselbe Tonart waren die Erklärungen Schumans gestimmt. Auch er hob die militärische Bedeutung des Paktes hervor. Auch er bemühte sich um den Nachweis, daß die Bestimmungen des Paktes in keiner Weise unvereinbar seien mit denen der UN-Charta. Auch für ihn lag die historische Bedeutung der Entscheidung darin, daß Frankreich das erhalte, was es »zwischen den beiden Kriegen vergeblich erhofft hatte: die Vereinigten Staaten erkennen, daß es weder Frieden noch Sicherheit gibt, wenn Europa in Gefahr ist«. Vom »gemeinsamen Erbe« freilich sprach Schuman überhaupt nicht. Vielmehr betonte er, daß, wenn sich Frankreich, um sich zu verteidigen, »mit demokratischen Ländern zusammenschließt, deren politische Tendenzen recht unterschiedlich sind, ... es für keins dieser Regimes optieren, sondern sich selbst treu bleiben wird«.

Die Reaktionen der Öffentlichkeit, wie sie bei Ratifizierungsdebatten in den Parlamenten oder in Kommentaren der verschiedenen Zeitungen und Zeitschriften zum Ausdruck kamen, konzentrierten sich ebenso auf die militärischen und politischen Aspekte des Abkommens. Man fragte sich zuallererst, ob der Vertrag wirklich zur Erhaltung des Friedens beitrage und ob er nicht viel eher den Kalten Krieg dadurch verschärfe, daß er die Teilung der Welt in zwei Machtblöcke besiegele. Unentwegt von den kommunistischen Parteien vorgebracht, wurden diese Argumente in Europa auch von manchen Gruppen und Personen der Linken aufgegriffen, die schon in den Jahren zuvor ihr Mißtrauen gegenüber den Vereinigten Staaten wiederholt bekundet hatten. Ihre Kritik, die bereits in der Marshall-Plan-Debatte lautgeworden war, charakterisierte eine eigenartige europäische Nachkriegsatmosphäre.

Ohne daß es hätte genau sagen können, welche Art Sozialismus es wollte, war das Westeuropa von 1945 sozialistisch: die Jungen, weil es gar nicht anders sein konnte, aber auch Menschen in gereiftem Alter, die aus der Gefangenschaft oder aus der Zwangsverschleppung heimkehrten, Menschen, die in der Widerstandsbewegung gekämpft hatten, Menschen, die sich an der Front oder in der Heimat unter Kugeln, Granaten, Bomben geschlagen hatten, und schließlich alle – die erdrückende Mehrheit also –, die an den Bergen von Ruinen die Größe des Unheils ablasen und in der Gemeinsamkeit des Elends und Leidens Solidarität lernten. Man stand links, womit man meinte, daß man eine soziale Demokratie als Ideal vor Augen hatte, eine Gesellschaft, die die wirtschaftlichen Feudaldomänen abschaffen und jedem Einzelnen nicht nur politische Freiheit garantieren würde, sondern auch das, was man wirtschaftliche Freiheit nennt, anders ausgedrückt: materielle Sicherheit. Gewiß bediente man sich marxistischer Formeln, aber in den meisten Fällen waren das Stilübungen, Überbleibsel einer mehr oder weniger verdauten Lektüre oder Gewohnheiten, die man sich fast ebenso unbewußt zugelegt hatte, wie man Prosa spricht, ohne es zu wissen. Der orthodoxe Marxismus, wenn auch in der von Lenin und anderen Sowjetdenkern revidierten und komplettierten Fassung, war das Ausstattungsstück der Kommunisten. Dagegen war der Sozialismus Westeuropas, je nach den nationalen Traditionen von Land zu Land in der Schattierung verschieden, eng verwandt mit dem humanistischen Sozialismus des 19. Jahrhunderts, auf dem sich in verschiedenen Schichten die Einflüsse des Proudhonismus, der Fabier und auch eines durch die Vermittlung Eduard Bernsteins und Jean Jaurès', Karl Kautskys und Jules Guesdes oder Léon Blums abgewandelten Marx abgelagert hatten.

Dies Europa, das sich links sah, hatte Mühe, Amerika zu verstehen, um so mehr, als es vom instinktiven Mißtrauen des Armen gegen den Reichen, des Schwachen gegen den Starken erfüllt war. Die ständigen Gleichgewichtsstörungen im politischen Leben der Vierten Republik, die anhaltende Spannung in Italien, wo die Christliche Demokratie auf eine straff organisierte kommunistische Partei stieß, die unaufhörlichen wirtschaftlichen Schwierigkeiten, mit denen England kämpfte: alle diese inneren Probleme nahmen die Menschen nicht gerade für die transatlantischen Verbündeten ein, die mit der wohlgefälligen Betrachtung ihrer materiellen Errungenschaften zufrieden schienen.

Was wußte man auch schon von Amerika? Bruchstücke von Bildern, aus Zufallslektüre haftengeblieben, der Utopie des *Looking Backward* oder Reisebüchern entnommen, die nur zu oft die Vorurteile des Reisenden widerspiegeln und, statt das wirkliche Amerika des Alltags, das Amerika des schwerarbeitenden Menschen, das suchende, denkende, schöpferische, sich wandelnde Amerika zu schildern, das Schema-Amerika der modernen Großstadt, der Slums, Kinos und Gangster, das Amerika von Harlem und vom Negerproblem, das Amerika der Nachtklubs und »Bestattungssalons«, des Kinsey-Berichts und des *sex life* beschreiben. Zufallslektüre und Zufallsbegegnungen. Begegnungen, die nicht immer zu den angenehmsten gehörten, mit amerikanischen Soldaten, bei Kriegsende, zur Stunde der Befreiung. Immer wieder tauchten im Gespräch daher dieselben Themen auf, in England ebenso wie auf dem Kontinent: Fälle von Disziplinlosigkeit und Trunkenheit, Verhaltensweisen, die man als Ausdruck verabscheuenswerter Ungezogenheit oder Zügellosigkeit empfand. Man wollte Amerika auch nach den Vergnügungsreisenden beurteilen, mit denen es Europa Jahr für Jahr überschwemmt und die nicht immer gebildet genug oder geneigt sind, die kostbaren Wunder der Alten Welt so zu erleben, wie es der kultivierte Europäer von ihnen verlangt. Die Reisegesellschaften mit ihren klassischen Reiseplänen wurden belächelt, denn der Europäer hat Mühe, die Gier zu verstehen, die den amerikanischen Besucher dazu treibt, *alles* sehen zu wollen, was er auf seiner Überseereise zu sehen bekommen kann. Und dann wollte man sich auch noch an das Beispiel der mehr oder minder begabten College-Studenten halten, die nach Europa kommen, um mit mehr oder weniger Fleiß Ferienkurse oder ein paar Semester mitzunehmen.

Zu solchen Eindrücken aus persönlichem Kontakt gesellten sich verschiedene andere. Bestimmte Formen der Werbung störten die Gewohnheiten oder die Empfindlichkeit des Europäers. Wer mit der amerikanischen Verwaltung zu tun hatte, entrüstete sich mitunter über ihr langsames Tempo und ihre Komplikationen. Man fand die Vorsichtsmaßnahmen irritierend, mit denen sich Amerika umgibt, wenn es ein simples Touristenvisum erteilen soll. Im Handel, in der Abwicklung von Finanzgeschäften fielen Unterschiede im Verfahren auf, die das schon normal gewordene Mißtrauen verstärkten.

Schließlich präsentierte sich Amerika in Europa wie in der übrigen Welt mit seinen typischen Kommunikationsmitteln in allen Größenordnungen: den Filmen, den Zeitschriften, den Zeitungen, den Reportagen. Auch darin – in den laufenden Erzeugnissen der Hollywood-Studios, in der ständigen Zurschaustellung animalischer Befriedigung und leicht greifbaren Glücks, durch die sich die meisten Zeitschriften auszeichnen – sollten die Europäer genug Nahrung für ihre Kritik finden, genug Bestätigung ihrer Vorurteile, ihrer schon zwischen den Kriegen konzipierten Vorstellung von einem Amerika des Reichtums, der Zufriedenheit, der schönen Körper und luxuriösen Autos, von einem kapitalistischen und materialistischen Amerika, beunruhigend in seiner naiven Kraft, bedrückend in seiner Freigebigkeit und ermüdend in seinen simplistischen Haltungen.

Daß diese bunten Vorstellungen und Eindrücke das Leben Amerikas nicht wirklich wiedergeben, daß beispielshalber der amerikanische Kapitalismus seit dem Wall-Street-Zusammenbruch und der Rooseveltschen Revolution dem Bild, das man von ihm in Europa entwirft, kaum noch ähnlich sieht, darauf wiesen die hellsten Köpfe in Frankreich wie in Italien, auf dem Kontinent wie in England immer wieder hin. Doch ihr Zeugnis und ihre Hinweise vermochten gegenüber einer Haltung nur wenig auszurichten, die um so hartnäckiger war, als sich in ihr die Reaktionen und Überlegungen des Mannes auf der Straße in voller Übereinstimmung mit denen des Intellektuellen niederschlugen. Dabei hatte schon Alexis de Tocqueville, dessen Scharfsinn von den amerikanischen Intellektuellen bewundert wird, gewarnt: »Man sollte sich ... hüten, Gesellschaften, die im Entstehen sind, mit Begriffen zu beurteilen, die man nicht mehr existierenden Gesellschaften entlehnt hat. Das wäre ungerecht, denn diese Gesellschaften unterscheiden sich voneinander im höchsten Maße, sind nicht miteinander vergleichbar.« Aber nicht Tocqueville wurde 1949 und 1950 in Frankreich gelesen, sondern Georges Duhamel, der das »Volk des hohen

Wirkungsgrades« daran erinnerte, daß alle »grundlegenden Gedanken« aus Europa stammen, oder François Mauriac, der Amerika verächtlich als »Technokratie« abtat. Auch die englische öffentliche Meinung suchte eine Erklärung für die Verhaltensweise der Amerikaner oder für die amerikanische Außenpolitik nicht bei dem subtilen Dennis W. Brogan, sondern in der Presse mit den Massenauflagen, die alte Motive aus der langen Zeit inzwischen überwundener Rivalität von neuem aufwärmte. Man hörte auch auf Jean-Paul Sartre, als er summarisch proklamierte: »Noch nie hat sich ein Amerikaner für eine europäische Idee erwärmt!« Aber nur ganz wenige Europäer haben die Bemerkung des großen Amerika-Spezialisten Carlton Hayes gelesen: »Die amerikanische Grenze ist die Grenze der europäischen oder westlichen Kultur. Diese Kultur, mag sie auch durch die geographischen Bedingungen und das amerikanische Gesellschaftsmilieu modifiziert worden sein, ist in ihren wesentlichen Aspekten noch immer *die* Kultur und deshalb ein bleibendes Gut der Gebietsgemeinschaft, die die Nationen diesseits und jenseits des Atlantiks zusammenhält.«

So erklärt sich die feindselige Haltung, auf die der Nordatlantikpakt in Frankreich, Italien und – in geringerem Maße – Großbritannien stieß. Man hatte kein Vertrauen zu den Amerikanern, was allerdings nicht bedeutete, daß man sich hinter die Sowjetunion stellen wollte. Man wollte einfach nicht vor die Wahl gestellt sein: für den einen und gegen den andern. Der Kommunismus fiel nicht unter dasselbe unaufhebbare Verdammungsurteil wie die Hitlerei. Konnte er nicht nach seiner Revolutions- und Eroberungsperiode wieder zu seiner ursprünglichen Befreiungsmission zurückfinden? Konnte die Sowjetunion nicht eine Evolution durchmachen? Man behielt also einige Hoffnung. In Wirklichkeit waren die entschiedensten Gegner der Sowjetunion, die am ehesten Widerstand leisten wollten, in der nächsten Nähe der Demarkationslinie zu finden, denn sie hatten das Sowjetregime in der Praxis erlebt. Je weiter man sich von dieser bedrohten Grenze entfernte, je näher man an die Atlantikküste herankam, um so geringere Furcht stellte man fest, um so weniger scharf war da die Beurteilung, um so mehr schienen sich die Menschen vagen Hoffnungen hinzugeben. Paradoxerweise sollte der Atlantikpakt im Osten des Kontinents die wärmste Zustimmung, im Westen die bitterste Kritik finden.

Neben grundsätzlichen Gegnern des Vertrages gab es Menschen, deren reservierte Haltung mit ihren Zweifeln an der Wirksamkeit der Vertragsbestimmungen zusammenhing, da es entscheidend darauf ankam, wie diese Bestimmungen von bestimmten Paktteilnehmern ausgelegt werden würden. Konnte man in Europa sicher sein, daß sich die Amerikaner an die von ihnen übernommenen Verpflichtungen halten und sofort herbeieilen würden, um dem Opfer eines Angriffs beizustehen? Von den Skeptikern kamen kritische Betrachtungen, die ihre Wirkung nicht verfehlen konnten. Die Anwendung der Vertragsklauseln hing von den Vorschriften der amerikanischen Verfassung ab: der amerikanische Senat hatte sich das Recht vorbehalten, von Fall zu Fall zu entscheiden, welche Verpflichtungen Amerika zu erfüllen habe; er war nicht gewillt, sich durch einen Automatismus binden zu lassen, der die Vereinigten Staaten gezwungen hätte, in jedem Fall die Entscheidungen ihrer europäischen Verbündeten zu befolgen. In den offiziellen amerikanischen Erklärungen unmißverständlich formuliert und in Pressekommentaren unterstrichen, wurde dieser Vorbehalt natürlich auch in Europa diskutiert. Am Vorabend der

Unterzeichnung des Paktes wies ein Artikel von Sirius in *Le Monde* ausdrücklich darauf hin: »Europäer, die über die amerikanischen Institutionen und Bräuche Bescheid wissen, geben sich Mühe, einem möglichen, wenn nicht gar wahrscheinlichen Mißverständnis vorzubeugen. Sie sehen durchaus ein, daß sich die Amerikaner, durch mancherlei Erfahrungen gewitzigt, über die Kraft und Ausdauer ihrer Verbündeten Gedanken machen. Sie möchten jedoch auch ihrerseits wissen, wann und wie uns Schutz zuteil werden wird. Ist der undurchdringliche Atomvorhang kein Mythos? Nimmt man aber an, daß er eine Realität sein könne: werden die Amerikaner diesen erschreckenden Mechanismus früh genug in Bewegung setzen, um den Angriff lahmzulegen? Der Paktentwurf sagt es nicht. Aber auch wenn er es sagte, wäre die Garantie keineswegs absolut, denn den automatischen Eintritt in den Krieg gibt es bei einem demokratischen Staat und einem friedliebenden Volk nicht, hat es vermutlich auch nie gegeben. Muß hier daran erinnert werden, daß Frankreich durch einen sehr präzisen Pakt an die Tschechoslowakei gebunden war? Und da nun festgelegt ist, daß jeder Angriff auf die eine oder andere Unterzeichnermacht des Atlantikpaktes als Angriff auf alle gilt, was geschähe, wenn Amerika, als einziger Staat angegriffen, und zwar an der Pazifikküste, den Automatismus des Paktes in Anspruch nähme? Würden sich die europäischen Armeen sofort in östlicher Richtung in Marsch setzen? Seien wir doch wenigstens ehrlich genug, die Frage zu stellen.«

In Frankreich war Sirius nicht der einzige, der die Warnung aussprach. Im gleichen Sinne äußerte sich, von der Gastfreundschaft derselben Zeitung *Le Monde* profitierend, Étienne Gilson, der in seiner Darstellung den Gedankengängen James Restons in der *New York Times* folgte. Was aber hatte Reston gesagt? Nach dem von Gilson angeführten Zitat das folgende: »Der Vertrag enthält sowohl einen feierlichen Grundsatz als auch das Mittel, ihm auszuweichen. Er ist zum Schutz der atlantischen Gemeinschaft vor einem bewaffneten Angriff entworfen worden. Er verpflichtet die Unterzeichnermächte, gegen einen bewaffneten Angriff, der die Sicherheit des Gebietes bedroht, ›sofort‹ zu den Waffen zu greifen, aber zugleich stellt er jedem Staat frei, aus eigenem zu entscheiden: a) ob ein ›bewaffneter Angriff‹ erfolgt ist, zum Beispiel ob ein kommunistischer Aufstand in Griechenland ein bewaffneter Angriff ist; b) welche Schritte er gegen diesen Angriff zu unternehmen gedenkt – auch ein diplomatischer Protest ist ein ›Schritt‹; c) ob der bewaffnete Angriff die ›Sicherheit‹ der nordatlantischen Zone wirklich bedroht.« In diesem Zusammenhang erinnerte Gilson an die Mißerfolge Wilsons und stellte zum Schluß fest: »Eine Entschuldigung gibt es fortan für keinen Franzosen, der übersieht, daß ein Vertrag mit den Vereinigten Staaten unsere Freunde auch nicht um einen Zollbreit über die Verpflichtungen hinaus bindet, die sie selbst unterzeichnet haben, und auch nicht über die genaue Sinnbestimmung hinaus, die sie diesen Verpflichtungen geben.«

Die Auseinandersetzung war deswegen von Bedeutung, weil sie die Haltung eines Teils der öffentlichen Meinung in Europa und in den Vereinigten Staaten zum Ausdruck brachte, vor allem aber auch die diesseits und jenseits des Atlantiks gemachten Vorbehalte deutlich hervortreten ließ. Man ging Verpflichtungen ein, weil man nicht anders konnte, aber man ging sie in der Hoffnung ein, nie in eine Lage zu geraten, in der man gezwungen wäre, die übernommenen Verpflichtungen zu erfüllen. Was die Billigung des Vertrages durch die amerikanische öffentliche Meinung ermöglicht und ihm am Ende – nach schwierigen Auseinandersetzungen – auch die Zustimmung des Senats eingetragen hatte, war gerade die Vorstellung, daß es wahrscheinlich nie nötig sein werde, so gravierende Entschlüsse zu fassen, daß man sich vielmehr mit Hilfe des Paktes die Entschlußfreiheit erhalte.

Auch auf europäischer Seite stritten, selbst bei Anhängern des Paktes, widerspruchsvolle Gefühle miteinander: einmal die Befürchtung, daß der Schutz der Vereinigten Staaten, dessen man bedurfte, an ihren rechtlichen Vorbehalten scheitern könnte, zum andern das unruhige Gefühl, das man angesichts dieses zu mächtigen und zu dynamischen Bundesgenossen empfand. Man hätte doch seine Unabhängigkeit bewahren mögen. Europa glaubte imstande zu sein, einen dritten Weg zu zeigen, und die Bewegung für die europäische Integration bestärkte es darin. Mit den Vereinigten Staaten wollte es nicht verschmolzen werden, denn es hielt sich für die Wiege einer Zivilisation, deren »Ferment« es durchaus noch zu sein glaubte. Deswegen war es auch nicht überraschend, daß auf das »gemeinsame Erbe« nur selten angespielt wurde. Nur gelegentlich gab es Bemerkungen in diesem Sinne: »Sie haben diesen Klub gegründet, weil sie alte Verbündete sind«, schrieb der *Economist*, »sie sind nicht deswegen verbündet, weil sie den Klub gegründet haben.« Wenn man sich entschließt, einen Klub zu gründen, pflegt man viel eher das hervorzuheben, worin man nicht übereinstimmt, als das, was man miteinander gemein hat. Resignation war denn auch die Haltung, die überwog.

Wen sollte man in den Klub aufnehmen? Die Grenzen des Bündnisbereichs waren von Anfang an problematisch. Würde sich Italien beteiligen? Am Tag der Bekanntgabe des Vertrages stimmte die italienische Kammer nach einer ungewöhnlich heftigen Debatte für die grundsätzliche Teilnahme Italiens am atlantischen Bündnis. Aber auch außerhalb Italiens wurde die Frage seines Beitritts diskutiert. Besonders die Engländer verhielten sich reserviert. Bezog man aber die italienische Halbinsel in den atlantischen Bereich ein, weshalb sollte man dann Griechenland und die Türkei, denen gegenüber die Regierung der Vereinigten Staaten auf so auffällige Weise Verpflichtungen übernommen hatte, draußen lassen? In bezug auf einen etwaigen Beitritt Westdeutschlands äußerten sich alle Teilnehmer kategorisch: davon könne keine Rede sein. Sollte das bedeuten, daß die Grenze der Atlantischen Welt am Rhein lag?

Viel wurde über den Rahmen gestritten, in dem das Wirksamwerden der Vertragspflichten zu denken war. Darauf, daß die Verpflichtungen der Vereinigten Staaten nach der Charta der Vereinten Nationen allgemein und nicht regional seien, wies Hamilton Fish Armstrong in *Foreign Affaire* vom Herbst 1948 hin. Sei es nicht in der Tat recht schwierig, in einer so sehr veränderlichen politischen Situation eine »Region« im Sinne des Paktes eindeutig zu bestimmen? Im April 1949 nahm Armstrong, der mit seinen Ansichten keineswegs allein dastand, den Angriff von neuem auf. Wie sollten sich Großmächte verhalten, die mehreren regionalen Gruppierungen zugleich angehörten? In welchem Maße würden sie für die Politik von Verbündeten, die für Kolonien zu sorgen hätten, mitverantwortlich sein? Welche Haltung sollte man einnehmen, falls Zwistigkeiten entständen, die ein anderes Bündnissystem in Mitleidenschaft zögen? Und auf der anderen Seite: wie konnte man verhindern, daß sich Staaten, die man außerhalb des Wirksamkeitsbereichs der Bündnisverpflichtungen ließe, nicht vernachlässigt und verstoßen vorkämen und der Versuchung erlägen, sich auf die andere Seite zu schlagen?

*Irreale atlantische Gemeinschaft.* Die Übersicht über die Strömungen, die zu der Zeit vorherrschten, da Regierungen und Parlamente den Weg zum Atlantikpakt einschlugen, läßt sich kaum anders abschließen als mit der Feststellung, daß eine atlantische Gemeinschaft zu dieser Zeit nicht existierte. Die zwölf Staaten, die sich verbündeten, schienen mehr auf ihre Unabhängigkeit bedacht als über die Aussichten der sich anbahnenden Zusammenarbeit im Rahmen einer Atlantischen Welt befriedigt, die manchen von ihnen überhaupt nur aus politischen Augenblicksgründen etwas bedeutete, nicht aus schicksalhaftem Zwang der geographischen Lage. Nur das am Schnittpunkt mitunter gegensätzlicher Interessen zwischen seiner historischen Bindung an Großbritannien und der geographischen Anziehungskraft des amerikanischen Kontinents hin- und hergerissene Kanada schien an die Zukunft einer atlantischen Gemeinschaft zu glauben, in der es ein Mittel sah, den eigenen inneren Zwiespalt zu bewältigen und ihn in einem Großverband aller Erben der westlichen Zivilisation verschwinden zu lassen. Die atlantische Union, schrieb damals Lester Pearson, müsse ein neues Verhalten und einen Willen zur Zusammenarbeit weit über die Augenblickskrise hinaus wecken; mit dem Bemühen um die Verbesserung der Lebensbedingungen der beteiligten Völker werde sie den Grund legen für einen wirklichen Zusammenschluß, bei dem sich formale Abmachungen erübrigen würden.

So weit blickten die anderen Verbündeten allerdings nicht in die Zukunft. Europa, das sich amerikanischer Wirtschaftshilfe erfreute, brauchte militärischen Schutz, und die Amerikaner waren bereit, ihn zu gewähren, weil das ihren eigenen Interessen entsprach. Im übrigen kümmerte sich jeder um seine eigenen Sorgen, die nicht gering waren. In Amerika sah sich die Regierung der Demokraten, auch wenn sie aus den Präsidentschaftswahlen von 1948 mit dem Sieg Präsident Trumans über den Republikaner Thomas E. Dewey gestärkt hervorgegangen war, einem immer massiveren Angriff der republikanischen Opposition gegenüber. Die Republikaner machten sich zweierlei zunutze: die Schwäche einer Partei, die sich im Regieren verbraucht hatte, und die allgemeine Beunruhigung, die die Enthüllungen über die Affäre Alger Hiss, das Ende des amerikanischen Atommonopols und der Sieg Mao Tse-tungs über Amerikas Verbündeten Chiang Kai-shek ausgelöst hatten. In Frankreich hatten das Auseinanderfallen der Dreiparteienkoalition und die Wiederauferstehung der alten politischen Gebilde einen Kräfteverschleiß zur Folge, der um so beängstigender war, als die von jeder Teilnahme am staatlichen Geschehen ausgeschaltete kommunistische Partei etwa ein Viertel der Wählerschaft ausmachte; zu allem Überfluß war Frankreich gerade dabei, sich in Indochina in einen höchst unpopulären Kolonialkrieg hineinziehen zu lassen, in dem ein Kabinett nach dem anderen – ohne parlamentarische Mehrheit und daher auch ohne wirkliche Macht – aufgerieben werden sollte. In England erlebte die Labour Party, nachdem sie ihr Reformprogramm zu Ende geführt hatte, ein Nachlassen des Elans in den eigenen Reihen und schwere Prestigeverluste bei dem Teil des Kleinbürgertums, der im Gegensatz zu den Arbeitern von den Sozialreformen nicht eigentlich profitiert hatte, dafür aber mit wachsendem Unmut die Auswirkungen der Sparsamkeits- und Einschränkungspolitik der Regierung zu spüren bekam. Außerdem hatte auch

England zunehmende Schwierigkeiten außerhalb seiner Inselgrenzen zu bewältigen: im Mittleren Osten waren die Beziehungen zu Ägypten in eine neue Krisenphase geraten, und in Südafrika spitzte sich das Problem des Zusammenlebens von Weißen und Negern immer mehr zu. Italien schließlich fristete sein Leben weiterhin schlecht und recht auf der schwankenden Grundlage des bei Kriegsende hergestellten labilen Gleichgewichts; eine drückende Last blieb das ewige Mißverhältnis zwischen schwachem Wirtschaftspotential und wachsendem Überschuß an Menschen ohne Brot.

Nun ist aber die Stärke eines Bündnisses bestimmt durch die Stärke der Teilnehmerstaaten, und seine Geschlossenheit hängt davon ab, wieviel Autorität und Ansehen die verbündeten Regierungen zu Hause genießen. In den wichtigsten Mitgliedsstaaten war indes die Stellung der amtierenden Regierung mehr oder weniger unsicher, und überdies waren einige der schwierigsten Probleme wirtschaftlicher und politischer Natur weder im Zuständigkeitsbereich dieser Regierungen noch überhaupt im nationalen Rahmen zu lösen. Daran mußte das Nordatlantikbündnis schweren Schaden nehmen. Einerseits stieß die Durchführung der im gemeinsamen Interesse gefaßten Beschlüsse auf Widerstände im Innern eines jeden der verbündeten Staaten; anderseits erzwang die weitgehende Interessenverflechtung die Verlegung ungelöster nationaler Fragen in die internationale Ebene, so daß dem Bündnis Probleme aufgebürdet wurden, zu deren Behandlung es keinerlei Voraussetzungen mitbrachte und über die noch nicht einmal im Grundsätzlichen Übereinstimmung bestand. In der Tat hatte das neugeschaffene Bündnis keinen anderen Kitt als die Gegnerschaft zur Sowjetunion.

## *Die Krise von 1950/51*

*Organisationsgerippe.* Das Bedürfnis der im Brüsseler Pakt zusammengeschlossenen Staaten, für den Aufbau ihrer Verteidigung in Europa die nötige militärische und finanzielle Hilfe der Vereinigten Staaten zu erlangen, war der eigentliche Beweggrund, der sie dazu gebracht hatte, sich um die Schaffung des Nordatlantikbündnisses zu bemühen. Es war daher nur natürlich, daß sie gleich nach der Unterzeichnung des Paktes eine Demarche in Washington unternehmen, um finanzielle und militärische Unterstützung auch tatsächlich zu erhalten. Analoge Wünsche wurden von Dänemark, Italien und Norwegen angemeldet.

Die amerikanische Regierung stand den Anträgen freundlich gegenüber. Doch mußte sie mit dem Widerstand rechnen, der sich schon bei der Debatte um die Ratifizierung des Paktes bemerkbar gemacht hatte. Die Paktgegner wollten ihr die Feststellung abpressen, daß der Pakt keinerlei Verpflichtungen mit sich bringe, an die Verbündeten Waffen zu liefern. Darauf ließ die Regierung durch ihre Sprecher erklären, daß eine solche Festlegung im Vertrag nicht enthalten sei, und umging damit eine gefährliche Auseinandersetzung. Sie hatte dazu allen Grund, denn unmittelbar nach der Ratifizierung des Paktes beantragte der Präsident die Bewilligung eines Militärhilfe-Programms von 1,4 Milliarden Dollar; nicht ohne Mühe gelang es im September, den Kongreß zur Bewilligung des größten Teils der angeforderten Mittel zu bewegen.

Erst nachdem diese Schlacht gewonnen war, konnte an den organisatorischen Ausbau des Paktsystems und an die Ausarbeitung einer gemeinsamen Konzeption der Nordatlantikverteidigung und der aus ihr abzuleitenden strategischen Pläne gegangen werden. Damit waren der Herbst und Winter 1949/50 ausgefüllt. Aber schon bald stießen die Organisatoren auf Probleme, die sie nötigten, die ersten Pläne abzuändern und das vorgesehene organisatorische Gebilde zu erweitern. In der ersten Organisationsberatung waren neben einem aus den Außenministern der Mitgliedsstaaten bestehenden Rat und einem aus den Verteidigungsministern bestehenden Verteidigungskomitee, die beide jährlich tagen sollten, ein militärisches Komitee und fünf regionale Strategieausschüsse vorgesehen worden, denen die Aufstellung der konkreten Pläne zugedacht war. Einige Monate später wurden ein aus den Finanzministern der Teilnehmermächte zu bildendes Komitee für wirtschaftliche und finanzielle Verteidigung und ein Kriegsproduktionskomitee hinzugefügt. Als dann der Plan der gemeinsamen Verteidigung des atlantischen Raums zustande gekommen war und sowohl die finanziellen Konsequenzen als auch die organisatorischen Probleme der gemeinsamen Verteidigung ins Auge gefaßt werden konnten, wurde im Frühjahr 1950 ein ständiger Rat der Stellvertreter der Außenminister geschaffen, der die gesamte Arbeit auf militärischem wie auf wirtschaftlichem und finanziellem Gebiet mit dem Ziel eines graduellen und proportionierten Ausbaus der NATO-Kräfte koordinieren sollte. War auf diese Weise das organisatorische Gerippe errichtet, so war es auch unvermeidlich, daß es eine Eigengesetzlichkeit entwickelte und die Mitgliedsstaaten nach und nach in einen selbsttätigen Integrationsmechanismus einbezog. Gemeinsame Verteidigung kann gewiß nicht ohne überstaatliche Zusammenfügung eines Teils der nationalen Armeen organisiert werden, und das mußte wiederum in allen Sphären, namentlich auf dem Gebiet der Produktion, Rationalisierungsmaßnahmen nach sich ziehen, die in die Gesamtwirtschaft der einzelnen Länder eingriffen und budgetäre Umstellungen erzwangen.

Während Regierungen und Militärs mit dem Aufbau der Verteidigungsorganisation zu tun hatten, verschärften sich die Spannungen in einigen der verbündeten Staaten. In Europa wurde von einer von den Kommunisten ins Leben gerufenen und geleiteten »Friedensbewegung« eine »Friedensoffensive« lanciert. In ihrem Rahmen forderte ein »Stockholmer Manifest« das Verbot der Atomwaffen und brandmarkte als verbrecherisch jede Regierung, die von Atomwaffen als erste Gebrauch machen sollte. Der Appell fand Widerhall in weiten Kreisen, die in Unruhe geraten waren, als Präsident Truman zu Beginn des Jahres die bevorstehende Herstellung thermonuklearer Waffen angekündigt hatte. Europa wurde sich nicht nur in zunehmendem Maße seiner eigenen Schwäche bewußt, sondern stand dazu auch noch unter dem Eindruck, daß die Sowjetunion in bezug auf konventionelle Streitkräfte den Vereinigten Staaten für immer und ewig überlegen sei; daraus erwuchs die Befürchtung, daß sich die Vereinigten Staaten veranlaßt sehen könnten, das gestörte Gleichgewicht durch Benutzung der Atomwaffen wiederherzustellen. Europa wußte, daß seine Befreiung im Falle eines Krieges nur um den Preis totaler Zerstörung zu erreichen sein würde, und lehnte sich wütend gegen diese Perspektive auf.

In diesem äußeren Rahmen sollte sich die »neutralistische« Bewegung entfalten. Schon zur Zeit der Unterzeichnung des Atlantikpaktes hatten sich Vorboten dieser Bewegung in

Frankreich bemerkbar gemacht. Hatte nicht Étienne Gilson von einer bewaffneten Neutralität Europas gesprochen? Ein Jahr vor ihm hatte Claude Bourdet eine Propagandakampagne für eine ähnliche Politik betrieben. Im Jahre 1950 gewann die Bewegung an Breite. Einige Erfolge erzielte die »Ohne-mich«-Parole in Deutschland. In Italien wurde eine Politik der Neutralität von Nenni und den Linkssozialisten in Aussicht genommen. Aber vor allem in Frankreich behauptete sich der Neutralismus in größerem Umkreis. Die Zeitung *Le Monde* entfaltete einen regelrechten neutralistischen Feldzug. Er wurde von Gruppen aufgegriffen, die sich um die Periodika *Esprit* und *l'Observateur* geschart hatten.

Worin unterschied sich dieser Neutralismus von der klassischen Neutralität? Das war schwer zu sagen, und es ist nicht einmal sicher, daß seine Verteidiger die Antwort wußten: sie benutzten beide Ausdrücke unterschiedslos. Es sah auch nicht so aus, als seien sie sich über die Konsequenzen einer solchen Politik oder die mit ihr notwendigerweise verbundenen militärischen Lasten im klaren gewesen. Je nach ihren einzelnen Vertretern waren auch die neutralistischen Konzeptionen verschieden. Ihnen allen war allerdings ein Ziel gemeinsam: die Annullierung des Atlantikpaktes, weil er zum Kriege führe. Was neben anderen Claude Bourdet dazu zu sagen hatte, gab Aufschluß über die neutralistische Gesamthaltung. Nach seiner Meinung ließ sich die neutralistische Position in folgende prägnante Formel fassen: »Die Sicherheit eines Landes oder einer Gruppe von Ländern hängt letztlich von drei Faktoren ab: der materiellen Stärke, der geistigen Geschlossenheit und der Gefahr, die dies Land oder diese Gruppe von Ländern für andere Nationen darstellt, dem, was man den *Provokationsfaktor* nennen könnte.« Sicherheit war demnach »wie ein mathematischer Koeffizient« zu bestimmen: »materielle Stärke mal geistige Geschlossenheit, das Produkt dividiert durch den Provokationsfaktor«. Und die Neutralität Europas mußte nach Bourdet den »Provokationsfaktor« verkleinern: »Sie gestattet dem russischen Generalstab, die Vor- und Nachteile einer Invasion gegeneinander abzuwägen, während ein atlantisches Europa Rußland militärisch zur sofortigen Invasion nötigt. Auf der anderen Seite stärkt die europäische Neutralität die geistige Geschlossenheit der Nation ganz gewaltig.«

Im Grunde wollte der Neutralismus nicht nur Frankreich und Europa von der Politik der Großmächte lösen, sondern auch einer Wahl zwischen dem Kommunismus und Amerikas kapitalistischer Zivilisation aus dem Wege gehen. Solche Vorstellungen konnten eine gewisse Anziehungskraft ausüben, doch blieb ihr politischer Einfluß in engen Grenzen: einmal weil man auf die Barriere des Kommunismus stieß, der eine Entscheidung forderte – für ihn oder für den Kapitalismus – und einen dritten Weg nicht zuließ, zum andern aber auch weil Frankreichs und Europas Bekehrung zum Neutralismus eine Absage an jede Verantwortung für das Schicksal der Welt bedeutet hätte, und das wäre tatsächlich eine revolutionäre Entscheidung gewesen.

*Korea-Krieg und europäischer Zwiespalt.* Mittlerweile war der Krieg in Korea ausgebrochen. Sowohl den Anhängern des Atlantikpaktes als auch den Neutralisten war er völlig überraschend gekommen. Was man sich aus Bequemlichkeit für unwahrscheinlich zu halten gewöhnt hatte, war plötzlich Wirklichkeit geworden: die offene Aggression war da, und man mußte sich sagen, daß sie auch anderswo möglich sei. Fast von selbst drängte sich der Vergleich zwischen Korea und dem geteilten Deutschland auf. Indes war zur Abwehr eines eventuellen Sowjetangriffs nichts vorbereitet. Die vierzehn alliierten Divisionen, die noch in Europa und in Deutschland standen und von denen einige nicht über die normale Kampfstärke verfügten, waren weder unter einem gemeinsamen Oberbefehl zusammengefaßt noch nach operativen Gesichtspunkten stationiert. Ihre Verbindungslinien, die parallel zur Front verliefen, hätten mit Leichtigkeit abgeschnitten, die von keinerlei Truppen geschützten Flugplätze sofort von feindlichen Kräften besetzt werden können.

Die Welle der Unruhe, die das Atomwettrüsten ausgelöst hatte und die sich gegen die Vereinigten Staaten auswirkte, wurde nun von einer durch die Angst vor dem Sowjeteinmarsch hervorgerufenen Gegenströmung abgelöst. Binnen wenigen Wochen stellte der Korea-Krieg die Einigkeit im atlantischen Lager wieder her: es scharte sich von neuem um die Amerikaner, weil sie allein über die Mittel verfügten, der Sowjetunion die Stirn zu bieten. Man war ihnen dankbar dafür, daß sie die Herausforderung angenommen und ihre Bereitschaft bekundet hatten, für das Prinzip der kollektiven Sicherheit einzustehen. Man fühlte sich sicherer, da man sah, daß sie endlich mit Entschlossenheit daran gingen, ihre Armee, die sie in gefährlichem Maße abgebaut hatten, neu aufzubauen. Darum konnte der Rat der Atlantikpaktorganisation im September einmütig den Beschluß fassen, in Europa eine »nach vorn gerichtete Strategie« anzuwenden, das heißt einem etwaigen Angriff denkbar weit östlich zu begegnen, so daß ein möglichst großer Teil europäischen Territoriums geschützt bliebe; zu diesem Zweck wurde die Aufstellung einer gemeinsamen Streitmacht unter einheitlichem Kommando beschlossen.

Die neue Strategie verlangte nicht nur eine beschleunigte Ausführung der NATO-Pläne, sondern auch größere Anstrengungen der einzelnen Mitgliedsstaaten. Darüber hinaus hatte sie zur Folge, daß die Frage der deutschen Wiederbewaffnung akut wurde. Wie hätte man sich eine Verteidigung auf vorgeschobenem Posten, also unter Einschluß weiter Teile deutschen Staatsgebietes, denken sollen, ohne die Deutschen selbst heranzuziehen? Es war schwer vorstellbar, daß man sie in der Passivität verharren lassen könnte, während die sie schützenden französischen, britischen, belgischen oder holländischen Truppen für sie in den Tod gingen. Sollten die militärischen Anstrengungen intensiviert werden, so mußte auch jeder, der von ihnen profitierte, sein Teil beitragen. Allerdings wurde Deutschland auch nicht mehr als Feind angesehen. Damit, daß die Front der Sieger zerbrach, als sie sich über eine gemeinsame Organisation der Verwaltung aller Teile des besetzten Deutschlands nicht zu einigen vermochten, hatte die radikale Umgruppierung der Kriegsallianzen angefangen. Da die Sowjetregierung darauf bestand, ihre Zone nach eigenem Gutdünken zu regieren, hatten die Westalliierten in weiser Erkenntnis der Gefahren einer Verewigung des Besatzungsregimes keine andere Möglichkeit mehr gesehen, als ihrerseits die Initiative zu ergreifen. Die Berlin-Blockade hatte nur den logischen Ablauf einer Entwicklung beschleunigt, die die Westmächte von der Währungsreform (als Voraussetzung des ihnen wie der deutschen Bevölkerung gleich erwünschten wirtschaftlichen Wiederaufbaus) zur Wiedererrichtung eines deutschen Staates führen mußte. Sie überließen die Wiederherstellung eines geeinten Deutschlands einer besseren Zukunft und begnügten sich damit, dem von ihnen beherrschten Teil deutschen Gebietes die Möglichkeit zu geben, sich als Staat zu organisieren. Anfang Mai 1949 wurde das Grundgesetz des neuen westdeutschen Staates vom verfassunggebenden Parlamentarischen Rat beschlossen. Einige Wochen später, am 23. Mai, trat die Bundesrepublik Deutschland offiziell ins Leben. Nach Parlamentswahlen, bei denen die Christlichen Demokraten knapp vierhundertfünfzigtausend Stimmen mehr erhielten als die Sozialdemokraten (bei über einunddreißig Millionen Wahlberechtigten), begann Mitte September Konrad Adenauers Karriere als Regierungschef des neuen Staates.

Auch das andere Lager ließ nicht auf sich warten. Schon im März 1949 hatte in der Sowjetzone der »Deutsche Volksrat« eine Verfassung verabschiedet. Anfang Oktober wurde die »Deutsche Demokratische Republik« ausgerufen. Nun standen einander zwei entwaffnete deutsche Staaten gegenüber; der Konflikt zwischen ihnen war um so erbitterter, als die beiden Staaten den unüberbrückbaren Gegensatz zweier Ideologien an einem besonders empfindlichen Punkt Europas verkörperten. Die Grenze, die sie voneinander trennte, mochte zwar das Produkt historischen Zufalls sein, wurde aber nichtsdestoweniger zur Grenze der Atlantischen Welt. Von Anfang an stand die Bundesrepublik infolgedessen vor einem schweren Dilemma: sie war sich ihrer »westlichen« Natur bewußt und wollte auch »westlich« sein, konnte jedoch ihre deutsche Mission nicht preisgeben. Schwach, wie sie war, wurde sie durch die Sowjetgefahr dazu getrieben, bei ihrem Anschluß an die Westmächte Verpflichtungen einzugehen, die die Spaltung Deutschlands zu vertiefen drohten. War es überhaupt möglich, die beiden auf den ersten Blick gegensätzlichen Zielsetzungen: Wiedervereinigung und Westbündnis, auf einen gemeinsamen Nenner zu bringen? Dem politischen Leben des neuen Staates mußte diese dornige Frage eine schwere Hypothek aufbürden.

Den Alliierten war das nur zu gut bekannt. Gerade der Wunsch, sich nicht die Sympathien und die Mitwirkung eines Bundesgenossen zu verscherzen, den man als mächtig und gebrechlich zugleich empfand, hatte beim amerikanischen Wiederbewaffnungsvorschlag Pate gestanden. Der Bundesrepublik das Vertrauen zu versagen, sie auszuschalten, hätte bedeutet, das Risiko auf sich zu nehmen, daß ihr Prestige untergraben und der Sowjetunion die Gelegenheit gegeben würde, mit anderen Kreisen als den gerade in der Bundesrepublik regierenden ein Spiel zu versuchen, das zu einem neuen Rapallo führen konnte. Schließlich erinnerten die Befürworter einer deutschen Beteiligung an der Verteidigung Europas daran, daß die »Deutsche Demokratische Republik« bereits eine beachtliche Polizeimacht auf die Beine gestellt hatte.

All diesen Argumenten sollte indes gegenüber der gefühlsmäßigen Reaktion, die der Vorschlag der Wiederbewaffnung Deutschlands in Europa auslöste, kein allzu großes Gewicht zukommen. Der Krieg war noch zu nah, der Anblick der Zerstörungen, die er angerichtet hatte, noch zu augenfällig und zu lebendig noch die Erinnerung an die deutsche Besetzung. Wenn sich die englische Regierung nach einer anfänglich reservierten Haltung doch noch bereit fand, sich die Ansichten der amerikanischen Regierung zu eigen zu machen, so sollten die französischen Minister umgehend die Gewißheit äußern, daß sich im französischen Parlament keine Mehrheit für die Wiederbewaffnung Deutschlands finden werde. Da nun aber doch ein Ausweg aus der neuen Sackgasse gefunden werden mußte, griff in dieser Situation René Pleven eine Idee Robert Schumans und Jean Monnets auf und warf den Vorschlag einer europäischen Armee unter deutscher Beteiligung in die Debatte.

Der Augenblick war nicht schlecht gewählt. Das Thema Europa hatte weder für die Europäer noch für die Amerikaner an Anziehungskraft verloren. Freilich entsprach der Europa-Rat, wie er 1949 ins Leben gerufen worden war, nicht den Erwartungen der Anhänger einer echten europäischen Union, die sich denn auch darüber beschwerten, daß den englischen Vorbehalten in zu hohem Maße Rechnung getragen worden sei; und es hatte auch eines diskreten amerikanischen Druckes bedurft, damit aus der Organisation für europäische wirtschaftliche Zusammenarbeit (OEEC) etwas anderes wurde als bloß eine Rechnungsstelle für die Verteilung der Marshall-Plan-Gelder. Immerhin sah man in der Schaffung der Europäischen Zahlungsunion eine erfreuliche Etappe auf dem Weg zum Ausbau der wirtschaftlichen Zusammenarbeit Europas, und der im Mai 1950 lancierte Schuman-Plan wurde – namentlich in den Vereinigten Staaten – als eine entscheidende Bekundung der deutsch-französischen Verständigung begrüßt. Was an diesem Plan so positiv wirkte, war, so fruchtbar die Idee der Zusammenlegung von Kohle und Stahl auch sein mochte, weniger sein wirtschaftlicher Inhalt als die unverkennbare Absicht, den nationalen Rahmen zu sprengen, um die Grundlagen übernationaler Institutionen zu errichten. Zudem war das Projekt dem Weitblick Robert Schumans zu verdanken, der sich von Jean Monnet hatte gut beraten lassen; die Initiative war mithin von einer Regierung ausgegangen, die auch allein das Zeug hatte, das Projekt in die Praxis umzusetzen. Und schon das genügte, den Amerikanern, die Frankreich kaum noch hatten trauen wollen, neues Vertrauen zu geben. Die von Pleven in Aussicht genommene Lösung schien unter diesen Umständen durchaus dazu angetan, die Zustimmung der Amerikaner zu finden und zugleich die Besorgnisse seiner Landsleute zu zerstreuen, denn für sie war eine militärische Zusammenarbeit mit Deutschland, auf die sie direkt Einfluß nehmen konnten, eher akzeptabel als eine deutsche Wiederbewaffnung unter nur amerikanischer Kontrolle.

Die Perspektive einer deutschen Wiederbewaffnung beschäftigte nicht nur die Regierungen. Einmal zur Diskussion gestellt, rief sie in ganz Europa und besonders in Frankreich, aber auch in Deutschland eine fieberhafte Erregung hervor, die zu schüren die Sowjetunion und die kommunistischen Parteien nicht versäumten. Besonders unangenehm stellten sich die Dinge im Herbst und Winter 1950/51. Die ganze Welt – vor allem die Amerikaner und ihre atlantischen Verbündeten – verfolgte mit leidenschaftlicher Anteilnahme die Entwicklung in Korea, die Wechselfälle eines an Überraschungen reichen Feldzugs. Auf die erfolgreiche Wiederherstellung der militärischen Position der Amerikaner folgte nach dem Vorstoß über den 38. Breitengrad die plötzliche Offensive chinesischer »Freiwilliger«, die einige Tage lang unwiderstehlich schien. Aber diese Ereignisse lösten in Europa und in den Vereinigten Staaten gegensätzliche Reaktionen aus. In dem Maße, wie sich der Krieg entfaltete, verbreiteten sich in Europa Unruhe und Mißstimmung in weiten Kreisen. Die Befürchtung wurde wach, daß die Vereinigten Staaten ihre militärischen Kräfte in zu hohem Maße in einem Konflikt von untergeordneter Bedeutung einfrieren lassen könnten – zum Schaden der wichtigeren Verteidigung Europas. Kritik wurde an bestimmten Entscheidungen geübt, so zum Beispiel an dem – allerdings von der NATO gebilligten – Entschluß, über den 38. Breitengrad hinaus vorzustoßen; man glaubte, dieser Entschluß habe den chinesischen Gegenstoß provoziert und zur Ausweitung des Konflikts mit dem damit verbundenen Risiko eines allgemeinen Krieges beigetragen. Die Angst vor der deutschen Wiederbewaffnung führte an manchen Stellen zu einer veränderten Beurteilung der Sowjetpolitik. Schließlich, so meinte man, habe die Sowjetunion nicht eingegriffen, sondern sich damit begnügt, den Standpunkt Nordkoreas vor den Vereinten Nationen zu vertreten und für seine militärischen Operationen Material zu liefern; weder in Asien noch in Europa, wo sie immerhin militärisch der stärkere sei, habe sich die Sowjetunion auf eine militärische Aktion eingelassen. Das beweise, daß Stalin nicht geneigt sei, das Risiko eines offenen Krieges auf sich zu nehmen, daß er »verständiger« sei, als seine Kritiker behaupteten. Entscheide man sich im Westen zugunsten der Wiederbewaffnung Deutschlands, so werde er das für eine Provokation halten. Das Argument war nicht neu. Es war bereits zur Zeit der Unterzeichnung des Atlantikpakts vorgebracht worden. Es machte trotzdem Eindruck.

Alles in allem fühlte sich Europa – oder jedenfalls die europäischen Kreise, die sich nicht für den Kommunismus entschieden hatten – durch die dynamische Kraft Amerikas zugleich angezogen und verängstigt. Man hätte es lieber gesehen, wenn man diese Energiequelle hätte packen und nach eigenem Gutdünken nutzen können. Man rief die Amerikaner und stieß sie gleichzeitig zurück. Man animierte sie zum Eingreifen und fürchtete sich vor den Konsequenzen. Im Herbst und Winter bemühten sich die europäischen NATO-Mitglieder, ihren amerikanischen Verbündeten klarzumachen, daß sie an die Entschlossenheit der Vereinigten Staaten, sich im Notfall wirklich zu engagieren, nur würden glauben können, wenn amerikanische Truppen nach Europa gebracht würden: es sei Sache der Amerikaner, das durch den Ausfall der deutschen Truppen in Europa geschaffene Vakuum zu füllen. Zugleich aber versuchte man, dieselben Amerikaner, die den Kampf in Korea führten, davon abzuhalten, sich in Korea gründlicher zu engagieren. Besonders bemühte sich die englische Regierung, durch Vermittlung der indischen Regierung mit der Volksrepublik China in Fühlung zu bleiben, und predigte Mäßigung in Washington. Nur mit Mühe gelang es der amerikanischen Regierung, ihre Verbündeten dazu zu bewegen, für die Verurteilung Chinas als Aggressor zu stimmen!

»*Große Debatte*« *in Amerika.* Die Haltung der europäischen Verbündeten und die kritischen Auslassungen, die um so verletzender wirken mußten, als sie mit dem Angriff auf die amerikanische Regierungspolitik in Wirklichkeit das Wesen der amerikanischen Zivilisation attackierten, lösten in den Vereinigten Staaten sehr lebhafte Reaktionen aus. Von einer Politik der Konzessionen an die, die den bewaffneten Konflikt mutwillig vom Zaun gebrochen hatten, wollten die Amerikaner nichts wissen. Sie verlangten von ihren Verbündeten im Gegenteil viel größere Anstrengungen für die gemeinsame Verteidigung. »Die Langsamkeit der europäischen Wiederbewaffnung und insbesondere das Zögern Frankreichs«, schrieb die *New York Times* kurz nach den Novemberwahlen, bei denen die Republikaner wieder an Boden gewonnen hatten, »scheinen die Vorstellung hervorgebracht zu haben, daß die Last, die die Vereinigten Staaten mit ihren Verpflichtungen auf sich genommen haben, viel zu schwer ist.« Weniger rücksichtsvoll äußerte sich der frühere Präsident Herbert Hoover: »Sachverständige Beobachter stellen täglich die Frage, ob diese Länder, von Großbritannien abgesehen, wirklich gewillt sind, sich zu verteidigen oder auch nur Vorkehrungen dafür zu treffen. Die Taten und Äußerungen ihrer Regierungen legen nur einen mangelhaften Beweis für diese Entschlossenheit ab... Es ist höchste Zeit, daß das amerikanische Volk seine Stimme lauter und fester als in den üblichen diplomatischen Wendungen erhebt.« Noch deutlicher wurde Hoover Anfang Dezember in einer zweiten Erklärung, die einen beträchtlichen Eindruck im Lande machte. Er sagte: »Es steht fest, daß die Vereinten Nationen in Korea geschlagen worden sind. Es steht fest, daß die anderen nichtkommunistischen Länder nicht in der Lage waren, der Aufforderung der Vereinten Nationen nachzukommen und Truppen nach Korea zu schicken. Es steht fest, daß die Vereinten Nationen keine wesentlichen militärischen Kräfte mobilisieren können. Es steht fest, daß das kontinentale Europa in den drei Jahren, in denen wir ihm geholfen haben, die zu seiner eigenen Verteidigung erforderliche einheitliche Zielsetzung und den Willen dazu nicht entwickelt hat. Es steht fest, daß unsere britischen Freunde mit dem kommunistischen China flirten. Es steht fest, daß sich die Vereinten Nationen in einem Durcheinander von Diskussionen verlieren und bei der Frage angelangt sind, ob sie beschwichtigen oder nicht beschwichtigen sollen...«

Herbert Hoover brachte die Meinung sehr vieler Amerikaner zum Ausdruck: sie kamen sich von Undankbaren ausgenutzt und geprellt vor, die sich auch noch den Luxus gestatteten, ihnen Belehrungen zu erteilen. Die atlantische Solidarität und die gemeinsame Zivilisation, mit denen man ihnen in den Ohren gelegen hatte, stellten sich als ein auf Amerikaner berechneter Dummenfang heraus. Wozu seien denn die Dollars der Marshall-Plan-Hilfe verwendet worden? Nur zur Finanzierung kostspieliger und unwirksamer wirtschaftlicher und sozialer Experimente. Woher der so gewaltige Unterschied in der Produktivität zwischen Amerika und England? Veraltet sei in England nicht bloß die Maschinerie, veraltet seien vor allem Arbeitsverfahren und Arbeitsgewohnheiten, an denen die Regierung der Labour Party nichts ändern könne. Und woher die Fortdauer sozialer Spannungen in Frankreich, wenn nicht aus dem Grunde, daß die französischen Arbeitgeber in ihren »bürgerlichen« und »kapitalistischen« Vorstellungen von zwischenmenschlichen Beziehungen eingekapselt geblieben seien, die die Vereinigten Staaten längst überwunden hätten? Was aber die europäischen Intellektuellen mit ihren ewigen Belehrungsversuchen angehe, so stehe doch wohl eindeutig fest, daß sie von einem Zerrbild Amerikas lebten und weder von der kulturellen Entwicklung des Landes noch von der Leistung seiner großen Hochschulen etwas wüßten. Amerika sei stolz auf seine großen Gelehrten auf allen Gebieten und dürfe sie mit Recht als amerikanische Patrioten betrachten, ob sie nun in Europa oder sonstwo zur Welt gekommen seien.

In Wirklichkeit war der amerikanische Wutausbruch nur eine Antwort auf die viele Kritik, die seit dem Krieg – und vor allem seit der Inangriffnahme des Marshall-Planes – aus Europa nach Amerika gedrungen war. Seit Monaten schon hatte man den Ausbruch kommen sehen. Die doppelte Krise, die sich aus dem Korea-Krieg und der deutschen Wiederbewaffnung ergab, war nur der äußere Anlaß.

Wie weit konnte die Entzweiung gehen? Bis zum Bruch? Herbert Hoover und auch Joseph Kennedy, früher amerikanischer Botschafter in London, forderten radikale Schritte: Räumung Europas und Rückkehr zu einer auf das amerikanische »Gibraltar« gestützten Strategie der Verteidigung an der Peripherie. Die Formel schien verlockend, konnte aber eine ernste Prüfung nicht bestehen. Eine periphere Verteidigung konnte nur ins Auge gefaßt werden, sofern man über Kampfmittel von großer Reichweite verfügte. Solange man aber keine interkontinentalen Geschosse hatte, mußte der Rückzug auf das amerikanische »Gibraltar« die Preisgabe Europas bedeuten, und man glaubte zu wissen, daß es der Sowjetunion kaum Schwierigkeiten bereiten würde, sich Europas mit einer Kombination von militärischem Druck, Propaganda und innerer Einkreisung zu bemächtigen. Wäre indes der Sowjetstaat Herr über das europäische Industriepotential, so wäre das Kräfteverhältnis entscheidend zu seinen Gunsten verschoben; isoliert, bald auch von Afrika abgeschnitten und von einem Umgehungsmanöver über den südamerikanischen Kontinent bedroht, müßten die Vereinigten Staaten unterliegen. Eine Zerreißung des Atlantikpaktes konnten sich die Vereinigten Staaten – diese Auffassung teilte auch der »internationalistische« Flügel der Republikaner – schlechterdings nicht mehr leisten. Angesichts des messianischen Eroberungszuges der Sowjetwelt waren sie in ihren politischen Entschlüssen nicht freier als Franklin D. Roosevelts Amerika im Angesicht der Offensive Hitler-Deutschlands. Europa war zu einem Schild geworden. Genau das sagte dem amerikanischen Volk Eisenhower, inzwischen Oberbefehlshaber der NATO-Streitkräfte, nach einer Inspektionsreise durch Europa: »Unsere Schiffe werden nicht mehr lange die Meere befahren und unsere Flugzeuge nicht mehr lange ihre Kreise am Himmel ziehen, wenn wir uns in einer Sicherheit, die nur Einbildung ist, abseits halten, während ein aggressiver Imperialismus die Teile des Erdballs verschlingt, an die unsere eigene Zukunft unzertrennlich gebunden ist.« Am Schluß seiner Ansprache stellte Eisenhower fest, daß die »Erhaltung eines freien Amerikas« die Teilnahme an der Verteidigung Westeuropas zur Notwendigkeit mache; er plädierte für die Entsendung amerikanischer Truppeneinheiten nach Europa, auch wenn der Hauptbeitrag der Vereinigten Staaten in der Lieferung von Munition und Kriegsmaterial werde zu bestehen haben.

Eisenhowers Erklärung erleichterte es der Regierung, die Entscheidung durchzusetzen. Am Ende der »Großen Debatte« nahm der Senat am 4. April 1951 eine Entschließung an, in der Eisenhowers Ernennung zum Alliierten Oberbefehlshaber in Europa gebilligt und festgestellt wurde, daß »die Bedrohung der Sicherheit der Vereinigten Staaten und unserer nordatlantischen Bündnispartner ... den Auslandsaufenthalt von Truppeneinheiten, deren Entsendung als zweckmäßig erachtet werden sollte, erforderlich« macht. Es folgten ausführliche Instruktionen über das einzuschlagende Verfahren und die vor jeder Truppenverlagerung von den Verbündeten einzuholenden Garantien. Darüber hinaus unterstrich die Entschließung die Unumgänglichkeit, die Bestimmungen über die Höchststärke der Armee im Friedensvertrag mit Italien zu revidieren und das Verteidigungspotential Westdeutschlands und Spaniens zu nutzen.

Damit hob der Senat selbst die Bedeutung der gefaßten Entscheidung besonders hervor. Die Vereinigten Staaten hatten die Teilnahme der Bundesrepublik Deutschland an der Verteidigung Europas gefordert. Sie hatten nur den französischen Plan einer europäischen Armee erreicht, der noch ebenso zur Debatte stand wie die Voraussetzungen des deutschen Verteidigungsbeitrags. Dennoch waren sie willens, den größten Teil der Lasten, die der Ausbau der europäischen Verteidigung verursachte, auf sich zu nehmen. Eine Krise, die zum Bruch hätte führen können, endete mit der Vergrößerung des amerikanischen Beitrags in Europa. Nachdem die Vereinigten Staaten Wirtschaftshilfe geleistet hatten, einem System kollektiver Sicherheit beigetreten waren und sich zu Waffenlieferungen entschlossen hatten, übernahmen sie es nun auch noch, Menschen zum Schutz des europäischen Kontinents hinüberzuschicken.

Manch einer mag angesichts der logischen Aufeinanderfolge dieser Entscheidungen versucht gewesen sein, in ihnen die Verwirklichung eines »imperialistischen« Plans zur Aufrichtung der amerikanischen Vorherrschaft in Europa zu sehen. Aber aus der Untersuchung der Umstände, unter denen die diversen Entschlüsse zustande gekommen waren, und aus dem Studium der leidenschaftlichen Auseinandersetzungen, in denen die gegensätzlichsten Meinungen um so heftiger vorgebracht wurden, als niemand wußte, wohin die Reise ging und was für Konsequenzen sie nach sich ziehen würde, gewinnt man umgekehrt die Überzeugung, daß die Amerikaner da ohne ihr Zutun in eine zwangsläufige Kette von Ereignissen geraten waren. Indes löste die Stärkung der militärischen Verteidigung der Atlantischen Welt, der die Vereinigten Staaten nun zustimmten, die Probleme, denen sie sich gegenüber sahen, nur zum Teil. Den Verbündeten ging alles ab, was für ein gemeinsames Unterfangen unerläßlich ist: geistige Geschlossenheit, gegenseitiges Vertrauen und Übereinstimmung über die zu befolgende Politik. Neue Krisen waren vorauszusehen.

## *Über die EVG-Schlacht zu den Pariser Verträgen*

*NATO-Reorganisation.* Der Kampf, der im Winter 1950/51 über den Ozean hinweg und in Amerika selbst geführt wurde, hinderte den NATO-Generalstab keineswegs, an die Arbeit zu gehen. Aus den Entscheidungen über die Errichtung des alliierten Oberkommandos und über die Vermehrung der Truppen erwuchsen, wenn auch auf einer anderen Stufenleiter und mit größerer Schärfe, die politisch dornenreichen und technisch komplizierten Organisationsprobleme einer Koalition, die vorgab, eine einheitliche gemeinsame bewaffnete Macht schaffen zu wollen.

Sofort machte man sich an die Fertigstellung eines Unterbaus aus Stützpunkten und Materiallagern, ohne den die geplante Truppenverteilung nicht vorgenommen werden konnte. Zu diesem Zweck wurden zwischen den Vereinigten Staaten einerseits, Frankreich, Dänemark und Portugal anderseits bilaterale Verträge über die Errichtung von Luftstützpunkten abgeschlossen. Daneben wurden von den verbündeten Ländern Abmachungen über die Rechtslage der außerhalb ihrer Heimatländer im Dienst der NATO stehenden Soldaten und Zivilpersonen getroffen. Solche Vereinbarungen, dann aber auch Errichtung und Ausbau eines Netzes von Stützpunkten trugen zum Zusammenschweißen des Bündnisses mehr bei, als man sich im Augenblick vorstellen konnte. Dieser Unterbau stellte das Bündnis fest auf den Boden der einzelnen Mitgliedsländer und verlieh der sich anbahnenden Zusammenarbeit einen bleibenden Charakter.

Auch eine Reorganisation des Rates der NATO wurde fällig: das Verteidigungskomitee und das Wirtschafts- und Finanzkomitee wurden in den Rat eingebaut, der somit zum einzigen Ministerrat der Organisation wurde. Nunmehr waren die ständig zur NATO abgeordneten Stellvertreter nicht bloß die Vertreter der Außenminister, sondern auch die ihrer Regierungen, verantwortlich für die Gesamtheit der die NATO betreffenden Fragen. Auf diese erste Rationalisierungsmaßnahme folgten entsprechend den Beschlüssen der Konferenz von Lissabon weitere, darunter die Umbildung des Sekretariats unter der Leitung eines Generalsekretärs, dessen politische Rolle über seine administrativen Aufgaben bald hinauswachsen sollte, und die Unterbringung sämtlicher Dienststellen wie auch des jetzt aus ständigen Vertretern der Regierungen gebildeten Rates in Paris.

Aber wenn diese Reorganisierungsmaßnahmen die Leistungsfähigkeit der leitenden Organe erhöhten, so stärkten sie noch nicht den Einfluß der NATO auf die Länder, die Geld und Soldaten zu stellen hatten. Waren die Vereinigten Staaten imstande, ihren Verpflichtungen nachzukommen, und hatte Kanada die Mittel, seine bewaffnete Macht auszubauen, so stießen die meisten anderen Länder auf wachsende Schwierigkeiten. Das ungewöhnlich rasche Tempo der technischen Entwicklung brachte ständige Preiserhöhungen bei Waffen mit sich, die in immer rapiderer Folge der Erneuerung bedurften. Außerdem hatte der Korea-Krieg die Rohstoffpreise spürbar in die Höhe getrieben, was sich wiederum auf die Gesamtwirtschaft auswirkte. Auf der Konferenz von Ottawa im September 1951 stellten die für Produktion und Finanzen Verantwortlichen übereinstimmend fest, daß die Fortschritte wegen des Widerstands der Regierungen recht dürftig geblieben waren. Dafür konnte ein dreiköpfiger Studienausschuß eine Fülle von Regierungsauskünften über die Verteidigungspläne, den genauen Truppen- und Ausrüstungsbestand, die Kosten des Verteidigungsprogramms, seinen Einfluß auf die verschiedenen Wirtschaftssphären, die bereits unternommenen oder geplanten Schritte zum Ausbau der Volkswirtschaft zusammentragen. Die Zusammenstellung einer solchen Gesamtübersicht über die von den Regierungen in Angriff genommenen Maßnahmen und die Probleme, die zu lösen blieben, erschien als fast revolutionärer Fortschritt auf dem Wege zur Integration. Es war, wie zu Recht betont wurde, das erstemal, daß Regierungen souveräner Staaten bereit waren, ihre Verbündeten über bis dahin als streng geheim behandelte Fragen zu unterrichten und sie gemeinsam zu erörtern. Der Dreierausschuß seinerseits bestand auf der Notwendigkeit jährlicher Berichte und verlangte, daß einerseits auf gerechte Verteilung der Lasten auf die einzelnen Staaten, anderseits auf die Erhaltung eines »gesunden wirtschaftlichen und sozialen Gleichgewichts« und eines »ausreichenden Niveaus der allgemeinen Ausweitung der Wirtschaft« geachtet werde. Von neuem wurde die Tatsache sichtbar, daß militärische Integration fast unvermeidlich ein gewisses Maß an wirtschaftlicher Integration bedingt.

Allerdings hätten die Regierungen, die sich über die Unmöglichkeit beklagten, den ihnen abverlangten Beitrag zu leisten, bei der Aufstellung ihrer Militärprogramme auch die ihnen unterbreiteten Empfehlungen berücksichtigen sollen oder zum mindesten imstande gewesen sein müssen, sie zu befolgen. Das war nicht der Fall. Einige der auf der Lissaboner Konferenz gefaßten Beschlüsse, vor allem solche, die sich auf eine Verringerung der Gleichgewichtsstörungen in der Zahlungsbilanz bezogen, wurden tatsächlich durchgeführt. Aber der Aufrüstungsplan, der bis Ende 1952 fünfzig NATO-Divisionen und viertausend NATO-Flugzeuge vorsah, wurde keineswegs verwirklicht.

Dennoch bezeichnete die Lissaboner Konferenz eine wichtige Etappe in der Entwicklung der NATO. Die Periode des Improvisierens und der tastenden Versuche war vorbei. Die Probleme waren klar gestellt. Deutlicher zeichnete sich der einzuschlagende Weg ab, und sichtbarer waren die Hindernisse geworden, die ihn säumten. Die Militärs, die einen Anfang hatten machen können mit der Bestandsaufnahme ihrer Kräfte und mit der Aufstellung zwar nicht der Truppen, die ihnen noch fehlten, aber doch wenigstens der Kommandoorgane, atmeten etwas freier. Der erste Jahresbericht General Eisenhowers schloß sogar mit einer optimistischen Note: die Zahl der Divisionen habe sich fast verdoppelt; sie seien in besserer Gefechtsbereitschaft; die Möglichkeit ihres Einsatzes sei im Hinblick auf die aus dem Osten drohende Gefahr dem Studium unterworfen worden; eine Verbesserung der rückwärtigen Verbindungslinien stehe bevor.

Eine Verstärkung erfuhr die NATO durch den Beitritt zweier neuer Mitglieder, Griechenlands und der Türkei. Ihre Einbeziehung in den Nordatlantikpakt mochte manchen überraschen. Sie hatte auch zu Auseinandersetzungen unter den Alliierten geführt. Nicht daß man sich am geographisch Paradoxen der Aufnahme zweier Mittelmeerländer in eine sich »atlantisch« nennende Koalition gestoßen hätte; die Mitgliedschaft Italiens hatte im voraus die Griechenlands legitimiert, und im übrigen hatte man auf beiden Seiten seit geraumer Zeit aus der Praxis gelernt, den Begriff des Regionalen in weitem Sinne zu interpretieren. Es ging bei den Auseinandersetzungen auch weniger um Begriffsbestimmungs- oder Grundsatzfragen als um die Vermehrung der Risiken, die sich aus dem vergrößerten Anwendungsbereich der Paktgarantien ergab. Daß Griechenland und die Türkei in einer besonders gefährdeten Zone lagen, war kein Geheimnis, und es war daher auch nicht verwunderlich, daß es kleineren Mitgliedsstaaten der atlantischen Allianz, besonders Norwegen und Dänemark, schwerfiel, das Mehr an Verantwortung zu akzeptieren. Für die Vereinigten Staaten, für Großbritannien, sogar für Frankreich, die Weltmächte – wenn auch verschiedenen Ranges – sind und Mittelmeerinteressen, ja Mittelmeerverpflichtungen haben, war die Entscheidung selbstverständlich. Übrigens hatte die amerikanische Regierung seit der Unterzeichnung des Paktes nicht verhehlt, eine wie große Bedeutung sie der engen Zusammenarbeit mit Griechenland und der Türkei beimaß, weil sie gleichsam als Wächter des Mittelmeerweges den Zugang zu den Verkehrsknotenpunkten und Erdölzentren des Mittleren Ostens wenigstens teilweise schützten. Sie war denn auch von dem Beitritt der beiden Mächte durchaus befriedigt. Dieser Beitritt unterstrich erneut das Übergewicht militärischer Faktoren in der Gesamtkonzeption des atlantischen Bündnisses: konnte man Griechenland noch als Wiege der atlantischen Zivilisation auch weltanschaulich zu den Atlantikmächten rechnen, so ließ sich die Einbeziehung der Türkei auch nach ihrer »Verwestlichung« schwerlich anders als mit Argumenten militärischer Natur begründen.

*Innere Spannungen.* In die Genugtuung über die in Lissabon festgestellte Konsolidierung der NATO-Organisation mischte sich indes ein Gefühl der Unruhe. Berücksichtigte man die innenpolitische Situation der Regierungen der einzelnen Mitgliedsstaaten, so sah das atlantische Bündnis immer noch ebenso zerbrechlich aus wie am Anfang. In den Vereinigten Staaten hatte die Regierung der Demokraten, um sich in der »Großen Debatte« um Europa und der gleichzeitigen Auseinandersetzung um General MacArthur und die China-Politik durchzusetzen, ihr ganzes Pulver verschossen. Seitdem war sie angesichts der wütenden Angriffe der Republikaner, die schon die Stunde der Rache kommen sahen, aus der Defensive nicht mehr herausgekommen. Welche Argumente sollte sie auch ihren Gegnern, die ihr das Scheitern ihrer Außenpolitik vorwarfen, entgegenhalten? Daß die amerikanische Intervention in Griechenland und der Türkei, der Marshall-Plan, die Luftbrücke nach Berlin und die Korea-Aktion es möglich gemacht hätten, den Sowjetvorstoß zum Halten zu bringen? Das konnte sie gewiß sagen, aber wie viele Hoffnungen hatten sich nicht erfüllt, und wie viele Versprechungen waren nicht gehalten worden! Die Vereinigten Staaten von Europa, die man am Ende von vier Jahren Wirtschaftshilfe erwartet hatte, waren eher eine Fata Morgana, wie sie der Wanderer in der Wüste zu sehen glaubt. China war verloren. Der Korea-Krieg nahm kein Ende. Das viele Geld, das man freigebig und klug verteilt zu haben glaubte, schien in einem Danaidenfaß gelandet zu sein. Die Amerikaner standen allein. Was sie auch tun mochten, von allen Seiten wurden sie mit Kritik überschüttet, an deren Stelle Schmeicheleien erst traten, wenn sich das Bedürfnis nach amerikanischem Geld geltend machte. Den Republikanern war es ein leichtes, auch noch an die Illusionen von Jalta, an die Fehleinschätzung der Sowjetpolitik zu erinnern. Sie versäumten nicht, die Affäre Hiss auszuschlachten, um zu beweisen, in welchem Maße die Regierung die kommunistische Infiltration geduldet habe. So bedeutend Truman als Präsident sein mochte, er bot nichtsdestoweniger genug Angriffsflächen. Einige Personen aus seiner nächsten Umgebung waren diskutabel, und über sie wurde denn auch ausgiebig diskutiert. Skandale, in die Regierungsleute verwickelt waren, wurden sogleich gegen die Regierung ausgenutzt. Der konservative Süden, wo entschiedene Gegner – wie etwa James Byrnes – gegen Truman standen, bekämpfte nicht nur die Politik des Fair Deal, sondern auch überhaupt das Anwachsen der Ausgaben, das sich aus der Ausweitung der öffentlichen Wirtschaft und den zunehmenden internationalen Verpflichtungen Amerikas ergab. Ziemlich allgemein war 1952 die Meinung verbreitet, daß die Tage der Demokraten gezählt seien. Daß der Parteikonvent der Republikaner Eisenhower statt Taft als Präsidentschaftskandidaten aufstellte, zerstreute trotz den unstrittigen Qualitäten des demokratischen Gegenkandidaten Adlai Stevenson jeden Zweifel am Ausgang der bevorstehenden Wahlen.

Europa lebte weiterhin in der Unsicherheit. Keine schwere Krise schien im Kommen, aber auch keine wirksame Besserung der Wirtschaftslage oder der politischen Situation. Die Konservativen unter der Führung Winston Churchills, die dank der Uneinigkeit der Labour Party und der Unterstützung des Kleinbürgertums die Wahlen von 1951 gewonnen hatten, sahen nun einige Jahre vor sich, in denen sie das Versprechen einlösen konnten, die Wirtschaft Englands zu beleben und die von der Regierung Attlee eingeleitete Verstaatlichung der Stahlindustrie und des Verkehrs rückgängig zu machen; für den Augenblick mußten sie sich in dem armen Land, das dem Arbeitsrhythmus der ausländischen Konkurrenz nicht folgen wollte, mit dem grauen Alltag der längst eingeführten Politik der Knappheit und Sparsamkeit zufriedengeben. Auch in Italien waren wesentliche Verschiebungen im politischen Kräftegleichgewicht nicht festzustellen. Die wirtschaftliche Erschließung Süditaliens war noch Zukunftsmusik; für den Augenblick gab es nur Notbehelfe, und unterdes konnte man versuchen, die Tragweite der zu lösenden Probleme zu bestimmen und einen umfassenden Aufbauplan aufzustellen. Dagegen schien die Bundesrepublik Deutschland einen großen Aufschwung zu erleben. Unter der straffen Führung des Bundeskanzlers Adenauer, der die politischen Voraussetzungen einer gesunden Finanzgebarung geschaffen hatte, von Wirtschaftsminister Erhard auf den Weg der »sozialen Marktwirtschaft« gebracht, profitierte sie gleichzeitig vom Arbeitsenthusiasmus der Bevölkerung, die sich um die Wiederkehr eines besseren Lebens bemühte, und von der aufgezwungenen Entwaffnung, die Arbeitsenergie und Kapital für die Zivilproduktion frei gemacht hatte, und ließ sich von diesem »Wirtschaftswunder« in die Höhe bringen.

In Frankreich verschärfte sich die Spannung. Der Indochina-Krieg zog sich hin, ohne daß ein Ende abzusehen gewesen wäre. Er belastete die Staatsfinanzen und schuf Uneinigkeit in der Regierung, in den Parteien und im ganzen Land. So mancher glaubte, daß Frankreich in Indochina bleiben müsse, um seine Weltmachtposition zu halten. Andere wieder, die die Volksstimmung auf ihrer Seite hatten, meinten, die Zeit der Kolonialexpeditionen sei vorbei und man tue besser daran, dem Beispiel Englands in Indien und Burma zu folgen, statt nach dem Vorbild der Holländer in Indonesien Gefahr zu laufen, alles zu verlieren. Diese Beweisführung, die den gesunden Menschenverstand für sich hatte, stieß auf einen neuen Einwand der Befürworter weiterer militärischer Aktionen: die Anerkennung der Ho-Chi-Minh-Regierung durch die Sowjetunion und die Volksrepublik China schaffe insofern eine Zwangslage, als nunmehr jede Verständigung mit der Vietminh-Bewegung einem Sieg des internationalen Kommunismus gleichkommen müsse.

Der Indochina-Krieg hatte indes, weil er einen immer größeren militärischen Aufwand verlangte, noch schlimmere Konsequenzen: er hinderte Frankreich nicht nur daran, aus der Hilfe des Marshall-Planes den größtmöglichen Nutzen zu ziehen, sondern auch an einer intensiven Mitwirkung am Ausbau des NATO-Potentials. Frankreich geriet auf diese Weise in eine schiefe Situation gegenüber seinen Verbündeten und verlor sich immer mehr in Widersprüchen. Zu schwach, seine Verteidigung in Europa und den Schutz seiner fernöstlichen Interessen gleichzeitig zu organisieren, erging es sich in demonstrativen Bekundungen eines übersteigerten Nationalismus, der um so rabiater wurde, je mehr sich das Land seiner Schwäche bewußt wurde. Von seinen amerikanischen Verbündeten verlangte Frankreich, daß sie sowohl für seine Versäumnisse in Europa aufkommen als auch die Mittel zur Verfügung stellen sollten, mit denen es seine Position im Fernen Osten halten wollte. Aber es bestand nichtsdestoweniger auf seiner Vormachtstellung auf dem europäischen Kontinent und auf der alleinigen Verfügung über die Führung des Krieges in Indochina. Nun rechtfertigte zwar die nach der Unterstützung Ho Chi Minhs durch China unvermeidliche Internationalisierung des Konflikts die Gewährung amerikanischer wirtschaftlicher und militärischer Hilfe an ein Land, dessen Schlüsselstellung auf dem europäischen Kontinent von entscheidender Bedeutung für die amerikanische Sicherheitspolitik war, sie lieferte aber der Washingtoner Regierung keinen Rechtsgrund, sich in die Beziehungen zwischen Frankreich und Vietnam einzuschalten. Praktisch mutete Frankreich dem amerikanischen

Bundesgenossen zu, er sollte doch auch einmal zugeben, daß der Antikolonialismus in dem Augenblick nicht mehr gelte, da die Gefahr des internationalen Kommunismus akut sei. Auch in bezug auf Deutschland sollte sich der Selbstschutzreflex in einem Maße auswirken, das die Verwirklichung der Europäischen Verteidigungsgemeinschaft unmöglich machte. Nicht daß eine Verständigung mit Deutschland abgelehnt wurde. Im Gegenteil: das Abkommen über die Schaffung der Europäischen Gemeinschaft für Kohle und Stahl (Montanunion), das am 25. Juli 1952 in Kraft getreten war, schien die deutsch-französische Verständigung besiegelt und eine Ära guter freundschaftlicher Gefühle eingeläutet zu haben. Die Ernennung Jean Monnets zum Präsidenten der Hohen Behörde der Montanunion war ein Ansporn für die Anhänger überstaatlicher Institutionen; sie machten sich unverzüglich daran, Verfassungsentwürfe für die spätere politische Gemeinschaft Europas auszuarbeiten. Sie glaubten sich auf Schuman und Adenauer verlassen zu können, die als überzeugte Europäer bereit waren, dieser politischen Gemeinschaft auch ein Stück Souveränität zu opfern. Wäre es nach Schuman und Adenauer gegangen, so wäre auch das die deutsch-französischen Beziehungen belastende Saarproblem frühzeitig einer Lösung zugeführt worden, die wenigstens dies Hindernis der europäischen Integration aus dem Wege geräumt hätte. Aber beide Regierungen standen unter starkem Druck. In Deutschland war die sozialdemokratische Opposition nicht die einzige Kraft, die die Rückkehr der Saar ins Mutterland forderte: sie fand Unterstützung in den Reihen der liberalen FDP und auch der eigenen Partei Adenauers, der CDU. Und in Frankreich wurde jeder Schritt Schumans von einer nicht minder energischen Opposition, zu der namhafte Initiatoren der französisch-saarländischen Wirtschafts- und Zollunion gehörten, genau verfolgt. Er leitete ja auch schon so lange Frankreichs auswärtige Politik, zu lange jedenfalls für seine Gegner. Ende Dezember 1952 sollte ein Regierungswechsel die Gelegenheit bieten, ihn auszuschalten. Sein Abgang – so bald nach der Schaffung der ersten europäischen Institution – offenbarte die Zerbrechlichkeit seines großen Konstruktionsentwurfs.

Freilich spielte die Saarfrage in Frankreich nur eine untergeordnete Rolle, und der von René Mayer Anfang 1953 ausgearbeitete »Saar-Vorbehalt« war nur eine Teiletappe eines innenpolitischen Manövers. Zu den vielen Ursachen der Uneinigkeit, die die Vorliebe für Prinzipiendebatten bei einem Volk mit viel zu gutem Gedächtnis hervorzubringen pflegt, gesellte sich als zentraler Streit, der fast die Möglichkeit parlamentarischen Regierens zunichte machen sollte, die Auseinandersetzung um die Europäische Verteidigungsgemeinschaft (EVG). Zur Vermeidung einer Wiederbewaffnung Deutschlands im Rahmen des Atlantikpakts hatte die französische Regierung die Aufstellung einer europäischen Armee vorgeschlagen. Sie hatte auf dieser Idee so hartnäckig bestanden, daß sie schließlich trotz der Skepsis des amerikanischen Verteidigungsministeriums die Führung der amerikanischen Außenpolitik und auch den Präsidenten Truman für das Projekt gewonnen hatte. Auch der Rat der NATO sprach sich – gerade auf der Lissaboner Konferenz – zu seinen Gunsten aus, und Anfang Mai 1952 wurde das EVG-Abkommen von den sechs unmittelbar betroffenen Staaten unterzeichnet.

Von den Vorteilen dieser Lösung mußte aber noch das französische Parlament überzeugt werden. Der Widerstand war beträchtlich und ständig im Zunehmen. Vor allem wandte sich die Kritik gegen die Nichtbeteiligung Englands, das Frankreich im Stich lasse und es zwinge, Deutschland allein gegenüberzutreten. Nicht minder galt die Kritik allerdings auch dem eigentlichen Zweck des Abkommens, der Wiederbewaffnung Deutschlands, und allen Klauseln, die, ähnlich wie bei der Montanunion, die nationale Souveränität zugunsten überstaatlicher Gebilde einschränkten. Was bei Kohle und Stahl als tragbar erschienen war, wurde für unannehmbar erklärt, sobald es sich um militärische Dinge handelte. Zum Verhängnis für das EVG-Abkommen wurden dieselben politischen Stimmungen, denen es seine Entstehung zu verdanken hatte. In dem Abkommen spiegelten sich in Wirklichkeit die Ängste und Hoffnungen seiner Väter wider, aber nicht nur ihrer allein: die Hoffnung auf das Werden Europas und die Angst, immer noch die Angst vor Deutschland. Diktiert von der Angst, waren bestimmte gegen Deutschland gerichtete Sicherheitsvorkehrungen getroffen worden; aber die entsprechenden Klauseln engten notwendigerweise die Bewegungsfreiheit auch der anderen Vertragspartner ein. Was man hatte verhindern wollen, war die Neubildung einer deutschen Nationalarmee, und zu diesem Zweck hatte man in das Abkommen Bestimmungen eingebaut, die auch die Regierungen Frankreichs, Italiens, Belgiens und Hollands automatisch der Verfügungsgewalt über ihre nationalen Streitkräfte beraubten. So wurde denn das Abkommen von allen Seiten angegriffen, sowohl wegen der Dehnbarkeit seines Wortlauts als auch aus Gründen wesentlicherer Natur. Es bildete sich eine – wenn auch nur recht lockere – Anti-EVG-Koalition, in der sich Seite an Seite mit den Kommunisten, einer trotz aller Isolierung beachtlichen Macht, die alte, »klassische« Rechte, die »Gaullisten«, ein Teil der Radikalen und ein Teil der Sozialisten zusammenfanden. Die meisten Parteien waren gespalten, und die einander ablösenden Kabinette zögerten, es zum offenen Kampf kommen zu lassen. Erst im Januar 1953 wurde der EVG-Vertrag dem Parlament zur Genehmigung vorgelegt. Seit seiner Unterzeichnung waren acht Monate vergangen. Die Gegner der Verteidigungsgemeinschaft hatten diese Zeit zu nutzen gewußt.

*Die Republikaner an der Macht.* Tiefgreifende Veränderungen hatten sich in den Vereinigten Staaten vollzogen. Dwight D. Eisenhower war zum Präsidenten gewählt worden. Er hatte einen persönlichen Sieg errungen, und in seiner Gefolgschaft war die Republikanische Partei an die Macht gekommen. Dieser Sieg erweckte große Hoffnungen sowohl in Europa als auch in den Vereinigten Staaten; begründete Hoffnungen, wenn man die Möglichkeiten bedenkt, die dem neuen Präsidenten offenstanden. Durch eine fast plebiszitäre Wahl an die Spitze einer Präsidialdemokratie gestellt, hatte er gewaltige Machtbefugnisse übertragen bekommen. Er hatte die Massenstimmung auf seiner Seite; die Wähler hatten es ihm überlassen, Entscheidungen zu treffen. Er genoß in weitem Maße das Vertrauen der atlantischen Verbündeten. Der Mann, der zweimal mit dem Oberkommando betraut war und überall Sympathie geerntet hatte, erfreute sich weithin dankbarer Anerkennung. Man wußte, wie stark die amerikanische Entscheidung, Truppen nach Europa zu senden, von ihm beeinflußt worden war. Man glaubte aber auch an die friedfertige Gesinnung dieses Generals, von dem man meinte, er sei in erster Linie Politiker und erst in zweiter Linie Militär.

Die Anfänge wirkten ermutigend. Der neue Präsident »verbarrikadierte sich hinter ordentlichen Menschen« von ziemlich gemäßigter Couleur. Weder Reaktionäre noch Neuisolationisten waren um ihn herum zu sehen. Man erwartete von der neuen Regierung eine gemäßigt konservative Haltung, aber auch genug Courage zu einer eindeutig liberalen Position – beispielsweise in der Negerfrage. Der Unterschied zur Präsidentschaft Truman schien sich eher im Stil als in den Grundsätzen kundzutun.

Ziemlich schnell wurde jedoch Enttäuschung spürbar. Die amerikanische Demokratie baut darauf, daß der Präsident ihren Lebensgeist belebt. Von ihm soll die Initiative ausgehen; es ist seine, nur seine Sache, die Richtung zu weisen, die eingeschlagen werden soll: der Präsident herrscht und regiert. Für den Menschen, der an der Spitze der mächtigsten Nation der Welt steht, ist die Aufgabe überwältigend. Diese Last versuchte der Präsident abzuwälzen. Er machte sich daran, Machtbefugnisse zu delegieren, nach der Art eines Armeeführers, der es seinem Generalstabschef überläßt, die Tätigkeit der einzelnen Dienstbereiche zu koordinieren. Schlecht ist die Methode nicht, wenn sie dem Kommandierenden die Möglichkeit gibt, den nötigen Abstand und genug Zeit zum Nachdenken zu gewinnen. Aber sie trägt ihre Früchte nur, wenn die tragende Absicht im vorhinein bestimmt und die Richtung festgelegt worden ist. Indes verbreitete sich schon von den ersten Monaten an der Eindruck, daß die zentrale Antriebskraft nicht so stark war, wie sie bei einem solchen Regierungssystem hätte sein müssen. Dem Präsidenten schien daran zu liegen, den Kongreß im größtmöglichen Umfang von seinen Befugnissen Gebrauch machen zu lassen. Er verzichtete darauf, die Partei, die ihn an die Macht gebracht hatte, mit fester Hand zu lenken. Er war in seinem Verhalten weniger Chef als Schiedsrichter.

Diese Regierungsmethode überraschte nicht nur, sondern stiftete auch Verwirrung. Sie entsprach so gar nicht den Vorstellungen, die man sich bis dahin von den Machtbefugnissen der Präsidentschaft gemacht hatte. Sie veränderte die Rollen und das Zusammenspiel der Präsidentschaft und des Kongresses und gewährte den Mitgliedern der gesetzgebenden Körperschaften einen größeren Aktionsbereich; manche von ihnen zögerten nicht, die vermehrte Macht zu mißbrauchen. In der Wirkung war die Schmälerung der Präsidialmacht um so gefährlicher, als die Republikanische Partei uneinig war und die sich um das Weiße Haus scharenden »Internationalisten« weder im Repräsentantenhaus noch im Senat den Ton angaben. Robert Taft, der bald von der Bühne abtreten sollte, war für den Präsidenten trotz unterschiedlichen Auffassungen immerhin noch ein ebenbürtiger Verhandlungspartner. Was aber ließ sich von einem William E. Jenner oder Joseph R. McCarthy sagen? Und gerade das Schweigen des Präsidenten oder sein Ausweichen vor verbindlicher Stellungnahme war es, was McCarthy und seinen Nacheiferern die Möglichkeit gab, einige Monate lang das politische Bild zu beherrschen und eine wilde Kommunistenhetze zu veranstalten, deren rechtliche und moralische Voraussetzungen und Begleitumstände in einer Demokratie höchst anfechtbar anmuten mußten; bald wurde daraus eine Hetzjagd auf Intellektuelle und Beamte, deren einziges Vergehen darin bestand, daß sie dem Staat unter Regierungen der Demokratischen Partei gedient hatten.

Diese Phase der Ausbeutung des Wahlsieges löste verhängnisvolle Wirkungen aus. Sie führte dazu, daß zahlreiche wertvolle Kräfte dem Staatsdienst, vor allem dem diplomatischen Dienst, den Rücken kehrten. Sie schädigte das Prestige des Präsidenten, dessen Zurückhaltung eher als Ausdruck der Schwäche denn als Ergebnis taktischer Überlegungen gedeutet wurde. Daß der Präsident nichts dazu tat, flagrantes Unrecht und bösen persönlichen Schaden, wie sie in der McCarthy-Kampagne häufig genug vorkamen, wiedergutzumachen, war schwer zu verstehen und zu entschuldigen. Das Schweigen des Präsidenten hatte überdies zur Folge, daß auf den unteren Stufen der Verwaltungshierarchie Feigheit in demoralisierendem Maße um sich griff. Schließlich rief die McCarthy-Welle in der ganzen Welt einen höchst beklagenswerten Eindruck hervor und lieferte in einem für die neue Regierung besonders wichtigen Zeitpunkt den zahlreichen Kritikern der amerikanischen Politik wirksame Argumente. Der McCarthyismus versah die Kommunisten mit genau der Beweisführung, die sie brauchten, um darzutun, daß aller Antikommunismus in Faschismus umschlagen müsse.

Das war freilich nicht der einzige Grund des Staunens und Enttäuschtseins. Die neue Regierung hatte versucht, der amerikanischen Außenpolitik die dynamische Energie, die sie eingebüßt hatte, wiederzugeben. Das gelang ihr nicht, und sie verstrickte sich in Widersprüche. Die von der Regierung verkündete Absicht, die Politik der Eindämmung *(containment)* des Kommunismus durch eine Politik der Zurückdrängung *(rollback)* seines Einflusses zu ersetzen, hatte ebensoviel Hoffnung wie Besorgnis erweckt. Als Stalin starb und das Sowjetregime von den verschiedenartigsten Strömungen hin- und hergerissen wurde, als vor allem in Ost-Berlin der Aufstand des 17. Juni ausbrach, schien gerade im Hinblick auf die außenpolitische Neuorientierung eine politische Initiative der Vereinigten Staaten unausweichlich. Aber nichts geschah. Aus Washington kam lediglich die Ermahnung, kaltes Blut zu bewahren. Dies Verhalten mag von sehr vernünftigen Überlegungen diktiert gewesen sein; nichtsdestoweniger widersprach es den Erklärungen, die die Republikaner im Wahlkampf abgegeben hatten. Ebenso überraschend war die Haltung der Regierung in Korea und auf Formosa. In Korea, wo man auf eine Aggression, die die Anwendung des Prinzips der kollektiven Sicherheit erheischte, im Namen der Vereinten Nationen reagiert hatte, zog man sich jetzt zurück; aber auf Formosa stellte man sich umgekehrt hinter ein Regime ohne jede Zukunftschance. Weswegen? Und weswegen ließ man, während man in Panmunjon verhandelte, Chiang Kai-shek freie Hand, wo doch jeder wußte, daß kein Schritt Chiang Kai-sheks ohne amerikanische Unterstützung möglich war? Vielleicht ließ sich die Verlagerung der amerikanischen Aktivität von Korea nach Formosa mit strategischen Argumenten oder innenpolitischen Rücksichten begründen; den Bundesgenossen Amerikas – vor allem England – mußte sie unverständlich bleiben.

Schließlich vollzog sich in der Politik der Vereinigten Staaten gegenüber der Sowjetunion ein Wandel, der nicht ohne Rückwirkung auf die Beziehungen Amerikas zu seinen atlantischen Verbündeten bleiben konnte. Die Politik der Regierung der Demokratischen Partei hatte in der Beurteilung des Sowjetverhaltens dem Faktor Ideologie eine große Bedeutung beigemessen: die Sowjetunion betreibe die Politik einer revolutionären Macht; sie lasse sich von einem messianischen Ausbreitungsdrang treiben, der russischen Wurzeln ebenso wie spezifischen Sowjetwurzeln entspringe; die Mittel, deren sie sich zur Erreichung ihrer Ziele bediene, seien ebensosehr ideologischer und politischer wie militärischer Natur. Dagegen neigte John Foster Dulles der Ansicht zu, daß die Sowjetpolitik nichts anderes sei als klassische Machtpolitik; ohne darin die Bedeutung der revolutionären Tätigkeit außer acht zu lassen, glaubte er der Rolle des rein Militärischen größeres Gewicht zubilligen zu müssen. Im Gegensatz zu seinen Vorgängern, die dem politischen Aspekt der Sowjetgefahr die größere Bedeutung beimaßen, betonte er in erster Linie den militärischen Aspekt. Anderseits veranlaßten ihn die Erfahrungen von Korea, die Frage aufzuwerfen, wie man der Gefahr entgehen könne, sich vom Gegner dorthin manövrieren zu lassen, wo er die Schlacht liefern wolle, und wie man im Gegenteil dazu gelangen könne, dem Gegner aus eigener Entscheidung das Schlachtfeld und die Kampfwaffe vorzuschreiben. Aus solchen Überlegungen erwuchs Dulles' Theorie der durchgreifenden Vergeltung, die Konzeption der *massive retaliation*.

In Europa führte diese Hervorkehrung des militärischen Charakters des Krieges, gepaart vor allem mit den Äußerungen über »Zurückdrängung« und »durchgreifende Vergeltung«, zu verschärfter Kritik und verstärkten Vorbehalten gegenüber der amerikanischen Politik. Weit davon entfernt, den atlantischen Verbündeten Mut und Begeisterung einzuflößen, erschreckte sie diese neue »dynamische« Politik der Vereinigten Staaten nur noch mehr. Sie verringerte nicht, sondern vermehrte die Reihen der EVG-Gegner. Als John Foster Dulles den Franzosen im Dezember 1953 in unmißverständlichen Worten sagte, es sei höchste Zeit, mit dilatorischen Manövern Schluß zu machen, und ihnen die Drohung einer »schreckenerregenden Revision« der amerikanischen Außenpolitik an den Kopf warf, stiegen Wut und Empörung bis zum Siedepunkt.

*Von Dien-Bien-Phu bis Paris.* Dulles' eindeutige Verwarnung hatte jedenfalls ein Gutes: sie klärte die Lage. Sie zeigte aber auch das Ausmaß der Differenzen zwischen Frankreich und den Vereinigten Staaten. Daran war nichts Erstaunliches. Das Zusammentreffen von Indochina-Krieg und EVG-Streit hatte in Frankreich zu Beginn des Jahres 1954 eine explosive Situation geschaffen. Die Regierung wußte, daß es fortan eine parlamentarische Mehrheit weder für die Fortführung des Krieges in Indochina noch für den EVG-Vertrag gab. Aber sie wollte das nicht zugeben – und konnte es auch nicht, wenn sie nicht Gefahr laufen wollte, ihre Anhänger gegen sich aufzubringen, in offener Abstimmung geschlagen zu werden und abtreten zu müssen.

Ganz kurz leuchtete die Perspektive eines Umschwungs in Indochina auf. Da die chinesische Intervention erwiesen war, überprüfte die amerikanische Regierung ihre Einstellung. Durfte der endgültige Verlust Indochinas hingenommen werden? Das Land war reich und von unbestreitbarem strategischem Wert für jeden, der Südostasien beherrschen wollte. Von einigen seiner Berater wurde Eisenhower zum Eingreifen gedrängt. Er war dazu bereit, entschied sich aber am Ende für weitere Zurückhaltung. Eine amerikanische Intervention hätte zu einer Ausweitung des Konflikts führen können, für die der Präsident die Verantwortung nicht übernehmen wollte. Es blieb also nichts übrig, als zu verhandeln, dazu auch noch unter den allerungünstigsten Bedingungen, denn während die Asienkonferenz, die über den Frieden in Indochina beraten sollte, in Genf tagte, kam die Nachricht vom Fall Dien-Bien-Phus.

Für Frankreich war die Demütigung so brutal, daß sie die Krise, die alle zu fürchten schienen, zum Durchbruch kommen ließ. Nun kam endlich Mendès-France an die Regierung. Auf diesen Augenblick hatte er, hatten andere mit ihm lange gewartet. In der französischen Nachkriegspolitik war er einer der wenigen, die staatsmännische Qualitäten zeigten; von Anfang an ließ er spüren, daß er wußte, was er wollte, und daß er einer eigenen politischen Konzeption folgte. Wegen dieser Qualitäten wurde er gefürchtet, und ihre Schattenseiten trugen ihm handfeste Feindschaften ein. Vorgeworfen wurde ihm vor allem, er sei viel zu ich-bezogen, als daß er das parlamentarische Spiel mitmachen und sich in den Rahmen einer Kabinettsequipe einfügen könnte. Dennoch stand Mendès-France nicht allein. Er hatte Bewunderer und, wie jeder Politiker von Statur, eine Klientel. Er verfügte über solide Stützpunkte in der Radikalen Partei und erfreute sich großer Sympathien in den Reihen der Sozialistischen Partei und in anderen Linksgruppierungen, in denen man ihn für den Mann hielt, der die Linke wieder zusammenführen könnte.

Was wird er tun? Was kann er tun? Nichts anderes, als das Vordringlichste in Ordnung bringen. In Genf sind Verhandlungen im Gange. Mendès-France glaubt, daß sie Frankreich die Chance bieten, einen Krieg loszuwerden, der es schwächt. Er hat keine Angst, sich selbst vor aller Welt eine Frist zu setzen, die er einhält. Das ist ein diplomatischer Erfolg, offensichtlich mit der Preisgabe einer französischen Position erkauft. In Frankreich weiß ihm die Mehrheit Dank dafür, daß er mit dem Abenteuer Schluß macht.

Auch noch an anderer Stelle hat sich Frankreich in Schwierigkeiten verwickelt. Es geht darum, das Verhältnis zu Tunesien zu entgiften. Mendès-France zögert nicht, die nötigen Konzessionen zu machen. Dann ist die EVG an der Reihe. Weitere Verzögerungen scheinen weder möglich noch wünschenswert. Die Stunde der Entscheidung hat geschlagen. Die Entscheidung fällt, ohne Debatte, bei einer Geschäftsordnungsabstimmung: die Nationalversammlung lehnt es ab, über die Genehmigung des Vertrages in Beratungen einzutreten. Die Regierung hat sich nicht festgelegt, ihr Schicksal ist vom Ausgang der Abstimmung nicht betroffen.

In Europa ist die Bestürzung allgemein. Die Verbündeten sind sichtlich verstimmt. Die Bonner Regierung, die alles darangesetzt hat, die Ratifizierung des Vertrages zu erlangen, ist nicht davon begeistert, daß sie nun zum Gespött der Opposition wird. In Belgien und in Holland, wo die Verfassung geändert worden ist, damit der EVG-Vertrag Rechtskraft erlangen könne, kommt man sich wie vor den Kopf gestoßen vor. Die Italiener, die vorsichtigerweise auf die französische Entscheidung gewartet haben, sind weniger verärgert, aber wie alle anderen voller Besorgnisse. Kündigt die Ablehnung des EVG-Vertrags eine völlige Umkrempelung der Bündnisfronten an? Die Angst davor ist weit verbreitet. Sie beruht aber auf einer etwas voreiligen Beurteilung der Lage und einer allzu pessimistischen Deutung der politischen Absichten des französischen Regierungschefs. Seine Gegner beschuldigen ihn eines geheimen Einvernehmens mit den Kommunisten und machen sich auf eine neue Volksfront gefaßt, von deren Außenpolitik vermutet wird, daß sie bestimmte neutralistische Haltungen zur Geltung bringen werde.

Aber so unabhängig Mendès-France ist und so entschlossen, mit den Methoden seiner zahlreichen Vorgänger zu brechen, so wenig hat er freie Bahn. Den Atlantikpakt zerreißen hieße, sich auf ein neues Abenteuer einlassen. Das ganze seit 1948 im Innern Europas und über den Atlantik hinweg errichtete Gebilde wäre erschüttert und die Position der Bundesrepublik Deutschland, ohne daß Frankreich einen Vorteil davon hätte, von neuem in Frage gestellt. Was sich wirtschaftlich aus der Zerschneidung der atlantischen Bande ergeben muß, kann Mendès-France besser beurteilen als sonst einer, wie er auch den Schaden ermessen kann, den eine Umkehrung der Richtung des Außenhandelsverkehrs – die allerdings nicht gerade wahrscheinlich ist – anrichten müßte. Für eine solche Politik gibt es in Frankreich keine Mehrheit.

Im übrigen zieht die Ablehnung der EVG das Auseinanderfallen der atlantischen Allianz keineswegs automatisch nach sich. Im Gegenteil: da die NATO besteht, gibt es eine Alternativlösung, die Lösung nämlich, die 1950 verworfen wurde. Der französische Regierungschef sieht sich veranlaßt, den Ausweg aus der Krise in einem Projekt zu suchen, das bestimmten französischen Einwänden Rechnung trägt. Der Brüsseler Pakt bietet ihm die Grundlage, von der aus er eine neue westeuropäische Union aufbauen kann. Ist nicht der Brüsseler Pakt insofern in doppelter Hinsicht von Vorteil, als er die Beteiligung Englands an der Verteidigung des Kontinents sichert und den Unterzeichnermächten keinerlei Verzicht auf Souveränität zugunsten überstaatlicher Körperschaften aufzwingt? Eifrig wird verhandelt. Am 23. Oktober 1954 führen die Besprechungen zum Abschluß der Pariser Verträge, deren Ratifizierung nicht mehr als sechs Monate in Anspruch nehmen wird.

So tritt die Bundesrepublik Deutschland der NATO bei. Eine Krise, die nach zwei Fieberjahren beinahe zum Zerfall des atlantischen Bündnisses geführt hat, findet ihren Abschluß in einer Entscheidung, die eine wesentliche Verstärkung der militärischen Kräfte des Bündnisses gewährleistet.

## *Zwischen Suez und Budapest*

Zur Tagung des Rates der NATO im Mai 1957 wurde von NATO-Generalsekretär Lord Ismay ein Tätigkeitsbericht vorgelegt, in dem hörbar optimistische Töne anklangen. Es sei nicht einfach, hieß es darin, die seit 1952 von der NATO erzielten Fortschritte genau abzuschätzen. Dafür ließen sich über den »Unterbau« der Organisation sogar einige Zahlen anführen. Der NATO hatten 1952 weniger als 20 Flugplätze zur Verfügung gestanden, 1957 waren es bereits 150. In fünf Jahren waren 8800 Kilometer Telegraphenlinien, 2000 Kilometer Unterseekabel und über 3000 Kilometer Radarnetzverbindungen gelegt worden. Die NATO verfügte 1957 über 4570 Kilometer Ölleitungen und über Benzinreserven von 1,4 Millionen Hektoliter. Die Ausgaben für die Bauprogramme der NATO beliefen sich in fünf Jahren auf 716 Millionen Pfund Sterling; die Entscheidungen über die Aufbringung der Kosten seien, fügte Lord Ismay hinzu, trotz den Einwänden mancher Staaten gegen den auf sie entfallenden Anteil stets einstimmig gefaßt worden.

Diese wenigen Angaben unterstrichen die Bedeutung der geleisteten Arbeit. Man möchte sie fast als Indiz dafür deuten, daß die atlantische Solidarität gewachsen sei. Indes zeigt die Geschichte der im Ismay-Bericht behandelten Periode seit Abschluß der Pariser Verträge im Gegenteil, wie sehr sich die Spannungen und Differenzen in der politischen Ebene verschärft hatten.

*Entspannungsperiode.* Die Gegensätze traten nicht sofort in Erscheinung. Die Sowjetpolitik schien 1955 eine gewisse Elastizität zu zeigen. Zuerst kam das Österreich zugute: die ihm schon 1943 versprochene Unabhängigkeit wurde jetzt mit der Beseitigung der letzten Hindernisse verwirklicht; am 15. Mai 1955 wurde der Staatsvertrag unterzeichnet. Österreich erhielt seine Souveränität wieder und verkündete zugleich seine Neutralität, was es nicht hinderte, die Aufnahme in die Vereinten Nationen zu beantragen und bewilligt zu bekommen und dem Europa-Rat beizutreten. Aus den schweren Prüfungen der vergangenen Jahre war der österreichische Staat gestärkt hervorgegangen. In der Wirtschaft wie in der politischen und geistigen Ebene hatte er das Gleichgewicht wiedergewonnen. Österreich hatte sich damit abgefunden, ein Kleinstaat zu sein. Es hatte den Schock seines »Marignano« verwunden; im Gegensatz zu den Vätern in der Zeit zwischen den Weltkriegen fand die junge Generation kein Gefallen an der Beschwörung vergangener Größe; sie schien das Leben abseits der großen Abenteuer vorzuziehen. Die Erinnerung an die Sowjetbesetzung und die geographische Nähe eines Regimes, das die Österreicher nach den Erfahrungen vieler von ihnen keineswegs anzog, mahnten zur Vorsicht. Die beiden großen Parteien, SPÖ und ÖVP, waren trotz den Schwierigkeiten, wie sie jeder Regierungskoalition innewohnen, weise genug, ein Regime der nationalen Verständigung aufrechtzuerhalten.

Bei diesem einen Beweis ihres guten Willens ließen es die Sowjetchefs nicht bewenden. Sie reisten nach Belgrad, nahmen mit Japan Friedensvertragsverhandlungen auf, luden Bundeskanzler Adenauer zwecks Herstellung diplomatischer Beziehungen zwischen der Sowjetunion und der Bundesrepublik nach Moskau ein. Die Genfer »Gipfel«konferenz im Juli 1955 schien eine Entspannung anzukündigen. Unterdes setzten Chruschtschow und Bulganin ihren Feldzug fort, vervielfachten die Reisen und Begegnungen, bemühten sich überall um engere Fühlungnahme, ohne freilich auch nur eine einzige Gelegenheit zu versäumen, ihr Bekenntnis zum Marxismus-Leninismus zu bekräftigen und der Überzeugung Ausdruck zu geben, daß der Kommunismus eines Tages über den Kapitalismus siegen werde. In Wirklichkeit beschäftigte sie natürlich nicht diese noch ferne Zukunftsaussicht, sondern ein sehr viel näheres Ziel: die Liquidierung der belastenden Hinterlassenschaft Stalins. Die auf dem 20. Parteitag abgegebenen Erklärungen ließen daran keinen Zweifel.

Das Nachlassen des Sowjetdrucks schuf eine etwas günstigere Atmosphäre im Innern der Atlantischen Welt. Es entspannen sich keine heftigen Auseinandersetzungen. Jeder verfolgte mit Aufmerksamkeit die »Friedensoffensive« der Sowjetunion, die je nach Temperament und Wissen entweder Hoffnung oder Zweifel gebar. Aber die Regierungen waren sich trotz vielen offiziellen Kontakten über manche Grundprobleme in keiner Weise einig, und die öffentliche Meinung in den einzelnen Ländern reagierte durchaus nicht in einem Sinne. So wurden in Europa die Widersprüche der amerikanischen Wirtschaftspolitik registriert und die Zugeständnisse mit Staunen vermerkt, die der Präsident den Protektionisten machen zu müssen glaubte – trotz gegenteiligen Ratschlägen von Politikern, die ihm nahestanden und wie er zum internationalistischen Flügel der Republikaner gehörten. Weiterhin wurde John Foster Dulles, der Chef der amerikanischen Diplomatie, mit einer gewissen Reserve betrachtet: er genoß Achtung, aber keinerlei allgemeine Sympathie. Temperament und Situation legten ihm ein Auftreten nahe, das weniger das eines Diplo-

Unterzeichnung des österreichischen Staatsvertrages in Wien am 15. Mai 1955

Die »Großen Vier« der Genfer Gipfelkonferenz, Juli 1955
Bulganin, Eisenhower, Faure, Eden

maten war als das eines politisch führenden Regierungsmannes. In der Formulierung der amerikanischen Außenpolitik spielte er in der Tat die Rolle, die der Präsident nicht übernehmen wollte. Er hatte die Linie festzulegen, sich laut und unbeugsam vernehmen zu lassen, während doch seine Hauptaufgabe hätte sein müssen, Verhandlungen zu führen. Dieser Widerspruch, nach der Erkrankung Eisenhowers noch offenkundiger geworden, erschwerte Dulles die Arbeit. Das Mißverhältnis zwischen Amt und Aufgabe machte den Außenminister zur Zielscheibe der Kritik und rief mitunter Mißtrauen bei seinen Gesprächspartnern hervor, denen es auf diese Weise nicht gelingen konnte, seine wirklichen Absichten zu erkennen. Hinzu kamen die Meinungsverschiedenheiten der Verbündeten in der Beurteilung des Wesens der Sowjetgefahr, die durch die größere Beweglichkeit der Sowjetpolitik erst recht genährt wurden. Dulles' hartnäckige Betonung des militärischen Charakters der Gefahr hatte ihr Gegenstück in der Beharrlichkeit, mit der seine Opponenten die Bedeutung des wirtschaftlichen Wettstreits und des politischen Krieges unterstrichen. Trotzdem setzte sich seine überragende Autorität regelmäßig durch. – Im April 1960 zwang ihn eine tödliche Krankheit, sein Amt einem Nachfolger zu übergeben, der die so entstandene Lücke kaum auszufüllen vermochte.

Vor allem wurden aber die gegenseitigen Beziehungen durch die unterschiedliche politische Atmosphäre diesseits und jenseits des Atlantiks kompliziert. Zwischen dem England der Labour Party und dem Amerika Trumans hatte es trotz allen gelegentlichen Spannungen mehr Berührungsflächen und Verständigungsmöglichkeiten gegeben als zwischen dem England der Konservativen und dem Amerika der Republikaner. Der Gegensatz zwischen dem Liberalismus Trumans und der Labour-Politik Attlees war doch wohl weniger ausgeprägt als der zwischen dem Sozialliberalismus eines Butler und den Wirtschaftsauffassungen der Republikanischen Partei, deren orthodoxe Finanzpolitik mit einer gewissen Engstirnigkeit einhergeht und bei der sich das Bekenntnis zur freien Wirtschaft mit der Beibehaltung eines protektionistischen Kurses verträgt. So paradox das bei einer Partei anmuten mag, deren Anhängerschaft sich aus den amerikanischen Kreisen mit den vermeintlich größten internationalen Verbindungen rekrutiert: am Regierungssteuer erweckten die Republikaner den Eindruck, als wüßten und verständen sie von Europa weniger als ihre Vorgänger, die Demokraten. Daher die vielen Reibereien und anhaltendes Unbehagen.

Zugleich ließ die europäische Linke keine Gelegenheit ungenutzt, ihre mehr als reservierte Haltung gegenüber der Republikanischen Partei, die sie für reaktionär hielt, zum Ausdruck zu bringen. Daß die Labour Party in die Opposition ging und so von den Lasten der Regierungsverantwortung befreit wurde, hatte eine Versteifung ihrer Haltung zur Folge, was die Aufgabe der konservativen Regierung, in der Anthony Eden die nicht leichte Nachfolge Winston Churchills übernommen hatte, erheblich komplizierte. In Frankreich und in Italien änderte sich kaum Wesentliches in der Einstellung zum amerikanischen Verbündeten. Während die amtlichen Stellen für die Aufrechterhaltung der unumgänglichen und praktisch zweckmäßigen Kontakte sorgten, blieb die allgemeine Haltung reichlich zurückhaltend und die der Kommunisten bis zu dem Augenblick scharf kritisch, da der 20. Parteitag sie veranlaßte, sich intensiver um ihre inneren Angelegenheiten zu kümmern. Im ganzen gesehen, konnten die auswärtigen Beziehungen der Vereinigten Staaten nur in einem Fall als hervorragend gelten: im Verhältnis zur Bundesrepublik Deutschland. Zweifellos hatte das mit der persönlichen Fühlungnahme und gegenseitigen Wertschätzung der beiden Männer zu tun, die die Führung der Geschäfte ununterbrochen in der Hand behielten; es lag aber auch an einer gewissen Temperamentsverwandtschaft und am Erfolg des deutschen Wirtschaftsexperiments. Deutschland hatte wieder Vertrauen zu sich selbst gefaßt und gewann damit auch das Vertrauen der Vereinigten Staaten.

Es gewann auch das Vertrauen Frankreichs. Die Erledigung des EVG-Streits und der Abschluß der Pariser Verträge brachten eine entscheidende Entlastung im deutsch-französischen Verhältnis. Daß die Saarländer bei der Volksabstimmung von 1955 das ihnen vorgeschlagene europäische Statut für die Saar ablehnten, verursachte keineswegs eine neue Krise, sondern machte im Gegenteil den Weg frei für eine Regelung, die die letzte Ursache der Spannung aus der Welt schaffen sollte. In Paris fanden sich dann Regierung und Parlament mit einer Entscheidung ab, gegen die es schwerlich eine Berufung geben konnte. Jegliche Reaktion der öffentlichen Meinung blieb aus; die französischen Massen hatten sich auch ohnehin für die Saarfrage nie besonders leidenschaftlich interessiert. Die große Befriedigung, die die Saarabstimmung allgemein in Deutschland auslöste, erlaubte es wiederum der deutschen Regierung, sich bei den Schlußverhandlungen, in denen über die Bedingungen der Überleitung vom französischen zum deutschen Regime beraten wurde, recht großzügig zu zeigen. Nunmehr sah es so aus, als sei die Verständigung der beiden Länder, die so lange in einem unüberwindlich scheinenden Gegensatz zueinander gestanden hatten, endlich geglückt. Auf beiden Seiten schien die Überzeugung vorzuherrschen, daß eine engere Zusammenarbeit nicht nur auf wirtschaftlichem, sondern auch auf politischem Gebiet und eine weitgehende Interessenverflechtung geboten seien. Der Gewinn, den diese deutsch-französische Annäherung für Europa bedeutete, machte vollauf den Schaden wett, der aus der Ablehnung der EVG und der Saarabstimmung entstanden war. Die nationalistischen Strömungen, die sich gegen überstaatliche Einrichtungen aufgelehnt hatten, fanden in der Art der praktisch überaus wirksamen Zusammenarbeit, die nun zustande gekommen war, nichts Erschreckendes.

*Mittelmeerprobleme.* Wer sich, gebannt auf die Sowjetunion starrend, einige Jahre lang von der Hoffnung auf Entspannung hatte gefangennehmen lassen, sollte bald brutal daran erinnert werden, daß sich die Weltgeschichte im 20. Jahrhundert nicht in einem Zwiegespräch zwischen dem Sowjetimperium und den Vereinigten Staaten und deren Bundesgenossen erschöpft. Das Vorwärtsdrängen der nationalen Bewegungen Asiens und Afrikas und die ziemlich allgemeine Revolte der noch in ein imperialistisches System eingezwängten Völker brachten Europa und besonders die Mitglieder des atlantischen Bündnisses in eine sehr schwierige Lage.

Im Mittelmeerraum überstürzten sich die Ereignisse. Unter dem Ansturm der arabischen Nationalbewegung, der das Ägypten Oberst Nassers einen neuen Auftrieb gegeben hatte, mußte das nach der Ausschaltung Frankreichs im Mittleren Osten isolierte England alle Positionen, die es noch behalten hatte, eine nach der anderen aufgeben. Es hielt sich genauestens an die Bestimmungen des Vertrages vom Oktober 1954, der die Räumung der Stützpunkte am Suezkanal und die Übergabe des Kanals und der Verkehrsanlagen an die

Ägypter vorsah. Am 13. Juni 1956 verließ der letzte britische Soldat ägyptischen Boden. Ägypten hatte seine volle Unabhängigkeit wiedererlangt. Aber die englische Regierung hatte schweres Pech. Die Nachteile der Preisgabe von Stützpunkten, die ihr nicht nur die Kontrolle der Zugänge zum Mittleren Osten, sondern auch die Offenhaltung des Seewegs zum Indischen Ozean gesichert hatten, hätten durch die Benutzung anderer Stützpunkte – sei es auf der arabischen Halbinsel, in Jordanien und im Irak, sei es auf Cypern – gemildert werden können. Aber gerade in diesem Augenblick trat der Cypern-Konflikt, der seit Jahren geschwelt hatte, in eine akute Phase. Was die Cyprioten wollten, war Unabhängigkeit, die den meisten von ihnen überdies nur als Zwischenstation auf dem Weg zum Anschluß an Griechenland erschien. Der Konflikt war um so gravierender, als er drei Mitgliedsstaaten der NATO in Mitleidenschaft zog und Griechenland und die Türkei auf Jahre hinaus in einen unversöhnlichen Gegensatz zueinander bringen, damit aber auch die verwundbarsten Flanken des atlantischen Bündnisses entblößen sollte.

Auch Frankreich machte Schwierigkeiten durch. Die Maghreb-Länder forderten ihre Unabhängigkeit. Die Tunesien bewilligten Zugeständnisse, auf die die Rückkehr Bourguibas und die Anerkennung der Unabhängigkeit Tunesiens mit einer Gegenseitigkeitsbindung an Frankreich gefolgt waren, bedingten eine ähnliche Regelung auch gegenüber Marokko. Hier beanspruchte aber schon der erste Schritt mehr Zeit, da der Widerstand von einflußreicheren und wesentlich stärker interessengebundenen Kreisen ausging. Die Absetzung des Sultans Sidi ben Youssef hatte auf beiden Seiten die gegensätzlichen Haltungen verschärft. Erst 1955 war die französische Regierung zu einer entscheidenden Geste bereit. Im November 1955 konnte Sidi ben Youssef zurückkehren. Darauf kam ein Vertrag zustande, der nach dem Muster der tunesischen Regelung Unabhängigkeit im Rahmen gegenseitiger Bindungen vorsah.

Ungelöst blieb das algerische Problem. In Algerien brach der Aufstand Anfang November 1954 aus. Die Lösung bereitete viel größere Schwierigkeiten: Algerien ist dem französischen Kontinentalgebiet angegliedert, gilt als Bestandteil Frankreichs und hat eine wesentlich größere europäische Bevölkerung als Tunesien oder Marokko, die dazu auch noch das Land als ihre Heimat betrachtet. Auf der Gegenseite schlossen sich die Rebellen organisatorisch zusammen. Sie waren hart und zäh. Sie wandten die Methoden des Guerillakrieges an, die sich angesichts der Geländeverhältnisse und der Siedlungs- und Lebensweise des Volkes als höchst wirksam erwiesen. Das Mutterland sah sich daher gezwungen, mehr und mehr Truppen nach Algerien zu schicken, und war infolgedessen außerstande, seine europäische Front ausreichend zu besetzen und auszurüsten. Das Indochina-Drama begann von neuem.

Diese Komplikationen im Mittelmeerraum machten die Position der NATO äußerst zwiespältig. Selbstverständlich hatte sie das größte Interesse an der Lösung der Cypern-Probleme; Vermittlungsversuche scheiterten indes an den starren Positionen der Beteiligten. Anderseits war die Krise in Algerien insofern besonders gefährlich, als sie das Verhältnis Frankreichs zu Tunesien und Marokko erneut in Frage stellte, und gerade in diesen Ländern hatten die Amerikaner ihre Stützpunkte errichtet, die einen unentbehrlichen Bestandteil des NATO-»Unterbaus« bildeten. Außerdem waren die »französischen Departements von Algerien« ausdrücklich in das Territorium einbezogen, auf das sich das atlantische Sicherheitssystem erstreckt. Bei längerer Dauer des Konflikts, die nach der bekannten Gesetzmäßigkeit solcher Dinge auch die Gefahr seiner Ausbreitung und der Versteifung der gegnerischen Haltungen bedeutet hätte, wären die atlantischen Verbündeten möglicherweise vor eine schwere Entscheidung gestellt worden, die ihnen um so größeres Kopfzerbrechen hätte bereiten müssen, als es ihnen nicht leicht fiel, das Problem überhaupt zu begreifen, mit dem Frankreich nicht fertig wurde.

Die Frage, die sich hier aufdrängte, ging über den Rahmen Algeriens weit hinaus. Zuallererst mußte klargestellt werden, ob Mächte, die Weltinteressen haben, aber durch einen Regionalpakt gebunden sind, sich außerhalb der geographischen Region, auf die sich der Pakt bezieht, ihre Aktionsfreiheit bewahren können. Im Hinblick auf die Situation in Lateinamerika, Asien und Afrika und den immer mächtigen Ansturm der nationalen Bewegungen war es der Regierung der Vereinigten Staaten wichtig, weder im Schlepptau Europas zu segeln noch einen solchen Eindruck zu erwecken. Dies Selbständigkeitsbedürfnis war deswegen besonders stark, weil es auch von der alten antikolonialen Tradition des amerikanischen Volkes genährt wurde. Weshalb sollte man eine Politik unterstützen, die man mißbilligte, und auf diese Weise das Tischtuch zwischen sich und Völkern zerschneiden, die verhängnisvollerweise bei der Sowjetunion oder bei der Volksrepublik China Anschluß suchen müßten, wenn sie sich nicht auf die Vereinigten Staaten stützen könnten? Wäre nicht im Gegenteil die Festigung der Bande mit den neuen Staaten und den Völkern, die sich als Nationen zu konstituieren suchen, der zweckmäßigste Weg, den kommunistischen Ansturm einzudämmen und Europa zu schützen? Unter diesem Gesichtspunkt gab es für John Foster Dulles keinen Widerspruch zwischen der Beteiligung der Vereinigten Staaten am atlantischen Bündnis und der materiellen oder moralischen Stärkung von Völkern, die den Kampf um die Befreiung vom Kolonialimperialismus führen.

Es war darum auch nicht verwunderlich, daß die Bekanntgabe der Nationalisierung der Suez-Kanal-Gesellschaft die Atlantikpaktmächte, namentlich die drei unmittelbar beteiligten, in eine verzwickte Lage versetzte. Nassers sorgfältig geplantes Vorgehen war vorauszusehen gewesen. Es stiftete dennoch beträchtliche Verwirrung. Für Nasser stand die Aktion im Zeichen des Antikolonialismus, und er machte aus ihr eine antiimperialistische Demonstration. Das in diesem Fall keineswegs stichhaltige Argument zog in den Vereinigten Staaten, wo im übrigen auch der Name der Suez-Kanal-Gesellschaft nicht die Assoziationen zu erwecken vermochte, die in der europäischen Geschichte mit ihm verbunden sind. Von Anfang an traten die Differenzen zutage: während die als Provokation gedachte einseitige Annullierung der Suez-Vereinbarungen durch Ägypten Franzosen und Engländer zusammenführte, legte die amerikanische Regierung größere Zurückhaltung an den Tag. Nach seiner Rückkehr von der ersten Londoner Konferenz beruhigte John Foster Dulles seine Landsleute: Amerika habe keinerlei Verpflichtungen übernommen. Unter diesen Umständen mußte sich die Affäre in die Länge ziehen, und die Chancen einer wirksamen Gegenaktion schrumpften zusammen. In England und Frankreich führte das zu einer äußerst gereizten Haltung gegenüber dem amerikanischen Verbündeten. Man hatte das Gefühl, im Stich gelassen worden zu sein, und fiel besonders über Dulles her, dem man auch schon deswegen Leichtfertigkeit und Skrupellosigkeit vorwarf, weil die Art, wie er die Frage des Assuan-Dammes behandelt hatte, dazu beigetragen hatte, die Krise auszulösen.

*November 1956.* Auf die Provokation des Präsidenten Nasser und das amerikanische Achselzucken reagierten die Regierungen Frankreichs und Großbritanniens Anfang November mit ihrer Suez-Aktion. Höchst geheim, ohne Wissen der Mitglieder des Atlantikpaktes vorbereitet, begann der Feldzug in dem Augenblick, da in Osteuropa die ungarische Revolution ausbrach und Sowjettruppen gegen das ungarische Volk aufgeboten wurden.

Die Intensität der verschiedenartigen Reaktion auf den Eingriff der Sowjetunion in Ungarn und auf die Aktion der französisch-britischen und Israeli-Truppen gegen Ägypten entsprach dem Überraschungseffekt. In Westeuropa verfolgte die Öffentlichkeit den Freiheitskampf der Ungarn mit der leidenschaftlichen Anteilnahme dessen, der weiß, daß seine Zukunft auf dem Spiel steht. In der übrigen Welt, für die Ungarn ein Randgebiet ist, galt das Interesse dem Mittleren Osten. Hier stießen in der Tat die gegensätzlichen Kräfte aufeinander. Für die asiatischen Staaten war die französisch-britische Intervention eine neuerliche Betätigung des Kolonialimperialismus, von dem sie sich erst vor so kurzer Zeit befreit hatten, daß ein kollektiver Abwehrreflex fast automatisch einsetzen mußte. Der Sowjetunion, die im Mittleren Osten nach langer Vorarbeit Bündnisse zustande gebracht und wichtige Positionen besetzt hatte, bot sich eine glänzende Gelegenheit, den arabischen Staaten zu Hilfe zu eilen und damit ihren Einfluß zu festigen und die Bande zwischen Nationalbewegung und Kommunismus enger zu knüpfen.

Und Amerika? Von ihren Verbündeten mitten im Wahlkampf zu einer Entscheidung gezwungen, der sie sich stets zu entziehen gesucht hatte, reagierte die amerikanische Regierung äußerst unmutig auf eine Politik, die sie als einen Versuch empfand, ihr ihre Handlungsweise vorzuschreiben. Und sie entschied sich ganz anders, als in Londoner und Pariser Regierungskreisen unzweifelhaft erwartet worden war. Wie hätte sie auch in der Tat die Unterstützung einer von ihr mißbilligten Kolonialpolitik vor der asiatischen und afrikanischen Welt rechtfertigen sollen, die sich mehr und mehr der Sowjetunion als der einzig denkbaren Schutzmacht gegenüber dem europäischen Imperialismus zuzuwenden drohte? Und das in einer Situation, in der sich die französische und die britische Regierung den Vereinten Nationen widersetzten und damit die Existenz dieser für den Weltfrieden als unentbehrlich geltenden Institution in Gefahr brachten! Anderseits konnten aber die Vereinigten Staaten der französisch-britischen Aktion gegenüber auch nicht gleichgültig bleiben, weil sie selbst im Mittleren Osten viel zu wichtige Interessen zu verteidigen hatten. Wie weit mußte darauf Rücksicht genommen werden? Welche Haltung war von den großen Ölkonzernen zu erwarten? Wie sehr konnten sie bei der Entscheidung des amerikanischen Außenministeriums ins Gewicht fallen? Das alles ist auch nachträglich schwer zu entscheiden. Wer dem Einfluß ökonomischer Faktoren eine hervorragende, wenn nicht gar bestimmende Bedeutung beimißt, könnte versucht sein, die Erdölinteressen für ausschlaggebend zu halten. Zur Erhärtung einer solchen Auffassung fehlen aber nachweisbare oder erwiesene Tatsachen. Daß die amerikanische Regierung diese Seite des Problems in Rechnung gestellt hat, ist sicher, zumal der jüngere Hoover, der während der Abwesenheit Dulles' die Hauptverantwortung trug, in erster Linie Erdölfachmann ist; das besagt aber nicht, daß er bei einer für die Politik der Vereinigten Staaten richtunggebenden Entscheidung bereit gewesen wäre, das Interesse des Landes dem einer Sondergruppe, so mächtig sie auch sein mochte, unterzuordnen. Im übrigen spielte in der kritischen Situation der Präsident eine entscheidende Rolle. Hätte er die vollendeten Tatsachen, vor die ihn die Verbündeten gestellt hatten, hingenommen, so wäre er als mitschuldig am Kriege erschienen, und dazu in einem Augenblick, da er sich der amerikanischen Wählerschaft als Hüter des Friedens präsentierte. Unter solchen Umständen konnte er nicht lange zweifeln: er entschied sich dafür, die Autorität der Vereinten Nationen hochzuhalten.

Vor der buntscheckigen Koalition, die sich abzeichnete, mußten die drei Regierungen, die gegen Ägypten zu Felde gezogen waren, zurückweichen. Vor dem Forum der Vereinten Nationen, wo ihre atlantischen Verbündeten sie desavouierten, völlig isoliert, von der angekündigten militärischen Aktion der Sowjetunion bedroht und von den Vereinigten Staaten unter Druck gesetzt, konnten sie nicht anders, als den Feldzug abbrechen. Zu allem Überfluß hatte sich in England die Stimmung der Öffentlichkeit – oder derer, die in ihrem Namen zu sprechen vorgaben – mit ungewöhnlicher Aggressivität gegen die Regierung gekehrt. Premierminister Eden konnte es nicht riskieren, die gemeinsame Kampagne in Ägypten weiterzuführen.

Der Abbruch des Feldzugs nach dem unbestreitbaren Sieg der Israeli-Truppen war für Frankreich und England eine schwere politische Niederlage. Das Scheitern der Suez-Expedition enthüllte vor aller Welt die Grenzen ihrer Macht und den Grad ihrer Abhängigkeit von den Vereinigten Staaten. Noch schwerer war der Schlag, der dem Prestige Europas und der atlantischen Solidarität zugefügt worden war. Gewiß: indem sich die Vereinigten Staaten auf die Seite der asiatischen und arabischen Staaten schlugen, sicherten sie sich Sympathien, die indirekt auch dem Westen zugute kamen; aber dieser Propagandaeffekt reichte zur Lösung der Probleme nicht aus, die durch Europas verändertes Verhältnis zu den Nachbarkontinenten aufgeworfen wurden. Bloßer Antikolonialismus ist keine Politik, vor allem wenn er, wie das in manchen Ländern der Fall ist, nur einen angriffslüsternen und eroberungssüchtigen Nationalismus verhüllt. Mit dem Festhalten an ihrem Entschluß, die Verpflichtungen aus dem Atlantikpakt geographisch zu begrenzen und sich außerhalb dieses engen Rahmens volle Aktionsfreiheit vorzubehalten, mußte die amerikanische Regierung in eine Sackgasse geraten: einmal wegen der Fragwürdigkeit der geographischen Begrenzung, bei der sofort die Frage auftauchen mußte, ob denn der Anwendungsbereich des Atlantikpaktes nicht auch Griechenland und die Türkei, demnach also das gesamte östliche Mittelmeerbecken einschloß, und zum andern – und in viel höherem Maße –, weil die wichtigsten europäischen Vertragspartner der Vereinigten Staaten weltumspannende Verpflichtungen zu erfüllen hatten und jede Schwächung ihrer internationalen Position einer Schwächung der NATO gleichkam.

Zugleich ließ die zweigleisige Novemberkrise auch die Schwächen der militärischen Strategie der Vereinigten Staaten und der NATO offen hervortreten. Mit der Einschränkung der konventionellen Waffen zugunsten der atomaren Bewaffnung und mit der Überbetonung der Vergeltungswaffen hatte man das Werkzeug für einen Krieg geschmiedet, den man gar nicht führen wollte. Da sie über »mittlere« Waffen nicht verfügten, schlitterten die

Vereinigten Staaten und die NATO in ein auswegloses Dilemma hinein: sich entweder für den totalen Krieg zu entscheiden oder Positionen räumen zu müssen; angesichts der unausbleiblichen politischen und psychologischen Folgewirkungen konnte aber die Räumung auch der kleinsten Position gleichbedeutend sein mit der Kapitulation vor einem manövrierfähigeren Gegner, der keinerlei Druckmittel aus der Hand gegeben hatte. Im November 1956 waren die Westmächte der Gefahr eines allgemeinen Krieges ausgewichen: sie hatten die Suez-Operation aufgegeben und der legitimen ungarischen Regierung den von ihr angesuchten Schutz vor ausländischer Intervention verweigert. Zu gleicher Zeit hatte die Sowjetunion, während sie in Budapest Gewalt anwandte, nicht gezögert, den Engländern und Franzosen mit dem Einsatz ihrer ferngelenkten Waffen zu drohen.

Geschwächt und gespalten erlebte die Atlantische Welt den Ausgang des Jahres 1956. Mehrere Monate sollten verstreichen, ehe sie die wirtschaftlichen und politischen Auswirkungen der Krise überwinden konnte. Die Schwierigkeiten der Ölversorgung, die Europas Abhängigkeit vom Mittleren Osten und vom amerikanischen Bündnispartner besonders deutlich aufdeckten, waren doppelt schlimm, weil sie auch das finanzielle Gleichgewicht und die Zahlungsbilanz angriffen. In England war das Prestige der konservativen Regierung so schwer erschüttert, daß es noch eine Weile fraglich blieb, ob sie sich überhaupt werde halten können; zur Normalisierung der Situation bedurfte es der exemplarischen Festigkeit und Gewandtheit, die sich hinter der äußeren Nonchalance des Eden-Nachfolgers Harold Macmillan verbirgt. In Frankreich, wo sich seit langen Monaten die Minderheitsregierung Mollet an der Macht hielt, waren die politischen Folgen der Suez-Angelegenheit trotz der allgemeinen Bestürzung weniger einschneidend. Viele Franzosen hatten in der Suez-Expedition ein willkommenes Mittel gesehen, der Einmischung Ägyptens in Algerien ein Ende zu bereiten, und bedauerten nur ihren vorzeitigen Abbruch. Die Stellung Guy Mollets geriet aber dennoch ins Wanken. Dem linken Flügel der Sozialisten und den Anhängern einer freiheitlichen Haltung gegenüber den Kolonien erschien er als reaktionärer Nationalist und am Ende sogar als Verräter am Sozialismus, ohne freilich dadurch größere Unterstützungschancen bei der Rechten zu gewinnen. Die Demütigung der Niederlage vertiefte das Ressentiment der Armee und verstärkte die Mißstimmung im Volke; der Eindruck griff um sich, daß das Land überhaupt nicht regiert werde.

In dieser bedrückenden Situation, in der das atlantische Bündnis aus den Fugen zu gehen schien und der Westen plötzlich seiner Schwäche und Isolierung gewahr wurde, schöpften Europäer und Amerikaner einigen Trost aus der Überlegung, daß auch die Sowjetwelt eine Periode der Schwierigkeiten und Wirren durchmache. Die Siege, die die Führer der Sowjetunion hatten verbuchen können, verloren viel von ihrem Glanz, nachdem ihre Voraussetzungen zutage getreten und die im Innern des Sowjetimperiums herrschenden Spannungen vor der ganzen Welt enthüllt worden waren. Der polnische Oktober und der Budapester Aufstand hatten die Brüchigkeit eines Regimes offenbart, gegen das sich gerade die erhoben, auf die es sich zu stützen vorgab: die Arbeiter, die Jugend, die Intellektuellen. Auch der mächtigste Propagandaapparat konnte solche Tatsachen nicht mehr verschleiern. Die offizielle Version von den Machenschaften reaktionärer Kreise täuschte niemanden. Was in Budapest geschehen war, war keine belanglose kleine Meuterei, sondern eine wahre

Revolution gegen eine Regierung, die nur noch im Ausland Stützen hatte, und diese Revolution war von Truppen einer fremden Macht brutal niedergeschlagen worden. Der Schock, den diese Ereignisse im Westen auslösten, trug zweifellos dazu bei, die politischen Folgen des Suez-Abenteuers abzuschwächen. Mit den Perspektiven, die er durchscheinen ließ, und der Drohung, die er plakatierte, erinnerte er an die Verwundbarkeit und Unbeständigkeit der Ostgrenzen der Atlantischen Welt; er festigte damit die Bande, die von inneren Spannungen angefressen worden waren. Er desorientierte Linkskreise, die noch geneigt waren, an die Möglichkeiten einer friedlichen Koexistenz mit der Sowjetunion zu glauben; er trug Unruhe sogar in die Reihen der kommunistischen Parteien, denen dann die Wiederherstellung der Disziplin und der theoretischen Geschlossenheit so viel zu schaffen machen sollte, daß sie nicht mehr dazu kamen, die durch die politischen Entgleisungen der französischen und der englischen Regierung heraufbeschworene Krise auszuschlachten.

## *Sputnik und – doch wieder Europa (1957–1959)*

Auf die Verwirrung nach der Novemberkrise folgte ein neuer Versuch, Energien zu sammeln und zu entfalten. Ein Zerfall des atlantischen Bündnisses hätte das Ende der Staatengemeinschaft bedeutet, der man ein politisches Weltbild aufzuprägen bemüht war, und die in eine europäische Integration gesetzten Hoffnungen zerstört. Angesichts dieser Gefahr gaben sich die Regierungen einen kräftigen Ruck. Die »europäische Neubelebung« erhielt wieder einen neuen Auftrieb.

»*Europäische Neubelebung.*« Die organisatorischen und Forschungsarbeiten hatten in Wirklichkeit nie aufgehört. Durch das Scheitern der EVG nur einen Augenblick entmutigt, hatten sich die Vorkämpfer Europas von neuem der großen Aufgabe zugewandt. Bereits Anfang Juni 1955 hatten die Regierungen des Sechsmächtebündnisses auf der Konferenz von Messina die Einsetzung eines Komitees von Regierungsvertretern beschlossen, das das Integrationsproblem erneut als Problem einer von Fall zu Fall nach Sachaufgaben zu organisierenden Zusammenarbeit aufgreifen sollte, auf einem Weg also, der als Umweg galt. Der Umweg wurde eingeschlagen, weil die Methode der Schaffung europäischer Institutionen, also der Direktversuch eines politischen Zusammenschlusses, am Widerstand des Nationalismus, vor allem des französischen Nationalismus gescheitert war. Deswegen sollte nunmehr die wirtschaftliche Integration mit dem Ziel der Schaffung eines gemeinsamen Marktes und der weitestgehenden Zusammenarbeit in der Entwicklung der Atomenergie vorangetrieben werden.

Unter dem Vorsitz eines so überzeugten Europäers wie Paul-Henri Spaak, der von Jean Monnet und dem Aktionskomitee für die Vereinigten Staaten von Europa kräftig unterstützt wurde, kam der Regierungsausschuß rasch voran und konnte schon im April 1956 einen Bericht über die Aufbaugrundlagen für den Gemeinsamen Markt und Euratom vorlegen. Der Bericht fand die Zustimmung der Regierungen, und den Sommer über wurde an der recht mühevollen Formulierung eines Vertragsentwurfs gearbeitet. Vor allem

Antonio Segni und Konrad Adenauer
nach der Unterzeichnung des EWG- und des Euratom-Vertrages in Rom am 25. März 1957

Eröffnung des englischen Parlaments durch Königin Elizabeth II. am 28. Oktober 1958

begegnete die Organisation des Gemeinsamen Marktes zahlreichen Widerständen. Es kam darauf an, der schwachen Zahlungsbilanz Frankreichs, der die starke Position Deutschlands gegenüberstand, Rechnung zu tragen; das Mißtrauen der durch Schutzzölle verwöhnten französischen Industriellen zu überwinden, die sich in vielen Fällen um die unumgängliche Umstellung und Modernisierung gar nicht mehr bemühten; auf die besonderen Verhältnisse Süditaliens Rücksicht zu nehmen; Formulierungen zu finden, die sich auf die Landwirtschaft anwenden ließen; schließlich Lösungen zu entwickeln, die die Einbeziehung abhängiger überseeischer Gebiete in die gemeinschaftliche Marktorganisation erlauben würden. Guter Wille und manche Zugeständnisse an besonders anspruchsvolle oder besonders starrsinnige Partner ermöglichten endlich – nicht ohne den Druck der Ereignisse – eine allseitige Verständigung. Am 25. März 1957 wurden die beiden Verträge, die die Europäische Wirtschaftsgemeinschaft (EWG) und Euratom begründeten, in Rom unterzeichnet.

Schon im Juli wurden die Verträge von Deutschland und Frankreich, bald darauf auch von den anderen Teilnehmerstaaten ratifiziert. Mit Recht konnte Robert Schuman in einer Rede feststellen: »Die Ratlosigkeit unter den Atlantikmächten, die unsere Niederlagen am Suezkanal und in Ungarn hervorgerufen hatten, hat die parlamentarische Billigung der Europa-Projekte Euratom und Gemeinschaftsmarkt gefördert. Es ist dieser Situation zu verdanken, daß unerwartet große Mehrheiten die Vereinbarungen von Rom genehmigt haben.«

Doch der Sieg der Europäer, den die amerikanische Regierung mit der größten Befriedigung begrüßte, weil sie in ihm das erste Ergebnis der von ihr seit 1947 geförderten und unterstützten Politik sah, blieb ein Teilsieg. Das Europa, das sich zusammenschloß, war nur Kleineuropa. Aus Furcht, den politischen und wirtschaftlichen Zusammenhang mit dem Commonwealth zu gefährden, hatte sich Großbritannien nicht anschließen können. Spanien und Portugal, Griechenland und die Türkei, Irland und Island blieben abseits, ebenso die Schweiz, Österreich und die skandinavischen Länder. Was waren die Gründe dieser ablehnenden Haltung angesichts der im Vertrag von Rom vorgesehenen Möglichkeit der Ausweitung der EWG? Sie mochten in den einzelnen Ländern verschieden sein. Von besonderen Hindernissen abgesehen, die mit einigen unterentwickelten Gebieten oder der Regelung landwirtschaftlicher Fragen zusammenhingen, richtete sich indes der gemeinsame Haupteinwand gegen die geplante Zollunion, die eine Minderung der Außenhandelsumsätze im Handelsverkehr einiger dieser Länder mit Nichtmitgliedsstaaten mit sich zu bringen drohte. Die sechs Gründungsmitglieder der EWG hatten das einheitliche Zollgebiet vorgesehen, weil für sie der Gemeinsame Markt nur eine Etappe auf dem Weg zur politischen Integration Europas darstellte. Den anderen Ländern wäre eine elastischere Regelung akzeptabler erschienen. Als OEEC-Mitglieder verwiesen sie auf die erfreuliche Bilanz der OEEC seit 1948: Liberalisierung des innereuropäischen Handels bei etwa 85 Prozent der Umsätze – mit dem Erfolg, daß zwischen 1948 und 1956 dies Außenhandelsvolumen innerhalb Europas um 120 Prozent, in der übrigen Welt dagegen nur um 54 Prozent zunahm; freie Konvertierbarkeit der europäischen Währungen dank der Tätigkeit der Europäischen Zahlungsunion; dazu eine Anzahl anderer erfolgreicher Maßnahmen, von denen eine im Auftrag der OEEC veröffentlichte Untersuchung berichtete: Abschaffung der meisten zwischenstaatlichen Beschränkungen bei Dienstleistungen, laufende Zusammenstellung von systematisierten Angaben über die Wirtschafts-, Finanz-, Haushalts- und Investitionspolitik der Mitgliedsstaaten mit vergleichender Analyse, Einsetzung eines ständigen Ausschusses der Minister für Ernährung und Landwirtschaft, Anfänge der Freizügigkeit für Arbeitnehmer, Gründung des Europäischen Amtes für Produktivität und des Europäischen Amtes für Kernenergie, schließlich – nach der Suez-Krise – Überwachung der Verteilung der Öllieferungen in Europa. Da diese Art der Zusammenarbeit, die die Verschiedenartigkeit der Lage in den einzelnen Ländern berücksichtigte, greifbare Erfolge erbrachte, konnten die Länder, die nicht zur Sechsergruppe der EWG gehörten, nicht einsehen, warum man mit dem starreren System des einheitlichen Zollgebiets der natürlichen Entwicklung vorauseilen sollte. Da sie aber auch die Folgen der Diskriminierung fürchteten, die sich aus dem fortschreitenden Abbau der Zollschranken innerhalb der EWG ergeben müßte, suchten sie nach einer Kompromißlösung; sie sahen eine solche Kompromißmöglichkeit in der Idee einer Freihandelszone, deren Mitglieder bei allmählichem Abbau der mengenmäßigen Beschränkungen des Außenhandels und der Zollsätze innerhalb der Zone ihre volle handelspolitische Autonomie im Verkehr mit Ländern außerhalb der Zone behalten würden. Entsprechende Vorschläge wurden im Juli 1956 in die Debatte geworfen.

Die Lösung war klug. Klar abgegrenzt und mit den nötigen Sicherungsmaßnahmen – vor allem hinsichtlich der Feststellung des Ursprungs der Waren – versehen, hätte sie dazu beitragen können, die Teilung Europas zu verhindern, die der Plan der sechs EWG-Mächte herbeizuführen drohte. Aber wenn einzelne Unterzeichner des Vertrags von Rom aus Angst vor den Folgen eines Handelskrieges nicht abgeneigt waren, über eine Vereinbarung zu verhandeln, ließen andere, besonders Frankreich, erkennen, daß sie von ihrem unversöhnlichen Standpunkt nicht abgehen wollten. Angeführt wurden als Gegenargument die technischen Schwierigkeiten der Bestimmung des Ursprungslandes von Waren, die etwa aus der Freihandelszone in das einheitliche Zollgebiet des Gemeinsamen Marktes importiert werden würden. Mehr noch wurde den Anhängern der Freihandelszone vorgeworfen, sie wollten von den Vorteilen des Gemeinsamen Marktes der EWG profitieren, ohne die Nachteile in Kauf zu nehmen, so etwa die Angleichung der Wirtschaftspolitik und der Soziallasten, die die Herstellung gleicher Konkurrenzbedingungen ermöglichen sollte. In dieser Frage hatten namentlich die französischen Arbeitgeber eine unzweideutige Position bezogen. So war in einem für die französischen Unterhändler abgefaßten Memorandum der ConfédérationNationale du Patronat Français Ende 1956 zu lesen: »Um vernünftige Arbeit zu leisten, müßte man die Betonung weniger auf den eigentlichen Aufschub der Zollsenkung legen als auf den unzertrennlichen Zusammenhang, der hergestellt werden müßte zwischen solchen Senkungen und den anderen Strukturelementen des Gemeinsamen Marktes (Vereinheitlichung der Wirtschafts-, Sozial- und Steuergesetzgebung und der Wirtschafts-, Sozial- und Steuerpolitik, fortschreitende Durchführung der Freizügigkeit der Arbeitnehmer und der freien Kapitalbewegung).«

Freilich wäre es sehr wohl möglich gewesen, trotz dieser Intransigenz, die in einer alten protektionistischen Tradition wurzelte, einen Ausgleich zu finden. Nur waren die Schwierigkeiten nicht nur wirtschaftlicher und technischer, sondern auch politischer Natur. In Wirklichkeit ging es um den Kerninhalt der Vorstellungen, die man sich von der europä-

## Europäische Wirtschaftszonen 1960

- ||||||| EWG 25.3.1957
- ░░░░ EFTA 3.5.1960

NORWEGEN
SCHWEDEN
DÄNEMARK
GROSS-BRITANN.
NIEDERL.
BELGIEN
LUX.
B.REP. DEUTSCHLAND
WEST-BERLIN
FRANKREICH
SCHWEIZ
ÖSTERREICH
ITALIEN
PORTUGAL

schen Zusammenarbeit machte. Zwei Strömungen standen einander gegenüber: auf der einen Seite die Vorkämpfer eines »geeinten Europas«, eines wirtschaftlich und politisch zusammengeschlossenen Kontinents, dessen Länder ihre Souveränität nach und nach zugunsten einer wirklichen Europa-Regierung aufgeben müßten; auf der anderen Seite die Anhänger einer europäischen Zusammenarbeit, die sich im Bewußtsein der positiven Bedeutung der nationalen Besonderheiten bemühten, Einheit und Vielfalt zu versöhnen, und die Meinung vertraten, daß die unerläßlichen Vorbedingungen echter europäischer Zusammenarbeit durch Liberalisierung des Handels und Verkehrs und Abbau der Zollsätze geschaffen werden müßten.

Überdies waren die Auseinandersetzungen über die Integrationsmethode durch die alte französisch-englische Rivalität kompliziert worden. Obgleich sich England und Frankreich seit Beginn des 20. Jahrhunderts immer wieder im Angesicht gemeinsamer Gefahren zusammengefunden haben, sind ihr Lebensstil und ihre Denkweise viel zu verschieden, als daß sich hier zwei politische Wege, die dazu noch weitgehend durch die verschiedenartige geographische Lage bestimmt sind, ohne weiteres hätten zusammenlegen lassen. Die Franzosen hätten Großbritannien enger an Europa binden mögen. Als der Schuman-Plan vom Stapel gelassen und vor allem als an der Vorbereitung des EVG-Vertrages gearbeitet wurde, hatten sie eifrig darum geworben. Da sie sich vor einem Tête-à-tête mit einem stürmisch emporstrebenden Deutschland fürchteten, brauchten sie zur Aufrechterhaltung des Gleichgewichts das Beisein Englands. Die Ablehnung der Londoner Regierung hatte ein Ressentiment hervorgerufen, das bei den Diskussionen um die EVG-Ratifizierung oft genug zum Ausdruck kam. Nun aber, da Frankreich in einer Atmosphäre gegenseitigen Vertrauens herzliche Beziehungen zur Bundesrepublik Deutschland hergestellt hatte, verspürte es ein geringeres Verlangen, England heranzuholen: dessen Gegenwart hätte das vielversprechende Tête-à-tête stören können. Es wurde sogar eine gewisse Reserve an den Tag gelegt, in der Bitterkeit und Schadenfreude in einem spürbar waren: die Europäer, ließ man durchblicken, seien dabei, sich miteinander zusammenzuschließen; sie hätten nichts dagegen, den Kreis zu erweitern, um die englischen Nachbarn mit von der Partie sein zu lassen; aber sie dächten nicht daran, sich vom neuen Teilnehmer als Voraussetzung seines Mitmachens seine Integrationsansichten aufzwingen zu lassen; es sei nunmehr Englands Sache, sich anpassungsbereit zu zeigen.

So etwa dachten viele Franzosen; vor allem dachten so die Franzosen, die für die Europapolitik Frankreichs verantwortlich waren. Kein Wunder, daß sich die Erörterungen hinzogen. Seit Anfang 1957 war der Rat der OEEC (Organisation für Europäische wirtschaftliche Zusammenarbeit) der Meinung, daß die technischen Voraussetzungen für die Planung einer Freihandelszone unter Einschluß der Zollunion der Sechs gegeben seien; er hatte auch die Aufnahme von Verhandlungen mit den Mitgliedsstaaten der EWG (Europäische Wirtschaftsgemeinschaft) beschlossen. Aber zunächst mußte der Abschluß der Debatten über die Ratifizierung der Verträge von Rom abgewartet werden, und erst im Herbst 1957 wurde das Problem, immer noch sehr behutsam, in Angriff genommen.

*NATO und »nichtmilitärische Zusammenarbeit«.* Ihrerseits bemühte sich die NATO, die allzu sichtbaren Risse zu kitten. Einige Monate vor der Novemberkrise hatte der Rat der NATO die Einsetzung eines Komitees für nichtmilitärische Zusammenarbeit beschlossen, dem die Aufgabe zugewiesen wurde, »dem Rat Vorschläge über Maßnahmen zu unterbreiten, die zur Verbesserung und Weiterentwicklung der Zusammenarbeit der NATO-Länder auf nichtmilitärischen Gebieten und zur Festigung der Geschlossenheit der atlantischen Gemeinschaft getroffen werden sollten«. Daß die drei Mitglieder des Komitees, die man »die Weisen« taufte, keine leichte Aufgabe vor sich hatten, sollten die weiteren Ereignisse zeigen: recht brutal wurde den Mitgliedsstaaten der NATO im November die Unumgänglichkeit einer Revision ihrer Politik vorgeführt. Als der Rat der NATO im Dezember 1956 zusammentrat, stand er unter dem frischen Eindruck der Ereignisse und beeilte sich, die Empfehlungen des Dreierkomitees gutzuheißen. Was aber sagten »die Weisen«? Daß Sicherheit »viel mehr« sei als »ein militärisches Problem«, daß »die Ausgestaltung der politischen Fühlungnahme und der Zusammenarbeit, die Verwertung der Naturschätze, die Verbesserung des Bildungswesens und die Vertiefung der Völkerverständigung« für die »Sicherheit eines Staates oder eines Bündnisses« »ebenso wichtig... wie der Bau eines Panzerschiffes oder die Ausrüstung einer Armee« oder sogar »noch wichtiger« sein könnten.

Das war ebenso offensichtlich richtig wie die Feststellung, daß die Sowjetunion fremde Länder »durch wirtschaftliche Mittel und politische Umsturzversuche« zu sich herüberzuziehen suche. Hatte George Kennan nicht schon im Juli 1947 in einem Artikel in *Foreign Affairs* das Verhalten der Sowjetunion ähnlich gekennzeichnet und die Parole der »Eindämmung« ausgegeben, die nichts anderes besagte, als daß die Schlacht auf dem Gelände der Wirtschaft und der Politik geliefert werden sollte? Die »Weisen« der NATO glaubten allerdings eine neue Tatsache festgestellt zu haben, die der NATO ein »zusätzliches Problem« aufgebe. Die NATO sei zur Abwehr einer militärischen Herausforderung geschaffen worden, und von Anfang an hätten ihr die Sorgen um die Berlin-Blockade und den Korea-Krieg ihr Gepräge gegeben; nur habe sie den totalen Charakter der Sowjetoffensive immer mehr aus den Augen verloren. Doch mittlerweile habe es sich Chruschtschow angelegen sein lassen, seine atlantischen Gesprächspartner daran zu erinnern, was die ständigen Ziele der Sowjetaußenpolitik seien, und ihnen vor Augen zu führen, über welche Vielfalt von Aktionsmitteln die Sowjetunion verfüge. Eben daraus ergebe sich die Notwendigkeit, eine gründliche Umstellung vorzunehmen.

Deswegen betonte der Bericht der »Weisen« die Vordringlichkeit des Aufbaus einer »atlantischen Gemeinschaft«, die er als »ständige Verbindung der freien Völker des Nordatlantiks mit dem Ziel der Verstärkung ihrer Einheit, der Verteidigung und Wahrung der diesen Ländern als freien Demokratien gemeinsamen Interessen« definierte. Diese Verbindung der Nordatlantikvölker, hieß es weiter, sei das Ergebnis eines durch die Geburt des Atomzeitalters bedingten geschichtlichen Wandels; in der neuen Ära sei es keinem einzelnen Staat mehr gegeben, sich nur auf sich gestellt zu entwickeln oder auch nur zu überleben. Erhaltung und Ausbau der atlantischen Gemeinschaft, deren Dasein keineswegs unvereinbar sei mit dem Dasein eines geeinten Europas, verlange somit eine engere zwischenstaatliche Zusammenarbeit in allen Ebenen und auf allen Gebieten, möge es sich um die Vereinheitlichung der Politik der einzelnen Staaten oder um wirtschaftlichen, wissenschaftlichen und kulturellen Austausch handeln.

Die Billigung des Dreierberichts durch den Rat der NATO hätte eine entscheidende Wendung mit sich bringen sollen. Hatte man nicht in der Tat anerkannt, daß Einfluß und Interessen der NATO-Mitglieder »sich nicht auf die Anwendungszone des Vertrags beschränken« und daß aus diesem Grund die Abstimmung der Außenpolitik der einzelnen Staaten schon im vorbereitenden Stadium unerläßlich sei? Hatte man nicht den Nutzen des Austauschs von Informationen, die für den wissenschaftlichen Fortschritt unentbehrlich seien, zugegeben?

Indes folgten auf die Beschlüsse keine Taten. In Wirklichkeit waren die grundlegenden Probleme ungelöst geblieben. Die Regierung der Vereinigten Staaten war keineswegs eher geneigt als vordem, die Politik ihrer englischen oder französischen Verbündeten in Afrika mit moralischen Garantien auszustatten. Sie begeisterte sich nicht im geringsten für eine Methode der wissenschaftlichen Zusammenarbeit, die zur Erweiterung des »Atomklubs« hätte führen müssen. Es war ihr zwar, jedenfalls solange sie nicht über interkontinentale Geschosse verfügte, durchaus recht, Abschußbasen auf dem Territorium ihrer europäischen Verbündeten zu errichten, aber keineswegs hatte sie die Absicht, die Verfügung über den Einsatz von Atomsprengköpfen aus der Hand zu geben: die Gefahr einer Zersplitterung der Entscheidungsgewalt schien ihr zu groß. Manchen Verbündeten war diese amerikanische Haltung unbegreiflich. Vor allem Frankreich reagierte darauf um so empfindlicher, als es schon durch die englisch-amerikanische Zusammenarbeit in Atomrüstungsfragen auf eine tiefere Stufe hinabgedrängt worden war.

Es konnte deswegen nicht überraschen, daß der Sputnik-Abschuß im Herbst 1957 überall Erregung auslöste. Die Amerikaner, die seit vielen Jahren im Glauben an ihre technische Überlegenheit gelebt hatten, stellten entsetzt fest, daß die Sowjetrivalen sie beim Wettlauf durch die interplanetarischen Räume überholt hatten; unter dem Druck der öffentlichen Meinung mußte die Regierung ihren unerschütterlichen Gleichmut durchbrechen und Reorganisationsmaßnahmen auf dem Gebiet der Forschung ergreifen, die manche Kritiker seit langem gefordert hatten. In Europa hielten Bewunderung, Entsetzen und Schadenfreude einander die Waage. Man wurde sich sowohl der Möglichkeiten des großen russischen Volkes als auch der Machtfülle eines autoritären Regimes bewußt. Und man malte sich zugleich voller Schrecken aus, welchen Gebrauch die Führer der Sowjetunion von ihrem zweifellos nur vorübergehenden Vorsprung machen könnten. Aber man konnte sich auch einer gewissen Ironie gegenüber diesem so selbstsicheren Amerika nicht erwehren, das es verschmäht hatte, seine Verbündeten an seinen Forschungen zu beteiligen. Würde der Schlag, der es getroffen hatte, Amerika dazu bewegen, die Voraussetzungen der atlantischen Zusammenarbeit zu überprüfen und seine Geheimnisse mit einem größeren Kreis zu teilen?

Der Sputnik war eine neue – diesmal friedliche – Herausforderung an die Adresse der westlichen Welt; die Moskauer Regierung machte sie sich dadurch zunutze, daß sie in erhöhtem Maße auf die Staaten einzuwirken suchte, die sich mit der Absicht trugen, ihre Atomrüstung auszubauen oder die Errichtung von Raketenbasen auf ihrem Boden zuzulassen. Auf all das antwortete die NATO mit einer mehr geräuschvollen als wirksamen Demonstration ihrer Einheit. Zu der Sitzung des Rates der NATO in Paris erschienen die Regierungschefs, an ihrer Spitze der Präsident der Vereinigten Staaten. Nach der üblichen

Situationsanalyse wurden einige Beschlüsse gefaßt: die Unterbringung von Abschußbasen für Atomgeschosse durch direkte Vereinbarungen zwischen dem NATO-Oberbefehlshaber in Europa und den betroffenen Staaten regeln zu lassen und einen Fachausschuß unter Beteiligung aller Mitgliedsstaaten einzusetzen, der die Möglichkeiten verstärkter Zusammenarbeit auf wissenschaftlichem Gebiet prüfen sollte. Einige Monate später meldete nach einer weiteren Ratssitzung ein amtliches Kommuniqué neue Fortschritte auf dem Weg zu einer »echten Gemeinschaft freier Länder, in deren Rahmen diese Länder in einem in der Geschichte nie dagewesenen Ausmaß eine Politik enger Zusammenarbeit in Friedenszeiten verfolgen, ohne auf ihre Unabhängigkeit zu verzichten«. Alles, fügte das Kommuniqué hinzu, müsse zur Sicherung wirtschaftlicher Prosperität geschehen, namentlich durch Ausdehnung des internationalen Handels und Unterstützung unterentwickelter Länder. Ergänzend bemerkte Spaak, es handle sich um mehr als bloße Zusicherungen und Hoffnungen.

Daß die besten Absichten bestanden, kann unterstellt werden, und es steht sogar fest, daß innerhalb der NATO Anstrengungen unternommen wurden, das offensichtlich einmütige Verlangen nach engerer Zusammenarbeit in die Praxis umzusetzen. Aber die Politik der einzelnen Staaten zu koordinieren blieb nach wie vor schwierig. Zwar billigten die Mitglieder der atlantischen Gemeinschaft die englisch-amerikanische Intervention im Libanon, aber die plötzliche Intensivierung chinesischer Vorstöße vor Formosa schuf eine Atmosphäre voller Spannung, in der sich die Isolierung der Vereinigten Staaten klar abzeichnete. Und die Stimmenthaltung des amerikanischen Delegierten bei der Abstimmung der Vereinten Nationen über Algerien machte die französische Regierung auf die Entschlossenheit ihrer Verbündeten aufmerksam, sich deutlich zu distanzieren.

*Frankreichs Fünfte Republik.* Auch wenn die internationalen Krisen des Jahres 1958 mit der gleichsam permanenten Spannung, die sie bewirkten, die allgemeine Aufmerksamkeit immer wieder in Anspruch nahmen und die Revolution im Irak dem Westen im ersten Augenblick als besonders gravierend erschien, trat das dramatischste und folgenschwerste Ereignis des Jahres in Frankreich ein: die Vierte Republik brach endgültig zusammen. Man hatte das Ereignis kommen sehen. Seit Jahren schon hatte jedermann den Zerfall der Staatsautorität beobachten können, der aus der Unmöglichkeit der Mehrheitsbildung für die Durchführung wichtiger politischer Entscheidungen resultierte. Das Ausweichen vor politischen Entscheidungen war seinerseits die Folge einer Intellektualisierung des politischen Kampfes und seiner Verwandlung in Dispute um Ideen, die nicht notwendigerweise der Wirklichkeit entsprachen, und um Prinzipien, die von den Beteiligten keineswegs immer respektiert wurden; dies Ausweichen war aber auch die Folge des Unvermögens, aus der Verarbeitung des geschichtlichen Erbes die Probleme der Gegenwart und Zukunft herauszuschälen, die Folge auch der Angst vor dem Wagnis, das jeder Entscheidung innewohnt. Für die meisten der Akteure war die Revolution zum Gegenstand religiöser Verehrung geworden, sie hatte aufgehört, ein Kampfinstrument zu sein.

Auf diese Lässigkeit, diesen Ausfall des Staates schienen sich die Franzosen oft mit Leichtigkeit einzustellen. Sie hatten sich daran gewöhnt, ihr Leben an der Peripherie des staatlichen Daseins zu organisieren. Die zentrale Staatsverwaltung, meinten sie, müsse zur Sicherung der Kontinuität in den wichtigsten öffentlichen Diensten, deren die Nation bedürfe, vollauf genügen. Indes konnte das nicht genügen, sobald es sich um die Lenkung der Außenpolitik handelte. Hier konnte den Entscheidungen nicht ausgewichen werden, weil sie durch die Entwicklung der Ereignisse erzwungen wurden, die sich außerhalb Frankreichs abspielten, aber Frankreich in ihren Umkreis hineinzogen. Weil sie die internationalen Folgen des Zerfalls der Staatsautorität nicht zu ermessen vermochte, war die Dritte Republik 1940 zusammengebrochen. Aus denselben Gründen war der Vierten Republik dasselbe Schicksal beschieden.

Die Entscheidung wurde dem Staat von Algerien auferlegt. Fast vier Jahre zuvor war der bewaffnete Kampf aufgenommen worden; er griff immer mehr um sich und nahm nun schon über vierhunderttausend Menschen in Anspruch. Nicht daß die Gegner besonders zahlreich gewesen wären: einige tausend oder einige zehntausend Mann im Höchstfall, dafür aber schwer zu fassen. Das Land ist riesig, an manchen Stellen von Gebirgsketten auseinandergeschnitten, wie geschaffen für den Guerillakrieg, wie er von den Streitkräften der nationalen Befreiungsbewegung unter Mitwirkung einer sympathisierenden oder terrorisierten mohammedanischen Bevölkerung und mit Unterstützung der arabischen Nachbarländer geführt werden konnte. In Frankreich selbst war der Krieg nicht populär. Er hielt Männer, die man anderswo gebraucht hätte, außerhalb des Landes; er nahm bedeutende Wirtschaftspotenzen in Anspruch und beeinträchtigte infolgedessen die wirtschaftliche Entwicklung des Landes; vor allem schien er das Selbstbestimmungsprinzip zu untergraben, dessen historische Urheberschaft die Franzosen nicht verleugnen können und auf das sich die ganze Welt beruft. Den Krieg bis zur Vernichtung der revolutionären Kräfte weiterzuführen hieß, sich an eine überholte Kolonialpolitik zu klammern und in ein möglicherweise auswegloses Abenteuer verstrickt zu werden.

Nachzugeben bedeutete aber, nicht nur den Verlust Algeriens zu riskieren, sondern auch die Gefahr auf sich zu nehmen, vom Zugang zu Afrika abgeschnitten zu werden, vor allem vom Zugang zur Sahara, mit deren Ausbeutung man gerade begonnen hatte und deren Naturschätze Frankreich die Möglichkeit boten, sich von der politischen Hypothek frei zu machen, die ihm die Versorgung mit fremdem Erdöl aufgebürdet hatte. Konnte Frankreich überhaupt nachgeben? Algeriens Verhältnis zu Frankreich hatte sich anders gestaltet als das Marokkos oder Tunesiens. Organisatorisch war Algerien ein Teil des kontinentalen Mutterlandes, und eine beträchtliche französische Bevölkerung betrachtete das Land als ihr Besitztum und konnte sich nicht vorstellen, daß sie vertrieben werden könnte. Die Franzosen Algeriens waren zum Kampf entschlossen. In ihrem täglichen Dasein und in ihrer Zukunft bedroht, verfolgten sie mit wachsender Empörung die Auseinandersetzungen in Frankreich, in denen Befürworter und Gegner von Verhandlungen mit den Revolutionsführern einander gegenüberstanden, und beobachteten voller Unruhe die taktischen Manöver der Regierung. Dabei standen sie nicht allein. Auch in den Reihen der Armee wuchs die Ungeduld. Sie wuchs, weil der Krieg immer noch weiterging und neue Formen annahm, die eine Umstellung in Kampfmitteln und Kampfmethoden erheischten, und weil man bei Kriegshandlungen auf vorgeblich französischem Boden auf den Widerstand oder die Passivität einer feindlichen oder indifferenten Bevölkerung stieß, ohne auch nur auf Rückhalt bei der politischen Führung des Landes oder in der Volksmeinung rechnen zu können. Die

Besuch Charles de Gaulles zu politischen Gesprächen mit Konrad Adenauer in Bad Kreuznach am 26. November 1958

Eröffnung des neuen NATO-Gebäudes in Paris
mit einer Sitzung des Ministerrates des Nordatlantik-Paktes, Dezember 1959

Armee, von der ein erheblicher Teil den Krieg in Indochina mitgemacht hatte und entmutigt und gedemütigt heimgekehrt war, hatte das Gefühl, daß die schwankende Haltung des Mutterlandes sie einer neuen Kapitulation entgegenführte, und dagegen lehnte sie sich auf. Auf Grund der Indochina-Erfahrungen glaubte sie mit der Revolte fertig werden zu können, wenn man ihr nur die nötigen Mittel zur Verfügung stellte. Sie war bereit, die Kräfte in Frankreich zu unterstützen, die nicht nachgeben wollten. Sie sollte sich auf die Seite der Franzosen von Algerien schlagen, die eine aufflammende Volksbewegung am 13. Mai 1958 vor das Regierungsgebäude in Algier trieb. Dorthin drängte die Truppe die Haltung ihrer Führer, aber auch die Tatsache, daß sie keinen Ausweg sah. Sie war in einer zwiespältigen Lage, und ihre Haltung, zum mindesten die ihres Befehlshabers General Salan, sollte zweideutig bleiben.

In Frankreich, wo die Öffentlichkeit zwar mit Aufruhr, aber nicht mit dieser nackten Mißachtung der Regierungsautorität gerechnet hatte, schuf das grenzenlose Konfusion. Die Minister ließen sich ratlos treiben; bei einer zerrissenen Nationalversammlung konnten sie weder Rat noch Rückenstärkung finden. Die Regierung, die weder auf die Polizei noch auf die Armee bauen konnte, hatte keine Machtmittel, und das Parlament hatte nicht das Zutrauen des Volkes.

Einige Tage schwankte das Land am Rande des Abgrunds, der in den Bürgerkrieg führte. Aber es blieb bei Reden, Aufrufen und Demonstrationen. Die Beschwörung der Manen der großen Vorfahren fand nicht mehr Widerhall als der Ruf ins Maquis. Eine Revolution wollten die Franzosen nicht. War es Müdigkeit? War es die Wirkung einer durch das Zusammengehen der Bauern und der städtischen Mittelschichten, die der Wandel der Technik hatte anwachsen lassen, verstärkten konservativen Haltung?

Jedenfalls wurde das Wiedererscheinen General de Gaulles auf der politischen Bühne mit großer Erleichterung aufgenommen. Trotz den Mißerfolgen in den ersten Nachkriegsjahren hatte sich de Gaulle seine moralische Autorität intakt erhalten. Er blieb ein nationaler Heros und für die, die an seiner Seite gekämpft hatten, der Chef. Man hatte Respekt vor seiner Integrität und seinen geistigen Fähigkeiten: er war ein »Schriftsteller«, und das zählte in Frankreich. Die politische Umstellung und Umgruppierung, die in mühseligen Verhandlungen vorbereitet worden war, wurde erleichtert durch den maßvollen Ton, den er anschlug, und auch durch seine taktische Wendigkeit, die um so größeren Eindruck machte, als man mit ihr nicht gerechnet hatte.

Es begann eine Periode intensiver Arbeit. Das Parlament war zerbrochen. Die Regierung hatte freie Hand für die Durchführung des angekündigten Reformprogramms. Schritt um Schritt wurde in Algerien die Armee unter Kontrolle gebracht; die Männer des 13. Mai wurden in die Schranken gewiesen. Nach wenigen Monaten wurde eine neue Verfassung vorgelegt, die am 28. September mit großer Mehrheit angenommen wurde. In einem Zug wurde eine ganze Reihe von Problemen angepackt, an denen sich vorhergehende Regierungen versucht hatten, ohne sie lösen zu können. Die französische Verwaltung hatte bis dahin noch in einem organisatorischen Rahmen funktioniert, den Bonaparte geschaffen hatte. Jetzt wurde der Versuch unternommen, sie zu modernisieren. Im Sturmschritt und im Stil des Konsulats gehandhabt, riefen alle diese Reformen verschiedenartige Kritik hervor. Und doch war der Widerstand verhältnismäßig schwach, und die Vorbehalte bezogen sich weniger auf das Ganze als auf einzelne konkrete Punkte in der Durchführung der angeordneten Maßnahmen. Vernünftige Menschen waren sich über die Notwendigkeit dieser zu lange hinausgeschobenen Reorganisation des Verwaltungsapparates ohnehin im klaren, und manche neigten sogar zu der Meinung, daß energischer hätte durchgegriffen werden können. Die neue Verfassung entsprach ungefähr dem, was man von den politischen Vorstellungen des Regierungschefs auch vorher schon gekannt hatte. Sie gab dem Präsidenten der Republik genug Macht zur selbständigen Bestimmung der Politik des Staates. Der Ministerpräsident wurde in den Hintergrund gedrängt. Dem Parlament wurden die entscheidenden Kontrollprärogativen, nicht zuletzt die Beschlußfassung über den Staatshaushalt, belassen, jedoch die Möglichkeit genommen, zu Parlamentsregierungen zurückzukehren, jedenfalls solange der Präsident der Republik gewillt war, die ihm von der Verfassung bewilligte Waffe der Parlamentsauflösung zu gebrauchen. Eine Präsidialrepublik also, auf den Mann zugeschnitten, den alles dazu prädestinierte, ihr erster Präsident zu werden. Zugleich sollte allerdings diese Republik, Frankreichs fünfte, als Zentrum eines größeren Staatenbundes dienen. Die Verfassung sah die Schaffung einer Föderation vor, deren Präsidentschaft dem Präsidenten der französischen Republik in Personalunion zufallen sollte. Sie bot den Madegassen und den der Französischen Union angeschlossenen Völkern die Möglichkeit, für volle Unabhängigkeit oder für Angliederung an die Föderation zu optieren. Nur Guinea zog 1958 Unabhängigkeit vor. Alle anderen entschieden sich zunächst für Zusammenarbeit mit Frankreich im Rahmen der Föderation (»Französische Gemeinschaft«).

So schien die Fünfte Republik in ihren Anfängen von augenscheinlich gegensätzlichen Strömungen beherrscht. Die Reaktion auf die Überspitzung des Parlamentarismus hatte zur Stärkung der Exekutive und zum Sieg einer Demokratievariante geführt, die manchen als bonapartistisch erscheinen sollte. Aber zugleich offerierte das neue Regime den von Frankreich abhängigen Völkern eine föderative Lösung, wie sie die Vierte Republik nie vorzuschlagen gewagt hatte. Den Luxus eines solchen Liberalismus konnte sich aber wiederum nur ein Staat leisten, der seiner Herrschaftsstellung ganz sicher war. Unter diesen Umständen war es nicht verwunderlich, daß Kritik von allen Seiten kam. Auf der extremen Rechten wie auf der extremen Linken stellte man sich gegen ein Regime, das man, an seiner Härte gemessen, als zu schwächlich empfand. Das eigene Personal der Fünften Republik neigte zu einer skeptischen Haltung, die nach den Wahlen eine feindliche Färbung annahm, weil die Wahlen eine »unauffindbare« Kammer hervorbrachten. Die Mehrheit schließlich schenkte ihr Vertrauen dem einen Mann an der Spitze eher als seiner Umgebung oder den Institutionen, die er geschaffen hatte. Aber sie wußte, daß der Mann eines Tages nicht mehr da sein würde. Deswegen war das Gefühl ziemlich allgemein verbreitet, daß man sich in ein Abenteuer hineinbegeben habe, von dem die meisten wenigstens hoffen wollten, daß es zu einem positiven Ergebnis führen werde. Diese Hoffnung war allerdings an die Voraussetzung gebunden, daß es gelingen könne, mit dem Krieg in Algerien Schluß zu machen.

*Gemeinsamer Markt und Freihandelszone.* Auch Europa beobachtete die Vorgänge. Wie die amerikanischen Verbündeten hatte es, zwischen Furcht und Hoffnung schwankend, das Auf und Ab der französischen Krise verfolgt. Europa wußte – genau wie Frankreich und schließlich die ganze Welt es wußte –, daß Frankreich eines Tages Dingen, die längst fällig waren, würde ins Gesicht schauen müssen. Es konnte sich aber auch nicht der Erkenntnis verschließen, daß alle seit Jahren ausgearbeiteten Pläne, alles, was für die Wiederaufrichtung des Westens und der Atlantischen Welt getan worden war, vom Ausgang dieser Krise abhing. Montanunion, Gemeinsamer Markt, Euratom, NATO: das alles konnte wieder in Frage gestellt werden durch eine Revolution, die das Kräfteverhältnis zwischen der Sowjetunion und den Westmächten mit einem Schlag verändern würde. Die Machtübernahme durch de Gaulle löste infolgedessen in Europa dieselbe Reaktion aus wie in Frankreich. Trotz aller Angst vor einem Mann, dessen überempfindlicher Patriotismus ebenso bekannt war wie die Ansprüche, die er im Namen Frankreichs erhob, wirkte die Lösung der Krise beruhigend, und man atmete erleichtert auf, als die Taten des neuen Regierungschefs den Eindruck bestätigten, daß Frankreich nach wie vor bei seinen Bündnissen zu bleiben und seinen Verpflichtungen nachzukommen gedachte. Sehr bald stellten sich auch die positiven Ergebnisse der Stärkung der Staatsautorität ein: in der Ebene der Diplomatie bedeutete das die Rückkehr zu den klassischen Methoden, vor allem zur strengen Wahrung diplomatischer Geheimnisse. Auf dem internationalen Schauplatz fand Frankreich von neuem Gehör bei vielen, die seine Stimme nicht mehr hatten hören wollen.

In ganz Europa kamen die Termine heran, an denen manche Versprechungen eingelöst werden mußten. Zum 1. Januar 1959 war das Inkrafttreten des Vertrages von Rom vorgesehen. Die französische Krise hatte eine weitere Verzögerung der Verhandlungen über die Freihandelszone bedeutet, die sich ohnehin schon wegen der Unnachgiebigkeit Frankreichs monatelang hingezogen hatten. Die Befürworter der Freihandelszone glaubten nun erst recht, auf eine Kompromißlösung hoffen zu dürfen: General de Gaulle und seine Hauptmitarbeiter hatten sich für eine zu weit gehende Integration nie begeistern können, und dem geeinten Europa eines Robert Schuman zogen sie ein Europa der Vaterländer vor; von ihnen wurde mehr Kompromißbereitschaft als von ihren Vorgängern erwartet. Diese Erwartung bestätigte sich nicht. Im Gegenteil: die französische Regierung brachte deutlich zum Ausdruck, daß sie sich durch den Vertrag von Rom gebunden fühle, betonte nachdrücklich, wie sehr ihr an einer engen deutsch-französischen Zusammenarbeit gelegen sei, und zeigte sich zugleich England gegenüber äußerst reserviert. Das Manöver war so durchsichtig und die Absicht so unzweideutig, daß man sich zunächst fragen mußte, ob de Gaulle, dessen Memoiren seine große Empörung über die angelsächsische Bevormundung in den Kriegsjahren noch nachträglich bekundeten, nicht einfach die Gelegenheit nutzte, Rache zu üben. Indes drängte sich eine einfachere und plausiblere Erklärung auf: der französische Regierungschef wollte sich auf ein Europa stützen, dessen engerer Zusammenschluß dem französischen Interesse dienen würde, weil er auf diese Weise einen größeren Einfluß auf die von ihm angestrebte Dreimächteleitung der NATO würde ausüben können. Derselben Überlegung entsprang auch der Entschluß, eine französische Atombombe zu entwickeln und so die Aufnahme Frankreichs in den Atomklub gegen den Widerstand der Engländer (mehr noch als der Amerikaner) zu erzwingen.

Das Bemühen der französischen Politik um größere Unabhängigkeit von den Vereinigten Staaten, als sie die Regierungen der Vierten Republik zuwege gebracht hatten, bedingte mithin eine enge Zusammenarbeit mit den europäischen Verbündeten und die Übernahme der von der Sechsmächtegruppierung ausgearbeiteten Pläne. Mit einer Entscheidung zugunsten der Freihandelszone wären möglicherweise die politischen Zielsetzungen der Integration, wie sie in den Plänen der Sechs projektiert war, gefährdet worden. In der Richtung der Ablehnung der Freihandelszone wurde überdies starker organisierter Druck auf die Regierung ausgeübt. Die in der Confédération Nationale du Patronat Français zusammengeschlossenen Industrieverbände, die nur mit Schwierigkeiten für den Gemeinsamen Markt hatten gewonnen werden können, wollten von der Freihandelszone schon überhaupt nichts wissen. Da die Wahlen unmittelbar bevorstanden, war es für die Regierung das wichtigste, die erste schwierige Übergangsphase zum Abschluß zu bringen und für die Anfänge der Fünften Republik eine breite Massenbasis zu sichern. Und schließlich: durfte sich Frankreich bei seiner prekären Wirtschafts- und Finanzlage den Luxus erlauben, den Kreis seiner Konkurrenten zu erweitern, ohne vorher eine Finanz- und Wirtschaftsreform durchgeführt zu haben? Charles de Gaulle ist ein Pragmatiker. Da ein Kompromiß zu schwierig war, ließ er es zu der Krise kommen, die die OEEC-Staaten vergeblich zu bannen versuchten. Aber zugleich milderte er mit der Annahme des von Jacques Rueff vorbereiteten und von Pinay empfohlenen Wirtschafts- und Währungsprogramms die wirtschaftlichen und politischen Auswirkungen der Krise ab. Ende Dezember 1958 wurde die Liberalisierungsquote für die Einfuhr aus OEEC-Staaten auf neunzig Prozent und für die aus Dollarländern auf fünfzig Prozent erhöht und zuglcich bci Abwertung des Franken um funfzehn Prozent die Wiederherstellung seiner Konvertierbarkeit für Nichtinländer beschlossen. Tatsächlich machten diese Maßnahmen auf das Ausland und besonders auf die OEEC-Staaten, die der abrupte Abbruch der Verhandlungen vor den Kopf gestoßen hatte, einen günstigen Eindruck, vor allem auch deswegen, weil im selben Atemzug ein weiteres Bukett von Sanierungsmaßnahmen bekanntgegeben wurde, die die französische Wirtschaft von neuem konkurrenzfähig machen sollten.

Da die englische Regierung gleichzeitig beschlossen hatte, die Konvertierbarkeit des Pfundes für Nichtinländer wiederherzustellen, konnte die Tagung des Ministerrats der OEEC im Januar 1959 in einer etwas weniger gespannten Atmosphäre abgehalten werden als die vom Dezember. Es ließ sich voraussehen, daß die Maßnahmen der beiden Regierungen und die sich in ihnen spiegelnden politischen Absichten im Erfolgsfall und bei konjunkturellem Anstieg eine Situation schaffen müßten, in der die Besprechungen über den Rahmen des wirtschaftlichen Zusammenschlusses unter günstigeren Voraussetzungen würden wiederaufgenommen werden können. Mit dem Inkrafttreten des Gemeinsamen Marktes war in den meisten europäischen Ländern die Hoffnung auf neue Verhandlungen noch keineswegs erloschen. In der Bundesrepublik Deutschland machte Wirtschaftsminister Erhard kein Hehl aus seiner Absicht, eine Zerreißung Europas, die nachteilige Folgen für die deutsche Wirtschaft haben müßte, unter allen Umständen zu vermeiden. Die Regierungen der Benelux-Länder und Italiens machten ebensowenig ein Geheimnis aus ihrem Wunsch, das Gespräch von neuem zu eröffnen. Diese Haltung teilten auch die »Nicht-Sechs«-Länder, die die Angst vor der Diskriminierung zu neuen Schritten veranlaßte. Es war denn auch keine große Überraschung, als im Frühjahr 1959 die Nachricht kam, Großbritannien, die skandinavischen Länder, die Schweiz, Österreich und Portugal beschäftigten sich mit dem Plan einer »kleinen Freihandelszone«; die Urheber des Planes sahen in ihm den Weg zu einer Frontbildung, die für die Wiederaufnahme der Verhandlungen weniger ungünstige Bedingungen als 1958 schaffen mußte.

*Berlin-Krise.* Während sich die Mitglieder der NATO überlegten, wie die Zusammenarbeit im Schoß der atlantischen Gemeinschaft intensiviert werden könnte, und die Europäer über die Modalitäten der Integration debattierten, zeichnete sich am Horizont eine neue Gefahr ab. Ende November 1958 warf Chruschtschow von neuem die Berlin-Frage auf, die seit der Blockade geruht hatte. Seine erste Rede, im ultimativen Ton gehalten, erlaubte keinerlei Illusionen über seine wirklichen Absichten. Der Chef der Sowjetregierung sprach zum Westen im Vollbewußtsein seiner Macht und mit der sichtlichen Entschlossenheit, diese Macht zu nutzen. Seine Selbstsicherheit beruhte aber nicht nur auf der Überzeugung, Herr über die Sowjetunion zu sein, und auf den Erfolgen der Sowjetwissenschaft und Sowjettechnik; aus ihr sprach nicht minder das Wissen um die Schwächen der westlichen Position. Im Sektor der konventionellen Waffen verfügte die Sowjetunion über eine erdrückende Übermacht, die ihre etwaigen Gegner nur mit Atomwaffen wettmachen konnten, das heißt, nur wenn sie die Verantwortung für einen Konflikt, den sie nicht wollten, auf sich nähmen. Eine westliche Operation zur Befreiung Berlins mußte eine NATO-Offensive voraussetzen, und auf offensives Vorgehen war die öffentliche Meinung, gewöhnt, in der NATO ein ausschließlich defensives Bündnis zu sehen, in keiner Weise vorbereitet. Das alles war Chruschtschow ebenso bekannt wie die seit Jahren vor aller Welt erörterten Zerwürfnisse unter den NATO-Mächten, der Streit um die Freihandelszone mit der kaum verhüllten französisch-englischen Rivalität, die Differenzen über Algerien, die Schwierigkeiten der wissenschaftlichen Zusammenarbeit, die Kontroverse um die Politik des *disengagement* oder die entsprechenden Einwände der Engländer gegen die Strategie John Foster Dulles' und Konrad Adenauers. Er spürte die Desorientiertheit des von keiner festen Hand gelenkten amerikanischen Volkes, er wußte von den Problemen Frankreichs, er kannte die Schwankungen der englischen Außenpolitik und die Neigung der beiden großen englischen Parteien, einander in Friedensparolen zu überbieten, sobald Wahlen auf der Tagesordnung standen.

Auch die Bundesrepublik Deutschland, die ja in erster Linie betroffen war, schien nicht mehr so steinhart und entschlossen zu sein wie einige Jahre zuvor. Gewiß verfügte Bundeskanzler Adenauer trotz seinem hohen Alter noch über eine unumstrittene Macht. Ihm vor allem hatte die Christlich-Demokratische Union den Wahlsieg von 1957 zu verdanken. In seiner Hand liefen alle Fäden zusammen, von ihm hingen alle wesentlichen Entscheidungen ab, vor allem Entscheidungen auf außenpolitischem Gebiet. Und Konrad Adenauer ist ganz gewiß nicht einer, der eine Politik ändert, die er für erfolgreich hält. Dank ihm hatte Deutschland seinen Platz in Europa und unter den atlantischen Nationen von neuem einnehmen können; es hatte sich mit Frankreich ausgesöhnt, mit dem es nun feste, auf gemeinsamen Interessen beruhende Bande verknüpften; es hatte das Vertrauen der Vereinigten Staaten gewonnen. Überdies war die Bundesrepublik zu einer wirtschaftlichen und finanziellen Macht geworden, und ihr Aufstieg machte einen gewaltigen Eindruck nicht nur auf die Deutschen selbst, sondern auch auf ihre Verbündeten und die vielen Völker in der übrigen

Welt, die nach Kapital und Produktionsgütern suchen; sie war eher als Frankreich oder England in der Lage, anderen wirksam zu Hilfe zu kommen. Im Vergleich zu ihr bot sich die »Deutsche Demokratische Republik«, die im Schlepptau der Sowjetpolitik segelte und sich nur dank der Sowjetunion am Leben erhielt, recht unscheinbar dar. Wer Gelegenheit hatte, beide Teile Deutschlands zu besuchen, und all die vielen Reisenden, die von West-Berlin aus Ost-Berlin aufsuchten, waren beeindruckt vom Unterschied in der Lebenshaltung, den der regelmäßige tagtägliche Exodus der Deutschen aus dem Osten nur noch deutlicher unterstrich; nicht nur bessere Lebensbedingungen suchten die Flüchtlinge im Westen, sondern auch die geistige Freiheit, die ihnen ihre Herren um so brutaler verweigerten, je brüchiger ihre Herrschaft wurde.

Doch weder das »Wirtschaftswunder« noch der politische Wiederaufstieg hatten der Bundesrepublik die Stabilität und Garantie des Dauerhaften beschert, die sie erstrebte. Adenauers Deutschland blieb das Deutschland von Bonn, beladen mit der schweren Last der Spaltung des Landes und erfüllt von der – bei den einen mehr, bei den anderen weniger intensiven – Hoffnung auf Wiedervereinigung. Der Schwierigkeiten des Unterfangens bewußt und vermutlich von der Sinnlosigkeit von Verhandlungen überzeugt, hatte sich der Kanzler nicht in dieser Richtung bemüht. Er hatte sich im Gegenteil ganz dem Westen zugewandt und mit all der Hartnäckigkeit, deren er fähig ist, daran gearbeitet, Deutschland immer fester mit Europa und mit dem mächtigen amerikanischen Verbündeten zusammenzuschweißen. Nur dieser Weg schien ihm zur Konsolidierung der Position Deutschlands und zur Schaffung günstiger Voraussetzungen für Wiedervereinigungsverhandlungen zu führen. Aber damit hatte er, ob er wollte oder nicht, dazu beigetragen, den Schnitt, der durch das Land geht, immer tiefer werden zu lassen und eine Osmose, die die künftige Wiedervereinigung hätte vorbereiten können, zu erschweren. Hatte es die Möglichkeit einer Alternativpolitik gegeben? Wer das behauptet, unterschätzt offenbar die Tragweite der Maßnahmen, die die Sowjetunion am Tage nach dem Sieg in ihrer Besatzungszone durchgeführt hatte. Von den ersten Jahren an war der Bruch angelegt, und die Währungsreform, die die Vorbedingung des wirtschaftlichen und politischen Wiederaufbaus war, hatte ihn dann besiegelt. Jetzt fühlten sich die Machthaber frei, Wirtschaft und Gesellschaft der Zone nach den Erfordernissen ihrer Ideologie gleichzuschalten. Waren sie nach der sofortigen Enteignung des Großgrundbesitzes im Sommer 1945 mit der gewerblichen Wirtschaft und den nichtkommunistischen Parteien noch verhältnismäßig behutsam umgegangen, so änderte sich das nun von Grund auf. Industrie und Handel wurden fast restlos verstaatlicht. Auf das noch selbständige Kleingewerbe und auf die Bauern wurde ein wachsender Druck ausgeübt. Ihre Endphase erreichte diese Entwicklung im Jahre 1960, als jene Bauern, die bis dahin ihre Existenz so geschickt wie zäh verteidigt hatten, in die Produktionsgenossenschaften gezwungen und so praktisch enteignet wurden. In das Räderwerk der Gegensätze war man aber schon recht früh geraten; kaum etwas trug zur Annäherung bei, die Rivalitäten wurden immer schärfer, die Kluft immer tiefer. Eine »Lösung« wäre nur durch Verschiebung im Stärkeverhältnis der Großmächte möglich gewesen.

Dieses Kräfteverhältnis war jedoch im Winter 1958/59 nicht so günstig für die Bundesrepublik, wie Bundeskanzler Adenauer es sich gewünscht hätte. Wert und Nutzen des Westbündnisses hingen von der Stärke und Entschlossenheit der Verbündeten ab, aber die Verbündeten waren unsicher und gespalten. Adenauer selbst begegnete in Deutschland einer wachsenden Opposition. Auf vorgeschobenem Posten jedem Angriff ausgesetzt, hätte die Bundesrepublik der Einigung der Parteien auf eine gemeinsame Außenpolitik bedurft. So hatten es in Österreich ÖVP und SPÖ lange Jahre für unerläßlich gehalten, ihre theoretischen Differenzen einstweilen in den Hintergrund treten zu lassen, um angesichts der Gefahr von außen die Unabhängigkeit und Unverletzlichkeit des Landes zu erhalten. Anders war es in Deutschland, wo Christliche Demokraten und Sozialisten sich umgekehrt ihre Handlungsfreiheit zu bewahren suchten. Daher der immer schärfere Kampf zwischen den Gegnern, die immer weniger gewillt waren, aufeinander Rücksicht zu nehmen. Von Anfang an hatte Kurt Schumacher der Auseinandersetzung einen leidenschaftlichen Charakter verliehen. Und Konrad Adenauer, ein Kämpfer, ging nicht auf Versöhnung aus. Das Alter hatte ihm nicht sonnige Ausgeglichenheit geschenkt, sondern ihn im Gegenteil in der Unversöhnlichkeit starr werden lassen, und da er den Kampf selbst zu führen gedachte und nie zögerte, sich ins Gemenge zu stürzen, wogte die Schlacht immer um ihn und seine Politik. Was die Sozialdemokraten ihm vor allem vorwarfen, war sein ewiges Verbleiben an der Macht, das seiner Partei dank seiner persönlichen Autorität die Mehrheit im Bundestag sicherte. Dreimal – 1949, 1953 und 1957 – hatte er seine Partei zum Sieg geführt und so die Sozialdemokraten zur Oppositionsrolle verurteilt, die sie als immer unerträglicher empfanden. Nicht minder lehnten sich die Sozialdemokraten gegen seine Regierungsmethoden auf, gegen seine Einmannpolitik, die sich nach Meinung seiner Gegner mit einem wirklich demokratischen Regime schlecht verträgt. Die autoritären Neigungen des Kanzlers stießen auf Kritik um so häufiger, als Unmut und Mißstimmung auch unter CDU-Führern um sich gegriffen hatten.

Aber in erster Linie wurde seine Außenpolitik angegriffen, denn was die Innenpolitik anging, waren die Sozialdemokraten in einer unbehaglichen Lage: das »Wirtschaftswunder«, das ihren schwarzseherischen Voraussagen zum Trotz Wirklichkeit geworden war, hatte ihnen Umsicht beigebracht. Wenn sie auch kritisierten und der »sozialen Marktwirtschaft« den sozialen Inhalt absprachen, der ihr von ihren Trägern zugeschrieben wird, so kamen sie doch in Ungelegenheiten, sobald es darauf ankam, eine sozialistische Wirtschaftspolitik zu formulieren. Tatsächlich gingen sie – wie alle sozialistischen Parteien Westeuropas – durch eine ideologische Krise hindurch und hatten den Glauben an das Allheilmittel der Vergesellschaftung der Produktionsmittel verloren. Darum begnügten sie sich damit, eine gerechtere Verteilung des Sozialprodukts als unumgänglich zu fordern und die Notwendigkeit der Anpassung von Bildungswesen und Lebensstil an die industrielle Revolution des neuen Zeitalters der großen wissenschaftlichen Entdeckungen zu betonen: alles in allem ein überaus gemäßigtes Programm, das zu einem maßvollen Ton verpflichtete, sofern man sich in einer Gesellschaft Gehör verschaffen wollte, in der technischer Fortschritt und wirtschaftliche Konzentration die Mittelschichten immer weiter zunehmen ließen.

Dagegen fand sich im Kapitel Außenpolitik genug Gelegenheit, Versäumtes nachzuholen. Hier boten sich die Themen an, mit denen man die Zuhörer erschauern lassen konnte: geteiltes Deutschland, Atomtod, Gefahren der Bündnisse. Hier ließen sich die Sozialdemokraten wenig entgehen. Getragen von der Passion des großen Führers Schumacher, dessen Einfluß lange nach seinem Tode nachwirkte, hatten sie wachsamen Auges die Tätigkeit des Kanzlers verfolgt und sich zu Hütern des deutschen Erbes gegenüber einer Politik aufgeworfen, von der sie meinten, daß sie das nationale Interesse dem Aufbau eines europäischen Gebildes opferte. Sie hatten sich gegen die Frankreich an der Saar eingeräumten Zugeständnisse erhoben und sich erst zufriedengegeben, als das Saargebiet dem deutschen Vaterland wiedergegeben worden war. Sie hatten den Weg der Bundesrepublik zur Atlantischen Welt zu verstellen gesucht. Nicht daß sie im Prinzip gegen die Schaffung eines geeinten Europas gewesen wären; manche von ihnen – wie Carlo Schmid – sind sogar aktive Vorkämpfer der Europa-Bewegung. Indes befürchteten sie, daß die Schaffung eines westlichen Europa-Gebildes die Sowjetherrschaft über die »Deutsche Demokratische Republik« festigen und die Teilung Deutschlands verewigen könnte. Und obwohl sie für Konzessionen in bezug auf die Ostgrenze Deutschlands nicht zu haben waren (in dieser Frage zeigten sich die beiden einander befehdenden Parteien übervorsichtig, weil keine der anderen Gelegenheit zum Stimmenfang geben wollte), hofften sie auch weiterhin, daß es möglich sein würde, mit der Sowjetunion zu verhandeln. Sie wiederholten unermüdlich, daß die Bundesrepublik und die Westmächte 1952 mit der unüberlegten Ablehnung eines Sowjetvorschlags, der die Wiedervereinigung Deutschlands unter annehmbaren Bedingungen in Aussicht gestellt habe, einen kapitalen Fehler begangen hätten; statt dessen hätten sie den Weg der Wiederbewaffnung eingeschlagen, auf dem Deutschland in eine Sackgasse geraten sei. Eben darum komme es darauf an, die sich bietenden Gelegenheiten einer militärischen Loslösung Deutschlands von Westallianzen zu nutzen, um die für eine Wiederaufnahme der Gespräche unerläßliche Entspannung herbeizuführen.

So fiel Chruschtschows Vorstoß auf einen aufnahmebereiten Boden. Gewiß löste er eine lebhafte und fast einhellig negative Reaktion aus. Namentlich waren die Berliner, die in ihrem neuen Regierenden Bürgermeister, dem Sozialdemokraten Willy Brandt, einen politischen Kopf und charakterfesten Repräsentanten vom Format eines Ernst Reuter gefunden hatten, ebensowenig einzuschüchtern wie 1948. Aber der im Ultimatum gesetzte Termin ließ beiden Seiten Zeit zum Nachdenken, und in seinem Rahmen waren Drohungen und Vernunftgründe so geschickt dosiert, daß in den Vereinigten Staaten und in Westeuropa eine Debatte in Gang gebracht wurde, in deren Verlauf sich die Differenzen in der Beurteilung der Lage und in der Wahl der Mittel immer schärfer herauskristallisierten. Die Sowjetführer trugen dazu nicht wenig bei, indem sie mit großer Raffinesse Nackenschläge und Liebkosungen, Drohungen und Versprechungen aufeinander folgen ließen.

Dieser Art Bewährungsprobe waren die westlichen Verbündeten wenig gewachsen. Hätte es sich um ein klassisches Ultimatum mit der Zurschaustellung nackter Gewalt gehandelt, so hätte sich Einigkeit in den Reihen der NATO rasch eingestellt, und der Verteidigungsmechanismus wäre in Bereitschaft gebracht worden. Aber die militärische Drohung war nur indirekt. So deutlich spürbar, daß sie Unruhe erzeugte und das Gefühl hervorrief, es sei Gefahr im Verzug, wurde indes die militärische Drohung so vorsichtig gehandhabt, daß eine Versteifung vermieden wurde. Primär war der Vorstoß politischer Natur. Er verfolgte den Zweck, Verhandlungen zu erzwingen, wie sie die atlantischen Verbündeten bis dahin immer abgelehnt hatten, Verhandlungen, über deren mögliche Ziele und Modalitäten unter ihnen notorisch keine Einigkeit herrschte.

Auch diesmal war ihre erste Reaktion glatte Ablehnung. Aber die Größe des Risikos, dem man sich aussetzte, und der Druck der Massenstimmung, in der sich die Angst vor der Atomkatastrophe spiegelte, nötigten sie, die rein negative Haltung zu durchbrechen. Regierungen demokratischer Länder sind in ihrem Handeln eben nicht so frei, wie ihre Gegner es zu sein scheinen. Weit davon entfernt, im stillen Kämmerlein Entschlüsse fassen zu können, erleben sie den täglichen Ansturm der Volksmeinung oder derer, die in ihrem Namen zu sprechen vorgeben. Was sie auch sagen und tun mögen, sind sie ständig in Gefahr, sich in einem Netz aus sich überschneidenden Kommentaren, Deutungen und Vermutungen zu verfangen und von einer Flut, die um so unwiderstehlicher ist, als sie aus anonymen Reaktionen entsteht, irgendwohin getrieben zu werden, wo sie nicht hinwollen. Macmillan und Adenauer waren sich dessen bewußt, daß die Oppositionsparteien in England wie in der Bundesrepublik auf eine Politik des *disengagement* festgelegt waren. Und die Regierung der Vereinigten Staaten konnte, da es um eine Krise ging, die vor allem Europa traf, eine allzu unversöhnliche Haltung nicht einnehmen, ohne Gefahr zu laufen, einen Teil der europäischen Öffentlichkeit gegen sich aufzubringen.

In Deutschland brachte die Sozialdemokratische Partei der Wiedervereinigung ein weiteres Opfer, indem sie den Plan einer »gesamtdeutschen Konferenz auf der Grundlage der Parität« aufstellte. Sie faßte darüber hinaus eine »Entspannungszone« ins Auge, die beide Teile Deutschlands, Polen, die Tschechoslowakei und Ungarn umfassen und den Austritt dieser Staaten aus den regionalen Sicherheitspakten, denen sie angehören, mit sich bringen sollte. Macmillan, der das Näherrücken der Wahlen nicht ignorieren konnte, machte aus der Not eine Tugend und unternahm eine Erkundungsreise in die Sowjetunion. Die Reise war wichtig, weil sie das Tor zu diplomatischen Verhandlungen öffnete, die allerdings nichts Neues erbringen sollten, und weil sie andere Verhandlungen einleitete oder vorbereitete, die für die Verwirrung unter den atlantischen Verbündeten charakteristischer und vielleicht auch von größerer Bedeutung sein würden. Sollte nicht in der Tat der Ministerpräsident der Sowjetunion den Vorzug haben, die Führer der westdeutschen und englischen Oppositionsparteien zu empfangen und den Beginn des amerikanischen Präsidentschaftswahlkampfs in Moskau zu erleben? Im Herbst 1959 hielten die Alliierten noch immer Berlin, aber Chruschtschow war in Washington.

## *Atlantische Welt 1960*

Die letzten zehn Jahre sind für die Wirtschaft Westeuropas eine sehr dynamische Periode gewesen. Das Produktionspotential hat sich gewaltig ausgedehnt; die europäischen Verbraucher haben einen Lebensstandard erreicht, wie sie ihn nie gekannt hatten; die in dieser Zeit neueingeführten Methoden internationaler Zusammenarbeit haben ihren Nutzen bewiesen.« So urteilt über die wirtschaftliche Entwicklung Europas zwischen 1947 und 1957 der im April 1958 veröffentlichte OEEC-Bericht über die Errungenschaften und Aussichten eines Jahrzehnts der Zusammenarbeit *(Dix Ans de Coopération. Réalisations et Perspectives)*. Begreiflicherweise äußerten die Verfasser ihre Befriedigung über das Fazit einer Arbeit, an der sie selbst teilgenommen hatten. Sie konnten aber auch beredte Tatsachen und Zahlen zur Bekräftigung ihrer Ansicht anführen. So wiesen sie darauf hin, daß die europäische Gesamtproduktion von Gütern und Dienstleistungen 1947 noch 7 Prozent unter dem Vorkriegsstand gelegen hatte, während die Bevölkerung um 8 Prozent gewachsen war; daß der langsame Wiederaufbau des Kohlenbergbaus und der Eisenindustrie zu Engpässen geführt hatte; daß die Ausfuhr nur 70 Prozent und die Einfuhr trotz Bedarfssteigerung nur 90 Prozent des Vorkriegsvolumens erreichte; daß die Nettoeinnahmen aus Auslandsinvestitionen, Fracht und anderen Dienstleistungen, die 1938 fast den Passivsaldo der Zahlungsbilanz gedeckt hatten, 1947 »unbedeutend« waren, daß die Zahlungsbilanz für 1947 einen beträchtlichen Passivsaldo aufgewiesen und daß sich Westeuropas Gold- und Dollarreserven trotz einer Hilfeleistung von außen in Höhe von fast 6 Milliarden Dollar im Laufe des Jahres um 2,5 Milliarden Dollar vermindert hatten; daß der Güterwagenbestand und die Tonnage der Handelsflotte ebenfalls unter den Vorkriegsstand gesunken waren; und daß zur Deckung des Wohnraumdefizits etwa 7 Millionen Wohnungen hätten gebaut werden müssen. Dagegen war 1957 die Lage Westeuropas oder genauer der OEEC-Länder ganz anders. Das Bruttosozialprodukt, in Marktpreisen berechnet, betrug bereits 234 Milliarden Dollar gegen 148 Milliarden 1938. Die Getreideproduktion war von 47 Millionen Tonnen 1947 auf 86 Millionen 1957 gestiegen, die Elektrizitätserzeugung von 179 auf 409 Milliarden Kilowattstunden, die Rohstahlerzeugung von 31 auf 88 Millionen Tonnen, die Produktion von Erdölerzeugnissen von 11 auf 100 Millionen Tonnen. In der gleichen Zeit war der gesamte private Pro-Kopf-Verbrauch von 380 auf 550 Dollar, der Pro-Kopf-Verbrauch an Fleisch von 31 auf 47 Kilogramm gestiegen. Auf je 1000 Einwohner kamen 1957 bereits 52 Autos gegen 15 im Jahre 1947; der Wohnungsbau erreichte den Durchschnitt von 7 Wohnungen auf 1000 Einwohner gegen nur 2 zehn Jahre früher.

Freilich sind das Summen oder Durchschnittsziffern, die die Unterschiede in den Lebensverhältnissen oder im Entwicklungstempo von Land zu Land und insbesondere die Lage in den unterentwickelten Gebieten Südeuropas nicht erkennen lassen. »Im allgemeinen«, sagt die von der Wirtschaftskommission für Europa veröffentlichte Untersuchung über die europäische Wirtschaftslage 1958, »war die Entwicklung in den industrialisierten Ländern Nord- und Nordwesteuropas schneller vor sich gegangen als in den weniger entwickelten Ländern des Südens und in Irland: das Bruttosozialprodukt pro Kopf der Bevölkerung war in der zuerstgenannten Ländergruppe um mehr als zwei Fünftel, in der zuletztgenannten um ein Viertel gestiegen.« Ein Vergleich zwischen einzelnen Ländern läßt die Kontraste noch deutlicher hervortreten: in Deutschland und Österreich war das Nettosozialprodukt pro Kopf der Bevölkerung um zwei Drittel höher als vor dem Krieg, in Belgien, Frankreich, der Schweiz, Schweden und Norwegen um 40 Prozent, in Großbritannien und Dänemark um ein Viertel, in Griechenland dagegen nur um 7 Prozent. Die Entwicklung des privaten Verbrauchs pro Kopf der Bevölkerung bestätigte diese Beobachtung: das Gefälle zwischen den industrialisierten und den industriell unterentwickelten Ländern Europas war hier sogar größer geworden.

Dennoch war die Gesamtbilanz positiv. So ernst die Probleme mancher unterentwickelten Bezirke oder Länder blieben und auf so reale Schwierigkeiten, namentlich politischer Natur, die Regierungen bei dem Versuch stießen, die Produktionssteigerung mit der Sicherung eines hohen Beschäftigungsstandes, stabiler Finanzen und einer ausgeglichenen Zahlungsbilanz zu vereinbaren: das Bild, das Europa 1959 darbot, berechtigte zu wesentlich größeren Hoffnungen als das Bild, das unmittelbar nach dem Krieg, in dem Unheil über Unheil hereingebrochen war, hatte beobachtet werden können. Günstige Berichte kamen von überallher; nicht nur aus Deutschland, sondern auch aus Italien, Frankreich, sogar Großbritannien.

Wie war dieser eindrucksvolle Aufschwung zu erklären? War er lediglich das Produkt der amerikanischen Hilfe? Zweifellos war der Beistand der Vereinigten Staaten recht beachtlich; auch wenn die politischen Aufgaben, die die Amerikaner dem Marshall-Plan zugedacht hatten, unerfüllt blieben, hatte die Marshall-Plan-Hilfe in hohem Maße dazu beigetragen, Europa vor Elend und Chaos zu bewahren. Dennoch darf man auch die günstigen Wirkungen, die von dem unverkennbaren Wandel in den Methoden der Wirtschaftspolitik ausgingen, nicht zu gering einschätzen. Viele Beobachter verwiesen auf die spürbare Abkehr vom System der gelenkten Wirtschaft und das Wiederaufleben liberaler Wirtschaftstendenzen. Unmittelbar nach Kriegsende, als es darum ging, die Berge von Schutt und Trümmern abzutragen und die Wirtschaft der europäischen Länder wieder in Gang zu bringen, hatte man in sorgsam koordinierten Kollektivbemühungen, die den planenden und lenkenden Staatseingriff voraussetzten, den einzigen Ausweg erblickt. Aber mit der Zeit wurden solche Lenkungsmethoden immer weniger als unabweisbar empfunden. Man schob sie beiseite; den Teilnehmern am Wirtschaftsgeschehen wurde zunehmend größere Bewegungsfreiheit eingeräumt; an die Stelle einer »gelenkten« trat eine staatlich nur noch »regulierte« Wirtschaft.

Mit den Erfolgen der wirtschaftspolitischen Umkehr kam eine geistige Wendung. An den Nutzen sozialistischer Lösungen und Methoden glaubte das Europa von 1960 viel weniger, als es das Europa von 1948 getan hatte. Mit der Beharrlichkeit, mit der Deutschland den Liberalisierungsversuchen nachging, hatte es den Weg geebnet. Andere Länder folgten seinem Beispiel. Frankreichs Fünfte Republik war mutig genug, die von Antoine Pinay und Jacques Rueff vorgeschlagene Stabilisierungspolitik in Angriff zu nehmen. In England hatte die konservative Regierung mancherlei Maßnahmen zu treffen gewagt, die als unpopulär gegolten hatten, und war daraufhin von einer gefestigten Wählermajorität im Amt bestätigt worden; erfolgreich behaupteten sich die Konservativen gegenüber einer Labour Party, die uneinig blieb und nicht recht wußte, welchen Weg sie einschlagen sollte. Überall in Europa lösten sich die sozialistischen Parteien von marxistischen Vorstellungen, die ihnen als überholt erschienen, und nahmen in ihre Parteiprogramme elastischere Lösungsvorschläge auf; indirekt war das eine Verbeugung vor der liberalen Wirtschaftspolitik, der damit ein entscheidender Beitrag zum erstaunlichen Wiederaufbau der europäischen Wirtschaft bescheinigt wurde; so wurde der liberalen Wirtschaftsgestaltung auch der neue wirtschaftliche Aufschwung zugeschrieben, der durch die Wiedereinführung konvertierbarer Währungen und durch den fortschreitenden Abbau der Zollschranken und anderer Wettbewerbsbeschränkungen nur beschleunigt wurde.

Den Amerikanern gab die unerwartete Prosperität, deren sich Westeuropa erfreute, Anlaß zur Zufriedenheit, aber auch zu Besorgnissen. Die europäischen Verbündeten wurden zu Konkurrenten, mit denen fortan gerechnet werden mußte, und das geschah zu einer Zeit, da die Vereinigten Staaten nach den vielen Unterstützungsleistungen, die sie mancherorts auf sich genommen hatten, zu erkennen begannen, daß auch ihre Wirtschaftskraft nicht unerschöpflich war. Die Stimmung in Washington war allerdings noch optimistisch, und die Regierung der Republikaner, der die Flaute des Winters 1957/58 eine Weile Sorgen gemacht hatte, sah dem weiteren Ablauf des Jahres mit Vertrauen entgegen. Am 20. Januar 1959 schrieb der Präsident der Vereinigten Staaten in seiner Jahresübersicht für den Kongreß:

> Die Ereignisse der letzten achtzehn Monate zeigen erneut die große Widerstandsfähigkeit der Wirtschaft gegenüber Schrumpfungsfaktoren und die Kraft, die ihr erlaubt, Rückschläge in engen Grenzen zu halten.
> Zahlreiche Faktoren tragen dazu bei. Die wichtigsten sind die Energie und Wendigkeit unserer Menschen, die Festigkeit und Spannkraft unserer auf freien Wettbewerb gegründeten Institutionen und das ständige Wirken mächtiger Kräfte in der amerikanischen Wirtschaft, die ihre Entfaltung über große Zeiträume hinweg sichern.

Im Januar 1960 äußerte sich Eisenhower in der Botschaft an den Kongreß nicht minder positiv: Produktion und Einkommen hatten 1959 Rekordziffern erreicht, und alles sprach dafür, daß die Aufwärtsbewegung anhalten würde. Allenthalben überwog dennoch das Gefühl der Unsicherheit. Es beherrschte Europa und hatte auf die Vereinigten Staaten übergegriffen. Angst vor dem Atomkrieg. Friede durch Schrecken kann die Gemütsruhe nicht bringen, ohne die das Leben auf die Dauer unerträglich wird. Alle waren sich durchaus im klaren darüber, daß das Gleichgewicht der Atomrüstung labil war und durch Erweiterung des Atomklubs oder durch Veränderung der Geschosse oder ihrer Verwendungsbedingungen erschüttert werden konnte. Der vermutete Vorsprung der Sowjetunion auf dem Gebiet der interkontinentalen Geschosse gab zu denken. Immer mehr mußten sich die Europäer fragen, ob die amerikanische Regierung die ungeheure Verantwortung je werde auf sich laden können, das Leben von Millionen von Amerikanern aufs Spiel zu setzen, um auf einem fremden Kontinent eingegangene Verpflichtungen zu erfüllen. Immer höher stieg der Preis der kollektiven Sicherheit. Konnte man noch daran glauben, daß er jemals erlegt werden würde?

Die Unruhe hatte auch noch andere Ursachen. Sie entsprang nicht nur der Umwälzung des Kräfteverhältnisses im Gefolge des zweiten Weltkriegs, sondern auch dem revolutionären Rhythmus der wissenschaftlichen Entdeckungen und des technischen Fortschritts. Man ahnte nicht, wohin der Weg führte. Man konnte die wirtschaftlichen Folgen der Automation nicht absehen. Und wenn man sich die durch die Entwicklung der Atomenergie erschlossenen Aussichten noch ausmalen konnte, so war man viel schlechter daran, wenn es darum ging, die Stufenfolge des Aufbaus vorauszubestimmen oder die mannigfachen Probleme wirtschaftlicher, politischer und wissenschaftlicher Art abzugrenzen, die im Zusammenhang mit der Organisation der Forschung und dem Übergang zur industriellen Verwendung der neuen Energiequelle entstehen mußten. Industrielle wie Wissenschaftler lebten in ständiger Angst, im Wettrennen um neue Produktionsverfahren, neue Energiequellen, bessere Verkehrsmittel überholt zu werden. Jahr für Jahr mußte eine neue Energiebilanz aufgestellt, mußten die Schätzungen revidiert werden, auf die sich Arbeits- und Finanzpläne stützten. Die Entdeckung und Ausbeutung des Erdöls der Sahara berührte nicht nur das Vorgehen Frankreichs in Algerien, sondern auch seine Einstellung zu den arabischen Staaten und mit der Zeit auch seine Zahlungsbilanz. Die Errichtung von Raffinerien und Ölleitungen trägt Veränderungen in den Handelsverkehr hinein, erschüttert festetablierte Beziehungen. Auf die Kohlenknappheit war ein Kohlenüberfluß gefolgt, der Gärung in Belgien und an der Ruhr hervorbrachte und Reibungen zwischen EWG-Regierungen und Montanunion zur Folge hatte.

Gewiß hätte jedes dieser Probleme, isoliert betrachtet, ohne große Mühe gelöst oder wenigstens eingedämmt werden können. Aber die Schwierigkeit bestand gerade darin, daß sich die Probleme gleichzeitig aufdrängten und daß sich ihre Komponenten im Blitztempo veränderten: die Wissenschaft in ihrer Gesamtheit war in Bewegung geraten. Auf allen Sachgebieten schien die Forschung unaufhaltsam voranzuschreiten. Indes wirkten diese Fortschritte, so mächtig sie den menschlichen Geist anspornen mochten, desorientierend. In dem Maße, wie sich der Wissenschaftler spezialisierte, mußte er der Isolierung anheimfallen. Die große Masse der Menschen, deren Vorstellungen vom Universum sich verschieben, die einiges von den Entdeckungen der Mikrophysik zu hören bekommt und vor neuen Einblicken in die interplanetarischen Räume steht, vermag nur zu erfassen, daß sich vor ihr ungeheuer Komplexes auftut. Sie fühlt den Boden unter den Füßen schwinden, glaubt sich in ein Abenteuer hineingerissen, dessen Ausgang nicht abzusehen ist. »Die Zukunft hat schon begonnen«: für die Tricks der *science fiction* ausgeschlachtet, ist die Formel so sehr zum Klischee geworden, daß sie nichts mehr sagt.

Man lebte in der Gegenwart, aber das Gepräge dieser Gegenwart stammte doch großenteils aus der Vergangenheit, von der sich der Europäer nur schwer losreißen konnte. Man mochte zwar erklären, daß diese oder jene Ideologien überholt seien; aber man hörte deswegen nicht auf, ihnen zu huldigen. Man mochte nachdrücklich auf die Notwendigkeit einer Neueinschätzung und Neugruppierung der Parteien hinweisen, mit einer gewissen Regelmäßigkeit das Ineinanderfließen sozialistischer und liberaler Richtungen feststellen und die Bedeutung der Veränderungen in der Wirtschaftsgestaltung und der Gesellschaftsstruktur hervorheben; aber Gewohnheiten und Vorurteile blieben stärker als all das. Das Verlangen nach einem Wandel wurde wie immer vom Gewicht der Alltagserfordernisse und von überstarken Bindungen an die Institutionen des Bestehenden gezügelt. Daraus erwuchs ein Zwiespalt, der zusätzliche Spannungen in sich barg.

Europas Besorgnisse hatten eine weitere Ursache im zunehmenden Druck der anderen Kontinente. Obwohl man den Sowjetstatistiken mit einiger Skepsis gegenüberstand und Chruschtschows Prophezeiungen über die Hebung der Lebenshaltung in der Sowjetunion, die schon sehr bald die unausweichliche Überlegenheit des kommunistischen Regimes offenbaren sollte, nicht unbedingt für bare Münze nahm, war man sich der beträchtlichen Fortschritte der Sowjetwirtschaft und der enormen Macht ihrer Leiter durchaus bewußt. Wie hätte man sich auch dem Eindruck der großen Leistungen der Sowjetwissenschaft oder der Reichweite der in ganz Asien entfalteten wirtschaftlichen und politischen Offensive entziehen können? Wer die Entwicklung der Weltlage seit 1950 verfolgt hatte, konnte nicht umhin, ein Nachlassen des Einflusses des Westens und ein Anwachsen des Einflusses der Sowjetunion festzustellen. Seit die Sowjetdiplomatie mit Hilfe der Fehler Großbritanniens und

Frankreichs das Schloß, das den mittleren Osten abriegelte, aufgebrochen hatte, weitete sich das von der Sowjetpolitik betriebene Einkreisungsmanöver ständig aus und begann ganz Afrika zu umfassen. Und im Rücken der Sowjetunion organisierte sich das kommunistische China. Alle Nachrichten aus diesem Riesenland betonten die mit der Mobilisierung der Massen erzielten Ergebnisse. Sechshundert Millionen Chinesen waren in eine enorme industrielle Revolution hineingezogen worden; selbst wenn sie die ihr gesteckten Ziele in der vorgeschriebenen Frist nicht in allen Details erreichen sollte, würde sie in einer mehr oder minder fernen Zukunft das Kräfteverhältnis zwischen den Kontinenten umwälzen.

Wie sollte Europa diesen kolossalen Ansturm eindämmen? Immer klarer trat zutage, daß die Gefahr nicht ausschließlich militärisch, sondern auch wirtschaftlich und politisch ist und daß, nachdem China verloren war, alles dazu getan werden mußte, Südasien und Afrika vor der Einbeziehung in den kommunistischen Bereich zu bewahren. Im Laufe der Jahre hatten die westlichen Regierungen und die NATO-Länder immer stärker die Notwendigkeit hervorgehoben, die Hilfeleistung für die unterentwickelten Länder auszubauen, damit weiteres Unheil gebannt werden könnte. Aber das Ausmaß der zu bewältigenden Aufgabe flößte Schrecken ein. Fachleute hatten ausgerechnet, daß zur bloßen Verdoppelung des Pro-Kopf-Einkommens in allen unterentwickelten Ländern in einem Zeitraum von 35 Jahren bei einem jährlich zweiprozentigen Zuwachs Investitionen benötigt werden würden, die je nach dem Bevölkerungswachstum im ersten Jahr 38,5 bis 60,3 Milliarden Dollar, im letzten Jahr 211,1 bis 296,9 Milliarden betragen müßten. Was konnte da getan werden? Wie sollten beispielsweise trotz allen Aufrufen de Gaulles die Franzosen angesichts solcher Lasten nicht zögern, nachdem ihnen der Verfasser einer Studie »Von Malthus bis Mao« auseinandergesetzt hatte, daß Frankreichs öffentlicher und privater Ausgabenbedarf jährlich um mindestens 6 Prozent anwachse, selbst ohne zusätzliche Belastung durch die Vermehrung der nichterwerbstätigen Bevölkerung?

Die Konfusion unter den Europäern und die Leidenschaftlichkeit der Aufrufe zur Einheit, die als einziger Rettungsanker erscheint, sind unter solchen Umständen leicht zu verstehen. Im Bericht des von der Konferenz von Messina eingesetzten Regierungsausschusses kann man lesen:

> Es gibt in Frankreich nicht ein einziges Kraftwagenwerk, das groß genug wäre, die mächtigsten amerikanischen Maschinen wirtschaftlich sinnvoll zu benutzen. Kein Land des Kontinents ist ohne Hilfe von außen imstande, große Transportflugzeuge zu bauen. Keins unserer Länder kann die gewaltigen Anstrengungen an Forschungsarbeit und Beschaffung von Anlagekapital aufbringen, mit denen die vom Atomzeitalter verheißene technische Revolution anfangen muß. Ihrerseits würde die durch diese neue Energiequelle und ihre neue Verwertungstechnik ermöglichte Produktionsentfaltung auf die viel zu engen Grenzen der getrennten europäischen Märkte stoßen. In wenigen Jahren wird die Atomrevolution die archaische Gestalt unserer Wirtschaftsstrukturen in die Luft sprengen.

Illustrationen zu vielen solchen Erklärungen, Reden und Berichten waren schon im voraus geliefert worden: dazu gehörten die Frevel der Kräfteverzettelung und die gefährliche Abwanderung von Wissenschaftlern und Technikern, die nach Amerika gingen, weil sie in Europa keine ordentlich eingerichteten Laboratorien oder keine Fabriken fanden, die sie hätten verwenden können. Solche Dinge unterstrichen nur das Unvermögen der europäischen Länder, ihre Grundprobleme im nationalen Rahmen zu lösen. Dagegen müßte ein geeintes Europa in der Lage sein, seine wissenschaftliche Elite und seine qualifizierten Arbeiter, die leistungsfähiger sind als die Arbeitskräfte der Konkurrenz, mit maximalem Erfolg zu beschäftigen und dank seinem Industriepotential seine Position zwischen den beiden Kolossen Sowjetunion und Amerika zu behaupten.

Der Glaube der europäischen Einigungsfreunde an den Wiederaufstieg, der Europa neue Möglichkeiten erschließen müßte, seine Zivilisation in der ganzen Welt erstrahlen zu lassen, wurde allerdings nicht überall geteilt. Konnte man ohne die Vereinigten Staaten auskommen? Man hatte es unmittelbar nach dem Krieg gehofft, als man die Richtung der europäischen Integration wählte und der Meinung war, man werde eines Tages einen dritten Weg zwischen Kapitalismus und Kommunismus ausfindig machen können. Aber 1959 war man nicht mehr so sicher, daß man es schaffen könnte. Selbst wer die ständige Führung der NATO-Truppen durch einen von seiner Regierung bestellten amerikanischen Oberbefehlshaber am schlechtesten vertrug, mußte zugeben, daß auf Bitten der Europäer gerade die Amerikaner seit Jahren schon den Schutz des Kontinents gewährleistet hatten und daß ihr Abzug ein nicht mehr zu füllendes Vakuum hinterlassen würde. Und auch die fanatischsten Europäer erkannten die Rolle der amerikanischen Wirtschaftshilfe beim Wiederaufbau Europas ebenso an wie die Bedeutung der moralischen Unterstützung, die der innereuropäischen Zusammenarbeit damit zuteil geworden war, und die potentielle Möglichkeit einer atlantischen Gemeinschaftsarbeit. Nicht zufällig hatte das Europa-College 1957 die Initiative zu einer atlantischen Konferenz ergriffen, deren Teilnehmer sich um die Herausarbeitung der Voraussetzungen einer atlantischen Gemeinschaft bemühen sollten.

Aber auch die Amerikaner stellten sich eine ähnliche Frage: Sollte man sich damit begnügen, die Bemühungen der Europäer um wirtschaftliche und politische Integration zu ermutigen? Sollte man nicht auf die Stärkung der atlantischen Gemeinschaft hinwirken, die weder die Bildung einer europäischen Union noch den Zusammenschluß einer Gruppe europäischer Staaten auszuschließen brauchte? Man zögerte, sich festzulegen und die Risiken und Belastungen zu übernehmen, die die Umwandlung eines Bündnisses in eine Gemeinschaft unvermeidlich mit sich bringt. Aus diesem Zögern erklärte sich sogar das langsame Tempo, in dem die Ende 1956 gefaßten Beschlüsse über die nichtmilitärische Zusammenarbeit in die Praxis umgesetzt wurden. Die am Ausgang des Londoner Atlantischen Kongresses im Juni 1959 ausgegebenen Berichte wiederholten eigentlich nur frühere Empfehlungen, die nicht befolgt worden waren.

Freilich verfügten die Amerikaner über keine größere Aktionsfreiheit als die Europäer. Auch sie mußten auf Faktoren außerhalb der Atlantischen Welt, an die sie geographisch gebunden sind, Rücksicht nehmen. Nicht das Bewußtsein der Zugehörigkeit zu einer atlantischen Gemeinschaft hatte zu einer transatlantischen Zusammenfassung der Kräfte geführt, sondern die Umstände, die Gemeinsamkeit der Gefahr. Und diese Umstände – der Druck der Sowjetunion, hinter der sich das kommunistische China erhebt – könnten vielleicht nach 1960 die Nationen Europas und Amerikas dazu bringen, ihre Anstrengungen noch intensiver zusammenzufassen und das, was nur ein von den Widrigkeiten der Zeitläufte erzwungenes Bündnis war, in eine dauerhafte Verbindung zu verwandeln.

*Hubert Herring*

LATEINAMERIKA HEUTE

## Staatliches und gesellschaftliches Dasein

Der Sammelname Lateinamerika bezeichnet die riesigen Ländereien Nord- und Südamerikas, die sich über mehr als elftausend Kilometer von der Südgrenze der Vereinigten Staaten bis Kap Hoorn erstrecken, ein Gebiet, das doppelt so groß ist wie der europäische Kontinent. Freilich ist diese Bezeichnung, die in der Kolonisatorenrolle Spaniens, Portugals und – in viel geringerem Maße – Frankreichs ihre Rechtfertigung findet, nicht unumstritten. Spanien würde, da ja schließlich die Pyrenäenhalbinsel seit den Tagen der Römer Hispania gerufen wird, »Hispano-Amerika« vorziehen oder auch »Ibero-Amerika« gelten lassen. Wer für die Sache der indianischen Völker der Neuen Welt eintritt, würde lieber von »Indo-Amerika« sprechen, womit die Erinnerung an Spanier und Portugiesen ausgelöscht wäre. Vergessen werden allemal die Afrikaner. Und dann mag Lateinamerika noch gerade so gut sein.

### Die Staaten

Die Fläche Lateinamerikas von nahezu zwanzig Millionen Quadratkilometer verteilt sich auf zwanzig selbständige, souveräne Republiken. Jede von ihnen ist robust nationalistisch, jede hat eine eigene Verfassung mit gesetzgebenden, rechtsprechenden und vollziehenden Gewalten. In ihrem Umfang sind diese Republiken recht unterschiedlich: das dichtbesiedelte Salvador ist halb so groß wie die Schweiz, das menschenleere Brasilien fast so groß wie ganz Europa. Die äußeren Merkmale der zwanzig Staaten stellt die Tabelle auf der nächsten Seite dar. Nicht als Bestandteile Lateinamerikas gelten die innerhalb seiner Gebietsgrenzen gelegenen Kolonien Großbritanniens, Hollands, Frankreichs und der Vereinigten Staaten.

### Das Land

Unter den Gegebenheiten der physischen Geographie, die die Entwicklung Lateinamerikas bestimmt haben, ist am wichtigsten die Tatsache, daß drei Viertel der Gesamtfläche zwischen den Wendekreisen des Krebses und des Steinbocks liegen. Das ist eine tropische Welt: Amazonien (zwei Fünftel Südamerikas) ist eine unwegsame Wildnis, wo immergrüner Regenwald und Dschungel einander ablösen; ähnlich sind zum großen Teil die Inseln und Küsten des Karibischen Meeres. Diese Tropenwelt bewohnbar und fruchtbar zu machen, würde vom Kultur- und Hygienetechniker viel Scharfsinn und Erfindergeist verlangen.

Was die Tropen an Nachteilen mit sich bringen, mildern die Berge: Gebirgstäler und Hochlandgebiete bieten Zuflucht vor der Hitze. Drei große Gebirgszüge gestalten die

| Land | Fläche in qkm | Bevölkerung 1958 (Schätzung in 1000) | Hauptstadt |
|---|---|---|---|
| Argentinien | 2 777 668 | 20 438 | Buenos Aires |
| Bolivien | 1 098 286 | 3 311 | La Paz |
| Brasilien | 8 511 665 | 63 466 | Rio de Janeiro |
| Chile | 741 568 | 7 276 | Santiago |
| Costa Rica | 50 885 | 1 100 | San José |
| Dominikanische Republik | 48 720 | 2 791 | Ciudad Trujillo |
| Ecuador | 270 599 | 4 007 | Quito |
| Guatemala | 108 859 | 3 546 | Guatemala |
| Haiti | 27 741 | 3 424 | Port au Prince |
| Honduras | 112 058 | 1 822 | Tegucigalpa |
| Kolumbien | 1 137 250 | 13 522 | Bogotá |
| Kuba | 114 493 | 6 466 | Habana |
| Mexico | 1 968 742 | 32 348 | Mexico |
| Nicaragua | 147 960 | 1 378 | Managua |
| Panamá | 74 449 | 995 | Panamá |
| Paraguay | 406 642 | 1 677 | Asunción |
| Peru | 1 248 767 | 10 213 | Lima |
| El Salvador | 19 995 | 2 434 | San Salvador |
| Uruguay | 186 880 | 2 679 | Montevideo |
| Venezuela | 911 805 | 6 413 | Caracas |
| Insgesamt | 19 965 032 | 189 306 | |

Daseinsbedingungen von vielen Millionen Menschen. Die hochragenden Gebirgsketten der Anden ziehen sich von der Magalhãesstraße bis nach Kolumbien und Venezuela; so kann ein erheblicher Teil der Bevölkerung Boliviens, Perus, Ecuadors, Kolumbiens und Venezuelas im gemäßigten oder kalten Hochlandklima leben und arbeiten. Die Hochebenen des brasilianischen Hochlands, die vor vielen Zeitaltern mit den Sierras Argentiniens und dem Bergland Guayanas verbunden waren, ermöglichen es den Brasilianern, größere wirtschaftliche Aktivität zu entfalten. Ähnliches gilt von den Gebirgen Mittelamerikas und Mexicos: am lebenstüchtigsten sind hier die Völkerschaften, die das Tafelland tausend und mehr Meter über dem Meeresspiegel bewohnen.

Einen beträchtlichen Einfluß auf Geschichte und Wirtschaft Lateinamerikas haben seine Flüsse ausgeübt. Der größte – auch der größte aller Flüsse der Welt – ist der Amazonenstrom, der eine Fläche von rund sieben Millionen Quadratkilometer in Brasilien, Guayana, Venezuela, Kolumbien, Ecuador, Peru und Bolivien bewässert. Unbedeutend ist freilich noch die Schiffahrt im Stromsystem des Amazonas: Ozeandampfer dringen bis Manáos vor, sechzehnhundert Kilometer von der Atlantikküste; kleinere Schiffe gelangen noch

Tropische Landschaft am Oberlauf des Rio Huallaga, eines Quellstromes des Amazonas in Peru

Tanks im Erdölgebiet von Talara im Norden Perus

sechzehnhundert Kilometer weiter, bis zum peruanischen Flußhafen Iquitos. Aber erst der weitere Ausbau Boliviens und der östlichen Regionen Perus wird einst das Schiffahrtssystem des Amazonas zu einem lebenswichtigen Wasserstraßennetz gestalten können.

In der Größenordnung steht an zweiter Stelle das wirtschaftlich weitaus bedeutendere Paraná-Uruguay-Stromnetz, das sich in den Mündungsbusen Rio de la Plata ergießt. Es bewässert an die vier Millionen Quadratkilometer in Nordargentinien, Paraguay, Südbrasilien und Uruguay, ein Gebiet, in dem über zwanzig Millionen Menschen leben. Ozeandampfer (sieben Meter Tiefgang) gelangen etwa fünfhundert Kilometer stromaufwärts – bis Rosario, Paraná und Santa Fé. Ein regelmäßiger Schiffsverkehr mit kleineren Fahrzeugen erreicht Paraguays Hauptstadt Asunción.

Der drittgrößte Strom ist der Orinoco, dessen Quellflüsse im südwestlichen Kolumbien und im südlichen Venezuela entspringen und der ins Karibische Meer mündet. Oberhalb von Ciudad Bolívar, also nicht viel mehr als dreihundert Kilometer vom Delta, ist der Orinoco heute kaum noch schiffbar; mit der nötigen Stromregulierung und Entschlammung wird er eines Tages das kaum noch besiedelte Innere Venezuelas und Kolumbiens versorgen können.

Unter den übrigen wichtigen Wasserwegen beanspruchen besondere Bedeutung der São Francisco, dessen Stromgebiet – mit großen Schiffahrts- und Wasserkraftverheißungen – die östlichen Plateaus Brasiliens umfaßt, und das Magdalena-Cauca-System, das Kolumbiens Binnenland mit dem Karibischen Meer verbindet.

Die Flüsse Mexicos und Mittelamerikas sind periodische Ströme, die anschwellen und versiegen; sie werden erst schrittweise für den Betrieb von Wasserkraftwerken und zu Bewässerungszwecken nutzbar gemacht. Der bescheidene San Juan (für kleine Dampfer schiffbar), der die Grenze zwischen Nicaragua und Costa Rica bildet, könnte später einmal einem zweiten Durchstich der Landenge Platz machen.

Die Westküste Südamerikas ist mit Flüssen wenig bedacht. In begrenztem Umfang dient der Guayas der Binnenschiffahrt in Ecuador. Dreitausend Kilometer Wüste in Peru und Chile werden von Flüssen berührt, die Zucker- und Baumwolloasen am Leben erhalten. Nicht schiffbar sind die reißenden Ströme Südchiles; sie könnten, falls diese Waldregion einmal in Kultur genommen werden sollte, hydroelektrische Kraft liefern.

## Die Völker

Die Gesamtzahl der Lateinamerikaner wird für 1958 auf 189 Millionen geschätzt. Dem ließen sich vergleichsweise 418 Millionen Europäer (ohne die Sowjetunion), 175 Millionen Amerikaner (USA) und 230 Millionen Afrikaner gegenüberstellen. Die Lateinamerikaner verfügen über rund 13,5 Prozent der Erdoberfläche und machen etwa 6,6 Prozent der Bevölkerung der Erde aus. Verglichen mit anderen Regionen der Welt, ist Südamerika dünn besiedelt: in Brasilien entfallen auf einen Quadratkilometer 7,5 Einwohner, in Argentinien 7,4, in Chile 9,8, in Mexico 16,4, in El Salvador 121,7, in Haiti 123,4. Auch hier ist der Vergleich lehrreich: 22,7 Einwohner je Quadratkilometer in den Vereinigten Staaten, 208 in Deutschland (Bundesrepublik), 81 in Frankreich, 165 in Italien. Es gibt noch viel unbesiedeltes Land in Lateinamerika; die größte Leere zeigt das Stromgebiet des Amazonas, zwei Fünftel der Gesamtfläche Südamerikas: hier leben kaum mehr Menschen als in West-Berlin.

Wer sind die Lateinamerikaner? Sie lassen sich am einfachsten in der Reihenfolge ihres Auftretens aufzählen. Zuerst waren die Indianer da; sie allein waren im Land, als gegen Ende des 15. Jahrhunderts die ersten Spanier ankamen. Da gab es die Stämme, denen die großen Ländereien zwischen Südbrasilien und der Magalhãesstraße als Jagdgründe und Stätten der Fruchtlese dienten. Da gab es die zahlreichen Stämme des tropischen Dschungels im Amazonenstromland. Da gab es die Aruak, die Kariben und die anderen Stämme der karibischen Welt. Da gab es die verschiedenen Zivilisationen der Kordillerenzone; die Chibcha dort, wo heute Kolumbien liegt; viele Hunderte von Stämmen und Stammesverbänden, die die Inkas zu einem Großreich von Quito südwärts bis Nordchile und Argentinien (in gerader Strecke fast fünftausend Kilometer) zusammengeschmiedet hatten. Da gab es die Maya, die Azteken und die anderen Völker Mexicos und Guatemalas. An dem Tag, an dem Kolumbus amerikanischen Boden betrat, mögen diese ersten »Lateinamerikaner« fünfzehn bis zwanzig Millionen gezählt haben (oder sogar, wie manche Gelehrten meinen, noch viel mehr). Heute dürfte es fünfzehn oder zwanzig Millionen lateinamerikanische Menschen geben, die ethnisch und kulturell als Indianer zu klassifizieren wären.

Dann zogen die Europäer in diese neue Welt ein: einige Hundert in den letzten Jahren des 15. Jahrhunderts, wenige Zehntausende – genaue Zahlen gibt es nicht – im 16., 17. und 18. Jahrhundert. Die Spanier siedelten sich in der karibischen Welt, in Mexico, auf der Landenge von Panamá, in Kolumbien, Venezuela, Ecuador, Peru, Bolivien und Chile an, und einige wenige gelangten bis zu den Landstrichen, die heute zu Argentinien, Paraguay und Uruguay gehören. Die Portugiesen ließen sich an der brasilianischen Küste nieder. Franzosen, Holländer, Briten wanderten an der Ostküste Südamerikas und in karibischen Gefilden auf- und abwärts, errichteten Handelspunkte, besetzten zeitweise den einen oder anderen kleineren Bezirk. Gegen Anfang des 18. Jahrhunderts setzten sich einige Tausend Franzosen in dem Land fest, das heute Haiti heißt.

Unterdes hatte von den ersten Tagen des 16. Jahrhunderts an eine andere Welle ins Land zu strömen begonnen: Neger aus Afrika. In Ketten verschleppt, wurden sie am Karibischen Meer und in Brasilien zur Arbeit auf den Zuckerfeldern getrieben. Wieviel Sklaven insgesamt nach Amerika geschafft wurden, ist nicht mehr zu ermitteln. Vielleicht stimmt es, daß es am Anfang des 19. Jahrhunderts, wie Alexander von Humboldt vermutete, in ganz Amerika – Nord- und Südamerika – 6443000 Neger gab. Besser fundiert sind andere Schätzungen auch nicht.

Während der drei kolonialen Jahrhunderte haben sich Indianer, Weiße und Neger vermischt; sie haben es auch danach getan; sie tun's bis auf den heutigen Tag. Zum größten Teil wurde Lateinamerika von Mestizen und Mulatten zum besiedelten Land gemacht. Nur Haiti ist überwiegend afrikanisch. Nur Argentinien, Uruguay und Costa Rica sind überwiegend weiß. Nur Guatemala, Ecuador, Peru und Bolivien sind überwiegend indianisch.

Dies ganze Völkergemisch wurde sodann im 19. Jahrhundert, vor allem ab etwa 1850, von neuen Einwanderermassen aus Europa überlagert. Italiener und Spanier zogen nach Argentinien, Uruguay und Chile, in geringerem Maße auch in die anderen Länder Lateinamerikas. Deutsche kamen zuhauf nach Brasilien (wo heute – hauptsächlich im Süden – etwa eine Million Deutsche erster, zweiter und dritter Generation leben), ins La-Plata-Gebiet, nach Chile, in kleineren Scharen in die übrigen Republiken. Weniger zahlreich waren die einwandernden Engländer, aber sie sind fast überall einflußreich geworden, ganz besonders in Argentinien und Chile. Es kamen Franzosen, nicht viele; es kamen Menschen aus den Balkanländern; es kamen vereinzelt Skandinavier. Andere wieder strömten aus Asien ein. Einwanderer aus Ostindien siedelten sich in Panamá und auf den Antillen an. Nach 1860 wurden Chinesen als Tagelöhner nach Peru gebracht. Dann rückten Japaner nach, eine halbe Million; sie zogen zumeist nach Peru und Brasilien.

*Staatenbildung und politische Entwicklung*

Die gegenwärtige Lage der Völker und Staaten Lateinamerikas kann man nur verstehen, wenn man sich mit den Kämpfen vertraut macht, die sie durchgemacht haben, seit die letzte spanische Garnison 1826 aus Peru vertrieben wurde. Zehn unabhängige Staaten hatten bis dahin Gestalt gewonnen. Das kleine Haiti hatte sich 1803 von Frankreich gelöst. Brasilien zerschnitt 1822 auf recht schmerzlose Weise die Bande mit Portugal. Acht Staaten waren aus dem spanischen Amerika-Imperium hervorgegangen: Mexico, die Vereinigten Provinzen Mittelamerikas, Groß-Kolumbien, Peru, Bolivien, Chile, die Vereinigten Provinzen des Río de la Plata und Paraguay. Groß-Kolumbien, dem die große Liebe seines Schöpfers Simón Bolívar galt, zerfiel 1830 in drei selbständige Gebilde: Venezuela, Kolumbien und Ecuador. Die Vereinigten Provinzen des Río de la Plata waren im Grunde gar nicht vereinigt: jede von ihnen – Argentinien, Paraguay, Brasilien und Uruguay – schlug ihren eigenen Weg ein. Nach einem dreijährigen Krieg zwischen Argentinien und Brasilien gewann Uruguay, auf das Brasilien reflektierte, 1828 wenigstens nominell seine Unabhängigkeit, wurde aber auch weiterhin sowohl von Argentinien als auch von Brasilien bedrängt. Die Vereinigten Provinzen Mittelamerikas brachen 1838 auseinander: es entstanden die unabhängigen Staaten Guatemala, Honduras, El Salvador, Nicaragua und Costa Rica. Zwei Jahrzehnte lang von Haiti besetzt, wurde 1844 die Dominikanische Republik selbständig. Erst sehr viel später nahmen zwei weitere Staaten ihren Platz unter den freien Nationen Lateinamerikas ein: 1898 Kuba, 1903 Panamá; in beiden Fällen ging die Unabhängigkeit auf die Intervention der Vereinigten Staaten zurück. Ab 1903 waren die zwanzig lateinamerikanischen Republiken vollzählig. Betrachtet man diese zwanzigfache Staatenbildung und die Entwicklung jedes einzelnen der zwanzig Länder bis zur Mitte des 20. Jahrhunderts, so muß man einige hervorstechende Faktoren im Auge behalten:

1. Auf Schritt und Tritt gewahrt man die Spuren Spaniens, noch recht frisch in allen achtzehn Spanisch sprechenden Staaten, und die Spuren Portugals in Brasilien. Die überlieferte Tradition war royalistisch: da hatten Könige, durch ihre Vizekönige vertreten, geherrscht und wenig Diskussion geduldet. Die Tradition war aber auch katholisch: die

Herrschaft der Kirche reichte sehr weit. Spanien und Portugal gaben den amerikanischen Untertanen ihre Sprache und erlegten ihnen ihr kulturelles Erbe, ihr Religionsbekenntnis und ihre Regierungsgebräuche auf. Gewiß hat die Neue Welt mit der Alten gebrochen, aber der Bruch war langsam, oft widerwillig vonstatten gegangen; in vielen Fällen ist das Leben der Neuen Welt ein blasser Abklatsch der Alten geblieben.

2. An die Gründung ihrer Staaten gingen die Lateinamerikaner ohne jede eigene Selbstverwaltungserfahrung. Sie hatten drei Jahrhunderte absolutistischer Herrschaft hinter sich; Könige, die von ihrem Gottesgnadentum überzeugt waren, hatten durch Vizekönige ihre Herrschaft ausgeübt; den Vizekönigen unterstanden die königlichen *audiencias*, die königlichen Präsidenten und die königlichen Generalkapitäne, die – jeder in seinem Bereich – den Willen des Königs verkörperten. Nur in einem einzigen Verwaltungssektor – den kommunalen Körperschaften – gab es in begrenztem Umfang eine Mitbeteiligung der Untertanen an der Regierungsverantwortung. Eine Schulung im Selbstregieren, wie sie die britischen Kolonien in Nordamerika kennzeichnete, hat es weder in Spanisch- noch in Portugiesisch-Amerika jemals gegeben. Überdies hatten die Lateinamerikaner, als sie sich mit der Schaffung neuer Staatsgebilde befaßten, keine Führer, die das Finanzwesen, die Organisation der Rechtsprechung, das parlamentarische Getriebe und das Funktionieren der sonstigen Staatsorgane praktisch erlernt hätten. Die sachkundigen Männer der Kolonien waren aristokratische Grundbesitzer, Bürokraten aus den vizeköniglichen Ämtern und hohe geistliche Würdenträger. Die Sorge um das Schicksal der notleidenden Massen lag diesen Kreisen meist ziemlich fern; gewöhnlich waren sie Royalisten und an der Schaffung freier, sozialgesinnter republikanischer Staaten wenig interessiert.

Das bejammernswerte Durcheinander der ersten republikanischen Regierungen solcher feudalen Länder wie Peru und Mexico bezeugte den Mangel an sachverständiger Führung. Und das gegenwärtige Durcheinander in der staatlichen Organisation solcher Länder wie Paraguay, Haiti und Kuba deutet darauf hin, daß die zur Führung geeigneten Menschen, die imstande wären, die aus dem Leim gehenden Staatsgebilde wieder zusammenzusetzen und in Ordnung zu bringen, immer noch fehlen. Die großen Befreier Lateinamerikas, Simón Bolívar und José de San Martín, hatten beide mit dem Gedanken gespielt, arbeitslose europäische Fürsten zu importieren, um sie im Rahmen konstitutioneller Monarchien regieren zu lassen. Tatsächlich wurde dieser Weg auf Anraten des »Vaters der brasilianischen Unabhängigkeit«, José Bonifácio de Andrada e Silva, von Brasilien eingeschlagen, das sich denn auch unter Kaiser Pedro II. einer friedlicheren und sogar demokratischeren Entwicklung erfreuen durfte als die meisten seiner Nachbarn.

3. Einer demokratischen Entwicklung wenig zuträglich war die für Lateinamerika typische Klassenstruktur. Die Spitze der gesellschaftlichen Pyramide bildete in allen Ländern eine schmale soziale und wirtschaftliche Eliteschicht, die die größte Macht und fast den gesamten Grund und Boden in ihren Händen hielt. Besonders schwer lastete auf Mexico, Peru, Chile und Brasilien der Fluch der Latifundien, derselbe Fluch, der einer freiheitlichen Entwicklung in Spanien und Portugal im Wege gestanden hatte. Die Volksmassen waren nicht viel mehr als Leibeigene, mit dem von ihnen beackerten Land erworben und veräußert. Die große Masse war ohne Schulbildung: Menschen, die keine

Rechnung aufstellen und keine Zeitungen oder Bücher lesen konnten. Sie wurden miserabel bezahlt, lebten in zerfallenden Hütten, trugen Fetzen am Leibe und hatten selten genug zu essen. Zwischen der Oberschicht der *gente decente*, der »anständigen Menschen«, und diesen *rotos*, den »Zerbrochenen«, wie es in Chile heißt, gab es so gut wie keine Mittelschicht. Den Lateinamerikanern fehlte die treibende Kraft der begüterten Handelsleute, der Unternehmer, der Angehörigen freier Berufe, welche die demokratischen Einrichtungen in Westeuropa und in den Vereinigten Staaten geschaffen hatten.

4. In einigen der Republiken wurde in die politische Auseinandersetzung von Anfang an der erbitterte Streit zwischen fanatischen Anhängern eines zentralisierten Staatsaufbaus und eines losen Föderalismus hineingetragen. Daß sich Menschen für staatlichen Zentralismus begeisterten, war eine Hinterlassenschaft der Monarchie. Da die Könige von Spanien durch den Vizekönig in Mexico souverän regiert hatten, sollte auch ein Präsident, der die Stelle des Vizekönigs einnahm, über dieselbe absolute Macht verfügen. Auf der anderen Seite gab es ehrliche und naive Führer, die die mexicanische Staatsgewalt gern auf Guadalajara, Puebla, Oaxaca und Yucatan aufgeteilt hätten. Viele Köpfe wurden in Mexico in diesem Ringen um die Machtverteilung im Staat eingeschlagen. Nicht minder scharf war der Konflikt in Argentinien. Von den ersten Unabhängigkeitstagen an sah sich Buenos Aires dem unversöhnlichen Machtneid der übrigen Provinzen gegenüber; fast durch das ganze 19. Jahrhundert hindurch rief der Kampf zwischen Föderalismus und Zentralismus schwere Zusammenstöße hervor. Aber auch die weitverstreuten Gliedstaaten Brasiliens befehdeten einander unablässig; es gab sporadische Versuche verschiedener Staaten, aus dem Staatsverband auszuscheiden; und ständig war die Zentralregierung in Rio de Janeiro von Mißtrauen gegenüber den Provinzen erfüllt. Bis zum Ende des Jahrhunderts hatte die Monarchie die Schärfe des Konflikts gemildert; in neuerer Zeit haben einige Staaten – vor allem São Paulo, Rio Grande do Sul und Minas Gerais – dank ihrer überragenden Wirtschaftsmacht die anderen beherrschen können, wobei sich allerdings die Mächtigen untereinander streiten; gelegentlich hat São Paulo so getan, als wollte es sich selbständig machen. Lange Zeit hat dieselbe Auseinandersetzung Kolumbien in Atem gehalten; die starke geographische Unterschiedlichkeit der einzelnen Landesteile förderte ausgeprägten Regionalismus; seit das Land selbständig geworden ist, vergeht selten längere Zeit ohne heftige Kämpfe zwischen denen, die die Staatsgewalt in Bogotá zentralisieren, und denen, die die Machtbefugnisse der einzelnen Provinzen erweitern möchten. In Chile bestand im 19. Jahrhundert wenig Neigung, die Macht Santiagos und der Zentralebene anzufechten; neuerdings wird die Vormachtstellung der Grundbesitzeraristokratie der Zentralebene von den Bergbaugemeinden des Nordens und den selbstbewußten Farmern des Südens energisch attackiert. Immer wieder stört die Rivalität zwischen Quito und Guayaquil die Ruhe des kleinen Ecuador. In anderen Ländern hat der Zentralismusstreit wenige Konflikte verursacht: in Peru könnte kaum ein Rivale der Hauptstadt Lima die Führung streitig machen; die übrigen Republiken sind von solchen Spannungen größtenteils verschont geblieben.

5. Fast alle zwanzig Republiken leiden seit den frühesten Zeiten unter zähen Kämpfen zwischen denen, die sich »Konservative« nennen, und denen, die sich für »Liberale« halten. Scharf schieden sich die Fronten; die Schlachten sind meistens stürmisch und oft

blutig verlaufen. Um die Konservativen scharten sich die Großgrundbesitzer, Kirchenfürsten, fest im Sattel sitzende militärische Chefs. Die Liberalen waren in der Frühzeit der Unabhängigkeit Männer, die einiges vom ansteckenden Geist Montesquieus, Rousseaus, Voltaires, Raynals, d'Alemberts mitbekommen hatten; sie hatten gelernt, die königlichen Gewalten zu verhöhnen und über die Kirche ihren Spott auszugießen. Die Kirche war denn auch zumeist, seit die Unabhängigkeit errungen war, das eigentliche Streitobjekt. Am schärfsten unterschieden sich die Liberalen durch ihren Antiklerikalismus von den der Kirche eher wohlgesinnten Konservativen. Der Zusammenprall war am heftigsten in Mexico, mit hitzigen, leidenschaftlichen Kämpfen in den dreißiger und fünfziger Jahren des 19. Jahrhunderts und in der bewegten Zeit, die auf die Revolution von 1910 folgte. Im Mittelpunkt stürmischer Auseinandersetzungen stand die Kirchenfrage auch in Kolumbien und Chile. Andernorts waren die Angriffe auf die Geistlichkeit weniger massiv; in allen Ländern gab es aber ständige, anhaltende Bestrebungen, die Sondervorrechte der Kirche zu beschneiden, die der Geistlichkeit zugesicherten Sondergerichte abzuschaffen und der Kirchenaufsicht über Friedhöfe und Schulen ein Ende zu bereiten. Dagegen kümmerten sich die »liberal« firmierenden Bewegungen nur selten um den Mißbrauch wirtschaftlicher Macht – also etwa das Grundbesitzmonopol einer kleinen Gruppe – oder um die Weigerung der im Staat herrschenden Schichten, das Volk an der Machtausübung zu beteiligen. Bezeichnend ist, daß zum Beispiel die Liberale Partei Chiles, die im 19. Jahrhundert all ihre Energien auf den Kampf gegen die Kirche verwandt hatte, im 20. Jahrhundert schließlich zur Helfershelferin der Konservativen wurde, so daß sich beide Parteien auf dem extremen rechten Flügel zusammenfanden.

6. Das politische Chaos des 19. Jahrhunderts – und einiges andere dazu – spiegelt sich in der Verfassungsgeschichte der lateinamerikanischen Republiken wider. Mit jeder Umdrehung des Glücksrads der Politik wurde in den meisten Ländern von der neuen Machthabergruppe oder – oft genug – vom neuen Diktator eine neue Verfassung verkündet. Unzählige Male wurden Verfassungen abgeändert und die gerade geltenden Ansichten der jeweils herrschenden Gruppe über Föderalismus und Zentralismus, Klerikalismus und Antiklerikalismus oder – in neuerer Zeit – Arbeiterrechte und Unterstellung der Naturschätze unter staatliche Kontrolle zum Bestandteil des Verfassungswerkes gemacht. Ruhepausen in diesem Dauerlauf von Verfassung zu Verfassung gab es nur selten; immerhin blieb Argentiniens Verfassungsurkunde von 1853 fast hundert Jahre in Kraft, bis Perón sie 1949 in Stücke riß und eine eigene Verfassung an ihre Stelle setzte, und Chiles Verfassung von 1833 bewahrte ihre Gültigkeit bis 1925, als Alessandri sie durch eine neue ersetzte.

In den letzten Jahrzehnten hat sich die Tendenz bemerkbar gemacht, in die Verfassungsdokumente detaillierte gesetzgeberische Bestimmungen über eine Unzahl von Sonderproblemen aufzunehmen. Das krasseste Beispiel ist Mexicos Verfassung von 1917. Sie regelt mit vielen Einzelheiten im nationalistischen Sinne das ausschließliche Eigentum des Staates am gesamten Grund und Boden, seine alleinige Zuständigkeit in Fragen der Landzuteilung und seine uneingeschränkte Verfügungsgewalt über alle Bodenschätze. Sie enthält daneben einen ausführlichen Arbeitskodex mit Detailvorschriften, die den Achtstundentag garantieren, die Lohnfestsetzung regeln, gleichen Lohn für gleiche Leistung verfügen, die

Kinderarbeit verbieten und die Haftung der Arbeitgeber für Betriebsunfälle und Berufskrankheiten einführen. Schließlich erhebt sie zum Grundgesetz die damals vorherrschenden Ansichten über die Zerschlagung der Macht der Kirche, die Verstaatlichung aller Kirchenländereien und Gottesdiensthäuser und die Begrenzung der Zahl der Geistlichen und die Beschränkung ihrer Rechte. In den meisten Ländern haben die Verfassungen nur wenig bedeutet. Ihre Bestimmungen wurden mißachtet oder kurzerhand abgeändert, wenn es die jeweiligen Diktatoren danach gelüstete. Und sie wurden je nach Bedarf ohne nennenswerte Schwierigkeiten außer Kraft gesetzt.

7. Lateinamerikas Wirtschaft weist immer noch die Markierungen auf, die ihr zu der Zeit aufgetragen worden sind, da das Territorium eine spanische und portugiesische Kolonialdomäne war. Die beiden iberischen Mächte – Spanien noch unerbittlicher als Portugal – verlangten von ihren Kolonien die Belieferung des Mutterlandes mit Edelmetallen zuvörderst, daneben aber auch mit Nahrungsmitteln und Rohstoffen aller Art: Zucker, Pelzen, Häuten, Tabak, Kakao und vielen anderen Waren. Darüber hinaus suchten sie die Kolonien dazu zu zwingen, Fertigwaren nur aus dem Mutterland zu beziehen. Spaniens merkantilistische Politik war unbeugsam, und ihre Durchführung wurde strikt überwacht. Als Unterpfand diente ihr die Einrichtung von Monopolhäfen, über die der gesamte Güterverkehr abzuwickeln war. Das Ganze wurde von einer Flottenmacht geschützt, die Raubzüge der Engländer, Holländer und Franzosen abzuwehren hatte. Theoretisch mußte jedes Pfund peruanischer Baumwolle nach Sevilla gebracht, von dort zur Verarbeitung nach Flandern weitergeleitet und das Fertigprodukt von Flandern nach Sevilla und von da wieder nach Amerika befördert werden. In der Praxis konnte noch nicht einmal Spanien die lückenlose Einhaltung dieses Systems erzwingen, und nur in kleinerem Umfang gediehen einzelne einheimische Industrien in Mexico und Peru. Aber die Grundstruktur war vorgezeichnet, und es blieb auch später dabei, daß die Kolonien Rohstoffe und Lebensmittel ausführten und Industrieerzeugnisse einführten. Darin besteht auch heute noch das Grundgebrechen der lateinamerikanischen Wirtschaft. Erst in der allerneuesten Zeit beginnt der Aufstieg der Industrie diese Belastung zu verringern, namentlich in Mexico, Argentinien und Brasilien, in geringerem Maße auch in Chile, Kolumbien und Peru. Fast in allen übrigen Ländern hat gleichfalls der Aufbau einiger Industriezweige eingesetzt.

Besonders schwer hat die lateinamerikanische Wirtschaft daran zu tragen, daß einige Länder fast ausschließlich von der Ausfuhr eines oder zweier einheimischer Produkte leben. Von den Außenhandelserlösen für 1957/58 entfielen (in abgerundeten Zahlen):

in Kuba 81 Prozent auf Zucker,
in Haiti 72 Prozent auf Kaffee,
in der Dominikanischen Republik 74 Prozent auf Zucker und Kaffee,
in Kolumbien 77 Prozent auf Kaffee,
in Bolivien 55 Prozent auf Zinn,
in Chile 90 Prozent auf Erze und Mineralien,
in El Salvador 78 Prozent auf Kaffee,
in Guatemala 79 Prozent auf Kaffee,
in Honduras 61 Prozent auf Bananen,
in Brasilien 61 Prozent auf Kaffee,
in Venezuela 92 Prozent auf Erdöl.

Die Monokultur liefert das einzelne Land auf Gedeih und Verderb den Wechselfällen der Weltmarktkonjunktur aus. Die Preisschwankungen auf den Weltmärkten sind besonders gravierend bei Zucker und Kaffee: da es in der ganzen Welt viele neue Pflanzer gibt, ist Überproduktion die Regel. Es wird immer schwieriger, die Produzenten in Brasilien, Kuba und Mittelamerika vor schweren Rückschlägen zu schützen.

Andere Fesseln hemmen die Entwicklung der lateinamerikanischen Landwirtschaft. Die Mechanisierung der agrarischen Produktion ist dadurch hinausgezögert worden, daß genug billige Arbeitskräfte verfügbar waren; die Arbeitsmethoden sind allgemein rückständig (wenn auch selten ganz so rückständig wie im heutigen Spanien oder Portugal). Der größte Teil der lateinamerikanischen Landwirtschaft leidet nach wie vor unter der Aufrechterhaltung der Latifundien, die den besten Boden monopolisieren. Besonders drückend wird diese Agrarstruktur in Peru, Chile, Argentinien und Brasilien empfunden. Mexico, Bolivien und Kuba haben wagemutig radikale Maßnahmen zur Enteignung und Zerschlagung der Großgüter, die zugunsten der Kleinbauern aufgeteilt werden sollen, ergriffen. Was das Ergebnis auf lange Sicht sein wird, ist einstweilen noch schwer zu beurteilen.

Das Problem der ausländischen Unternehmungen bringt Störungen und Spannungen eigener Art mit sich. Die am heftigsten umstrittene Frage ist die von ausländischen Gesellschaften betriebene Ausbeutung der Erdölvorkommen: daß Mexico 1938 alle amerikanischen und britischen Ölfelder enteignet hat, gibt den Produzenten auch in anderen Ländern Anlaß zu Befürchtungen. Auslandsinteressen überwiegen noch in der Erdölgewinnung in Venezuela (rund fünfundachtzig Prozent der gesamten Ölproduktion Lateinamerikas), Kolumbien, Ecuador und Peru. Überall fordern die Einheimischen von den ausländischen Produzenten die Abführung höherer Gewinnanteile an die Länder, die ihnen die Ölförderung gestatten. Im Bergbau sind ausländische Unternehmer (hauptsächlich aus USA) die größten Produzenten in Mexico, Peru, Chile und Kolumbien. Allenthalben erschwert der wachsende Nationalismus die Position der Auslandsinteressen in zunehmendem Maße. Amerikanische Interessen beherrschen die Bananenwirtschaft in Mittelamerika, Kolumbien und Ecuador; der Streit um den Anteil am Gewinn reißt nicht ab.

Das Gesamtbild der lateinamerikanischen Wirtschaft zeigt Überfluß und Elend in grellem Kontrast. Der gewaltige Reichtum an landwirtschaftlich nutzbarem Land, riesigen Wäldern und unübersehbaren Bodenschätzen steht in schreiendem Gegensatz zur Not der breiten Massen. Das Jahreseinkommen pro Kopf der Bevölkerung gibt beredten Aufschluß: in Venezuela und Argentinien, den wohlhabendsten Ländern Lateinamerikas, liegt das Pro-Kopf-Einkommen beträchtlich unter dreißig Prozent des Pro-Kopf-Einkommens der Vereinigten Staaten; im ärmsten Lande, in Bolivien, erreicht es noch nicht drei Prozent des USA-Einkommens.

Zwei zahlenmäßige Vergleiche, die sich, soweit nicht anders vermerkt, auf das Kalenderjahr 1956 beziehen, mögen den Abstand veranschaulichen. Einmal die Elektrizitätserzeugung in Kilowattstunden pro Kopf der Bevölkerung: Durchschnitt für ganz Südamerika 257, Chile (1955) 606, Brasilien 258, Mexico 256, Honduras 45; im Unterschied dazu Vereinigte Staaten 4055, Großbritannien 1976, Bundesrepublik Deutschland 1605, Weltdurchschnitt 613. Zum andern die Versorgung der Bevölkerung mit Kraftfahrzeugen: in ganz Südamerika kommt ein Kraftfahrzeug auf 60 Einwohner, in Argentinien auf 32, in Chile auf 66, in Haiti auf 384; dagegen entfällt in den Vereinigten Staaten ein Kraftfahrzeug auf 2,5 Einwohner, in Großbritannien auf 10, in Westdeutschland auf 18, im Weltdurchschnitt auf etwa 28.

8. Überall besteht das Problem der Einmann-Diktatur. Die Anfänge der lateinamerikanischen Diktaturen datieren schon seit der Frühzeit der Unabhängigkeit: fast überall schoben sich damals Generale als Beherrscher ihrer Völker in den Vordergrund. Das Ergebnis war eine Prätorianerherrschaft, in der der gestiefelte und gespornte Diktator Verfassungen machte und Parlamente beherrschte. Die meisten Länder haben das durchgemacht: Venezuela unter José Antonio Páez (1830–1863); Ecuador unter Juan José Flores (1830–31, 1839, 1843–45); Peru unter verschiedenen Kriegshelden, die einander gegenseitig aus der Präsidentschaft vertrieben; Guatemala, wo Francisco Morazán und Rafael Carrera bis 1865 herrschten; Mexico, das von 1821 bis 1855 von Antonio López de Santa Anna geplagt und gepeinigt wurde; Argentinien, wo Juan Manuel de Rosas von 1829 bis 1852 seinen Willen zum Gesetz machte; das rückständige Paraguay, das Dr. José Gaspar Rodríguez de Francia von 1814 bis 1840 zum unumstrittenen Herrn und Meister hatte.

Überschaut man die gesamte Periode vom Anfang des 19. bis zur Mitte des 20. Jahrhunderts, so muß man feststellen, daß alle lateinamerikanischen Länder wenigstens einen Teil der Zeit Diktaturen von verschiedenen Despotiegraden erlitten und daß einige von ihnen fast die gesamte Zeit unter Diktaturen geschmachtet haben. Zu den unseligsten Fällen gehören die Diktaturen Mexicos, Guatemalas, Nicaraguas, Kubas, Haitis, der Dominikanischen Republik, Venezuelas, Ecuadors, Perus, Boliviens und Paraguays. Auf der etwas lichtvolleren Seite findet man Costa Rica, wo die Diktaturen nur selten und von kurzer Dauer waren; Chile, das seinen Diktatoren mit demokratischem Feuereifer Widerstand zu leisten wußte; Argentinien, das seit 1852 erhebliche Fortschritte auf dem Wege zu einem freien Staatswesen gemacht hat – trotz schweren Rückschlägen unter Juan Domingo Perón; Kolumbien, wo die wenigen Diktaturen, die es gab, auf erbitterte Feindschaft und kräftige Opposition stießen und die Konsolidierungserfolge einer friedlichen und demokratischen Regierungsweise zwischen 1910 und 1948 unverkennbar waren; Uruguay, das sich nach turbulenten Erfahrungen mit Diktaturen und Bürgerkriegen im letzten halben Jahrhundert gut herausgemacht hat; schließlich Brasilien, wo die Monarchie von 1841 bis 1889 für Ordnung mit gewichtigen demokratischen Sicherungen sorgte, wenn auch der Übergang zur Republik weniger erfreuliche Zeiten im 20. Jahrhundert zur Folge haben sollte.

Das Überwiegen der Diktaturregimes mag darin seine Erklärung finden, daß Armut und Unwissenheit die breiten Volksmassen schutzlos dem Demagogentum großer und kleiner Cäsaren preisgeben. Freilich versagt diese Erklärung im Fall Argentiniens: auch das besternährte und aufgeklärteste unter den Ländern Lateinamerikas erlitt als Opfer Peróns von 1944 bis 1955 das gleiche Schicksal. Etwas trostreicher stellt sich die Bilanz bei einem Rückblick 1960: im Verlauf von fünf Jahren sind Argentinien, Peru, Kolumbien, Venezuela und Kuba ihre Diktatoren losgeworden. Gegen Jahresende 1960 bleiben nur noch zwei Länder zu verzeichnen, in denen sich absolute Tyrannen an der Macht halten: die Dominikanische Republik und Paraguay.

Das Interesse wendet sich den Einzelschicksalen der Nationen in Politik und Wirtschaft zu. Obgleich das spanische Sprach- und Kulturerbe achtzehn Ländern gemeinsam ist, die auch alle am katholischen Glauben festhalten, gibt es unter ihnen keine zwei, die auch nur in groben Umrissen wesensgleich wären. Jedes hat seine eigene Individualität. Keinem seiner Nachbarländer gleicht das Portugiesisch sprechende Brasilien. Und Haiti, das Französisch spricht, ist wiederum ganz anders als alle anderen.

## Mexico

Seiner Fläche nach das drittgrößte Land Lateinamerikas, steht Mexico in bezug auf die Größe der Bevölkerung unter den zwanzig Republiken an zweiter Stelle. Von seinen 32,3 Millionen Einwohnern sind etwa 25 Prozent nach Abstammung und Kultur Indianer, 65 Prozent Mestizen und 10 Prozent Weiße. Heute gehört das Land, so stürmisch seine Entwicklung seit 1821 auch verlaufen ist, zu den politisch und wirtschaftlich stabilsten Staaten Lateinamerikas. Als demokratisch wird man es zwar schwerlich bezeichnen können, denn die offizielle Regierungspartei, Partido Revolucionario Institucional (PRI), die von einer kleinen Spitzengruppe von Politikern beherrscht wird, entscheidet unwiderruflich, wer sich mit Erfolg um öffentliche Ämter von der Präsidentschaft der Republik bis zur Bürgermeisterei der kleinsten Gemeinde bewerben darf; aber Mexicos Presse ist weitgehend frei, der politische Meinungsstreit wird in aller Öffentlichkeit unbehindert ausgetragen, und neuerdings mehren sich Bestrebungen, die auf eine Durchbrechung des Herrschaftsmonopols der PRI abzielen.

### Von der Unabhängigkeit zur Diktatur

Die geschichtliche Entwicklung, auf die Mexico von der Gegenwart aus zurückblickt, ist düster gewesen. Nach elf Jahren blutiger Revolutionskämpfe wurde die Unabhängigkeit 1821 von Augustín de Iturbide erfochten. Nach dem Sieg ließ sich Iturbide, ein nicht gerade sauberer Geselle, als Kaiser Augustín I. krönen, regierte zehn Monate ohne Erfolg, wurde gestürzt und des Landes verwiesen. Es folgten zweiunddreißig Jahre Chaos (1823–1855), in denen die Liberalen die Konservativen befehdeten, Texas von Mexico abfiel, der Krieg von 1846/48 zur Abtretung der Hälfte des Staatsgebietes an die Vereinigten Staaten führte und die ohnehin labile Wirtschaft des Landes immer mehr zerrüttet wurde. Das war die Ära des lächerlichen, grenzenlos korrupten Antonio López de Santa Anna, der wiederholt Gastrollen im Präsidentenamt gab, die fruchtbarsten Bemühungen zahlreicher ehrlicher Liberaler und Konservativer zunichte machte und schließlich 1853/55 seine unselige politische Karriere als Operettendiktator – »Seine Durchlauchtigste Hoheit« – eines verzweifelt um Lebensluft ringenden Volkes beendete.

Dann kam das *La Reforma* genannte donquichottenhafte liberale Zwischenspiel (1855 bis 1876) mit dem Vollblut-Zapoteken Benito Juárez als Bannerträger. Die Liberalen waren antiklerikale Reformer: sie beseitigten 1855 die meisten Sonderrechte *(fueros)* der Geistlichkeit und schafften die Kirchengerichte ab; sie beschlagnahmten 1859 den gesamten kirchlichen Grundbesitz (nahezu die Hälfte des landwirtschaftlich nutzbaren Bodens Mexicos) und verhießen seine Verteilung an landlose Bauern, ließen ihn aber den Großgrundbesitzern zukommen, die bereits über Riesengüter verfügten. Sie schufen schließlich 1857 eine neue Verfassung, die den Bürgerkrieg von 1858/60 auslöste. Im Bürgerkrieg führte Juárez die Liberalen gegen die von Miguel Miramón befehligten konservativen Kräfte; er gewann den Krieg und wurde 1860 erneut zum Präsidenten gewählt. Das brachte jedoch noch lange nicht den Frieden: 1862 rückten die Truppen Napoleons III. in Mexico ein und machten den wankelmütigen österreichischen Erzherzog Maximilian zum Kaiser; Juárez' Streitkräfte gaben den Kampf nicht auf, bis auch der letzte französische Soldat 1867 den mexicanischen Boden verlassen hatte. Von neuem wurde Juárez Präsident und blieb dann auch bis zu seinem Tode (1872) an der Regierung. Aber sein Nachfolger wurde 1876 von General Porfirio Díaz gestürzt und damit *La Reforma* beendet.

Die nächstfolgende Periode stand im Zeichen der Diktatur Díaz' (1876–1911). Seit Miguel Hidalgo den Spaniern im Jahre 1810 den Krieg bis zur Vernichtung angesagt hatte, hatte Mexico keinen Frieden mehr gekannt. Jetzt kam der verschlagene und skrupellose Díaz und sorgte für Ordnung. Er regierte zu Nutz und Frommen der Grundbesitzer, deren fürstliche Großgüter auf Kosten des Gemeinschaftsbesitzes der Dorfgemeinden und der Staatsdomänen weiter vergrößert wurden. Er erhielt seine Offiziere bei guter Laune, indem er ihnen gute Bezahlung und allerhand Vorrechte zusicherte. Er versöhnte die Kirche, indem er ihr einige der ihr von den Reformern entrissenen Rechte wiedergab. Er hieß ausländisches Kapital willkommen; die Bergwerke waren wieder in Betrieb, und um die Jahrhundertwende waren auch schon englische und amerikanische Ölbohrungen im Gange. Er trug dazu bei, daß das Eisenbahnnetz von achthundert auf fünfundzwanzigtausend Kilometer anwuchs. Er umgab sich mit Mitarbeitern, die tüchtig und oft sogar ehrlich waren. An den internationalen Börsen stand Mexico hoch im Kurse. Um 1900 galt die Díaz-Diktatur klugen Leuten in der ganzen Welt als überaus erfolgreich. Sie war es auch – für vielleicht fünf Prozent der Mexicaner; der Rest zählte nicht.

## *Die Revolution*

Und dann brach 1910/11 »Die Revolution« (von mexicanischen Patrioten immer groß geschrieben) aus. Der mittlerweile achtzigjährige Don Porfirio wurde von einer Koalition von miteinander rivalisierenden Militärs, Intellektuellen, Gewerkschaftsagitatoren und Agrarreformern beiseite geschoben. Zehn Jahre lang wurde Mexico von Verschwörungen und Gegenverschwörungen zerrissen; die wenigsten entsprangen idealistischen, die meisten schäbig eigennützigen Motiven. Der erste Bannerträger der Revolution war Francisco I. Madero, in den Jahren 1911 bis 1913 fünfzehn Monate lang Präsident des revolutionären Staates, ein naives kleines Männlein von apostolischem Glaubenseifer und geringem Verständnis für die politische und wirtschaftliche Realität. Im Hintergrund zeichnete sich die Gestalt des indianischen Agrarreformers Emiliano Zapatá ab, dessen Bauernarmee unter

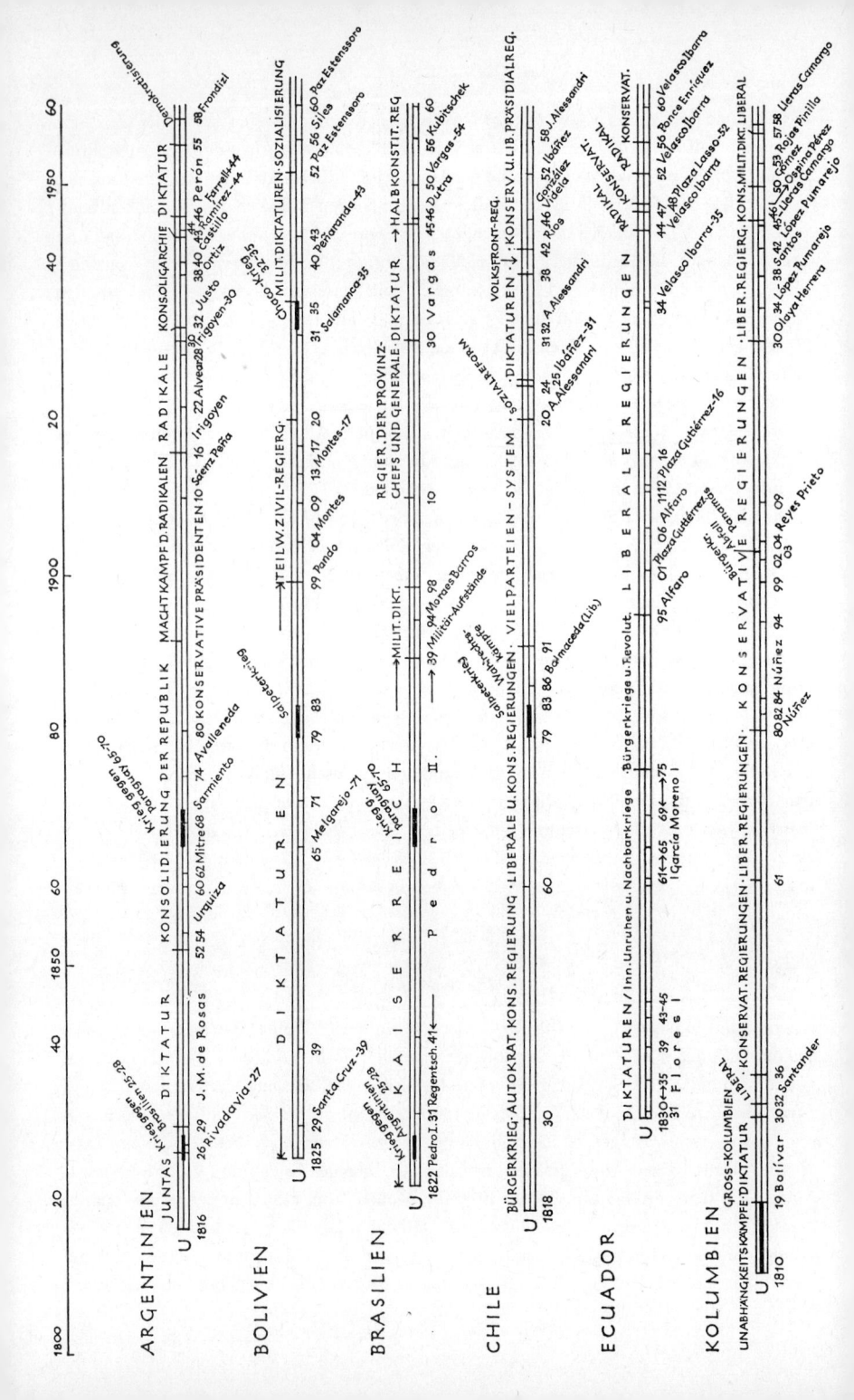

# Zeitleiste: Politische Geschichte lateinamerikanischer Staaten (1800–1960)

## ARGENTINIEN
- U 1816
- JUNTAS — Krieg gegen Brasilien 25-28
- 26, 29 Rivadavia-27
- DIKTATUR — J. M. de Rosas
- KONSOLIDIERUNG DER REPUBLIK
- 52, 54 Urquiza
- Krieg gegen Paraguay 65-70
- 60, 62 Mitre 68 Sarmiento 74 Avellaneda 80
- KONSERVATIVE PRÄSIDENTEN
- MACHTKAMPF D. RADIKALEN
- 10 Saenz Peña 16 Irigoyen 22 Alvear 28, 29, 32 Justo Irigoyen-30
- RADIKALE
- KONSOLIDIERUNG — DIKTATUR
- 38, 40 43, 44, 46 Perón 55 58 Frondizi
- Ortiz Castillo Ramírez-44 Farrell
- Demokratisierung

## BOLIVIEN
- → CHACO-KRIEG 32-35
- MILIT. DIKTATUREN-SOZIALISIERUNG
- 31, 35 Salamanca-35 40 Peñaranda-43 52, 56 S. Siles 60 Paz Estenssoro
- Paz Estenssoro

## BRASILIEN
- U 1822 Pedro I. 31 Regentsch. 41
- K A I S E R R E I C H — Pedro II.
- Krieg g. 67 Krieg g.
- Argentinien 65-70 Paraguay
- 39 Santa Cruz-39
- → MILIT. DIKT.
- → 39/4.94/98 Montes Barros
- Militär-Aufstände
- 99 Pando 04 Montes 09 13, 17 Montes-17 20
- REGIER. DER PROVINZ-
- CHEFS UND GENERALE-DIKTATUR
- → TEILW. ZIVIL-REGIERG.
- 30 Vargas
- 45, 46 D. Vargas 56 Kubitschek
- 45, 46 Dutra
- → HALBKONSTIT. REG.

## CHILE
- U 1818
- BÜRGERKRIEG, AUTOKRAT. KONS. REGIERUNG · LIBERALE U. KONS. REGIERUNGEN · VIELPARTEIEN-SYSTEM · "SOZIALREFORM"
- Salpeterkrieg
- 79 83, 86 Balmaceda (Lib.) 91
- 20 A. Alessandri 24, 25 Ibáñez-31 31, 32 A. Alessandri 38 42, 46 Ríos Videla
- Wohlfahrts-
- kämpfe
- VOLKSFRONT-REG.
- · DIKTATUREN → · KONSERV. U. LIB. PRÄSIDIALREG.
- 52 González 59 J. Alessandri
- 52 Ibáñez
- RADIKAL
- KONSERVAT.

## ECUADOR
- U
- DIKTATUREN / Inn. Unruhen u. Nachbarkriege · Bürgerkriege u. Revolut.
- 1830 ← 35 39 43-45 61 ← 65 69 ← 75
- 31 Flores I (García Moreno I)
- L I B E R A L E   R E G I E R U N G E N
- 95 Alfaro 01, 06, 11, 12 Plaza Gutiérrez-16
- Plaza Gutiérrez
- 34 Velasco Ibarra-35
- 44, 47 48 Plaza Lasso-52 56 Ponce Enríquez 60 Velasco Ibarra
- Velasco Ibarra

## KOLUMBIEN
- U 1810
- GROSS-KOLUMBIEN
- UNABHÄNGIGKEITSKÄMPFE · DIKTATUR · LIBER. KONSERVAT. REGIERUNGEN · LIBER. REGIERUNGEN · KONSERVATIVE REGIERUNGEN · LIBER. REGIERG., KONS. MILIT. DIKT., LIBERAL
- 19 Bolívar 30-32 Santander 36 Burgerkriege
- 30, 34 López Pumarejo 38 Santos 42 López Pumarejo
- 80, 82, 84 Núñez 94 99 02, 04 Reyes Prieto 09
- Núñez
- 30 Olaya Herrera
- 45, 46, 50 53 Rojas 57, 58 Lleras Camargo
- Ospina Pérez Pinilla Gómez Lleras Camargo

# Perioden Lateinamerikanischer Staatengeschichte

## MEXICO

KAISERREICH | KAMPF ZW. LIBERAL. U. KONSERV. | KAISERREICH (LIB.) | DIKTATUR | REVOLUT. REORGANISATION | PARTEIDIKTATUR / AGRARREFORM

U 1821–23 | Augustin I. 22–23 | 33→35 · 41·44·46·47 · 53·55·58 Santa Anna | 58–60 Bürgerkrieg U. KONSIL. REFORM (LIB.) | 64·67 Juárez–72 Maximilian | 11 · 13·14·17 · 20 Obregón · 24·28 Calles Madero Huerta Carranza | 34 Cárdenas · 40 Ávila Camacho · 46 Alemán · 52 Ruiz Cortines · 58 López Mateos

## PARAGUAY

D I K T A T U R E N

U 1810 · 14 Rodríguez de Francia · 40 · 44 C.A. López · 62 Solano López–70 · · · 32 · 35 · · · 54 Stroessner

## PERU

BÜRGERKRIEGE·ANARCHIE | DIKTATUR | Spanien. Seeexped. | MILITÄR-DIKTATUREN | LIBERAL | MIL.DIKT. | DIKTATUREN

U 1824 | 45 R.Castilla · 51 · 54 R.Castilla · 62 · 66·68 Balta–72 | 79 · 83·85 Krieg mit Bürgerkrieg Agrippesilende | 08 Leguía · 12 · 19 Leguía | 30·33 Benavides · 39 Prado · 45·47 Odría · 56 Prado Sánchez Cerro · Bustamante

## URUGUAY

MACHTKAMPF D. LIBERALEN (Colorados) U. KONSERVATIVEN (Blancos) | LIBERALE HERRSCHAFT | DIKT. LIBER. HERRSCH. | KONS. | LIBER. REG. m. DIKTAT-SPITZE

U 1828 · 38 · 51 · 65 · 70 Guzmán Blanco · 88 | 99 C.Castro 08 · 03 Batlle–07 · 11 Batlle–15 · J.V. Gómez · 34 · 38 · 51 · 58·59 Nardone Herrera

## VENEZUELA

Mit Kolumbien / Unabh.Krieg vereinigt

U 1811 · 19 · 21 · 30 J.A. Páez · 46 Monagas · 61 Páez · 63 · · · · · · · | → LIBER. REG. m. DIKTAT-SPITZE → DIKTATUR | 35 · 48 · 52 Pérez Jiménez · 58·59 Betancourt Larrazábal

1800 — 1850 — 1900 — 1950

U = UNABHÄNGIGKEIT

dem Banner *Tierra y Libertad* kämpfte. Maderos unfähiges Regiment wurde durch einen Staatsstreich des Generals Victoriano Huerta hinweggefegt; die Diktatur dieses sadistischen Halsabschneiders dauerte siebzehn Monate (1913/14). Dann fiel das Staatsruder 1914 an den ideenlosen Venustiano Carranza, hinter dem immerhin einige Menschen mit Ideen standen; er blieb im Amt, bis er 1920 bei einem neuen Staatsstreich erschossen wurde.

Allgemeines Durcheinander herrschte während dieses Revolutionsjahrzehnts; Kirchen wurden überfallen und geplündert; bald hier, bald dort wurden die Güter der *hacendados*, der Grundherren, beschlagnahmt; feurige Redner orakelten über die glorreichen Verheißungen der Revolution. Eine neue Verfassung wurde 1917 verkündet; in diesem umfangreichen Dokument fanden ihren Niederschlag die Bestrebungen der verschiedenartigsten Kreise: der Agrarreformer, die den Grund und Boden aufteilen und den Landlosen geben wollten; der Antiklerikalen, die den Einfluß der Kirche endgültig zu zerstören hofften; der Nationalisten, nach deren Vorstellung der nationale Staat die Ölfelder und Bergwerke den ausländischen Besitzern zu entreißen hatte; und der Gewerkschaftsführer, die allen arbeitenden Menschen unschätzbare neue Rechte zu verbürgen gedachten.

Ab 1920 zeigten sich in der mexicanischen Politik einige Anzeichen der Besinnung und Reife. Freilich wurden Wahlen nach wie vor von der regierenden Generals- und Politikerclique, die über genug Gewaltmittel verfügte, auf die einfachste Weise zurechtgebogen: mit Minderheitsgruppen, vor allem solchen, die die Kirche vertraten, wurde kurzer Prozeß gemacht, und alle Ämter in Staaten und Gemeinden blieben denen vorbehalten, die den Beherrschern der Bundesregierung gehorchten. Aber immerhin trug der Präsident Alvaro Obregón (1920-1924), ein tüchtiger und bis zu einem gewissen Grade sauberer Mann, nicht unwesentlich zur Wiederherstellung der Ordnung, zur Zähmung der Kaziken, der auf ihre Hausmacht bedachten Orts- und Bezirksgewaltigen, und zur Wiederaufrichtung der Disziplin unter den Offizieren bei. Er machte auch den Anfang mit dem Bau von Schulen und der Landverteilung.

Sein begabter und rücksichtsloser Nachfolger Plutarco Elías Calles (1924-1928) provozierte mit seinen Versuchen, die dem Auslandskapital gewährten Konzessionen einzuengen, Wutausbrüche der englischen und amerikanischen Petroleumkonzerne, erregte mit seinen leidenschaftlichen Angriffen auf die Kirche den Zorn der Gläubigen und erschreckte ausländische und inländische Grundbesitzer mit der angekündigten Enteignung der großen Haciendas. Entscheidende Erfolge erzielten in der Regierungszeit Obregóns und vor allem in der Calles' die Arbeiterorganisationen unter der geschickten Führung des – allerdings korrupten – Gewerkschaftschefs Luis Morones. Der Kampf gegen die Kirche, der nach der Vertreibung Porfirio Díaz' immer heftiger und heftiger geworden war, erreichte unter Calles seinen Höhepunkt. Überdies hatte Calles um 1927 mit seiner Petroleum-, Kirchen- und Agrarpolitik die Vereinigten Staaten so sehr in Harnisch gebracht, daß einer bewaffneten Intervention des mächtigen nördlichen Nachbarn nur mit knapper Mühe ausgewichen werden konnte. Die Gefahr wurde erst endgültig abgewendet, nachdem Washington einen besonders tüchtigen Botschafter, Dwight W. Morrow, nach Mexico entsandt hatte; es war im wesentlichen sein Verdienst, daß die Beziehungen zwischen Mexico und den Vereinigten Staaten ab 1927 einen immer freundschaftlicheren Charakter annahmen.

Nachdem Calles die Freuden der Macht ausgiebig gekostet hatte, war er bei Ablauf seiner Amtszeit 1928 nicht mehr geneigt, von der Bühne abzutreten. Er behauptete seine faktisch diktatorische Herrschaft, indem er die Präsidentschaft mit Strohmännern besetzte. Unterdes war der Revolutionsbrand fast erloschen; der Krieg gegen die Kirche ebbte allmählich ab; im Streit um die ausländischen Ölkonzessionen war Ruhe eingekehrt; etwas Land war an die Bauern verteilt worden.

Im Jahre 1934 installierte Calles für eine Amtsperiode von sechs Jahren einen neuen Strohmann, Lázaro Cárdenas, im Präsidentenpalais. Zur allgemeinen Überraschung, vor allem aber zur großen Verblüffung Calles', weigerte sich Cárdenas, das Marionettenspiel fortzusetzen. Er nahm »Die Revolution« sehr ernst; er fing damit an, daß er Calles ins Exil schickte; sodann ging er an die Entlassung einiger der arrogantesten Calles-Helfer. Er bremste die schon traditionell gewordene Hetze gegen die Geistlichkeit. Er beschleunigte die Enteignung der Haciendas und ließ tatsächlich etwa achtzehn Millionen Hektar Land verteilen, in der Hauptsache an *ejidos*, eine Art dörflicher Genossenschaften. Er animierte die organisierte Arbeitnehmerschaft, für höhere Löhne und bessere Arbeitsbedingungen zu streiken. Im Jahre 1938 verstaatlichte er den Besitz von siebzehn Ölgesellschaften (zu drei Fünfteln britisch, zu zwei Fünfteln amerikanisch); das brachte zwar zornige Reaktionen in den Vereinigten Staaten hervor, hatte aber, außer daß die betroffenen Gesellschaften zum Boykott mexikanischen Öls aufriefen, keine Repressalien zur Folge. So ungünstig Cárdenas' Politik von Washington und London beurteilt werden mochte, daheim löste sie auf jeden Fall stürmische Begeisterung aus.

## *Elend und Aufbau*

Seit 1940 ist es um die mexicanische Politik stiller geworden. Es gab nur noch wenige öffentliche Propagandakampagnen; den größeren Grundbesitzern wurde nicht mehr viel Land genommen; die Kirche wurde nicht weiter belästigt. Natürlich behielt sich die Regierungspartei auch weiterhin das Recht vor, die zu wählenden Kandidaten für Bundes-, Staats- und Gemeindeämter auszusuchen, und natürlich wurden diese Kandidaten wie in früheren Jahren fast einstimmig gewählt. Von den so gewählten Präsidenten regierte Manuel Ávila Camacho (1940–1946) mit Geduld und ohne viel Aufsehen; während des zweiten Weltkrieges arbeitete er verläßlich mit den Vereinigten Staaten zusammen. Miguel Alemán (1946–1952) beschleunigte die Industrialisierung des Landes (1950 zählte Mexico bereits 53000 Industriebetriebe; 1935 hatte es erst 6916 gegeben). Mit der Förderung der Landwirtschaft war er weniger erfolgreich; noch immer mußten sich viele Mexicaner mit einem leeren Magen bescheiden. Zuallererst kam es Alemán auf äußere Effekte an: seine glanzvolle neue Universitätsstadt hat fünfundzwanzig Millionen Dollar verschlungen und verfügt über ein Stadion, in dem hunderttausend Zuschauer untergebracht werden können; woran es ihr fehlt, sind Bücher und Lehrkräfte. In Angriff genommen wurde unter Alemán der Bau mehrerer Wasserkraftwerke, die in erster Linie der Bewässerung dienen und neuen Boden für den Ackerbau erschließen sollen. Mit alledem hat Alemán zuviel öffentliche Gelder ausgegeben, und sowohl er als auch seine nächsten Mitarbeiter sind daran etwas zu reich geworden.

Als es an die Wahlen von 1952 ging, machte sich in weiten Kreisen das Verlangen nach einem weniger anspruchsvollen und weniger ehrgeizigen Kandidaten geltend; ein solcher Kandidat fand sich in Adolfo Ruiz Cortines, dessen Regierungszeit (1952-1958) sich durch Ruhe, Sauberkeit und Aufbauarbeit auszeichnete. Der neue Präsident entfernte unfähige und käufliche Amtsträger, entließ oder versetzte neunundzwanzig kommandierende Generale. Aber er hatte von Alemán eine leere Staatskasse und schwere Zahlungsverpflichtungen aus allerhand öffentlichen Bauvorhaben hinterlassen bekommen und mußte 1954 den Peso abwerten (von 11,6 auf 8 amerikanische Cents). Zu seinem Nachfolger wurde 1958 Adolfo López Mateos.

Während der Amtszeit Alemáns und Ruiz Cortines' gab es erneut ernsthafte Reibungen mit den Vereinigten Staaten. In Mexico war 1946 eine Epidemie der Maul- und Klauenseuche ausgebrochen, und Amerika schützte sich gegen mexicanische Rinderimporte mit einer Einfuhrsperre. Das schuf für Mexico eine verzweifelte Situation, die nur mit amerikanischer Finanzhilfe bei der Seuchenbekämpfung behoben werden konnte. Wiederholt gab es Zwistigkeiten zwischen Washington und Mexico in der Frage der Fischereirechte in der Nähe der mexicanischen Küste: Mexico nahm für sich die Hoheitsrechte über eine Neunmeilenzone in Anspruch, während die Vereinigten Staaten darauf bestanden, daß nur eine Dreimeilenzone als mexicanischer Hoheitsbereich gelten könnte. Die schärfste Kontroverse bezog sich auf die Zulassung mexicanischer Saisonarbeiter zur Arbeit in der amerikanischen Landwirtschaft: rund vierhunderttausend mexicanische *braceros* (wörtlich »Arme«) pflegten jährlich für einige Erntemonate nach Kalifornien, Texas und anderen Gegenden der Vereinigten Staaten zu kommen; der Streit betraf die Art der Anwerbung und die Behandlung dieser Wanderarbeiter. Bittere Anklagen und Gegenanklagen kamen von beiden Seiten und trugen nicht wenig zur Verbreitung einer antiamerikanischen Stimmung in Mexico bei. Amerikanisches Baumwolldumping auf dem Weltmarkt führte zu einer heftigen Preissenkung und löste in Mexico wiederum scharfe Kritik aus. Schließlich setzte Washington 1958 Einfuhrkontingente für Blei und Zink fest und verringerte damit die amerikanische Einfuhr dieser für Lateinamerika wichtigen Exportmetalle um dreißig Prozent, was wiederum die antiamerikanische Stimmung in Mexico verschärfte.

Im Lauf der Jahre war unterdes die mexicanische Volkswirtschaft etwas kräftiger geworden. Die Erdölgewinnung, in der die staatliche Monopolgesellschaft Pemex viel Unfug angerichtet hatte, wurde endlich unter Ruiz Cortines auf eine gesunde Grundlage gestellt. Die Schaffung neuer einheimischer Industriezweige blieb zwar bruchstückhaft, war aber nichtsdestoweniger im ganzen ermutigend. In dem Maße, wie Bewässerungsmaßnahmen dank den neuerbauten Staudämmen neuen Ackerboden erschlossen, verzeichnete auch die Landwirtschaft einige Fortschritte. Die Zucker- und Baumwollgewinnung konnte gesteigert werden, und Kaffee wuchs zu einem wichtigen Ausfuhrartikel heran.

Den segensreichen Wirkungen des wirtschaftlichen Aufschwungs stand ein allzu rasches Anwachsen der Bevölkerung gegenüber. Die Zahlen waren beängstigend: 1940 hatte Mexico 19,7 Millionen Einwohner, 1950 bereits 25,8 und 1959 über 32 Millionen. Anlaß zu Besorgnissen gab auch die Vermehrung der städtischen Bevölkerung: 1910 hatte es in der Hauptstadt des Landes weniger als eine halbe Million, 1930 eine Million Einwohner ge-

Die Pocito-Kapelle in Guadalupe in Mexico, eine Kirche aus der spanischen Kolonialzeit

Verschiffung von Bananen in Guayaquil in Ecuador.   Inneres einer Rohrzuckerfabrik in Costa Rica

geben; bis 1959 waren es bereits vier Millionen geworden. Freudig hatte Ruiz Cortines die jährliche Geburtenzahl von fast einer Million »Mexicos größten Schatz« genannt; weniger freudig gestimmte Beobachter fragten sich, wie Mexico, dessen Gebietsfläche nur zu einem Zehntel anbaufähig ist, eine so schnell wachsende Bevölkerung ernähren sollte.

Dennoch war für Mexico im Jahre 1960 der Blick in die Zukunft nicht ohne Hoffnung. Wenn Mexico auch noch nicht zu einem demokratischen Staatswesen geworden ist, war doch unter vielen seiner Gliedstaaten und Gemeinden das zunehmende Bedürfnis nach Teilnahme an politischen Entscheidungen wahrzunehmen. Der Streit um die Kirche, der über ein Jahrhundert getobt hatte, schien zur Ruhe gekommen zu sein. Die Wirtschaft zeigte einen gewissen Aufstieg. Auf der anderen Seite blieb jedoch die Lage der ländlichen Arbeitskräfte sowohl in landwirtschaftlichen Privatbetrieben als auch im Rahmen des mit großen Ansprüchen auftretenden *ejido*-Systems nach wie vor elend. Mexico war immer noch ein armes und hungriges Land.

## Mittelamerika

Mittelamerika umfaßt die Länder, die vom Karibischen Meer, dem »Mittelmeer Amerikas«, umspült werden. Nur neun von ihnen sollen hier zunächst behandelt werden: die Inselstaaten (Kuba, Haiti und die Dominikanische Republik), die fünf Republiken Mittelamerikas und Panamá. In einem späteren Zusammenhang wird über Venezuela und Kolumbien noch zu sprechen sein. (Die Insel- und Küstenbesitzungen Großbritanniens, Hollands und Frankreichs gehören nicht in den Rahmen der vorliegenden Übersicht.)

### Die Inselrepubliken

Von den Antilleninseln ist Kuba die größte: 1220 Kilometer vom westlichen zum östlichen Zipfel, mit einer Bevölkerung von 6,5 Millionen, von der rund die Hälfte aus Weißen, ein Viertel aus Negern und das restliche Viertel aus einer Mischung von Europäern, Negern und Asiaten besteht. Die zweitgrößte Insel, die Kolumbus Hispaniola taufte, ist geteilt: ein Drittel bildet die Negerrepublik Haiti mit einer Bevölkerung von 3,4 Millionen, zwei Drittel gehören zur Dominikanischen Republik, deren 2,8 Millionen Einwohner hauptsächlich Mulatten sind. Haiti, im 18. Jahrhundert eine blühende französische Kolonie, löste sich von Frankreich nach zwölfjährigem Blutvergießen im Jahre 1804. Die Spanisch sprechenden Dominikaner vertrieben die Franzosen 1809, waren bis 1822 unter spanischer Oberhoheit und gelangten dann in die Botmäßigkeit Haitis; sie erkämpften ihre Unabhängigkeit erst 1844. Von Kuba hatten die Spanier im Jahre 1511 Besitz ergriffen; die Insel diente ihnen als Sprungbrett für die Eroberung der Landenge von Panamá, Mexicos und Floridas. Als einzige unter Spaniens amerikanischen Kolonien blieb Kuba noch bis zum Ausgang des 19. Jahrhunderts in spanischem Besitz; erst 1898 begann seine selbständige staatliche Existenz.

Kubas Weg nach 1898 ist überaus wechselvoll gewesen. Zwei Klippen waren bedrohlich: einmal hängt hier alles vom Zucker ab, der vier Fünftel der kubanischen Ausfuhrerlöse einbringt, und die Preisschwankungen auf dem Weltzuckermarkt machen die Wirtschaft der Insel außerordentlich anfällig; zum andern sind die Vereinigten Staaten ein zu naher und zu mächtiger Nachbar, was die Gefahr ernsthafter Eingriffe mit sich bringt. Der erste Anfang nach dem Abzug der Amerikaner im Jahre 1902 war nicht ungünstig, doch hat das Glück nicht lange vorgehalten. Kubas Präsidenten waren zum größten Teil entweder unfähig oder korrupt, meistens beides zugleich. Gerardo Machado (1925–1933) war ein Henker, dessen Sturz dem Land eine kurze Atempause verschaffte. Schlimmer noch war Fulgencio Batista, seit 1933 als Präsident oder durch Mittelsmänner fast ununterbrochen an der Macht – bis zu seiner Vertreibung Anfang 1959. Die Zuckerausfuhr (1957: 656,3 Millionen Dollar) hatte indessen Geld für öffentliche Arbeiten hereingebracht und die Präsidenten nebst Helfershelfern bereichert; der großen Mehrheit des Volkes blieben die Krumen von der festlich gedeckten Staatstafel.

Der letzte Umschwung kam im Januar 1959, als der junge Fidel Castro und seine Mitstreiter Batista verjagten. Castros siegreicher Staatsstreich war die Krönung einer brillanten und mutigen sechsjährigen Verschwörerarbeit. Unter seinem Kommando hatte ein Häuflein junger Menschen, größtenteils Studenten, schon im Juli 1953 die Kaserne von Santiago de Cuba zu erstürmen versucht, wurde damals allerdings überwältigt. Nach der Entlassung aus dem Gefängnis ging Castro nach Mexico und begann die Mobilisierung von Kampfgefährten. Im Dezember 1956 landete er an der Südostküste Kubas. Von dort ging es in die Berge, wo er sich mit einer Handvoll Jugendlicher verschanzte. Von hier aus warb Castro neue Streiter an, hielt zwei Jahre durch, organisierte die Opposition auf der ganzen Insel und marschierte schließlich am 1. Januar 1959 in Habana ein.

Das von Fidel Castro im Januar 1959 errichtete Regime war eine Diktatur, die engmaschigste, die Kuba je gekannt hat. Castro übernahm die Ministerpräsidentschaft und machte den allgemein geschätzten Urrutia Lleo zum Präsidenten der Republik; als jedoch kurz darauf Meinungsverschiedenheiten zwischen dem Staatsoberhaupt und dem Regierungschef auftraten, setzte Castro den Präsidenten ab und setzte an seine Stelle Oswaldo Dorticos Torrado, eine willfährige Null. Wer 1959 und 1960 eine andere Meinung als die vom Ministerpräsidenten vertretene zu äußern wagte, wurde des Amtes enthoben, in die Verbannung geschickt oder ins Gefängnis geworfen. Die Einmannregierung war wieder zum kubanischen Herrschaftssystem geworden.

Vom Beginn der Castro-Herrschaft an wurden die Partner und Schützlinge Fulgencio Batistas summarischer Justiz unterworfen: Tausende wurden eingekerkert oder mußten ins Ausland fliehen; über siebenhundert wurden nach ebenso kurzen wie leichtfertigen Prozessen von Exekutionskommandos erschossen. Castros Anhänger, denen Zweifel an seinen Methoden kamen, wurden aus ihren Ämtern gedrängt und in vielen Fällen auch in Haft genommen; manch einer suchte in den Vereinigten Staaten oder in anderen Asylländern Zuflucht. Die freie Presse wurde mundtot gemacht; im Oktober 1960 gab es nicht eine einzige Zeitung mehr, die irgendwelche vom offiziellen Regierungsstandpunkt abweichende Ansichten äußerte.

An der Regierungsgewalt nahm neben Castro nur ein kleines inneres Gremium teil: sein Bruder Raúl, dem die bewaffnete Macht unterstand, sein Wirtschaftsberater Ernesto Guevara, dem die Leitung der Staatsbank anvertraut war, und Antonio Nuñez Jiménez, der die Agrarreform leitete. Diese Staatsspitze machte sich in Eile und mit kräftigen Eingriffen an die Verwirklichung des von Castro verkündeten Programms der »wirtschaftlichen Befreiung«. Das Gesetz über die Agrarreform, im Frühjahr 1959 erlassen, verfügte die Enteignung aller Ländereien, die über einen bestimmten Mindestbesitz hinausgingen, sicherte den enteigneten Grundbesitzern als Entschädigung Staatsschuldverschreibungen mit einem Zinsfuß von viereinviertel Prozent zu und versprach allen landlosen Bauern eigene Höfe mit einer Fläche von siebenundzwanzig Hektar. Mit der Ausführung des Gesetzes wurde die neugebildete Landesanstalt für Bodenreform beauftragt, die im Blitztempo an die Arbeit ging; bis zum Oktober 1960 hatte sie fast den gesamten ausländischen Grundbesitz (einschließlich so großer Besitzungen wie die hunderttausend Hektar der United Fruit Company) und einen erheblichen Teil des Ackerlandes aus kubanischem Besitz übernommen. Die Zusagen des Reformgesetzes wurden indes nicht eingehalten: bis zum Oktober 1960 hatten die enteigneten Besitzer keinerlei Entschädigung erhalten, und die vorgesehenen Staatsschuldverschreibungen waren noch nicht einmal gedruckt worden; dafür wurden den Opfern der Enteignung ohne jedes Rechtsverfahren auch Inventar und Vieh genommen; trotzdem kamen die landlosen Bauern nicht in den Genuß des versprochenen Eigenbesitzes, sondern wurden zur Arbeit auf den von der Landesanstalt für Bodenreform bewirtschafteten Großgütern abkommandiert. In vielen Fällen wurden die von Ausländern (namentlich Amerikanern) betriebenen Bergwerke, Hotels und Industriebetriebe beschlagnahmt.

In den ersten zwei Jahren der Castro-Herrschaft waren die Vereinigten Staaten die Hauptzielscheibe erbitterter Schimpfkanonaden. Den Anlaß boten zunächst ungenehmigte Flüge amerikanischer Kleinflugzeuge über kubanischem Gebiet, die von den zahlreichen privaten Flughäfen Floridas aufstiegen; in den Flugaktionen erblickte die Castro-Regierung den Beweis für die feindselige Haltung Washingtons, und auch nachdem die amerikanische Regierung energische Schritte unternommen hatte, um diese Flüge zu unterbinden, stellte Kubas Regierungschef seine Angriffe nicht ein. Wiederholt hielt Castro mehrstündige Fernsehreden, in denen er wütende Angriffe gegen den »Imperialismus« der Vereinigten Staaten schleuderte. Seinerseits weigerte sich Washington, der Castro-Regierung Waffen und Flugzeuge zu verkaufen, und übte einen Druck auf europäische Regierungen aus, um entsprechende Lieferungen an Kuba zu verhindern. Die Explosion eines französischen Schiffes, das mit einer Munitionsladung aus Belgien im Hafen von Habana vor Anker lag, wurde von Castro als Akt amerikanischer »Sabotage« gebrandmarkt. Obgleich die Washingtoner Regierung Geduld übte und auf Castros wilde Anklagen mit maßvollen Noten antwortete, verschlechterten sich die Beziehungen zwischen Washington und Habana. Zur Verschärfung der Spannung trugen mancherlei Eingriffe von außen bei: der Abschluß von Handelsverträgen zwischen Kuba einerseits und der Sowjetunion, Polen und China andererseits; die lauten Drohungen von Sowjetseite, in denen es hieß, Kuba werde mit interkontinentalen Ferngeschossen verteidigt werden; schließlich auch die gegen die

Vereinigten Staaten gerichteten Umtriebe kubanischer diplomatischer Vertreter in Mittelamerika, in Panamá und in anderen Gegenden.

Im Juni 1960 beschloß die Eisenhower-Regierung nach langem Zögern die erste Vergeltungsmaßnahme gegen das Castro-Regime: für das Jahr 1960 wurde der Ankauf kubanischen Zuckers eingestellt. Das war ein empfindlicher Schlag. Über ein halbes Jahrhundert hatte sich der kubanische Zucker freundlicher Aufnahme auf dem amerikanischen Markt erfreut; seit 1934 hatten die Vereinigten Staaten regelmäßig etwa ein Drittel ihrer Zuckerimporte aus Kuba bezogen; überdies nahmen die Vereinigten Staaten den kubanischen Zucker zu einem Sonderpreis ab, der rund zwei Prozent über dem Weltmarktpreis lag, was Kuba allein im Jahre 1959 eine zusätzliche Einnahme von ungefähr sieben Millionen Dollar eingebracht hatte. Fidel Castros Antwort auf Eisenhowers Strafmaßnahme war die beschleunigte Beschlagnahme amerikanischen Eigentums. Bis zum Oktober 1960 waren amerikanische Anlagen im Werte von fast neunhundert Millionen Dollar – nahezu neun Zehntel des Besitztums amerikanischer Staatsbürger und amerikanischer Erwerbsgesellschaften auf der Insel Kuba – der Beschlagnahme verfallen; dazu gehörten Zuckerplantagen, Viehzuchtbetriebe, drei Ölraffinerien, Elektrizitätswerke, Banken, Hotels, Bergwerke, Fabriken und viele andere Unternehmungen.

Im August 1960 wurde auf Initiative Perus in San José, der Hauptstadt Costa Ricas, eine Konferenz der Organisation der amerikanischen Staaten (OAS) abgehalten, auf der zur Bedrohung der interamerikanischen Solidarität durch die Eingriffe der kommunistischen Mächte auf Kuba Stellung genommen werden sollte. Der Vertreter Kubas verurteilte aufs heftigste den »Imperialismus« der Vereinigten Staaten, dem er Versuche bewaffneter Intervention und wirtschaftliche Einmischung (Drosselung der Zuckerkäufe) zur Last legte. Der amerikanische Außenminister führte einen Gegenangriff: er forderte die OAS auf, die von Kuba erhobenen Beschuldigungen zu untersuchen. Das wurde von Kuba brüsk abgelehnt. Nach einwöchigen Auseinandersetzungen einigten sich die Vertreter der amerikanischen Republiken widerstrebend auf die »Erklärung von San José«, in der die Einmischung des China-UdSSR-Blocks in die »politischen, wirtschaftlichen oder sozialen Verhältnisse eines amerikanischen Staates« zurückgewiesen, Kuba jedoch mit keinem Wort erwähnt wurde. Die leidenschaftliche Debatte um diese Entschließung hatte zutage treten lassen, daß beträchtliche Teile der öffentlichen Meinung Lateinamerikas eine starke Neigung verspürten, sich im Streit mit den Vereinigten Staaten auf die Seite Fidel Castros zu schlagen. Dennoch lehnte die kubanische Delegation die weitere Teilnahme an den Beratungen der Konferenz ab, und in Habana wurde die OAS als »das Kolonialministerium der USA« angeprangert.

*

Schmerzensreich war die Geschichte Haitis seit der Lostrennung von Frankreich. In den ersten vier Jahrzehnten herrschten städtische Mulatten, eine Minderheit, die sich für die Elite des Volkes hielt; sie hatte geringen Erfolg und wurde 1843 gestürzt. Danach – und bis auf den heutigen Tag – stellten die Negermassen die meisten Präsidenten; gewöhnlich waren diese Präsidenten unfähig, korrupt und grausam. Für Erziehungswesen und öffentliche

Arbeiten wurde wenig getan. Die Wirtschaft stand auf schwachen Füßen; wild an den Gebirgsabhängen wachsender Kaffee war das einzige Produkt, das etwas Geld brachte. Die »Elite« bewohnte die besten Häuser und bezog die höchsten Einkommen; die Negermassen hatten so gut wie nichts. Über neunzig Prozent der Bevölkerung waren Analphabeten.

Dann kam die fast zwanzigjährige amerikanische Besetzung (1915-1934), aus verschiedenerlei Motiven erwachsen: hier paarte sich das Schutzbedürfnis des in Haiti investierten Kapitals mit der Befürchtung, daß sich Deutschland des Landes bemächtigen und es als Operationsbasis gegen die Vereinigten Staaten benutzen könnte, und der vagen Vorstellung, daß es zu Amerikas moralischen Verpflichtungen gehöre, die Haitianer vor Torheiten zu bewahren. Nun herrschten amerikanische Marineoffiziere mit Hilfe diensteifriger Präsidenten; sie ordneten das Finanzwesen, bauten Straßen und Schulen, verbesserten die hygienischen Verhältnisse und – ernteten die bittere Feindschaft der Haitianer. Als die Marineinfanterie 1934 abzog, hinterließ sie das Land in etwas besserer Verfassung. Ab 1934 amtierten nacheinander zwei Mulattenpräsidenten, die einige Erfolge aufzuweisen hatten. Aber seit 1943 ist Haiti wieder in den alten Trott verfallen: häufiger, meist gewaltsamer Wechsel der Präsidenten; manipulierte Wahlen; geknebelte Presse; diktatorische Regierungspraxis. Kritiker des gegenwärtigen Präsidenten François Duvalier haben nichts Gutes zu erwarten. Die Vereinigten Staaten, denen an der Beseitigung aller Unruheherde in der karibischen Zone liegt, unterstützen Duvalier als kleineres Übel.

Die Volkswirtschaft stagniert. Die Not der Volksmassen ist kaum weniger drückend als vor hundert Jahren. Der Bau einer Talsperre im Atribonite-Tal mit einem Kraftwerk von vierzigtausend Kilowatt Kapazität und der geplanten Bewässerung von vierundzwanzigtausend Hektar Ackerland ist trotz einer amerikanischen Regierungsbeihilfe von vierundzwanzig Millionen Dollar noch nicht fertig. Was eine UN-Kommission 1949 festgestellt hat, trifft auch heute zu: »Das wirtschaftliche Grundproblem Haitis ergibt sich daraus, daß eine stetig wachsende Bevölkerung von unzureichendem Bildungsniveau unvermindert die begrenzten und, soweit es um landwirtschaftlich nutzbaren Boden geht, in erschreckendem Maße schrumpfenden Naturkräfte abzapft.« Das Elend Haitis, sagt Raymond E. Crist, besteht darin, »daß es weder eine Monokulturwirtschaft noch eine autarke Wirtschaft hat, sondern nur eine Wirtschaft, bei der man nichts anderes tun kann, als an seinen Nägeln kauen«.

\*

Die Dominikanische Republik mit ihren 2,8 Millionen Einwohnern (vornehmlich Mulatten) ist seit der Befreiung von haitianischer Herrschaft im Jahre 1844 von einer Diktatur zur anderen gestolpert. Die ersten Herrscher suchten Sicherheit unter dem Schutz einer fremden Macht, und faktisch war Spanien 1861-1865 wieder der Kolonialherr. Später kam der Plan auf, das Land an die Vereinigten Staaten abzutreten, was dem Präsidenten Ulysses S. Grant akzeptabel schien, aber zum Glück vom amerikanischen Senat abgelehnt wurde. Das ausgepowerte Volk lebte inzwischen unter der finsteren Herrschaft schäbiger Tyrannen. Zu Beginn des 20. Jahrhunderts betrugen die Schulden der Republik an Frankreich, Belgien, Deutschland, Italien, Spanien und die Vereinigten Staaten nicht weniger als zweiunddreißig Millionen Dollar. Um die Schuldeneintreibung durch die europäischen Gläubigermächte und manches andere zu verhindern, besetzten die Vereinigten Staaten das Land im Jahre 1916 und errichteten eine Militärverwaltung, die acht Jahre beibehalten wurde. Eine der größten Leistungen der amerikanischen Marineinfanterie war die Ausbildung einer dominikanischen Polizeitruppe. Gegen 1930 war der Kommandeur dieser Truppe, dem die Amerikaner Schießen und Kommandieren beigebracht hatten, zur dominierenden Persönlichkeit des Landes geworden. Seitdem bestimmt das Schalten und Walten des Diktators Rafael Leónidas Trujillo Molina die Geschicke der Dominikaner.

Trujillos dreißigjährige Unterjochung der Dominikanischen Republik dürfte von allen Anachronismen des heutigen Lateinamerikas der widersinnigste sein. Trujillos Diktatur ist allumfassend, schamlos und von einer ungewöhnlichen Sturheit. Diskussionen gibt es in diesem Lande nicht: die Diskutierenden sind im Gefängnis, ins Ausland entflohen oder tot. Santo Domingo (inzwischen in Ciudad Trujillo umgetauft), wo Trujillo regiert, ist die älteste Stadt Amerikas; vielleicht paßt es sogar zum archaischen Stil, daß sich Trujillo in aller Bescheidenheit den Titel »Wohltäter des Vaterlandes« zugelegt hat. Jetzt, da er neunundsechzig geworden ist, ist Trujillo ein sehr reicher und viel gefeierter Mann. In der Hauptstadt allein gibt es 1870 Trujillo-Denkmäler, zu denen nicht wenige andernorts hinzukommen. »Gott und Trujillo« verkündet flammende Leuchtschrift von allen öffentlichen Gebäuden. Des Diktators vielköpfige Verwandtschaft bildet eine Hierarchie, die die Republik verwaltet und den größten Teil der Republik besitzt. Ein Bruder des Diktators amtiert als Präsident, ein Sohn als Generalstabschef, ein anderer Sohn als Vizepräsident. Seit den Tagen, da er als schlechtbezahlter Telegraphenschreiber sein Brot verdiente, hat der Generalissimus einen beachtlichen Weg zurückgelegt.

Der »Wohltäter« hat seine Verdienste. In dreißig Jahren ist das Land aus Elend und Bankrott zu einem Zustand äußerer Prosperität, die eines gewissen Liebreizes nicht entbehrt, aufgestiegen. Die Einkünfte aus Zucker-, Kakao- und Kaffeeumsätzen haben sich seit 1930 vervierzigfacht. Es sind Schulen gebaut worden, und einige davon sind gut. Einige Industrien sind entstanden und florieren. Dem Generalissimus und seiner Verwandtschaft gehören viele Tausende Hektar des fruchtbarsten Landes, dazu Zeitungen, die dominikanische Luftverkehrsgesellschaft, eine Zementfabrik, die nationalen Waffenwerke, eine Beteiligung am Tabakmonopol und viele andere attraktive Vermögenswerte. Billigerweise soll nicht unerwähnt bleiben, daß auch Angehörige der unteren Schichten so aussehen, als seien sie besser ernährt und gekleidet und mit besseren Behausungen versehen. Jede Stadt, jeder größere Marktflecken hat eine funktionierende Wasserversorgung. Auch Krankenhäuser und Kliniken sind vorhanden.

Um 1960 sah es in vielem so aus, als seien die Tage des »Wohltäters« gezählt. In allen Ländern des karibischen Raums mehrten sich Proteste gegen Trujillos blutige Tyrannenherrschaft. Ein mißlungener Landungsversuch an der Küste der Dominikanischen Republik war im Juni 1959 von dominikanischen Emigranten mit der Unterstützung einiger Kubaner unternommen worden. Trujillo verlangte darauf von der OAS eine Stellungnahme zu den Anschlägen auf sein Regime und entfaltete überdies eine stürmische Kampagne zur Vermehrung der dominikanischen Streitkräfte (Mehraufwand: fünfzig Millionen

Dollar). Im Januar 1960 deckten Trujillos Behörden eine Verschwörung gegen das Regime auf; die Rache ließ nicht auf sich warten: Tausende von Menschen füllten die Gefängnisse; anerkannte und angesehene Bürger – Männer und Frauen – wurden unmenschlich gefoltert; die Gerichte, die den Angeklagten die bescheidensten Verteidigungsmöglichkeiten verwehrten, verhängten Gefängnisstrafen von zwanzig bis dreißig Jahren. Die katholische Kirche protestierte mit einem Hirtenbrief, in dem sie die »schweren Verstöße gegen Gott und gegen die Würde des Menschen« verurteilte. Venezuela verlangte, die OAS möge die »Annullierung der Menschenrechte« im Lande Trujillos zum Gegenstand einer internationalen Untersuchung machen. Im Juni 1960 erstattete der Friedensausschuß der OAS seinen Bericht, in dem er die Dominikanische Republik »flagranter und weitverbreiteter Verletzungen der Menschenrechte« beschuldigte und feststellte, das Verhalten des Trujillo-Regimes habe die Spannungen im karibischen Raum verschärft.

Um ein Haar wäre im Juni 1960 Venezuelas Präsident Betancourt einem Mordanschlag zum Opfer gefallen, von dem einwandfrei erwiesen werden konnte, daß er auf Pläne des »Wohltäters« der Dominikanischen Republik zurückging. Von neuem appellierte Venezuela an die OAS, die sich daraufhin im August auf der Außenministerkonferenz in San José mit dem Problem Trujillo auseinandersetzen mußte. Fast alle Mitgliedstaaten zeigten sich nunmehr gewillt, gegen den ewigen Tyrannen der Dominikanischen Republik vorzugehen. Auch der Vertreter der Vereinigten Staaten, denen es schon lange nicht mehr zusagte, den Schirmherrn Trujillos zu spielen, nahm kein Blatt vor den Mund: der amerikanische Außenminister schlug sogar die Entsendung einer Kommission der OAS in die Dominikanische Republik mit dem Auftrag vor, die Durchführung freier Wahlen zu überwachen; eine so weitgehende Einmischung in innere Angelegenheiten eines souveränen Staates ging allerdings den Lateinamerikanern zu weit. Eine Resolution wurde angenommen, die dem Trujillo-Regime »Akte der Aggression und Intervention« gegen Venezuela vorhielt; die Mitgliedstaaten wurden aufgefordert, die diplomatischen Beziehungen zur Dominikanischen Republik abzubrechen und gegen sie wirtschaftliche Sanktionen einschließlich eines Waffen- und Kriegsgerätembargos zu verhängen.

Unverzüglich wurden die Empfehlungen der Konferenz von den Vereinigten Staaten befolgt: zum erstenmal in vierzig Jahren entschloß sich Washington zum Abbruch der diplomatischen Beziehungen zu einem lateinamerikanischen Staat. Im letzten Vierteljahr 1960 schien kein Zweifel daran möglich, daß die dreißigjährige Herrschaft Rafael Trujillos ihrem Ende entgegenging. Die bange Frage, was nach Trujillo kommen werde, blieb jedoch offen.

## Mittelamerika und Panamá

Einst von spanischen Generalkapitänen regiert, verteilen sich heute diese Gefilde des Kaffees, der Bananen und der Revolutionen auf fünf Republiken: Guatemala, El Salvador, Honduras, Nicaragua und Costa Rica. Wirtschaftlich und geographisch ist auch Panamá, das bis 1903 eine Provinz Kolumbiens war, ein Bestandteil Mittelamerikas. Diese sechs Staaten – »der Balkan Amerikas« – ziehen sich etwa 1900 Kilometer von Mexico bis

Kolumbien hin, haben eine Gesamtfläche von rund 515000 Quadratkilometern und eine Bevölkerung von über elf Millionen.

Kaffee und Bananen beherrschen die Wirtschaft, Kaffee an erster Stelle. Die sechs Staaten sind typische Monokulturländer. Vom gesamten Ausfuhrwert entfielen 1958 in Guatemala 87 Prozent auf Kaffee und Bananen, in El Salvador 78 Prozent auf Kaffee, in Honduras 80 Prozent auf Bananen und Kaffee, in Nicaragua 70 Prozent auf Kaffee und Baumwolle, in Costa Rica 87 Prozent auf Kaffee und Bananen, in Panamá 64 Prozent auf Bananen. Der Anbau zusätzlicher Kulturen hat einige Fortschritte gemacht: zugenommen haben die Reis-, Kakao-, Baumwoll- und Zuckerernten, die Rinderzucht, die Gewinnung von Textilfasern. Gelegentlich sind auch Exkursionen ins Gebiet der Industrialisierung unternommen worden, aber im großen bleibt es bei der traditionellen Kolonialwirtschaft mit ihrer durchgängigen Abhängigkeit von der Rohstoff- und Nahrungsmittelausfuhr, die den tumultuarischen Wechselfällen des Weltmarkts unterliegt, und der Maschinen- und Fertigwareneinfuhr aus den Industrieländern.

Das politische Leben dieser sechs Länder ist fast immer chaotisch verlaufen – mit wiederholten Revolutionen, dem schrillen Mißklang der Diktaturen und blutigen Zusammenstößen zwischen den einzelnen Staaten. Die einzige Ausnahme ist Costa Rica, das immerhin, wenn auch mit einigen Rückfällen, auf sieben Jahrzehnte geordneten, verfassungsmäßigen staatlichen Daseins zurückblicken kann. Die mittelamerikanischen Länder lösten sich von Spanien 1821, waren ein Jahr lang von Mexico annektiert und präsentierten sich der Welt 1823 als die »Vereinigten Provinzen Zentralamerikas«. Die Vereinigung war nicht von Bestand. Es gab blutige Schlachten zwischen der Kirche und den Antiklerikalen. Seit 1838 ist jedes der sechs Länder seinen eigenen Weg gegangen.

Guatemala, das an Bevölkerung und Naturschätzen reichste der sechs Länder, zeigt eine fast ununterbrochene Kette von Diktaturen: Rafael Carrera 1838–1865, Justo Rufino Barrios 1871–1885, Manuel Estrada Cabrera 1898–1920, Jorge Ubico 1931–1944. Immer wieder hat Guatemala das eine oder andere Nachbarland zu unterwerfen gesucht. Dabei strauchelte und litt das Land unter Regierungen, die oft korrupt und verschwenderisch, meistens brutal und nie demokratisch waren. Um die Interessen der unwissenden Massen der indianischen Bevölkerung kümmerte sich niemand; der Ertrag dessen, was sie dem Boden abrang, floß zum größten Teil in die Taschen ausländischer Unternehmer. Ein unvermeidlicher Ausbruch der aufgespeicherten Unzufriedenheit vertrieb 1944 Jorge Ubico, den letzten und besten der langlebigen Diktatoren, und machte den Weg frei für zwei Reformpräsidenten: Juan José Arévalo (1945–1950) und Jacobo Arbenz (1950–1954). Eine 1945 angenommene neue Verfassung funkelte in Verheißungen, die an die mexicanische Verfassung von 1917 erinnerten, und löste den Protest der Großgrundbesitzer, der konservativen Kirchenleute und der Auslandsinteressen aus. Guatemala schien endlich seine soziale Revolution zu erleben: der United Fruit Company und anderen Großunternehmungen wurde Land fortgenommen; die Rechte der Arbeiter wurden verkündet und zum Gesetz erhoben; den Indianern wurden größere Vorrechte eingeräumt.

Da wurde gegen die Reformer die Anklage geschleudert, im Dienste des Kommunismus zu stehen; tatsächlich gab es einige Kommunisten in Schlüsselpositionen. Dann traf in Guatemala im Mai 1954 eine russische Waffensendung ein. Das war für alle Mißmutigen das Signal, gegen Arbenz loszuschlagen, Flugzeuge, die von Honduras und Nicaragua kamen, warfen Bomben auf guatemaltekische Garnisonen ab. Arbenz und viele seiner Mitarbeiter mußten fliehen. Im Juli 1954 bemächtigte sich eine Militärjunta der Hauptstadt, und Oberst Carlos Castillo Armas wurde als Präsident eingesetzt. Von den Lateinamerikanern wurde der Staatsstreich allgemein als »*made in USA*« und Castillo Armas als Werkzeug der Amerikaner angesehen. Das Castillo-Armas-Regime war unbeholfen, stumpfsinnig und durch und durch unpopulär und führte zu Aufständen und Terrorakten; im Juli 1957 wurde Castillo Armas ermordet. Nach sechsmonatigem Kampf gelangte der General Miguel Ydígoras Fuentes auf den Präsidentensitz. Ydígoras hatte unter dem Diktator Ubico Dienst getan, und 1959 war es so weit, daß er selbst als Diktator auftrat. Sein Hauptbeitrag zur internationalen Uneinigkeit war die Wiederverkündung der Ansprüche Guatemalas auf das Gebiet, das die Guatemalteken Belize nennen und das die Engländer als Britisch-Honduras regieren. Ydígoras gab bekannt, er werde Belize »mit Vernunft oder Gewalt« nehmen.

Honduras, das rückständigste Land Mittelamerikas, ist wiederholt das Opfer von Aggressionsversuchen Guatemalas und Nicaraguas gewesen. Diktaturen sind die Regel. Zehn Verfassungen wurden im Lauf der Jahre entworfen, verkündet und ignoriert. Der langlebigste der Diktatoren war Tiburcio Carias Andino (1932-1948). Die Politiker, die sich mit großem Redefluß über »Liberalismus« und »Konservativismus« auslassen, plündern die Massen aus. Die Wirtschaft des Landes, die auf Bananen und Kaffee beruht, zeigt eine stagnierende Entwicklung. Ramón Villeda Morales, der seit Ende 1957 an der Macht ist, zeichnet sich durch keine aktive Politik aus und beschwichtigt abwechselnd die Linke und die Rechte.

El Salvador, der an Fläche kleinste der sechs Staaten, der lange Zeit ständige Eingriffe Guatemalas zu erdulden hatte, ist eine Feudaldomäne: ein paar führende Familien besitzen das meiste Land, stecken den Profit aus der Kaffeeausfuhr ein und beherrschen die Landespolitik. Wenn die aristokratischen Familien miteinander gut auskommen, herrscht Frieden; eine bemerkenswert friedliche Periode war in diesem Sinne die Zeit von 1914 bis 1950, in der die Kämpfe in der politischen Führung minimal waren, die Kaffeewirtschaft prosperierte und einige Fortschritte im Straßenbau und anderen öffentlichen Arbeiten erzielt wurden. Der gegenwärtige Inhaber des Präsidentenamtes, Oberst José María Lemus, regiert von Heeres Gnaden mit Einwilligung der Aristokratie.

Nicaragua lag die meiste Zeit im Streit mit anderen Mächten. Innenpolitisch gab es einen ewigen Operettenkrieg zwischen den »Konservativen«, deren Hauptstärke in Granada liegt, und den »Liberalen«, die sich auf León stützen; die politischen Aushängeschilder besagen, soweit der außenstehende Beobachter feststellen kann, nicht das geringste. In den fünfziger Jahren des vorigen Jahrhunderts kam es, nachdem die Engländer den karibischen Seehafen San Juan del Norte (den sie Greytown nannten) besetzt hatten, zu Reibereien mit England, zumal Nicaragua das Protektorat über die von England seit ewigen Zeiten beherrschte Moskito-Küste beanspruchte; neue Zwistigkeiten entstanden, als die Amerikaner ihren Gegenanspruch auf den Rio San Juan als mögliches Durchstichgelände für einen Pazifik-Atlantik-Kanal erhoben. Dann wurden die Nicaraguaner von dem amerikanischen Abenteurer William Walker geplagt, der es 1856 sogar fertigbrachte, Präsident des Landes zu werden. Von der langen Reihe nicaraguanischer Diktatoren war der unmenschlichste José Santos Zelaya (1893–1909). Nach ihm gab es ständige Schwierigkeiten mit den Vereinigten Staaten, die zwischen 1909 und 1933 wiederholt militärisch intervenierten. Die amerikanische Marineinfanterie befaßte sich mit der Wiederherstellung der Ordnung und freier Wahlen, der Sicherung amerikanischer Eisenbahn-, Goldgruben- und Bankinvestitionen und der Verankerung der amerikanischen Ansprüche auf das projektierte Kanalgelände am Rio San Juan und am Nicaraguasee. Die amerikanische Besetzung war lästig und irritierend. Eine ihrer Hauptleistungen war – wie in der Dominikanischen Republik – die Ausbildung einer Nationalgarde und die Schulung ihres Chefs Anastasio Somoza.

Somoza, der 1937 gewählt worden war, herrschte über das Tropenland absolut, bis er im September 1956 ermordet wurde. Als einer der tüchtigeren Diktatoren sorgte Somoza für spartanische Ordnung, baute gute Straßen, modernisierte die Landwirtschaft, errichtete Wasserkraftwerke, dehnte die Viehzucht aus und förderte den Bergbau. Natürlich führten die schönen neuen Landstraßen in der Regel zu einem der Somozaschen Mustergüter (am Ende seiner Laufbahn besaß der Diktator ein Zehntel des gesamten Ackerlandes der Republik). Dafür hatte Somoza charmante Umgangsformen und erfreute sich der Gunst bedeutender Leute in den Vereinigten Staaten; die amerikanische Regierung ehrte ihn und versah ihn reichlich mit Mitteln. Brutalen Terror nach der Art eines Trujillo, Batista oder Pérez Jiménez übte Somoza nur selten aus; aber die, die ihn kritisierten, fanden es praktischer, in Mexico oder New York zu leben.

Nach der Ermordung Somozas übernahm sein Sohn Luis die provisorische Nachfolge (und wurde auch ein Jahr später mit der hübschen Mehrheit von neunundachtzig Prozent der abgegebenen Stimmen zum Präsidenten gewählt); Luis' Bruder, der jüngere Anastasio, blieb Chef der Nationalgarde. Die Söhne erbten die großen Vorrechte, aber auch die Probleme des Vaters, darunter eine wütende Fehde mit Costa Rica und Honduras. Als bedrohliche Gewitterwolke zeichnete sich am Horizont die Karibische Legion ab, eine ziemlich gestaltlose Ansammlung junger Patrioten aus dem gesamten karibischen Gebiet, die der Wunsch eint, die Gegend von Diktatoren zu säubern. Immerhin atmete Nicaragua unter Luis eine etwas freiere Luft: die Pressezensur wurde gelockert, und die Menschen auf der Straße wagten Meinungen zu äußern. Freilich bleiben Luis und Anastasio junior, wie der Vater »Tacho« gerufen, dabei, alle Kritiker als »Kommunisten« hinzustellen.

Costa Rica, von dessen Bevölkerung – über eine Million – etwa fünfundachtzig Prozent rein europäischer Abstammung und nur zwanzig Prozent Analphabeten sind, weicht in vielem auffallend von den Nachbarländern ab. Es führt im allgemeinen ein friedfertiges Dasein und verkündet seit Jahren voller Stolz, es habe mehr Lehrer als Soldaten. In der verfassungsmäßigen, demokratischen Regelung des politischen Lebens hat es größere Fortschritte aufzuweisen als alle anderen mittelamerikanischen Staaten. Im vorigen Jahrhundert waren seine Präsidenten fast ausnahmslos verfassungstreue und unbestechliche Männer; nur ein einziges echtes Diktaturregime (Tomás Guardia, 1870–1882) verunzierte das Bild. Charakteristisch für Guardias zwölfjährige Herrschaft war die unternehmerische Tätigkeit des Minor Keith, des Gründers der United Fruit Company, der die Bananenkultur einführte und Eisenbahnen baute.

Seit den freien Wahlen von 1889 genießt Costa Rica den Ruf einer der stabilsten Demokratien Lateinamerikas. Es gab zwar, wenn sich allzu ehrgeizige Politiker über die Verfassung hinwegsetzten, Rückfälle, aber sie waren nie von langer Dauer. Unter den Präsidenten der jüngsten Zeit sticht José Figueres hervor. Im Jahre 1948 war er der erfolgreiche Anführer eines – nichtmilitärischen – Aufstands gegen den Versuch einer von Kommunisten vorgeschobenen Clique, das Ergebnis ordnungsgemäß durchgeführter Wahlen zunichte zu machen; Figueres übernahm die Regierungsgewalt und händigte sie nach einer kurzen Interimsregierung den regulär gewählten Kandidaten aus. Mit Leichtigkeit gelang es dann Figueres, der Sozialist ist und ebenso leidenschaftlich den Kommunismus wie die lateinamerikanischen Diktaturen bekämpft, die Präsidentschaftswahlen von 1953 zu gewinnen. Er hat viel zur Hebung des Schulwesens, zur Anwendung wissenschaftlicher Methoden in der Landwirtschaft und zur Inangriffnahme öffentlicher Arbeiten beigetragen. Seine eindeutige Verurteilung der Diktaturen und seine konsequente Befolgung demokratischer Grundsätze in der costaricanischen Politik haben ihn zum Bannerträger der Freiheit in allen karibischen Ländern gemacht.

Damit hat sich »Pepe« Figueres nicht wenig Erzfeinde erworben; die Diktatoren Kubas, Venezuelas, Kolumbiens, Nicaraguas und der Dominikanischen Republik haben ihn als »Kommunisten« gebrandmarkt. Im Januar 1955 gingen seine Feinde zum offenen Angriff über: fremde Flugzeuge kreuzten über San José, und eine Invasionstruppe fiel über die nicaraguanische Grenze in Costa Rica ein. Auf den Appell Costa Ricas hin entsandte die Organisation der amerikanischen Staaten einen Untersuchungsausschuß ins Unruhegebiet. Der Ausschuß berichtete, es sei tatsächlich eine Invasion vom Norden her – aus Nicaragua – im Gange, und ersuchte die Vereinigten Staaten, der Regierung Costa Ricas gegen Bezahlung Flugzeuge zum Schutz des Landes zu liefern. Prompt ließ Washington vier Mustangs P-51 nach Costa Rica fliegen, und der kleine Krieg war in wenigen Tagen zu Ende. Die interamerikanische Zusammenarbeit hatte sich in diesem Fall jedenfalls ausgezeichnet bewährt.

Lauten Beifall trug Costa Rica – und Figueres – die Durchführung der Wahlen von 1958 ein. Figueres hatte drei UN-Beobachter ins Land gerufen, die die Wahlen überwachen sollten. Sein Kandidat wurde geschlagen und der Konservative Mario Echandi als Präsident gewählt. Als fairer Streiter erklärte Figueres: »Ich betrachte unsere Niederlage gewissermaßen als Beitrag zur Errichtung der Demokratie in Lateinamerika. Es ist bisher nicht üblich gewesen, daß eine Partei, die an der Macht war, die Wahlen verlor.«

Panamá, der letzte Nachzügler unter den unabhängigen Staaten Lateinamerikas, hatte 1903 mit Kolumbien gebrochen und war faktisch zu einem Protektorat der Vereinigten Staaten geworden. Washington pachtete ihm »auf ewige Zeiten« einen sechzehn Kilometer breiten Streifen für den Bau eines Kanals ab und übernahm – außerhalb der Kanalzone – die Polizei- und Hygieneaufsicht in Panamá City und Colón; dafür verpflichteten sich die Vereinigten Staaten, die Unabhängigkeit der neuen Republik militärisch zu schützen, eine einmalige Zahlung von zehn Millionen Dollar zu leisten und jährlich eine Pachtgebühr von zweihundertfünfzigtausend Dollar an Panamá abzuführen. (Der Jahresbeitrag wurde 1936 auf vierhundertdreißigtausend und 1955 auf 1 930 000 Dollar erhöht.) Im Jahre 1914 wurde der Kanal für den Verkehr freigegeben.

Aber die Republik von Panamá erwies sich noch lange nicht als lebensfähiges Staatsgebilde. Bis 1918 fanden wiederholt militärische Eingriffe der Vereinigten Staaten statt; seitdem drückte Washington mit den Mitteln der Diplomatie auf die schwachen Regierungen, die da in Panamá City kamen und gingen. Wahlen in Panamá werden von einer Handvoll prominenter Familien beherrscht. Die meisten Präsidenten waren unfähige Gestalten. Als der tüchtigste mag José Antonio Remón gelten, der von 1947 bis 1952 Chef der Nationalgarde war und in dieser Zeit als faktischer Diktator vier Präsidenten ins Amt brachte und wieder absetzte und sich dann schließlich 1952 selbst zum Präsidenten wählen ließ. Remón schaffte Ordnung, verbesserte die Verwaltungsorganisation, bestand auf Unbestechlichkeit des öffentlichen Dienstes und verringerte die Staatsschuld. Aber im Januar 1955 wurde Remón ermordet. Seitdem ist Panamá zu den schlechten alten Sitten zurückgekehrt.

Böses Blut schaffen die Spannungen zwischen Panamá und den Vereinigten Staaten. Panamá behauptet nicht ohne Grund, daß die amerikanischen Kanalbehörden panamaische Bürger bei der Einstellung von Arbeitskräften benachteiligen, rassische Diskriminierung betreiben und die Souveränität des Panamá-Staates mißachten. Im Vertrag von 1936, den der amerikanische Senat 1939 ratifizierte, gaben die Vereinigten Staaten jede Eingriffsbefugnis auf, sagten sich von der Verpflichtung los, die Souveränität Panamás militärisch zu schützen, verzichteten auf die Polizei- und Hygieneaufsicht in Panamá City und Colón und versprachen, verbilligte Waren aus den staatlichen Warenlagern der Kanalzone nur noch an nachweisliche Einwohner der Zone abzugeben. Das war nicht genug: Panamá protestierte weiter gegen ungleiche Behandlung. Schließlich verpflichteten sich die Vereinigten Staaten 1955 in einem neuen Vertrag, jegliche Diskriminierung in bezug auf Entlohnung und Arbeitsbedingungen zu unterbinden, überließen der Republik Panamá beträchtlichen Grundbesitz in Panamá City, der der amerikanischen Panamá-Eisenbahngesellschaft gehört hatte, und gestanden Panamá das Recht zu, siebzehntausend außerhalb der Kanalzone wohnende Arbeitnehmer der Kanalverwaltung zu besteuern.

Dennoch ist in Panamá die Hetze gegen die Vereinigten Staaten ein beliebter Zeitvertreib geblieben. Als Ägypten 1956 den Suezkanal übernahm, gab es in Panamá einen Ausbruch nationalistischer Leidenschaften, und beim Zusammentritt der Londoner Konferenz über die Suezfrage protestierte Panamá mit großer Lautstärke dagegen, daß es nicht zur Teilnahme aufgefordert worden sei. Anschließend erklärte Panamás Präsident de la Guardia vor Zeitungsleuten, daß Panamá beabsichtige, in der Kanalzone »seine volle Souveränität wiederherzustellen«; die Klausel »auf ewige Zeiten« im ursprünglichen Pachtvertrag zwischen Panamá und den Vereinigten Staaten habe nur akademische Bedeutung, denn »Gott allein macht ewige Dinge, Menschen machen Verträge«. Panamás offizielle Erklärungen, in denen von solchen Dingen nicht die Rede war, enthielten den Vorschlag, die amerikanische Regierung möge die jährlichen Pachtgebühren auf drei Millionen Dollar erhöhen, die kategorische Feststellung, daß Bergwerks- und Ölgerechtsame innerhalb der Kanalzone Eigentum der Republik Panamá seien, die Forderung an die Vereinigten Staaten, von der Errichtung von Radarstationen auf panamaischem Boden Abstand zu nehmen, und die Behauptung, daß sich die Hoheitsrechte Panamás in Küstengewässern auf eine Zwölfmeilenzone erstreckten.

Solche und ähnliche Kampfpositionen haben manchen amerikanischen und nichtamerikanischen Beobachtern die Überlegung nahegebracht, ob Washington nicht gut daran täte, den Kanal irgendeiner internationalen Stelle – etwa der Organisation der amerikanischen Staaten – zu überantworten, denn lebenswichtig sei der Kanal nicht mehr für die Vereinigten Staaten – weder wirtschaftlich noch militärisch –, und militärisch lasse er sich unter den gegenwärtigen Bedingungen ohnehin nicht mehr verteidigen. Im September 1960 machte der Präsident der Vereinigten Staaten eine versöhnliche Geste: er ordnete an, daß in der Kanalzone künftighin neben der Fahne der Vereinigten Staaten auch die Fahne Panamás gehißt werden sollte.

## *Länder des »Spanischen Kontinents«*

Die karibische Küste Südamerikas war der »Spanische Kontinent« der Piratenlegende, drei Jahrhunderte hindurch von Engländern, Franzosen und Holländern drangsaliert. Die Flaggen dieser drei Mächte flattern auch heute noch über einzelnen karibischen Inseln und manchen Gebietsstreifen des Festlands. Die beiden unabhängigen Staaten dieser Region, Venezuela und Kolumbien, liegen zwischen Panamá und dem Orinoko-Delta. Trotz der engen Nachbarschaft sind sie einander äußerst unähnlich. Venezuela ist reich an Erdöl und kann sich mit dem Ertrag der Ölwirtschaft einen Staatshaushalt von 840 Millionen Dollar leisten; der Wert der Gesamtausfuhr beläuft sich auf 2,37 Milliarden Dollar, wovon 92 Prozent auf Rohöl und Ölprodukte entfallen. Kolumbiens Wirtschaft ist bescheidener; der Staatshaushalt beansprucht etwa 200 Millionen Dollar, die Ausfuhr bringt rund 510 Millionen ein, von denen 77 Prozent aus dem Kaffee-Export kommen. Kulturell ist Venezuela zurückgeblieben, die Schulen sind unzureichend, das geistige Leben unentwickelt; Kolumbien ist ihm weit voraus – mit Autoren, die sich einen großen Namen gemacht haben, und mit einigen ausgezeichneten Universitäten. In der politischen Ebene hat Kolumbien, was Anhänglichkeit an konstitutionelle Methoden betrifft, Venezuela seit langem weit hinter sich gelassen.

### *Venezuela*

In Venezuela leben 6,4 Millionen Menschen, davon etwa 20 Prozent Weiße, 70 Prozent Mulatten und Mestizen, 8 Prozent Neger und 2 Prozent Indianer. Rund neun Zehntel der Einwohner drängen sich in einem Viertel des Staatsgebiets zusammen: dem nordwestlichen Hochland, in das eine niedrigere Gebirgskette der Anden ausläuft; hier liegen die wichtigen Städte Carácas, Valencia und Mérida. Die Llanos, Weideland des Orinoko-Beckens, und das Guayana-Hochland im Osten und Süden beherbergen nur ein Zehntel der Gesamtbevölkerung.

Lange Zeit eine der unansehnlichsten Besitzungen Spaniens, nahm Venezuela ab 1830 einen schwachen Anlauf; zu mehr reichte es nicht. In den zwei Jahrzehnten der Unabhängigkeitskriege hatte Venezuela zuviel junge Männer für Simón Bolívars Feldzüge in Kolumbien, Ecuador und Peru hergegeben; es war nun um mindestens ein Viertel der Bevölkerung ärmer. Nur im Lichte dieser Anfänge läßt sich die an Wirren reiche Geschichte der Republik verstehen. Mehr als zwanzig Verfassungen wurden im Laufe der Jahrzehnte beschlossen und vergessen; mehr als fünfzig bewaffnete Aufstände haben die friedliche Entwicklung unterbrochen. In der Regel hat Diktatur geherrscht; politische Parteien bedeuteten wenig, politische Prinzipien noch weniger. Die politische Geschichte des Landes gleicht einer Moritatenballade, in der von fünf Despoten die Rede ist. José Antonio Páez, der erste Häuptling-Präsident, regierte mit Geschick und beträchtlicher Mäßigung von 1830 bis 1846; dann folgten fünfzehn Jahre unter den verlumpten, aber ziemlich harmlosen Brüdern Monagas; 1861 riß Páez die Macht von neuem an sich und herrschte dann noch zwei Jahre mit diktatorischen Mitteln. Trotz der Tyrannei seiner letzten Jahre wird Páez für einen der ehrlichsten und tüchtigsten der venezuelischen Diktatoren gehalten. Über die anderen haben auch die allerpatriotischsten Venezueler wenig Gutes zu sagen.

Antonio Guzmán Blanco (1870–1888) war ein eitler Pfau, tüchtig, aber ohne jegliche Skrupel, zügellos und habgierig. Cipriano Castro (1899–1908), ein alkoholsüchtiger Abenteurer, leistete nichts. Juan Vicente Gómez zeigte sich während seiner siebenundzwanzigjährigen Diktatur (1908–1935) als der Prototyp des Tyrannen. Er hatte einige Tugenden: er überwachte die Erschließung der Ölfelder, spielte Amerikaner und Engländer gegeneinander aus, schlug die größtmöglichen Gewinne für Venezuela (und für sich selbst) heraus, war schlau genug, bedeutende Ölfelder für spätere Zeiten in Reserve zu halten, und hinterließ, als er 1935 starb, einen Staat ohne einen Pfennig Schulden. Aber sein Regiment war barbarisch: Tausende wurden aus dem Lande getrieben, Tausende ins Gefängnis geworfen, gefoltert, hingemordet – alles im Namen eines »demokratischen Cäsarismus«. Sein Tod wurde wenig betrauert – außer vielleicht von den hundert Söhnen und Töchtern, die er zurückließ und für die er mit gebührendem Vaterstolz ausgiebig vorgesorgt hatte.

Auf Gómez' Tod folgte eine Atempause von dreizehn Jahren; in dieser Zeit versuchten mehr oder minder verdienstvolle und idealistische Präsidenten, einiges für das zerschundene Land zu tun. Alle diese friedlichen Bemühungen rissen 1948 schlagartig ab: der Staat wurde vom Militär übernommen; 1952 zog der fünfte und schäbigste der venezuelischen Diktatoren in die Präsidentschaft ein: Marcos Pérez Jiménez, ein sadistischer Psychopath, der mordete, folterte und plünderte. Er gab Hunderte von Millionen für Prachtgebäude in Carácas aus und steckte bei jedem vergebenen Auftrag einen üppigen Provisionssatz in die Tasche; er streichelte liebevoll die Militärs und begünstigte ihre Plünderungen und Unterschlagungen; er baute Paläste für seine und seiner Spießgesellen Orgien und verwandelte die Staatsverwaltung in einen Trümmerhaufen. Gómez' größte Tugend ging Pérez Jiménez ab: nach ihm war die Staatskasse leer und schwer verschuldet. Nichtsdestoweniger wurde er geehrt und gefeiert; als er 1954 von frischen Raub- und Mordtaten nach Washington kam, verlieh ihm Präsident Eisenhower den Orden der Verdienstlegion. Und als ihn die Venezueler schließlich im Februar 1958 aus dem Lande jagten, erlaubten ihm die amerikanischen Behörden, sich mit den gestohlenen 250 Millionen Dollar der Venezueler in Florida niederzulassen.

Das Verdienst an der Vertreibung des Pérez Jiménez ist verschiedenen Einflüssen zugeschrieben worden. Einen erheblichen Beitrag hatten zweifellos die Offiziere der bewaffneten Macht, insbesondere der Luftwaffe, geleistet: Nationalstolz gebot ihnen, eine Tyrannenherrschaft zu stürzen, die den Ruf des Landes in den Schmutz zog. Nicht gering war auch der Beitrag der Kirche: Erzbischof Arias von Carácas sprach im Namen der Hierarchie, als er die Vernachlässigung der in »untermenschlichen« Verhältnissen vegetierenden Volksmassen geißelte. Doch ist der entscheidende Anstoß von zwei Oppositionsparteien ausgegangen, die es in über zehn Jahren trotz Verbot und Auflösung verstanden hatten, immer mehr Menschen um sich zu scharen: der Christlich-Sozialen Partei, der vor allem die konservative Rechte folgte, und der Acción Democratica, einer linksorientierten Partei, die 1947/48 vorübergehend die Macht erobert und den weithin bekannten Romanschreiber Rómulo Gallegos für einige Monate zum Präsidenten gemacht hatte. Unterdrückt und als »kommunistisch« (was sie weder war noch ist) angeprangert, gewann die Acción Democratica dennoch in aller Stille die Unterstützung der Universitätsstudenten, des gebildeten Mittelstandes, der freiheitsliebenden Arbeiter.

Als Pérez Jiménez im Januar 1958 entfloh und eine Junta mit Konteradmiral Wolfgang Larrazábal an der Spitze das schwer angeschlagene Staatsschiff übernahm, traten die Oppositionsparteien endlich wieder offen hervor. Bald zeigte sich, daß die Acción Democratica unter der Führung des fünfzigjährigen Rómulo Betancourt die Bevölkerung hinter sich hatte. Die Wahlen vom Dezember 1958 gewann Betancourt mit einer imponierenden Mehrheit. Im Februar 1959 trat er das Amt des Präsidenten an. Das von ihm aus Vertretern der drei wichtigsten Parteien gebildete Kabinett hat sich ein maßvolles Reformprogramm vorgenommen, das die Hebung des Erziehungswesens, die Umstellung der Landwirtschaft auf neue Kulturen, die Inangriffnahme der Industrialisierung und die Vorbereitung einer Bodenreform mit dem Ziel der Schaffung einer selbständigen Kleinbauernschaft anstrebt. Bedroht ist das neue Regime von zwei Seiten: Angriffe kommen abwechselnd von Angehörigen der Streitkräfte, die von Pérez Jiménez inspiriert werden, und von den Kommunisten, die eine nicht große, aber laute Minderheit darstellen.

## *Kolumbien*

Kolumbiens Staatsgebiet, das sich über 1,1 Millionen Quadratkilometer erstreckt, gliedert sich in zwei Teile: eine von Orinoko und Amazonas bewässerte Wildnis aus Wald und Dschungel, die fast zwei Drittel der Gesamtfläche des Landes ausmacht und in der sich bis jetzt nur zwei Prozent der Bevölkerung behaupten können, und das hochgelegene Andengebiet – etwas mehr als ein Drittel des Landes –, dessen Hochebenen und Täler tausend bis dreitausend Meter über dem Meeresspiegel rund achtundneunzig Prozent der Kolumbier beherbergen. Das Andengebiet ist das wirkliche, aktive Kolumbien. Es wird in nordsüdlicher Richtung von drei Ausläufern der Anden durchquert und von den Flüssen Magdalena und Cauca versorgt. Diese geographische Konstellation hat Politik, Wirtschaft und Kultur des Landes geformt. Die Verkehrsverbindungen zwischen den wichtigsten Siedlungszentren sind ungenügend; der Bogotá-Bezirk hat mit der Magdalena-Schiffahrt einen nur begrenzten Zugang zum Karibischen Meer; es fehlt immer noch an Eisenbahnen und wegsamen Straßen; die wichtigste Verbindung zwischen den weit auseinanderliegenden Städten stellt das seit 1920 bestehende Luftverkehrsnetz her. Die zerstückelte Lage des Landes bedingt einen übertriebenen Regionalismus und führt dazu, daß die Provinzen stürmisch und beharrlich um autonome Rechte kämpfen. Die Bevölkerung von über dreizehn Millionen besteht aus zwanzig Prozent Weißen, zwei Prozent Indianern, vier Prozent Negern und vierundsiebzig Prozent Mischlingen.

Politisch unterscheidet sich Kolumbien sehr wesentlich von Venezuela. Auch Kolumbien hat seit 1830 viel Gewaltanwendung, mehr als zwanzig Bürgerkriege und ein Dutzend Verfassungen erlebt. Aber zum Unterschied von Venezuela wurden hier Wahlen immer ernst genommen und häufig auf ehrliche Weise abgehalten; Diktaturperioden waren selten und von kurzer Dauer. Was das politische Getriebe angeht, besteht der entscheidende Unterschied zwischen Venezuela und Kolumbien darin, daß in Venezuela hauptsächlich konkurrierende Häuptlinge, Caudillos, einander bekriegten, wobei es nur äußerst selten um echte geistige Auseinandersetzungen ging, während in Kolumbien umgekehrt laut und hartnäckig um Prinzipien gekämpft wurde. Die Konservativen standen treu zu den Grundsätzen des Zentralismus und zur Kirche; die Liberalen setzten sich für Föderalismus und Antiklerikalismus ein. Und auch heute, hundertdreißig Jahre nach der Erringung der Unabhängigkeit, geht derselbe Kampf noch weiter. Für wirtschaftliche Reformen, namentlich für eine gerechte Landverteilung, war dagegen größeres Interesse weder bei Konservativen noch bei Liberalen zu finden.

Ebenso wie Venezuela, Ecuador, Peru und Bolivien verdankt Kolumbien seine Freiheit dem schillernden Befreier Simón Bolívar (der 1830 gestorben ist); seine erste staatliche Formgebung erhielt es von Francisco de Paula Santander unter der Parole: »Waffen haben uns die Unabhängigkeit gegeben, Gesetze werden uns die Freiheit geben.« Santander, der in den zwanziger Jahren in Bolívars Diensten gestanden hatte, trug während seiner Amtszeit (1832–1836) nicht wenig dazu bei, dem Lande das dauerhafte Gepräge einer auf Verfassungstreue gestützten staatlichen Ordnung zu geben. Er war ein Friedensstifter, der extreme Richtungen miteinander zu versöhnen suchte, der neuen Ideen zugetan war, aber die Kirche nicht provozieren wollte. Den Politikern, die ihm – bis ans Ende des 19. Jahrhunderts – nachgefolgt sind, fehlte dies ausgleichende, friedliebende Temperament. Die Regierungsgewalt ging verschiedentlich von Hand zu Hand: von den Konservativen, die sich in extremen Klerikalismus und die Unantastbarkeit der Grundbesitzerrechte verbissen, zu den Liberalen, die vom spritzigen Wein der französischen Aufklärung berauscht waren, und wieder zurück. Ein charakteristischer Ausdruck dieser wechselnden Stimmungen waren die Verfassungen, die einander in rascher Folge ablösten. Ein besonderes Gesicht gaben der Entwicklung die Narben, die die Bürgerkriege hinterließen.

Um 1861 hatten die Liberalen die Oberhand gewonnen und es dann zwanzig Jahre lang verstanden, sich an der Macht zu halten; in dieser Zeit gedieh der Föderalismus, und die traditionellen Rechte der Kirche wurden Beschränkungen unterworfen. Dann aber kamen 1880 unter der Führung des begabten Patrioten Rafael Núñez die Konservativen an die Macht. Das Land müsse, hatte Núñez verkündet, »zwischen Regeneration und Zusammen-

Das Bolivar-Gebäude und Slums in Caracas, der Hauptstadt von Venezuela
Volksbefragung in der kolumbianischen Hauptstadt Bogotá

Eisenmine bei La Serena in Chile

bruch« wählen. In seinem Regenerationseifer stellte Núñez die Macht der Kirche wieder her, errichtete ein spartanisch strenges zentralisiertes Staatsgebilde und beherrschte das Land mit starker Hand bis zu seinem Tode (1894); die Verfassung von 1886 verkörperte seine Regierungsgrundsätze.

Um die Wende des Jahrhunderts wurde Kolumbien plötzlich von zwei Ereignissen erschüttert. Im Jahre 1899 brach ein Bürgerkrieg aus; drei Jahre lang wurden die Streitkräfte der Liberalen von den Truppen der Bundesregierung bekämpft. Hunderttausend Menschen kamen ums Leben, große Vermögenswerte wurden vernichtet, und allgemeine Demoralisierung griff um sich. Das Bewußtsein des nationalen Zerfalls, das der sinnlose Krieg ausgelöst hatte, wurde unmittelbar darauf noch vertieft durch den Abfall Panamás.

Die Panamá-Angelegenheit war eine verworrene Affäre. Der kolumbischen Zentralregierung hatte Panamá nie besondere Treuegefühle entgegengebracht, und die Trennung im Jahre 1903 fiel ihm nicht schwer. Die Vereinigten Staaten, geführt von dem talentvollen, aber kriegerischen Präsidenten Theodore Roosevelt, hatten von Kolumbien die Verpachtung eines Gebietsstreifens auf der Landenge von Panamá verlangt, jedoch Kolumbiens Einverständnis nicht erlangen können; darauf ließ Washington klar erkennen, daß ihm ein Aufstand in Panamá sehr gelegen käme. Die Angelegenheit wurde durch die alte französische Kanalgesellschaft kompliziert, deren Agenten in Washington für die Abtretung des alten Kanalbauvertrages mit Kolumbien vierzig Millionen Dollar kassieren wollten und eine rege Tätigkeit in diesem Sinne entfalteten. Unter diesem kombinierten Druck schlug ein kleines Grüppchen in Panamá los: am 3. November 1903 wurden einige Schüsse abgefeuert und die Unabhängigkeit der Panamá-Republik proklamiert. Bereits drei Tage später erkannte Roosevelt die neue Republik an, und am 18. November unterzeichnete Washington einen Vertrag mit dem neugegründeten Staat: »auf ewige Zeiten« wurde den Vereinigten Staaten der gewünschte Gebietsstreifen verpachtet. Natürlich waren die Kolumbier empört und zugleich, da sie sich nicht wehren konnten, niedergeschlagen und deprimiert. Der Kanal wurde von den Vereinigten Staaten gebaut und 1914 eröffnet.

In Kolumbien setzte sich die Reaktion auf diese Schicksalsschläge in den Ruf nach einem »starken Mann« um, der die Dinge wieder ins richtige Gleis bringen sollte. Die Konservativen, die immer noch die Wahlmaschinerie beherrschten, besetzten die Präsidentschaft mit Rafael Reyes Prieto, der sofort diktatorische Maßnahmen verhängte. Obgleich das Reyes-Regime (1904–1909) beachtliche wirtschaftliche Erfolge erzielen konnte, bediente es sich brutaler Mittel und blieb äußerst unbeliebt. Nach seiner Liquidierung suchten sich die Konservativen Präsidenten von etwas mäßigerem politischem Temperament; in den folgenden zwanzig Jahren wurde unter fünf konservativen Regierungschefs das Regierungssystem verbessert und die behördliche Wahlbeeinflussung abgeschwächt; mit der steigenden Kaffeeausfuhr kam ziemlich schnell eine fühlbare wirtschaftliche Belebung. Um ihr schlechtes Gewissen in Sachen Panamá zu beschwichtigen, zahlten die Vereinigten Staaten an Kolumbien fünfundzwanzig Millionen Dollar; dieser beachtliche Betrag wurde für den Ausbau von Häfen, Eisenbahnen und Überlandstraßen verwendet. Amerikanische Erdölgesellschaften ließen sich Bohrungskonzessionen geben und investierten rund fünfundvierzig Millionen Dollar. Amerikanische Banken liehen der kolumbischen Zentralregierung und den einzelnen Departamentos (Provinzen) über zweihundert Millionen Dollar. Das alles ließ Kolumbien etwas optimistischer in die Zukunft blicken. Aber dann kam mit der Weltwirtschaftskrise von 1929 der Niederbruch der Kaffeepreise, und Kolumbien erlebte von neuem eine politische Umwälzung, diesmal allerdings in friedlichen Bahnen.

In wirklich freien Wahlen siegten 1930 die Liberalen, die dann auch bis 1946 im Sattel blieben. Sie stellten mehrere tüchtige Präsidenten: Enrique Olaya Herrera (1930-1934), Alfonso López Pumarego (1934-1938 und 1942-1945), Eduardo Santos (1938-1942), Alberto Lleras Camargo (1945/46). Die Wirtschaft erholte sich in einem stetigen Aufschwung; Grenzstreitigkeiten mit Nachbarstaaten wurden beigelegt; die scharf negative Haltung gegenüber der protestantischen Minderheit konnte gemildert werden; Schritt um Schritt wurden die Beziehungen zu den Vereinigten Staaten verbessert. Indes tat sich in den Reihen der Liberalen, die über eine ansehnliche Stimmenmehrheit verfügten, eine tiefe Kluft zwischen dem rechten und dem linken Flügel auf; da sie 1946 nicht mehr überbrückt werden konnte, siegten bei den Wahlen die Konservativen über die gespaltene Liberale Partei.

Mit dem Übergang der Staatsmacht an die Konservativen begann eine neue Ära der Anarchie, des Bürgerkriegs und der Diktatur, die bis 1959 anhalten sollte. Die Schuld an diesem tragischen dreizehnjährigen Zwischenspiel trifft etwa zu gleichen Teilen die demagogischen linken Elemente unter den Liberalen und die ultraklerikalen, ultrareaktionären Elemente unter den Konservativen. Der konservative Präsident Mariano Ospina Pérez (1946-1950) vermochte die einander befehdenden Kräfte nicht im Zaum zu halten; im Jahre 1948, zu der Zeit, als die Neunte Internationale Konferenz der amerikanischen Staaten in Bogotá zusammentrat, wurde der linksliberale Führer Jorge Eliécer Gaitán ermordet; das war das Signal zu einer Serie von Verschwörungen und Gegenverschwörungen mit blutigen Kämpfen in den Städten und auf dem flachen Lande. Laureano Gómez, 1950 zum Präsidenten gewählt, zeigte sich als das abschreckende Beispiel eines autoritären Klerikalen; das Diktaturregime, das dieser Bewunderer Francisco Francos und Adolf Hitlers einführte, war wohl das härteste, das Kolumbien je erlebt hat. Und der Bürgerkrieg zwischen Liberalen und Konservativen flackerte im ganzen Lande immer von neuem auf. Als eine Militärrevolte unter Führung des Generals Gustavo Rojas Pinilla im Juni 1953 Laureano Gómez vertrieb, war die Freude allgemein.

Aber die vierjährige Diktatur (1953-1957), die nun folgte, war grausam, brutal und korrupt. Als Befreier von der Gómez-Tyrannei gefeiert, enttäuschte Rojas Pinilla das Volk in jeder Beziehung. Er zerstörte die Überreste des parlamentarischen Systems, zeigte keinerlei Verständnis für wirtschaftliche Notwendigkeiten, unterdrückte die Presse, verhaftete und mordete seine Kritiker. Anders als sein langjähriger Freund Odría, der Präsident von Peru, bereicherte er sich an Staatsaufträgen und raffte ein wahres Vermögen an Grundbesitz und Viehherden zusammen. Sein Regime hatte aber ein Gutes: die unermüdliche Verfolgung der Führer der beiden großen Parteien rief nicht nur unter den Parteien, sondern auch im ganzen Volk eine so einheitliche Oppositionsstimmung hervor, daß sich schließlich Liberale und Konservative zusammenfanden und Rojas gemeinsam stürzten. Nach getaner Tat schlossen die beiden Parteien ein Stillhalteabkommen ab, in dem sie sich zur Zusammenarbeit verpflichteten und darauf einigten, abwechselnd den Präsidenten der Republik zu stellen.

Als Rojas Pinilla im Mai 1957 nach Spanien entkam, fiel die Staatsgewalt zunächst an eine Militärjunta. Sie stand vor gewaltigen Problemen: in den entlegeneren Provinzen dauerten immer noch Guerillakämpfe an; die Finanzlage war verzweifelt – der Diktator hatte eine halbe Milliarde Dollar Schulden hinterlassen. Die einzige Hoffnung war das problematische Bündnis der Konservativen und Liberalen. Die Schlüsselfigur im konservativen Lager war der Ex-Diktator Laureano Gómez, immer noch im Exil in Spanien; der Bannerträger der Liberalen war der kluge Alberto Lleras Camargo. Wie zu erwarten war, zeigte der unversöhnliche Gómez keine Neigung zur Verständigung; darauf flog Lleras nach Spanien und brachte es fertig, Gómez umzustimmen. Unter diesem eigenartigen Gespann wurde das Parteienabkommen tatsächlich eingehalten. Im März 1958 erfolgten in ziemlicher Freiheit die Kongreßwahlen, die den Liberalen eine sichere Mehrheit brachten. Und dann geschah das Unerwartete: Gómez befürwortete energisch die Wahl Lleras Camargos zum Präsidenten; Lleras wurde fast einstimmig gewählt und übernahm im August die Präsidentschaft. Er hat seine Regierung, in die er alle wichtigen Gruppen berufen hatte, mit weiser Mäßigung geführt. Es gab zwar noch Terrorakte in manchen ländlichen Gebieten, aber allgemein herrschte am Ausgang des Jahres 1960 das Gefühl vor, daß Kolumbien endlich den Weg zu einem geordneten Staatswesen wiedergefunden hatte.

## *Indianische Andenregion*

Drei Republiken – Ecuador, Peru und Bolivien – teilen sich heute in das Gebiet, über das einst die Inkas herrschten: 2,6 Millionen Quadratkilometer Küstenflachland, Hochebenen und Dschungel. Das ist Indianerland; von den 17,5 Millionen Menschen, die hier leben, sind mindestens achtzig Prozent rein indianischer oder gemischter spanisch-indianischer Abstammung, zehn bis fünfzehn Prozent sollen weiß sein, und dazu gibt es kleinere Gruppen von Negern, Japanern, Chinesen und anderen Völkern. Die Geschichte der drei Staaten ist durch Mangel an politischer Stabilität und ständige Wiederkehr von Diktaturen gekennzeichnet. Heute tasten sie sich zu demokratischen Daseinsformen vor – trotz den Erschwerungen, die ihnen Armut und Analphabetentum auferlegen.

### *Ecuador*

Die heutige »Republik des Äquators« liegt in dem Gebiet, das die Inkas Quitu nannten; das war, solange das Inkareich existierte, sein nördlicher Vorposten. Nach der Eroberung durch Spanien war das frühere Quitu dann drei Jahrhunderte lang eine *presidencia* des Vizekönigtums von Lima. Das Gebiet ist in neuerer Zeit geschrumpft: unter den Spaniern gehörte zu ihm eine Fläche von über einer Million Quadratkilometern, aber im 19. und auch noch im 20. Jahrhundert haben Kolumbien, Brasilien und Peru ein Stück Land nach dem anderen annektiert; heute weht die Fahne Ecuadors nur noch über einem Territorium von 271 000 Quadratkilometern. Ecuadors vier Millionen Einwohner bewohnen vier ganz unterschiedliche Regionen: ungefähr drei Fünftel der Bevölkerung leben in der Sierra in Hochebenen und Gebirgstälern etwa zweitausenddreihundert bis dreitausend Meter über dem Meeresspiegel; etwa ein Drittel bevölkert das Flachland an der achthundert Kilometer langen Küste; schätzungsweise fünf Prozent, primitive Indianerstämme, führen ein abgeschlossenes Dasein im östlichen Dschungel; und etliche Hundert Menschen haben sich auf den um den Äquator verstreuten Galapagos-Inseln achthundert bis elfhundert Kilometer westlich niedergelassen. Ecuadors Bevölkerung setzt sich aus etwa neununddreißig Prozent Indianern, einundvierzig Prozent Mestizen, zehn Prozent Negern und zehn Prozent Weißen zusammen.

Wirtschaftlich ist Ecuador eins der stiefmütterlich bedachten Länder Südamerikas. Hier herrschen noch völlig koloniale Zustände: das Land hängt von der Bananen-, Kaffee- und Kakaoausfuhr ab und muß den größten Teil seines Bedarfs an Industrieerzeugnissen durch Einfuhr decken. Kulturell und politisch hat es an der entsetzlichen Armut und dem Analphabetentum von vielleicht neunzig bis fünfundneunzig Prozent der Bevölkerung schwer zu tragen. Schulen waren immer dünn gesät. Die kirchliche Seelsorge wird – bis auf wenige hervorragende Ausnahmen – seit eh und je von höchst mangelhaft ausgebildeten Geistlichen versehen.

Seit der Trennung von Groß-Kolumbien im Jahre 1830 ist die Geschichte Ecuadors eine uneben zusammengehauene Kette von Despotien. Es hat in der Zwischenzeit sechzehn verschiedene Verfassungen und siebenundvierzig Personen im Präsidentenamt gegeben. Zwei Streitfragen haben immer im Vordergrund gestanden: dem Klerikalismus traten mit schneidender Schärfe Gegner der Kirche entgegen, und unaufhörlich befehdeten einander das konservative Quito und das liberale Guayaquil.

Nach den ersten dreißig Jahren politischer Scharmützel, in denen keine auf Dauer achtunggebietende Persönlichkeit hervorgetreten ist, wurde Ecuador sein erster bedeutender Diktator beschert. Gabriel García Moreno, der »christliche Herkules«, herrschte absolut und mitunter weise von 1860 bis zu seiner Ermordung 1875. Brillant, exzentrisch, unanfechtbar ehrlich, widmete sich García Moreno hingebungsvoll dem Ausbau eines dem Herzen Jesu geweihten theokratischen Staates. Er bewunderte Philipp II., den Glaubenseiferer des 16. Jahrhunderts, als den größten aller katholischen Herrscher; er war überzeugt, daß »die Zivilisation die Frucht des Christentums« sei; er unterwarf sich und sein Volk der härtesten Disziplin. Es gab keine Freiheit, aber es gab Fortschritt: García Moreno organisierte eine brauchbare Verwaltung, baute Straßen, förderte den Außenhandel, zog ausländisches Kapital heran, verbesserte die Anbaumethoden in der Landwirtschaft, spornte die Erziehungsarbeit an. Er schmiedete die ecuadorianische Nation zusammen und prägte seine Vision und seinen Willen dem Volk so fest auf, daß bei aller Schwäche der Präsidenten und trotz wiederholten Bürgerkriegen sein Erbe noch zwei Jahrzehnte nachwirkte und die eigentliche integrierende Kraft in Ecuador blieb.

Nach 1895 hat die Entwicklung Ecuadors wenig Bemerkenswertes aufzuweisen. Von 1895 bis 1944 regierten die Liberalen; ihre tüchtigsten Präsidenten waren Eloy Alfare (1895 bis

1901 und 1906–1911) und Leónidas Plaza Gutiérrez (1901–1905 und 1912–1916); eine gewisse Steigerung der Produktivität wurde erzielt, namentlich bei Kakao, und einige wenige Familien bereicherten sich im zweiten Jahrzehnt des Jahrhunderts. Aber die meiste Kraft verwandten die Liberalen auf die Bekämpfung der Kirche und auf innere Zwistigkeiten; zur Stärkung des Landes trugen sie nur wenig bei.

Neue Unruhe störte die Entwicklung nach 1944. Von 1944 bis 1947 regierte José María Velasco Ibarra (der schon früher – 1934/35 – das Amt des Präsidenten bekleidet hatte und dann wieder von 1952 bis 1956 amtieren sollte), ein Demagoge, der wenig dazu beitrug, geordnete Verhältnisse und Wohlstand herbeizuführen. Am tüchtigsten zeigte sich Galo Plaza Lasso (1948–1952), ein tatkräftiger Landwirt, der mit Bodenarten, Saatgut, Düngemitteln und Viehzucht ausgezeichnet Bescheid wußte und seine Tätigkeit an der Spitze des Staates dazu benutzte, seinem rückständigen Volke einiges solide Wissen auf diesen für das Wohlergehen des Landes entscheidenden Gebieten beizubringen. Als überzeugter Demokrat brachte er es zuwege, die Armee in Schach zu halten, aufsässige Politiker zu zügeln, unverfälschte Wahlen durchzuführen und dem Lande mehr Achtung vor verfassungsmäßigen Grundsätzen einzuflößen, als Ecuador je gekannt hatte. Plazas bleibender Einfluß zeigt sich vielleicht am besten darin, daß die übliche Plage der bewaffneten Aufstände weder Velasco Ibarra in seiner dritten Amtsperiode noch Camilo Ponce Enríquez, der nach ihm 1956 die Präsidentschaft übernahm, ernsthaft zu schaffen machte. Anscheinend hatte seit Plaza die Überzeugung an Boden gewonnen, daß Entscheidungen von nationaler Tragweite im Wahllokal statt in Kasernen getroffen werden sollten.

Zur Überraschung und Erschütterung der politisch denkenden Minderheit brachten die Wahlen von 1960 den Sieg des gefürchteten, nun siebenundsechzigjährigen José María Velasco Ibarra, der somit zum viertenmal in die Präsidentschaft berufen wurde. Ein Demagoge von reinstem Wasser, gewann Velasco die Wahlen auf die Weise, daß er der unwissenden Wählermasse alle möglichen irdischen Güter verhieß (und Töne anschlug, die an den Klang der Reformeingriffe Fidel Castros auf Kuba erinnerten). Eine seiner ersten Amtshandlungen war die Ankündigung, daß Ecuador die Regelung der Grenzstreitigkeiten mit Peru, die 1942 auf Betreiben der Vereinigten Staaten, Argentiniens, Brasiliens und Chiles zustande gekommen war und Ecuador um einige Tausend Quadratkilometer Dschungelland im Amazonasbecken ärmer gemacht hatte, fortan nicht mehr anerkennen werde. Indes meinten umsichtige Beobachter, daß das schwache und rückständige Ecuador kaum wagen könnte, sich auf einen neuen Konflikt mit dem viel stärkeren Peru einzulassen.

*Peru*

Das Land, das heute Peru heißt, war einst das Herzstück des Inkareiches und später die Zentraldomäne des spanischen Vizekönigtums, dem der größte Teil Südamerikas vom Karibischen Meer bis zur Magalhãesstraße unterstand. Mit seinen 1,25 Millionen Quadratkilometern Fläche, einer Küstenlänge von 2270 Kilometern und einem westöstlichen Durchmesser (an der weitesten Stelle) von fast 1300 Kilometern ist Peru das viertgrößte Land Lateinamerikas. Geographisch ist es dreigeteilt. Das Küstenland, etwa ein Zehntel des gesamten Staatsgebietes, ist ein langer, schmaler Streifen, zum größten Teil kahle Sandwüste, hier und da von wenigen kleinen Flüssen in blühende Oasen verwandelt, in denen fast ein Fünftel der Bevölkerung des Landes Unterkunft findet; das größte Zentrum ist die Hauptstadt Lima (1,1 Millionen Einwohner), die nicht nur über die Küste, sondern auch über das ganze Land gebietet. Daneben erhebt sich die Sierra: drei Gebirgsketten der Anden, deren Plateaus und Bergabhänge – insgesamt dreiundsechzig Prozent des Staatsgebiets – drei Viertel der peruanischen Nation beherbergen. Hier gibt es Städte, die mehr als dreitausend Meter über dem Meeresspiegel liegen: Cuzco, Puno, Ayacucho, Juliaca. Der dritte Teil des Landes ist die *montaña*, das üppig wuchernde Dschungelland der Ostkordillere mit schnellen Flüssen, die zum Stromgebiet des Amazonas hinabgleiten: etwa fünf Prozent der Landesfläche mit weniger als fünf Prozent der Bevölkerung.

Zu fünfundvierzig Prozent sind die gut zehn Millionen Einwohner Perus reine Indianer, dreiundfünfzig Prozent sind gemischter spanisch-indianischer Abstammung, und noch nicht zwei Prozent werden als Weiße gezählt. Peru ist ein Indianerland, aber seinen Staat und seine Wirtschaft beherrschen von Anfang an einige Dutzend spanische Familien, denen der meiste Grundbesitz gehört und die in den besten Häusern Limas residieren. Es gibt in Peru einige Chinesen und Japaner. Die Einwanderung aus Europa war immer gering, doch haben Deutsche, Italiener und Deutsch-Schweizer bei der wirtschaftlichen Erschließung des Landes eine wichtige Rolle gespielt.

Perus Wirtschaft ist vielseitig und vielgestaltig. Die reichen Vorkommen an Erdöl, Blei, Kupfer, Eisen, Zink, Silber, Gold und Vanadium werfen hübsche Profite ab für die amerikanischen, englischen und sonstigen ausländischen Unternehmer, die sie ausbeuten, und für den Staat, der sich dafür bezahlen läßt. Auch die agrarische Produktion ist vielfältig; Baumwolle und Zucker liefern etwa vierzig Prozent der Ausfuhrerlöse; rund fünfundachtzig Prozent der Bevölkerung leben von der Agrarwirtschaft. Den größten Teil des volkswirtschaftlichen Ertrages ziehen allerdings die ausländischen Kapitalbesitzer und die vornehmen Familien Limas an sich. Die Indianer- und Mestizenmassen bilden ein unterernährtes, zum überwiegenden Teil analphabetenhaftes Proletariat.

Die Politik des Landes seit der Unabhängigkeit ist steril gewesen: die Parteien waren schwindsüchtig, die Wahlen gefälscht, die politischen Prinzipien leeres Wortgeklingel. Zumeist haben Diktatoren geherrscht. Immerhin ist Peru um die zwei Streitprobleme herumgekommen, die Mexico, Kolumbien und andere Länder lange Zeit so schweres Kopfzerbrechen bereitet haben: die Föderalismus-Zentralismus-Kontroverse war durch die eindeutige Vormachtstellung Limas von vornherein entschieden, und die Auseinandersetzung zwischen Kirche und Antiklerikalen war nur selten wütend, so daß die Kirche von ihren historischen Vorrechten mehr hat behalten können als in sonst einem Land Lateinamerikas.

Nach der endgültigen Niederlage der Spanier im Jahre 1824 war Peru zunächst zum Spielball seiner Kriegshelden geworden; zwei Jahrzehnte lang tobten zerstörende Kämpfe zwischen einzelnen Personen und Cliquen. Soldaten, die keine Löhnung erhielten, wurden nachgerade zu Banditen; das Land verfiel der Anarchie. Im Jahre 1845 bemächtigte sich der Präsidentschaft Ramón Castilla, der fähigste Regierungschef, den Peru im 19. Jahrhundert gehabt hat; mit einer kurzen Unterbrechung (1851-1854) blieb er bis 1862 an der Spitze des Staates. Sein Regime war diktatorisch, aber durch des Diktators Weisheit und Gutartigkeit gemildert. Castilla sorgte für Ordnung, förderte verbesserte Anbaumethoden und gab den Anstoß zur Wiederaufnahme der bergbaulichen Produktion, die ein halbes Jahrhundert daniedergelegen hatte. Obgleich er glühender Katholik war, besänftigte er die Antiklerikalen durch Abschaffung der Kirchengerichte. Er hob die Negersklaverei auf und unterband – wenigstens in der Theorie – die Heranziehung der Indianer zu Zwangstributen. Im Jahre 1860 gab er Peru eine Verfassung, die fünfzehnte in vierzig Jahren; darin wurde die Staatsgewalt zum größten Teil auf den Präsidenten übertragen, das Wahlrecht beschränkt und die Sonderstellung der Kirche anerkannt. Als Castilla 1862 abtrat, war Peru besser verwaltet und wirtschaftlich in besserer Verfassung, als es in den nächsten fünfzig Jahren sein sollte.

Die größten Wohltäter Perus waren nicht Menschen, sondern Vögel. Seit undenklichen Zeiten hatten Millionen von Seevögeln ihre Exkremente auf den unbewohnten Inseln in der Nähe der Pazifikküste abgelagert. Vom Regen nicht hinweggespült, hatten sich ganze Berge von Vogeldung aufgehäuft. Die Inkas hatten ihn benutzt, und die Indianer hatten große Ladungen ins Gebirge geschafft, um den Boden der Abhangstufen zu düngen, die sie aus den Bergen herausgehauen hatten. Mit dem Abbau des Silbers von Potosí (Bolivien) beschäftigt, hatten sich die Spanier um diesen prosaischen Schatz nicht gekümmert. Aber in den vierziger Jahren wurde dieser Guano auf Castillas Initiative hin zum Staatsmonopol erklärt, und kurze Zeit darauf gingen große Schiffsladungen nach Übersee, den erschöpften Boden Europas anreichern zu helfen. Dann wurden in den trockenen Wüsten des Südens große Salpetervorkommen entdeckt; Peru erteilte Konzessionen an ausländische Unternehmer, hauptsächlich Engländer und Chilenen, die den Salpeter abbauten und an europäische Düngemittel- und Schießpulverfabriken lieferten. Vierzig Jahre lang war Peru reich.

Der neuentdeckte Reichtum zeugte Unheil. Erstens entfesselte Spanien, das schon lange von der Wiedereroberung des verlorenen Kolonialreichs geträumt hatte und nun auch noch von den Guanoschätzen angelockt wurde, einen Seekrieg gegen Peru (1864-1866) und besetzte die Chincha-Inseln, zog sich am Ende aber dann doch zurück. Zweitens korrumpierte das so leicht sprießende Geld die peruanischen Politiker; die meisten schwachen Präsidenten, die auf Castilla folgten, waren korrupt. Ein besonders trübes Kapitel war der Eisenbahnbau unter dem Präsidenten José Balta (1868-1872) und einigen seiner Nachfolger. Der amerikanische Abenteurer Henry Meiggs, halb Scharlatan, halb Genie, erbaute einen großen Teil des Eisenbahnnetzes, das einerseits die Hafenstadt Mollendo mit Cuzco, anderseits Callao und Lima mit Huancayo verbindet, verteilte fette Bestechungssummen an Präsidenten und Kongreßmitglieder und behielt nicht wenig für sich. Das dritte Unheil war der Pazifik-Krieg von 1879 bis 1883, in dem Chile um den Salpeter der Wüste gegen Peru und Bolivien kämpfte. Chile siegte, zwang Bolivien zur Hergabe seines Küstenlandes und nahm den Peruanern den größten Teil ihres reichen Salpetergebietes weg. So versiegte in den achtziger Jahren Perus Goldregen. Ins 20. Jahrhundert schlitterte das Land im Bewußtsein nationalen Versagens und mit einer aus dem unseligen Krieg herrührenden Schuldenlast von zweihundert Millionen Dollar.

In den ersten Jahrzehnten des neuen Jahrhunderts war das wichtigste Geschehen die Diktatur Augusto B. Leguías (1908-1912 und 1919-1930). Der energische und gründliche Leguía stellte die Ordnung wieder her, kurbelte Landwirtschaft und Bergbau an und rettete Perus zerrütteten Kredit an den internationalen Märkten. Er lieh neunzig Millionen Dollar von amerikanischen Banken, baute Eisenbahnen, Straßen, Häfen, Bewässerungsanlagen und – einen pomphaften Marmorpalast für sich selbst. Er zog ausländische, hauptsächlich amerikanische Gesellschaften ins Land, die den Bergbau ausbauten, die Schiffahrt organisierten und Erdöl zu fördern begannen. Da er einige Bildungsideen hatte, baute er zahlreiche Schulen, importierte Lehrkräfte aus den Vereinigten Staaten und tat einiges zur Milderung der unmenschlichen Bedingungen, unter denen sich die Masse der Indianer abmühte. Aber es gab nur wenig Freiheit unter Leguías unerbittlichem Regiment.

Die unvermeidliche Revolte nahm ihren Ausgang von den Studenten der sterbenskranken San-Marcos-Universität; die glanzvollsten Studentenführer waren José Carlos Mariátegui und Víctor Raúl Haya de la Torre. Mariátegui schrieb die schärfsten kritischen Abhandlungen über die Übel Perus – und starb. Aber Haya de la Torre, oft im Gefängnis oder im Exil, immer der Abgott der Masse und Gründer der APRA (Alianza Popular Revolucionaria Americana), hat das Leben Perus von den Tagen Leguías an bis heute stark beeinflußt. Während Peru nach der 1930 erfolgten Absetzung Leguías unter Luis Sánchez Cerro (1930-1932), Oscar Benavides (1933-1939) und Manuel Prado (1939-1945) richtungslos einherstolperte, blieb Haya de la Torre – manchmal im Exil, manchmal im Gefängnis oder in den Vorstadtbezirken Limas verborgen – die einzige einflußreiche Gestalt in Peru, von manchen als Kommunist verschrien, aber von der Mehrheit seines Volkes fast wie ein Messias verehrt. Seine politischen Lehren waren eine seltsame Mischung von Sozialismus und Faschismus: er wollte die Indianer befreien, den ausländischen Imperialismus abschütteln, den Panamá-Kanal internationalisieren, den Grund und Boden und die Industrie verstaatlichen.

Eine Gelegenheit, ihr Können zu erproben, erhielt die APRA unter der Präsidentschaft des Liberalen José Luis Bustamante (1945-1947). Tatsächlich verdankte Bustamente seine Wahl den *apristas*, und Dutzende von Politikern aus der näheren Umgebung Haya de la Torres waren plötzlich im Kabinett, im Kongreß und in zahlreichen Regierungsämtern zu finden. Da er nun die Oberhand hatte, leitete Haya de la Torre verschiedene durchgreifende Maßnahmen in der Richtung auf Arbeitsbeschaffung, Bodenreform und Industrialisierung in die Wege. Aber gegenüber dem wütenden Widerstand der Grundbesitzer, Bankiers, Industriellen und Militärs entpuppte sich die APRA als naiv und hilflos. Als dann ein führender Zeitungsmann ermordet wurde, die Marine in Callao meuterte und die *apristas* sich beides in die Schuhe schieben ließen, war das liberale Intermezzo schnell vorbei: eine Militärjunta mit General Manuel Odría an der Spitze drängte Bustamente 1947 aus dem Amt und warf einige hundert *apristas* ins Gefängnis.

Unter Odría, der von 1947 bis 1950 mit Hilfe der Armee regierte und sich für die Amtsperiode 1950-1956 ordnungsgemäß zum Präsidenten wählen ließ, wurden die führenden *apristas* verhaftet oder verbannt. Haya de la Torre flüchtete in die kolumbische Botschaft in Lima (nach lateinamerikanischer Praxis gewähren alle Botschaften politischen Flüchtlingen diese Art Asyl) und blieb dort fünf Jahre, bis Odría ihm schließlich gestattete, ungeschoren das Land zu verlassen. Die *apristas* waren inzwischen in der Illegalität untergetaucht und konspirierten ohne viel Erfolg.

Den meisten Peruanern hat Odrías achtjährige Diktatur eine Linderung der Not gebracht. Natürlich gab es in dieser Zeit keine Demokratie und sehr wenig Freiheit, aber auch wenig Brutalität. Nach der allgemeinen Konfusion, zu der die *apristas* mehr als genug beigetragen hatten, stellte Odría wieder geordnete Zustände her. Es gab unter seinem Regime wenig dramatische Effekte, aber viel Leistungen. Er gab Peru eine vernünftige und funktionsfähige Sozialversicherung, baute Krankenhäuser und Schulen und stabilisierte die angegriffene Wirtschaft. Anders als seine Zeitgenossen Rojas Pinilla in Kolumbien und Pérez Jiménez in Venezuela, verzichtete Odría darauf, sich im Amt zu bereichern. Und wiederum im Gegensatz zu diesen Diktatoren trat er, als seine Amtszeit abgelaufen war, ohne Umstände ab und ließ das Volk in undirigierten Wahlen einen neuen Präsidenten wählen. In den Jahren, die Odría an der Spitze des Staates verbracht hatte, verdreifachte sich das Volkseinkommen, und die Ausfuhr stieg von 162 auf 248 Millionen Dollar.

Gewählt wurde für 1956 bis 1962 der frühere Präsident Manuel Prado, für den sich seine früheren APRA-Feinde in letzter Minute gegen die anderen Kandidaten entschieden hatten. Unter seiner schwachen Regierung zeigten sich Zerfallserscheinungen sowohl in der Ordnung des öffentlichen Lebens als auch in der Wirtschaft. Die noch zahlreichen *apristas*, die Haya de la Torre nicht von Europa aus führen konnte, waren eigentlich nur noch Störenfriede. Prado, dem 1959 der tüchtige Pedro Beltrán als Premier an die Seite trat, sah sich häufigen Streiks und Unruhen gegenüber.

Führenden Peruanern scheint unterdes immer noch nicht die Erkenntnis gekommen zu sein, daß die Hauptkrankheit ihres Landes die ungleiche Verteilung des Reichtums ist. An der Spitze der Wirtschaftspyramide sind einige wenige Familien – die »Vierzig Familien«, wie der Volksmund sagt –, die einen großen Teil des Bodens besitzen, Zucker und Baumwolle produzieren, mit den die Bergwerke und Ölfelder betreibenden ausländischen Gesellschaften unter einem Hut stecken und einen übergroßen Teil des Volkseinkommens für sich beanspruchen. Und am Fuß der Pyramide sind die zwei Drittel (vielleicht etwas mehr, vielleicht etwas weniger) der Peruaner, die gleichsam· außerhalb des Wirtschaftssystems existieren: die Landarbeiter der Sierra, die primitiven Stämme der *montaña* und viele Arbeiter der Küstenoasen. Auf den Zwischenstufen unterhalb der reichen Oberschicht und oberhalb der in Lumpen gehüllt vegetierenden Volksmasse befindet sich eine wachsende Mittelschicht von Geschäftsleuten und Intellektuellen, eine schmale Schicht relativ gut bezahlter Industriearbeiter und ein abgerissenes städtisches Proletariat, dem es schlecht geht. Haya de la Torre und seine *apristas* stellen das nun schon seit dreißig Jahren fest, und ihre Analyse war und bleibt richtig, aber ihre Stimmen sind inzwischen zu einem heiseren Geflüster herabgesunken.

Die ungeschminkten Tatsachen besagen, daß die ganz Reichen mit ihren Verbündeten in der Militärclique das Land sehr lange beherrscht haben und heute noch beherrschen und daß der äußere Glanz der angeblichen Prosperität eine Fata Morgana ist. Es ist müßig, von wirklicher Industrialisierung in einem Land zu sprechen, in dem es nur wenig Menschen gibt, die etwas kaufen können. Perus Erlösung wird ohne eine echte gesellschaftliche Revolution nicht kommen; es wäre zu wünschen, daß sie mit Zustimmung der Mächtigen käme. Aber es gibt bis jetzt nur wenig Anzeichen dafür, daß sich die »Vierzig Familien« dieser offenkundigen Tatsache bewußt sind.

## Bolivien

Mit einem Volk von Analphabeten, die in verzweifeltem Elend leben, mit einer Wirtschaft, deren tragendes Fundament fast völlig erschöpfte Zinngruben sind, und mit einem politischen Kurs, der nichts als ständige Gärung anzeigt, mag Bolivien, »Amerikas Tibet«, als der hoffnungsärmste aller südamerikanischen Staaten gelten. Das Land mit seinen 1,1 Millionen Quadratkilometern zieht sich quer über die drei Gebirgsketten der Anden hin. Es hat im letzten Jahrhundert durch die Raubzüge Brasiliens, Paraguays, Argentiniens, Chiles und Perus etwa die Hälfte seiner Fläche verloren. Was übriggeblieben ist, gliedert sich in zwei Teile: das *altiplano*, zwei Fünftel des Staatsgebietes viertausend bis fünftausend Meter über dem Meeresspiegel, wo vier Fünftel des bolivianischen Volkes leben, und die *yungas* (Talsenken) und Ebenen des Flachlands im Osten, drei Fünftel des Staatsgebiets mit einem Fünftel der Gesamtbevölkerung. Die Eisenbahnen und Landstraßen, die diese beiden Landesteile miteinander verbinden, reichen immer noch nicht aus, die Lebensmittel aus den Ebenen zum Hochland zu schaffen, wo es chronisch an Nahrung mangelt. Von den 3,3 Millionen Bolivianern sind etwa 54 Prozent Indianer, hauptsächlich Aimará und Quechua, 31 Prozent Mestizen, und rund 14 Prozent werden als Weiße gezählt.

Boliviens Wirtschaft ist durch einen entscheidenden Tatbestand gekennzeichnet: vom Wert der Gesamtausfuhr entfallen 55 Prozent auf Zinn und weitere 20 Prozent auf Wolframit und Blei. Aber die Zinnvorkommen sind schon fast völlig abgebaut, und die hohen Förderkosten machen Boliviens Lage auf dem Weltmarkt fast aussichtslos. In neuerer Zeit, insbesondere seit dem zweiten Weltkrieg, lebt die bolivianische Regierung von Subventionszahlungen der Vereinigten Staaten. Die Indianer des *altiplano* können ihrem Boden kaum den notdürftigsten Lebensunterhalt abgewinnen und sind immer am Rande des Verhungerns; den Bauern des Flachlands geht es etwas besser. Das Ganze aber ist eine Hunger- und Seuchenökonomie.

Die politische Anarchie spiegelt das soziale und wirtschaftliche Elend wider. Seit Simón Bolívar dem Lande 1825 Namen und Unabhängigkeit gab, hat es über sechzig regelrechte Revolutionen und Dutzende von kleineren Erhebungen gegeben. Bolivien hat seitdem vierundvierzig Präsidenten verbraucht, von denen acht ermordet worden sind. Parteien und politische Programme haben im allgemeinen keine tiefere Bedeutung. Die meiste Zeit herrscht der eine oder andere Caudillo.

Wenig ideenreich waren die Diktaturen des 19. Jahrhunderts. Als der tüchtigste und ehrlichste Diktator erscheint im Rückblick Andrés Santa Cruz (1829-1839). Unter seiner eisernen Faust gab es einigen Fortschritt. Voller Ehrgeiz annektierte er 1836 ganz Peru und hielt die beiden Länder drei Jahre lang zusammen, bis Chiles Armee seinem Imperiumstraum ein Ende bereitete. Der brutalste der Diktatoren dürfte Mariano Melgarejo (1865 bis 1871) gewesen sein: das barbarische Gemetzel, das er veranstaltete, hat noch nicht einmal ein so moderner Meister der Terrorkunst wie der dominikanische Trujillo nachmachen können. Seine tiefste Demütigung erfuhr Bolivien im Krieg von 1879 bis 1883, in dem ihm Chile seine Pazifikküste raubte.

Gelinde Besserung kam im 20. Jahrhundert mit José Manuel Pando (1899-1904) und Ismael Montes (1904-1909 und 1913-1917): während ihrer Regierungszeit gelang eine Teilumstellung von der Militär- auf die Zivilregierung, eine leichte Belebung der Wirtschaft und die Beendigung der Gebietsstreitigkeiten mit Chile und Brasilien. Aber unter Daniel Salamanca (1931 gewählt) stürzte sich Bolivien in den Wahnsinnskrieg mit Paraguay um den Gran Chaco, das unbesiedelte Gebiet – meist Wüste –, das die beiden Länder voneinander trennt. Über hunderttausend Bolivianer und Paraguayer fielen in dem dreijährigen Krieg, und Bolivien büßte ein Territorium ein, das es für einen Bestandteil seines Staatsgebietes gehalten hatte.

Im Gefolge des Chaco-Krieges stiegen einige der Kriegshelden, die den Krieg verloren hatten, einer nach dem anderen zur Präsidentschaft empor. Eine weitere Folge war, daß sich die Empörung über die Niederlage in Haßausbrüche gegen das »Triumvirat der Zinnbarone« verkehrte, deren Gesellschaften die Produktion beherrschten. Während des zweiten Weltkriegs, als die Vereinigten Staaten, auf die größtmögliche Zinnlieferung bedacht, den unpopulären Präsidenten Enrique Peñaranda stützten, richtete sich die von der Linken geschürte Wut gegen Washington.

Einen Präsidenten von Format hat Bolivien vor 1952 nicht gekannt; es lernte ihn kennen, als sich Víctor Paz Estenssoro, Ex-Professor der Nationalökonomie und Führer des MNR (Movimiento Nacional Revolucionario), der Präsidentschaft bemächtigte. Abwechselnd ist Paz als Kommunist und als *peronista* (er hat einige Jahre im Exil in Argentinien Peróns Taktik studiert) hingestellt worden; seine Anhänger sagen, er sei ein aufrichtiger Patriot mit sozialistischen Tendenzen. Sein erstes Angriffsziel war der Zinnbergbau, der lange Zeit fünfzehn bis zwanzig Prozent der Weltproduktion (und sechzig bis siebzig Prozent der bolivianischen Ausfuhr) geliefert hatte. Im Oktober 1952 unterzeichnete Paz das Enteignungsdekret; betroffen waren die Patiño-Gruppe, an der Amerikaner zu zweiundzwanzig Prozent beteiligt sind, der Hochschild-Konzern, der sich hauptsächlich in chilenischem Besitz befindet, und die Aramayo-Unternehmungen mit schweizerischem und britischem Kapital. Das Resultat war katastrophal: die staatliche Monopolgesellschaft, die die Bergwerke betreiben sollte, konnte kein qualifiziertes technisches Personal bekommen und fand sich in ständigem Konflikt mit den sechzigtausend Bergarbeitern, die ihr Führer Juan Lechín, Kommunist und Mitglied der Paz-Regierung, zu immer radikaleren Forderungen antrieb.

Paz' nächster Kreuzzug war das Bodenreformgesetz von 1953, das die Enteignung aller großen *haciendas* (auf die drei Viertel des bebauten Bodens Boliviens entfielen) und die Verteilung ihrer Ländereien auf die landarmen und landlosen Massen vorsah. Das Gesetz war zweifellos längst überfällig, aber es wurde unsachgemäß und ungeschickt durchgeführt, und die neugeschaffenen selbständigen Kleinbesitzer waren der Aufgabe der Bewirtschaftung eigener Betriebe nicht gewachsen. Die Begeisterung der Volksmassen für Paz war nicht gering, doch gab es auch nicht wenig bösartige Opposition von zwei Seiten: den Kommunisten unter Juan Lechín und den enteigneten Bergwerks- und Grundbesitzern. Indes konnte sich Paz trotz einer Reihe von Aufständen bis 1956 an der Regierung halten.

Bei den Wahlen von 1956 siegte Hernán Siles Zuazo, der Kandidat Paz Estenssoros, ein stiller, eher dem Denken und Lernen zugetaner Mensch. Siles war sofort im Kreuzfeuer der Angriffe von links und rechts. Tatsächlich war die Förderung der Zinnbergwerke von Jahr zu Jahr zurückgegangen, während die Produktionskosten mit den höheren Löhnen, die die Bergarbeiter unter Lechíns Führung errangen, anstiegen. Im Jahre 1956 wurden vierzehn Prozent weniger Zinn gefördert als im Jahre 1953; die Produktionskosten stellten sich auf 1,10 bis 1,15 Dollar je Pfund und lagen damit etwa fünfzehn bis zwanzig Prozent über dem Weltmarktpreis. Die Regierung beschloß darauf, zehntausend Bergarbeiter zu entlassen, womit sie eine neue Streikwelle auslöste. Der Streit war aber auch 1960 noch nicht entschieden.

Große Mühe verwandte Siles darauf, die Verwertung der reichen bolivianischen Erdölvorkommen zu organisieren. Er stieß auf Widerstand, denn das ausländische Kapital hatte nicht vergessen, daß Bolivien 1937 den beträchtlichen Ölfelderbesitz der Standard Oil Company of New Jersey enteignet hatte. Trotzdem machte die von Siles vorgeschlagene Gewinnverteilung Eindruck, und einige Ölkonzerne, darunter Gulf Oil und Royal Dutch Shell, sind auf den Plan eingegangen und haben die Arbeit aufgenommen.

Intensiv bemühte sich Siles auch um die Probleme der Landwirtschaft; dabei stellte sich heraus, daß Lebensmittel und Vieh der höheren Preise wegen in großen Mengen nach Peru und Argentinien geschmuggelt wurden, während Bolivien, um sein Lebensmitteldefizit zu decken, zur selben Zeit Fleisch und Getreide in Argentinien und den Vereinigten Staaten kaufen mußte. Getreulich sorgte Siles für die Durchführung der Pazschen Bodenreform: die Statistik für 1956 wies rund achthunderttausend Grundbesitzer gegen nur fünfzigtausend im Jahre 1952 auf.

Unerfreuliche Feststellungen mußten im Verkehrswesen getroffen werden; da Bolivien Maschinen und Lebensmittel über Pazifikhäfen einführt, muß der Eisenbahntransport von der Pazifikküste bis nach Bolivien sichergestellt werden; nun ergab sich aber, daß Schiffsladungen monatelang in den Häfen liegenblieben, weil die bolivianischen Bahnen nicht genügend Güterwagen und Lokomotiven hatten, sie zu befördern. Einige Fortschritte gab es dagegen im Eisenbahnbau: neue Linien wurden gebaut vom östlichen Santa Cruz nach Corumbá in Brasilien und von Santa Cruz nach Yacuiba in Argentinien. Verschiedentlich streikten Bergarbeiter, Erdölarbeiter und Eisenbahner; das war die Antwort der Arbeiter auf die Währungsinflation und die steigenden Lebenshaltungskosten. Zu all diesen Schwierigkeiten kam dann auch noch die Drohung der östlichen Provinz Santa Cruz, sich von Bolivien zu trennen.

Der bolivianische Staat ist seit geraumer Zeit bankrott. Siles appellierte um Hilfe an die Vereinigten Staaten; der Appell war aber auch eine halbe Drohung: wenn ihr nicht helft, bedeutete Siles der amerikanischen Regierung, werdet ihr es mit einem kommunistischen Bolivien zu tun bekommen. Von 1955 bis Ende 1958 hatten nun die Vereinigten Staaten der bolivianischen Regierung Direktbeihilfen in Höhe von über hundert Millionen Dollar zukommen lassen; 1959 mußten sie mit weiteren dreiundzwanzig Millionen nachhelfen. So nervös diese ständige Abzapfung von Mitteln die amerikanischen Behörden machte, die Alternative war nicht erfreulicher: die niedrigen Löhne der unzufriedenen bolivianischen Bergarbeiter könnten eine Situation schaffen, die es linken Demagogen leicht machen würde, das Land an sich zu reißen. Weder den Vereinigten Staaten noch irgendeinem der Nachbarländer Boliviens behagte die Aussicht, eines Tages mitten im Herzen Südamerikas einen von Kommunisten beherrschten Staat vorzufinden.

Das Jahr 1960 brachte der schwer heimgesuchten bolivianischen Wirtschaft einige Erleichterungen. Dank einer Anleihe des Internationalen Währungsfonds konnte der Kurs der bolivianischen Währung stabil gehalten werden, und die Vorräte an ausländischen Zahlungsmitteln erfuhren einen Zuwachs; das Anziehen der Lebenshaltungskosten wurde verlangsamt. Bei den Präsidentschaftswahlen vom Mai 1960 siegte erneut Victor Paz Estenssoro mit großer Mehrheit. Der von den Massen vergötterte Paz ist zweifellos der fähigste politische Führer, den das moderne Bolivien hervorgebracht hat.

Das heutige Bolivien ist ein unglückliches und von schweren Sorgen bedrängtes Land. Nur wenige der 3,3 Millionen Bolivianer können sich satt essen, haben anständige Behausungen oder auch nur den kleinsten Überschuß für Lebensbequemlichkeiten. Hygienische Einrichtungen und Gesundheitspflege sind von einer grausigen Unzulänglichkeit; Tuberkulose, Malaria und Darmkrankheiten fordern ihre Opfer in erschreckender Zahl. Die Säuglingssterblichkeit ist hoch. Ärzte und Krankenhäuser stehen nur einer kleinen privilegierten Minderheit zur Verfügung; ein Arzt hat im Durchschnitt viertausend Menschen zu betreuen, und auf je tausend Menschen kommen weniger als zwei Krankenhausbetten. Boliviens kultureller Zustand ist kläglich. Die Schulen sind in den Städten unzureichend, auf dem flachen Land fast gar nicht vorhanden. Die San-Andrés-Universität hat schöne neue Gebäude im Zentrum von La Paz, aber wenig zu bieten. Die Kirche bedient sich einer kaum ausgebildeten Geistlichkeit, und ihr Prestige ist nicht so hoch wie in Chile und Argentinien. Gute Dienste leisteten einige Missionsgeistliche, namentlich die Maryknoll-Patres und -Schwestern. Auch protestantische Missionare, nach 1900 in geringer Zahl zugelassen, haben sich bewährt.

Boliviens wirtschaftliche Zukunft ist trübe. Es gibt noch beträchtliche Vorkommen an Zinn, Wolfram, Antimon, Kupfer, Blei, Zink, Gold, Silber und Erdöl. Ihre wirksame Erschließung harrt indes der technischen Hilfe und des Kapitals. Die Vereinigten Staaten steuern nicht wenig bei, doch bedarf es noch vieler zusätzlicher Millionen an ausländischem Kapital, damit die bolivianischen Bergwerke auf rentable Basis gestellt werden können. Aber ausländisches Kapital wird durch die innenpolitische Lage abgeschreckt. Bolivien leidet weiterhin an chronischer Lebensmittelnot, obgleich es in den östlichen Bergen und Ebenen ausgezeichneten anbaufähigen Boden gibt. Dennoch könnte eine mutige und fähige Führung mit vernünftiger Unterstützung von draußen auch jetzt noch auf all diese Fragen eine Antwort finden. Zu der Stunde, da dies geschrieben wird, gibt es in der bolivianischen Führung mutige und fähige Menschen. Groß und zahlreich zugleich sind jedoch die Hindernisse, die sich vor ihnen auftürmen.

# Chile

Als »das Land, wo die Erde endet«, beschrieben im 16. Jahrhundert Araukaner-Indianer ihre Heimat dem spanischen Eroberer Pedro de Valdivia. »Wo die Erde endet«, ist die Landkarte verblüffend: nordsüdlich zählt Chile fast viertausendzweihundert Kilometer, aber von Westen nach Osten ist das Gelände selten mehr als hundertfünfzig Kilometer breit. Im Osten begrenzen es die hochragenden Anden mit Gipfeln, die sich mehr als siebentausend Meter in die Höhe recken; im Westen sind die niedrige Küstenkordillere und der Ozean. Eigentlich gibt es nicht ein Chile, sondern vier: die nördliche Wüste, fast ohne Niederschläge, wo sich sechs Prozent der Gesamtbevölkerung des Landes auf ein Drittel des nationalen Territoriums verteilen; Zentralchile, das sechzehn Prozent des Staatsgebietes ausmacht und fünfundsechzig Prozent der Bevölkerung beherbergt; die Chile-Wälder südlich des Bío-Bío-Flusses, auf die etwa vierzig Prozent des Staatsgebietes entfallen und in denen achtundzwanzig Prozent der Bevölkerung leben, größtenteils nördlich der Insel Chiloé; und das atlantische Chile im äußersten Süden, auf beiden Seiten der Magalhãesstraße: etwa sieben Prozent der Fläche mit einem Prozent der Bevölkerung.

## *Konsolidierung*

Die 7,3 Millionen Chilenen sind ein ziemlich homogenes Volk, hauptsächlich spanischer Abstammung mit einer beträchtlichen Beimischung indianischen Stammesgutes. Es gibt nur wenig reine Indianer, vielleicht drei Prozent der Gesamtbevölkerung. Die Einwanderung aus Europa war stetig, aber wenig zahlreich. Den größten Anteil haben Deutsche gestellt, die das Gebiet in der Gegend der vielen Seen im Süden bevorzugten. Daneben gab es unter den Einwanderern Engländer, Iren, Franzosen, Italiener, Jugoslawen. Die rund hunderttausend – oder etwas mehr – Europäer haben auf die Entwicklung Chiles einen gewaltigen Einfluß ausgeübt: ein Beweis dafür ist das Überwiegen deutscher und englischer Namen in den führenden Kreisen der Nation.

Chiles politische Geschichte bietet einen scharfen Kontrast zu der Geschichte der Indianerländer Ecuador, Peru und Bolivien: in Chile ist es, obgleich es viele Zusammenstöße gegeben hat, auf jeden Fall ordentlicher zugegangen; es gab nur wenig Diktaturen, und sie waren immer von kurzer Dauer; Chile hat sich mit Entschiedenheit um demokratische und verfassungsmäßige Lebensformen bemüht und sie häufig verwirklichen können. Mexicos und Kolumbiens blutige Schlachten zwischen Zentralisten und Föderalisten sind Chile erspart geblieben: Santiago hatte die Vorherrschaft früh errungen und leicht behauptet. Dagegen kennt Chile seit seinen staatlichen Anfängen einen heftigen Disput um die Kirche: ihre ersten Siege im Kampf gegen die Sondervorrechte der Kirche errangen die Antiklerikalen schon in den vierziger Jahren des vorigen Jahrhunderts, und sie haben seitdem weiter für einen weltlichen Staat gefochten; aber die Schärfe des chilenischen Antiklerikalismus wurde gemildert durch die Feinfühligkeit, die Klugheit und das soziale Verantwortungsbewußtsein der Kirchenführer, namentlich in den letzten Jahrzehnten. In der Sphäre der Parteipolitik gab es schon in den zwanziger und dreißiger Jahren des vorigen Jahrhunderts das Gegeneinander von Konservativen und Liberalen. Ihr Wettstreit hat dem ganzen Jahrhundert seine Note gegeben. Aber um die Jahrhundertwende rückten die Liberalen weit nach rechts in die nächste Nähe der Konservativen, und die oppositionelle Mitte und Linke wurde von den Radikalen und diversen Splitterparteien gebildet.

Auf die ersten Trubel, die die Loslösung von Spanien abschlossen, folgte eine dreißigjährige Periode (1830-1860) geordneter Regierungsverhältnisse unter den Konservativen, der Partei der Grundbesitzeraristokratie der Zentralebene. Natürlich war die Ordnung des Staatswesens autokratisch und mit einer strengen Vollzugsgewalt ausgestattet; praktisch war das konservative Regime eine Diktatur der herrschenden Klasse. Die führende Persönlichkeit der Epoche war Diego Portales, ein arroganter, aber auch sachkundiger Patriot, der sich zur »Religion des Regierens« bekannte. Obgleich er jedes öffentliche Amt ausschlug, war er, bis er 1837 einem Mörder zum Opfer fiel, der wirkliche Diktator des Landes. Die Verfassung von 1833, die bis 1925 in Kraft bleiben sollte, war sein Werk; sie verwirklichte bis ins einzelne sein Programm der Vereinigung aller Befugnisse einer zentralistischen Staatsgewalt in den Händen des Präsidenten. Den Konservativen hat sie bis in die jüngste Zeit als Orientierungsmaßstab gedient.

Die dreißig Jahre der konservativen Herrschaft waren die Zeit konstruktiven Aufbaus: um 1840 war Chile bereits der größte Kupferproduzent der Welt; Kohle wurde in der Nähe von Concepción gefördert; das Araukanerland südlich von Valdivia wurde erschlossen; die deutschen Einwanderer begannen in den vierziger Jahren ins Land zu strömen; die Schifffahrt nahm einen rapiden Aufschwung, und allmählich verdrängte Valparaiso das peruanische Callao als Haupthafen der Pazifikküste. In diese Zeit fiel ein – nicht sehr bedeutender – kriegerischer Konflikt: 1839 entsandte Portales eine Armee nach Bolivien, um den bolivianischen Diktator Santa Cruz zu stürzen. Auch eine geistige Renaissance zeichnete sich in den vierziger Jahren ab. Junge Liberale schrieben mit forschem Übermut von einer »wahren, volkstümlichen und parlamentarischen Republik«. Unter der begnadeten Führung des Venezuelers Andrés Bello wurde 1843 die Chilenische Universität gegründet. Einige der besten Volksschulen Südamerikas begannen ihre Arbeit.

Den zweiten Abschnitt der politischen Geschichte Chiles (1860-1891) kennzeichnet der permanente Krieg zwischen Liberalen und Konservativen. Die Liberalen siegten wiederholt über die Kirchenmänner: 1865 wurde Nichtkatholiken die Freiheit der Religionsausübung gewährt: 1875 fielen die Kirchengerichte; 1880 übernahm der Staat sämtliche Friedhöfe; 1883 wurde die Zivilehe zur gesetzlichen Einrichtung. Auch eine Anzahl von Demokratisierungsmaßnahmen konnten die Liberalen durchsetzen: eine Verfassungsänderung von 1868 untersagte die Wiederwahl eines amtierenden Präsidenten; 1871 wurden Minderheitsparteien im Kongreß zugelassen; 1885 brachte die Abschaffung des Besitznachweises als Voraussetzung der Wahlberechtigung eine erhebliche Vermehrung der Wählerschaft, wenn auch noch die Hälfte der Bevölkerung infolge des Ausschlusses der des Lesens und Schreibens Unkundigen ohne Wahlrecht blieb.

Das größte militärische Abenteuer dieser Periode war der Pazifik-Krieg (1879-1883), der Chile das gesamte bolivianische Küstengebiet und die peruanische Wüste mit ihren Salpeterschätzen verschaffte. Die Periode des liberal-konservativen Zweikampfes ging mit der Präsidentschaft des Liberalen José Manuel Balmaceda, der ab 1886 amtierte, zu Ende. Brillant und erfinderisch, hatte er mancherlei imponierende öffentliche Arbeiten angebahnt und viele Schulen gebaut. Aber nachdem sich die Liberalen in zwei feindliche Richtungen gespalten hatten, verlor er die Mehrheit im Kongreß und wurde von einer gegnerischen Mehrheitskombination abgesetzt. Der Konflikt löste einen Bürgerkrieg aus, der acht Monate dauerte und ein zerrissenes Land hinterließ.

In den Beziehungen zwischen Präsident und Kongreß hatte eine neue Ära begonnen. In den dreißig Jahren (1891-1920), die dem Sturz Balmacedas folgten, hatten die Präsidenten den Kongreß nicht mehr in der Hand. Statt einer Mehrheitspartei gab es jetzt mehrere Parteien, die im Kongreß Koalitionen eingingen, wechselnde Mehrheiten zustande brachten und somit die großen Machtbefugnisse des Präsidenten, wie sie die Portales-Verfassung von 1833 vorsah, lahmlegten. Zudem hatten sich die Parteienfronten verschoben: die Konservativen vertraten nach wie vor die Grundbesitzeraristokratie der Zentralebene; die Liberalen aber hatten sich – außer in Kirchenfragen, in denen sie hartnäckig antiklerikal blieben – auf die Seite der Konservativen geschlagen; die Rolle der Opposition fiel der zahlenmäßig starken und lärmend auftretenden Mittelstandspartei der Radikalen zu. Die Industrie- und Bergbauinteressen des Nordens, denen die Vorherrschaft Santiagos ein Dorn im Auge war, machten gemeinsame Sache mit den Radikalen; verstärkt wurde der Einfluß der Radikalen noch durch die energischen Vertreter des Südens, darunter viele deutsche Farmer und Geschäftsleute. Bergleute und Industriearbeiter gründeten 1912 die Sozialistische Arbeiterpartei. Ab 1920 nahmen an den Wahlen auch die Kommunisten teil. Es gab ständige Parteispaltungen oder Absplitterungen. Am Ende war – wie in Frankreich – babylonische Sprachenverwirrung das Lebenselement der Politik.

Leichtverdientes Geld floß in dieser Ära in den politischen Bereich – und korrumpierte. Die den Bolivianern und Peruanern entrissenen Salpeterlager lieferten die Hälfte der Staatseinnahmen, und aus diesem Füllhorn ergossen sich nach 1900 große Mittel in Verwaltungsbauten, Straßen, Brücken und Hafenanlagen. Mit dem Salpetergeld griff Korruption um sich: Politiker ließen sich für die Vermittlung von Staatsaufträgen bezahlen; obgleich die Kongreßmitglieder keine Diäten bezogen, gaben Kandidaten große Beträge aus, um sich wählen zu lassen. Bestechlichkeit breitete sich in den unteren Rängen der Beamtenschaft aus. Nur der gewöhnliche Sterbliche hatte vom Geldsegen gar nichts: die Landarbeiter schufteten von Sonnenaufgang bis Sonnenuntergang buchstäblich für Pfennige; die Bergarbeiter förderten Kupfer und Kohle für Hungerlöhne ohne Unfall- oder Sterbefallversicherung. Die Annehmlichkeiten des Lebens blieben zwei oder drei Prozent der Bevölkerung vorbehalten. Über neun Zehntel der Chilenen hausten in elenden Löchern und hungerten. Gegen Ende des ersten Weltkrieges versiegten die fetten Salpeter- und Kupferprofite; die Massen waren in zornigem Aufruhr und riefen nach dem Erlöser.

## Reformen und Nöte

Als Arturo Alessandri 1920 zum Präsidenten gewählt wurde, schien es, als sei das Gebet der geschundenen Masse erhört worden. Alessandri, ein reicher Anwalt aus dem Norden und Sohn eines italienischen Einwanderers, versprach Gesetze zur Verbesserung der Löhne und Arbeitsbedingungen, mehr Kongreßsitze für die abgelegenen Provinzen, Trennung von Kirche und Staat und höhere Besteuerung des Grundbesitzes der Aristokratie. Aber die konservativen Kräfte im Kongreß und Zwistigkeiten unter den Parteien der Mitte und der Linken brachten das Programm zum Scheitern. Alessandri erreichte nur eins: eine umfassende Sozialgesetzgebung, die ungefähr im Sinne der entsprechenden Gesetze Mexicos und Uruguays das Recht der Arbeiter auf den kollektiven Tarifvertrag, den Schutz der Arbeitskraft im Betriebe und weitreichende Rentenansprüche garantierte.

Die Gesamtwirtschaft hatte schwere Schäden erlitten: nachdem in Deutschland die Stickstoffgewinnung aus der Luft entwickelt worden war, schrumpften die Absatzmärkte des Chilesalpeters fast auf den Nullpunkt. Alessandri, der sich mit seinen großzügigen Plänen nicht hatte durchsetzen können, wurde überdies 1924 aus dem Amt gedrängt und floh nach Italien. Im nächsten Jahr zurückgeholt, verbrachte er sechs fruchtbare Monate in der Präsidentschaft; in diese Zeit fielen die Schaffung der Verfassung von 1925 und die Annahme mehrerer Gesetze, die die früheren Versprechungen, auch hinsichtlich der Trennung von Staat und Kirche, einlösten. Aber wieder wurde Alessandri aus der Präsidentschaft vertrieben; er kehrte nach Italien zurück. Es folgte nun 1925–1931 die Diktaturregierung von Carlos Ibáñez del Campo. Sein sauberes, aber hartes Regime florierte, solange die ihm von New Yorker Bankiers gegen fadenscheinige Sicherheiten geliehenen dreihundert Millionen Dollar reichten. Als 1930 die Weltkrise auch Chile traf und keine Anleihen mehr aufgetrieben werden konnten, wurde allenthalben stürmisch auf Ibáñez' Rücktritt gedrängt; er ging und fand 1931 Zuflucht in Argentinien. Achtzehn Monate lang schleppte sich Chile torkelnd unter kurzlebigen Präsidenten und Militärjuntas weiter. Verzweifelt verfiel man schließlich 1932 auf Wahlen, und der wetterfeste Arturo Alessandri wurde aus dem Exil zurückgerufen.

Das neue Regime Alessandri (1932–1938) wurde zur Diktatur. Der einstige Reformer schien den revolutionären Sturm und Drang vergessen zu haben; er bewährte sich nunmehr als der anerkannte Sachwalter der großen Bergbau- und Agrarinteressen. Unter Alessandri und seinem gewieften Finanzminister Gustavo Ross erholte sich die chilenische Wirtschaft: durch Steuervergünstigungen und Subventionen wurde die Bautätigkeit in Schwung gebracht; Einfuhrbeschränkungen schützten die Devisenvorräte; das Gleichgewicht des Staatshaushalts wurde hergestellt, allerdings ohne Vorkehrungen für den Zinsendienst der Auslandsanleihen; inländische Staatsschuldverschreibungen wurden billig aufgekauft und außer Kurs gesetzt; die Wasserkraftwerke verdoppelten ihre Elektrizitätserzeugung; es gelang der Regierung sogar, die Eisenbahnlinie, die Santiago mit Argentinien verbindet, ihren englischen Besitzern abzukaufen. Aber trotz all diesen Leistungen wuchs die Mißstimmung gegen Alessandri und Ross. In den Wahlen von 1938 wurde die Regierung geschlagen, die Wählerschaft schwenkte nach links.

Nach 1938 spiegelte sich in der politischen Entwicklung ein neuerlicher Niedergang der Wirtschaft. Die Inflation, die durch das Schrumpfen des Salpeterabsatzes nach 1920 und die sinkenden Kupferpreise ausgelöst worden war, untergrub das wirtschaftliche Gleichgewicht. Der Peso, der 1920 noch einen halben amerikanischen Dollar galt, entwertete sich ständig; bis 1959 war er auf weniger als einen tausendstel Dollar abgesunken. Die Preise kletterten steil in die Höhe; die durch häufige Streiks erkämpften Lohnerhöhungen kamen mit den steigenden Lebenshaltungskosten nicht mit. Vier Jahre lang, von 1938-1942, hatte Chile eine Volksfrontregierung, die aber rasch auseinanderfiel, als die Kommunisten und Sozialisten ernste Schwierigkeiten verursachten. Für 1942-1946 wurde Juan Antonio Ríos und für 1946-1952 Gabriel González Videla gewählt; beide waren tüchtig und dem Lande ergeben, aber angesichts der Verschärfung der Wirtschaftskrise machtlos. Die Kupferpreise sanken weiter; die Lebensmittelknappheit und die Notwendigkeit, Fleisch und Getreide aus Argentinien zu importieren, verschlangen die restlichen Reserven. Die unbeständige Wählerschaft verlangte erneut nach einem »starken Mann«, der allen Nöten beikommen sollte, und entschied sich für denselben, inzwischen fünfundsiebzigjährigen Carlos Ibáñez del Campo, der sich 1927-1931 als Diktator betätigt, dann gegen seine Nachfolger alle möglichen Verschwörungen angezettelt hatte und sich nun einer engen Freundschaft mit Argentiniens Perón erfreute. Trotz dieser unersprießlichen Vergangenheit absolvierte Ibáñez seine Regierungszeit (1952-1958) relativ erfolgreich, obgleich weder er noch sonst jemand zur Behebung der wirtschaftlichen Notlage viel beizutragen wußte.

Bei den Präsidentschaftswahlen von 1958 siegte der Konservative Jorge Alessandri, der Sohn Arturos, allerdings nur mit einem geringen Stimmenvorsprung vor dem gemeinsamen Kandidaten der Kommunisten und anderer Linksgruppen. Der tüchtige Anwalt Jorge Alessandri machte sich an seine Aufgabe mit großer Energie: den großen landwirtschaftlichen Produzenten wurde ultimativ zu verstehen gegeben, daß sie ihre Betriebe zu modernisieren und die Lebensmittelerzeugung zu steigern hätten; die Beamten wurden auf schmale Rationen gesetzt; dem Kongreß verlangte Alessandri praktisch diktatorische Wirtschaftsvollmachten ab.

In den folgenden Jahren wurden beträchtliche Erfolge erzielt. Die Währung wurde stabilisiert und die Inflation entscheidend verlangsamt; der Staatshaushalt für 1959 schloß ohne Defizit ab. Bei den Kommunalwahlen vom April 1960 zeigte sich, daß Alessandris Politik an Sympathien gewonnen hatte, während die Kommunisten im Rückgang waren. Im Mai 1960 wurde Chile von mehreren Erdbeben und anschließend von Überschwemmungskatastrophen heimgesucht; Tausende von Menschen kamen um, und die materiellen Verluste gingen in die Hunderte von Millionen Dollar. Von den unmittelbaren Schäden abgesehen, brachte das Unheil eine Zerrüttung des Wirtschaftslebens mit sich, die die Regierung Alessandri vor schwerwiegende neue Probleme stellte.

Bei alledem ist Chile heute noch eins der vier oder fünf lateinamerikanischen Länder, in denen sich wesentliche Elemente der Demokratie erhalten haben. Chilenische Wahlen sind gewöhnlich weitgehend unbeeinflußt, und Chiles Presse ist frei. Kulturell hat Chile allerhand vorzuweisen. Seine Musiker, Dichter und Romanschriftsteller zählen zu Amerikas künstlerischer Elite. Viele Schulen haben ein hohes Niveau, wenn es auch insgesamt nicht genug Schulen gibt. Die Universitäten gehören zu den besten in Südamerika. Die Kirche, die für gute Ausbildung der Geistlichkeit sorgt, ist sozial hellhörig und fortschrittlich.

Dagegen ist Chile wirtschaftlich immer noch in einer üblen Verfassung. Seine Bergwerke und Erzgruben liefern Nitrate, Kupfer und verschiedene andere Metalle; auf die Berg- und Hüttenproduktion entfallen neunzig Prozent der Ausfuhr. Die chilenischen Industrien produzieren die verschiedensten Verbrauchsgüter, aber der Inlandsmarkt ist so klein, daß Schuhe, Kleidung und Haushaltsartikel mehr kosten, als wenn Chile sie, statt sie im Inland herzustellen, aus dem Ausland importierte. Nahrungsmittel sind immer noch knapp. Das ist für die chilenische Wirtschaft eine schwere Belastung: zehn oder mehr Prozent des Fleisch- und Getreidebedarfs müssen durch Einfuhr aus Argentinien und anderen Ländern gedeckt werden.

Die Hauptschwäche der chilenischen Wirtschaft hängt damit zusammen, daß es nicht genug landwirtschaftlich nutzbaren Boden gibt. Die Bevölkerung lebt von dem, was die Großgüter der Zentralebene und die kleineren landwirtschaftlichen Betriebe an den südlichen Seen erzeugen. Das Problem ist nicht nur, daß der Boden nicht reicht; der wenige verfügbare Boden ist auch noch zum größten Teil in den Händen weniger Großgrundbesitzer. Auf die *fundos*, die Großgüter, entfällt die halbe Bodenfläche der Zentralebene, und in den Besitz der *fundos* teilen sich rund sechshundert Familien, für die der Grundbesitz ein Prestigeausweis ist, gleichsam die Bescheinigung ihrer Zugehörigkeit zur Aristokratie. Die ungerechte Verteilung des Grundbesitzes ist ein Hohn auf die chilenische Demokratie. Damit wird ein System der Landarbeit verewigt, das den Arbeiter zwar nicht gesetzlich, aber kraft Gewohnheitsrechtes an den grundherrlichen Boden fesselt und für wenige Pfennige endlos lange arbeiten läßt. Hinzu kommt, daß die *fundos* nicht genug produzieren: weil so billige Arbeitskräfte verfügbar sind, wird die Einführung von Maschinen immer wieder hinausgeschoben; modernen Methoden der Düngung, der Saatgutauswahl und der Bekämpfung der Bodenverschlechterung wird nicht genug Aufmerksamkeit zugewandt. Seit 1900 sind die Hektarerträge zurückgegangen, bei Weizen um etwa zwölf, bei Mais um sechzehn Prozent. Die Nahrungsmittelerzeugung pro Kopf der Bevölkerung in Chile ist etwa halb so groß wie in Schweden oder der Schweiz.

Das Verlangen nach einer Bodenreform mit dem Ziel der Zerschlagung der Feudalgüter und der Schaffung gesunder Bauernbetriebe ist weit verbreitet. Die Kommunisten setzen sich für eine Agrarreform nach mexicanischem Muster ein; die Gemäßigten möchten die Reform lieber schrittweise durchführen. Mittlerweile betreiben die Kommunisten, deren es dreißig- bis fünfzigtausend gibt, ihre wütende Agitation unvermindert weiter. Die sozialen und wirtschaftlichen Probleme des Landes machen die Not außerordentlich drückend. Eine wirksame Lösung scheint niemand parat zu halten.

## La-Plata-Republiken

### Argentinien zwischen Beharrung und Fortschritt

Argentiniens 2,8 Millionen Quadratkilometer bezeichnen ein Territorium, das sich in nordsüdlicher Richtung über 3700 Kilometer erstreckt und ostwestlich eine Weite (an der breitesten Stelle) von etwa 1300 Kilometern hat. Die Südspitze des Landes kommt fast an die kalte Antarktis heran, die nördlichste Region ist subtropisch. Das Kernstück des Landes sind die Pampas, fast ein Viertel des Staatsgebietes, im Halbkreis um Buenos Aires gelegen, das fruchtbarste anbaufähige Land in ganz Lateinamerika. Hier leben drei Viertel der argentinischen Bevölkerung, hier sind über sechzig Prozent der Viehbestände des Landes, hier werden achtzig Prozent seines Getreides erzeugt. Die Pampas sind fast gleichbedeutend mit Argentinien; das südliche Patagonien ist größtenteils trocken und nur als Schafweide von Nutzen, und das westliche Gebiet im Schatten der Anden ist halbtrocken und auf Bewässerung angewiesen. Die über zwanzig Millionen Argentinier, meist spanischer und italienischer Herkunft, sind (wie die Uruguayer) eine der homogensten weißen Bevölkerungsgruppen Lateinamerikas. Argentinien hat nur wenig Indianer, kaum mehr als ein Prozent der Gesamtbevölkerung.

Das moderne Argentinien hat sich eigentlich erst seit der Mitte des 19. Jahrhunderts herauszukristallisieren begonnen. Gewiß wurden schon 1810 einige tastende Schritte auf dem Weg zur Unabhängigkeit gemacht, und 1816 wurde die offizielle Unabhängigkeitserklärung verkündet; dann aber gab es bis 1826 ein konfuses Durcheinander von Juntas, Triumviraten und Oberdirektoren, anschließend 1826/27 die kurze Präsidentschaft des bedeutendsten Führers der argentinischen Frühgeschichte, Bernardino Rivadavia, und zwischen 1829 und 1852 fast ständig die blutige Diktatur des Juan Manuel de Rosas. Seinen Platz unter den freien Nationen nahm Argentinien in Wirklichkeit erst im Februar 1852 ein: mit dem Einmarsch des Generals Justo José de Urquiza und seiner Truppen in Buenos Aires begann die Ära, in der sich unter bedeutenden Führern die Einigung der argentinischen Nation vollzog.

Die vier Jahrzehnte von 1852 bis 1892 sind die Periode der Konsolidierung der Republik. Die Außenprovinzen konnten dazu bewogen werden, ihren ständigen Kleinkrieg gegen Buenos Aires aufzugeben; der Einheit der Nation wurde 1880 symbolisch mit der Gründung der nationalen Hauptstadt La Plata Ausdruck verliehen. Die Caudillos der weitverstreuten Provinzen, die sich nie an Gesetz und Recht gehalten hatten, wurden endlich an die Kandare genommen. In diesen Jahrzehnten wurde das Land von Einwanderern – hauptsächlich aus Italien und Spanien – besiedelt. Das waren auch Jahre des wirtschaftlichen Aufstiegs: mit englischem Kapital wurde das Eisenbahnnetz ausgebaut und Grenzland für Siedler erschlossen; Rinder- und Schafherden wuchsen um ein Vielfaches; der Getreidebau nahm zu; der Handel mit der Außenwelt, insbesondere mit England, dehnte sich aus.

Es gab in diesen Werdejahren bemerkenswerte Menschen an der Spitze des Staates. Bartolomé Mitre, Präsident von 1862 bis 1868, hatte sich als tapferer Kämpfer gegen den Diktator Rosas hervorgetan; er war aber auch ein gewandter Polemiker und der Verfasser verdienstvoller biographischer und historischer Werke. Mitre hat viel dazu getan, das Land aus dem anarchischen Chaos, in dem es Rosas hinterlassen hatte, zum Zusammenschluß und zur Einheit zu führen. Die Konfusion hatte noch in den fünfziger Jahren angehalten, mit vielen Geplänkeln und blutigen Gefechten zwischen den Anhängern der Hafenstadt Buenos Aires und den Föderalisten aus den Außenprovinzen. Aber schon 1853 hatten sich die Argentinier eine Verfassung gegeben, die ihnen gute Dienste geleistet hat, bis sie der Diktator Perón 1949 durch ein eigenes Verfassungswerk ersetzte. Mitre zwang das Land zur Disziplin, errichtete einen brauchbaren Regierungsapparat, erweiterte den Postdienst, verlängerte die Telegraphenlinien, gab den öffentlichen Finanzen eine feste Gestalt, organisierte die Justiz und baute das Schulwesen aus. Ein dunkler Fleck in der Chronik seiner Leistungen war ein sinnloser Krieg mit Paraguay von 1865 bis 1870.

Als die vielseitigste und brillanteste Figur in der Geschichte der argentinischen Politik ragt Domingo Faustino Sarmiento hervor, der die Präsidentschaft 1868–1874 innehatte. Während der Rosas-Diktatur hatte Sarmiento lange Jahre im chilenischen Exil zugebracht, wo er viel veröffentlichte und nicht wenig zum Aufbau des chilenischen Schulwesens beitrug. Er war bombastisch und arrogant, aber auch glanzvoll. Sein Buch »Das Leben Facundos oder Zivilisation und Barbarei« ist eine klassische Analyse der Struktur Argentiniens in den Tagen der Caudillos und Gauchos. Er kannte Europa und die Vereinigten Staaten aus eigener Anschauung; die Eindrücke, die er auf Reisen gesammelt hatte, kamen ihm später bei der Gestaltung des argentinischen Schulsystems zustatten. Er unterbrach seine Tätigkeit als Präsident, um das Land in Washington zu vertreten, kehrte dann wieder ins Amt zurück. Unter dem Einfluß dieser eindrucksvollen Persönlichkeit wurden Eisenbahnen gebaut, die Einwanderung aus Europa begünstigt, neue Schulen eröffnet; das kulturelle Leben erhielt neuen Auftrieb. Zu seinem Nachfolger wurde 1874 Nicolás Avellaneda, der das begonnene Programm mit einigem Erfolg fortführte. Weniger erfreulich war die Bilanz der achtziger Jahre: die plötzliche Prosperität, die der vermehrte Export von Getreide und Fleisch mit sich brachte, wirkte korrumpierend; sie verlockte dazu, den Indianern im Süden fruchtbare Ländereien zu rauben, mit denen wild spekuliert wurde; an der Freibeuterei und Plünderung großen Stils, die daraus erwuchs, waren auch hohe Regierungsbeamte beteiligt. Das Regierungssystem der großen Grundbesitzer zeigte die ersten Risse.

Das Jahr 1890 war ein Wendepunkt: zum erstenmal trat eine organisierte Opposition hervor. Der Zustrom spanischer und italienischer Einwanderer hatte eine städtische Mittelschicht geschaffen, die sich nun in der Politik bemerkbar machte. Vier Jahrzehnte, von 1890 bis 1930, kämpfte eine Mittelstandspartei, die Unión Cívica Radical, gegen die Vormachtstellung der Aristokratie und ihrer militärischen Bundesgenossen. Es war ein zäher Kampf gegen übermächtige Kräfte: die alte Garde stellte weiterhin Kandidaten für die Präsidentschaft und sorgte dafür, daß sie mit Hilfe von Wahlbetrug und Fälschung der Wahlergebnisse gewählt wurden; die Radikalen, geführt und inspiriert von Hipólito Irigoyen, fochten erbittert und unermüdlich. Im Jahre 1910 beging die Aristokratie einen verhängnisvollen Fehler; sie erkor für die Präsidentschaft einen ehrlichen und weisen Mann, Roque Sáenz Peña, der sich in gewissem Sinne als Reformer erwies: er setzte 1912 ein Wahlgesetz durch, das Männern über achtzehn Jahre das allgemeine Wahlrecht bei

»freien und geheimen Wahlen mit Wahlpflicht« verhieß. Peña stand zu seinem Wort: 1916 wurden freie Wahlen durchgeführt, und das Resultat war, daß die Radikalen einen entscheidenden Sieg erfochten und Irigoyen zum Präsidenten gewählt wurde. Allerdings enttäuschte Irigoyen die Hoffnungen seiner Anhänger. Die Politik, die er als Präsident (1916-1922) betrieb und die alle dem Volk von der habgierigen Aristokratie angetane Unbill wiedergutmachen sollte, war ehrlich gemeint, aber chaotisch und launenhaft. An Irigoyens Stelle trat 1922 ein anderer Radikaler, Marcelo T. de Alvear, reich, intelligent und korrupt, der aber immerhin mit mehr Umsicht regierte als sein Vorgänger. Dann wurde 1928 Irigoyen, inzwischen achtundsiebzig Jahre alt und völlig senil, zum zweitenmal zum Präsidenten gewählt. Nun ganz und gar außerstande, seine Aufgabe zu bewältigen, wurde er 1930 durch einen Staatsstreich des Militärs gestürzt. Die Radikalen hatten ihre Chance gehabt und sie kläglich vertan.

Mit der Machtübernahme durch die Generale war Argentinien von neuem der Oligarchie der intransigenten Konservativen anheimgefallen. Nach zweijähriger Militärherrschaft, die ihre Gegner brutaler unterdrückte, als es je ein Regime seit den Zeiten Rosas versucht hatte, siegte 1932 in relativ freien Wahlen der Konservative Augustín P. Justo. Tüchtig, reich und gelegentlich sogar uneigennützig, errichtete Justo ein Diktaturregime, das er selbst mit einer kräftigen Dosis gesunden Menschenverstands versetzte und milderte. Die Aufgabe, die er zu bewältigen hatte, war nicht einfach: einerseits mußte nach dem Chaos, das die Radikalen angerichtet hatten, ein funktionierendes Regierungssystem aufgebaut, anderseits das Land aus der Versumpfung, die die Weltwirtschaftskrise zur Folge hatte, herausgeholt werden. Die Krise traf Argentinien sehr schwer, denn die Fleisch- und Getreidepreise waren auf den tiefsten Stand in dreißig Jahren gesunken. Justo wertete die Währung ab, schrieb für verschiedene Waren Festpreise vor, führte eine strenge Devisenkontrolle ein und setzte radikale Einfuhrbeschränkungen durch. Die Erholung kam sprunghaft. Überschüsse in der Staatskasse ermöglichten sogar die Rückzahlung einiger Auslandsanleihen, den Erwerb eines Teils der argentinischen Eisenbahnen aus englischem Besitz und die Schaffung eines staatlichen Petroleummonopols. Der Zustrom ausländischen Kapitals wurde begrüßt und begünstigt. Die Nationalisten beschuldigten Justo zwar, Ausländern zu günstige Verträge eingeräumt zu haben, aber die meisten Argentinier waren der Meinung, er habe das Land aus tiefster Not errettet.

Im Jahre 1938 fiel die Präsidentschaft an Justos persönlichen Kandidaten, Roberto M. Ortiz. Reich, begabt und konservativ, bewies Ortiz sehr bald, daß er sich von den Kräften, die ihn an die Macht gebracht hatten, unabhängig fühlte. Zu ihrer großen Empörung setzte er Sáenz Peñas Wahlgesetz wieder in Kraft und sorgte zunächst dafür, daß in den Provinzen frei gewählt wurde; beides wurde ihm als »Verrat an seiner Klasse« ausgelegt. Als der zweite Weltkrieg ausbrach, erklärte sich Ortiz schon 1939 unmißverständlich für England; das kostete ihn die Unterstützung zahlreicher mit den Achsenmächten sympathisierender Generale. Indes war Ortiz ein schwerkranker Mann und mußte Mitte 1940 aus dem Amt scheiden, womit die Staatsexekutive automatisch dem Vizepräsidenten Ramón S. Castillo zufiel. Castillo aber war ein extremer Nationalist und Isolationist; er verwarf Ortiz' alliiertenfreundliche Haltung und bekundete seine Sympathie mit den Achsenmächten. Im Innern unterdrückte er die Redefreiheit, griff in die Autonomie der Provinzen ein und duldete, daß die Wahlen von neuem manipuliert und verfälscht wurden. Zu dem Zeitpunkt (1943), da die nächsten Präsidentschaftswahlen fällig gewesen wären, hatte Castillo seine Popularität bereits verscherzt. Bevor es aber zu Wahlen gekommen war, erfolgte ein bewaffneter Staatsstreich. Castillo wurde gestürzt. Die Staatsgewalt gelangte in die Hände einer von General Pedro Ramírez geführten Militärjunta. Was an politischen Freiheiten nach Castillo noch übrig war, wurde von Ramírez vernichtet. Der Kongreß wurde aufgelöst, Wahlen wurden nicht anberaumt, regiert wurde mit Verordnungen der Exekutive. Um den Militärdiktator scharte sich ein bunter Haufen von Ultranationalisten, Antisemiten und Fremdenhassern aller Art. Gegen Ende 1943 zeigte sich als die tonangebende Persönlichkeit ein bis dahin unbekannter Offizier: Juan Domingo Perón, ein Oberst, dessen Namen bis dahin kaum jemand gehört hatte, übernahm das Arbeitsministerium und begann ein systematisches Liebeswerben um die größtenteils unorganisierte Arbeiterschaft. Ihm zur Seite stand seine Geliebte Eva Duarte. Der Erfolg dieses Gespanns war phänomenal. Acht Monate nach dem Juni-Staatsstreich war Perón bereits so mächtig, daß er Ramírez beseitigen und an seine Stelle den Vizepräsidenten Farrell setzen konnte. Der wirkliche Herrscher war nunmehr Perón. Zwei Jahre später ließ er sich ordnungsgemäß zum Präsidenten wählen und wurde 1951 für weitere sechs Jahre wiedergewählt.

*Perón und sein Erbe*

Juan Domingo Peróns Diktatur dauerte von Anfang 1944 bis zum September 1955. Es war eine allumfassende, fast unangefochtene, bis zum äußersten schamlose Diktatur. Während dieser fast zwölfjährigen Periode war Peróns Stärke die treue Zuneigung der Arbeiter: in Perón glaubten sie zum erstenmal einen Mann an der Spitze des Staates zu haben, der sich mit ihren Interessen indentifizierte. In seinen Bemühungen, die Arbeiter an sich zu binden, hatte Perón die unschätzbare Hilfe Evitas. Jung, schön, gewandt und bar aller Skrupel, magnetisierte Evita die *descamisados*, die »Hemdlosen«, und spornte sie zu immer ergebenerer Anbetung Peróns – und ihrer selbst – an. Perón und Evita heirateten 1945. Nun konnte Evita, nachdem sich Perón 1946 zum Präsidenten hatte wählen lassen, als »die erste Dame des Landes« auftreten. Aber die vornehmen Damen der Hauptstadtgesellschaft zeigten ihr die kalte Schulter. Evitas Antwort war die Gründung einer weitgespannten Wohlfahrtsstiftung, die ihren Namen trug; sie hatte nun die Oberaufsicht über Krankenhäuser, Kliniken, Waisenhäuser und andere Wohlfahrtseinrichtungen, die über hundert Jahre unter dem Patronat der tugendhaften Matronen der argentinischen Gesellschaft gestanden hatten. Sie brachte Millionenbeträge auf, organisierte Kampagnen gegen die verschiedensten Nöte und Mißstände, verteilte Gaben an Bedürftige und wurde zum lebenden Symbol christlicher Nächstenliebe in einem Land, in dem die Armen seit jeher nur wenige Fürsprecher hatten. Sie erzielte nicht nur gewaltige demagogische Erfolge, sondern nahm auch in der Tat die Gelegenheit wahr, viel Gutes zu tun. Als der Krebs sie im Juli 1952 dahinraffte, wurde Evita von Millionen als *la madona de América* gefeiert, und viele Gesuche um ihre Heiligsprechung gingen an den Heiligen Stuhl.

Es gab noch andere Bundesgenossen. Die Geistlichkeit unter Führung des Kardinals Copello half energisch bei der Wahl Peróns 1946 und bei seiner Wiederwahl 1951; allerdings wandte sie sich von ihm ab, als er sich nach dem Tode Evitas zu Angriffen auf die Kirche hinreißen ließ. Mit freigebiger Bezahlung und mancherlei Pfründen hielt Perón die Armee bei der Stange; erst als sich die honorigeren Armee-, Marine- und Luftwaffenoffiziere zu der Überzeugung durchgerungen hatten, daß er das Land verriet, kehrten sie ihm den Rücken. Die schreierischen Nationalisten, die England- und Amerikahasser fanden durchaus Gefallen an Perón: für sie war er ein zweiter Rosas, vom Schicksal ausersehen, dem Lande den ihm gebührenden Platz in der Welt zu sichern.

Daß Perón die Wirtschaft ruinierte, wurde klar, als er seine Maßnahmen ausbaute. Er gründete die staatliche Monopolgesellschaft IAPI (Instituto Argentino de Promoción de Intercambio), die Weizen und andere Produkte den argentinischen Erzeugern zu niedrigen Preisen abkaufte und sie einer nach dem Krieg hungernden Welt zu hohen Preisen verkaufte; bis heute steht noch nicht eindeutig fest, wieviel Hunderte von Millionen die IAPI verdient hat und was aus ihnen geworden ist. Aber die Landwirte, die gezwungen wurden, Weizen, Mais und Vieh zu Verlustpreisen an das staatliche Monopol zu verkaufen, schränkten den Anbau und die Viehzucht ein; die Lebensmittelausfuhr ging ständig zurück, und die Volkswirtschaft erstickte. Dann versprach Perón den Argentiniern die »wirtschaftliche Emanzipation«: er erwarb das gesamte Eisenbahnnetz, das Engländern, und das Telefonnetz, das Amerikanern gehört hatte; er rief Industrien ins Leben, von denen er sagte, daß sie schlechthin alles erzeugen würden, von Lokomotiven bis zu Reißzwecken. Er unterließ es nur, zu erklären, wie eine Schwerindustrie in einem Land gedeihen kann, das wenig Eisen und Kohle und nicht genug Hydroelektrizität hat und nicht mehr als sechzig Prozent seines Benzinbedarfs aus eigenem Erdöl decken kann. Immerhin produzierte Argentinien 1954 eine große Anzahl von Verbrauchsgütern und stellte sogar einige Kraftfahrzeuge, landwirtschaftliche Maschinen und sonstige Produktionsgüter her. Nur war es ein Pyrrhussieg: die Industrialisierung wurde mit schweren Opfern der Landwirtschaft erkauft; der Rückgang der agrarischen Produktion entfesselte eine Inflationsspirale; die Löhne stiegen immer wieder, und die Preise kletterten noch schneller in die Höhe. Zu der Zeit, da Perón endlich gestürzt wurde, bewegte sich das Wirtschaftsleben nur noch im Schneckentempo.

Große Erfolge waren Perón in der Ebene der internationalen Beziehungen beschieden. Die Mächte, die ihn 1944 und 1945 nicht ernst genommen hatten, fanden gegen 1955, daß sie mit ihm koexistieren müßten: seine Regierung wurde von allen Staaten anerkannt; Argentinien gehörte den Vereinten Nationen an und hatte einen Sitz in deren Sicherheitsrat. Die Vereinigten Staaten hatten sich anfänglich in kühler Distanz gehalten, aber nachdem Perón 1946 offiziell zum Präsidenten gewählt worden war, wurden die amerikanischen Vertreter in Buenos Aires angewiesen, ihn mit Respekt und Ehrerbietung zu behandeln. Im Umgang mit anderen lateinamerikanischen Staaten spielte sich Perón als ihr Schirmherr auf: er wollte sie vor den »imperialistischen« Vereinigten Staaten schützen. Seine Agenten bemühten sich eifrig um die Nachbarländer und stifteten erheblichen Unfrieden in der inneren Politik Uruguays, Paraguays, Chiles, Boliviens und Perus; in fast allen Ländern Lateinamerikas provozierten seine Beauftragten laute Ausbrüche gegen die Vereinigten Staaten.

Trotz alledem war zu Beginn des Jahres 1955 schwer zu verkennen, daß Peróns Tage gezählt waren. Industrieführer und Großgrundbesitzer besahen sich die Trümmer des einst blühenden Argentiniens, erkannten, daß etwas geschehen müsse, und hatten doch nicht die Macht, etwas zu tun. Nervosität bemächtigte sich der militärischen Führer: teils ging es ihnen darum, ihre Haut zu retten für den Fall, daß das Machtgebilde der *peronistas* einstürzen sollte, teils waren sie ehrlich um das Schicksal des Landes besorgt; aktiv in der konspirativen Sammlung der Gegner waren vor allem die Chefs der Marine und der Luftwaffe. Einer militärischen Aktion stand allerdings die Befürchtung im Wege, daß ein Sturz des bestehenden Systems zur Übernahme des Staates durch die organisierte Arbeiterschaft führen könnte.

Ein wichtiger Herd der Unzufriedenheit war die Kirche. In früheren Jahren hatten – trotz dem offenen Protest einiger idealistischer Bischöfe und vieler Priester – Kardinal Copello und die Mehrheit des Episkopats Perón unterstützt; doch nach dem Tode Evitas erließ Perón mehrere Edikte, die die Männer der Kirche zutiefst aufwühlten: die Ehescheidung wurde legalisiert; verschiedene gegen die Prostitution errichtete Schranken wurden hinweggeräumt. Als die Kirche Einwände erhob, erklärte Perón unumwunden, mit kirchlichen Einflüssen im Erziehungswesen müsse Schluß gemacht werden; er drohte überdies mit der Trennung von Kirche und Staat und befürwortete sogar die Besteuerung des Kirchenvermögens. Im Juni 1955 demonstrierten darauf hunderttausend Katholiken auf der Plaza de Mayo vor der Casa Rosada, dem Präsidentenpalais; von dort marschierten sie zum Kapitol, wo einige übereifrige Jugendliche die päpstliche Fahne hißten. Einige Flugzeuge der Kriegsmarine überflogen die Stadt und warfen über der Casa Rosada Bomben ab. Die Vergeltung folgte auf dem Fuße: *peronista*-Banden stürmten einige der bedeutendsten Kirchen, legten Feuer, richteten im Innern der Gotteshäuser Verwüstungen an, zerstörten Statuen. Zwei prominente Würdenträger der Kirche, die zu protestieren wagten, wurden kurzerhand in ein Flugzeug gesetzt und nach Rom gebracht. Nun exkommunizierte der Vatikan Perón und alle seine Mitarbeiter, weil sie »die Rechte der Kirche mit Füßen getreten« hätten. In New York schrieb die einflußreiche katholische Zeitschrift *Commonweal*: »Die Kirche hat Jahrhunderte hindurch furchtbare Kompromisse mit der Tyrannei geschlossen..., aber... die Kirche ist der letzte, unbeugsame Feind eines jeden Staates, der von seinen Bürgern totalen Gehorsam verlangt.«

Fast jeder wußte nun, daß es mit Perón zu Ende ging. Die Monate Juli und August brachten neue Komplotte und Straßenaktionen, die von der Polizei mit Gewalt unterdrückt wurden. Perón schrieb an den Argentinischen Gewerkschaftsbund, er sei bereit, zurückzutreten; darauf streikten die Arbeiter im ganzen Lande, um ihre Treue zu Perón zu bekunden. Ein Leitartikel der *New York Times* nannte Peróns Rücktrittsofferte »die Krampfreaktion eines Erschrockenen, der ein Spiel spielt, das er bereits verloren hat«. Am 16. September meuterte Militär in den Heereskasernen in Córdoba, Rosario, Santa Fé und Paraná; General Eduardo Lonardi wurde zum »Führer der Befreiungsbewegung« ausgerufen. Am 19. September trat Perón zurück und suchte Schutz auf einem paraguayischen Kanonenboot, das in der La-Plata-Mündung vor Anker lag. Am 23. September übernahm Lonardi die Präsidentschaft einer provisorischen Regierung. Eine erregte Menge stürzte Hunderte von Statuen Peróns und Evitas von ihren Sockeln und riß Plakate mit ihren

Bildern von den Mauern. Die Ära Perón war tot. Der Hauptverantwortliche fand Zuflucht in Paraguay, später in Panamá, Venezuela und der Dominikanischen Republik. Eine der ersten Handlungen der neuen Regierung war die Veröffentlichung detailliert belegter Angaben über den verschwenderischen Luxus, mit dem der flüchtige Diktator seine Wohnungen ausgestattet hatte. Dann wurden die Wertgegenstände und Juwelen im Werte von mehreren Millionen Dollar ausgestellt, die Perón und Evita im Laufe der Jahre zusammengescharrt hatten. Für viele niederschmetternd war die Bekanntgabe der Tatsache, daß sich Perón nach dem Tode Evitas ein dreizehnjähriges Mädchen als Geliebte zugelegt und sie mit dem persönlichen Schmuck Evitas, der *madona de América*, überschüttet hatte. Das Gerücht wurde kolportiert, daß Perón bei seiner Flucht einige Millionen Dollar – oder einige hundert Millionen – hatte mitgehen heißen.

Die Lonardi-Regierung stand vor einer beängstigenden Aufgabe: die Staatskasse war leer; auf dem Staat lasteten große Verpflichtungen aus Verträgen, über die keine näheren Angaben existierten; die Auslandsschuld erreichte 1,2 Milliarden Dollar, die Inlandsschuld an die 5 Milliarden Dollar; Goldvorräte und sonstige Reserven waren auf 450 Millionen Dollar zusammengeschmolzen; die Ausfuhr erreichte nur noch die Hälfte dessen, was sie im Durchschnitt der Jahre 1941–1946 betragen hatte; der Geldumlauf war seit 1946 um etwa fünfhundert Prozent angewachsen; die Staatseisenbahnen waren in voller Zerrüttung. Der ehrliche, dem Lande treu ergebene Lonardi hatte tüchtige und sachkundige Männer in sein Kabinett berufen, aber nun hieß es, es seien darunter zu viele Reaktionäre, von denen einige mit Perón zusammengearbeitet hätten. Lonardi schaffte die Zensur ab und bot den *peronistas* eine Amnestie an, doch wollten nur wenige von ihnen die Heimkehr riskieren. Von neuem wurden freundschaftliche Beziehungen mit der Kirche angeknüpft. Indes wurde Lonardi sowohl von *peronistas* als auch von *antiperonistas* aufs schärfste angegriffen; ohne viel Aufhebens wurde er nach achtwöchiger Regierungstätigkeit durch ein Komplott der Militärs abgesetzt. An seine Stelle trat ein anderer General, Pedro Eugenio Aramburu. Dieser Wechsel wurde als Beginn eines härteren Kurses gegen die *peronistas* interpretiert.

Fast drei Jahre blieb Aramburu an der Regierung. Was immer er in dieser Zeit unternahm, stieß auf Hindernisse: wiederholt wurden von Perón-Agenten, die zwei Drittel der Gewerkschaften in der Hand hielten, Streiks angezettelt; Bomben explodierten; Terrorakte erregten die Öffentlichkeit; neue Verschwörungen in der Armee kamen ans Tageslicht. Die Wirtschaft war immer noch im Niedergang, die Preise stiegen, das Geld entwertete sich, mehrmals wurden von Lohnempfängern Lohnerhöhungen durchgesetzt. Aramburu war nicht untätig: er gab die große Tageszeitung *La Prensa*, die Perón 1951 geraubt hatte, an ihren ursprünglichen Eigentümer Gainza Paz zurück; er annullierte Peróns Ehescheidungsgesetzgebung, verbot die Prostitution, hob Peróns Verfassung von 1949 auf und setzte die alte Verfassung von 1853 wieder in Kraft. Mehr noch: er stellte die Autonomie der Zentralbank wieder her, erreichte die Aufnahme Argentiniens in die Weltbank und den Internationalen Währungsfonds, brachte die Erdölgewinnung in Schwung und schloß günstige Handelsverträge mit der Bundesrepublik Deutschland, Großbritannien, Österreich, Belgien, Frankreich, Italien, Holland, Norwegen, Schweden und der Schweiz ab.

In den ersten wirklich freien Wahlen, die seit 1916 abgehalten wurden, wählte Argentinien im Mai 1958 Arturo Frondizi zum Präsidenten. Frondizi, der nur einen Flügel der Radikalen Partei vertritt, siegte mit einer geringfügigen Mehrheit, nachdem er zu verstehen gegeben hatte, daß eine Verständigung mit den *peronistas* nicht ausgeschlossen sei. Seitdem haben sich die *peronistas* mehr als einmal beschwert, daß er das vor der Wahl gegebene Versprechen nicht gehalten habe, und sporadische Gewaltausbrüche scheinen in Peróns Hauptquartier in Venezuela, später in der Dominikanischen Republik geplant worden zu sein. Auch mit den Armeeführern hatte Frondizi seinen Kummer: im September 1959 wurde er gezwungen, einen tüchtigen Kriegsminister, der einigen Generalen nicht paßte, zu entlassen; anders ausgedrückt: das Militär ließ den Staatschef in einer demütigenden Form wissen, daß es nicht ohne weiteres bereit sei, sich der Zivilgewalt unterzuordnen.

Im Gegensatz zu dem von ihm früher eingenommenen Standpunkt hat Frondizi mit ausländischen Ölkonzernen, darunter Standard Oil of New Jersey und Royal Dutch Shell, mehrere Verträge über Ölbohrungen und den Bau von Pipelines und Raffinerien unterzeichnet. Da Argentinien Erdölprodukte in großer Menge importieren muß – sie machten lange Zeit ungefähr ein Viertel der gesamten argentinischen Einfuhr aus –, fand diese Entscheidung des Präsidenten den Beifall aller, die Argentiniens Abhängigkeit von der Öleinfuhr beklagen. Die Ölgesellschaften erzielten in der folgenden Zeit so große Erfolge, daß die Ölerzeugung 1959 um fast dreißig Prozent und 1960 noch weiter gesteigert werden konnte; Wirtschaftsfachleute äußerten die Meinung, daß Argentinien schon 1962 ohne Öleinfuhr würde auskommen können. Inzwischen hatte Frondizi auf Anraten der UN-Wirtschaftskommission für Lateinamerika ein Sparsamkeits- und Selbstbeschränkungsprogramm in die Wege geleitet und für insgesamt 329 Millionen Dollar Anleihen von der Export- und Import-Bank in Washington und dem Internationalen Währungsfonds bewilligt bekommen. Die Devisenkontrolle ist aufgehoben worden: der Pesokurs sollte sich unbeeinflußt einpendeln. Ebenso sind alle Preiskontrollen gefallen.

Diese Maßnahmen hatten weitere Preiserhöhungen, neue Lohnforderungen und verschärfte Inflation zur Folge. Auf Versuche der Regierung, Streiks zu unterbinden, antworteten die Gewerkschaften mit Verratsbeschuldigungen. Mitte 1959 war in verschiedenen Bevölkerungsschichten die Meinung verbreitet, Frondizi habe im Kampf gegen die Inflation versagt.

Immer noch stehen Argentinien trübe Tage bevor. Im Laufe des Jahres 1958 waren die Lebenshaltungskosten um fünfundvierzig Prozent angestiegen, und im selben Jahr belief sich der Passivsaldo der Handelsbilanz auf 235 Millionen Dollar. Die Staatsschuld hatte sich im Laufe des Jahres verdoppelt, und der Geldumlauf war um zweiundvierzig Prozent angestiegen. Zwischen 1956 und 1958 zeigten die Viehbestände einen Rückgang von 47 auf 40,5 Millionen Stück. Die Weizenproduktion, die 1928 349 Millionen Bushels betragen hatte, erreichte 1956/57 nur noch 260 Millionen; die Maisproduktion war von 396 Millionen Bushels 1935 auf 235 Millionen Bushels 1957/58 gesunken. Perón hat sich, wie man daraus entnehmen kann, für Argentinien als sehr kostspielig erwiesen.

## Uruguay — Experimente

Im Jahre 1828 als Pufferstaat zwischen Brasilien und Argentinien gegründet, ist Uruguay heute eins der erfreulichsten, mit der besten Schulbildung versehenen und bestgeordneten Länder Lateinamerikas. Seine 187000 Quadratkilometer bestehen zum größten Teil aus Talbecken, die zwischen Hügeln und Bergrücken eingebettet sind. Die Bevölkerung von 2,7 Millionen ist überwiegend italienischer und spanischer Abstammung mit geringen Einsprengseln von Deutschen, Franzosen, Engländern und anderen Europäern. Fast ein Drittel der Uruguayer lebt in der Hauptstadt Montevideo. Etwa achtzig Prozent der Fläche sind Rinder- und Schafweide, weniger als zehn Prozent Ackerland.

Die Entwicklung im 19.Jahrhundert war turbulent. Im ersten Vierteljahrhundert der Unabhängigkeit störten wiederholte Eingriffe Argentiniens und Brasiliens den Frieden des Landes. Das ganze Jahrhundert hindurch tobten Kämpfe zwischen den konservativen *Blancos* (»Weißen«) und den liberalen *Colorados* (»Roten«), mit etwa vierzig bewaffneten Revolten untermalt; 1896 führte ein blutiger Bürgerkrieg zur Aufrichtung der ausschließlichen Herrschaft der *Blancos* in sechs (von insgesamt achtzehn) Provinzen. In diesen Sturmjahren wanderten etwa vierhunderttausend Europäer ein; sie besiedelten das flache Land, ließen die Hauptstadt beträchtlich anschwellen und brachten eine wohlhabende Mittelschicht hervor.

Das Fazit nach 1900 ist eindrucksvoll und zu einem erheblichen Teil nur José Batlle y Ordóñez zu verdanken. Als Redakteur der einflußreichen Zeitung *El Día*, die er 1896 gegründet hatte, formte er das Denken und Tun des kleinen Landes. Er war zweimal Präsident (1903-1907 und 1911-1915) und blieb eine machtvolle Persönlichkeit bis zu seinem Tode (1929); sein nachhaltiger Einfluß ist heute noch zu spüren. Er war ein unerschütterlicher, gläubiger Demokrat; seine politischen Vorstellungen orientierten sich am Vorbild der staatssozialistischen Experimente der Schweiz und der kollegialen Staatsführung, wie sie der Bundesrat der Eidgenossenschaft darstellt. Unermüdlich vertrat Batlle seine politischen Auffassungen in den redaktionellen Beiträgen seiner Zeitung. Zum Teil hatte er Erfolg: Uruguay behielt zwar einen Präsidenten an der Spitze des Staates, begrenzte aber seine Machtbefugnisse durch die Schaffung eines Präsidentschaftsrates; die wirkliche Kollegialverfassung der Staatsspitze, für die sich Batlle eingesetzt hatte, kam erst 1951, lange nach seinem Tode.

Batlles Sozial- und Wirtschaftsprogramm umfaßte Presse- und Redefreiheit und freie Wahlen; allgemeine Schulpflicht mit unentgeltlichem Unterricht; Koalitionsfreiheit und Recht der Arbeiter auf kollektive Tarifverträge; Achtstundentag, Mindestlohn, Altersversicherung, Unfallversicherung. Viele seiner Vorschläge, die sich auf die wirtschaftliche Betätigung des Staates richteten, sind verwirklicht worden. Eine staatliche Versicherungsbank (Banco de Seguros del Estado) mit Geschäftsbefugnissen in allen Zweigen des Versicherungswesens wurde 1912 geschaffen. Ebenfalls 1912 ging die gesamte Licht- und Kraftversorgung auf ein Staatsmonopol über. Die von Batlle erstrebte Verstaatlichung des gesamten Eisenbahnverkehrs ließ allerdings bis 1948 auf sich warten. Aber schon 1916 wurde die Verwaltung aller Hafenanlagen des Landes einer staatlichen Gesellschaft übertragen. Ein staatliches Fleischkonservenunternehmen wurde 1928 mit der Aufgabe ins Leben gerufen, mit privaten (namentlich amerikanischen) Firmen in Wettbewerb zu treten. Die Stadtverwaltung von Montevideo ist sogar in die Hotelindustrie eingedrungen: sie besitzt und betreibt in eigener Regie drei große Touristenhotels. Der Erfolg dieser staatssozialistischen Experimente war nicht bemerkenswert: sie funktionierten passabel in den zwanziger Jahren, als Geld überall im Überfluß war, aber in den Krisenjahren nach 1929 ist es ihnen schlecht ergangen, und es geht ihnen heute schlecht.

Seit den Zeiten Batlles ist der Weg der uruguayischen Regierung voller Unruhe gewesen. Zwischen 1934 und 1938 herrschte eine Diktaturregierung. Eine sehr schwierige Situation entstand für Uruguay in der Zeit der Perón-Herrschaft in Argentinien: nach Uruguay kamen viele politische Flüchtlinge aus Argentinien, und die Presse veröffentlichte viel Material über die argentinischen Zustände; Perón rächte sich mit einer Sperre aller Ferienreisen nach Uruguay und mit der Abdrosselung der Zufuhr vieler Waren, die Uruguay dringend brauchte. Das kleine Land äußerte sich dennoch auch weiterhin in voller Freiheit über den mächtigen Nachbarstaat, zum Teil ermutigt durch das von der Konferenz der amerikanischen Staaten 1947 gegebene Versprechen, jeden Mitgliedstaat im Falle der Aggression anderer Staaten zu schützen.

Die 1951 beschlossene Einführung einer kollegialen Staatsführung hat die Erwartungen Batlles kaum erfüllt. Der neunköpfige Nationalrat hat es an der klugen Verständigungsbereitschaft, die Batlle erhofft hatte, recht empfindlich fehlen lassen: die Vertreter der Mehrheitspartei, der *Colorados*, waren untereinander gespalten, und die extremen *Blancos* unter der Führung des kraftstrotzenden alten Luis Herrera benutzten ihre drei Minderheitssitze, um alles zu blockieren, was die Colorados vorhatten. Überdies begannen die staatssozialistischen Experimente ihre Fragwürdigkeit in dem Maße zu offenbaren, wie die Wirtschaftslage ungünstiger wurde. Der Absatz der Wolle auf den internationalen Märkten ging erheblich zurück, was Uruguay sehr empfindlich traf, weil die Ausfuhr des Landes traditionell zu mehr als der Hälfte von der Wolle bestritten wurde. Nun zeigte sich, daß Uruguays stolze Sozialversicherung den Krisenstürmen nicht gewachsen war. Hatte Batlle, der optimistische Vater der Altersversorgung, zuviel versprochen?

Die schlimmsten Schwierigkeiten ergaben sich natürlich aus der absinkenden Konjunktur. Der Peso, der 1950 einen halben amerikanischen Dollar wert war, war bis 1959 auf einen zehntel Dollar gefallen. Die Konserven- und Gefrierfleischfabriken, deren Erzeugnisse etwa zwanzig Prozent der uruguayischen Ausfuhr stellten, machten von Jahr zu Jahr geringere Umsätze. Die amerikanischen Konzerne Swift und Armour legten ihre Betriebe in Uruguay im November 1937 völlig still, womit zwölftausend Menschen mit einem Schlag arbeitslos wurden. Die staatliche Konservenfabrik schloß Jahr für Jahr mit einer Verlustbilanz ab. Einer der Gründe der Fleischkrise war die schwarze Ausfuhr: große Viehherden – nach manchen Schätzungen bis zu dreihundertfünfzigtausend Stück jährlich – wurden von Schmugglern über die Nordgrenze nach Brasilien getrieben. Im Jahre 1959 war Fleisch in Uruguay so knapp geworden, daß Rindfleischkäufe in Argentinien vorgenommen werden mußten.

Die Wahlen im November 1958 brachten die Niederlage der *Colorados*, die dreiundfünfzig Jahre lang die führende Partei geblieben waren; die absolute Mehrheit errangen die extrem rechten *Blancos* (»Nationalpartei«), seit Jahren diktatorisch geführt von dem ultramontanen Katholiken und Rechtsradikalen Luis Herrera, einem Verehrer Francos und Mussolinis. Ihren Sieg hatten die *Blancos* dem Eifer zu verdanken, mit dem sie die *Colorados* für alle wirtschaftlichen Leiden des Landes verantwortlich machten. Kaum aber waren sie an der Macht, als auch sie in mehrere feindliche Richtungen zerfielen. Die Vertreter der Landbevölkerung führten beredte Klage darüber, daß Uruguay bis dahin nur zum Vorteil Montevideos und zum Nachteil der kleineren Städte und der Landbezirke regiert worden sei. Besonders trat als neuer Sprecher der *Blancos* Benito Nardone hervor, der Wortführer der landwirtschaftlichen Interessen. Gegen Anfang 1959 wurde das Verhältnis zwischen Herrera und Nardone sichtlich gespannt, und die Fehde zog in der Deputiertenkammer weite Kreise. Unter den *Blancos* schien es nicht weniger stürmische Dispute zu geben als früher unter den *Colorados*. Im April 1959 starb Herrera im Alter von fünfundachtzig Jahren. Damit war Nardone zum führenden Mann der *Blancos* geworden. Für José Batlles sozialistische Utopie war das kein guter Abschluß.

## Paraguay — Diktaturen

Die ringsherum von anderen Ländern eingeschlossene Republik hat eine Fläche von 407000 Quadratkilometern, die hügliges Flachland, gutbewässerten Ackerboden, Weide und undurchdringliche Wälder umfaßt; die Wälder liefern Yerba (Maté, das Lieblingsgetränk vieler Südamerikaner) und Quebrachoholz zu Gerbzwecken und als Baumaterial. In der nordwestlichen Wildnis des Chaco, den Paraguay im Krieg mit Bolivien (1932 bis 1935) erobert hat, gibt es Busch, Wald, Dschungel und wahrscheinlich reiche Ölvorkommen. Die Paraguayer, heute 1,7 Millionen, sind ein einheitlicher Stamm, der aus der Vermischung von Spaniern, Brasilianern und Indianern (hauptsächlich Guaraní-Stämmen) hervorgegangen ist. Deutsche, Italiener, Spanier und andere Europäer, die in neuerer Zeit eingewandert sind, üben, obgleich sie nur wenige Tausend sind, einen sehr erheblichen Einfluß aus. Als Siedler sind Italienisch-Schweizer erfolgreich.

Paraguays Landwirtschaft ist primitiv; das Land hat noch nie Getreide und Vieh von der Qualität hervorgebracht, die den Naturbedingungen entspräche. Ausländische, vornehmlich argentinische Unternehmen verfügen über beträchtlichen Grundbesitz und haben viel zu sagen. Vom Ausfuhrwert von rund 32 Millionen Dollar jährlich entfallen siebenunddreißig Prozent auf Holz, zwanzig Prozent auf Quebrachoextrakt und siebzehn Prozent auf Baumwolle. Paraguay ist, welche Maßstäbe man auch anlegen möge, ein armes Land, das für seine Bevölkerung nicht viel getan hat. Diese innere Schwäche macht es leicht zum Spielball politischer Häuptlinge. Seit der Trennung von Spanien im Jahre 1810 ist Paraguay von der Geißel der Tyrannei kaum jemals verschont gewesen.

Selten hat Paraguay Freiheit von der Herrschaft seiner Caudillos gekannt. Seine Diktaturen waren immer verschroben und gründlich, selten wohlwollend. Die erste Diktatur, die auch die längste, ehrlichste und kompletteste war, errichtete Dr. José Gaspar Rodríguez de Francia im Jahre 1811, und sie währte, kaum je auf Widerstand stoßend, bis 1840. Francia war strikt, grausam und unbestechlich. Er schloß Paraguay von der Außenwelt ab; er brach die Beziehungen zum Vatikan ab und ernannte seine eigenen Bischöfe und Priester; er unterwarf das Volk einer spartanischen Disziplin und brachte ihm Ackerbau und Viehzucht bei. Es gab keine Freiheit, aber es ging den Paraguayern besser als zu irgendeiner späteren Zeit. Nicht weniger grausam, aber absolut unfähig waren Francias Nachfolger Carlos Antonio López (1841–1862) und Francisco Solano López (1862–1870). Beide waren Wüstlinge und Verschwender. Solano López provozierte den Krieg gegen Argentinien, Uruguay und Brasilien (1865–1870), in dem Paraguay fast seine gesamte männliche Bevölkerung auf dem Schlachtfeld verlor und große Territorien an Argentinien und Brasilien abtreten mußte. Das Land blieb bis 1876 von brasilianischen Soldaten besetzt, die eine neue Generation von Paraguayern zeugten.

Während des halben Jahrhunderts, das dem Krieg folgte, regierte eine Reihe von geistlosen Herrschern mit der alten Stupidität und Richtungslosigkeit. In gewissem Umfang profitierte das Land von der Einwanderung von etwa vierzigtausend Menschen aus Italien, Spanien, Deutschland und Argentinien; im Weizenbau und in der Viehzucht wurden gewisse Fortschritte gemacht. Um 1928 hatte Paraguay nicht mehr als achthunderttausend Einwohner; die meisten waren arm und Analphabeten.

Im Jahre 1932 wurde Paraguay in den Krieg mit Bolivien um den umstrittenen Gran Chaco hineingezwungen. Was Bolivien bewegte, war der Wunsch, Häfen am Paraguay-Fluß zu erlangen, um auf diese Weise über den Río de la Plata einen Zugang zum Ozean zu haben; Paraguay dagegen verteidigte ein Stück Land, das es als rechtmäßigen Bestandteil seines Territoriums ansah. Obgleich Bolivien eine größere Armee hatte, gewann Paraguay den Krieg: 1935 wurde ein Waffenstillstand unterzeichnet; danach erhielt Paraguay, wie ein Historiker bemerkte, ein Gebiet von »20000 Quadratmeilen (rund 51 800 Quadratkilometer) ... zum Preis von rund drei Bolivianern und zwei Paraguayern je Quadratmeile«.

Die sieben Präsidenten, die seit dem Chaco-Krieg in Paraguay regiert haben, waren Diktatoren, die sich nur im Grad der Unfähigkeit voneinander unterschieden. Der gegenwärtige Präsident Alfredo Stroessner ist ein Tyrann nach klassischem paraguayischem Vorbild. Seinen Sturz strebten in den Jahren 1959 und 1960 mancherlei Verschwörungsaktionen im Innern an, und Gruppen politischer Emigranten versuchten von Argentinien aus, in Paraguay einzufallen; alle diese Bemühungen fanden ein blutiges Ende. In dem geplagten Land gibt es weder Freiheit noch Wohlstand.

## *Brasilien*

Im Rahmen der zwanzigköpfigen lateinamerikanischen Staatenfamilie ist Brasilien etwas Besonderes, Einmaliges. Weil es von Portugiesen geschaffen und Jahrhunderte hindurch regiert wurde, hat es ein ganz anderes Naturell als die von Spanien geformten Länder. Portugal hat seiner amerikanischen Kolonie nicht nur seine Sprache aufgeprägt, sondern auch seine weniger strenge und steife Art in Politik, Religion und Sitten. Auch der starke Zustrom afrikanischer Sklaven, die sich mit der brasilianischen Gesamtbevölkerung weitgehend vermischt haben, hat zur Herausbildung andersartiger kultureller Wesenszüge beigetragen.

Zur Beschreibung Brasiliens müssen Superlative herhalten. Seine 8,5 Millionen Quadratkilometer machen es zum größten Land Lateinamerikas. (Zum Vergleich: die Vereinigten Staaten haben eine Fläche von 9,3 Millionen Quadratkilometern.) Mit seinen 63,47 Millionen Menschen ist es auch das bei weitem volkreichste. Und seine großen und vielfältigen Naturreichtümer – fruchtbarer Boden, riesige Waldungen, reiche Vorkommen an fast allen Metallen und Mineralien (und all das noch kaum ausgebeutet!) – lassen es als eine der wichtigsten Schatzkammern der Welt erscheinen.

Die Brasilianer sind ein Gemenge von Indianern, Portugiesen und Negern – mit Kreuzungen der verschiedensten Art –, zu denen seit Mitte des vorigen Jahrhunderts einige Millionen Einwanderer aus Deutschland, Italien, Spanien und anderen europäischen Ländern und etwa dreihunderttausend Japaner hinzugekommen sind. Über die ethnische Zusammensetzung der Bevölkerung Brasiliens gibt es keine verläßliche Statistik; es könnte da vielleicht etwa zwei Prozent Indianer, vierzig Prozent Neger oder Mulatten und fünfzig Prozent Weiße geben; das sind aber nur Mutmaßungen, keineswegs sichere Angaben. Auf die einzelnen Teile ihres Staatsgebiets sind die Brasilianer sehr ungleichmäßig verteilt. Fast neunzig Prozent bewohnen eine Fläche, die weniger als dreißig Prozent des Ganzen ausmacht: das schmale Küstenflachland, das sich vom »Höcker«, Brasiliens äußerster östlicher Ecke, nach dem Süden zieht, und den südlichen Teil des Landes, also das Gebiet zwischen der Nordgrenze von Minas Gerais und der Uruguay-Grenze von Rio Grande do Sul. Fast die Hälfte des nationalen Territoriums nimmt das feuchte, heiße und kaum besiedelte Amazonenstromland ein. Der Besiedlung durch wachsende brasilianische Bevölkerung und durch Einwanderer aus fremden Ländern harren noch riesige brauchbare Ländereien auf den Hochplateaus des Binnenlandes.

## *Das Kaiserreich*

Brasiliens neuere Geschichte gliedert sich in zwei Perioden: die Zeit des Kaiserreichs, das von 1822 bis 1889 bestand, und die Zeit der Republik von 1889 bis heute. Brasiliens Trennung von Portugal war schmerzlos. Unter dem Druck Napoleons war Portugals königlicher Hof 1807 von Lissabon fortgezogen und hatte sich in Rio de Janeiro niedergelassen; man hoffte, das Mutterland von dort aus regieren zu können. An Stelle der geisteskranken Königin Maria I. herrschte als Regent ihr Sohn João, der 1816 nach ihrem Tode unter dem Namen João VI. als König des Vereinigten Königreichs von Portugal, Brasilien und der Algarve gekrönt wurde. Im Jahre 1821 wurde João zur Aufrechterhaltung des portugiesischen Thrones nach Lissabon zurückgerufen und hinterließ als Regenten in Rio de Janeiro seinen dreiundzwanzigjährigen Sohn Pedro. Im Jahre 1822 proklamierte dieser junge Mann klugerweise die Unabhängigkeit Brasiliens (ohne freilich auf sein Erbrecht in Lissabon zu verzichten); die Nabelschnur, die Brasilien mit Portugal verband, wurde – fast unmerklich – zerschnitten und das Kaiserreich Brasilien als freier und selbständiger Staat errichtet. In der Gesamtbilanz Lateinamerikas im 19. Jahrhundert hebt sich die Lebenszeit des Kaiserreichs Brasilien als die längste Periode ab, in der einem Land politischer Friede und beträchtliche Elemente einer demokratischen Ordnung vergönnt waren.

Türme der City von Buenos Aires.    Rinderherde in der argentinischen Pampa

Regierungspalast und entstehende Wohnhäuser in Brasilia

Allerdings waren zunächst mancherlei Schwierigkeiten zu überwinden. Von 1822 bis 1831 regierte Pedro I. (1826 als Pedro IV. auch zwei Monate lang König von Portugal, worauf er dann zugunsten seiner siebenjährigen Tochter Maria da Gloria verzichtete), und dieser erste Kaiser war alles andere als ein tüchtiger oder erfolgreicher Herrscher. Kennzeichnend für seine Regierungszeit waren heftige Streitigkeiten um Brasiliens Beziehungen zu Portugal, erbitterte Auseinandersetzungen über die Verfassung von 1824, der Krieg mit Argentinien um die Freiheit Uruguays (1825–1828), eine maßlos verschwenderische Hofhaltung und des Kaisers notorische eheliche Untreue. Nach neun Jahren fanden die Brasilianer, sie hätten von diesem Kaiser genug. Pedro I. dankte 1831 zugunsten seines Sohnes ab und kehrte nach Lissabon zurück.

Der Thronfolger Pedro II. war noch nicht sechs Jahre alt, als der Vater davonsegelte. Während der zehn Jahre, in denen er in der Obhut von Erziehern stand, wurde das Kaiserreich von Regenten betreut. Mehr als einmal sah es so aus, als sei der Zerfall des Reiches nicht mehr aufzuhalten: separatistische Aufstände brachen aus, 1831 im nördlichen Pará, 1833 in Minas Gerais und 1834 in Mato Grosso und Maranhão; dann tobte zehn Jahre lang (1835–1845) ein Sezessionskrieg im südlichen Rio Grande do Sul. Es scheint wie ein Wunder, daß es den Regenten in den langen Vorbereitungsjahren des kleinen Pedro gelang, die staatliche Einheit Brasiliens zu erhalten. Im Jahre 1841 wurde Pedro, der gerade sechzehn Jahre alt geworden war, als Kaiser von Brasilien gekrönt. (Die zweiundzwanzigjährige Schwester regierte bereits seit sieben Jahren als Königin Maria II. in Portugal, war zum zweitenmal verheiratet und Mutter von zwei Söhnen.)

Die achtundvierzigjährige Regierungszeit Pedros II. hat sich als die konstruktivste und demokratischste Periode in der Geschichte Brasiliens erwiesen. Absolut ehrlich und seiner Aufgabe ergeben, nicht unklug, klarsichtig in weltpolitischen Angelegenheiten, dazu von einigen hervorragenden Ministern beraten und unterstützt, hielt Pedro das Land mit Erfolg zusammen – mitunter reichlich selbstherrlich, aber immer gutartig. Um die Mitte des Jahrhunderts hatte das Land noch keine feste Gestalt gewonnen, offenkundig aber waren seine schweren Geburtsfehler. Von der Bevölkerung, die sich auf über sieben Millionen belief, waren drei bis vier Millionen Sklaven, eine Million freie Neger und Mulatten, eine Million oder mehr Indianer und vielleicht zwei Millionen Weiße. Über das unvermessene und unbekannte Amazonenstromgebiet hatte die Zentralregierung so gut wie keine Gewalt, und in den nördlichen und südlichen Grenzprovinzen war ihre Machtvollkommenheit begrenzt.

Pedros Regierungssystem war eine tropische Abwandlung des englischen Parlamentarismus mit Premierminister und Kabinett, aber mit einer Deputiertenkammer, die sich der Kaiser zu einem erheblichen Teil selbst aussuchte. In diesem System übte Pedro die »vermittelnde« Funktion aus, die die Verfassung von 1824 dem Monarchen zuwies. Da es keine wissende, informierte und in der Ausübung des Wahlrechts geschulte Wählerschaft gab, die die Macht der »vermittelnden« Gewalt hätte einschränken können, war Pedros Regiment autokratisch. Wäre es von einem argentinischen Rosas gehandhabt worden, so wäre es eine ungenierte Diktatur geworden; unter Pedro war es vernünftig und gerecht.

In den vierziger Jahren mußte die Monarchie mehrere Bürgerkriege durchstehen, die auf die Loslösung einzelner Teile des Staatsganzen abzielten: 1841 in Maranhão; 1842 in Minas

Gerais und São Paulo; bis 1845 in Rio Grande do Sul; 1849 in Pernambuco. Dann kamen in den fünfziger und sechziger Jahren schwere Konflikte mit dem Ausland. Zuerst geriet Brasilien in eine scharfe Auseinandersetzung mit England. Der Kern des Problems war der Sklavenhandel. Einerseits lag England daran, die bedrohliche Konkurrenz von Sklavenhalterländern ein für allemal loszuwerden; andererseits ließ es sich von einer weltanschaulichen Haltung leiten, die durch bestimmte Kreise – zum Beispiel die Quäker – aktiviert wurde. Aus diesen Motiven hatte England die brasilianische Regierung zwingen wollen, den Sklavenhandel schon ab 1830 zu unterbinden. Da das nicht geschehen war, entschied das englische Parlament 1845, daß brasilianische Sklaventransporte künftighin gekapert und der Entscheidung englischer Prisengerichte überantwortet werden sollten. Tatsächlich wurden in der folgenden Zeit Sklavenschiffe gekapert, und England weigerte sich, ein Schiedsgericht anzuerkennen. Im Jahre 1850 segelten englische Kreuzer sogar in den Hafen von Rio de Janeiro und brachten dort einige Sklavenschiffe auf. Hinzu kamen noch weitere Zwischenfälle. Schließlich beschloß Pedro II. 1863, die diplomatischen Beziehungen mit Großbritannien abzubrechen. Pedro selbst hatte für die Sklaverei nichts übrig und war entschlossen, ihr so bald wie möglich ein Ende zu bereiten, aber er wehrte sich gegen das englische Diktat.

Brasiliens kostspieligster Krieg kam in den sechziger Jahren. In Erfüllung von Bündnisverpflichtungen gegenüber Argentinien und Uruguay sah sich Brasilien veranlaßt, gegen Paraguay zu Felde zu ziehen. Auf dem Spiel standen unter anderem brasilianische Ansprüche in Uruguay. Das Ergebnis des Krieges war, daß brasilianische Truppen in Paraguay einmarschierten und das Land mehrere Jahre besetzt hielten.

Seit den fünfziger Jahren hatte in Brasilien eine stürmische Entfaltung wirtschaftlicher Energien eingesetzt. Im äußersten Süden erlebte die Viehzucht einen gewaltigen Aufschwung. Pernambuco und Bahia vervielfachten ihre Zucker-, Tabak- und Baumwollerzeugung. São Paulo bereicherte sich am Kaffee. Insgesamt schien sich das wirtschaftliche Schwergewicht nach dem Süden zu verlagern. Der Eisenbahnbau griff um sich, die Schiffahrt nahm zu, der Postverkehr wurde ausgebaut, das Telegraphennetz erweitert. In all dieser vielversprechenden Aktivität zeigte sich die stimulierende Wirkung der vermehrten Einwanderung aus Italien, Deutschland, Spanien und Portugal. In den fünfziger und sechziger Jahren wanderten jährlich einige tausend Menschen nach Brasilien ein; bis zum Sturz des Kaiserreichs (1889) waren über sechshunderttausend ins Land gekommen, und bis Mitte des 20. Jahrhunderts sollte der Einwanderungsgewinn im ganzen fast fünf Millionen erreichen.

In den siebziger und achtziger Jahren zeigten sich in deutlichen Umrissen die Kräfte, an denen dann später die Monarchie gescheitert ist. Pedro war ein guter Katholik, aber sein Katholizismus entsprach eher der in England oder in den Vereinigten Staaten verbreiteten Variante als der streitbaren Orthodoxie der Kirche in Portugal oder Spanien. Während seiner Besuche in Europa oder in den Vereinigten Staaten bewegte sich Pedro gern und ohne Scheu in protestantischen und Freidenkerkreisen. Im Jahre 1865 weigerte er sich, die Veröffentlichung einer päpstlichen Enzyklika gegen die Freidenker zu gestatten. Das trug ihm wütende Angriffe von katholischer Seite ein, was wiederum seine Autorität in kirchentreuen katholischen Kreisen untergrub. Zu den gespannten Beziehungen mit der Kirche gesellten sich dann Konflikte mit dem Militär. Nach dem siegreichen Krieg gegen Paraguay in den sechziger Jahren entdeckten die Generale, daß ihnen größerer Einfluß auf den Staat gebühre. Pedro dagegen vertrat die Auffassung, daß das Geschäft des Regierens Sache der Zivilgewalt sei, und verweigerte den Militärs die von ihnen geforderten Zugeständnisse. Mittlerweile waren aber auch republikanische Stimmungen im Lande stärker und artikulierter geworden. Viele Geistliche und Militärs, die an Pedro II. immer weniger Gefallen fanden, erwärmten sich nun für einen Regimewechsel.

Der entscheidende Faktor, der das Ende der Monarchie bewerkstelligte, war die Abschaffung der Sklaverei. Seit Jahren schon hatte sich im Lande eine der Sklaverei feindliche Haltung verbreitet. Auch der Kaiser war ein Anhänger der Sklavenbefreiung; doch hielt er es für angebracht, den entscheidenden Schritt langsam vorzubereiten und ihn nicht ohne Zustimmung des Volkes zu vollziehen. Verschiedene Maßnahmen gegen die Sklaverei, die die Zahl der Sklaven reduzierten, darunter vor allem das Rio-Branco-Gesetz von 1871, waren bereits durchgeführt worden. Nun erfolgte 1888 während einer Europa-Reise des Kaisers die endgültige Abschaffung der Sklaverei: das Befreiungsgesetz trug die Unterschrift der Kaisertochter Isabella, die für die Dauer der Abwesenheit des Vaters als Regentin eingesetzt worden war. So kam es, daß die Großgrundbesitzer, die ihre Sklaven verloren hatten, die Generale, die mehr Macht wollten, die Männer der Kirche, denen Pedros Liberalismus verhaßt war, und die Idealisten, die von einer Republik träumten, gemeinsame Front machten und 1889 Pedros Thronverzicht erzwangen.

## Republik und Kaffee

Von 1889 an ist die Geschichte der brasilianischen Republik, der »Vereinigten Staaten Brasiliens«, bis in die Gegenwart reich an Wechselfällen gewesen. Schon der Übergang vom Kaiserreich zur Republik spiegelte eine einschneidende wirtschaftliche Veränderung wider. Vom Norden, wo in der langen Epoche der Sklaverei die Erzeugung von Zucker, Baumwolle, Tabak und Kakao floriert hatte, verschob sich das ökonomische Schwergewicht zum Süden, wo jetzt Viehzucht und Kaffeeanbau unumschränkt herrschten. Kaffee war das neue Zauberwort: um 1896 entfielen auf Brasilien sechsundsechzig Prozent der Weltproduktion von Kaffee, in den ersten Jahren des neuen Jahrhunderts sogar fünfundsiebzig Prozent. Kaffee aber bedeutete São Paulo.

Das erste Lebensjahrzehnt der Republik war eine Zeit der Militärdiktaturen, allgemeinen Wirren und Kasernenmeutereien. Die Idealisten, die an der Gründung der Republik teilgenommen hatten, wurden von raffgierigen Generalen überspielt. In diesen Jahren war der einzige Präsident von Format Prudente José de Moraes Barros, aber auch in seiner Amtszeit (1894–1898) gab es allenthalben Aufstände.

Am erfreulichsten waren noch die zwölf Jahre von 1898 bis 1910, in denen sich drei Präsidenten durch eine verdienstvolle Amtsführung hervortaten. Brasiliens fähigster Repräsentant in dieser Zeit war Baron do Rio Branco, der mit seiner Führung der auswärtigen Politik dem Lande in der ganzen Welt Prestige verschaffte. Hauptsächlich sein Werk war die friedliche Schlichtung der leidigen Grenzstreitigkeiten mit Argentinien, Französisch-Guayana,

Bolivien, Britisch-Guayana, Holländisch-Guayana, Kolumbien und Venezuela. Sichtbar war in diesen Jahren der wirtschaftliche Aufstieg: die Kaffeeprofite ermöglichten die Ausdehnung der Hafenanlagen, den Bau von Eisenbahnen und Fortschritte im Schulwesen. Rückschläge kamen im zweiten und dritten Jahrzehnt unseres Jahrhunderts, in einer Zeitspanne, in die die Regierungstätigkeit von fünf Präsidenten fiel. Einer organischen Entwicklung stand dreierlei im Wege: die ständigen Eingriffe der Militärs, die zentrifugalen Kräfte in den größeren Provinzen und der Verfall der Wirtschaft. Eine neue Generation von Generalen und Admiralen war herangewachsen, die bei wichtigen staatlichen Entscheidungen mitreden wollte. Bei den Wahlen von 1910 verbündeten sich die Generale mit einzelnen Provinzgewaltigen, mit denen sie gemeinsam die Wahlen manipulierten; dem Lande wurde eine Armee beschert, die der Demokratie kein Verständnis entgegenbrachte und an demokratische Methoden nicht glaubte. Mit dem Erstarken separatistischer Tendenzen in einzelnen Provinzen verschärften sich auch die Kämpfe unter ihnen. Eine Partei von gesamtnationaler Bedeutung gab es nicht; jede der bedeutenderen Provinzen hatte ihre eigene politische Maschine und ihren lokalen Boss. Am mächtigsten waren die Maschinen von São Paulo und Minas Gerais, die auch abwechselnd die Präsidenten der Republik stellten; als neuer und anspruchsvoller Konkurrent trat im Süden Rio Grande do Sul auf. Die Lage wurde noch mehr dadurch kompliziert, daß jede größere Provinz ihre eigene Miliz hatte; die Miliz von São Paulo konnte sich sogar mit der nationalen Armee messen.

In dieser Zeit der Wirren begann der wirtschaftliche Ruin. Um 1910 lebte Brasilien vom Export von Kaffee und Kautschuk. Ein halbes Jahrhundert lang hatte der wilde Kautschuk des Amazonentals immer mehr Arbeitskräfte angezogen. Um die Jahrhundertwende deckte Brasilien den gesamten Weltbedarf an Kautschuk, um 1910 immer noch neun Zehntel des Weltbedarfs. Aber in diesen Jahren fingen auch die Gummibäume in den ostindischen Pflanzungen der Engländer und Holländer an, Kautschuksaft in großer Menge herzugeben. Bis 1921 sank Brasiliens Anteil an der Weltkautschukversorgung auf ein knappes Zehntel; danach ist er fast nur noch symbolisch gewesen. Dann geriet der Kaffeemarkt ins Wanken. Seit ihren frühesten Anfängen im 18. Jahrhundert war die brasilianische Kaffeeproduktion ununterbrochen angewachsen; von dem Kaffee, der in der Welt um die Jahrhundertwende verbraucht wurde, kamen, wie schon vermerkt, drei Viertel aus Brasilien. Indes taten die Kaffeepflanzer von São Paulo, wo sich der Kaffeeanbau konzentrierte, des Guten zuviel: mehr und mehr Kaffee wurde angebaut, bis schließlich Brasilien die ganze Welt hätte allein versorgen können. Aber Brasilien war nicht der einzige Produzent: auch Mittelamerika, Kolumbien, Afrika und Ostindien brachten Kaffee auf den Weltmarkt. Kaffeeberge türmten sich in den Lagerhäusern; große Mengen wurden verbrannt oder ins Meer geworfen. Die Preise sanken katastrophal; so kostete ein Pfund »Rio Nr. 7« im Jahre 1929 15 ¾ amerikanische Cents, im Jahre 1938 nur noch 5 ¼ Cents. Um 1930 war Brasilien, dessen Ausfuhr zu sechzig bis siebzig Prozent aus Kaffee bestand, bankrott. Gab es noch einen Ausweg?

In der langen Liste der lateinamerikanischen Caudillo-Diktaturen erscheint das brasilianische Regime Getúlio Vargas' (1930–1945) als ein besonders tüchtiges autokratisches Regime. Viele Brasilianer waren auch in der Tat mit Vargas der Meinung, er sei unentbehrlich und unersetzlich. Die Probleme der bankrotten Wirtschaft packte er mit Geschick und häufig mit Erfolg an; er beseitigte die Binnenzölle, die die einzelnen Provinzen voneinander abriegelten, verringerte die Steuerlast, förderte den Industrieaufbau, schränkte den Kaffeeanbau ein, beschaffte ansehnliche Anleihen in den Vereinigten Staaten und verbesserte Brasiliens Position auf dem internationalen Markt.

Nicht minder geschickt – mit Rangminderung, Konzessionen, Verbannungsbefehlen – ging er mit Politikern um. In Vargas' diktatorischem Regime gab es verhältnismäßig wenig Brutalität. Selbst die, die ihn mit Waffengewalt bekämpften, kamen mit geringen Gefängnisstrafen davon. Vargas mußte mit Aufständen und Erhebungen fertig werden, die von den verschiedensten Seiten ausgingen: von den Kommunisten, von den rechtsradikalen *Integralistas*, vom mißgünstigen und eifersüchtigen São Paulo. Er überspielte sie alle. Im Jahre 1938 sagte er die versprochenen Wahlen ab und erließ eine neue Verfassung. Ihr Leitgedanke war *Novo Estado*, der »neue Staat«, der manche Ähnlichkeit mit Mussolinis korporativem Staat hatte. Seine Macht war absolut: er ernannte sämtliche Staatsbediensteten – oben und unten; er dekretierte Sozialreformen und räumte den Arbeitnehmern mehr Rechte und größeren Schutz ein, als sie je vorher gekannt hatten. Seine Wirtschaftsrezepte waren zunehmend nationalistisch, die Parole lautete »Brasilien den Brasilianern«, und ausländischen Betrieben wurden immer drückendere Fesseln angelegt.

Im ganzen waren Vargas' Maßnahmen wirksam. Der Arbeiterschaft ging es etwas besser, die Lebensbedingungen wurden günstiger. Trotzdem mußte eine amtliche Erhebung 1938 feststellen, daß der durchschnittliche Monatslohn der brasilianischen Arbeiter in Stadt und Land nicht mehr als 11,80 Dollar betrug. Insgesamt aber gab es mehr Industriezweige und mehr Betriebe, und die Förderung der Bergwerke war etwas gestiegen. Beim Ausbruch des zweiten Weltkrieges schwankte Vargas eine Weile zwischen Alliierten und Achsenmächten und ließ sich seine Entscheidung zugunsten der Vereinigten Staaten gut bezahlen. Wiederholt mußten die Vereinigten Staaten Anleihen und Subventionen hergeben. Schließlich erklärte Brasilien im August 1942 den Achsenmächten den Krieg und schickte ein Expeditionskorps von fünfundzwanzigtausend Mann nach Italien. Als der Krieg vorbei war, erzwang die lange zurückgehaltene Unzufriedenheit der Militärs und der Gesamtbevölkerung Ende 1945 Vargas' Abtritt von der politischen Bühne.

*Ungelöste Probleme*

Seit 1945 ist Brasiliens Politik unbeständig. General Enrico Dutra, der 1946–1950 an der Spitze des Staates stand, war nicht mit Ideen gesegnet. Endlose Schwierigkeiten bereiteten ihm sowohl die Kommunisten als auch der keineswegs bußfertige Vargas. Dutras Regime war sauber, in bescheidenem Umfang sogar demokratisch. Die Presse war frei; öffentliche Kritik war erlaubt. Im Jahre 1946 gab Dutra dem Land eine neue Verfassung, in der Vargas' Sozialgesetzgebung beibehalten, aber das, was Vargas vom Faschismus übernommen hatte, ausgemerzt wurde. Die Wirtschaft in Ordnung zu bringen war Dutra allerdings nicht gegeben (ebensowenig wie vielen anderen Regierungschefs in den Vereinigten Staaten und in Europa). Die Inflation griff weiter um sich; Devisenvorräte in Höhe einer halben Milliarde Dollar wurden nutzlos vergeudet: unverantwortliche Luxusimporte wurden nicht beschnitten; Rio de Janeiro und São Paulo bauten neue Riesengebäude. Die Beamtenschaft war weit und breit korrupt, Dutra selbst offenbar nicht. Aber die Wirtschaft war am Ende seiner Amtsperiode wieder am Rande des Zusammenbruchs.

Dank einer der unberechenbaren Launen des politischen Spiels wurde 1950 – in ziemlich einwandfreien Wahlen – zum Nachfolger Dutras wieder Getúlio Vargas gewählt. Jetzt trat er als Bannerträger der Freiheit und Interessenvertreter der Massen auf, aber seine Stimme hatte die alte Zauberkraft eingebüßt. Er war von geistlosen und meist auch korrupten Mitarbeitern umgeben; seine Regierung hatte weder Format noch Charakter. Die Wirtschaft wand sich in schlimmeren Zuckungen als je zuvor: die Lebenshaltung wurde von Monat zu Monat teurer; der Cruzeiro, theoretisch auf dem Stand von fünf amerikanischen Cents stabilisiert, wurde zu zwei Cents gehandelt. Die schwebende Schuld war auf fast eine Milliarde Dollar angewachsen, aber die Brasilianer wehrten sich empört gegen alle Spar- und Abbaumaßnahmen. Auf diese unerbittlichen Tatsachen reagierte Vargas mit immer leidenschaftlicheren nationalistischen Parolen. Das typische Produkt dieser Periode war die staatliche Monopolgesellschaft für die Bewirtschaftung des Erdöls (*Petrobraz*), deren Anteile weder Ausländer noch mit Ausländern verheiratete Brasilianer erwerben durften. Vergebens traten Wirtschaftssachverständige für eine Politik ein, die eine Einschränkung der drückenden Erdölimporte – ein Viertel der Gesamteinfuhr Brasiliens – ermöglichen würde. *Petrobraz* wurde zum nationalen Prestigesymbol; die Folge war, daß nur sehr wenig Erdöl gefördert wurde. Unterdes verschlechterte sich das Verhältnis zu den Vereinigten Staaten; man machte also die Großmacht im Norden zum Prügelknaben, der für alle Kümmernisse Brasiliens herhalten mußte. Das alles, verschärft durch die Unfähigkeit und Käuflichkeit der Regierungsclique, strapazierte die Geduld auch der Geduldigsten. Im Jahre 1954 war das Militär, angespornt vor allem von den Offizieren der Luftwaffe, so weit, daß es mit Nachdruck Vargas' Rücktritt verlangte. Die Antwort war Vargas' Selbstmord im August 1954.

Über ein Jahr lang amtierten nun notdürftig zusammengestoppelte Regierungen, von denen sich keine zu halten vermochte. Als Sieger ging aus den internen Auseinandersetzungen Juscelino Kubitschek hervor: als Kandidat für die Präsidentschaft nominiert und ordnungsgemäß gewählt, trat er im Januar 1956 sein Amt an. Dem tüchtigen Demagogen aus Minas Gerais stand als Vizepräsident João Goulart zur Seite, Mitbeteiligter an vielen dunklen Machenschaften, die zu Vargas' Sturz geführt hatten. Kennzeichnend für Kubitscheks Regierungszeit waren viele, viele Reden, ausgiebige Projektemacherei zur Errettung des Landes und die Beschleunigung der Inflation mit steigenden Lebenshaltungskosten und fortgesetzter Mehrausgabe von Papiercruzeiros: Mitte 1960 war der Cruzeiro nur noch etwas über einen halben Cent wert. Kubitscheks meistpublizierte Leistung war der Bau der neuen Landeshauptstadt Brasilia in der Binnenprovinz Goias, tausend Kilometer von Rio de Janeiro entfernt. Große Geldmittel, die für Schulen, Gesundheitsdienst und produktive Investitionen dringend benötigt wurden, pumpte der Präsident in dies Projekt hinein, das in alle Ewigkeit den Ruhm Brasiliens – und Kubitscheks künden soll. Im April 1960 wurde die neue Hauptstadt feierlich eingeweiht, und zu Zehntausenden kamen die Besucher, um die modernen Bauten zu bewundern, die der Wille eines einzelnen im isolierten, öden Binnenstreifen eines weitgestreckten Landes aus dem Boden gestampft hat. Die bloße Errichtung der Monumentalbauten hat nicht weniger als eine halbe Milliarde Dollar verschlungen, und es dürfte ebensoviel kosten, daraus eine bewohnbare Stadt zu machen. Inzwischen hat es Kubitschek immer wieder abgelehnt, auf die weisen Mäßigungsratschläge der Export- und Import-Bank in Washington oder des Internationalen Währungsfonds zu hören. Die Devisenvorräte waren fast auf den Nullpunkt gesunken, die Notenpresse arbeitete pausenlos weiter, und Brasilien mußte die Vereinigten Staaten immer wieder um Hilfe angehen. Ob Janio Quadros, den die Wahlen im Oktober 1960 zum Nachfolger Kubitscheks bestimmt haben, diese Verhältnisse grundlegend ändert, ändern kann, wird die Zukunft lehren. Immerhin steht er in dem Ruf, ein guter Wirtschaftspolitiker zu sein.

Heute bietet Brasilien ein ernüchterndes Bild dar. Ein reiches Land beherbergt ein bitterarmes Volk. Zuverlässige Statistiken, mit denen sich das illustrieren ließe, sind spärlich. Eine neuere Schätzung beziffert das jährliche Pro-Kopf-Einkommen der Gesamtbevölkerung auf 217 Dollar; in diesem Durchschnittsbetrag sind natürlich Millionäre und Bettler berücksichtigt. Reich sind nur ganz wenige Brasilianer: die Besitzer der Großplantagen und Industriewerke. Es gibt eine ziemlich breite Mittelschicht, aber die meisten Menschen, die zu ihr gezählt werden, leben von so niedrigen Gehältern, daß sie sich weder genug Nahrung noch eine angemessene Wohnung leisten können. Es gibt eine wachsende Schicht gelernter Industriearbeiter, namentlich in São Paulo, die ihr Auskommen haben. Aber die siebzig oder achtzig Prozent der Brasilianer, die die Felder beackern, die Viehherden hüten, in den Bergwerken arbeiten und überhaupt alle weniger qualifizierte Arbeit in Stadt und Land verrichten, kommen mit all ihrer Arbeitsleistung auf nicht mehr als ein paar amerikanische Cents pro Tag. Sie sind ständig hungrig; in ihrem Ernährungshaushalt gibt es kein Fleisch, keine Milch, kein Obst, kein Gemüse.

Brasiliens Bedürfnisse sind ebenso zahlreich wie vordringlich. Die Landwirtschaft muß modernisiert werden. Gewiß haben Kaffee- und Baumwollanbau in São Paulo und zu einem erheblichen Teil Ackerbau und Viehzucht in Südbrasilien von wissenschaftlichen Erkenntnissen und qualifizierten Arbeitsleistungen profitiert; dafür sind im wesentlichen italienische, deutsche und japanische Einwanderer verantwortlich. Aber die viel typischere Großplantage *(fazendeiro)* ist nach wie vor feudal, verschwenderisch und unproduktiv. Ein kleines Grüppchen von Menschen besitzt immer noch viel zuviel Land. Die Maßnahmen zur Erschließung des Binnenlandes, das von strebsamen Brasilianern und Neueinwanderern besiedelt werden sollte, gehen kaum über leere Gesten hinaus. Ein bißchen ist man mit der Verwendung von Maschinen, mit besserer Bewässerung und Düngung weitergekommen. Aber wenn die Ernährung der Menschen sichergestellt und die Ausfuhr vermehrt werden soll, muß die Landwirtschaft viel differenzierter und vielfältiger betrieben werden.

Die Industrialisierung, die in São Paulo bereits beachtlich ist, muß weiter vorangetrieben werden. Doch sind sich Brasilianer, die nachdenken, im klaren darüber, daß auf einem Markt, auf dem ungefähr fünfundachtzig Prozent der dreiundsechzig Millionen Einwohner kein Geld für Anschaffungen haben, dem Absatz von Textilien, Schuhen, Kühlschränken, Autos und anderen Gaben der Industrie äußerst enge Grenzen gezogen sind.

Radikal muß das Verkehrsnetz verbessert werden. Bodenfrüchte, die in einer Entfernung von achtzig Kilometern von Rio de Janeiro oder São Paulo geerntet werden, verfaulen, weil es keine Eisenbahn oder nicht genug Lastwagen (oder keine zu allen Jahreszeiten passierbaren Straßen) gibt, mit denen die Ware auf den Markt gebracht werden könnte. Das brasilianische Eisenbahnnetz hat eine Gesamtlänge von nur 37 000 Kilometern. (Argentinien, mit einem Drittel der Fläche, hat ein Eisenbahnnetz von 43 500 Kilometern.) Es gibt nur 92 000 Kilometer gute Straßen. Manche Provinzen verfügen über keinerlei Eisenbahn- oder Straßenverbindungen mit anderen Provinzen.

Nötig ist verstärkte Einwanderung. Die 4 390 519 Einwanderer, die zwischen 1874 und 1940 ins Land kamen (34 Prozent aus Italien, 29 Prozent aus Portugal, 14 Prozent aus Spanien, 4,5 Prozent aus Japan, 4,1 Prozent aus Deutschland), haben dem Land Energie und Können gebracht. Der Einwanderungsstrom ist seit 1940 nicht abgerissen, war jedoch zahlenmäßig unzureichend. In der landwirtschaftlichen Ansiedlung der Neueinwanderer haben sich die brasilianischen Regierungen nicht gerade als sachkundig erwiesen.

Bessere Hygiene, Krankenhäuser, Kliniken, Ärzte sind lebensnotwendig. »Brasilien«, sagt ein brasilianischer Arzt, »ist ein riesiges Krankenhaus«, aber es ist ein Krankenhaus ohne Krankenhäuser. Auf je 2500 Einwohner entfällt ein Arzt, auf je 1000 Einwohner ein Krankenhausbett.

Brasilien braucht Schulen und Lehrer. Schulplätze gibt es für nicht ganz die Hälfte der brasilianischen Kinder, und die brasilianische Grundschule gehört zu den schlechtesten Lateinamerikas. Höhere Schulen gibt es hauptsächlich im begünstigten Süden. Universitäten und technische Lehranstalten, namentlich in São Paulo, sind von hohem Niveau.

Die Erfüllung der verheißenen Größe der brasilianischen Nation harrt der Verwirklichung der nationalen Einheit. Brasilien ist immer noch nicht viel mehr als eine lose Zusammenfügung von Staaten, die keine echte Bindung an gesamtnationale Zielsetzungen kennen. Das politische Leben ist auf Personen zugeschnitten: in den einzelnen Staaten und Provinzen herrschen noch die lokalen Bosse; politische Parteien bedeuten nicht viel. Der Staat São Paulo, der mehr als die Hälfte der landwirtschaftlichen Produkte und Industrieerzeugnisse Brasiliens produziert, wirft seinen Schatten über das ganze Land. Im Zunehmen ist die Macht Minas Gerais' und der Südstaaten. Das übrige Brasilien ist ein Kolonialreich, dessen Interessen von den politischen Führern in Rio de Janeiro und den Herren der Wirtschaft in São Paulo in der Regel mißachtet werden.